글로벌 금융위기와 경제성장종말

최악의 시나리오와 생존전략

연세대학교 교수 소 영 일
한국경제예측연구소 회장 고 종 문

낙관주의자는 장미꽃만 바라보고, 비관주의자는 가시만 바라본다
(칼릴 지브란 Kahlil Gibran 작가 1883.12.6–1931.4.10)

그러나 희망적 비관주의자는 가시에 찔리지 않도록 조심하면서 장미꽃을 바라본다.
(소영일 · 고종문)

지구문화사
JIGU PUBLISHING Co.

머리말

자본주의는 금융위기의 역사이며, 금융위기의 역사는 투기의 역사로 이루어져 있다. 투기의 역사는 '서구의 3대 투기 사건' 에서 시작된다. 최근에 발생한 미국발 금융위기는 '100년 만에 한 번 올까 말까' 한 '대공황' 에 버금가는 경기침체 상황이다. 이러한 금융위기의 근원은 그칠 줄 모르는 인간의 탐욕에서 비롯되었다.

오늘날의 금융위기는 글로벌화된 세계시장에, 동시에 영향을 미친다는 점에서 과거의 그것들과는 사뭇 다르다. 특히, 이에 대응하여 전세계가 국제공조를 통한 구제금융에 나섬에 따라 '연환계' 를 구성하기에 이르렀다. 다시 말하면 지금 또 다른 위기의 불씨를 뿌리고 있는 것이다. 이러한 결과, 금융위기 이후에는 미국과 달러의 힘이 약화되고 한·중·일의 동북아, EU, 브릭스(BRICs) 등 세계의 헤게모니(Hegemony) 질서가 크게 변할 것으로 보인다.

이러한 점에서 본서는 금융위기의 발생 원인부터, 영향, 예상되는 결과와 반복되는 메커니즘을 설명하는 데 초점을 맞추었다.

구체적으로 본서의 제1부부터 6부까지는 금융위기의 역사, 원인, 영향에 대해 알아보았다. 제6부에서는 본격적으로 시작되는 글로벌 경제 최악의 시나리오를, 제7부에서는 금융위기가 한국경제에 미치는 영향, 제8부에서는 경제성장의 한계, 인간의 행복, 그리고 탐욕에 대해 알아보았다.

마지막으로 제9부에서는 금융위기와 글로벌 경제, 그리고 대응전략에 대해 다루었다. 특히, 인간의 행복에 대해서도 다루었다.

연말연시와 크리스마스, 설연휴 기간 중에도 마다하지 않고, 본서가 출판되기까지 많은 도움을 주신 지구문화사 주병오 사장님, 이 책의 디자인과 그림 작성 등에서 열성을 보여주신 디자인팀, 본서 작업에 열과 성을 다해준 편집팀 여러분께도 깊이 감사드린다.

특히 평소에 연구활동에 물심양면으로 큰 도움을 주고 계시는 유진기업 유경선 회장님과 산경 법무법인 김성준 대표변호사님께 깊은 감사의 마음을 드리는 바이다. 아울러서 많은 어드바이스를 해주신 Dr. Edward Hahn, SK C&C 이주연 박사, 한국경제예측연구소 김신표 박사, 한국도로공사 손학래 전 사장님, 고채석 박사, 한국자산관리공사 노정란 박사, 대한주택공사 한행수 전 사장님, 박세흠 전 사장님, 이윤재 본부장님, 주택관리공단 성기호 사장님과 김용래 위원장, 한국수자원기술 전제상 사장님, 백강수 대표 변호사님, 서영득 대표변호사님, 임재학 사장님, PSI 정재창 대표님, 흥국건설 이종성 부회장님, 국세청 조봉연 과장님께 깊은 감사의 마음을 전하고자 한다.

또한, 수많은 자료의 원천인 한은 · 금감원 · KDI · 금융연구원 · 삼성경제연구소 등 연구기관, 정부부처와 조선 · 중앙 · 동아 · 국민 · 오마이뉴스 · e-Daily · 매경 · 한경 · 경향 · 한겨레 신문 등은 물론이고, 네이버 · 다음 · 구글 등 수많은 포털사이트 등에도 깊은 감사의 마음을 전하고자 한다.

원고를 마치고 보니 벌써부터 보완해야 할 사항이 많음을 느낀다. 부디, 이 책이 금융위기의 본질을 이해하고 극복하는 데 조그마한 도움이라도 되길 간절히 바란다.

2009년 2월

필자 일동

차 례

머리말 / 2

프롤로그 금융위기의 배경

투기로 시작된 금융위기 16

탐욕은 금융위기의 씨앗 17

글로벌 경제, 빙하기에 접어들다[2] 19

제 1 부 서 론

제1장 반복되는 금융위기와 최악의 시나리오

반복되는 글로벌 금융위기 22

글로벌 경제 최악의 시나리오 23

제2장 금융위기와 한국경제

금융위기와 한국경제 27

한국경제의 과제 29

제3장 경제성장의 한계와 인간의 행복

한계에 부딪친 경제성장 31

인간의 행복의 조건 33

향후 전망과 과제 및 대응방안은?[7] 34

제 2 부 금융위기의 역사와 서브프라임 모기지 사태

제4장 금융위기와 인간의 탐욕

프롤로그 38

1. 글로벌 경제, '잃어버릴 10년'의 문턱을 넘다[1] / 38

2. 인간의 '7가지 치명적인 죄'란 무엇인가? / 41
3. 자본주의 역사는 탐욕의 역사다 / 42
4. 금융위기, 인간의 탐욕을 타고 번지다[3] / 45
5. 오바마의 美 대통령 당선과 금융위기[5] / 50

금융위기의 역사[6] ······ 52

1. 파생상품의 시작, 3대 투기사건이 발생하다 / 52
2. 대공황이 터지다 / 55
3. 저축대부조합이 파산하다 / 57
4. LTCM이 도산하다 / 58
5. 911테러, 금융위기를 수반하다 / 59

제5장 70년 만에 경제 대혼란[7]

서브프라임 모기지 사태 ······ 61

1. 서브프라임 모기지(Sub-Prime mortgage)의 원인 / 61
2. 모기지의 증권화와 자산유동화 / 62
3. '글라스-스티겔법(Glass-Steagall Act)' 폐지로 서브프라임 모기지가 남발되기 시작하다 / 65
4. 서브프라임 사태의 진행과정 / 66

제3부 미국발 금융위기의 원인

제6장 서브프라임 사태와 금융위기

저금리의 기조 속에 급증한 고위험 자산투자 ······ 70

1. 최근 미국발 금융위기, 현황과 발생 원인 / 70
2. 대출요건 강화가 부른 또 다른 모기지 연체 / 76

높은 레버리지와 파생상품에 대한 부실한 감독 ······ 78

1. 30배에 달하는 레버리지(Leverage) 효과 / 78
2. 파생상품(derivatives)에 대한 감독체계의 사각지대 / 86

제7장 일본, '잃어버린10년'을 맞이하다

잃어버린 10년[15] ······ 91

1. 과도한 부동산 버블이 형성되다 / 91
2. 일본의 금융위기, 후유증이 10년간 지속되다 / 93

미국과 일본 금융위기의 유사점 및 차이점[18] 97

1. 미국과 일본의 금융위기의 유사점 / 97
2. 미국과 일본의 금융위기의 상이점 / 100

제8장 신뢰의 위기와 금융위기에 대한 책임

신뢰의 위기 103

1. 신뢰의 위기가 금융위기를 조장하는가?[22] / 103
2. '백약이 무효'인 금융위기[24] / 110

금융위기, 누구의 책임인가?[25] 113

1. 앨런 그린스펀, 美 연방준비제도이사회(FRB) 전 의장 / 113
2. 투자은행(IB)의 직원 및 최고경영자(CEO)[27] / 117
3. 닌자(NINJA) 대출한 미국의 서민 채무자들 / 119
4. 크리스토퍼 콕스, 美 증권거래위원회(SEC) 위원장 / 121
5. 골드만 삭스는 보너스 반납, 리먼, AIG는 흥청망청[28] / 122

제9장 금융위기와 국가별 변수

미국, EU 및 일본, 그리고 중국 126

구제금융 신청국과 또는 구제금융 신청가능한 국가 127

동남아 국가 127

한국 128

제4부 미국발 금융위기, 경기침체를 몰고 오다.

제10장 미국발 금융위기의 영향

금융시장에 미치는 영향 130

1. 미국발 금융충격, 동조화인가 탈동조화인가[2] / 130
2. 미국발 금융위기의 글로벌 금융시장에 대한 영향은? / 138

부동산 시장에 미치는 영향[22] 155

1. 미국 및 글로벌 경제 / 156
2. EU[23] / 158
3. 중 국 / 161
4. 일본의 경우[25] / 163
5. 금융위기의 주범, 파생상품의 파라독스(paradox) / 163

금융위기 극복을 위한 전세계적 공조 ………………………… 165

1. 위기 극복의 핵심은 공조 / 165

금융위기의 전이와 지구촌 동반침체 ………………………… 171

1. 금융위기, 급속히 전이되다. / 171

제5부 글로벌경제, U&D 공포에 빠지나?

제11장 본격화되는 글로벌 경기침체[2]

경기 침체의 단계 ………………………… 176

제12장 금융위기에 영향을 받는 국가별 주요 이슈[4]

금융위기, 파국으로 치닫나?[4] ………………………… 181

국가위험도의 평가기관별 특징 비교[7] ………………………… 183

미국 · 유럽 · 일본 및 중국의 경제상황은 어떠한가? ………………………… 189

제13장 미국 및 글로벌 경제의 주요 변수

재정 및 금융시장[12] ………………………… 190

1. 사상최대의 재정적자 및 부채문제를 안고 있는 미국 / 190
2. 미국, 제로금리를 선언[16] / 202
3. 미국 달러화의 폭발적인 팽창은 폭탄돌리기.[19] / 206

증권시장 ………………………… 211

실물경제 ………………………… 212

1. 성장률, 날개없는 추락을 지속한다.[22] / 212
2. 실업자가 쏟아진다. / 213
3. 글로벌 구조조정의 빅뱅이 시작되다 / 215
4. 원자재 가격, 급락과 급등을 반복한다.[24] / 217
5. 1200만 가구가 '언더 워터(under water)' 상태[25] / 221

미국 정부의 대응전략 226
1. 미국 정부의 대응정책 / 226
2. 구제금융에 대한 전문가들의 시각[27] / 227

제14장 EU의 대응전략

증권 및 금융시장 230
1. 증시하락의 현황은? / 230
2. 금리 / 231

실물경제 232
1. 성장률 저하로 이어지다. / 232
2. 실업자가 쏟아진다. / 233

각국의 대응전략[29] 234
1. 독일 / 234
2. 영국 / 234
3. 이탈리아 / 235
4. EU 국가 공통 / 235

제15장 일본의 대응전략[30]

일본의 증권 및 금융시장 237
1. 증시하락 현황 / 237
2. 단기 금융시장 상황 / 238
3. 엔화 강세, 글로벌 경제에 악영향을 미치다.[31] / 239

실물경제 242
1. 성장률 저하로 이어지다. / 242
2. 실업자가 급증한다. / 243
3. 일본의 수출, 6년 내 최대폭으로 감소하다.[32] / 244
4. 일본, 기업인수 · 합병(M&A)이 본격화되다.[33] / 245
5. 부동산 가격동향[34] / 246

일본 정부의 대응전략 247
1. 금융안정대책 / 247
2. 경기부양책 / 247
3. 일본 국내은행 자기자본비율 산정기준 변경 / 247
4. 외환시장 개입을 통한 대응책 마련 / 248

제16장 중국의 대응전략 [35]

증권 및 금융시장 249
1. 증시하락 현황[36] / 249
2. 금리 / 251
3. 중국의 외환보유고와 미국 경제와의 관계[37] / 252

실물경제 254

1. 성장률 저하로 이어지다. / 254
2. 실업자가 쏟아진다.[38] / 256
3. 부동산 가격, 하락으로 이어지다. / 257
4. 무역수지 및 수출입 증가율 추이[39] / 259

중국 정부의 대응전략[41] 260

1. 긴축정책 완화[43] / 263

제17장 동남아 국가의 경제상황[44]

증시 및 금융시장 동향 268

1. 주식시장 / 268
2. 환율변동률 및 CDS 프레미엄 / 270
3. 금리 / 273
4. 대미 수출의존도 / 275
5. 외채비율/외환보유고 및 예대율 / 277

실물시장 278

1. 성장률[47] / 278
2. 대외취약성 지수 / 279

아시아 정부의 대응책[49] 280

제6부 글로벌 경제 최악의 시나리오

제18장 글로벌 경제의 위기, 이제부터 본격적인 시작이다

초특급 금융위기의 뇌관 285

1. 글로벌 금융위기, 언제 막을 내릴 것인가?[2] / 285
2. 진짜위기, 뇌관이 터지기 시작하다. / 287
3. 헤지 펀드 뇌관, 이미 터지기 시작하다[8] / 293
4. 용의자의 딜레마(Suspect's Dilemma)[9] / 296
5. 전세계 금융권 감가상각 파동 온다.[13] / 306

금융위기를 넘어 경제위기로 307

1. 빠르게 진화하는 '이스레델(ISReDEL)'의 공포[14] / 307
2. 주식시장, 회복의 유형[17] / 309
3. 경기침체의 영향, 3~5년은 지속된다.[18] / 314

제19장 글로벌 경제, 최악의 시나리오를 향해 돌진하다

세계 3대 경제권, 경기침체 공식 선언[19] ········· 316

금융위기, 확대되어 다시 돌아오는 '불사조' ········· 318

1. 폭증하는 달러, 부메랑으로 되돌아온다.[22] / 318

제20장 글로벌 경제, 최악의 시나리오가 현실화되다[27]

세계의 곳간 IMF, 도산위기에 처하다. ········· 328

1. IMF는 세계의 은행이다 / 328
2. IMF가 현재 집행가능한 자금 / 330
3. 향후 집행이 예상되는 자금 규모 / 331

세계경제 최악의 시나리오들 ········· 333

1. 글로벌 경제의 불균형 조정 시나리오 / 333
2. 글로벌 경제의 4단계 예측 시나리오 / 336
3. 글로벌 경제 최후, 최악의 시나리오[31] / 337
4. 글로벌 경제 최악의 시나리오 / 358

국가부도, 현실화되다[39] ········· 364

1. 국가 부도위기에 몰리는 국가들 / 364
2. IMF 구제금융신청 국가 및 위험국 / 364

각국 정부의 대응책 ········· 366

제21장 글로벌 경제, 이렇게 변한다.[40]

글로벌 경제, 서바이벌 게임에 돌입하다 ········· 368

1. 블록화가 강해진다. / 368
2. 보호무역주의로 회귀하나?[43] / 373

헤게모니의 다극화 ········· 374

1. 미국 경제의 영향력의 약화 / 374
2. 글로벌 경제에서 미국의 비중 / 376
3. 탈(脫) 달러화 시대 열리나? / 380
4. 한 · 중 · 일의 힘, 갈수록 커진다. / 384

이데올로기 논쟁을 불러일으키다. ········· 394

1. 금융위기, 30년 신자유주의를 몰락으로 몰고 가는가?[52] / 394

2. 금융위기가 공산주의 유령 깨우다[55] / 398
3. 백인우월주의 (KKK)의 부활[57] / 401

제7부 국가경쟁력, 금융위기, 그리고 한국경제

제22장 금융위기가 한국경제에 미치는 영향[1]

정치 지도자의 자세 404

금융시장에 미치는 영향 405

1. 한국경제, 해외변수의 움직임에 좌우되다. / 405
2. 환율 불안, 얼마나 심한가?[6] / 412
3. 흑자부도의 주범-KIKO / 416
4. 외평채 가산금리와 CDS 프레미엄[13] / 423
5. 외환보유액[14] / 424
6. 한국의 대외채무 및 대외채권[16] / 429

실물시장 433

1. 금융위기, 한국 실물시장에 미치는 영향의 경로[20] / 433
2. 금융위기가 실물에 미치는 영향 / 436

정부의 종합대책 및 기타 변수[31] 451

1. 정부의 종합대책 / 451
2. 정부 정책에 대한 신뢰도를 높여라[32] / 454
3. 북한 관련 변수[33] / 459

제23장 한국경제, 최악의 실업상태 (U&D)

한국경제 위기의 시계, 지금 몇 시인가?[34] 464

한국경제의 8대 악재[38] 467

1. 성장능력 및 성장률 하락[39] / 467
2. 복지 및 재정부담의 급증 / 469
3. 인구감소 / 470
4. 돈 먹는 하마 "자녀의 사교육비"[43] / 471
5. 양극화[44] / 474
6. 한국은 위험한 사회[45] / 476

한국의 금융시장[47] 480

1. 증시하락률 / 480
2. 은행의 건전성은?[49] / 481
3. 은행의 미스매칭(Mismatching)은 어느 정도인가?[54] / 491
4. 외화 유동성은 충분한가?[55] / 492
5. 금융권 연체율, 갈수록 태산이다[57] / 495
6. 9월 위기설과 3월 위기설 / 501
7. 은행들의 이기적 행태와 기업들의 마이너스 베팅[63] / 506
8. 엔고와 엔화강세가 한국경제에 미치는 영향은? / 508

실물경제는 어떠한가? 512

1. 성장률 예상치, 1%대로 추락[66] / 512
2. 소비심리, 얼어 버렸다. / 513
3. 부동산 가격, 폭락한다 / 514
4. 한국의 교역조건, 추락하고 있다.[73] / 520
5. 기업환경, 갈수록 어려워진다. / 524
6. 벼랑 끝에선 자영업자, 서민 / 533
7. 한국의 신용부도 스와프(credit default swap)는?[79] / 533

제24장 Pax Koreana를 꿈꿔라

Pax Americana시대는 황혼을 맞는가? 538

1. 팍스 아메리카나의 시대는 서서히 가고있다. / 538

Pax Koreana를 준비하자 540

1. 세계경제포럼과 스위스 국제경영원의 평가 결과 / 540
2. 교육 경쟁력[82] / 543
3. 국가브랜드 가치는?[85] / 547
4. 규제정도는?[88] / 551
5. 국가신인도는? / 552
6. Global 시장에서의 한국의 위치는? / 554
7. 2020년의 한국을 둘러싼 글로벌 경제의 전망 / 558
8. 과학기술과 인적 자본육성을 국가발전의 견인차로[93] / 561
9. 녹색성장, 미래의 트렌드[98] / 571
10. 인재유출(brain drain) / 576
11. 원화 국제화를 위한 장기플랜[101] / 577

제25장 美 오바마 대통령 시대의 개막과 한국경제

美 오바마 정부의 주요 경제정책[104] 582

1. 오바마 대통령 당선의 배경 / 582
2. 예상되는 오바마 정부는 주요 경제 정책 / 584

한국에 미치는 영향 585

1. 한국관련 주요 정책 / 585
2. 오바마 정부의 정책이 한국에 미치는 영향 / 586

시사점 588

제26장 금융위기의 교훈과 대응전략

도덕적 자본주의의 요구[106] 592

1. 미국발 금융위기는 탐욕이 빚어낸 시장주의의 붕괴 / 592
2. 머니게임에서 도덕적 자본주의 정신으로 돌아가야 / 594

살아남고 싶은가? 희망적 비관론자가 되라 597

1. 희망적 비관주의자[107] / 597
2. 위기엔 '과잉 대응' 하라.[110] / 603
3. 위험관련 부서를 신설하라[111] / 605

노블리스 오블리제, 절실히 필요하다[113] 607

1. 노블리스 오블리제 의미 / 607
2. 사 례 / 608

정치 경쟁력이 곧 국가경쟁력이다[114] 609

1. 정치경쟁력, 높여야 한다. / 609
2. 정치경쟁력, 국가경제에 어떤 영향을 미치나? / 611

제8부 경제성장의 한계와 인간의 행복

제27장 경제성장, 인간의 행복 그리고 탐욕

경제 성장 616

1. 경제성장이론 / 616

인간의 행복과 탐욕[4] 619

1. 탐욕 속에서 살다가, 빈손으로 가는 인간 / 621
2. 탐욕의 종말은 죽음 / 622
3. 소유양식과 존재양식[5] / 624
4. 탐욕, 이기심, 그리고 경제성장 / 626

제28장 경제성장의 한계와 인간의 행복 방정식

경제성장의 한계 628

1. 로마클럽의 성장한계론 / 628
2. Paul Krugman의 아시아 성장한계론 / 631
3. 경제성장 한계의 원인 / 632

인간의 행복 방정식(Happiness Equation) 645

1. 행복 방정식[10] / 645
2. 행복한 국가와 불행한 국가 / 655

국가와 기업의 경쟁력 기준이 바뀌고 있다 658

1. 중요해지는 윤리 경쟁력[13] / 657

결 론[20] 675

제 부 결 론

제29장 금융위기와 글로벌 경제

글로벌 경제의 현황과 전망[1] ·· 680

1. 금융위기의 영향 / 680
2. 제프리 삭스의 '경기침체를 막기 위한 7 가지 방법'[2] / 682
3. 향후 전망 / 683

한국경제의 현황과 과제 ·· 702

1. 한국경제의 현황[9] / 702
2. 한국경제의 과제 / 703

제30장 글로벌 금융위기에 대한 대응전략

주요국의 대응전략 ·· 711

한국의 대응전략[15] ·· 713

1. 국가의 향후 대응전략 / 714
2. 기업의 대응전략[23] / 728
3. 개인차원의 대응전략 / 737

에필로그 신뢰는 위기극복의 첫걸음 / 744

| 참고문헌 및 자료 출처 / 748

프롤로그 금융위기의 배경

일생에는 투기해서는 안되는 때가 두 번 있는데, 그것은 투기할 돈이 없을 때와 투기할 돈이 있을 때이다.
– 마크 트웨인

투기로 시작된 금융위기

금융위기의 역사는 투기의 역사로, '서구의 3대 투기 사건' 에서부터 시작된다. 즉, 네덜란드의 튤립구근(뿌리) 투기(1634~1637), 미시시피 투기(1716~1720), 그리고 South sea 社(1716~1720) 투기사건 등이 바로 그것이다.(이들 3대 투기사건에 대한 자세한 내용은 52~55쪽 참조) 20세기에 들어서 금융위기는 프랑스와 영국을 거쳐, 자본주의가 꽃을 피우던 미국으로 건너온다.

1929년 10월 24일 기록적인 주가 대폭락과 함께 '대공황(大恐慌, The Great Depression)' 이 찾아온 것이다.

오늘날과 비슷하게 당시에도 빚으로 호황을 누리던 미국 경제의 버블 붕괴와 국제 무역의 감소가 원인이었다. 대공황 이후에는 대규모 금융위기가 자취를 감추는 듯했다. 그러나 1980년대에 들어 저축대부조합 사태, LTCM도산, 일본의 '잃어버린 10년' 등을 거쳤고, 9・11테러는 금융위기까지 수반했다. 이러한 금융위기들은 '굴리면 굴릴수록 커지는 눈사람처럼' 해를 거듭 할수록규모가 커지면서 글로벌화 되는 경향을 띠고 있다.

이처럼 서브프라임 모기지발 금융위기는 '나비 효과(Butterfly Effect)' 로 인해 전 세계로 급속히 퍼지면서 글로벌 경제 전체를 뒤덮어 언제 회복될지 모르는 '잃어버릴 10년' 의 터널에 이미 진입한 상황이다.

탐욕은 금융위기의 씨앗

"100년 만에 한 두 번 올까 말까 한 위기이다." 앨런 그린스펀 전 미국 연방준비제도이사회(FRB) 의장의 말이다. 이어서 그는 탐욕에 의한 금융위기가 '전염병' 처럼 퍼지고 있다면서, "금융위기 역사가 거듭될수록 사람들이 위기에 익숙해지기 보다는 그 진폭을 가늠하기가 더욱 어려워진다."고 밝힌 바 있다.

오늘날의 금융위기로 글로벌 경제는 전 세계 53개국 주요 증시의 시가총액(63조503억 달러)의 40%, 세계전체 GDP의 50%에 달하는 금액인 25조 달러가 허공으로 사라졌다.

어디 이뿐인가? 미국은 브랜드가치의 손상과 신뢰의 위기에 처해 있고, 미국 전역의 연기금 중 40% 정도가 손실을 입어 지급불능사태가 우려되고 있다. 전 세계 헤지펀드는 20% 정도가 파산했고, 부동산 가격은 급락을 지속하고 있다. 특히 금융 패닉은 진원지인 미국을 거쳐 유럽 → 아시아 → 브릭스(BRICs)로 급속히 전이되어 지구촌 동반 침체가 현실화 되었다. 이런 엄청난 일이 어떻게 일어날 수 있는 것일까?

미국의 주택가격은 지난 10여 년간, 저금리 기조 하에서 무려 90%나 올랐다. 선진 20여 개국도 예외가 아니어서 지난 5년간 주거용 주택의 총 가치는 거의 두 배가 되었고, 이는 각 국의 GDP 합계와 맞먹는 규모(40조 → 70조 달러)이다. 미국에서는 불과 1년 전까지만 해도 닌자론(NINJA ; no income, no job, no asset)이란 말이 유행했다.

닌자론이란 무소득자(No Income), 무직(No Job), 무자산가(No Asset)에게도 대출해 준다는 의미의 유행어이다. 한걸음 더 나아가, 미국에서는 저서류(Low document), 무서류(no doc.), 위장대출(liar document)까지 성행할 정도였다.

2004년 이후 4년 여간 1%라는 저금리 속에서 미국 금융당국은 파생상품 등 위험성 있는 금융제도에 대한 감독 체계를 게을리 한 가운데, 월가에서는 많게는 30배에 달하는 레버리지로 머니게임에 지속적인 승부를 걸어왔다. 그러나 대출규제와 금리인상으로 주택시장의 버블이 꺼지기 시작했고, 심리적인 공포감까지 겹치면서 주가, 부동산 등은 속절없이 추락을 거듭하는 동시에 2차 대전 이후 최악의 '잃어버릴 10년' 이란 글로벌 경기침체 터널에 진입한 것이다.

그렇다면 금융위기의 원인은 무엇인가? 주택시장의 버블(Bubble)인가? 표면상으로는 맞다. 그러나 이면을 들여다보면 인간의 그칠 줄 모르는 탐욕이란 씨앗이 꽃을 피운 결과라고 볼 수 있을 것이다.

허드슨강 건너 뉴욕 중심부

우리는 여기서 〈광기, 패닉, 붕괴 - 금융위기의 역사(Manias, Panics, and Crashes : A History of Financial Crises[1])〉에 나오는 찰스 P. 킨들버거의 글을 상기할 필요가 있다.

"다른 사람들이 투기적 매입으로 이익을 얻는 것을 기업과 개인이 지켜보면서, 선행자를 따르는 과정이 나타난다. 친구가 부자가 되는 모습을 지켜보는 것만큼 사람들의 안락과 판단력을 혼란스럽게 만드는 것은 없다.

자본이득을 위한 투기는 사람들을 정상적이고 합리적인 행동에서 일탈시켜 광기나 거품이라는 표현 말고는 달리 묘사하기 어려운 행동으로 이끈다."

글로벌 경제, 빙하기에 접어들다[2)]

"아직 최악의 상황은 오지 않았으며, 2009년은 미국과 전 세계가 최악의 경기 침체와 물가 하락이 동시에 진행되는 글로벌 스태그디플레이션(stagdeflation)에 직면하여 경기 침체, 디플레이션, 파산 등으로 고통스런 해가 될 것이다.(The worst is not behind us: 2009 will be a painful year of a global recession, deflation and bankruptcies ... The US and the global economy are at risk of a severe stagdeflation, a deadly combination of economic stagnation/recession and deflation)[3)]"

뉴욕 대학의 Nouriel Roubini 교수가 영국의 〈파이낸셜 타임〉의 'Financial How to avoid the horrors of stagdeflation' 에 기고한 내용 중 핵심부분이다. "우리는 심각한 금융위기에 빠져있다.(We' re in the midst of a Serious crisis)" 이는 부시 대통령의 언급이다.

국제통화기금(IMF)은 2009년 세계경제성장률이 2.2%로 전망했다. 경제협력개발기구(OECD)도 2009년 선진 30개 회원국 전체의 평균성장률을 −0.3%, 세계경제성장률을 2.1%로 전망했다.

특히, 세계 경제에서 64.4%를 차지하는 미국, 일본, 유럽 등 선진 3개 경제권이 동시에 마이너스 성장률을 실현할 것으로 전망되고 있다. 글로벌 경제의 성장률 및 경기침체는 '동조화' 현상을 보이고 있으며, 이러한 추세는 향후 2~3년간은 지속될 전망이다.

미국은 전 세계 빚의 80%를 진 나라로, 2008년 4,448만 달러에 이어 2009년도 1~1.5조 달러에 달하는 재정적자가 예상된다.

이러한 재정적자는 매년 중국을 비롯한 아시아 국가들이 채권으로 매워 주었으나 최근에는 중국이 이에 대한 회의적 시각을 보여 귀추가 주목되는 가운데, 설상가상으로 실업률이 2009년에 10%로 급등할 전망이며, GM 등 'BIG 3' 가 파산위기에 처함에 따라 미국은 물론, 글로벌 경제 쓰나미의 여파가 어디까지 미칠지에 대해 숨죽이며 바라보고 있는 상황이다.

특히, 미국의 부동산 가격은 현재 고점대비 25% 가량 하락하여, 1,200만 가구가 집값보다 대출금이 더 많은 '언더 워터(under water)' 상태이고, 앞으로도 10% 정도 추가 하락할 가능성이 있다.

유럽연합(EU) 경제도 예외가 아니어서 3분기 연속 마이너스 성장을 지속하고 있는 가운데, IMF와 경제개발기구(OECD)이 올해 성장률을 −0.4~0.2%로 전망한 데이어, 30개 회원국들의 내년 GDP 성장률을 평균 −0.3%로 전망했다.

중국 경제도 2008년 3분기에는 2%, 4분기에는 −1% 성장하여 글로벌 경제의 경기침체를 더욱 더 가속화하는 요인으로 작용하고 있다. 그야말로 글로벌 경제는 'R&D(Recession & Deflation) 공포' 에 빠지고 있는 상황이다.

제1부 서론

제 1 장 반복되는 금융위기와 최악의 시나리오

금융위기는 반복되어 왔고, 미래에도 확대 지향적으로 반복될 것이다.

1. 반복되는 글로벌 금융위기

“과학과 기술은 크게 진보했지만 금융위기는 반복된다.” 이는 금융 저널리스트이며 역사학자인 James Grant 의 말이다. “역사는 나선형으로 반복한다.” 18세기 역사학자 조반니 비코(Giovanni B. Vico)의 말이다. 즉, 역사는 반복되지만 단순한 반복이 아니라 과거와는 다른 방향으로 발전하면서 반복된다는 의미다.

또 찰스 킨들버거(Charles P. Kindleberger)는 “금융위기는 오랜 세월을 두고 끊임없이 피어나는 다년생초(a perennation plant)이다.

어떤 충격이 경기 확장을 야기하고, 곧이어 확장 국면은 경기 호황의 모습으로 전환된다. 풍요감이 성숙해지고 확산되고, 이어서 자산가격의 상승이 멈추는 현상이 나타난다. 자산가격의 하락이 시작되면 불안 국면이 뒤따르기 쉽다. 이 같은 유형은 규칙적으로 되풀이된다는 점에서 생물학적인 과정이다.

패닉이 발생할 확률이 높고, 다음에는 붕괴가 뒤따를 수도 있으며,

일본, 아시아, 미국의 경제위기는 이 모델의 전개과정을 충실히 따르고 있다."[4]고 주장한다.

17세기 네덜란드의 튤립 버블부터 최근의 미국발 금융위기에 이르기 까지, 세계 경제는 금융위기와 경제위기를 반복해가며 성장을 거듭해왔다. 이렇듯, 글로벌 경제의 성장역사는 우리에게 '금융위기는 반복된다' 는 사실을 입증해주고 있다.

통계에 의하면 금융위기는 70년대 이전에는 국지적인 동시에 매년 1.5회에 불과했으나, 지난 30여 년간은 금융위기가 점차 대형화 · 국제화되고 있는 동시에 매년 4.5회씩이나 발생하여 손실규모도 기하급수적으로 증가하고 있다.

벤 버냉키(Ben Shalom Bernanke) 美 연방준비제도이사회(FRB) 의장이 프린스턴대 교수로 재직하던 1995년 당시 〈블랙박스 해부(Inside the Black Box)〉란 논문에서 '가속도 효과(financial accelerator)' 를 주창했다. 그는 금융 불안으로 인한 경기 둔화가 신뢰 상실과 자산가치 하락을 유발하여 또 다시 금융시장의 붕괴를 촉진하며, 이러한 금융위기의 파고가 높으면 높을수록 실물경기의 침체속도도 빨라진다고 주장한바 있다.

2. 글로벌 경제 최악의 시나리오

뉴욕대 누리엘 루비니 교수는 "아직 최악의 사태는 오지 않았다. 세계 경제는 경제침체와 가격하락이 동시에 진행되는 스태그디플레이션(stag-deflation)을 맞고 있으며, 수백 개의 헤지펀드가 쓰나미처럼 도산하고, 미국의 집값은 2010년까지 최대 40% 수준까지 폭락할 것"

이라고 주장한 바 있다. 전문가들은 본격적인 금융위기가 이제부터가 시작이라고 주장하고 있는 가운데, 이스레델(ISReDEL)의 공포가 급속히 진화하면서 지구촌을 강타하고 있다.

이번 금융위기는 인플레이션(Inflation) → 스태그플레이션(Stagflation) → 리세이션(recession, 경기침체) → 디플레이션(deflation, 불황 속 물가하락) → EL(Employment, Earning, Lay-off)로 빠르게 진화하면서 1930년대식 'GD(Great Depression, 대공황)' 로까지 이어질 것으로 예상된다. 이러한 글로벌 경제의 금융위기는 금융구조가 취약한 다수의 국가들을 도산위기에 몰아넣고 있다.

국제통화기금(IMF)은 418억 달러를 아이슬란드 등 자금난에 허덕이는 국가에 공급했고, 사용 가능한 현재 규모는 약 2,500억 달러 정도로 자금이 급속히 줄고 있는 상황이다. 전문가들은 IMF가 국제적 금융위기에 주도적 역할을 하려면 2조 달러 가량이 필요하며 조만간 IMF의 금고는 바닥날 것이라는 우려를 하고 있다.

최근 아이슬란드, 터키 등 6개국이 국가부도를 선언했으며, 폴란드 등 7~8개 국가들이 부도 위험수위에 있는 상황이기 때문이다.

게다가 일각에서는 미국이 재정적자와 부채로 인해 부도나는 소위 '수퍼 서브프라임' 을 우려하고 있는 가운데, 향후 5년간 연방주택국(FHA)의 지원을 받는 신규대출의 부실로 향후 1~2년 내에 채무불이행과 주택 압류가 다시 증가하여 1000억 달러 이상의 세금이 투입될 것이라는 경고까지 나오고 있다.

에드워드 챈슬러 (Edward Chancellor)는 그의 저서 〈금융투기의 역사(Devil Take the Hindmost－A History of Financial Speculation, 강남규 역)〉에서, "규제를 혐오하는 시대적 분위기에서 싹튼 투기적 광기

가 한 시대를 휩쓸고 지나간 뒤에는 반드시 정부의 시장개입을 정당화하는 시대적 분위기가 형성되었다"는 점에 관심을 두고 있다.

그래서 "최근 세계 경제 흐름에서 주류를 형성하고 있는 신자유주의가 인터넷 버블과 투기를 거치면서 역사의 뒤안길로 퇴장하고 케인즈적 패러다임(Keynesian Paradigm)이 부활할 것이라고 조심스럽게 점치고 있다."고 말하고 있다.

아니나 다를까? 미국의 향후 10여 년간에 걸친 구제금융액수는 8조5000억 달러(1경2325조 원)로 추산되며, 이는 미국의 2007년도 국내총생산(GDP) 13조8100억 달러의 절반이 넘는 수준이다.

EU는 2조 유로, 일본은 45조 엔, 중국은 800조 위안을 투자할 계획인 바, 세계 3대 경제권은 사상최대의 구제금융을 실시, '돈 홍수(money flood)' 를 이루고 있는 상황이다. 그러나 이처럼 돈을 쏟아 부을 경우 글로벌 경제는 무사할까? 이에 대해 월가의 대표적인 비관론자인 마크 파버는 "달러가 가치없는 휴지조각이 될 것이며, 미국은 정부 능력을 넘어서는 부채 급증으로 궁극적으로 파산하게 될 것이다.

돈을 새로 마구 찍어낼 경우 超인플레이션이 올 수밖에 없고, 이 경우 미국의 모델은 바로 지금의 짐바브웨가 될 것이며, 미국 달러 가치는 휴지조각이 될 수밖에 없다."고 주장한다.

그렇다면 향후 글로벌 경제의 최후, 최악의 시나리오는 무엇이겠는가? 결론부터 말하자면, 향후의 글로벌 경제는 대공황(GD, Great Depression)과 극초(極超)인플레이션(GI, Great Inpression) 사이를 오가면서 점차 확대 · 반복되는 금융위기를 경험하게 될 것이다.

여기서의 Inpression은 신조어로, Hyper-Inflation을 넘어서는 인플레이션 상태를 의미하는 말로 풀이된다.

단계별 진행과정은 제1단계 : 글로벌 경기침체(GD), 슬럼플레이션(Slumpflation) → 제2단계 : 글로벌 공조로 인한 제1의 연환계 형성 → 제3단계 : 글로벌 양적완화정책으로 제2의 연환계 형성 → 제4단계 : 세계는 '돈홍수'를 이용, 글로벌 금융위기에서 탈출 → 제5단계 : 금융자산, 실물자산 급등 → 제6단계 : 공조를 통한 글로벌 인플레이션 완화정책 추진 → 제7단계 : Black Swan의 출현과 나비효과로 주택가격 급락, 혹은 주가 급락이 지구촌 한 곳에서 블랙스완으로 작용하는 동시에, 글로벌 동조화(정책 및 변수) 및 나비효과로 삽시간에 글로벌 경제에 파급되어 부메랑 효과로 제1단계(GD)로 회귀하게 된다.

결론적으로 패닉 이후 글로벌 경제는 경기가 회복되면서 과잉유동성으로 인해 GI(극초 인플레이션, Great Impression)로 이어져 부동산, 주가, 원자재 등에 버블이 뒤덮을 것이며, 버블이 꺼질 경우 이번 경우와 같이 순식간에 GD(대공황, Great Depression)상태로 접어들어 부동산, 주가, 원자재 값 등이 속절없이 하락할 것으로 보인다.

그러므로 글로벌 경제는 '돈 홍수'로 비유되는 과잉 유동성, 연환계로 비유되는 '국제공조', 그리고 블랙스완(Black Swan)으로 촉발되어 나비효과(Butterfly Effect)로 인해 번지점프를 하듯 GI와 GD를 사이를 오가며 요동칠 것으로 보인다.

또한 글로벌 경제는 지역별 블록화와 보호무역주의로 무역분쟁이 증가하고, 고용없는 성장으로 실업이 가속화될 것으로 보인다. 특히 국제질서는 미국의 약화와 아울러 기축통화로서의 달러의 지위가 EU 및 유로화와 한 · 중 · 일의 힘이 대폭 커질 것으로 전망된다.

결국 신자유주의의 점진적인 약화가 예상되고 있는 가운데, 공산주의 및 백인우월주의가 사상의 빈틈을 메우려하고 있다.

제2장 금융위기와 한국경제

한국인은 위기극복의 뛰어난 유전자를 가지고 있다.

– 필 자

금융위기와 한국경제

전례없이 심각한 글로벌 금융위기로 인한 경기침체 속에서 전세계 경제비중의 1% 남짓을 차지하는 한국경제는 2009년에도 무사히 순항할 수 있을 것인가? 지난 20여 년간 한국은 1인당 국민소득 4435달러(1988년)에서 2007년 2만 45달러가 되었고, 반도체, 액정표시 장치(LCD), 휴대전화, 자동차, 철강, 선박 등 부문에서 세계 최고의 경쟁력도 확보하였다.

수출은 1977년 100억 달러에서 2008년 4,000억 달러를 달성, 세계 10대 수출대국이 된 것을 비롯, 수출 1,000억 달러에서 4,000억 달러로 성장하는 데 13년이 걸려 중국(9년)에 이어 두 번째의 위대한 업적을 달성했다. 그러나 지난 수 개월간 한국경제는 글로벌 금융위기의 영향으로 달러화 대비 원화상승률이 38.9%로 세계 2위, 코스피지수는 2년 전 수준, 그리고 주가변동률도 원화기준 –40%대, 달러 기준으로는 무려 –67%대를 기록했다. 부동산 가격도 여전히 지속적 하락을 거듭하고 있는 가운데, 최근 거래량은 동기대비 무려 80%가 줄었다.

무역의 경쟁력을 나타내는 교역조건도 추락하고 있으며, 수출의 견인차 역할을 하던 반도체, 조선, 철강, 자동차 등의 수출도 줄줄이 하향세다.

한국의 2009년 경제성장률은 10년 이래 최저인 1%대가 예상되고 있다. 이러한 현상은 우리나라 경제가 대외변수와의 동조화에 따른 영향이 크다고 볼 수 있다. 즉 외환위기 이후 한국의 증시와 한국경제의 대외의존도는 각각 90.8%, 74%를 기록하고 있다.

최근에는 중국의 대미 수출이 6% 감소를 시현하자, 우리나라의 대중 수출은 33% 감소했다. 외환보유고도 2000억달러 남짓으로 줄고, 실업자가 급증하는가 하면, 국민들의 정치권에 대한 신뢰도 참담한 수준으로 낮아졌다.

정부에서는 돈을 풀어도 은행들은 제갈 길이 얼마나 바쁜지 기업들은 대기업, 중소기업을 막론하고 돈가뭄에 아우성이다. 최근 한국은행이 시장에 유동성을 공급해도 은행권 내부에서만 맴돌 뿐, 신용경색을 해소하는 데는 도움이 되지 못하고 있다.

또한 우리나라는 주식 · 채권시장에서 외국인 비중이 높고, 외화보유액 대비 대외 재원조달 필요액(경상수지 적자 + 장기외채 상환액 + 단기외채)이 높다.

외국에 갚아야 할 돈이 많은데다 달러는 계속 빠져나가고 있다는 점이 한국 경제가 어려움을 겪는 내부적 요인이다.

이러한 와중에서도 우리나라는 신성장동력 산업으로 녹색성장을 지향하고 식품클러스터를 세우기로 하는 등 공격적인 산업육성 정책을 펴는 동시에 한 · 미 · 중 · 일 간 통화스와프로 국가의 유동성을 확보하여 최소한 국가부도사태 걱정만은 덜게 되었다.

한국경제의 과제

한국은 향후 10여 년간 엄청난 변화의 소용돌이 속에 빠지게 될 것이다.

첫째, 남북관계이다. UN 미래보고서에 의하면, 당장 2010년부터 정보 공유화로 개인 간 인터넷을 통한 북한 주민의 인터넷 접속이 가능해지고, 2012년경에는 매일 수백, 수천 명의 북한 주민이 남한으로 잠입하려 시도할 것으로 예상되는 가운데 2015년에는 수 백만 명의 북한주민이 남한으로 들어와 이들을 수용할 시설이 없을 경우, 폭동이 일어날 수 있다고 주장하고 있다.

둘째, Chindia(China와 India)권의 부상이다. 양국은 모두 10억이 넘는 인구 대국으로 눈부신 발전을 거듭하고 있다. 중국은 향후 10년 안에 실질적인 1인당 GDP가 3,500달러로 추정되어 세계 제조업의 허브로 부상하고, 경제규모는 2020년경 일본을 상회하여, EU를 초월할 것이다.

인도는 내년 GDP가 1조 달러를 넘어설 것으로 보이며, 특히 내수위주의 성장으로 건실한 성장세가 기대된다. 우리는 이에 대응하여 녹색성장, 과학기술, 그리고 인적 자본 육성에 혼신의 노력을 기울여야 한다.

셋째, 저출산에 대한 대책을 세워야 한다.

"대한민국은 2305년에 없어지고, 일본은 3300년에 소멸한다."

"2050년의 전 세계 인구를 91억 명으로 예측하는데, 91억 명보다 한 대의 컴퓨터가 더 똑똑해지며, 지금으로부터 150년 뒤의 지구촌은 60억 인구로, 그 다음은 36억 인구로 감소할 것이다. 2050을 기점으로 모든 것이 감소할 것이다." 이는 '유엔미래보고서' 의 내용이다.

이어서 동 보고서는 농경시대 5000년, 산업시대 200년, 정보화 시대 50년, 그리고 몇 년 후면 후기 정보화 시대에 들어갈 것이라고 전망했다.

농경~산업시대는 오늘이나 내일이나 큰 변화가 없어서 미래에 대한 전략이 필요 없었으나 요즘에는 섬광처럼 변하는 시대이기 때문에 반드시 미래에 대한 준비가 필요하다는 제언이다.

현재 한국의 출산율은 1.28명이며, 특히 부산의 출산율은 0.81명으로 세계 최저 수준이다.

최근 한국보건사회연구원에 의하면 경제성장률이 2%일 경우 2010년 출산율은 1.08명, 1%일 경우에는 0.85명에 그칠 것으로 예상된다.

이러한 결과를 해외기관들은 무디스 이코노미 닷컴 0.8%, S&P 1.0% 이하, 노무라 연구소 1.3%를 비롯, 국내 기관들도 비슷하다. 즉 금융연구원 1.7%, LG경제연구원 1.8% 등 국내 주요 경제분석 기관들도 1%대의 성장 전망을 속속 내놓고 있어서 '0' 명대 출산률 악몽이 현실화될 가능성이 높아 보인다.

제 3 장 경제성장의 한계와 인간의 행복

인간의 행복은 $\frac{\text{자족(自足)}}{\text{욕망}}$ 이다.

– 소영일 · 고종문

한계에 부딪친 경제성장

글로벌 경제는 성장을 지속할 것인가? 아니면 한계가 있는 것인가?

'경제성장의 한계' 는 대체로 1972년 로마클럽이 발행한 〈성장의 한계(The Limits to Growth)〉와 Paul Krugman 프린스턴대 교수의 〈아시아 기적의 신화(The Myth of Asian Miracle)〉에서 논하고 있다.

전자의 논리는 1900년~2100년 동안 인구의 폭발적 성장에 따른 천연자원의 고갈, 공해에 의한 환경오염, 개발도상국의 인구증가 등으로 100년 이내에 지구상에는 '성장의 한계' 가 나타날 것이라는 논리이다. 즉, 이는 유한한 지구에서 무한한 성장은 불가능하다는 명제를 제시한 것이다.

후자는 노벨경제학상 수상자인 폴 크루그먼 교수의 주장으로, 아시아 지역의 성장은 생산의 3요소인 노동 · 자본 · 기술 중에서 기술 진보(요소생산성)가 아닌 노동 · 자본(요소투입량) 증가에 의해서만 이뤄졌다는 것이다.

결론적으로, 아시아 국가의 경제성장은 요소 투입량에 의한 성장으로, 요소투입은 한계가 있기 때문에 경제성장도 자연히 한계에 이를 수밖에 없다는 논리다.

그러나 지난 1994년 당시 이러한 주장은 옳은 논리였다. 당시 싱가포르, 대만, 한국의 경우 기술진보의 경제성장에 대한 기여도가 '0' 이었기 때문이다.[5] 그러나 최근 몇 년간의 추세에 비춰보면 틀린 논리다. 왜냐하면 한국도 세계최고의 기술을 유지하는 기업들이 부지기수이기 때문이다.

그렇다면 글로벌 경제의 3대축인 미국, EU, 일본의 경제는 기술진보에 의한 발전을 거듭해왔으며, 앞으로도 이런 추세는 지속될 것인가? 이에 대한 대답은 회의적이다.

왜냐하면 성장의 조건은 노동, 자본, 기술이란 전통적인 요소 외에도 근래에는 과잉생산으로 인한 글로벌 기업의 도산과 이로 인해 반복되는 금융위기, 경제위기가 수 년 동안 쌓아올린 성장기반을 무너뜨릴 수 있기 때문이다.

2008년 중반만 해도, 어느 누가 2009년에 선진경제권의 마이너스 성장을 예상할 수 있었겠는가? 거의 모든 연구소, 학자, 정부기관들이 낙관적 성장전망을 내 놓았고, 노동 3요소에 의한, 수학적 분석에 의한 숫자적 해석 등은 성장 예측에 엄청난 오류를 범할 수 있으며, 이러한 오류는 수많은 투자자들에게 잘못된 정보를 전달하여 많은 손실을 초래할 수 있었다.

연구결과에 의하면, 우리나라는 IMF 외환위기 15년 후까지 총산출량 기준으로 매년 5% 이상, 40여 년 이후에도 4% 이상의 성장을 예상했다.[6] 이러한 성장전망은 금융위기와 같은 외부적 충격이 없다는 전제하에서는 맞을지도 모른다.

그러나 이제는 지구촌 어디선가에서 매년 4~5회씩의 금융위기가 발생하여, 순식간에 글로벌 경제위기로 발전할 개연성이 높다.

또한 이제는 과잉생산으로 인해, 규모의 경제가 이루어진 글로벌 기업이라 할지라도 초과공급으로 도산을 맞아 금융위기로 발전할 가능성도 있다. 글로벌 경제에서는 매년 4~5차례의 금융위기, 경제위기가 발생하는 것으로 보이기 때문이다.

인간의 행복의 조건

빈손으로 와서 탐욕 속에서 살다가 빈손으로 가는 것이 인간이다. 그러나 인간들은 누구나 행복하길 원한다. 성장의 소유와 소비의 증가로 이어지는 것이 관례다. 소유와 소비가 증가하면 행복의 크기도 증가하는 것일까? 이 책에서는 이솝, 서경, 성경, 오계로부터 사무엘슨, 그리고 로스웰(Rothwell)과 코언(Cohen)의 행복방정식에 이르기까지 행복의 조건에 대해서도 살펴보고자 한다. 또한 아담스미스, 톨스토이와 에릭프롬의 행복론에 대해서도 알아보자.

이들 행복방정식에서 말하는 '행복의 공통 요소'는 무엇인가? 첫 번째는 탐욕과 욕망을 줄이는 일이다. 두 번째가 소유나 소비를 늘리거나, 안분지족하며 사는 것이다.

우리는 "행복해지려면 욕망을 줄이거나, 소유물을 늘리거나 하면 된다." (B. 프랭클린).

"행복이란 과잉과 부족의 중간에 있는 조그마한 역이다."(C. 폴록)라는 명언을 되새길 필요가 있다. 왜냐하면 성경이나 톨스토이 작품에서도 알 수 있듯이, 과도한 탐욕이나 욕망의 결과는 불행이요, 죽음이기 때문이다. 그러나 그것이 어디 쉬운 일이겠는가?

향후 전망과 과제 및 대응방안[7)]

오늘날의 글로벌 경제는 디레버리지(Deleverage), 디플레이션(Deflation), 부채(Debt) 등 '3D' 라는 '최악의 음울한 상황' 속에 빠져들고 있는 가운데, 한편에서는 아직도 '최악의 상황은 오지 않았다' 는 진단이 곳곳에서 새어나오고 있다. 그렇다면 향후 세계경제 질서는 어떻게 변할 것인가? 이에 대한 논란은 분분하다.

그럼에도 불구하고, 적어도 몇 가지는 대세로 굳어지는 듯하다.

첫째, 글로벌 경제는 아직도 바닥이 보이지 않는 가운데, 더 어려워져 제2의 대공황도 배제할 수 없다는 것이다. 둘째, 러시아를 필두로 하는 신냉전 시대의 도래와 달러에서 유로, 위안화 등으로의 기축통화의 점진적인 변화다.

셋째, 글로벌 경제는 과거와는 달리 고성장 시대를 마감하고 저성장 시대로 접어들었으며, 금융위기 내지는 경제위기가 점차 그 빈도수가 증가하는 동시에 경제에 대한 손실도 커진다는 것이다. 넷째, 글로벌 경제는 보호무역주의로 흐르면서 무역분쟁이 증가할 것이다.

다섯째, 헤게모니의 변화다. 지금까지의 미국 단일체제에서 EU, 일본, 중국 등으로 힘의 균형이 옮아간다는 것이다. 여섯째, 글로벌 경제의 정책은 물론 지도자들까지 '비주류' 가 '주류' 로 자리를 바꾸고 있다. 즉 금융위기로 인해 정통적인 금융 및 재정정책 대신 '더 과격한(radical)', '미치고(crazy), 더 미친(crazier)' 금융정책들이 필요하다는 것이다.

한국의 문제점 혹은 과제는 무엇인가?

첫째는 30위권에 머무르는 국가경쟁력과 100위 이하 수준인 교육경쟁력이다. 미국의 한인 유학생수는 세계최고이다. 이는 우리의 높은 교육열 탓도 있으나 한편으로는 우리 공교육에 대한 국민들의 불만이 얼마나 큰지를 말해주는 지표로 해석할 수 있을 것이다.

둘째는 40위권을 유지하는 부패지수이고, 셋째는 아직도 '턱 없이 높은' 부동산 가격이다.

넷째는 한국은 '위험사회' 란 점이며, 다섯째는 높아만 가는 대외의 존도로 시급히 해결해야 할 문제점 내지는 과제들이다.

우리나라는 이러한 위기에서 살아남기 위해 어떤 조치들이 필요할까?

첫째, 글로벌 경제는 Survival Paradigm으로 바뀌었기 때문에 국가적 차원의 대응전략으로, 도덕으로 무장된 Moral Country에 초점을 맞추면서 동시에 제조업 경쟁력을 국가적 차원에서 제고할 수 있는 대책을 세워야 한다.

둘째, UN 미래보고서에 의하면 2305년에 한국, 3300년에 일본이 지구상에서 사라질 것이라고 주장한다. 이런 문제들을 연구하기 위한 소위 '미래 정책청' 을 만들고 셋째, 미래를 연구할 기구를 만들고, 제조업 경쟁력을 길러야 한다. 또 국가위기관리자(NRO)를 임명하여 금융위기 등 각종 위험에 대비해야 한다.

넷째, 정치경쟁력을 길러야 하며, 2010년 이후에 닥쳐올 초대형 인플레이션에 대비해야 한다.

다섯째, 우리는 지금 농촌, 고향, 시골과 공존하는 것이 아닌, 소비하는 무서운 현실 속에 살고 있다. 도 · 농 간 이분화를 넘어 공존할 수 있는 방법을 찾아야 하며, 여섯째, 국가가 난국에 처한 오늘날의 현실 속에서 우리는 '정제된 애국심(Purified Patroitism' 이 필요하다.

일곱째, 오늘날 우리나라 금융시장에서 보았듯이, 금융시장 질서를 위한 적절한 규제마련이 절실하다.

기업의 대응책을 살펴보면, 첫째, 위기관리능력을 배양하여야 하고, CRO(Company Risk Officer)를 임명하여 닥쳐올 각종 위험에 대비하고, 둘째, 존슨 앤 존슨과 같이 정직과 도덕경쟁력을 갖춰야 하며, 셋째, 상품과 경영에 있어서도 글로벌 경쟁력을 갖춰야 한다.

특히, 오늘날의 글로벌 경제는 과잉생산으로 인하여 기업의 도산이 어어지고 있는 상황에서 1～5% 안에 들지 못하는 기업들은 생존에 위협받을 수 밖에 없을 것이다. 따라서 향후에는 고객감동, 고객만족으로는 글로벌 소비자들을 만족하기에는 부족하다.

개인 차원의 대응책으로는 첫째, Moral Person 이 되어야 한다. 둘째, 위기에서 살아남으려면 스톡데일 파라독스(Stockdale Paradox)를 기억해야 한다. 즉 준비없는 '막연한 낙관론자' 가 되기보다는 미래의 장미빛 희망과 냉철한 현실인식이 교차하는 패러독스적인 각오를 갖고 항상 준비하는 '행복한 비관론자' 가 되어야 한다는 의미다. 정부나 기업은 물론, 개인들이 애국심으로 하나 되어 대응할 때 우리는 향후에 닥쳐올 어떤 위기도 극복할 수 있을 것으로 믿는다.

프랑스의 정치철학자 미셸 푸코(Foucault)는 "국가는 시장경제를 보호하기 위한 틀이자 도구" 라고 했으며, 경제학자 찰스 킨들버거(Kindleberger)는 "정부는 모든 금융위기의 최종 해결자" 라고 주장했다. 자본주의는 글로벌 경제위기 속에서 커간다. 다만 정부의 대응이 얼마나 효율적이냐에 따라 국민들의 고통여부가 결정된다.

아무쪼록 우리 정부는 오늘날의 경제위기극복에 앞장서서 우리나라는 물론, 글로벌 경제회복에 기여할 수 있는 계기를 마련하기를 기대해 본다.

제 2 부

금융위기의 역사와 서브프라임 모기지 사태

제 4 장 금융위기와 인간의 탐욕

도박은 탐욕의 자식이고, 부정의 형제이며, 불행의 아버지이다.

– 조지 워싱턴 (George Washington, 미국 초대 대통령, 1732.2.22 ~ 1799.12.14)

프롤로그

1. 글로벌 경제, '잃어버릴 10년'의 문턱을 넘다[1)]

2008년 오바마가 美 대통령에 당선 되자 전세계는 들떠 있었다. 그도 그럴 것이 전세계가 금융위기로 신음하고 있는 상황에서 그가 미국은 물론이고 전세계에 희망의 메시지를 던졌기 때문이다.

그러나 희망과 설렘도 단 하루뿐 …… .

'오바마 효과(Obama effect)' 로 급등했던 글로벌 증시가 단 하루 만에 폭락세로 돌아서 버렸다. 실물경제에 대한 불안으로 미국 5%대, 유럽 2%대, 일본 6%대, 그리고 한국 증시도 7% 넘게 떨어짐으로써 '오바마 효과' 가 하루 만에 끝나버린 것이다. 정녕 세계경제는 나락으로 떨어질 것인가?

이런 질문에 대해 많은 전문가들은 고개를 끄덕이고 있다.

그렇다면, 세계경제의 온도가 왜 이렇게 '시베리아 기온' 으로 변하는 것일까? 이에 대한 답은 반복되는 금융위기에 있다.

1970년 이후 OECD 17개국의 주택시장에서는 약 40여 번의 붐(boom, 급등)과 버스트(bust, 급락)가 발생했다. 하지만 과거 1990년대 '잃어버린 10년' 으로 일컬어 온 일본처럼 10년 이상 주택 가격이 떨어진 경우는 극히 예외적인 사례이다. 일본을 제외한 대부분의 나라들은 4~5년에 걸쳐 과잉공급 해소와 함께 경제가 다시 살아나면서 주택 가격이 오르기 시작했다.

최근 미국발 금융위기의 불길이 전세계 실물경제로 옮겨가면서 글로벌 경제가 동반 침체의 길로 들어서고 있다. 미국을 비롯한 글로벌 경제의 곳곳에서 '잃어버릴 10년' 의 징후가 나타나고 있다. 2차 세계대전 이후 최악의 경기침체가 나타날 수 있다는 우려와 공포감이 지구촌 곳곳에서 감지되고 있다.

현재 미국을 비롯한 글로벌 경제는 소비의 극심한 위축과 함께 상품의 재고가 쌓이고 있다. 이는 가격 하락으로 이어져 기업의 도산이 증가하고, 투자 위축과 감원을 불러옴으로써 또다시 소비를 줄이게 하는, 이른바 디플레이션의 악순환 고리가 형성될 위험에 처해 있다.

국제통화기금(IMF)은 최근 〈세계경제전망(WEO) 수정보고서〉에서 2008년 세계경제성장률을 3.7%로, 그리고 2009년은 2.2%로 전망했다. 특히 미국의 내년 성장률은 −0.7%, 유로 지역은 −0.5%, 일본은 −0.2%로 낮추는 등, 미국 · 유럽 · 일본 모두가 제2차 세계대전 이후 초유의 동반 마이너스 성장을 할 것으로 내다보았다.

미국과 유럽 및 일본 등 선진국들에 대한 수출 비중이 71%를 차지하는 중국 또한 수출에 큰 타격을 입어 성장률이 하락할 것으로 예상된다. IMF는 중국의 내년 성장률도 8.5% 정도로 예상하고 있으며, 이는 2003년 이후 6년 만에 처음으로 한 자릿수에 그칠 것으로 내다보았다. 심지어 프랑스의 크레디리요네증권(CLSA)은 최근 중국의 내년 경제성장률이 5.5%에 그칠 것이라는 전망까지 내 놓았다.

세계 GDP가 꼭 마이너스 성장을 해야만 세계적인 경기침체가 일어나는 것은 아니다. 대부분의 IMF 이코노미스트들은 세계 경제성장률이 3% 이하로 낮아지면 세계적인 경기침체로 간주하고 있다. 이러한 논리에 따른다면 1985년 이래 세 차례(1990~1993년, 1998년, 2001~2002년)가 세계적인 경기침체에 해당된다고 볼 수 있다.

세계 경제가 급격히 침체의 늪으로 빠져들면서 2009년 한국의 경제성장률 역시 1~2%대에 그칠 것이라는 비관적 전망이 확산되고 있다. 이미 일부 글로벌 투자은행(IB)들은 한국의 성장률이 마이너스대로 급격히 추락할 것이라는 전망을 잇달아 내놓고 있다.

만약의 경우 2009년 한국 경제가 마이너스 성장률을 보인다면 이는 1970년대 산업화 이후 세 번째 '시련의 시기'로, 첫 번째가 오일쇼크 직후인 1980년(−1.5%) 이고, 두 번째가 IMF 외환위기 직후인 1998년(−6.9%)에 이어 이번이 세 번째가 될 것이다.

우리는 이미 겪었다. 금융위기가 얼마나 무서운지를 …… .

1997년 당시, '호랑이가 온다' 해도 울음을 그치지 않던 어린 아이가 'IMF' 얘기만 꺼내도 울음을 그친다고 할 정도로 무서워했다는 얘기가 있다. 이는 금융위기가 얼마나 무서웠는지를 단적으로 나타내는 말이다. 그러나 이번에 전세계가 맞이하는 경기침체는 지난 1997년 외환위기보다 더욱 더 심각하다. 왜냐하면 당시 우리나라를 제외한 미국, EU, 일본, 중국 등 경제대국들의 경제 환경은 전반적으로 좋았기 때문에 회복도 빨랐다. 그러나 이번엔 다르다.

2차 세계대전 이후, 최악의 경기침체라니 …… .

세계 각국이 금융위기에 대응하여 합창이라도 하듯 금리를 잇달아 거의 제로금리상태로 내림으로써 우리 몸에 피가 돌 듯 돈을 돌게 하려고 무척 애를 쓰고 있다. 그러나 벌써 유동성 함정에 빠졌는지, '백약이 무효' 다. 아마도 글로벌 경제가 벌써 '잃어버릴 10년' 의 문턱을 넘은 것이 아닌가 하는 불길한 생각이 든다.

우리나라 경제도 벼랑 끝에 서 있다는 느낌마저 든다.

2. 인간의 '7가지 치명적인 죄' 란 무엇인가?

"사람은 무엇으로 사는가?" 라는 물음에 톨스토이는 구전되던 러시아의 한 가난한 구두수선공의 민담을 빌어 "사람은 사랑으로 산다." 라고 답했다. 그리고 "사람은 무엇으로 파멸하는가?[2)]" 에 대해 중세 기독교는 사람들의 마음 속에 자리잡고 있는 '일곱 가지의 치명적인 죄(seven deadly sins)' 가 파멸을 초래한다고 하였다.

4세기 경에 기독교가 로마의 국교로 되면서 힘과 권력을 행사하고 나아가서는 교회가 점차 세속화되어 타락의 길을 걷게 된다.

그러자 하나님과 깊은 영적인 교제를 원했던 사람들은 수도원으로 들어가서 은둔생활을 하게 된다. 이때 로마에 있는 마르셀리우스의 수도사인 존 카시앙은 수도사들을 지도하기 위하여 여덟 가지 죄의 목록을 만들었다.

그러나 6세기 경에 그레고리 황제가 죄의 목록을 일곱 가지로 다시 만들었다. 즉, 교만 · 시기 · 분노 · 나태 · 탐욕 · 정욕 · 탐식 등 인데, 이들을 가리켜 '죽음에 이르는 일곱 가지 치명적인 죄.' 라고 하였다. 이는 일곱 가지 죄가 모든 죄의 근원이요, 모든 죄가 여기서 시작된다는 것을 의미한다.

그 후 이 일곱 가지 죄는 단테의 〈신곡〉을 포함한 수많은 중세 우의 문학의 단골 메뉴가 되었다. 1726년에 출판된 조나단 스위프트의 〈걸리버 여행기〉도 이러한 인간의 오만과 거기서 비롯된 반(反)이성적인 인간의 야만성을 조롱하고 풍자한 작품이다.

작가 스위프트는 〈걸리버 여행기〉에서 인간이란 결코 '이성적인 동물(animal rationale)' 이 아닌, 다만 '이성적 능력이 있는 동물(animal rationis capax)' 일 뿐이라는 것을 역설하고 있다. 인간에 대한 혐오를 잘 보여주는 공상소설이다. 특히 위선적이고 야만적인 인간에 대한 작가의 혐오와 분노가 잘 나타나 있다.

최근 발생한 미국발 금융위기도 결국은 '7가지의 치명적인 죄' 중 하나인 인간들의 탐욕에서 비롯된 것이다. 지금 지구촌은 경기침체로 신음하고 있다. 끝도 보이지 않는다. 아마도 지구촌은 지금 탐욕의 결과로 맺힌 쓰디쓴 열매를 따먹고 있는지도 모른다.

3. 자본주의 역사는 탐욕의 역사다

"탐욕은 일체를 얻고자 욕심내어서 도리어 모든 것을 잃어버린다."

(몽테뉴, Michel Eyguemde Montaigne, 철학자 1533. 2. 28~1910. 11. 20)

이 그림은 소인국에 간 걸리버 여행기의 한 장면으로, 인간의 위선적이고 야만적인 행동에 대한 저자 스위프트의 혐오와 분노를 상징적으로 보여주는 것이다. 〈걸리버 여행기〉는 최근 탐욕에 물들어 금융위기를 자초한 인간사회에 대한 조롱이자 질타로 여겨진다.

〈걸리버 여행기〉는 소위 우리 사회에서 잘 나간다는 의사, 변호사, 교수들을 조롱거리로 만든다. 작가는 이들이 겉으로는 가장 이성적 · 합리적 · 과학적인 척하지만 실제로는 자기들만의 오만한 지식으로 '혹세무민' 한다고 여기고 있기 때문이다.

자본주의 역사가 씌여지기 시작된 이래, 인간은 탐욕에 가득찬 벌레처럼 오만한 생각을 품고 투기를 일삼아 왔고, 금융위기를 부추겨 왔다. 세계가 하나의 시장으로 커짐에 따라 인간들에 탐욕의 크기와 투기의 빈도도 더욱 더 증가되어 금융위기도 이에 맞춰 춤추고 있다. 여기서 인간 탐욕의 역사를 짚어 보자.

첫 번째 금융위기는 튤립 사건으로 수많은 사람들이 튤립 구근 투기에 가담했다가 튤립 가격의 거품이 꺼지면서 재산을 날린 유명한 사건이다.

이처럼 투기의 결과에 따라 어떤 상품의 가격이 실제의 내재가치 이상으로 부풀려진 것을 경제학에서는 '거품(bubble)' 이라고 한다. 이른 아침에 햇살이 비치면 안개가 거치듯, 거품은 시간이 지나면 '어느 사이에' 온데간데없이 사라지기 마련이다.

사람들이 탐욕에 가득 차서 '파생상품' 이란 브레이크 없는 기차를 타고 전속력으로 질주하다가 천길 낭떠러지로 떨어지는 것과 같이, 수많은 투자자들은 삽시간에 모든 재산을 날리고 파산했다.

이것이 요즘 미국발 금융위기의 원인으로 지목되고 있는 파생상품의 원조였던 셈이다. 자본주의의 역사는 투기의 역사와 함께 성장해 왔다고 해도 과언이 아니다. 투기는 탐욕의 산물로, 지속되는 인간들의 탐욕은 도를 넘어설 정도로 심각해지고 있다.

금융위기는 1600년대에 설립된 최초의 주식회사인 동인도회사로부터 1700년대에 세워진 최초의 지주회사 미시시피회사, 미국의 대공황, 그리고 오늘날의 서브프라임 사태로 이어져 왔다. 매번 화장만 바뀔 뿐이지 인간 자체는 그대로임을 보여주고 있지 않은가.

적절한 비유일까? 아프리카에는 '스프링복(springbok)' 이라는 양이 살고 있다. 이들의 습성은 앞의 양들이 풀을 다 뜯어먹은 경우, 뒤따르는 양들은 서로 풀을 차지하기 위해 사력을 건 투쟁이 벌어진다. 이 과정에서 양떼들은 새로운 풀을 찾아 앞으로 전진, 또 전진한다. 그러다가 맹수의 위험을 느끼면 갑자기 한 두 마리씩, 그리고 서서히 전속력으로 질주하기 시작한다.

스프링복

얼마쯤 지났을까? 수많은 양들이 낭떠러지가 어딘지도 모르고 떨어져 죽는다. 조금만 달리다 멈춰도 새로 뜯어 먹을 풀이 있었을 텐데, 멈추지 않고 무작정 달린 탓이다. 최근 상영중인 영화 〈오스트레일리아〉에서도 이런 현상을 볼 수 있다. 1930년대를 배경으로 한 이 영화에서는 1,500여 마리의 소떼를 천길 낭떠러지 끝에서 구하는 아슬아슬하고도 웅장한 장면이 눈앞에 펼쳐진다.

현대 경제사회에서 사람들에게 파생상품은 없어서는 안 될 중요한 위험회피수단 중 하나이다. 이런 수단이 어떻게 위험을 증대시키는 도구로 사용되었을까? 이는, 사용하는 사람들의 내면 속에 탐욕이 지배하고 있느냐, 아니면 절제된 자본주의 정신이 지배하고 있느냐의 문제이다.

최근 파산한 미국 5위 투자은행인 베어스턴스가 파산하기 일주 전 CEO가 텔레비전에 나와서 "베어스턴스는 괜찮다."라고 큰소리쳤다. 몸에 암덩어리가 퍼져서 일주일이면 죽게 되었는데도 괜찮다니 …. 이런 뻔뻔한 거짓과 탐욕이 또 어디에 있단 말인가?

성경에도 돈에 대한 언급이 많다. 신약 성경 안에 믿음에 대한 구절은 215개, 구원에 관한 것은 218개인데, 금전과 재정의 청지기직과 책임에 대해 다루는 구절은 2,084개로 믿음이나 구원에 대한 언급보다 열 배 가량 많다. 이는 우리에게 무엇을 시사하는가?

4. 금융위기, 인간의 탐욕을 타고 번지다[3)]

(1) 금융위기는 전염되는가?

이미 종영된 TV 드라마 〈베토벤 바이러스〉의 후폭풍이 거세다. 공연이든 음반이든 '베토벤' 이름만 붙으면 날개 돋친 듯 팔려 나가고 있다. '한겨울 독감 바이러스가 찬 바람을 타고 퍼지듯' 하여 문화계는 기쁨을 감추지 못하고 있다. 전문가들은 사람의 감정도 바이러스처럼 전염성이 있다고 한다.

이렇듯 요즘 세상은 감정이든 세균이든 금융위기든 간에 무엇이듯 빨리 퍼지는 모양이다.

우리는 한 국가에서 발생한 금융위기가 다른 나라로 파급되는 현상을 '금융위기의 전염효과(contagion effect)' 라고 부른다. 금융위기의 전염은 주로 외환시장이나 주식시장 또는 국제신용시장을 통하여 거의 동시에 혹은 약간의 시차를 두고 전파된다.

전염효과는 다음과 같이 크게 두 가지 유형으로 구분할 수 있다.

첫 번째 유형은 국가간 경제적 의존관계(economic interdependence)로 인하여 발생하는 전염효과이다. 이 경우, 한 국가의 금융위기가 다른 국가의 경제적 기본요인(economic fundamentals)에 영향을 끼침으로써 전염효과가 발생한다.

예를 들어, 특정 국가의 통화가 평가절하(devaluation)되면 이 나라와 교역량이 많은 국가나 또는 제 3국에서 이 나라와 무역경쟁관계에 있는 국가들의 수출품이 상대적으로 경쟁력을 잃게 되어 이들 국가의 외환시장에서 교란이 발생할 수 있다. 또한, 특정 국가에서 금융교란이 발생하면 이 국가의 금융시장에 투자한 다른 나라들의 금융기관이 유동성 부족으로 인하여 곤란을 겪게 되어 결국은 다른 국가들로 금융시장의 교란이 전염된다.

금융위기의 전염효과는, 경제적 기본요인의 변화로는 그 원인을 설명할 수 없으며, 시장정서(market sentiments)의 변화나 경제적 기본요인에 대한 기존정보의 재해석 등으로 인하여 발생한다고 설명하고 있다.

(2) 나비 효과란?[4)]

'나비 효과(Butterfly effect)' 는 혼돈 이론에서 초기값의 미세한 차이에 의해 결과가 완전히 달라지는 현상을 뜻한다. 이 표현은 미국의 기상학자 에드워드 로렌츠가 1972년에 미국 과학부흥협회에서 실시한 강연의 제목인 '예측가능성-브라질에서 한 나비의 날갯짓이 텍사스 돌풍을 일으킬 수도 있는가' 에서 유래한다.

나비 효과에 따라서, 기상 예측에는 시간이 지날수록 오차가 크게 나타나고, 따라서 장기적인 기상 예보는 불가능하다는 결론이 얻어진다. 현재 세계 각국이 미국발 금융위기의 나비 효과를 몸소 경험하고 있다. 미국 행정부 및 의회는 지난 6년 동안 이라크 전쟁비용에 해당하는 7,000억 달러를 월 스트리트 구제 비용으로 썼지만 효과가 별로 없다.

미국발 금융위기의 나비 효과가 국내 금융시장에는 쓰나미처럼 강타하고 있으며, 오히려 전세계로 빠르게 퍼지고 있다. 새뮤엘슨 미 MIT대학 석좌교수는 지금의 금융위기가 '무분별한 규제 철폐로 자유방임주의가 되었고, 정부는 견제와 균형을 잃었기 때문' 이라고 진단한다. 나비가 더욱 더 빨리 날 수 있도록 길을 터 준 결과가 아닐까?

(3) 금융위기와 블랙 스완(Black Swan)

금융위기를 어느 누가 예상할 수 있었겠는가?

금융위기는 항상 예고없이 찾아오곤 했다. 물론 전조증상은 있었지만 …… .

최근 미국발(發) 금융위기로 전대미문(前代未聞)의 충격에 전세계가 공포에 질려 있다. 우리나라의 코스피 지수도 2007년 연초대비 한때 반토막이 났다.

그러나 2008년 초 금융전문가들은 2천 선을 내다보았고, 2007년 연말 국내 4대 은행장들도 코스피 지수가 2천 선 안팎을 유지할 것으로 내다봤다.

이러한 현상을 설명하는 적절한 비유가 있다. 즉, 1987년 10월 19일 '블랙먼데이' 에 다우존스 지수가 23%나 폭락한 사건을 검은 고니(Black Swan)와 같았다는 것이다. 미국 월스트리트의 투자전문가인 나심 니콜라스 탈레브의 '블랙 스완' 은 이른바 금융전문가들이 '검은 고니' 의 출현가능성을 회피하기 때문이라는 설명을 내놓는다.

'블랙 스완(Black Swan)', 즉 '검은 고니' 의 유래는 17세기 호주로 거슬러 올라간다. 당시 영국 사람들에게 모든 고니는 흰색이었고, '고니 = 흰 새' 라는 공식은 '참의 명제' 였다. 그래서 이름도 백조(白鳥), 즉 '흰새' 라고 불렀다.

17세기까지 전세계 생물도감에서 고니는 모두 하얀 색이었다. 그러나 영국인들이 호주 대륙에 이주하면서 검은 고니가 있다는 놀라운 사실을 확인했다. 호주에서 발견된 검은 고니 한 마리가 전세계 생물도감을 바꾸는 계기가 되었다.

검은 고니가 발견되자, 지금까지 '모든 고니는 흰색' 이라는 오랜 경험적 통념은 한순간에 사라져 버렸고, 이 이야기에서 유래한 '검은 고니(흑조)' 는 '일어날 개연성이 매우 희박한 사건' 을 의미하는 대명사가 되었다. 이 때부터 '예상치 않은 아주 낮은 가능성이 전체에 영향을 주는 것' 을 가리켜 '검은고니 효과' 라는 말을 쓰기 시작했다.

검은고니를 직접 눈으로 확인하기 전까지는 어느 누구도 예상이 불가능하다. 과거 경험치가 없었던 일이기 때문이다. 인간은 자신이 알고 있는 것에만 집중하도록 훈련되어 있기 때문에 극단적인 값에 대한 예측은 쉽지 않다.

탈레브는 이 책의 곳곳에서 석학들과 정부의 '정규분포식 위선'을 신랄하게 비판한다. 예를 들면, 지난 1998년에 롱텀캐피털 매니지먼트(LTCM)라는 투자회사가 파산했다.

이 회사는 당시 노벨 경제학상 수상자 두 명이 개발한 세계최고의 위험관리기법을 쓰고 있었다. 그러나 이 회사는 위험관리를 잘못해서 망했다. 얼마나 아이러니(irony)한 일인가?

금융업계는 어떤가? 100년 이상 역사를 가진 회사들이 지금껏 관찰하고 또 관찰해도 이들이 벌리는 대출사업 수익성은 측정할 길이 없었다. 결국에 미국 은행들은 그때까지 벌어들인 모든 금액을 날려 버렸다.

작가 탈레브는 이러한 현상에 대해 "우리는 언제나 검은 고니는 없다고 가정하고 행동한다."라고 말한다. 이는, 이런 개연성을 항상 정규분포 안에서 생각한다는 말이다. 그러나 작가는 극단적인 위기가 언제나 정규분포곡선 밖에서 일어난다고 주장한다.

정규분포곡선 안에서 벌어지는 일은 예측과 유기적인 사후처리가 가능하기 때문에 결코 최악의 위기를 초래하지는 않는다. 이에 비해 정규분포곡선 밖에서 일어난 사건은 불과 하나밖에 안 될지라도 정규분포 안에 '준비없이' 안주해 있는 모든 사람을 공포로 몰아넣기 일쑤다.

경제학이나 경영학 혹은 투자이론 등은 대체로 정규분포 안에서의 결과물을 다룬다. 이 이론들은 대부분이 정규분포 밖의 극단값을 고려하지 않는다. 여기서의 극단값은 일반적인 기대영역 밖에 놓여 있는 관측값을 뜻하는 통계용어다.

"고니는 하얗다."라고 알고 있던 17세기에 '검은 고니' 한 마리가 세상을 뒤바꿨듯이, 정규분포 밖의 극단값 0.1% 의 가능성에 속한 오늘날의 금융위기는 온세상을 일시에 바꿔 버렸다.

투자전문가이자 작가인 나심 니콜라스 탈레브는 이 극단값을 '검은 고니(Black Swan)' 라고 지칭한다. '블랙 스완' 의 세계적인 화제를 일으킨 그의 책은 세계 27개 언어로 번역되어 17주 동안 뉴욕타임스 베스트셀러 1위를 기록한 바 있다.

탐욕과 오만을 버리고 겸허한 자세로 우리가 경험하지 못한 '저 넘어' 까지 고려한다면, 우리는 오늘날 우리가 겪고 있는 금융위기를 피할 수 있을 것이다. 즉, 우리가 검은고니와 맞닥뜨렸을 때, 검은고니에게 당하지 않고 사냥을 할 수 있다는 뜻이다.

5. 오바마의 美 대통령 당선과 금융위기[5)]

오바마(Barack Hussein Obama)의 시대가 열렸다. 미국은 물론이고 전세계는 지금 미국 건국 232년 만에 첫 흑인 대통령의 배출에 열광하고 있다. 오바마 미국 44대 대통령은 '변화와 희망' 을 외치며 미국, 아니 전세계에 희망의 메시지를 전해 왔다. 오바마가 취할 예상 금융관련 정책의 핵심은 무엇인가?

미국 대통령 당선 당시 시민에게 답례하는 오바마 가족

그는 강력한 정부의 시장개입과 경기부양을 위한 재정지출 확대를 꾀할 것이다. 2008년 이미 사상 최대규모인 4천548억 달러를 기록하고 있는 재정적자가 2009년에는 1조2천억 달러에 육박할 것이라는 분석이 나오고 있지만 민간부문에서는 오바마 대통령에게 벌써 경기 부양 방안을 마련할 것을 요구하고 있다.

또한 오바마는 연소득 25만 달러 이상의 부유층에게서 세금을 더 걷어 중산층에게 1인당 500 달러의 세금환급 혜택을 줌으로써 소비지출 여력을 더 높이겠다고 공약했다. 여기에 최소 1천500억 달러 이상의 경기부양책을 검토 중이다.

그러나 전문가들은 오바마가 고려하고 있는 정도의 부양책으로 경제가 살아나기는 쉽지 않을 것이라는 전망이다. 설상가상으로 2009년 오바마 행정부가 출범한 시점에는 미국의 경제상황이 2008년보다도 더 악화될 것이라는 게 전문가들의 공통된 예상이다.

이를 반영이라도 한 듯, 오바마 당선의 환호도 잠시이고 당선되던 날 밤 사이 뉴욕 증시가 또 다시 큰 폭으로 떨어졌다. 다우존스 지수 5.05%, 나스닥은 5.53%, 그리고 S&P500 지수도 5.27% 빠지는 폭락장세를 연출했다.

그렇다면 오바마 대통령의 취임은 한국에 어떤 영향을 미칠까? 한 외국계 금융기관 책임자는 "오바마 당선으로 한국의 국가신용등급 하락 위기가 소멸됐다."라고 말했다. 왜냐하면 오바마는 이미 김정일 위원장과 정상회담 및 북-미수교를 공약으로 내건 상태로, 남북화해정책을 추진할 것으로 보이기 때문이다.

이 경우에 자연히 남북화해 무드로 연결되어 '한국의 컨트리 리스크(country risk)' 중 하나가 해소될 것이라는 전망이다. 컨트리 리스크가 내려가면 우리가 최근 경험한 바 대로 국가부도(CDS) 프레미엄이 하락하여 글로벌 자본이 우리나라에 유입되고, 증시를 비롯한 금융시장의 리스크가 현저히 줄어들 것이기 때문이다.

그러나 전세계를 공포로 몰아가고 있는 문제의 핵심은 실물경기침체로 인한 디플레이션 공포다. 심지어 이제는 거꾸로 실물경제가 금융위기를 몰고 올 수 있다는 우려까지도 나오고 있는 실정이다.

금융위기의 역사[6)]

1. 파생상품의 시작, 3대 투기사건이 발생하다

(1) 튤립 구근 투기사건

서구 근대 경제사에는 3대 투기 사건이 있다. 첫째가 바로 튤립 투기로 새로움에 대한 광기와 네덜란드 튤립 마니아(1634~1637)로 인해 일어났으며, 둘째가 미시시피 투기(1716~1720), 셋째가 남해(1716~1720) 투기사건이다.

역사상 최초의 투기 대상은 튤립 구근이었다. 인류 역사에서 최초의 광적인 투기 열풍은 17세기 네덜란드의 튤립이었다. 1630년대 네덜란드에서는 섬유산업의 혁명적 부흥으로 경제가 붐을 이루었다. 당시 상류층의 관심을 한몸에 받은 것이 터키에서 수입해 오는 튤립 구근(球根)이었다. 모든 사람이 튤립의 향을 좋아했고, 따라서 수요가 급증했다.

수요가 늘면 가격이 오르는 법 … .

튤립은 곧 부의 대명사이자 상징이 되었고, 전국적인 튤립 투기붐이 일었다. 귀족은 물론이고 농부 · 기술자 · 선원 · 시녀 · 시종, 심지어는 굴뚝청소부에 이르기까지 튤립 사재기 광풍이 일었다. 많은 사람들이 튤립 사재기에 집과 농장을 팔기 일쑤였다.

이미 수확한 튤립의 거래도 모자라, 아직 밭에서 수확하지도 않은 튤립의 뿌리까지도 입도선매(立稻先賣)하는 현상이 벌어지기 시작했다.

1636년에는 투기광풍으로 가격이 천정부지로 올랐다. 그래서 튤립 알뿌리 1개가 마차 1대와 말 2필, 심지어는 마구 일체와 맞먹는 가격까지 치솟았다. 천정부지로 치솟던 값도 어느 땐가는 떨어지게 마련인 법 ···· .

아니나 다를까? 1637년 2월 4일, 예고도 없이 가격이 폭락하는 사태가 발생했다. 부풀 대로 부풀어 있던 튤립 버블이 일시에 터져 버린 것이다. 이 결과, 여기에 투자한 수많은 사람들이 모든 재산을 날리고 파산했다.

(2) 미시시피 투기사건

18세기에 프랑스에서는 엄청난 투기 열풍이 일어났다. 1719년에 '미시시피' 라는 회사를 스코틀랜드 사업가 '존 로(John Law)' 가 인수한다. 그는 엄청난 수익을 낼 것처럼 선전하면서 마침 본인이 소유한 은행인 방크 로얄르(Banque Royale)에서 찍은 불환지폐로 자신의 회사 주식을 살 돈을 대출해 주었다.

주가는 자그마치 36배나 폭등했고, 은행권의 남발로 인해 심각한 인플레이션이 촉발됐다. 그러나 거품이 꺼지자, 한순간에 폭락해 버렸다. 여기에 가담한 수많은 투자자들은 엄청난 손실을 입었다.

그 파장이 얼마나 컸던지, 프랑스 정부는 이 사건 이후 약 150여 년 동안 주식회사 설립을 제한했고, 1980년대까지도 금융 및 주식시장을 엄격히 규제했다. 중앙은행 이외에는 은행(Banque)이란 이름을 못 붙이게 할 정도였다.

(3) Souch Sea 투기사건

프랑스와 거의 같은 해인 1720년에 영국에서도 미시시피 회사의 수법을 모방한 South Sea 주가가 폭등했다. 영국은 당시 전쟁에 필요한 자금 마련을 위해 주식회사 영란은행(BOE, 1694)과 남해회사(1711)를 만들었다. 이들은 우선적 발권은 물론이고 남미무역과 노예무역을 독점하는 특권을 얻는 대가로 정부공채를 주식으로 전환했다.

이러한 과정에서 South Sea 社의 주가는 1월에 128파운드, 5월에 550파운드, 그리고 8월초에는 1000파운드까지 상승하여 이 회사의 시가총액은 한때 영국 GDP의 5배에 이르렀다. 투자자들은 남해회사 무역독점권으로 인한 수익에 대한 기대가 높아지면서 국채 대신으로 이 회사 주식을 사들였고, 경영진들 역시 주가를 올림으로써 회사의 이익을 극대화하는 데 혈안이 되어 있었다.

또한, 당시 이 회사의 주가 폭등을 지켜본 투기꾼들이 너나할 것 없이 회사 설립을 남발하여 주식을 발행하고 돈을 끌어 모았다. 이러한 광경을 보다 못한 영국 의회는 1720년에 〈버블법(Bubble Act)〉을 만들어 회사 설립을 엄격히 제한하기에 이르렀다.

버블법의 내용 중에는 '주식을 발행하려면 왕실의 허락을 받아야 한다.' 라는 내용도 있었다. 6월 버블법이 통과되어 일시에 규제를 강화하자, 투자 심리가 악화되어 남해회사 주가는 정점을 찍은 지 한 달 만에 150 파운드로 떨어졌다.

그해 12월에는 주가가 100 파운드 아래로 곤두박질쳤고, 수천 명의 주주들이 재산을 잃었다. 결과적으로 South Sea 社는 사업도 제대로 못해 보고 부도가 났고, 이후 영국 증시는 1825년에 버블법이 폐지될 때까지 약 100여 년 동안 약세장을 지속했다.

(4) 아이작 뉴턴도 투기에 가담하다

아이작 뉴턴(sir isaac newton, 과학자, 천문학자, 수학자, 1642~1727)

심지어는 물리학자 아이작 뉴턴도 투자했다가 큰 낭패를 봤다고 한다.

만유인력의 법칙으로 유명한 아이작 뉴턴은 캠브리지 대학의 교수직을 70살의 나이에 은퇴한 후, 영국조폐국장 자리로 옮겼다. 그는 당시 영국을 휩쓸었던 South Sea 社의 투기열풍에 참여했다. 처음에는 100%의 수익을 내고 주식을 팔았고, 그 이후에 주가가 더욱 치솟았다. 그는 다시 남해회사 주식을 샀고 폭락으로 이어졌다.

결국에 만유인력의 발견자 아이작 뉴턴은 South Sea 社 투기에 가담하여 빈털털이로 생을 마감했다고 한다. 당시 뉴턴의 "나는 천체의 움직임은 계산할 수 있어도 사람들의 광기는 도저히 예측하지 못 하겠다."라는 탄식은 지금도 유명한 일화로 인용문구에 이용되고 있다.

2. 대공황이 터지다

(1) 원인

20세기에 들어서 투기의 역사는 영국과 프랑스를 거쳐 자본주의가 꽃을 피우던 미국으로 건너온다. 1924~1925년 사이, 미국에는 부동산 투기가 일어 플로리다의 경우는 땅값이 불과 2주 사이에 2배로 뛰는 일도 있었다. 주식광풍도 일었다. 제1차 세계대전 후의 미국은 겉으로는 신기술과 생산성 향상으로 경제적 번영을 누리는 것처럼 보였지만, 내부적으로는 만성적 과잉생산과 고실업으로 몸살을 앓고 있었다.

1928년 초부터 증시가 폭등하고 수많은 투자자들은 차입 투자까지 즐겼다. 1929년 3월에 美 제31대 대통령으로 취임한 허버트 클라크 후버는 "매 끼니마다 닭고기를 먹고, 누구나 자동차를 가질 수 있도록 하겠다."라는 공약을 내걸 정도로 경제상황이 좋았다. 그러나 그것도 잠시, 1년도 안 되어 버블이 꺼지면서 10월 24일에 기록적인 주가 대폭락과 함께 미국 주식시장이 붕괴되었다.

당시 대공황의 원인은 신용위기에서 촉발되었다. 주가폭락 몇 개월 전인 1929년 어느 날 상업은행들은 총 8,000만 달러에 달하는 예금 지급 중단을 선언했다. 뒤이어 하루 만에 주가가 2% 폭락한 후 1929년 10월 24일의 '검은 목요일'이 닥쳤다. 이것이 1930년대를 강타했던 '세계 대공황(The Great Depression)'의 서막이었다.

(2) 영향

1929년 10월 24일에 뉴욕 월가는 주식 대량매도로 주가가 불과 3일 만에 3분의 1 수준으로 폭락했다. 1932년에 미국의 국내총생산(GDP)은 1929년 대비 60%로 급감하고, 노동자는 3분의 1이 일자리를 잃었다. 또한 2년여 동안 미국 은행 1,860개가 파산하고 주가는 89%까지 폭락했다. 이후 주가는 22년이 지난 1954년이 돼서야 비로소 1929년 수준으로 회복됐다.

(3) 미국 정부의 대응은?

미국에서는 1929년 대공황 이전인 1873년, 1884년, 1893년 및 1907년에 금융위기가 있었다. 거의 10년에 한 번 꼴로 은행들이 파산하고 인출사태(bank run)가 벌어지곤 했다. 미국 정부는 이에 대비하기 위해 1913년 중앙은행인 연방준비제도(연준)를 설립했다.

연준이 설립된 이후에 주기적인 금융위기는 줄어들었으나, 1929년부터 1933년까지의 대공황 시기에는 연준이 금리를 올리고 통화량을 줄이는 방식으로 대응하면서 위기가 오히려 악화되었다.

3. 저축대부조합이 파산하다

(1) 원인

대공황 이후, 대규모 금융위기는 자취를 감췄다. 그러나 1980년대에 들어서 저축대부조합 사태가 발생하였다. 저축대부조합(S & L : Savings & Loans Association)은 미국에서 조합원들의 저축을 이용하여 주택저당대출을 하는 일종의 협동저축기관으로 근본적 목적은 조합원들의 주택매입 또는 주택수리비용을 제공하기 위한 것이다.

저축대부조합들은 1980년대 초에 자기자본비율 완화와 이자율제한 폐지 등의 규제가 완화되면서 고수익-고위험 투자에 손을 대기 시작했다. 특히 텍사스 지방의 부동산 투기에 많은 자금을 공급하였다.

저축대부조합들은 투기업자에게 이자에 해당하는 자금을 다시 대출해 주는 위험한 대출방식을 시행하여 부동산 매입자금을 초과한 대출이 이루어졌다. 그러나 1983년 이후에 부실채권이 급증하자, 저축대부조합들은 지급 불능(insolvency)상태가 되어 부도사태를 면할 길이 없었다.

(2) 영향

대부조합의 파산으로 1987년에 텍사스 소재 280개 저축대부조합 중 약 60개가 지급불능상태에 처하였다.

이후 미국 전역에 걸쳐서 4,000여 개의 조합 가운데 1,043개가 문을 닫았고 정부의 자금지원과 연준의 금리인하를 초래했다.

(3) 미국 정부의 대응

저축대부조합 파산으로 미국 정부는 처리과정 상 정리신탁공사(RTC, Resolution Trust Corporation)와 연방준비은행(FRB, Federal Reserve Bank) 등 정책당국의 적극적인 개입이 있었다. 당시 미국 정부는 1,230억 달러에 달하는 구제금융을 실시했다.

미 연방준비은행(RTC) 빌딩 전경

4. LTCM이 도산하다

(1) 원인

LTCM의 도산은 아시아 금융위기와 궤를 같이 한다. 즉, 지난 1997~98년 당시 아시아 외환위기 당시 러시아 모라토리움 때 미국 최대의 헤지펀드였던 LTCM은 신흥시장 국가 통화와 채권에 상당한 레버리지를 동원해 투자했다. 1998년에는 러시아의 일부 국채 지불유예(moratorium) 선언이 있은 후에 LTCM은 몰락했다.

(2) 영향

LTCM은 개도국 채권이나 정크본드 등 고위험-고수익 채권에 투자했다. 그러나 러시아가 채무불이행선언을 하면서 개도국 채권의 가격이 폭락하자, 대규모 손실을 입게 되었다. LTCM 도산으로 발생한 손실규모가 약 40억 달러, 당시 미국 GDP의 1.1%에 이르렀다.

(3) 미국 정부의 대응

LTCM 위기설이 퍼지던 1997년 10월 초에 주가는 하락세로 반전되어 10월 27일에는 S&P500지수가 6.9% 급락했다. 그러나 9~11월 동안 당시 연방준비위원회 의장이었던 그리스펀은 금리를 결정했다. 연준은 3개월 동안 금리를 75bps 인하하고 LTCM에 대형 금융사들의 협조 융자로 35억 달러에 달하는 긴급자금을 조성해 위기를 넘겼다.

5. 911테러, 금융위기를 수반하다

(1) 원인

2001년 9월 11일, 뉴욕의 월드트레이드 센터와 워싱턴의 펜타곤에 최악의 테러가 발생하여 미국을 비롯한 전세계를 공포의 도가니로 몰아넣었다.

(2) 영향

9 · 11 테러는 684.81 포인트, 즉 7%의 주가 폭락, 3500여 명의 인명사고, 세계무역센터 건물 11억 달러, 테러응징을 위한 지출 400억 달러, 재난극복을 위한 각주의 지원액 11억 달러 등 천문학적인 인명피해와 경제적 · 심리적 손실을 입었다.

2001년 9 · 11테러는 미국을 비롯한 전세계를 경제적 · 심리적으로도 공포의 도가니로 몰아넣었다.

(3) 미국 정부의 대응

9 · 11테러 이후, 미국은 테러와의 전쟁을 선포하면서 아프가니스탄과 이라크를 침공했다.

이때 경제적으로 가장 타격이 심한 분야 중 하나가 항공업계였고, 미 의회는 150억 달러 규모의 보조금과 대출보증을 업계에 지원했다.

미국 뉴욕 리버티 아일랜드의 '자유의 여신상'이 허드슨강 건너 편에 위치한 뉴욕시 맨해튼 남단의 금융 중심지를 비추고 있다.

제 5 장 70년 만의 글로벌 경제 대혼란[7]

인간은 태어나면서부터 허영심이 강하고 타인의 성공을 질투하기 쉬우며, 자신의 이윤추구에 대해서는 무한정한 탐욕을 지닌다.

– 톨스토이(Lev Nikolaevich Tolstoi, 시인이자 소설가, 1828. 9. 9 ~ 1910. 11. 20)

서브프라임 모기지 사태

1. 서브프라임 모기지(Sub-Prime mortgage)의 원인

서브프라임 모기지란 무엇인가?

미국에서 신용등급이 낮은 저소득층을 대상으로 고금리로 주택마련을 위한 자금을 빌려 주는 '비우량 주택담보대출'을 의미한다. 과거에는 금융기관에서 신용도가 낮아 취급하기를 꺼렸지만 2000년대 들어서는 오랫동안 지속된 미국의 저금리 기조 속에서 금융기술이 눈부시게 발전되어 파생상품으로 증권화와 재증권화 상품이 출시된 이후부터 서브프라임 모기지가 급격히 확대되었다.

특히 서브프라임 모기지 대출은 신용도가 낮은 사람들을 대상으로 주택을 쉽게 구입할 수 있도록 하는 제도이기 때문에 대개는 대출을 시작하는 시점부터 약 2년 정도까지는 낮은 고정금리를 적용하다가 이후부터는 높은 변동금리로 바뀌는 구조로 되어 있다.

지속된 저금리 기조를 타고 급증한 주택수요는 주택가격을 더욱 올렸다. 모기지 수요자들도, 집값이 계속 오르고 있었고 또 장래에도 오르리라는 기대감으로 수수료를 내더라도 남는 장사라는 생각을 하고 있었다.

그도 그럴 것이, 2001년 이후에 미국의 연평균 생산성 증가율은 약 1.6% 정도에 불과했으나 주택가격은 무려 82%나 뛰었다. 그러나 2004년 가을부터 2006년 여름까지 17차례에 걸친 미국의 금리인상은 집값 상승추세를 꺾기에 충분했다.

2006년을 정점으로 치솟던 집값 상승률은 꺾이게 되었고, 동시에 연체율이 급상승했다. 서브프라임 모기지에 투자한 펀드와 금융회사가 연쇄적으로 손실을 보면서 신용 경색도 동시 다발적으로 발생했다. 곧이어 '글로벌 금융위기' 라는 예정된 불청객이 찾아오는 결과를 야기했다.

2. 모기지의 증권화와 자산유동화

(1) 모기지의 증권화란 무엇인가?

일반적으로 '증권화' 란 대출채권 등 고정화된 자산을 매매가 가능한 증권형태로 전환하는 자산유동화(Asset Securitization)를 뜻하는 말이다.

그러면, 모기지의 증권화란 무엇인가? 모기지를 취급하는 금융기관이 모기지를 매집기관으로 양도하고, 매집기관은 양도받은 서로 다른 여러 모기지를 섞어 모기지풀을 만든 후, 이것을 담보로 자산유동화증권(MBS, Mortgage-backed security)을 발행하여 투자자들에게 판매하는 것을 말한다.

한편, 이러한 과정을 거쳐서 발행된 유동화증권은 그 기초자산의 종류에 따라 여러 가지 명칭이 붙는데, MBS는 주택담보대출을, CDO (Collateralized Debt Obligation)는 일반대출이나 채권을 기초자산으로 발행된 증권을 뜻한다. 유동화증권 시장의 규모는 최근 몇 년 동안 초고속으로 확대되었는데, 전세계 유동화증권의 발행규모는 2000년에 약 6천억 달러 규모에서 2007년말 기준 2.2조 달러로 늘어났다.

서브프라임 모기지의 증권화 비율은 약 60% 정도로 상당히 높은 편이다. 이러한 배경은 부채담보부증권(CDO ; Collateralized Debt Obligation)의 눈부신 발전 때문이다. 일반적인 MBS의 경우, 10~20% 정도가 투자부적격 후순위 등급으로 매겨지게 됨으로써 가격 설정도 힘들 뿐만 아니라 유동성이 매우 낮아서 투자자들에게 매각하기가 어려웠다. 그러나 CDO는 서브프라임 MBS 중에서도 후순위 계층을 집중 매입한 뒤, 신용보강작업을 거쳐서 만든 전혀 새로운 파생상품으로 변모되기 때문에 매각이 쉬웠다.

지난 몇 년 간 발전에 발전을 거듭한 금융기법은 물론이고 몇 년 간 지속되어 온 미국의 저금리 기조도 이러한 시장의 폭발적 팽창에 한몫을 담당했다. 장기간에 걸친 초저금리 기조 속에서 마땅한 투자처를 찾지 못하던 투자자들에게는 호재가 아닐 수 없었다. 전통적인 금융시장의 수익률은 3~4%에 지나지 않는 반면, 파생상품의 수익률은 30~40%에 달했다. 그러므로 고수익을 갈구하는 투자자들에게는 서브프라임 모기지에 대한 투자가 매력적일 수밖에 없었다.

(2) 자산유동화란?

자산유동화는 자산보유자로부터 부동산 · 대출채권 · 유가증권 등과 같이 유동성이 낮은 기초자산을 매입한 후, 신용 보강 작업과정을 거친 뒤, 이를 근거로 해서 새로운 증권을 발행하고 매각하는 형태로 이루어지게 된다.

한편, 증권의 구매자는 기초자산으로부터 발생하는 현금흐름 속에서 투자자금을 회수하게 되는데, 자금회수의 방식에 따라 다양한 형태의 위험 및 수익구조를 가진 다양한 증권이 만들어질 수 있다.

예를 들면 베어스턴스와 리먼브러더스 등을 망하게 한 유동화증권인 주택담보부증권(MBS, Mortgage Backed Security), 자산담보부증권(CDO, Collatoral Debt Organization), 신용부도교환(CDS, Credit Default Swap) 등의 파생상품들이 그것이다.

MBS란 주택저당증권으로 불리우며, 은행 및 모기지 대출기관이 대출금을 회수하기 이전에 기존 주택담보대출을 담보로 하여 발행하는 유동화 채권이다. 즉, 모기지 업체들은 주택을 담보로 내준 대출 자체를 다시 담보로 채권을 발행하는 것이 주택저당채권(MBS)이다.

CDO란 자산담보부 증권이라 칭하며, 개별채권(Collateralized Bond Obligation)이나 개별대출(Collateralized Loan Obligation)의 풀(Pool)을 기초자산으로 하여 새로운 채권을 발행하는 구조를 의미하는 것으로, 이때 발행되는 새로운 채권은 트랜치(Tranche)라 불리우는 일종의 선순위/후순위 구조를 반영하여 투자자에게 다양한 위험-수익구조(Risk-Return Structure)를 제공하게 된다.

다시 말하면 MBS를 산 금융회사가 이러한 채권을 여러 개 모아서 또 다른 채권으로 만들어 파는데, 이것이 부채담보증권(CDO)이다. 그러니까 담보는 원래 주택 한 채였지만 담보를 담보로 하여 꼬리에 꼬리를 무는 식으로 금융상품이 생겨났고, 이 상품은 월스트리트를 창구로 하여 유럽 등 전세계에 팔려 나갔다.

CDS(Credit Default Swap)란 금융기관이 기업에 신용대출을 해줄 경우, 만약 기업이 부도가 날 때에 이를 대신 갚아 주겠다는 보험성 상품이다. CDS는 어떤 기업의 외채 상환능력을 가늠하는 데 사용되는 채권과 채무에 기반을 둔 재정적 도구이다.

자료 : http://www.moneytoday.co.kr.

3. '글라스 – 스티겔법(Glass-Steagall Act)' 폐지로 서브프라임 모기지가 남발되기 시작하다

1990년대에 일련의 규제 법안이 폐지된 것도 금융위기 확산의 중요한 요인으로 작용했다. 1929년 대공황을 교훈삼아 상업은행과 투자은행의 엄격한 분리를 규정했던 은행법인 글래스 스티겔법(Glass-Steagall Act)은 1999년 은행현대화법(Gramm-Leach-Bliley Act)으로 대체되었다.

이로 인해 소위 '금융지주회사'라는 이름 아래 상업은행과 투자은행간 장벽이 사라짐으로써 금융지주회사와 투자은행들은 연방정부의 규제를 받지 않는 투자전문 자회사 및 모기지 전문회사를 만들어 비우량 주택담보(서브프라임) 대출을 남발하기 시작했다. 이후 상업은행이 투자은행 업무도 병행할 수 있게 되면서 은행의 위험을 떠안을 확률도 점차 커져 갔다.

4. 서브프라임 사태의 진행과정

법적 배경[8)]

■ 글래스 – 스티걸法 (Glass–Steagal Act)

미국에서 1933년에 제정된 상업은행에 관한 법률로, 공식명칭은 1933년의 은행법(Banking Act of 1933)이지만, 이 법을 제안한 의원의 이름을 따서 위와 같이 불렀다. 주요 골자는 지점망의 재조정, 연방예금보험제도의 창설, 예금금리의 상한설정, 연방준비제도의 강화, 투자은행업무로부터의 완전분리 등이었다. 그 결과, 기업이 발행하는 유가증권 인수업무는 투자은행에만 한정되고 상업은행에 대해서는 일체 금지되었다.

● 입법 배경

1929년의 주가폭락과 그에 이은 경제대공황의 배경 가운데 하나로 상업은행의 방만한 경영과 이에 대한 규제장치가 없었다는 점이 지적되어 이에 대한 근본적인 개혁이 요구되었다. 동법은 입법 이후 60여 년 동안 증권–보험–은행간 칸막이 역할을 해 왔으며, 월스트리트 저널의 경우는 1999년 동법 폐지에 즈음하여 '은행이 30년대 대공황의 희생양'이 된 채 마음놓고 성장할 수 없었다.' 고 지적하기도 했다.

● 폐지 원인

1999년 11월에 미국에서는 금융제도개혁법안(Financial Services Modernization Act)을 제정하여 그 동안 은행과 증권의 분리를 규정하였던 글래스–스티걸법(Glass–Steagall Act)의 규정을 철폐하고, 은행 · 증권 · 보험 등의 모든 금융업무를 하나의 회사가 운영할 수 있도록 했는데, 이를 만든 사람의 이름을 따서 흔히 그램 – 리치 – 브릴리법(Gramm – Leach – Bliley Act, GLB법)이라 부른다.

리먼브러더스와 AIG가 쓰러지기까지

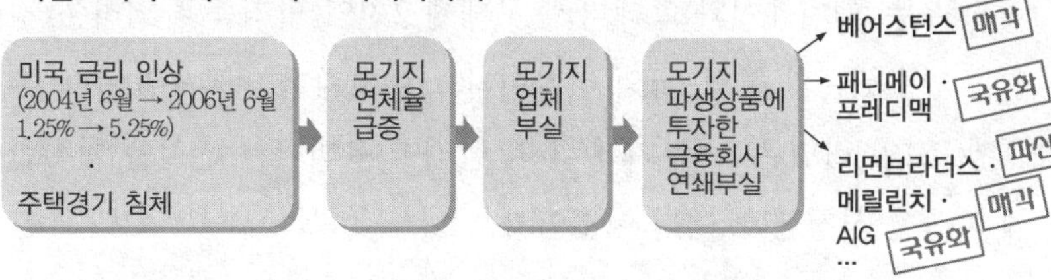

미국은 1990년대 후반부터 침체된 경제를 살리기 위해 저금리 정책을 지속해 왔다. 특히 2001년 9 · 11 테러 사태 이후 2004년까지 총 13여 차례에 걸쳐서 5.5%포인트나 정책금리를 내렸다. 1~2%대의 낮은 금리가 지속되자 대출이 급격히 늘어났고, 그 결과로 주택 가격은 거품을 형성했다.

결국 침체된 경제를 살리기 위해 과도한 저금리 정책이 거대한 부동산 가격 거품을 형성했고, 나아가서 거품이 꺼지면서 서브프라임 금융위기가 닥친 것이다.

2007년 3월부터 제1차 서브프라임 모기지의 손실이 발생한 것을 시작으로 7월에는 HSBC의 손실 발표 및 New Century Financial 사의 파산으로 이어졌고, 뒤이어 제2차 금융불안은 부채담보부 증권(CDO) 투자의 부실화 Bear Stearns 및 BNP Paribas 산하 헤지펀드에 대한 환매사태 등에서 발생했다.

이에 그치지 않고 2007년 11월에 발생한 제3차 금융불안으로 투자은행의 실적 악화는 물론이고 단기금융시장의 신용경색이 발생하였으며, 2008년 3월에 발생한 4차 금융불안은 거래상대방 위험의 확산으로 '모노라인' 이라 불리우는 미국계 채권보증업체에 대한 신용등급 강등과 아울러 Bear Stearns에는 288억 달러의 공적 자금을 투입했다.

美 정부는 패니메이와 프레디맥 구제에 2천억 달러를 투입하여 경영권을 인수했는가 하면, 꿈의 직장이라고 여겨지던 미국 4위 규모 투자은행(IB)인 리먼은 3/4분기에 40억 달러에 육박하는 손실을 기록한 후에 파산을 신청했다. 어디 이뿐인가?

3위 투자은행인 메릴린치와 뱅크 오브 아메리카(BOA)는 각각 100억 달러와 150억 달러의 우선주를 매각키로 하고 두 기관이 합병했다. 세계 최대 보험사인 AIG도 850억 달러 구제금융 덕분으로 사망 직전에 간신히 목숨을 부지한 상태이다.

미국 정부는 최근 미국 내의 16개 은행에 330억 달러 규모의 공적 자금 투입을 결정했다. 미국 정부의 이번 조치는, 파산 위기에 처한 은행의 우선주나 주식매입권을 매입하는 대신, 공적 자금을 은행에 직접 투입하는 방식으로 향후 총 2,500억 달러 규모의 은행 재자본화 프로그램의 2번째 단계이다.

이번에 미국 정부의 자금지원 대상 은행은 시티 그룹을 비롯해 JP 모건 체이스, 뱅크 오브 아메리카(BOA), 골드만 삭스, 모건 스탠리, 웰스 파고, 뱅크 오브 뉴욕 멜론, 스테이트 스트리트, 그리고 메릴린치 등이다.

한편 경기부양을 위해 2008년 회계연도에 발행한 미국 및 유럽의 국채 발행은 약 3조 달러에 이른다.

제 3 부

미국발 금융위기의 원인

제 6 장 서브프라임 사태와 금융위기

오만한 사람에게는 자기 가치의 절대적인 높이만이 중요하며, 허영심이 많은 사람에게는 자기 가치의 상대적인 높이만이 중요하다.

– 게오르그 짐멜(Georg Simmel, 사회학자, 1858~1918)

저금리 기조 속에 급증한 고위험 자산투자

1. 최근 미국발 금융위기, 현황과 발생 원인

(1) 현황

① 美, 집값보다 대출금이 더 많은 '언더 워터(under water)' 상태[2]

CNN에 따르면, 2008년말 현재 미국의 모기지 대출을 받은 가구의 18%가 집을 팔아도 대출금을 갚지 못한다고 한다. 만약 집값이 5% 정도 더 하락할 경우 210만 가구가 추가적으로 대출금이 집값을 능가하는 상태가 된다는 것이다. 2008년 11월 이코노미닷컴은 '언더 워터' 상태에 있는 가구를 1천200만 가구로 추산하고 있다.

미국의 주택시장 거품이 절정기에 이르던 지난 2006년 말까지 미국 국민들에게 가계대출 및 주택구입자금으로 빌려 준 금액은 약 13조8400억 달러에 달했다. 이는 2007년 말 기준으로 미국 국내총생산의 100%에 달하고 미국 국민 가처분소득의 136%에 달하는 액수이다.

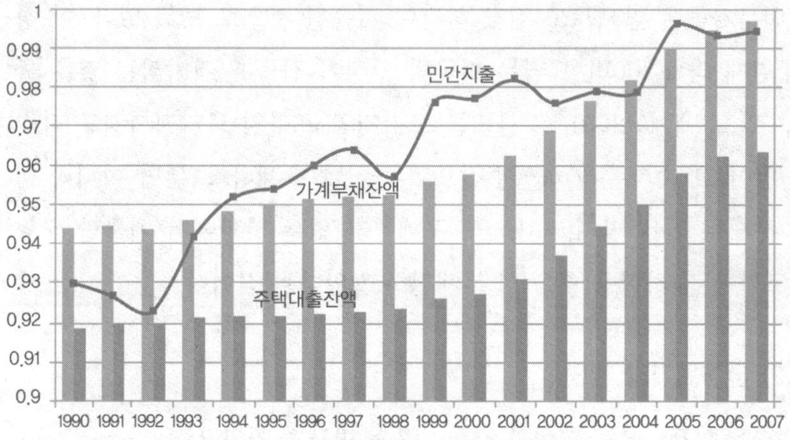

미국의 주택담보 대출 현황

미국 전체 주택가격은, 주택수를 1.2억 호에 평균 20만달러로 추산할 경우, 약 24조 달러로 추정된다. 따라서 미국 전체가구수의 약 55% 정도가 금융기관의 도움을 받아 집을 구입했다는 얘기다. 이미 대출상환이 끝났거나 애초부터 대출과는 관련이 없는 주택은 11조 달러로 전체의 약 45%를 차지한다.

모기지 업체들은 저금리를 이용하여 싼 이자로 돈을 마구 빌려 줌으로써 이자상환능력도 고려하지 않은 채 주택구입가격의 거의 100%~120% 정도까지 대출해 주었다. 어디 그뿐인가? 심지어는 자기 돈은 거의 들이지도 않으면서 은행 돈으로 생활비로 이용하거나 인테리어 비용까지 충당하는 웃지 못할 일까지 생겼다.

세계금융의 최고 선진국이라고 자처하는 미국에서조차 저서류(Low document) 대출, 무서류(no doc.) 대출이 횡행하였고, 더 나아가서 위장대출(liar document)은 물론이고 소득이나 수입, 자산도 없는 사람들에게 대출해 주는, 이른 바 닌자론(NINJA, no income, no job, no asset)까지 성행했을 정도다.

전문가들은 앞으로도 집값 하락이 지속될 것으로 보고 있다. 이 경우, 현재 약 1,200만을 넘는 미국의 가정이 집을 잃어버리는 것은 물론, '알트 에이(Alt-a)' 로 불리는 모기지와 프라임 모기지까지도 타격을 입어 그 숫자는 기하급수적으로 늘어날 추세다. 그뿐만 아니라 더 큰 문제는 집을 팔려고 내놔도 구매자가 없는 상황에서 매물만 쌓임으로써 집값 하락을 더욱 더 부채질하고 있다는 점이다.

(2) 금융위기의 원인

① 주택시장 거품 형성과 갑작스런 붕괴가 원인이다[3)]

미국 금융위기의 가장 중요한 진원지는 '주택시장의 버블' 이다. 1996년에서 2006년까지 10여 년간 저금리 기조를 타고 불어난 미국의 주택가격은 전국적으로 무려 90%나 올랐다. 사람들은 신용으로 최대 120%의 자금을 빌려 집을 장만한 뒤에 그 돈으로 집 치장까지 하는가 하면 심지어는 생활비로도 충당하며, 이런 기회를 '신이 내린 축복' 으로 여기기도 하였다. 이 모든 것들은 소위 미국의 경제 대통령이라 불리우는 그린스펀이 만든 초저금리 덕분이었다.

그러나 지속적인 상승은 없는 법… . 아니나 다를까? 정부의 고금리 정책으로 갑자기 이자율이 오르기 시작하자 주택가격 거품도 동시에 꺼지면서 문제가 시작되었다. 현재 금융위기의 원인이 되었던 미국 주택가격은 2006년도 대비 약 20% 정도 하락한 것으로 분석되고 있다.

그러나 많은 전문가들은 향후 미국의 집값은 2008년도 대비 10% 정도 더 하락할 것으로 보고 있으며, 이 경우 위기요인은 그만큼 더 커질 것으로 예상된다. 최근 미국 상무부가 발표한 자료에 의하면 신규 주택과 아파트의 건설실적은 81만7천 채로 1991년 1월 이후 17년내 최악의 상황이다.

스탠더드 앤 푸어스(S & P)가 미국 20개 주요 도시를 조사해 산출한 케이스-실러(Case-Shiller) 주택가격지수와 전미 부동산협회 지수를 기준으로 한 최근의 미국 주택가격은 2006년을 정점으로 12~18% 폭락한 것으로 밝혀졌다. 특히 로스앤젤레스나 뉴욕 등 20대 주요 도시의 집값은 1년 전에 비해 16.3%나 급락하여 지수가 발표된 이후에 사상 최악의 상황을 기록하고 있다.

이에 대응하여 최근 미국 정부는 7,000억 달러에 해당하는 구제금융을 실시했다. 우리가 IMF 당시 구제금융으로 차용한 돈이 570억 달러이니, 이의 13배에 이르는 돈이다. 그러나 전문가들은 구제금융에 대해 전적으로 동의하기보다는 '없는 것보다는 있는 게 낫다' '없으면 재앙이다' 등의 시큰둥한 반응을 보였다. 즉, 구제금융 실시 이후에도 경기회복이나 집값하락을 멈추게 하기에는 역부족이라는 의견이 전문가들의 공통적인 견해이다.

경제적 상관 관계[4)]

■ 유가와 집값은 어떤 상관관계가 있을까?

유가와 집값은 어떤 관계일까? 미국의 조 코트라이트(Joe Cortright)는 최근 집값과 유가의 상관관계를 통계적으로 조사한 논문(Driven to the Brink)을 발표했다.[5)]

과거 1년간 집값 변동률을 조사한 결과, 도심(CBD)에서 12마일 이내의 집값이 "도심 2마일 이내 집값보다 2~4% 포인트 정도 더 하락했다."라고 밝혔다. 유가는 2000년대까지 갤런당 1달러대를 유지했으나 최근 4달러에 근접하면서 교외신도시 출퇴근자들의 자동차 유지비 급증이 교외지역의 집값을 하락시키고 있다는 것이다. 조 코트라이트는 "고유가가 지속되면 교외주택의 집값 하락이 지속될 수밖에 없다."라고 주장했다.

조 코트라이트 조사에 따르면, 시카고의 경우 도심은 집값 변동이 없었지만 교외지역은 연간 4% 하락했고, 피츠버그와 포틀랜드의 도심 집값은 2~3% 오른 데 반해 교외지역은 5% 하락했다. LA의 경우, 도심은 6% 하락했지만 교외지역은 10% 하락했다.

전문가들은 우리나라의 경우, 대중교통망이 미국에 비해서는 잘 발달해 있지만, 일부 신도시는 입주한 후에 전철망이 깔리고 있으며, 버스 이용도 불편한 경우가 많아 신도시의 주택가격 하락률이 비교적 크다고 볼 수 있다. 최근 대중 교통편이 비교적 양호한 강북 지역의 집값이 급등한 것도, 고유가의 영향을 일부 받았다고 볼 수 있다.

---

② 머니게임으로 승부를 걸다.

오늘날의 서브프라임 사태가 몰고 온 금융위기는 미국 금융당국의 감독체계 미비와 함께 수익률을 높이려는 '머니게임' 에만 몰두해 온 투자은행의 합작품이다.

1980년대 세계금융의 심장부라고 일컬어져 온 월스트리트에서 시작된 금융혁명은 지난 30여 년간 금융규제 철폐 바람을 타고 급속도로 진행되어 왔다.

전세계의 최근 금융자산 통계는 주식과 채권 및 예금 등을 합쳐서 167조 달러에 이른다.

이는, 전세계 총생산(GDP)의 350%에 이르는 액수이다. 즉, 금융산업은 경제성장의 핵심동력으로 등장하고 실물경제의 3.5배를 차지할 만큼 질주를 거듭해 왔다. 그러나 이러한 양적 성장에도 불구하고 질적 성장은 뒤쳐져 있는 것이 사실이다.

최근 미국의 금융위기를 수습하는 과정에서도 알 수 있듯이 대규모 공적 자금 투입을 둘러싸고 금융기관의 도덕적 해이 문제나 미국 재정적자확대 등이 도마에 오른 것만 봐도 알 수 있다.

그럼에도 불구하고 분명한 사실 하나는 2008년 부시 행정부의 고강도 경기부양대책은 충분하지는 않지만 일단 금융위기의 공포에서 벗어나는 모티브를 마련하는 역사적 결단으로 평가될 것이다.

③ 지속된 저금리 정책이 부동산 버블을 키웠다[6)]

미국 연준(FRB)은 지난 2003년 중순경부터 불어 닥친 닷컴 버블로 인한 불황을 타개하기 위해 2004년 중순까지 1년여 기간 동안 연방기금 금리를 1.0%대까지 낮췄다. 자본시장의 원리에 따라 이자율이 1%인 은행에 어느 누구도 저축하려고 들지 않아서 미국의 국민저축률은 지난 4년간 1% 이하에 머물러 자본이 형성되지 않고 신용대출로 이뤄지면서 자산거품을 양산했다.

특히 경제성장률을 뛰어넘는 신용을 창출하여 자산에 거품이 형성된 후부터 거품이 붕괴되는 과정에서 신용금융 위기를 초래했다.

이런 상황에서 부동산 가격은 지속적으로 올랐기 때문에 美 국민들은 물론, 세계 투자가들까지도 미국의 주택시장으로 몰려들어 주택시장 상승에 불을 붙였다. 이러한 미국의 저금리정책 이외에도 무분별한 통화팽창과 정부의 무(無)대응이 미국발(發) 경기침체로 이어져 글로벌 금융위기에까지 연결되었다. 이러한 과정에서 파생금융상품은 거품을 키우는 데 주역을 담당했다.

서브프라임 사태가 이토록 커진 데 대해 전문가들은, 미국 정부가 사태 초기에는 거품을 제거하려는 노력은 커녕 달러 가치 보호를 위한 어떠한 조치도 취하지 않는 바람에 문제를 글로벌화 하였으며, 이러한 과정에서 한국을 포함한 신흥국가들이 미국 경제침체의 직격탄을 맞고 있다는 비판의 목소리가 높다.

2. 대출요건 강화가 부른 또 다른 모기지 연체

(1) 대출요건이 강화되다

미국 연준이 대출요건을 강화하기 위해 이자율을 올리자 주택가격은 하락하기 시작했다. 곧이어 대출금 상환불능 사태가 시작되었고, 금융기관들은 모기지 부실을 우려한 나머지 다시 대출자격요건을 대폭 강화시켰다. 이와같은 갑작스럽고도 때늦은 조치는 또 다른 주택가격의 중요한 하락요인으로 작용했다.

이러한 상황을 반영이라도 하듯, 최근 미국의 채무불이행 비율은 정상 상황일 때와 비교하면 3배 가량 늘었고, 주택압류건수도 최근 76만5,000 건으로 2007년 같은 기간에 비해 71% 가량 늘었다. 특히 2008년 말까지 미국 주택구입자금 대출규모는 9,300억 달러로, 2007년 1조1,600억 달러에 비해 8% 정도 줄어들었다.

(2) 모기지 연체 → 주택압류 → 금융기관 부실로 이어지다.[7]

위에서 살펴보았듯이, 지난 2006년도 하반기부터 시작된 주택시장 침체는 모기지 연체로 이어지고, 이는 서브프라임 사태를 몰고 왔다. 또한 서브프라임 모기지와 관련하여 자산유동화증권(CDO 등)의 부실과 함께 곧바로 유동화 증권의 가치하락으로 이어져서 소규모 모기지 대출업체들이 잇따라 파산했다.

특히 자산유동화증권 구매자는 물론, 관련 금융기관이 동반부실화 되고, 뒤이어 모노라인이라 불리는 모기지 채권보증기관도 파산 위기를 맞았다.

이에 대한 영향으로 세계 최대 은행인 영국계 홍콩 · 상하이은행(HSBC)은 작년 모기지 사업 관련 손실이 무려 106억 달러에 이르렀다. 또한 미국 2위 모기지 대출업체인 뉴센츄리 파이낸셜까지 신규대출 및 환매 중단을 발표하면서 금융기관들이 서브프라임 모기지 부실 문제에 대해 사태의 심각성을 재인식하기 시작했다.

급기야 2007년 말부터는 씨티그룹, 스위스의 UBS, 메릴린치 등 글로벌 투자은행(IB) 까지 신용경색에 시달리게 되었다. 더불어서 미국의 실물경제 침체 우려가 점점 높아지면서 서브프라임 모기지 사태는 본격적인 금융위기로 비화되어 소비 · 투자 · 고용을 함께 위축시켰다.

이번의 금융위기는 실물경제에 악영향을 주면서 미국은 물론이고 글로벌 경제에 심각한 타격을 가해 전세계 성장률이 악화되는 등 과거 일본의 '잃어 버린 10년' 에 이은 또 하나의 '글로벌 경제의 잃어버릴 10년' 을 예고하고 있다.

서브프라임 모기지 사태의 원인과 확산 과정

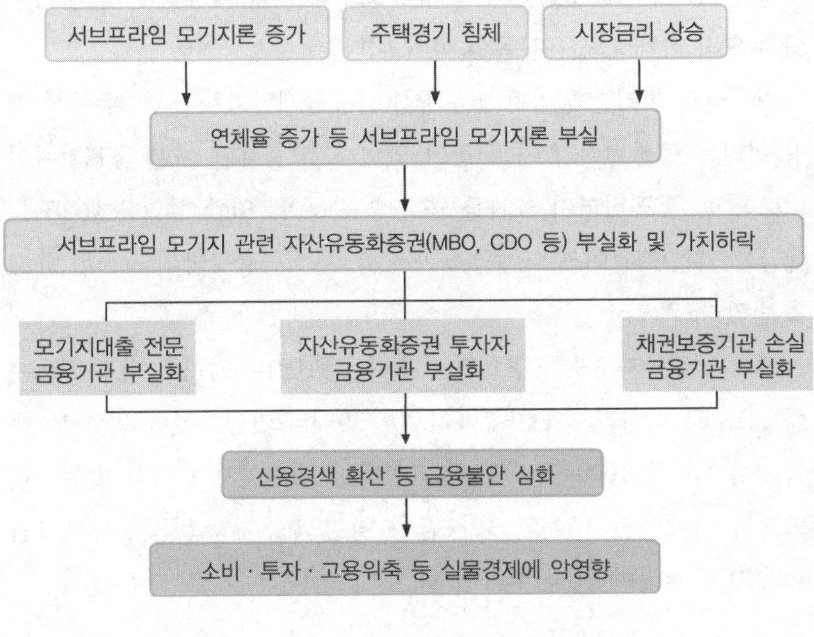

문제는 미국 정부의 7,000억 달러 구제금융 투입과 오바마 정부의 등장이라는 희소식에도 아랑곳하지 않고 경기회복 기미는 온데간데 없으며, 오히려 금융기관의 추가 부실을 우려하고 있는 상황이다. 설상가상으로 '이 정도로는 어림도 없다.' 라는 주장과 함께 '아직 진짜 위기는 시작도 안했다.' 는 무서운 예언까지 꼬리에 꼬리를 물고 있는 형국이다.

높은 레버리지와 파생상품에 대한 부실한 감독

1. 30배에 달하는 레버리지(Leverage) 효과

앞서 언급한 바와같이 자본주의 체제하에서 본격적인 투기로 인한 사건의 시작은 17세기경으로 거슬러 올라간다. '3대 투기사건' 으로 발발된 버블 붕괴로부터 최근의 금융위기에 이르기까지 공통점은 무엇인가? 한 마디로 말하면, '고위험-고수익 투기 대상의 존재, 감독상의 제도적 취약성, 신용감독의 미비' 이다.

아울러서 이러한 밑바탕에는 항상 금융규제완화로 인한 '유동성 팽창' 이라는 공통변수가 자리 잡고 있었다. 그렇다면 어떤 금융기관이 이토록 높은 레버리지 효과를 향유해 왔는가? 일반 상업은행(CB)은 예금을 받는 기관이므로 예금자 보호를 위해 금융당국의 강력한 규제를 받았다.

그러나 예금자보호가 필요없는 투자은행(IB)은 감독이 비교적 느슨해졌으므로 레버리지가 자그마치 20~30배나 가능해졌다. 가령 내 돈이 호주머니에 1000원 있다고 치면 나는 레버리지 효과를 발휘하여 모기지 업체에서 30배인 3만 원을 빌린 후, 파생상품을 사서 3만 6000(빌린 돈 3만 원, 내 돈 1천 원, 수익 5천 원) 원으로 만든다.

이렇게 되면 원금의 36배를 만드는 셈이다. 나는 3만 원을 빌려 준 모기지업체에 이자(2천 원, 이자율 약 6.5%)를 더해서 3만2000원을 갚아도 4000원의 수익을 거두게 된다. 즉, 내가 투자한 돈의 4배인 400%의 기적 같은 수익을 올린 셈이다.

이처럼 월가에서는 레버리지가 자기자본의 30배가 넘는 일이 비일비재하게 일어났다. 어디 이뿐인가? 이런 일들이 너나 할 것 없이 행해진 것은 물론, 제도상으로도 부외(off sheet) 거래 방식으로 처리되어 대차대조표에도 나타나지 않게 되니 당연히 남에게 보여줄 필요도 없었다.

최근 발생한 금융위기의 경우, 고위험-고수익 투기 대상으로는 텍사스 지방의 부동산과 개발도상국가의 채권, 그리고 최근의 서브프라임 모기지 증권에 이르기까지 다양한 형태를 띠었다. 특히 이번에 문제가 된 신용도가 낮은 '저신용자'들에 대한 유동화증권은 투자은행 쪽의 업무다.

기초자산인 주택을 담보로 대출하면, 대출을 기초로 유동화증권을 만들어 판매하게 된다. 이렇게 유동화된 증권이 팔리면 결국 상업은행 쪽에서 회수하게 된다. 그러면 또다시 이 돈으로 담보대출을 한다.

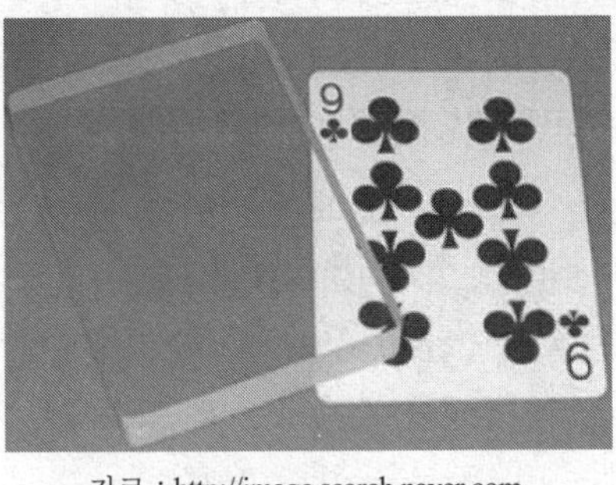

자료 : http://image.search.naver.com.

이렇게 주택을 담보로 대출 → 유동화 → 자금회수 → 또 대출로 이루어지는 순환 사이클을 한 번씩 돌릴 때마다 수익은 그야말로 눈덩이처럼 불어나게 되어 대부분의 투자은행은 이 비즈니스에 몰입하여 과도한 신용을 창출해 나갔다.

결국 주택가격이 지속적으로 오르고 있는 상황에서 넘치는 세계의 엄청난 유동성이 월가로 몰리고 채권이 잘 팔려 갈수록 돈은 쌓이며 대출은 자꾸 커졌다. 이렇게 결국은 비우량 소비자에게까지 과도한 담보대출이 이루어졌던 셈이다.

이렇듯 엄청난 레버리지는 미국과 전세계의 주택가격을 급등하게 만들었고, 이 과정에서 은행이나 모기지 대출회사의 드러나지 않은 부실덩어리도 눈사람처럼 커져만 갔다.

그러나 따스한 햇볕이 들면서 눈사람이 사르르 녹아내리듯 주택가격 하락과 함께 부실덩어리가 녹아내리기 시작하면서 세계경제는 혼돈의 회오리 속으로 빠져들었다.

금융경제의 이해[8]

(1) 레버리지 효과

자료 : http://news.mk.co.k

레버리지(leverage)란 차입금 · 사채 등의 고정적 지출과 기계 · 설비 등의 고정비용이 기업경영에서 지렛대(lever)와 같은 중심적 작용을 하는 일을 말하며, 레버리지 효과(leverage effect)란 타인자본을 이용한 자기자본이익률의 상승효과를 의미한다. 예를 들면, 타인으로부터 빌린 차입금을 지렛대로 삼아 자기자본이익률을 높이는 것으로 '지렛대 효과'라고도 한다.

예를 들어, 100억 원의 자기자본으로 10억 원의 순익을 올리게 되면 자기자본이익률은 10%가 되지만, 자기자본 50억 원에 타인자본 50억 원을 도입하여 10억 원의 순익을 올리게 되면 자기자본이익률은 20%가 된다. 타인자본을 사용하는 데 드는 금리비용보다 높은 수익률이 기대되는 경우에는 타인자본을 적극적으로 활용하는 것이 유리하지만, 타인자본을 과도하게 도입하면 경기가 어려울 때에는 금리부담으로 인해 도산할 수도 있다. 즉 다른 사람으로부터 빌린 돈을 지렛대 삼는 일은 수익성이 큰 만큼의 위험성도 크다.

서울 강북집값 상승이 확산되던 2008년 4월 한 달 사이 주택담보대출이 2조4,000억 원이나 증가했는데, 이는 2007년 1년 간 대출증가액의 50%에 달하는 수치다. 그 이면에는 '레버리지(지렛대) 효과'라는 마법에 걸려서 집을 산 사람들이 많다는 전언이다. 집값이 지속적으로 오르면 몰라도, 만약에 집값이 하락하면 돌아오는 부메랑도 레버리지 효과만큼 손실이 크다.

예를 들면, 5억 원짜리 집을 자기돈 3억 원과 융자 2억 원으로 샀다고 가정하자. 그후 집값이 1억 원 올랐다고 가정하면 수익률은 몇 %인가? 20%인가? 아니다. 3억 원을 빌려서 투자하여 1억 원을 벌었으니 33%가 넘는 수익률을 올린 셈이다. 이는 '레버리지 효과'의 마법이다. 대출받은 2억 원은 나중에 집을 팔아서 갚아 버리면 그만이니 수익률 계산에서 빠지게 된다. 그러나 집값이 떨어지면 얘기가 달라진다. 만약에 주택가격이 10% 하락하면 5천만 원이 떨어진다. 이는 자기돈 3억 원으로 계산하면 손실률이 16%에 이른다.

더 나아가서 만약에 급하게 팔려고 내놔도 살 사람이 없어서 집값이 2억 원으로 떨어졌다고 해보자. A는 결국 대출이자를 감당할 수 없어서 집을 팔게 된다. 그리고 집값 2억 원 전체는 대출을 갚는 데 사용하게 되어 손에 남는 돈은 하나도 없게 된다. 만약 집을 몽땅 자기 돈으로 샀다면 2억 원은 건질 수 있지만, 이 경우에 '레버리지 효과'로 인해 빈털터리가 되었다.

이처럼 레버리지 효과를 통해 집값 상승 시에는 이득을 볼 수 있지만 집값이 하락할 때는 '레버리지 효과' 만큼의 큰 손실을 볼 수도 있다. 결국 경기침체기에 빚을 내서 집을 사는 것은 위험을 스스로 자초하는 일임을 알아야 한다. 위험률이 높아진다.

(2) 자산담보부증권(CDO)

자산담보부증권(CDO, Collateral Debt Obligation)이란 여러 가지 담보자산을 신용등급별로 나누어 위험의 정도에 따라 수익률을 다르게 한 파생금융상품이다.

예를 들어 모기지 대출업체로부터 서브프라임 모기지를 매입한 투자은행이 1억 원짜리 6건의 서브프라임 모기지를 합쳐 2억 원짜리 3장의 증권을 발행하여 투자자에게 판매한다고 가정해 보자.

이 증권의 등급을 나누어 첫 번째 등급의 증권은 대출 1건만 부실이 나도 투자자가 투자손실을 전부 부담하는 것으로 하고, 두 번째 등급의 증권은 3건 부실이 날 경우 투자손실을 부담하고, 세 번째 등급의 증권은 6건 모두 부실이 날 경우에 투자손실을 부담하는 것으로 만드는 것이다. 이렇게 되면 세 번째 증권은 신용등급이 좋지 않은 서브프라임 모기지에서 매우 안전한 증권으로 변신하게 되는 것이다.

이 중에서 첫 번째, 두 번째의 위험한 등급의 CDO는 매우 높은 수익률을 보장하기 때문에 주로 CDO를 발행한 투자은행 자신이 보유하거나 높은 수익을 추구하는 다른 투자은행, 헤지펀드 등에 판매되었다. 이들은 높은 수익성만 생각하고 주택가격 하락으로 인한 서브프라임 모기지의 부실 위험성은 무시한 것이다.

(3) CDO의 기본구조

주택담보부채권(MBS) 계층이 다양해지면서 위험 회피적인 투자자는 최고등급(AAA) 유동화증권을 매입하는 등 위험 선호도에 따라 투자가들이 트렌시를 선택할 수 있도록 해서 리스크가 잘 분산되는 것처럼 보였다.

그러나 서브프라임 MBS는 계층이 다양하더라도 근본적으로 기초자산의 질을 개선시킬 수는 없으며, 오히려 MBS 구조만 복잡하게 만들어 리스크 평가를 어렵게 했다. 또한 증권화와 재증권화 과정에서 리스크가 이전되므로 투자자들은 기초자산 실사나 신용위험을 기피할 수 없는 '도덕적 해이' 문제도 발생했다.

(4) CDO의 규모

미국의 CDO시장은 2008년 5월말 현재 약 6조 달러로, 100여개의 회사채를 집단화하여 이에 대한 채무불이행 위험을 기초 자산으로 한 구조화채권 거래시장으로, 그간 은행, 보험사, 헤지펀드들의 투자가 매우 활발하였다. 대부분의 합성 CDO가 경기변동에 민감한 중소기업 회사채를 대상으로 하고 있어서 가격급락으로 인한 신용경색 가능성이 비교적 높은 편이다.

이와 함께 최근에는 S & P, 무디스와 같은 국제적인 신용평가사들의 신용 설정기준 강화 등으로 인한 매도세 확산 및 가격하락 등에 따른 투자손실이 클 것으로 전망되고 있다.

(5) CDO와 신용부도 스와프(CDS)는 어떤 관계인가?

CDO 발행과 함께 서브프라임 모기지 부실이 꼬리에 꼬리를 물고 확산되는 데에는 신용부도 스와프(CDS, Credit Default Swap)가 핵심적인 역할을 하고 있다. CDO와 같은 채권을 보유한 금융회사들은 이 채권이 부실화되지 않을까 걱정하게 된다.

그런데 수수료를 내면 원금을 보장해 주겠다는 금융회사들이 나타났다. 즉, CDS는 채권투자 금융회사들이 리스크를 회피하려고 금융회사에 보험료를 내고 원금을 보장받는 금융상품으로 보면 된다.

이러한 CDS 발행기관들은 CDS를 자신이 보유하지 않고 다시 전매할 수 있다. 여러 단계의 전매를 거치면서 책임주체 · 보장내용도 불투명해지면서 누가 얼마나 책임이 있는지도 모르게 되었다. 그래프에서 볼 수 있는 바와 같이, 부도 위험에 대비해서 드는 보험 성격의 금융상품인 신용부도 스와프(CDS)의 프리미엄도 반등세가 뚜렷하다. 특히 신용위기에 취약한 미국 금융사들의 CDS 프리미엄이 급반등하고 있다.

2008년 6월 3일 리먼브러더스가 발행한 5년 만기 채권 1,000만 달러에 대한 CDS 프리미엄은 25만270 달러를 기록했다. 신용위기가 정점에 달했던 2008년 3월 44만7,510 달러까지 상승한 이후에 4월 13만5,000 달러까지 하락했던 프리미엄이 약 한 달여 만에 두 배 가까이 뛰었다. 주택가격이 계속 상승했으면 문제가 없었을지도 모르나 2006년경부터 주택경기 침체나 금리 인상 등에 따라 서브프라임 모기지가 부실화되었다.

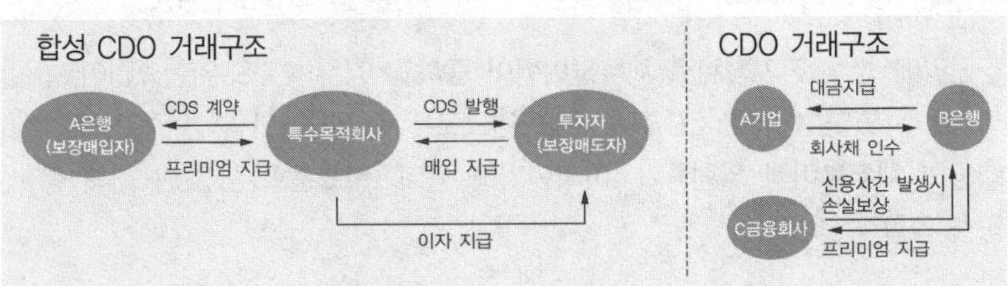

이에 따라 CDO나 CDS 등 파생금융상품으로 거미줄처럼 엮인 금융회사들의 손실이 눈덩이처럼 늘어나고 누가 얼마나 손실이 있는지도 모르는 상황에 이르게 된 것이다.

(6) 신용부도 스와프의 규모[10)]

기업의 부도 등 신용위험을 따로 떼서 사고 팔 수 있는 파생상품인 신용부도 스와프(CDS)는 CDO 다음으로 금융위기의 새로운 화약고로 떠오르고 있다. CDS는 일종의 보험성격의 파생상품이다. CDS를 매수하는 쪽은 매도자에게 일정기간마다 보험료 성격의 수수료를 지불하고, 만약에 자신이 보유하고 있는 채권이 부도가 날 경우는 원금을 보전받게 된다.

이러한 계약은 국채나 회사채를 보유하고 있는 투자자가 활용하기도 하지만 투기적 수단으로도 활용되고 있다. 특히 은행이나 금융기관들 사이에서는 국채 · 채권뿐만 아니라 모기지나 부채성격의 여타 증권에 대해서도 CDS를 만들어 거래했고, 헤지펀드들도 이 거래에 주로 참여하곤 했다.

문제는 헤지펀드가 판매한 CDS를 은행 간에 거래가 되다 보니 일종의 고리를 형성한다는 점이다. 결과적으로 잠재적으로는 대부분의 은행과 투자자들이 이 복잡한 망 속에 들어오면서 피해가 났을 경우, 피해액을 정확히 산정할 수 없을 뿐만 아니라, 관련 기업이나 국가부도 시 청산에 따른 위험의 크기를 더욱 키울 수 있다는 점이다.

CDS 거래량은 파생상품시장의 급속한 발전과 함께 2004년 이후 3년 동안 7.4배나 성장했다. 특히 서브프라임 사태로 신용위험이 증가하면서 리스크 헤지를 위한 CDS거래가 급증하는 양상을 보여 왔다.

국제결제은행(BIS)에 따르면 CDS의 규모는 2007년 6월말 42조5000억 달러까지 증가했고, 지난 2007년말 현재 전세계적인 CDS 시장규모는 45조에서 62조2000억 원까지 폭발적으로 증가한 것으로 추정하고 있다.

만약에 향후 경기침체로 채무불이행이 증가할 경우, CDS 위험요인이 현실화 될 수 있다. 이러한 CDS의 위험요인으로는 준거자산의 부실 증가, 거래상대방의 채무불이행 위험증가, 미확인거래 증가, 비표준화된 CDS 거래 증가 등을 꼽을 수 있다.

(7) CDO와 CDS는 누가 감독하는가?

수많은 논란 끝에 약 62조 달러에 이르는 미국의 신용부도 스와프(CDS)를 감독하기 위한 청산소(clearing house)가 설립될 예정이다.

뉴욕연방은행은 모건스탠리, 도이치방크, 골드만삭스 등 CDS 거래의 90%를 담당하고 있는 17개 은행들이 한 업체의 위기로 인해 발생하는 신용부도 스와프 시장의 실패 위험을 흡수할 수 있도록 청산소를 통해 거래하는 시스템을 창안하는 데 동의했다.

지금까지 파생상품의 거래 및 결제 시스템에 대한 당국의 감시 감독체계가 느슨한 점을 감안하면, 거래소가 설립될 경우에 모든 거래 및 결제가 중앙 통제 및 감독하에 이루어져서 신용부도 스와프 거래로 인해 주요 금융기관이 파산되는 경우는 현저히 줄어들 것으로 보인다.

사 례[11)]

모기지는 대개 만기가 20~30년이다. 은행이나 모기지 회사들은 모기지의 이자가 6%라고 하면 수수료로 0.25~0.375%의 이자를 공제한다. 그들은 모기지론의 원금과 이자를 묶어 MBS(주택담보부채권)라는 파생상품을 만들어 월가 금융회사에 넘겼다.

이번에 망한 베어스턴스 같은 투자은행들은 여러 은행과 모기지 전문 대출회사에서 사들인 MBS를 하나의 POOL로 만들어 재유동화하든지, 혹은 구조화라고 불리우는 원금과 이자의 상환기간과 상환형태나 상환주체와 주체별 우선순위 등에 대한 새로운 규칙을 만들어 세분했다.

이것은 투자자의 요구에 의해 상환기간과 형태 등이 결정되는데, 이를 트랜치(tranche)라 부른다. 트렌치들은 월가에 있는 전세계 회사들로 모두가 투자은행 · 상업은행 · 보험회사 · 헤지펀드 · 연기금 · 자산운용회사 등 기관투자가들이다.

부채담보부채권(CDO)은 수익을 극대화하고 위험을 낮추기 위해 구조화 과정에서 MBS처럼 이자와 원금을 더해 풀(pool)을 만들고 모기지 채권과는 무관한 또다른 고위험 채권까지 섞어서 또다른 CDO을 만들어 위험의 크기를 부풀렸다. 만약에 주택가격이 오르면, 파생상품인 모기지 채권 가격도 동시에 오르게 된다.

2. 파생상품(derivatives)에 대한 감독체계의 사각지대

(1) 파생상품[12)]

① 파생상품이란 무엇인가?

외환 · 예금 · 채권 · 주식 등과 같은 기초자산으로부터 파생된 금융상품을 일컫는 말이다. 파생상품은 경제여건 변화에 민감한 금리 · 환율 · 주가 등의 장래가격을 예상하여 만든 상품으로, 미래에 예측하기 힘든 다양한 위험을 최소화하기 위해 만들어졌다.

파생상품에 대한 거래는 발행자가 자금조달을 목적으로 발행하는 전통적인 금융상품과는 달리, 계약 당시 거래당사자 사이에 자금의 흐름이 일어나지 않는 부외거래를 특징으로 한다.

파생상품의 가격은 물론이고 파생상품의 투자로 인한 수익은 모두 기초자산의 움직임에 따라 결정된다. 대표적인 파생상품으로는 선물, 옵션, 스와프를 들 수 있다. 각각의 파생상품은 다양한 기초자산을 바탕으로 할 수 있기 때문에 주식 선물, 농산물 선물, 통화 옵션, 통화 스와프 등으로 수를 헤아리기 힘들 정도의 파생상품 조합이 가능하다.

그러나 여기서 주로 논의되는 파생상품은 주식, 채권, 통화 등 우리가 흔히 접할 수 있는 대상을 기초자산으로 활용해 만든 주택담보부증권 등 '2차 상품' 들이다. 새로운 파생상품는 어떤 것들이 있는가? 대표적인 새로운 상품은 현재 우리나라에서 논란의 중심에 있는 키코(KIKO)를 비롯하여 주가연계증권(ELS)과 신용부도 스와프(CDS) 등이 있다.

이들 신상품은 모두 기본적인 파생상품을 이용해서 만든 새로운 파생상품들이다. 그밖에도 기업의 부도나 채무불이행 같은 '신용사건'과 연계된 신용파생상품도 있고, 여러 종류의 파생상품을 결합한 복합 파생상품 등 수많은 파생상품이 있다.

파생상품은 공과의 양면성을 모두 지니고 있다. 특히 1970년에도 부작용을 낳은 적이 있지만, 최근에는 파생상품의 발전이 거듭됨에 따라 더 큰 부작용을 안고 있다. 최근의 금융위기는 '너무 복잡해진 금융 시스템'이 결정적인 위기의 원인을 제공했다. 아이러니하게도 금융공학 발전으로 부실이 점점 더 커지고, 또 금융거래가 너무 복잡하게 얽히고 설키면서 부실의 크기나 진정한 기업가치를 측정하는 일이 거의 불가능해졌다.

그렇다면 왜 발전이 필요한가? 망하기 위해서인가?

국가별 파생상품 거래량 증가율

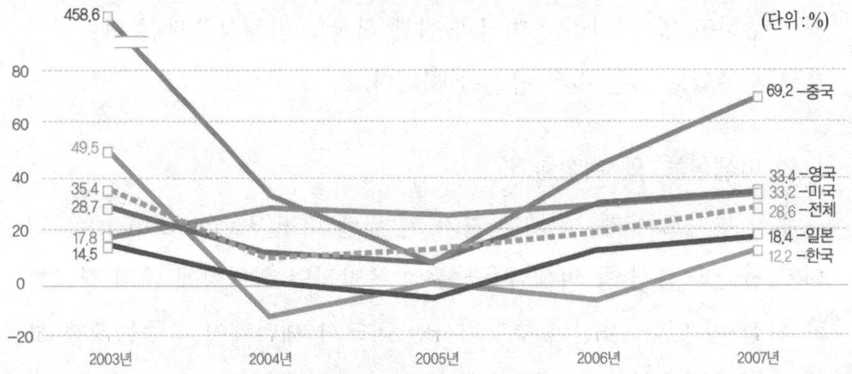

자료 : 한국증권선물거래소

② 파생상품시장의 규모는?

파생상품의 역사는 비교적 오래됐지만, 비약적으로 발전을 거듭한 기간은 약 15년 정도이다. 특히 파생상품 시장규모는 지난 3년 동안 연평균 20% 이상의 성장세를 보임으로써 최근 세계 파생상품시장의 거래규모는 1990년에 3조 5천억 달러에서 2007년 596조 달러로, 무려 170배나 폭증했다.

이는 2007년 말 기준세계 총 GDP를 약 50조 달러 정도로 추정할 경우, 실물경제의 12배 정도나 되는 엄청난 규모다. 현재 파생상품시장이 가장 큰 나라는 미국(CME Group)으로 전 세계 파생상품시장의 50%가 넘는 283조 달러가 되는데, 이는 미국 GDP(11조 달러)의 25배에 이르는 규모다. 그러나 파생상품 거래 증가속도는 2005년 이후에 중국 및 영국과 미국 순으로, 중국의 증가속도는 가히 놀랄 만하다.

우리나라의 경우도 거래건수로는 2001년 이후부터 2006년까지 줄곧 세계 1위를 유지해 왔으나, 2007년 7월 CBOT와 합병한 CME그룹에 세계 1위 자리를 내줬다. 그럼에도 불구하고 '코스피 200 옵션' 단일 상품을 기준으로 하면 1999년 이후로 약 10여 년 간 줄곧 세계 1위를 고수하고 있다. 따라서 미국과 함께 한국도 파생상품관련 위험지역으로 지목되고 있는 것은 당연한 이치다.

(2) 파생상품, 왜 위험한가?[13)]

주식 투자로 세계 2위의 부자가 된 워렌 버핏(Warren Buffett)은 일찌기 선물과 옵션 등 파생금융상품의 폭발적인 위험성에 대해 경고하고 나선 바 있다. 자신의 투자회사인 버크셔 해더웨이 주주들에게 보내는 2003년 2월 8일자 편지에서 그는 파생금융상품이 직접 매매에 참여하는 당사자뿐만 아니라 전체 경제 시스템에도 '시한 폭탄, 대량 살상 무기' 라고 빗대어 비판했다.

오늘날의 현실을 보면 그의 경고가 값지게 느껴진다.

그가 파생상품의 위험성을 경고한 이유는 무엇일가?

첫째, 재보험 사업과 파생상품의 경우, 일단 계약이 체결되면 일부 위험(risk)이 감소되는 긍정적인 측면이 있긴 하지만 잔여의무가 오랫동안 남아 있기 때문에 여기에 얽매일 수밖에 없다는 것이다.

둘째, 재보험과 파생상품은 실적을 조작하기 쉬워서 숨길 수 있다는 점이다. 즉, 선물과 옵션 등 파생상품계약의 만기는 얼마든지 길어질 수 있어서 가치측정이 어렵다. 설상가상으로, 이번 금융위기를 일으킨 경우와 같이 여러 가지 아이템을 복합적으로 섞어서 구매자의 구미에 맞도록 잘게 자를 경우, 파생상품의 가치 추산은 한없이 복잡해진다.

마지막으로, 파생상품은 특성상 기업이 지닌 작은 문제를 걷잡을 수 없이 더 큰 문제로 몰고 갈 수 있으며, 다른 기업에게도 연쇄적인 파급효과를 일으켜서 감당할 수 없을 정도의 위험한 폭탄을 선사할 수 있다고 주장했다.

특히 워렌 버핏은 파생상품을 계약한 기업의 신용등급이 강등될 경우, 이 기업은 계약 상대편으로부터 즉각적으로 추가 담보물 제공을 요구받는 것은 물론이고 유동성 위기까지 촉발시킬 수 있다고 주장한다. 최악의 경우, 그는 파생상품의 거래가 결국은 기업의 파산까지 초래할 수 있다는 점을 들어서 이에 대한 위험성을 심각하게 경고한 바 있다.

주식투자의 귀재[14)]

■ **워렌 버핏**(Warren Buffett, 1930. 8. 30 출생, 미국의 주식투자가)

1930년에 미국의 증권 세일즈맨인 아버지에게서 태어난 워렌 버핏은 콜롬비아대학 경영대학원에서 경제학석사 학위를 받았다. '평가투자(Value Investing)' 라고도 불리는 과학적 주식투자 방법을 세계금융계에 소개한 벤저민 그레이엄(Benjamin Graham : 1894~1976) 밑에서 일하기도 했다. 1956년 100 달러로 주식투자를 시작, 미국 최고의 갑부가 된 워렌 버핏은 전설적인 투자의 귀재로 평가받고 있다.

1961년에 dempster mill manufacturing co. 회장이 되었으며, 1965년에는 버크셔 해더웨이(berkshire hathaway)를 인수했는데, 1967년에 소형 보험회사 2개를 매입하면서 투자지주회사로 변모하게 된다. 버크셔 해더웨이는 그 후 bluechip stamp, see's candy, buffalo news, geico insurance 등을 인수했다. 워렌 버핏은 가치있는 주식을 발굴해 매입하고 이를 오랫동안 보유하는 것으로 유명하다.

그는 1990년대 미국에 신경제와 인터넷 기술주가 급등할 때 "미국 주식은 80년대의 일본과 같이 버블로 터져버릴 것이다."라는 '버블론'을 강력히 주장했다. 그 후 인터넷 주와 신경제에 대한 거품론이 확대되고 나스닥 시장이 하락하게 되자, 많은 인터넷 주의 성장세에도 불구하고 철저하게 내재가치만을 따져 투자종목을 선별했던 워렌 버핏의 평범한 투자전략이 다시 인정받고 있다.

버핏은 뉴욕에서 2천Km 이상 떨어진 자신의 고향 네브래스카주 오마하를 거의 벗어나지 않았지만 주식시장의 흐름을 정확히 꿰뚫는다고 해서 '오마하의 현인(Oracle of Omaha)'이라고도 불린다. 버핏은 자신이 운용하는 버크셔 해더웨이의 주주총회 때나 얼굴을 내밀 뿐, 거의 외부 접촉을 하지 않는다고 한다.

제 7 장 일본, '잃어버린 10년'을 맞이하다

현재의 우리는 우리가 반복적으로 하는 행동의 결과이다.(We are What we repeatedly do)

– 아리스토텔레스(Aristoteles, 철학자, BC 384 ~ BC 322)

잃어버린 10년[15)]

1. 과도한 부동산 버블이 형성되다

"거품은 한 번 발생하면 자산분배를 불평등화하여 자원배분을 비뚤어지게 하는 등 경제적으로 큰 비용을 야기시킨다. 거품의 발생은 가계와 기업이 보유한 자산가치를 높혀 일부 경제주체를 부유하게 함으로써 국내 수요를 확대시키고 성장률을 높이는 효과가 있지만, 이것은 일시적인 것에 지나지 않고 반드시 반동적인 디플레이션 효과를 동반한다.

거품에 경제적 장점(merit)은 없으며 결점(demerit)만이 존재한다"

— 일본경제기획청의 1993년 〈경제백서〉 중에서

과거 일본은 3번에 걸쳐서 거품경제를 경험했다. 첫 번째와 두 번째 거품경제는 1960년대와 70년대로 경제상승과정에서 발생했다.

세 번째는 80년대 후반부터 촉발된 부동산시장의 거품이 90년대 초반부터 꺼지기 시작하여 2차 세계대전 이후 가장 큰 암흑기로 일컬어지는 '잃어버린 10년'을 겪게 되었다.

1970년대 일본의 부동산시장은 전반적으로 안정적이었다. 1973~79년의 연평균 지가상승률은 상업지 2.9%, 주택지 6.1%, 공장지 2.5% 정도였다. 그러나 1983년경부터 토쿄 등의 대도시를 중심으로 부동산 가격이 서서히 상승하기 시작했다.

1983~86년까지 4년여 기간 동안에 부동산 담보대출은 자그마치 222%나 증가했고, 토쿄의 경우는 1988년 한 해에만 집값이 68.6%나 급등했다. 특히 이 기간 중 일본의 주택가격과 6대도시 상업지 가격은 3배나 뛰었다. 이처럼 일본의 부동산 거품은 토쿄 시내 중심부의 상업지 가격이 폭등하면서 발단이 되었다.

이러한 이유로 첫째, 금리자유화에 따른 저금리 기조와 대규모 무역흑자에 따른 연 10% 이상의 통화량 증가는 자연히 토지가격의 폭등으로 이어졌다. 둘째, 당시에는 국가간 자본이동의 자유화가 시작되는 단계로 미국, 유럽, 동남아 할 것 없이 엄청난 자금이 일본 부동산 시장에 유입되었다.

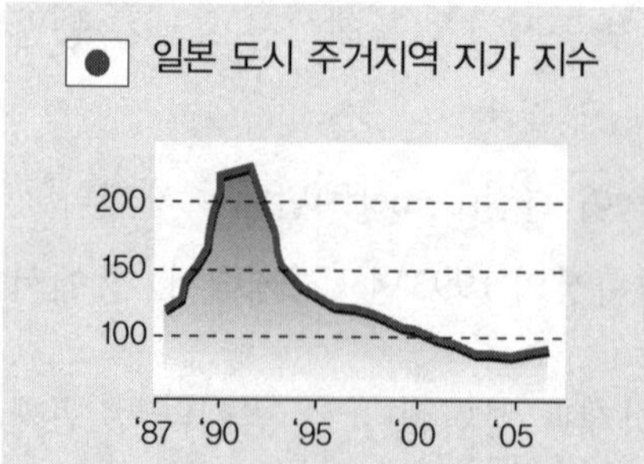

자료 : 일본부동산연구소

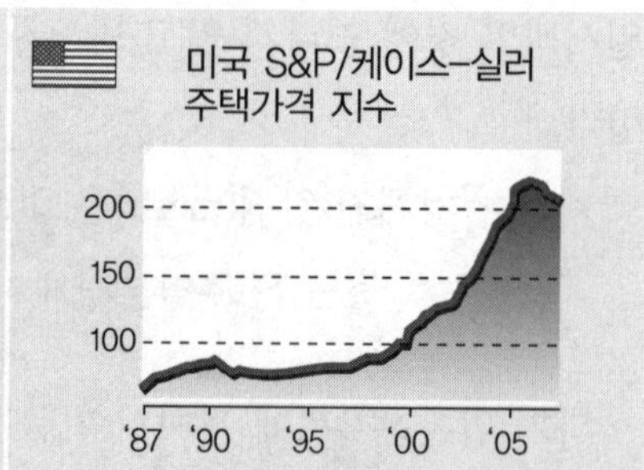

자료 : 스탠더드앤푸어스

더구나 일본은 세계추세에 맞춰 금융규제를 대폭 완화하면서 저금리로 마땅한 대출처가 별로 없던 차에 금융기관들의 부동산 대출 붐에 날개를 달아 주었다.

셋째, 1985년 플라자 합의로 엔화 가치가 대폭 절상되기에 이르렀다. 이에 불안을 느낀 일본 정부는 불황이 올 것을 염려한 나머지 적극적으로 저금리 정책을 폈고, 돈다발은 자연히 부동산과 주식에 몰려서 거대한 거품을 형성했다.

2. 일본의 금융위기, 후유증이 10년간 지속되다

(1) 부동산 가격 급락

일본 정부가 기준금리 인상과 대출규제 등을 잇따라 내놓으면서 1992년부터 부동산값이 급락세로 돌변하여 1983년부터 1991년까지 누적된 부동산 버블이 급속히 붕괴되었다.

일본은 1991년 주택가격이 정점을 찍은 후 14년 동안 상승분의 거의 전부가 하락했으며, 그 후 16년 동안 단 한 해도 부동산 가격이 오른 일이 없다.

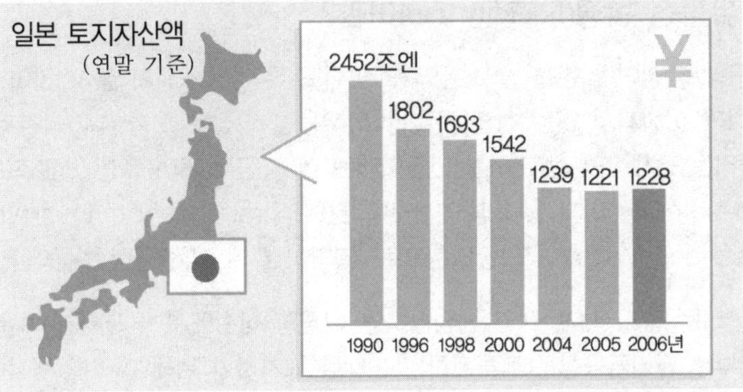

자료 : 일본 내각부

이자율 인상과 더불어 부동산 침체가 이어지자, 융자를 얻어 집을 산 사람들은 상환능력이 떨어져서 집이나 주식을 매물로 내놓기 시작했다. 그러나 부동산 가격은 갈수록 폭락하고, 이를 담보한 채권들이 부실화되면서 금융기관의 부실채권도 지속적으로 증가했다.

일본의 경우, 자산 가격 하락 → 실물경제 타격 → 소비지출 감소 → 실업 증가 및 투자가 감소하여 급기야는 10년이란 장기불황에 빠지게 되었다. 그후 금리를 제로 수준으로 낮추고 돈을 풀었으나 소위 '유동성 함정(liquidity trap)'에 빠져 10여 년간 경기는 침체 속에서 헤어나지 못했다.

이상과 같이 일본은 주택가격 하락으로 촉발된 금융기관의 부실이 눈덩이처럼 불어났고, 결국에는 실물경제 전반에 영향을 미침으로써 경기침체를 가속화했다. 최근에도 전세계에 몰아닥친 미국발 금융위기의 영향으로 일본의 집값은 1991년의 절반 수준으로 떨어짐으로써 또 한 번의 위기에 봉착한 상황이다.

유동성의 문제[16)]

■ 유동성 함정(liquidity trap)이란?

유동성 함정이란 돈을 풀고 금리를 낮춰도 투자와 소비가 늘지 않아 경기 활성화가 이뤄지지 않는 상황을 말한다. 유동성 함정은 오늘날 거시경제학이라 불리는 경제학의 한 분야를 만들어내는 데 결정적 기여를 한 케인즈(J. M. Keynes)의 '고용이자 및 화폐의 일반이론(General Theory of Employment Interest and Money)' 또는 약칭으로 '일반이론'에 처음 등장한 용어다.

케인즈는 당시 세계 전역을 엄습하던 대공황 상황에서 투자자가 여유자금을 대부분 단기금융상품에 투자하는 행태를 묘사하기 위해 이러한 용어를 만들어 냈다.

이자율과 실질국민소득의 조합을 연결한 곡선

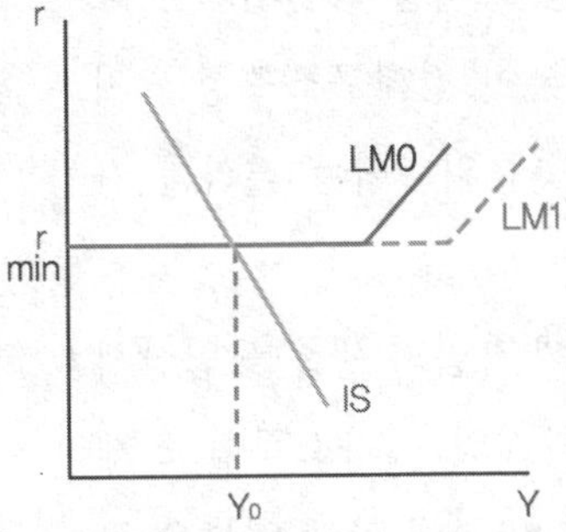

금리가 일정 수준 이하로 과도하게 하락하는 대공황과 같은 상황에서 유동성 함정이 발생한다고 했다.

그림에서 LM 곡선은, 화폐의 총공급이 중앙은행에 의해 고정되어 있다고 가정할 때 화폐시장이 균형을 이룰 수 있도록 모든 이자율과 실질국민소득의 조합을 연결한 곡선이다. 또 IS 곡선은 생산물시장을 균형시켜주는 모든 이자율과 실질국민소득의 조합을 연결한 곡선이다.

그림에서는 LM곡선이 수평상태(유동성 함정)인 y_0에서 상품시장과 통화시장의 균형을 이룬다면, 경제가 유동성 함정에 빠져 있다고 말한다. 이 때에는 통화공급량을 아무리 증가시켜도 LM곡선만 옮겨갈 뿐(LM0 → LM1), IS곡선과 LM곡선의 교차점은 변동하지 않는다. 이는, 통화공급의 증대는 이자율 변동에 전혀 영향을 미치지 못해 통화정책이 무의미하다는 것을 의미한다. 이 때 정부의 재정지출 등을 통해 IS곡선을 이동시킬 경우에는 이자율과 국민소득을 동시에 증가시킬 수 있다.

유동성 함정은 일본의 장기불황이 좋은 예이다. 1990년대 일본 경제가 장기침체상황에 빠져 있을 때 일본의 이자율은 거의 0에 가까울 정도로 낮은 상태에서 당시 일본 정부는 침체를 극복하기 위한 여러 정책을 폈지만 경제는 회복되지 못했고, 이를 두고 일본 경제가 일종의 유동성 함정에 빠진 것으로 보았다.

케인즈에 의하면 유동성 함정 구간에서는 통화량 증가를 통한 이자율 하락 및 투자수요 증대를 기대하기 어려우므로 결국 정부가 직접 나서서 유효수요를 창출하는 재정지출을 통한 정책만이 효과가 있다고 주장한다. 즉, 케인즈는 한 나라 경제가 유동성 함정에 빠졌을 경우, 금융 · 통화정책보다는 재정지출을 통한 정책을 펴는 것이 효과적이라고 주장한다.

현재 금융위기에 대응하여 선진 각국의 기준금리는 영국을 제외하고는 1~2%대에 불과하기 때문에 금리를 아무리 내려도 경기가 반응하지 않는 '유동성 함정(liquidity trap)' 에 빠져들 위험에 노출되어 있다.

(2) 부동산에 대한 규제와 경기불황의 동조화 현상[17]

일본의 경우, 1980년대에 단행된 금리인하는 소비를 촉진시키는 효과가 뚜렷한 반면, 90년대에는 금리보다는 일본이 경제구조조정을 지연하는 바람에 불확실성을 키워 경기가 더욱 더 위축되는 결과를 가져왔다고 전문가들은 지적한다.

특히 90년대 저금리 정책은 경쟁력 없는 한계기업의 생존을 연장시키고 건전기업의 투자를 위축시키는 한편, 가계의 이자소득이 크게 감소하여 소비까지 위축시키는 결과를 낳았다. 80년대 말에 일본은 급작스런 정책금리인상과 같은 거시정책과 대출총량규제 등 미시정책을 한꺼번에 쏟아내어 부동산 시장의 급락을 가져왔다.

전문가들은, 이와같이 강력한 규제를 일시에 내놓을 경우 부동산 시장의 경착륙을 불러와서 경기침체로 이어질 수 있다는 게 정론이다. 즉, 과거 일본 정부는 급작스런 미시 및 거시정책을 동시에 실시하여 부동산시장의 거품은 물론이고 주식시장의 거품까지 일시에 붕괴시킴으로써 금융회사와 기업 모두에게 엄청난 타격을 주고 일본경제를 '잃어버린 10년' 이란 장기불황에 빠지게 만들었다. 이는 빈대 잡으려다 초가삼간을 태운 격이 아닌가?

특히 1980년대~90년대 초까지는 많은 나라들이 일본의 경우처럼 부동산 거품에 시달렸다. 이들 국가들의 공통점은 과도한 대출 → 부동산 가격 거품형성 → 거품소멸로 인한 가격폭락 → 부동산대출 회수 불능 → 금융기관의 부실화 → 실물경제의 위축이라는 악순환의 공통점을 가지고 있다.

이러한 동조화 현상은 어디서 오는 것일까? 일반 상품과는 달리 부동산은, 이동은 물론이고 생산도 할 수 없는 '부동산만의 독특한 속성' 을 지니고 있다. 따라서 부동산은 국가 간의 교역도 불가능할 뿐만 아니라 각 나라마다 부동산 관련 제도도 다르다. 그럼에도 불구하고 거품의 발생과정이나 붕괴과정은 서로 비슷하다는 점이다. 그 까닭은 무엇일까?

이는, 아마도 부동산의 영어 단어에서도 풍기듯이 'real estate' 는 우리말로 '진짜 재산' 이란 의미가 아닐까? 전세계 어느 나라에서도 공통적인 속성을 지닌, 재산 중에서 가장 오래되고 확실한, 불이나 지진이 나도 남아 있고, 홍수가 와도 남아 있는 고대로부터 지금까지 '진짜 재산' 으로 여겨지기 때문이 아닌가 하는 생각이 든다.

미국과 일본 금융위기의 유사점 및 차이점[18)]

1. 미국과 일본의 금융위기의 유사점

양국 금융위기의 역사를 자세히 살펴보면 대체로 유사점이 많다. 그러나 차이점도 간간이 눈에 띤다. 먼저 유사점부터 살펴보자.

첫째, 장기간에 걸친 금융완화정책이다. 두 나라는 모두 장기간에 걸친 금융완화로 자산 가격이 급등했다. 즉, 일본에서는 1985년 플라자합의 이후 금융완화정책으로 기준할인율을 1985년 5.0%에서 1987년 2월까지 총 5차례에 걸쳐 2.5%로 인하한 후 1989년 5월까지 이 수준을 유지했다.

미국에서도 2000년대 초 IT버블 붕괴로 경기가 침체되자 금융완화정책을 단행하여 금리를 2000년 5월 6.5%에서 2003년 6월까지 1% 수준으로 인하하여 2004년 6월까지 유지했다.

둘째, 두 나라 모두 금융기관 간에 무리한 대출경쟁을 벌였다. 즉, 일본 금융기관들은 지난 1980년대 금융자유화 물결을 타고 규제완화에 힘입어 중소기업 및 개인이나 부동산 관련업 등에 대한 대출을 무분별하게 확대하여 총대출 중 중소기업 및 개인에 대한 대출 비중이 1985년 52.9%이던 것이 1990년에는 무려 72.1%로 상승했다.

미국 금융기관들도 마찬가지로 저금리 기조가 지속되자 무서류(no doc.) 대출이 횡행하고, 더 나아가서 위장대출(liar doc.), 심지어는 소득도 수입도 자산도 없는 사람에게 대출해 주어 닌자대출(NINJA, no income, no job, no asset)이라는 신조어까지 유행하게 되었다.

셋째, 자산 가격이 급등한 후, 급격한 긴축정책으로의 갑작스런 전환을 단행했다. 일본에서는 주가와 부동산 가격이, 미국의 경우에는 주택가격이, 크게 상승했다. 즉, 1985년 말 대비 1989년 말의 일평균주가는 약 3배 수준, 지가도 1980년대 중반부터 1991년까지 10여 년간 3배 이상으로 상승했고, 미국의 주가도 1997년부터 2006년 중반까지 약 9년간 무려 190%나 상승했다.

그러나 이러한 엄청난 자산 가격상승에 대응하여 두 나라 모두 급격한 금융긴축정책으로 선회했다. 일본은 1989년 이후에 급격한 금융긴축과 부동산 관련 대출에 대한 강력한 규제를 취했다. 1989년 5월~1990년 8월까지 불과 1년 3개월 동안 2.5%이던 금리를 5차례에 걸쳐서 6.0%로 인상했고, 1990년 3월에는 부동산 관련대출의 총량규제를 실시했다.

이에 따라 일경평균주가는 정점이던 1989년 12월 29일 대비 거의 절반 수준으로 폭락하고 말았다. 1991년에 정점이던 지가도 24% 정도가 하락했다.

미국도 2004년 6월부터 긴축정책으로 급선회하여 금리를 2006년 6월까지 5.25%로 인상했다. 이에 따라 2006년 이후에는 주택가격이 급격히 하락하기 시작하여 2008년 5월경에는 2006년 정점 대비 무려 19.8%나 하락했다.

넷째, 미국과 일본 모두 급격한 금융긴축으로 금융기관의 부실채권이 급증하는가 하면 유동성 위기까지 초래되면서 금융시장의 불안이 심화됨으로써 2001년 3월까지 총 142개의 금융기관이 도산했다.[19] 또한 부실채권은 2002년 3월을 기준으로 할 때, 무려 명목 GDP의 8.8% 수준까지 상승했다.

미국도 예외가 아니어서 금년 3월 베어스턴스社 사태에 이어 7월에는 인디맥 뱅크의 영업정지를 비롯하여 양대 국책 모기지업체 패니메이와 프레디맥 및 리먼 브라더스와 모건 스탠리 등의 줄줄이 이어진 유동성 위기로 금융시장의 불안은 걷잡을 수 없을 정도로 확산가도를 달렸다.

다섯째, 이들 국가가 취한 갑작스런 정책으로 경기침체와 금융시장 불안이 심각성을 더해 가자, 위기를 느낀 나머지 이들 정부는 또다시 금융완화와 비전통적 금융정책을 병행하여 실시했다. 즉, 일본은 1990년부터 약 2년여 동안 총 12차례에 걸쳐서 이자율을 인하했고, 미국도 2007년부터 약 1년간 총 9차례에 걸쳐서 금리를 인하하여 최근에는 1%에서 제로금리까지도 불사하고 있다.

이와 더불어 양국은 부실 금융기관 구제와 금융 시스템 안정을 위해 중앙은행이, 가격변동의 위험(risk)이 큰 자산을 담보로 유동성을 공급하는 비전통적 금융정책을 병행했다.[20]

마지막으로 양국은 모두 확장적인 재정정책을 실시했다. 일본 정부는 버블 붕괴 후 12회에 걸친 경기부양을 위한 종합경제 대책을 추진했다. 이 중 75%는 공공투자 규모가 GDP의 2%를 초과했으며, 1998년 11월경에는 GDP의 4.7% 수준에 이르렀다. 미국도 최근 개인에 대한 소득세 환급을 주요 내용으로 하는 1,680억 달러 규모의 경기부양책과 7,000억 달러에 달하는 구제금융 조치를 단행하여 자그마치 총 1조 640억 달러에 달하는 규모를 지원했다.

2. 미국과 일본의 금융위기의 상이점

그러나 위에서 살펴본 바와 같이 과거 일본의 장기불황과 현재 미국의 금융위기는 공통점도 많지만 서로 다른 점도 있다.

첫째, 우선 미국의 서브프라임 모기지 사태와 일본의 장기불황은 자산 가격하락 정도에서 차이가 있다. 1990년대 일본의 일경평균주가는 최고치와 최저치를 비교하면 거의 50% 수준으로 폭락하였고, 지가 역시 1991년 이후 15년 동안 약 25% 정도가 하락했다. 미국은 정점 대비 주택가격은 19.8% 하락하였고 주가도 18.3% 하락했다. 그러나 주택경기는 2009년까지 하락세가 이어지고 향후에도 2006년 정점대비 약 10% 정도 더 하락할 것으로 전망되고 있다.

둘째, 금융기관 손실 규모의 차이이다. 일본의 부실채권과 서브프라임 모기지의 추정 손실액 규모를 비교해 보면 1993부터 약 15년 동안 손실 누계액은, 전자는 99조 엔, 후자는 달러화를 엔화로 환산할 경우에 98조 엔으로, 절대 규모면에서는 비슷하다.[21)]

그러나 ① 일본도 버블 붕괴 직후 금융기관 부실채권 금액은 8조 엔 정도로 시산된 점 ② 향후 미국 주택시장의 침체 지속 전망 ③ 서브프라임 관련 증권화 상품의 가치하락 등을 고려하면 실제 서브프라임 모기지 관련 손실규모가 훨씬 더 클 것으로 전망된다.

골드만 삭스는 글로벌 금융위기에 따른 전세계의 투자손실액수가 1조 4000억 달러(약 1,880조 원)에 이를 것으로 추산하고 있다. 한편 명목 GDP대비 손실액의 비율을 보면 일본의 손실이 약 3배 수준인 것으로 나타난다. 일본은 명목 GDP대비 손실액의 비율이 약 20%(99조 엔), 미국 서브프라임 모기지 대출(IMF의 추정 손실액 기준)은 6.8% 수준에 불과하다.

셋째는 부채보유의 주체가 다르다는 점이다. 일본에서는 버블 붕괴 후에 기업의 과잉채무가 장기불황의 요인으로 작용한 반면, 미국은 가계부채의 과다가 심각한 문제로 작용하고 있다. 일본의 기업부채는 1980년의 명목 GDP의 2배 정도에서 1989년까지 약 2.4 배로 증가하였으나 미국의 경우에 명목 GDP대비 기업부채비율은 2000년 0.98에서 2007년에는 0.82로 하락했다.

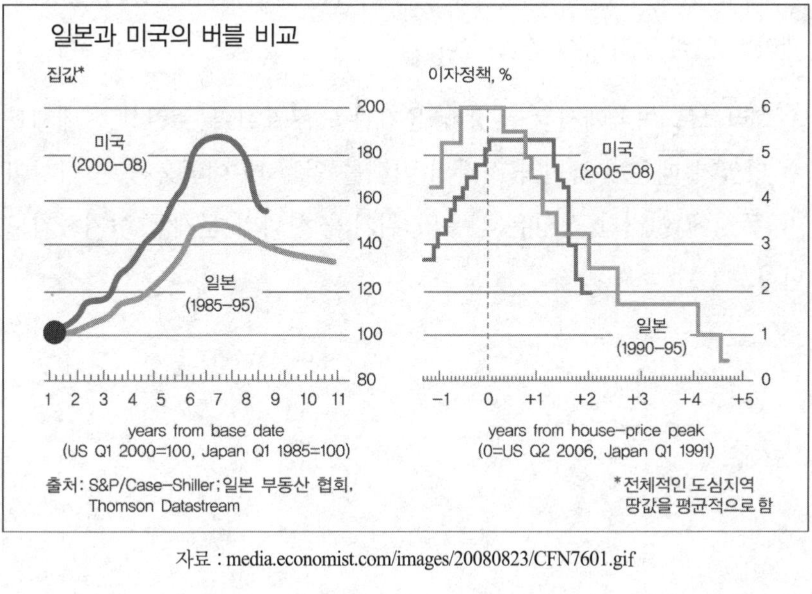

자료 : media.economist.com/images/20080823/CFN7601.gif

가계부채의 경우, 미국은 1980년대 후반의 일본에 비해 훨씬 빠른 속도로 증가했다. 미국의 가계부채는 2000년 대비 2007년 말에는 13.8조 달러로 2배가 증가되었으며, 연평균 가계부채증가율은 1990년대 6.8%이던 것이 2000년 이후부터 최근 동안 10.6%로 급상승했다.

넷째, 채권과 채무 관련자의 다소와 책임 소재의 문제다. 일본은 채무자가 대출금을 변제하지 못할 경우에 채권자인 은행이 책임을 지고 은행의 자본금으로 부실채권을 상각하는 등 채권자와 채무자의 관계가 단순하다. 그러나 미국의 서브프라임 모기지 대출의 경우에는 은행 등 채권자가 대출채권을 증권화하여 매각하였기 때문에 채권과 채무 관련자가 일본에 비해 상대적으로 많고 책임소재도 여러 단계를 거치는 관계로 불명확해졌다.

마지막으로, 공적자금 투입 등에 대한 국민과 시장의 반응이다. 일본은 모든 은행에서 대규모 부실채권이 발생한 관계로 부실채권 문제는 은행 전체의 문제로 인식했지만, 미국은 개별 금융기관의 경영 문제라는 인식이 강하게 깔려 있다.

그러므로 미국에서는 특정 금융기관을 구제한다는 인상을 배제할 수 없었기 때문에 국민과 시장의 이해를 얻는 데 어려움이 큰 상황이며, 동시에 이러한 상황은 신용의 위기와 신뢰의 문제를 야기하기도 한다.

제 8 장 신뢰의 위기와 금융위기에 대한 책임

권력에 대한 탐욕은 힘이 아니라 약함에 뿌리박고 있다

– 에리히 프롬(Erich Fromm, 철학자, 1900. 3. 23 ~ 1980. 3. 18)

신뢰의 위기

1. 신뢰의 위기가 금융위기를 조장하는가?[22)]

"우리가 두려워 할 것은 두려움 그 자체다.(The only thing We have to fear itself)"

1933년 3월 4일 대공황 한복판에서 美 26대 대통령인 루스벨트가 취임 연설을 통하여 한 말로, 국민의 용기와 희망을 불러 일으켰다. 역사가들은 이 연설을 흔히 '극복의 시작' 으로 규정한다. 그러나 한층 주목할 대목은 연설 첫 머리에서 무분별한 이윤추구로 경제위기를 초래한 은행가 등의 '이기적 자본주의' 를 질타하고 실업자 구제 등 '사회적 가치구현' 을 경제회복의 중심으로 삼기를 다짐한 것이다.

'뉴딜(New deal)' 이란 용어도 후보를 수락하는 연설에서 "정부의 정책 철학에서 잊혀진 미국 국민을 위한 뉴딜을 맹세한다."라고 선언한 데서 비롯되었다.

자료 : http://adsupport.egloos.com/1733055

뉴딜은 새 출발이나 완전한 전환 등을 뜻하는 말로, 이후 전문가들은 뉴딜 정책을 '구제, 회복 및 개혁(relief, recovery and reform)' 으로 요약하며 '사회적 가치' 구현을 충실히 이행한 것으로 평가한다. 아울러서 그는 경제가 극도로 어렵고 국민들이 실의에 빠져 있을 때, '노변정담(fireside chat)' 으로 불린 대국민 라디오 연설을 통해 국민에게 꿈과 희망과 용기를 북돋아 주었고, 정부에 대한 신뢰를 심어 주었다.

역사학자 아서 슐레진저(Arthur Schlesinger)는 루스벨트의 카리스마적 리더십이 탁월한 정치 감각과 직관력에서 나온 것으로 평가했다. '지도자의 으뜸 과제는 관료체제의 벽을 넘어서 정보와 정책 아이디어를 얻고, 국민과 의회의 관심과 이해와 정치적 타이밍을 직관으로 헤아리는 것' 이라고 지적한다.

최근 금융위기에 대한 타개책으로 미국은 7천억 달러라는 엄청난 공적자금 투입을 결정했다. 그러나 경제는 수렁 속으로 점점 더 빠져들고 있다. 심지어 대통령이 구제금융 지원을 결정했을 당시에도 의회뿐만 아니라 미국 국민들도 공적자금 투입 계획은 물론이고 효과까지도 반신반의하는 분위기였다.

CNN머니가 최근 조사한 바에 따르면, 응답자 60%가 막대한 공적자금 투입은 '죄 없는 납세자(국민)들에게 불공평한 처사' 라고 지적하기도 했다. 이는 무엇을 의미하는가? 한 마디로 말하자면, 정부에 대한 국민들의 '신뢰의 위기' 이다.

미국은 서브프라임 모기지 사태로 촉발된 금융시장의 위기가 경제 전반으로 확산되는 것을 막기 위해 양대 모기지 업체인 패니메이와 프레디맥의 경영권을 인수하면서 업체당 1천억 달러씩으로 최대 2천억 달러를 투입하기로 하는 등 이제까지 9천억 달러 이상의 공적자금을 쏟아 부었다.

이 두 회사는 어떤 회사였나? 전설적인 투자자로 불리는 피터 린치(Peter Lynch)는 자신의 방에 이 두 회사의 전경 사진을 걸어 놓고 "역사상 이렇게 좋은 기업은 없었다."라며, 자신의 인생에서 패니메이 주식을 만난 것을 가장 자랑스러워했다고 하는 일화가 있다.

투자의 달인인 워런(Warren Edward Buffett)도 프레디맥에 대한 사랑이 유별남으로써 '미국에서 가장 안전하고 먹을 게 많은 기업'이라고 추천한 바 있다. 이 두 회사는 우리나라로 치면 대한주택금융공사와 같은 훌륭한 공기업이었다.

미국의 양대 모기지 업체인 패니메이(Fannie Mae, 위)와 프레디맥(Freddie Mac, 아래)

정부의 탄탄한 지원을 등에 업고, 주택담보채권으로 노다지를 캤던 회사들이 순식간에 찾아온 서브프라임 사태로 삽시간에 '부실덩어리'인 미운 오리새끼 신세로 둔갑했다.

대체 어떤 경로로 이런 일이 발생했을까?

대체로 금융위기는 파급경로가 유동성 위기 → 신용위기 → 신뢰위기 → 금융혼란 증폭으로 이어진다.

즉, 주택가격의 갑작스런 하락을 통해 금융기관의 손실이 확대되어 유동성이 악화되고, 유동성 악화는 도산에 대한 공포심을 유발시켜서 신용위기가 확산되어 신뢰의 위기로 이어진다.

이러한 영향은 모든 금융기관으로 전염되어 금융혼란을 발생시킨다. 현재의 글로벌 금융시장은 유동성 위기나 신용위기단계를 넘어서 총체적인 '신뢰의 위기' 로 전이된 상태라 해도 과언이 아니다.

신뢰의 위기 속에서는 우량기업에 조차도 신용공급 기능이 정상적으로 작동되지 못하는 경우가 많으므로 흑자도산은 물론이고 경기침체를 부추김으로써 실업자가 양산된다.

불과 몇 년 전까지만 해도 국가 간의 협조가 지금처럼 잘 이루어지지 않았다. 1930년대 세계 대공황 시에는 각국이 서로 다투어 '근린궁핍화 정책(Beggar-My Neighbor policy)' 을 취한 것을 비롯하여 최근 일본이 경기부양의 마지막 카드로 엔저(円低) 유도정책은 물론이고 수입제한 조치도 '근린궁핍화 정책' 의 일종으로 지적된다.

현재 중국을 위시한 아시아 국가들이 자국의 경제침체 극복을 위해 고심하고 있다. 일본을 비롯한 아시아 주요 국가들이 통화의 평가절하에 경쟁적으로 나설 경우, 행여나 '근린궁핍화정책' 으로 작용되지 않을지가 근심스럽다. 이럴 경우에 아시아 지역경제는 일시에 깊은 혼란에 빠질 수도 있다.

요즘은 세계화가 빠르게 진전되다 보니 '내 문제 = 네 문제' 가 되는 '동조화 현상' 이 눈에 띄게 늘어나서 공조가 반드시 필요하다. 이런 차원에서 금융위기 극복을 위한 2008년 12월 워싱턴 DC에서 G20(선진 20개국) 금융정상회의를 개최한 바 있다.

■ 루즈벨트(FranklinT. Roosevelt, 1858. 10. 27~1919. 1. 6)

미국 제26, 28~29대 대통령

1. 약사(略史)

미국 자연사박물관 루스벨트 동상

1858년 10월 27일, 뉴욕에서 출생하였다. 부유한 가정에서 태어나서 하버드대학교를 졸업하였으며, 23세 때 뉴욕 주의회 의원으로 선출되었다. 진실과 공정을 존중한 공화당원이었으며, 정치적 부패를 강력히 비난하여 당수와 맞서서 혁신파를 주도하고 정화운동에 앞장섰다.

1884년에는 일시 정계를 물러나 서부지역의 목장에서 집필을 하다가, 1889~1894년에 관리제도 개혁위원회 위원을 지냈고, 이어 뉴욕시(市)의 경찰총장으로 임명되어 정계의 숙정에 노력하였다. 1896년에는 해군차관보가 되어 해군강화에 공헌하였으며, 미국-스페인 전쟁이 발발했을 때 관직을 사임하고 의용군을 조직하여 쿠바에 출정함으로써 일약 국민적 영웅이 되었다. 대전(大戰) 후 뉴욕 주지사에 당선되었고, 1900년에 대통령 W.매킨리 밑에서 부통령으로 재임하다가 매킨리가 암살당함으로써 1901년 9월에 제26대 대통령으로 취임하고, 1904년에 재선되었다.

그는 재임 시에 제2차 세계대전을 겪었고, 기자회견에서 그는 뉴딜 정책이 전쟁기간 동안에만 유보될 뿐이라고 밝혔다. 그는 미국 헌정사상 최초로 3선 대통령이 되었다. 소아마비에 걸린 그는 엄청난 통증과 싸우며 장애를 극복하고자 노력하였고, 이후 뉴욕지사에 당선되고, 4년 후인 1932년에는 민주당 대통령 후보로 공천되었으며, 1945년에 뇌출혈로 사망할 때까지 12년간 대통령직을 수행했다.

1910년에 정계로 복귀하여 1912년에는 제3당인 진보당을 조직하고 국가권력에 의한 국민의 복지향상 지향의 '새로운 국민주의'에 입각한 정강을 내걸고 대통령선거에 출마하였다. 그러나 '새로운 자유'를 주창하여 출마한 민주당의 T.W.윌슨에게 패하였다.

2. 리더십

(1) 정치 입문

1921년 8월경, 메릴랜드 주의 한 신용예금회사에서 부회장을 지내던 루스벨트에게 갑자기 척수성 소아마비 증세가 나타났다. 1921년의 뉴욕 주지사 선거에 나설 채비를 하면서 가족들과 여름휴가를 보내던 중 작은 섬에 불을 끄러 가면서 호수의 찬물에서 한동안 헤엄을 친 후에 갑자기 소아마비에 걸린 것이다. 어머니는 그에게 은퇴할 것을 권고했지만, 아내 엘러너는 오히려 정치활동을 계속하는 것이 남편의 사기진작에 도움이 될 것으로 생각했고 프랭클린이 정치집회에 참석할 때면 그의 눈과 귀 역할을 했다.

이후 그는 2차례에 걸쳐서 뉴욕 주지사를 지내게 된다. 첫 재임기의 루즈벨트 정책은 후버 대통령과 대등한 수준의 좌익성향을 띠었으나, 불경기의 양상이 보다 현저해진 2번째 임기에는 뉴욕의 경제를 돕기 위해 주정부 조직들을 동원했다.

(2) 대공황 극복노력

1932년 대통령선거의 쟁점은 경제 대공황 문제였다. 당시 대부분의 은행들은 문을 닫았고 산업생산은 1929년의 비해 56% 수준으로 하락해 있었으며, 1,300만 명 이상이 실직한 상태에서 농민들은 궁핍한 생활을 하고 있었다.

루스벨트는 미국 전역을 순회하며 '뉴딜'로 이름 붙여진 경제부흥 및 개혁안의 윤곽을 자신있게 설명했다. 그는 샌프란시스코 유세에서 "민간기업의 활동은 사회적 책임을 수반한다."라고 역설했다. 취임연설에서 그는 "위대한 미국은 이미 과거에 그래왔던 것처럼, 역경을 극복하고 살아남을 것이며 번영을 이룰 것입니다."

"우리가 경계해야 할 것은 두려움 그 자체일 뿐입니다."라고 외치면서 신속하고 과감한 조치를 약속하며 자신의 굳은 의지를 밝혔다. 삽시간에 모든 정치세력들이 대통령의 동맹자가 되었고 루즈벨트는 미국 역사상 가장 광범위한 평화 시의 법률제정 작업에 돌입하게 된다.

우선 경제복구에 힘쓰면서 경제파탄의 원인으로 생각되는 부작용들을 서서히 제거해 나갔다. 내각은 지역적인 안배와 정치적인 균형을 감안하여 민주당 내의 진보 · 보수 세력을 모두 포함했으며, 3명의 공화당원과 특히 프랜시스 퍼킨스를 노동장관으로 입각시킴으로써 최초의 여성각료를 탄생시켰다.

또한, 새로운 법률제정은 사업가와 은행가들에게 안정감을 심어주기 위하여 몇 가지 보수주의적 법안을 마련하는 것으로부터 시작되었고 3월에는 정부예산 규모를 과감하게 축소시킴으로써 선거공약을 실현시켰다.

때때로 루즈벨트는 케인스 이론에 빠져 있다는 비난을 듣기도 했으나 사실은 긴축재정의 가치를 신봉하고 있었다.

1933년 테네시 강 유역의 개발을 통한 홍수조절 및 수력발전을 목적으로 하는 테네시 계곡 개발공사(TVA) 설립을 비롯하여 실업자들을 구제함으로써 그들의 기술을 활용하고 자신감을 고취시키기 위해서 공공사업진흥국(WPA) 등을 발족시켰다.

(3) 평가

공인으로서의 루즈벨트에 대한 평가는 논란의 여지가 있다. 그는 미국 역사상 가장 사랑을 받았던 인물인 동시에 혐오의 대상이기도 했다. 루즈벨트의 정적들은 그의 무능력과 얄팍하고 교활한 정략, 그리고 독재적인 야심들을 꼬집었다. 한편 지지자들은 경제공황의 구원자이고 미국뿐만 아니라 세계의 민주주의를 수호한 위대한 지도자로서 그를 부각시켰다.

국민의 지지를 유도하고 행정부 내에 다양한 정견을 가진 관료들을 확보했다는 점에서 루즈벨트를 능가할 인물은 별로 없을 것이다. 정치분석가들은 루즈벨트 정부가 때때로 역할 분담이 명확하지 않아서 혼선을 빚어내기도 했지만 유례없이 효율적인 행정능력을 발휘했다고 설명한다. 1932년에 프랭클린 델러노 루스벨트는 전쟁과 평화에 대한 자신의 견해를 다음과 같이 피력했다.

"대통령직이란 고도의 윤리성이 요청되는 책무입니다."

국제적 협력 시대[23)]

■ 근린궁핍화 정책(近隣窮乏化政策, beggar-my-neighbor policy)

영국의 여류 경제학자 J. V. 로빈슨이 명명한 '베거 마이 네이버 폴리시(beggar-my-neighbor policy)'에서 '베거 마이 네이버(beggar-my-neighbor)'란 상대방의 카드를 전부 빼앗아 온다는 트럼프에서 사용되는 말에서 유래된 것이다.

이는 특히 세계경제 전체가 침체하여 각국이 불황으로 어려움을 겪을 때 흔히 행하여지는 국제수지개선책으로, 자국의 수출을 증가하고 수입을 삭감하여 국내의 경기나 고용상태를 개선하게 하는 반면에 타국에게는 실업 증가와 경기의 악화를 야기하게 하는 자국본위의 경제정책을 말한다.

이를 위해서는 환율인상, 임금인하, 수출보조금지급 등으로 수출을 증진하고 관세율인상, 할당제 등으로 수입을 삭감 또는 억제하는 구체적인 방법이 시행된다. 그러나 한 나라가 이러한 정책을 채택하면, 다른 나라도 역시 같은 형태의 보복조치를 취하므로 세계무역은 침체하고 국제경제는 더욱 악화된다. 따라서 현재는 가트(GATT)나 국제통화기금(IMF) 등을 통하여 모든 나라가 국제협조의 입장을 취하도록 강조되고 있다.

이러한 공조를 통해 '신뢰의 위기' 가 금융위기를 더욱 더 증폭시키는 악순환의 고리를 차단시키고 선순환 고리를 만드는 계기가 되어야 한다. 만약에 이러한 악순환 고리를 차단할 경우, 금융시장은 안정 국면으로 진입이 가능할 것으로 보인다. 그러나 그렇지 못할 경우, 금융시스템이 붕괴되어 가계 및 기업부실이 확대될 것으로 전망된다.

이처럼 신뢰의 회복은 금융위기 회복의 첫 관문이다. 신뢰를 회복할 수 있는 핵심요소로는 대형 금융기관의 파산 여부를 비롯하여 각국 정부의 구제금융에 대한 강력하고도 즉각적인 의지표명 및 실천을 꼽을 수 있다. 향후 국제적인 공조가 잘 이루어져서 금융위기가 금융기회로 변모되는 소위 '근린부자화정책(rich-my-neighbor policy)' 이 되길 기대해 본다.

2. '백약이 무효' 인 금융위기[24)]

1930년대 이전의 고전학파 경제학 이론에서는 생산에 비해 소비의 중요성은 비교적 간과되었다. 당시 아담 스미스를 필두로 한 고전학파 경제학자들은 기업이 제품을 생산하면 시장에서는 '보이지 않는 손(invisible hand)' 에 의해 수요와 공급의 가격형성 과정을 거쳐서 모두 팔리는 것으로 보았다.

즉, 공급이 과잉되면 가격이 떨어지고 수요가 늘어서 초과공급이 저절로 해소되고, 반대로 공급이 축소되면 가격이 올라서 수요가 감소하고 균형을 이루어 장기적으로는 문제가 될 수 없다는 게 이들의 대체적인 시각이었다.

그러나 1930년대 초에 세계 대공황이 터지자, 영국의 경제학자 케인즈는 "시장에서는 공급이 넘쳐나지만 가격이 즉각 하락하지 않는다."라고 하면서 "수요와 공급이 단기간에 균형을 달성하기 힘들다." 라고 보았다.

당시에 그는 "장기적인 시각으로 보면 초과공급 문제는 가격하락으로 해소된다."라는 당시 고전학파 경제학자들의 견해에 대해 "장기적으로는 우리 모두가 죽는다(In the long-run, we are all dead)."라는 명언을 남기기도 했다.

케인즈는 요즘처럼 불황기에는 정부가 나서서 부족한 수요를 직접 창출해야 한다는 취지의 '유효수요이론' 을 주장했다. 즉, 공급이 수요를 창출한다(supply creates demand)는 '세이의 법칙(Say's Law)' 과 반대로, "수요가 공급을 창출할 수 있다(demand creates

수요공급의 법칙

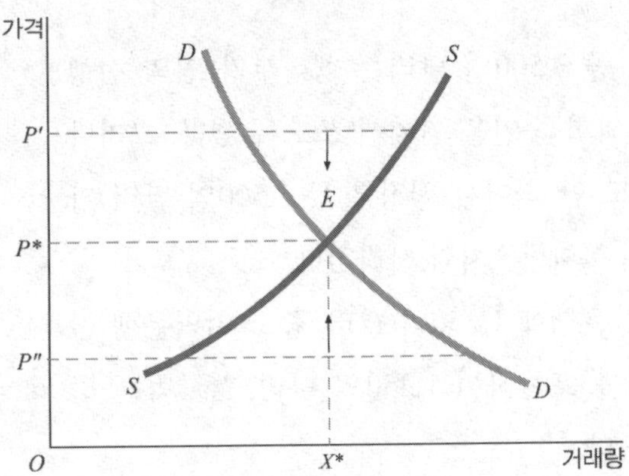

supply)"는 게 '케인즈 이론'의 골자이다.

수요공급의 법칙을 그래프를 통해 살펴보면, 시장의 균형가격(equilibrium price) P* 및 균형거래량(equilibrium quantity) X* 는 상품의 시장수요곡선 D와 시장공급곡선 S의 교차점 E에 의해서 표시되며, 이 교차점 E를 시장의 균형점(equilibrium)이라고 한다.

그러나 오늘날 미국을 비롯한 글로벌 시장에는 전세계가 경기부양을 하여 수요를 창출하고 있지만 '백약이 무효'라는 말이 실감날 정도로 시장은 불안감을 넘어서 공포감에 휩싸여 있다. 오바마가 미국 대통령이 된 이후에 그토록 큰 희망을 가졌던 기대도 하루 만에 깨져서 미국의 주가는 곤두박질하고, 이미 5개국이 IMF에 구제금융을 신청하는가 하면 불황을 의미하는 'D(depression)'의 공포를 넘어서 소득 혹은 고용을 의미하는 'E(earning, employment)'의 공포까지 글로벌 경제에 몰려오고 있는 상황이다.

즉, 금융시장 참여자들은 또한 '베어스턴스-패니메이, 프레디맥-리먼브러더스-메릴린치-AIG'가 끝이 아니라 또 다른 어떤 기업이 무너질지에 대해 숨죽이면서 쳐다보고 있다. 더구나 미국 재무부가 내놓은 7,000억 달러는 집행한 지, 한 달도 안 되어서 바닥나게 생겼다.

미국 정부는 7,000억 달러 중 3,500억 달러는 행정부가 임의 집행하고 3,500억 달러는 추후에 의회 승인을 거쳐서 쓰도록 했다. 그러나 구제금융을 집행한 지, 한 달도 안 되어서 행정부 몫 3,500억 달러 가운데 2,900억 달러가 '밑 빠진 독에 물'처럼 사라졌다.

미국 정부는 이미 9개 대형 은행에 1,250억 달러, 중소 지역은행 지분 매입에 1차로 380억 달러를 포함하여 1,250억 달러, '돈 먹는 하마' AIG에도 400억 달러를 썼다.

그러나 앞으로도 자동차 BIG3나 공공운수업체 등 정부의 구제금융을 애타게 기다리는 대기자들이 줄줄이 늘어서 있다. 문제는 애초에 묶을 지어 놓았던 모기지 관련 부실자산 매입에는 단돈 10달러도 쓰지 못한 채로 구제금융이 바닥 날 위기에 처한 것이다.

JP모건체이스는 최근 보고서에서 전세계 금융기관의 신용위기 손실액은 1조7,000억 달러까지 늘어날 수 있어서 7,000억 달러의 구제금융만으로는 부족할 수 있다고 지적하고 있음을 상기해야 한다.

더 나아가서 전문가들의 말대로 주택가격이 더 떨어질 경우에 다가올 최악의 시나리오는 어느 누구도 감당하지 못할 것이다. 이제는 금융기관, 부동산뿐만이 아니라 '자동차 BIG3'의 도산도 코 밑까지 왔다. 도이치방크는 최근 GM에 대한 투자의견을 '유보(Hold)'에서 '매도(Sell)'로 바꾸고, 주당 4달러이던 목표가를 '0달러'로 낮춤으로써 사실상 '휴지화' 되어 버렸다.

금융위기, 누구의 책임인가?[25)]

1. 앨런 그린스펀, 美 연방준비제도이사회(FRB) 전 의장

앨런 그린스펀

이제 와서 금융위기의 책임을 물은들 무슨 소용이 있겠는가마는 그래도 사안이 너무 중대한지라 책임소재에 대한 논란은 거세다. 이에 대한 책임으로는 먼저, 앨런 그린스펀 전 미연준 의장이 거론된다. 미국발 금융위기에 대한 어떤 책임이 거론되고 있는가?

첫째, 그는 장기간의 저금리 정책으로 버블의 발단을 제공했다는 '혐의'를 받고 있다. 앨런 그린스펀(Alan Greenspan)은 국회청문회에서 자신의 실수를 일부 인정했다.

1987년부터 네 번이나 FRB 의장을 연임하면서 독보적인 카리스마를 발휘했던 그였지만 지금은 비판의 목소리를 듣는 처지가 되었다.

아래의 그림에서 볼 수 있듯이 둥글게 표시한 부분이 버블(Bubble)을 키우기 위해서 2% 이하의 초저금리를 유지한 구간이다. 그는 2003년 6월에 연방기금금리를 연 1%로 낮췄고, 이러한 초저금리 상태를 1년 동안이나 유지시켰다.

이러한 탓에 저축하면 바보가 되고, 대출을 받아서 집이나 주식을 사야 똑똑하다는 소리를 들었다. 1960년대부터 1990년대 초반까지 쉬운 대출과 경제호황은 소비지출의 증가를 부추김으로써 미국의 저축률은 3.5%까지 떨어졌고, 최근 4년 가까이 1%를 밑돌았다.

연방기금금리

1954년 7월~2007년 12월

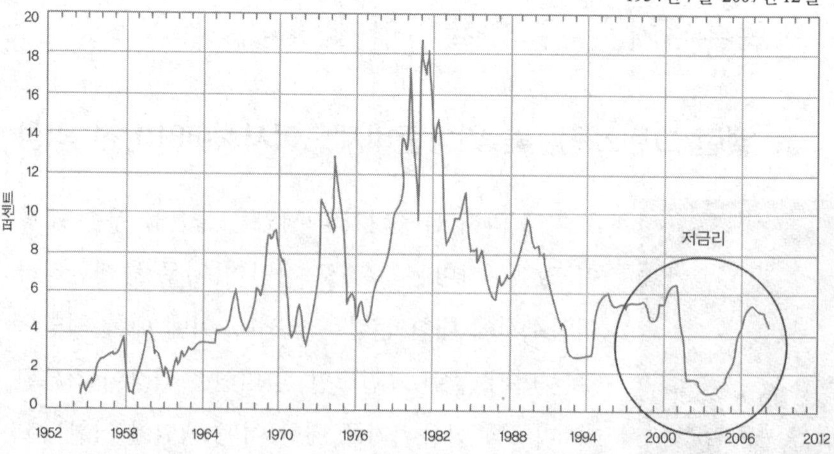

자료 : http://eyeofboy.tistory.com/304

그 결과로 시중엔 돈이 넘쳐 흘러서 주택시장의 버블을 일으켰고, 미국의 집값은 그린스펀의 초저금리 정책 이후로 2006년 정점에 이를 때까지 가속도가 붙었다. 조셉 스티글리츠 컬럼비아대 교수는 최근 '그린스펀이 주택가격 거품(bubble)을 방치한 것은 운전하다 졸았던 정도가 아니라 의도적으로 다른 방향을 본 것' 이라고 까지 주장했다.

이러한 상황이 어디 미국뿐인가? 미국이 초저금리 상태를 유지하자, 유럽 등 전세계가 정책의 동조화 현상을 보이기 시작했다. 超저금리 현상으로 인한 글로벌 시장에서의 부동산 자금 유입은 가히 천문학적이었다. WSJ 기사내용이 말해주듯[26)], 다들 집을 사면 돈이 된다고 떠들고, 또 실제로 집값은 계속 올라가니 너도 나도 대출을 받아서 집을 샀다.

대출은 계속 늘어나고, 부의 효과(Wealth Effect) 때문에 집을 가진 사람들은 괜히 부자가 된 듯하여 소비가 증가했다. 그러나 2006년부터 이자가 오르면서 동시에 Bubble이 꺼지고 은행 대출의 부실로 이어졌다. 더 나아가서 이제 전반적인 경제 시스템에 문제가 생긴 상황이 오늘날 글로벌 경제위기(Global Financial Crisis)이다. 끝없이 오를 줄만 알았던 집값은 20%나 하락했고, 추가적으로 10% 정도가 더 하락할 것으로 예상된다.

이처럼 그린스펀을 필두로 한 미국 중앙은행은 낮은 단기 금리를 통하여 집 구매를 지나치게 부추기지 않았느냐는 비난을 받고 있다. 물론 이러한 낮은 단기 금리는 2000년 1월경 터진 닷컴버블(dot-com bubble) 붕괴 이후의 경기 침체(economic slump)를 해결하기 위해 마련된 방안이었다고 주장할 수는 있지만, 결과적으로 보면 그린스펀은 2001년 이후에 찾아온 불황을 타개하기 위한 방안으로 내놓은 초저금리정책이 결국 Housing Bubble을 일으켰다는 비난은 면키 어렵다. 어찌 보면 버블이 터져서 생긴 경제적 침체를 또 다른 버블로 막으려고 한 것이나 다름없다.

둘째, 그는 더 나아가서 "결국 CDS(Credit Default Swap)는 심각한 문제가 있는 상품이었으며, 이 상품은 좀더 규제(oversee)되었어야 했다."라며, 파생상품에 대한 감독 미비에 대한 자신의 실수도 일부 인정한 바 있다.

한편에서는 부시 정부의 총체적인 무지로 이와같이 엄청난 일이 발생했다고 주장한다.

美 프린스턴대 폴 크루그먼(Paul Robin Krug man, 1953~, 경제학) 교수는 지난 2004.10.8일자 뉴욕타임스에 쓴 칼럼 'Ignorance Isn' t Strength' 에서 "Ignorance is strength(모르는 것이 힘이다)"라는 말이 생각난다. 그는 오웰의 말을 인용하여 설명하고 있다.

I first used the word 'Orwellian' to describe the Bush team in October 2000. Even then it was obvious that George W. Bush surrounds himself with people who insist that up is down, and ignorance is strength. But the full costs of his denial of reality are only now becoming clear. — omitted

(나는 2000년 10월 부시팀(the Bush team)을 말하면서 처음으로 오웰식이란 말을 썼다. 그때도 부시는 'up is down(성(盛)은 쇠(衰)다)' 'ignorance is strength(모르는 것이 힘이다)' 라고 주장하는 사람들에게 둘러싸여 있는 것이 분명했다. 그러나 현실 부인에 대한 전면적인 대가가 지금 명백해지고 있다.) — 중략(中略)

The point is that in the real world, as opposed to the political world, ignorance isn' t strength. A leader who has the political power to pretend that he' s infallible, and uses that power to avoid ever admitting mistakes, eventually makes mistakes so large that they can' t be covered up. And that' s what' s happening to Mr. Bush.

(문제는 정치세계와 반대인 현실세계에서 무지는 힘이 아니라는 것이다. 정치권력을 갖고 짐짓 자신은 전혀 오류가 없는 체하며, 실수를 인정하는 것을 피하기 위해 그러한 권력을 사용하는 지도자는 실수를 대량생산하여 되돌릴 수가 없게 된다. 이러한 일이 부시에게 일어나고 있다.)

2. 투자은행(IB)의 직원 및 최고경영자(CEO)[27)]

최근 미국발 금융위기에 대해 투자은행의 CEO들의 도덕적 해이에 대한 책임론이 자주 세간의 입에 오르내리곤 한다. 도덕적 해이(moral hazard)는 원래 보험과 관련해서 주로 사용되던 용어다. 가령 화재보험에 가입한 사람이 있다고 하자.

보험회사 입장에서 보면 보험에 드는 사람마다 화재의 예방을 위해 나름대로 최선을 다하리라 기대하겠지만 실제로 보험가입자의 입장에서는 보면 일단 보험을 가입하고 난 후에는 화재예방에 드는 노력과 비용을 게을리 하기가 쉽다는 얘기다.

화재가 나도 보상을 해주기 때문에 화재예방 노력을 열심히 하는데 따른 이득이 없어졌기 때문이다. 이러한 상황이 존재할 때, 우리는 보통 보험사와 보험가입자 사이에는 보험가입자측에 도덕적 해이 문제가 존재한다고 말한다.

이미 망한 투자은행의 책임자들에 대한 도덕적 해이현상이 수면 위로 떠올랐다. 모건스탠리와 골드만삭스와 같은 세계적인 투자은행의 CEO의 연봉은 보통 4,000만 달러 이상으로, 美 노동자 평균임금의 1천 배에 달한다. 투자은행(IB, investment bank)의 펀드매니저는 민간부문 노동자(평균임금 4만3천 달러)의 10배 수준인 44만 달러 수준을 받고 있다.

지난해 월가의 5대 투자은행(IB)이 있을 때, 직원들에게 지급한 보너스는 사상 최고치인 250억 달러(약 28조원)였다. 그러나 단기실적에만 급급했던 나머지 위험관리를 제대로 하지 않아 오늘날에 이르렀다.

한 걸음 더 나아가서 세금으로 쓰러져 가는 투자은행들을 지원하려는 미국 정부의 계획에 반대하는 여론도 만만치 않다. 미국 주요 언론들도 투자은행과 관련된 도덕적 행태를 크게 보도하면서 부실 금융사들의 주주 · 경영진에 대한 책임을 추궁할 방법을 찾아야 한다고 분개하고 있다.

2007년 〈포천〉지가 선정한 500대 기업의 여성 중역은 16.6%이며, 금융부문의 이사회 임원은 16.1%에 달하는 것으로 나타났다.

최근에는 금융위기의 불똥이 고위직 여성 전문경영인에게 튀고 있음으로써 실적부진 등 금융위기 관리 부실에 대한 문책으로 월가의 여성 임원들이 대거 물러나고 있는 추세다.

이러한 예로, 최근 리먼 브러더스사가 1994년에 기업공개 이후 처음으로 28억 달러의 적자를 기록한 책임을 지고 재무최고책임자(CFO)인 에린 캘런이 사임했다. 에린 캘런은 6개월 전에 승진해 CFO 자리를 맡아 왔고 처음으로 리먼의 중역에 오른 여성이었지만, 이제는 과거에 일했던 투자은행으로 되돌아가게 되었다.

에린 캘런

샐리 크로첵

조 크루즈

금융위기 이전 월가에서 가장 성공한 여성 3인방

그녀는 CFO 자리에서 물러나기 전까지 '월가의 가장 성공한 여성'으로 불리기도 했다.

모건 스탠리의 공동사장이었던 조 크루즈도 상황은 마찬가지다. 그녀는 지난해 11월에 서브프라임 사태로 37억 달러의 손해를 남기고 사임했다. 그녀는 한때 경제전문지 〈포브스〉가 선정한 '세계에서 가장 영향력 있는 100명의 여성' 에 속하기도 했으며, 〈크레인스 뉴욕 비즈니스〉가 선정한 '월가의 가장 영향력 있는 인물 25명 중 한 명' 으로 선정된 바도 있다.

샐리 크로첵 시티그룹의 최고재무 책임자(CFO)도 역시 서브프라임 모기지 사태로 책임을 지고 자리에서 물러났다.

3. 닌자(NINJA) 대출한 미국의 서민 채무자들

〈뉴욕타임스〉가 작년 '전문영역 신조어(Buzzword)' 를 선정해서 발표했다. 이중 눈길을 끄는 것이 '닌자 론(ninja loan)' 으로, '수입, 직업, 자산도 없는(no income, no job or no assets) 고위험 채무자를 상대로 한 대출' 을 일컫는 말의 신조어다.

서브프라임 모기지 사태의 핵심은 무엇인가? 모기지 업체들은 소위 '닌자론' 에 해당되는 서민들에게 주택을 담보로 약 6.5~7%의 비교적 비싼 이자를 받고 돈을 빌려 주고, 또 대출을 받은 서민들은 이 돈을 주식과 펀드에 투자하는 경제구조에 심취하였다.

실물 경제의 성장없이 금융 자본만 성장시키는 경제구조가 한계에 다다르면서 한꺼번에 와르르 무너진 형국이 아닌가? 대출받은 서민들이 대출받은 돈을 갚지 못하고 담보로 잡힌 집값이 폭락하여 은행이 부실화되었으며, 미국은 물론이고 전세계가 실물경제 침체의 공포에 떨고 있다.

서민들은 미국발 경제위기에 아무런 책임이 없단 말인가? 서민들은 버블 붕괴의 방아쇠를 당긴 장본인들이다. 저금리의 달콤함에 빠져서 집값의 100%가 넘는 과도한 대출을 받아서 비싼 집을 장만한 게 죄라면 죄다.

미국에서는 모기지로 집을 사는 비율이 전체 주택의 55%에 이른다. 과반수가 넘는 사람들이 본인의 월급만으로는 과분한 고가 주택을 모기지로 샀다. 집값은 항상 이자율보다 많이 오른다는 전제하에서다. 저금리 기조가 끝나고 금리가 오르기 시작하면서 집값은 상승을 멈춘다.

결국 이자를 감당할 수 없는 사람들은 집을 포기하거나, 대출을 연체할 수밖에 없었던 것이다. 파생상품을 취급하는 회사들은 연체되는 불량채권과 이것저것 섞어서 또 다른 채권을 만든 다음에 구매자의 구미에 맞게 파는 과정에서 서민들은 결국 희생의 대상인 동시에 협력자 노릇을 한 셈이다.

4. 크리스토퍼 콕스, 美 증권거래위원회(SEC) 위원장

크리스토퍼 콕스

美 공화당 대통령 후보인 존 매케인 상원의원은 의회 청문회에서 규제에 실패한 책임을 물음으로써 콕스 위원장을 해임하겠다고 했다. 그는, 월가 규제에 대한 책임이 있는 증권거래위원회(SEC)가, 투기세력과 헤지펀드가 시장을 '카지노판'으로 만들 수 있는 규정들을 고수했다는 것이다.

이에 대해 당시 대통령 당선자인 오바마 상원의원은 '좋은 생각'이라며 "한 사람만 해고하지 말고 부시 행정부 전체와 이 정부의 경제철학을 모두 다 해고하라."고 한술 더 떴다.

이게 무슨 말인가? SEC의 감사관을 지낸 데이비드 코츠는, 베어스턴스가 쓰러지기 직전 SEC가 실시한 감독에 대해 강하게 비판한 적이 있다. 내용인 즉은, 베어스턴스가 파산하기 전까지 수많은 위험신호를 보냈지만 감독할 책임이 있는 SEC는 이러한 위험신호를 안전신호로 알고 간과해 버렸다는 것이다. 이는, SEC의 감독 소홀을 의미하는 것으로, 리스크 관리를 제대로 하지 못했음을 입증하는 것이다.

어디 이뿐이랴? SEC 는 감독대상 금융사들 가운데 3분의 1 정도는 감독에 필요한 서류조차도 확보하지 못하고 있었다는 지적이다. 이와 관련하여 콕스 SEC 위원장은 투자은행들의 자율규제엔 근본적인 결함이 있다는 것을 스스로 인정하면서 개선점을 찾겠다고 밝힌 바 있다. 하지만 SEC의 감독 부실에 대한 내외부의 신랄한 비판과 비난은 이번 금융위기의 책임소재와 함께 SEC의 입지를 더욱 좁게 만들었다는 점에서 쉽게 가라앉을 것 같지가 않다.

5. 골드만 삭스는 보너스 반납, 리먼, AIG는 흥청망청[28)]

'대마불사(大馬不死, Too big, to fail)' 바둑에서 "큰 집은 결국 살길이 생겨 쉽게 죽지 않는다."라는 이 뜻은 "큰 기업은 쉽게 망하지 않는다."라는 뜻으로도 널리 쓰인다. 우리는 10여 년 전의 IMF 사태 때 이런 말을 수도 없이 듣고 또 들었다. 그러나 이런 일이 예외적으로 전세계 금융의 심장부인 미국 월가에서 일어났다.

2008년 3월에 투자은행인 베어스턴스가 도산할 당시, 미국 재무부는 290억 달러의 구제금융을 제공했다. 이후 미국의 양대 모기지 업체인 패니메이와 프레디맥에 2,000억 달러의 구제금융을 투입할 당시, '대마불사'의 원칙은 깨지지 않는다는 말이 나왔었다. 그때 미국 정부의 구제금융계획에 대해 안팎에서는 도덕적 해이(moral hazard)를 확산시킬 수 있다는 사실을 들어서 반대하는 목소리도 많았다.

결국은 미국 금융의 근간을 흔들 수 있다는 염려 때문에 구제금융은 결정됐다. 그 와중에서도 개인과 기관에 막대한 피해를 주고 파산한 리먼 브러더스는 미국 뉴욕의 본사 직원들에게만 25억 달러에 달하는 천문학적인 액수의 보너스를 주기로 함으로써 또다시 도덕적 해이(moral hazard) 논란이 일었다.

리먼 브라더스 본사

즉, 인수 주체인 영국 바클레이즈 은행은 리먼의 미국 사업을 인수하는 과정에서 파산 직전에 리먼 브라더스사와 뉴욕 직원들에게 25억 달러에 달하는 보너스를 지급키로 사전 약속한 것이다. 양사 간의 보너스 지급 약속은 파산을 신청하기 불과 1주일 전에 일로 리먼은 사망선고를 받고 죽기만을 기다리던 때여서 미국 시민들의 분노를 더욱 더 자아내게 했다.

더구나 이에 앞서 리먼 브러더스가 파산에 이를 쯤에도 경영진들은 엄청난 월급 외에 수 백만 달러의 보너스를 챙긴 것을 비롯하여 CEO 풀드는 2007년 한 해 동안만 해도 약 4,500만 달러를 챙긴 것으로 드러났다. 회사를 파산으로 내몰고 수 만명의 실직자를 양산하여 미국은 물론이고 전세계 경제를 일시에 침체의 수렁으로 빠트린 장본인들은 정작 시간당 2만 달러의 급료를 받으면서 흥청망청했다는 결론이다.

이러한 도덕적 행태를 지켜본 수많은 언론들은 마치 지난 2001년 파산한 미국의 엔론을 연상시킨다고 전하고 있다. 당시 엔론은 수 백억 달러의 빚을 떠안고 파산했음에도 불구하고, 경영진들은 이에 아랑곳하지 않고 10억 달러 이상을 챙기고 사라짐으로써 투자자는 물론이고 노동자들에게 큰 손해를 입힌 바 있다.

AIG의 경우도 예외는 아니다. 지난 9월에 1차 구제금융으로 850억 달러의 구제금융이 이루어진 뒤, AIG의 임원진 70여 명은 켈리포니아의 한 휴양지에서 업무회의를 하며 방값 20만 달러와 식사비 15만 달러 및 온천비용 2만 3000달러 등 모두 44만 달러를 썼다. 이러한 사실이 밝혀지자, 금융위기 청문회에서 의원들의 추궁에 임원들은 회계규정을 내세우면서 책임을 회피했다.

AIG의 도덕적 해이는 이뿐만이 아니다. 회사가 50억 달러의 적자를 본 작년 4분기, 전 CEO가 내부 규정을 바꿔 가면서까지 경영진에게 총 500만 달러의 보너스를 지급했다. 그후 2차로 280억 달러의 구제금융이 이루어진 10월, AIG는 앞에서는 구제금융을 지원받으며, 뒤로는 금융산업에 대한 정부 통제를 약화시키기 위한 로비활동을 계속했다.

즉, 금융기관의 부적절한 행동에 대해 정부가 감독기능을 강화하려는 법을 만들려고 하자, AIG는 이 법을 무력화시키려는 로비에 착수했다. 지난 2분기에는 연방정부정책 로비에만 골드만삭스 등 다른 금융대기업들에 비해 2배 정도 많은 300만 달러를 썼다.

이처럼 자신들의 잘못을 뉘우치기는커녕 은막 뒤에 숨어서 돈을 감춰놓고 물 쓰듯 하며 자기들 때문에 고통받는 세상 사람들을 비웃는 사람들이 있는 이상, 경제위기가 쉽게 가라앉을 것 같지가 않다는 생각이 든다.

AIG 빌딩

서브프라임 모기지에서 시작된 미국발 금융위기는 '신용위기(Credit Crisis)'에서 촉발된 '경제불황(Recession)'을 넘어서 '신용붕괴(Credit Collapse)'로 인한 '경제 대공황(Great Depression)'으로 한 발 한 발 다가가고 있는 줄을 많은 사람들은 아무도 모르고 있다.

제 9 장 금융위기와 국가별 변수

탐욕이 많은 사람은 금을 주어도 옥을 얻지 못함을 한하고, 공직에 봉하여도 제후가 못됨을 불평한다

– 채근담

서브프라임 모기지 사태에서 촉발된 미국 금융위기는 글로벌 경제 전반에 엄청난 영향을 미치고 있다. 이 장에서는 제 5부 이후에서 자세히 다루어질 변수들을 결정한다. 다시 말해서 제 5부에서 다루어질 글로벌 경제를 세 그룹의 국가군으로 나누어서 금융위기의 영향을 받고 있는 변수들을 결정한다.

첫째 그룹은 미국, EU, 일본, 그리고 중국으로 외채의 위험에서 비교적 자유로운 국가군이다. 이들 국가들은 대부분이 미국과 통화 스와프를 체결한 나라들로 금융위기의 영향을 받는 주요 공통변수들을 결정한다.

또 다른 국가군으로는 이미 IMF 등에 구제금융을 신청했거나 향후 국제기관에 구제금융을 신청할 가능성이 높은 나라들로, 여러 중요한 변수를 중심으로 현재 어느 단계까지 와 있는지에 대해 살펴보자.

다음으로는 동남아 국가들로, 이들 국가들에게서도 금융위기의 영향을 받는 주요 변수를 찾아본다.

위와 같이 국가군별 변수를 참고로 우리나라의 경우를 되돌아 보자. 최근 미국과 통화 스와프를 체결하여 국가부도 가능성으로부터는 멀어진 것이 사실이다. 그러나 실물경제가 침체일로를 걷고 있고, 은행이 잇달아 경고음을 내고 있는가 하면 〈피치〉사의 국가신용등급도 향후 전망이 '안정적(stable)' 에서 '부정적(negative)' 로 바뀌었으므로 조짐이 좋은 편은 아니다.

따라서 이 장에서는 객관적 입장에서 금융위기의 영향을 받는 주요 변수들을 찾아내고, 제 5부에서는 여기에서 논의된 변수별로 자세히 알아보고자 한다.

미국, EU 및 일본, 그리고 중국

첫째, 미국에서의 금융위기의 영향을 알아보고자 선택된 변수들은 재정적자 및 부채 규모, 증권시장, 금리, 달러 유출, 아직 드러나지 않은 위험(Alt-A, 점보, 합성 CDO, 헤지펀드, 상각파동), 경기침체 현황, 실업률, 기업들의 생산, 감원, 월급 삭감, 인수합병, 부동산 가격의 폭락, 원자재 가격 동향이다. 그 밖에도 국제적인 변수로 IMF의 자금부족 문제 등을 다룬다.

둘째, 선진 유럽 국가들은 증권시장, 금리, 성장률, 실업률, 부동산 가격하락 등이 대상 변수이다.

셋째, 일본은 증권시장, 금리, 외환보유고, 성장률, 실업률, 부동산 시장 하락, 엔화 강세의 영향에 대해 알아본다.

넷째, 중국은 증권시장, 금리, 외환보유고, 성장률, 실업률, 부동산 시장 하락, 그리고 중국 경제의 침체 및 한국에의 영향 등을 다루고자 한다.

구제금융 신청국과 또는 구제금융 신청가능한 국가

금융위기는 동유럽 국가들에 심각한 후유증을 남기고 있다. 아이슬란드 · 헝가리 · 우크라이나 · 파키스탄 · 벨로루시 등이 이미 IMF에 구제금융을 신청했고, 라트비아 · 리투아니아 · 에스토니아 · 불가리아 · 루마니아 등이 IMF의 지원을 요청할 가능성이 높은 나라로 평가되고 있다.

이미 IMF 등에 구제금융을 신청한 나라들은 물론이고, 향후 구제금융을 신청할 개연성이 높은 나라들에 대해 신용등급의 하락, 금융시장 불안(환율, 주가, 금리), 對 EU지역 및 제조업 수출비중, 경상수지 적자 비율, 외자의존도, 민간부문 대출증가율 추이, 외화대출/총대출 추이, 대외채무, 외환보유액, 주택가격 추이, GDP 성장률, 그리고 CDS(Credit default swap) 등을 변수로 고려한다.

동남아 국가

동남아 국가에 대한 평가는 미국에 대한 수출의존도, 아시아 지역과 미국의 금융의존도, 민간부문 대출증가율, 외채비율 / 외환보유고 및 예대율, 부동산 가격추이, 성장률, 그리고 대외취약성 지수 등을 고려한다.

한국

첫째, 국가경쟁력 관련 지표로 국가경쟁력 평가, 교육경쟁력, 국가브랜드 가치, 그리고 한국의 금융규제에 대해 고려한다.

둘째, 재정 관련 현황으로는 외국환 평형기금, 외환보유액, 외채, 외채지급보증과 관련한 변수들을 고려한다.

셋째, 금융시장은 증시하락률, 금리, 은행의 안전성, 미국과의 화폐스와프, 금융권 연체율, 9월 위기설, 한국을 목표로 하고 있는 헤지펀드 등을 다룬다.

넷째, 실물시장 관련 변수로는 성장률, 부동산가격 폭락문제, 미분양 아파트, 실업률, 그리고 경기침체와 기업도산 등을 다룬다.

다섯째, 기타 변수로는 CDS 프레미엄(credit default swap premium)과 실제가치보다 과소평가되는 아시아 채권 가치, 그리고 낙관주의자의 오류와 공포심이 경제에 미치는 영향에 대해 살펴보고자 한다.

제 4 부

미국발 금융위기, 경기침체를 몰고 오다[1]

제 10 장 미국발 금융위기의 영향

탐욕은 그 입에 흙이 들어갈 때까지는 만족하지 않는다.

– 네덜란드 속

금융시장에 미치는 영향

1. 미국발 금융충격, 동조화인가 탈동조화인가[2]

"불황의 경제가 돌아왔다."[3] "불황의 시기에는 정상적인 경제정책이 더 이상 적용되지 않는다." 노벨경제학 수상자인 美 프린스턴 대학교(Princeton University) 폴 크루그먼(Paul Robin Krugman. 1953~, 경제학) 교수가 최근 금융위기의 영향으로 인한 글로벌 경제침체에 대한 평가이다.

최근 미국과 EU 각국들이 서로 다투듯이 천문학적인 액수를 쏟아붓고 있는데도 세계 금융시장이 보이지 않는 바닥으로 추락하고 있다. 61년 만에 미국의 10월 소비자물가가 사상최대 낙폭을 기록하는 등 디플레이션의 먹구름이 글로벌 경제를 덮고 있다.

지난 1930년대 미국 대공황은 약 34개월 동안 다우지수가 87%나 하락했고, 주가회복에만 그 10배 정도의 기간인 300개월이 소요됐다.

금융위기 배경에서 글로벌 디플레이션까지 전개 상황

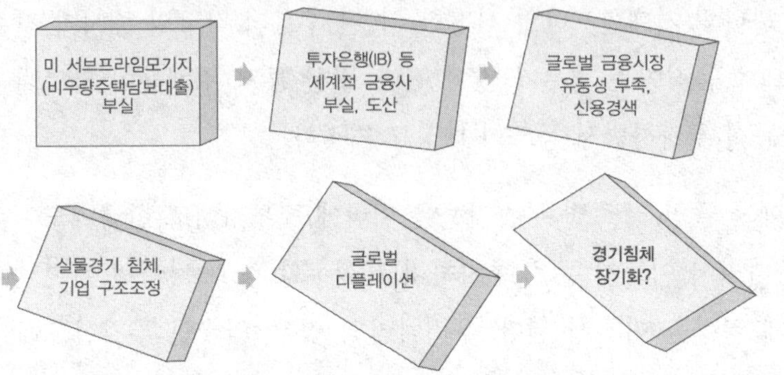

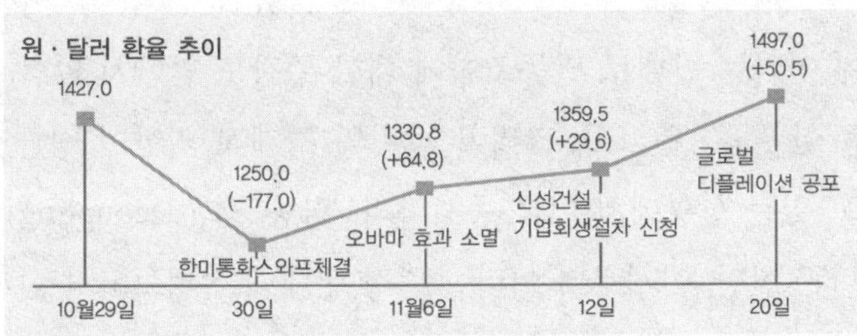

자료 : 한국은행

이렇듯, 서브프라임으로 시작된 사건이 미국발 금융위기로 옷을 갈아입고 전염병처럼 전세계를 향해 순식간에 퍼져 가고 있다. 이러한 현상에 대해 일각에서는 미국발 금융위기의 충격효과에 대해 '동조화냐', 아니면 '탈동조화냐' 하는 두 가지 논의가 있다.

첫 번째는 글로벌 경제와의 동조화에 대한 논의다. 미국의 다우존스 지수가 오르면 한국의 종합주가지수도 오르고, 반대로 다우존스 지수가 하락하면 종합주가지수도 떨어진다.

한국증시와 미국증시의 동조화(coupling) 현상이란 이런 상황을 두고 하는 말로써 언제부터 본격화되었는가?

이러한 동조화 현상은 글로벌 금융시장이 개방되면서 글로벌 경제가 하나의 거대한 '단일 시장화' 가 된 후부터 각국의 증시가 같은 방향으로 움직이는 경우가 많아 졌다. 또한 투자 주체들이 글로벌 경제에 동시 투자하면서 동조화 현상도 커졌다.

예를 들면, 글로벌 투자가들은 미국에도 투자하고 한국에도 투자한다. 따라서 이들이 돈을 투자하거나 회수할 경우, 각국의 관련 경제지수에 영향을 미치게 된다. 우리나라의 경우, 외국인 투자한도에 대한 빗장이 풀린 뒤부터 동조화 현상은 점차 심화되는 추세다.

반면에 이와는 반대로 탈동조화에 대한 주장도 만만치 않다. 즉, 지속적으로 한 · 중 · 일, EU, 그리고 남미의 경제적 영향이 상대적으로 커져 가고 있는 상황에서 미국 증시와의 '탈동조화(decoupling)' 도 종종 나타나곤 한다. 이제부터 이러한 주장에 대해 살펴보고자 한다.

(1) 미국과 세계 경제의 동조화 가능성은?

불과 몇 개월 전만하더라도 인플레이션(inflation)을 걱정하던 글로벌 경제가 이젠 디플레이션(deflation), 슬럼플레이션(slumpflation) 공포에 사로잡히기 시작했다. 미국발 금융위기가 가끔 발생하고 있는 캘리포니아 산불처럼, 삽시간에 EU · 일본 · 중국 등을 거쳐서 세계적인 금융위기를 조성하더니, 이제는 실물경제로 옮겨 감으로써 본격적인 경기침체의 먹구름을 몰고 오고 있는 상황이다. 이는 미국경제와 글로벌 경제가 '동조화' 를 형성하고 있음이 입증되는 결정적인 대목이다.

미국발 금융 불안이 다른 나라로 파급되는 경로는 크게 3가지 정도로 볼 수 있다.

첫째는 미국에서 발생한 금융 불안이 글로벌 신용경색을 일으키고 투자자에게 불안 심리를 조성하면 투자자는 자연히 안전자산을 선호하게 된다. 이 경우, 글로벌 시장에서 투자한 돈을 회수할 때에 달러의 갑작스런 초과수요로 환율교란이 발생하게 된다.

예를 들면, 글로벌 금융시장에서 안전자산인 미국 국채에 자금이 몰리면서 최근 국채가격이 급등하여 10년물 금리가 각각 연 3.01%로 낮아져서 1958년 이후 최저 수준을 기록했다. 2년물도 0.09%포인트 하락한 0.97%로 사상최저 수익률을, 그리고 장기인 30년물 국채도 0.46% 포인트 폭락하며 3.46%를 기록했다. 특히 갑작스런 자본 유출이 발생하게 되면 해당 국가의 자산가격 하락은 물론이고 금융시장 교란이나 가계 · 기업의 심리악화 등으로 내수에 부정적인 영향을 미치게 된다.

둘째는 세계의 소비시장 역할을 하던 미국의 경기침체로 수입수요가 둔화되어 중국과 같은 수출 및 제조업 생산에 직접적인 타격을 입힘으로써 미국시장에 수출하던 국가의 경기는 결정적인 악영향을 받게 된다.

마지막으로는 미국의 경기침체로 인해 미국 내 자회사의 실적부진이 발생할 경우, 직접투자를 한 다른 나라 모기업의 수익 및 투자 흐름에 악영향을 미치고, 이는 다시 미국에 충격으로 이어지며 또다시 세계경제 전체에 연쇄적인 영향을 미친다. 그러나 이러한 영향력의 크기는 미국과의 교역비중 및 자본거래 정도, 신흥개도국의 내적 성장동력, 대외 경제변수에 대한 취약 정도, 대응방식은 물론이고 충격자체의 크기 등에 따라 각국별로 서로 다르게 나타난다.

① 국제자본의 이동 추이는 어떠한가?

1990년대 들어서 선진국과 신흥 시장국 모두 대외자산이 급격하게

국제자본의 증가 추이

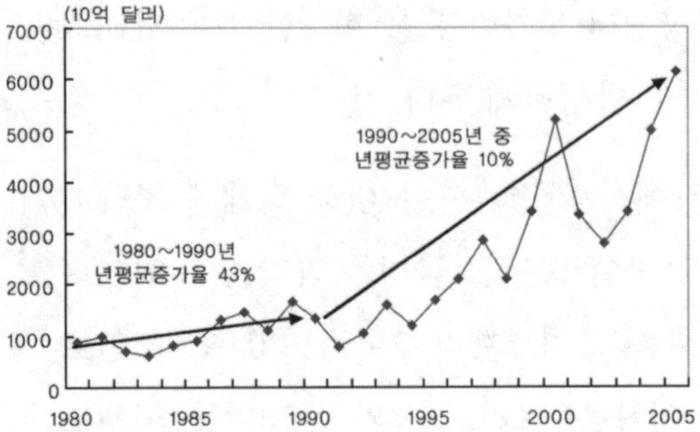

자료 : 한국은행, 해외경제 포커스 제2008-19호

증가하고 있다. 글로벌 경제 전체로 보면, 지난 1980년대~90년대 초기까지의 국제자본의 평균증가율은 4.3%에 불과했으나, 1990년대 들어서면서부터 최근까지는 연평균 10.7%에 달하는 급격한 증가율을 유지해 왔다.

특히 선진국의 대외 자산은 지난 1970년 GDP 대비 28%에서 2004년 155%로 급증했고 동기간 중의 신흥시장국의 대외자산도 16%에서 57%로 증가했다.

최근 약 2년 동안 GDP를 기준으로 할때 미국이 세계경제에서 차지하는 비중은 27%이고 세계수입에서 차지하는 비중은 16%이며, 전세계 주식 및 채권의 약 40%를 보유하고 있다. 특히 지난 20여 년 동안 국제자본은 연평균 10.7%의 증가를 보이고 있는 가운데, 현재 전세계 국제자본 순유입 중 미국의 비중이 59.6%나 차지하고 있으므로 어쩌면 미국과 글로벌 경제의 동조화는 필연적인 결과인지도 모른다.

② 성장률도 동조화하는가?[4)]

1970년 이후, 약 40여 년 동안 미국경제와 글로벌 경제의 성장률 추이를 살펴보면, 미국경제의 저속성장 기간(periods of slow growth) 동안에 미국은 1.1% 포인트 하락했으나 여타 선진국과 아시아 신흥국은 각각 0.2% 포인트 하락과 0.6% 포인트 증가하여 미국과 다른 나라의 성장률이 밀접한 동조화를 보이지 않았다.

미국경제와 세계경제의 성장률 추이

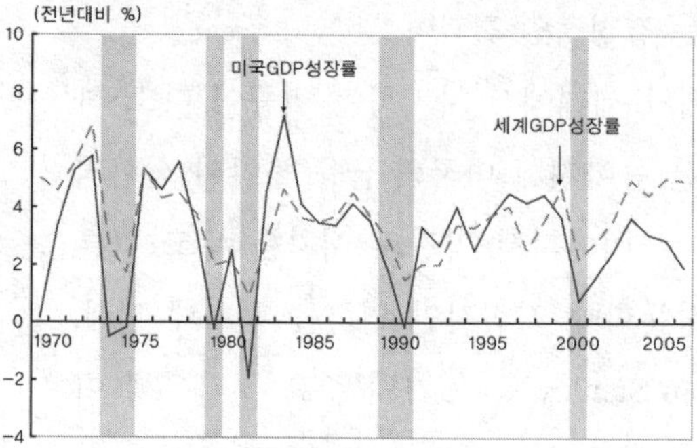

주 : ▇ 내는 미국의 경기침체기

그러나 침체기(recession) 동안에는 상당한 영향을 미친 것으로 나타나고 있다. 그래프에서도 나타난 바와 같이, 1970년 이후 5차례에 걸친 경기침체기간 중 미국의 GDP 성장률은 연평균 3.8% 포인트 하락했으며, 다른 선진국 및 아시아 신흥국도 각각 2.0% 포인트와 1.3% 포인트가 하락하여 미국과 글로벌 경제와는 뚜렷한 동조화 현상을 보이고 있다.

미국경제와 글로벌 경제의 성장률 추이

	경기하강기(recession)						감속 성장 시		
	1974-7.5	1980	1982	1991	2001	평균	1986	1995	평균
미　　국	-6.1	-3.4	-4.5	-2.1	-2.9	-3.8	-0.7	-1.5	-1.1
기타 선진국	-5.4	-1.5	0.4	-1.3	-2.0	-2.0	-0.1	-0.3	-0.2
아시아 신흥국	-3.5	-0.3	-1.5	-0.1	-1.1	-1.3	0.9	0.3	0.6

자료 : IMF(2007), 해외경제 포커스 제2008-19호(2008. 5. 4)

③ 주가하락 추이는 어떤가?

최근 미국의 경기둔화 및 글로벌 금융시장의 주가하락 추세 사이에는 동조화 현상의 심화가 뚜렷해지고 있다. 금융위기가 본격적으로 진행된 2008년 3개월여 동안 글로벌 증시는 우리나라가 6% 하락한 것을 비롯, 미국 다우존스 지수 28.4%, 영국 28.9%, 독일 30.5%, 일본 41.42%, 그리고 중국도 17.1%나 하락했다.

이는 미국의 경기침체가 글로벌 경제의 마이너스 자산효과 및 경제주체의 심리를 위축시켜 다른 나라의 내수를 급격하게 위축시킬 수 있다는 가능성을 보여주고 있는 결정적인 결과다.

특히 2000년 이후, 미국경제가 세계에서 차지하는 비중이 다소 하락한 것은 사실이나 금융비중은 높아져서 미국의 금융 불안이 심화되고 경기부진이 직접적인 결과로 이어져서 약간의 시차를 두고 다른 나라의 금융시장 불안 및 성장둔화에 직접적인 영향을 미치게 된다. 특히 Goldman Sachs나 Morgan Stanley 등 월가의 주요 투자은행 이코노미스트들은 미국의 경기 둔화폭이 커지면서 동조화(coupling)할 것이라고 기정사실화하고 있는 분위기다.

결론적으로, 걱정스러운 것은 미국발 금융위기를 통해서도 볼 수 있듯이 최근 들어 우리의 의지와는 관계없이, 미국경제와 세계경제의 동반 둔화(recoupling)현상이 더욱 더 견고해지고 대세화되는 모습을 보이고 있다는 점이다.

(2) 미국과 세계 경제의 탈동조화(decoupling) 가능성은?

2006년 후반부터 2007년 초까지 미국 경제의 성장세가 둔화되는 과정에서 많은 경제전문가들은 미국경제와 글로벌 경제와의 탈동조화를 주장하고 있다.

Lehman Brothers 사태 이후 각국 주가등락률 (기간 : 9.12~10.27)

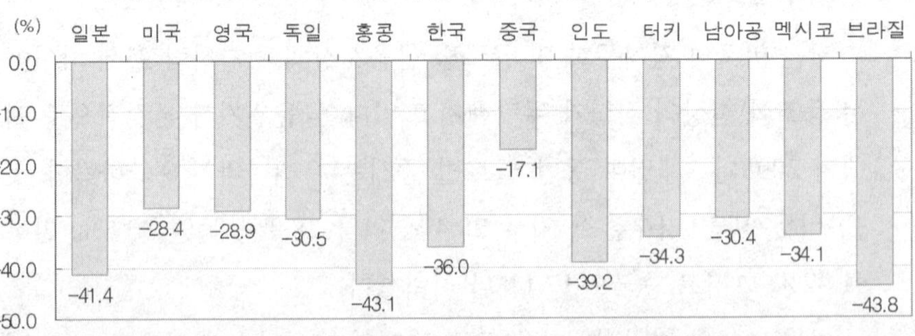

자료 : 한국은행, 해외경제포커스, 조사국 해외정보실, 제2008-46호(2008. 11. 9).

선진국과 신흥국의 세계성장 기여도

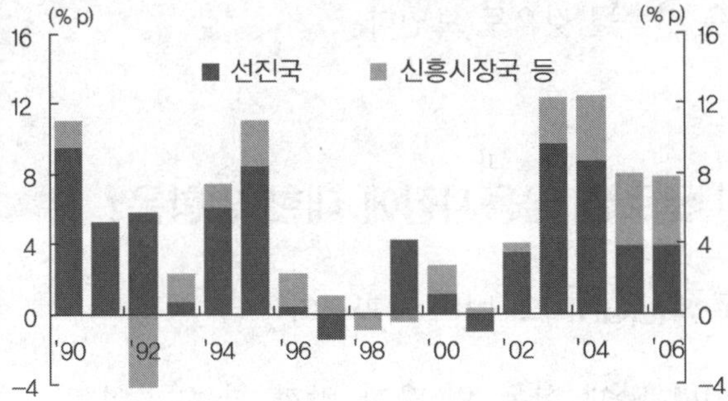

자료 : 한국은행 (해외경제 포커스 제2008-19호, 2008. 5. 4)

즉, 일각에서는 미국의 경기둔화에도 불구하고 다른 선진국 및 신흥시장국은 견고한 성장세를 지속할 것(decoupling)이라는 주장을 제기하여 미국과 세계경제의 탈동조화를 주장하고 있다.

그 이유로 첫째는 최근 BRICs 등 신흥시장국이 높은 성장세를 지속하여 자체 성장능력이 확대되고 있다는 점이다. 즉, 신흥시장국의 세계성장에 대한 기여율은 G7 등 선진 30개국을 제외한 나머지 국가를 모두 포함할 경우, 1990~1995년 중 5%에서 지난 최근 5년간은 35%로 급상승했다. 일부 경제전문가들은 이러한 결과에 대해 최근 BRICs가 글로벌에서 차지하는 소비증가의 기여도는 이미 미국을 앞서기 시작했다고 주장하고 있다.

둘째는 유로 지역과 아시아 지역의 역내교역 비중의 급격한 증가로 세계 각국의 對美 수출 의존도가 감소하고 있다는 점이다. 즉, 아시아 지역의 對美 수출 비중은 2000년 21.3%에서 최근 16.8%로 크게 하락했다. 또한 우리나라의 대미 의존도는 15%로 EU 13~14%, 중국 18~20%에 비해 낮다.

특히 인도와 중동과 같은 신흥시장국들의 비중이 점차 높아지고 있는 상황에서 탈동조화 가능성이 조심스럽게 점쳐지고 있다. 그러나 우리의 수출시장인 중국 · EU · 인도 등의 국가가 미국의 영향에 동조화될 경우, 우리나라도 일정한 영향을 피할 수가 없을 것으로 보이며, 현재 우리나라의 경제성장은 내수보다는 수출로 인한 대외 의존도가 큰 만큼 미국과의 동조화 현상은 지속될 것으로 보인다.

2. 미국발 금융위기의 글로벌 금융시장에 대한 영향은?

(1) 25조 달러, 세계 명목총생산(GDP)의 반이 사라졌다.[5]

세계 주요 증시 하락률

(2007년 10월말 이후)

국가	하락률
중국(상하이종합)	-61.5%
러시아	-48.1%
홍콩	-41.9%
대만	-41.3%
인도	-34.2%
일본(닛케이평균)	-33.4%
프랑스	-32.2%
한국(코스피지수)	-31.2%
브라질	-29.4%
영국	-27.5%
미국(다우평균)	-24.7%

10월2일 종가 기준

조선일보(2008.10.4)

"100년 만에 한두 번 올까 말까 한 위기이다." 앨런 그린스펀 전 미국 연방준비제도이사회(FRB) 의장이 작금의 경제위기 상황을 두고 한 말이다. 글로벌 대재앙은 이미 시작되었다.

현재의 금융위기 상황을 두고 '1929년 대공황 이후 최대 위기' 라는 표현을 써 왔지만 이 상태로 가다간 대공황을 능가하는 최악의 시나리오도 피할 수 없게 될지도 모른다.

세계거래소연맹(WFE)의 집계에 따르면, 2007년 10월 말 기준으로 전세계 53개 주요 증시의 시가총액은 약 63조503억 달러이다. 그러나 금융위기로 인해 2008년 말에 들어서는 글로벌 증시에서 25조 달러(약 3경2100조 원), 즉 시가총액의 약 40%가 허공으로 사라져 버렸다.

이 같은 시가총액 감소분은, 최근 세계 전체 GDP(총생산)를 약 54조 달러로 추정할 경우, 약 50%에 달하는 금액이다. 이는, 세계 인구 66억 명에게 나눠줄 경우, 1인당 약 3700달러(500만 원)씩 돌아갈 수 있는 액수이다.

(2) 금융위기의 가장 큰 손실은 '미국의 브랜드 가치손상' 이다[6)]

후쿠야마 교수

'역사의 종말(The end of history and the last man)' 로 유명한 프랜시스 후쿠야마(Fransis Fukuyama, 미국 존스홉킨스대) 교수는, 미국은 최근의 금융위기로 '자본주의 비전' 에 대한 국가 브랜드의 손상을 입었다고 지적하고 있다(Along with some of Wall Street's most storied firms, a certain vision of capitalism has collapsed).

코넬대학에서 서양고전을 전공하고 예일대학에서 비교문학 학위를 비롯하여 하버드대학에서 소련 외교와 중근동문제를 연구한 그는, 뉴스위크誌 최근호에서 '미국 주식회사의 몰락(The Fall of America, Inc)' 이라는 글을 통하여, "1980년대 레이건(Reagan) 시대 이후 '레이거니즘(Reaganism)' 으로 대표되는 미국적 자본주의, 즉 낮은 세금과 규제완화 및 작은 정부가 경제성장을 이끈다는 생각이 세계를 지배했다."라고 주장했다.

'자본주의 비전' 에 대해서는, 작은 정부를 내세운 '레이건 혁명' 으로 호황과 첨단기술의 출현을 가져왔지만 감세와 금융시장의 탈규제로 인한 자유화라는 두 가지 정책 탓에 재정적자를 심화시키고 소득양극화를 초래하여 구제금융 투입이라는 부작용을 낳았다고 지적했다.[7)]

그는 이어서 중국이나 러시아 모델이 미국 모델보다 우월하다고 볼 수 없고 미국은 과거에도 그랬듯이 이번에도 어려움을 극복할 수 있을 것이라고 말했다. 특히 브랜드의 회복 여부는 철저한 자기 개혁에 달렸다고 지적하면서 감세 및 규제완화정책 탈피, 공공부문 재건, 금융기관 감독 강화 등을 해결책으로 제시하고 있다.

(3) 터미네이터도 금융위기 SOS[8]…… .

한때 영화 ‘터미네이터’로 유명한 미국 캘리포니아주의 아널드 슈워제네거(Schwarzenegger) 주지사는 한 통의 이메일을 발송했다. 수신인은 워싱턴에 있는 헨리 폴슨(Paulson) 재무장관이었다.

‘친애하는 재무장관께’로 시작하는 정중한 이메일은 최근 금융위기의 여파로 캘리포니아주가 금융위기에 빠졌으니, 연방정부가 70억 달러(7조 원)를 긴급지원해 달라는, 터미네이터에게는 최소한 ‘굴욕적인’ 내용이었다.

슈워제네거 주지사는, 이 편지에서 최근 금융위기로 캘리포니아주에서만 수 만 개의 일자리가 사라지고, 수 십억 달러의 세입이 줄었으며, 교사 · 지방정부 공무원 · 경찰관들에게 월급을 제대로 주지 못할 지경이라고 간절히 호소하고 있다.

캘리포니아처럼 최근까지 연방정부에 지원을 요청한 주는 매사추세츠주를 비롯하여 플로리다, 네바다, 오하이오 및 필라델피아와 피닉스, 그리고 애틀랜타주 등이며 향후 더 늘어날 것으로 전망되고 있다.

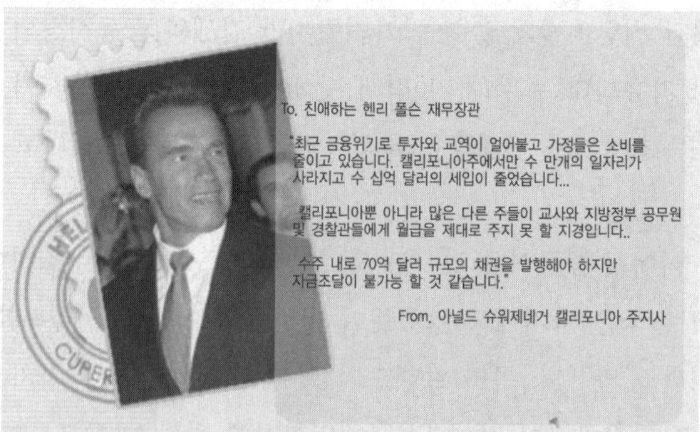

2008년 10월 2일 밤 미 캘리포니아주의 아널드 슈워제네거(Schwarzenegger) 주지사는 한 통의 이메일을 발송했다. 수신인은 워싱턴에 있는 헨리 폴슨(Paulson) 재무장관.

터미네이터[9)]

터미네이터(The Terminator)는 아널드 슈워제네거 주연의 할리우드 공상과학 활극영화이자, 그가 연기한 로봇 병기의 이름이다. 지금까지 3편의 영화가 개봉되었다. 1984년에 제임스 카메론 감독이 1편과 2편을 감독하였으며, 조나단 모스토우가 3편을 감독하였다.

'미래 전쟁의 시작' 이라는 부제로 4편이 2009년에 개봉 예정 중이고 맥지(McG)가 감독을 맡았다. 2008년 1월 13일에 폭스 채널에서 2편과 3편의 중간 이야기인 터미네이터 : 사라 코너 연대기를 텔레비전 시리즈로 방영하였다. 한국에서는 채널 CGV를 통해 방영되었다.

대공황의 전조[10)]

미국은 지금 대도시 변두리에 들어선 텐트촌이 갈수록 늘고 있다. 현재 노숙자, 실업자, 은행 파산 등 대공황 당시의 실상이 현재 미국에서 예고되고 있다.

① **캘리포니아주의 텐트촌** : 금융위기의 피해를 당장 확인할 수 있는 곳이 바로 캘리포니아주 온타리오의 텐트촌이다. 지난해만 해도 집값이 하늘 높은 줄 모르고 치솟던 이 일대가 지금은 난민촌을 방불케하는 텐트촌이 되어 버렸다. 작년 여름 거품이 꺼지면서 시작된 금융위기로 주택을 차압당해 길거리로 내몰리는 주민이 급증함으로써 이곳은 거대한 텐트촌으로 변했다.

네바다주 리노시에 위치한 텐트촌

② **급증하는 실업자 · 노숙자** : 1929년 3.2%에 불과했던 미국의 실업률은 1933년 24.9%로 급증했다. 최근 미국의 실업률은 6.5%지만 내년초 7%에 이르고 내년 말에는 8%에 달할 것으로 예상되고 있다. 여기에다가 자동차 빅3 파산이 현실로 나타날 경우, 실업률은 두 자리 숫자까지 급증하는 게 아니냐는 우려를 낳고 있다. 뉴욕 맨해튼의 젊은 노숙자 한 쌍은 "대졸자인데도 일자리를 구하지 못했다."라며 "도장공으로 취직했지만 경기악화로 그마저 잃고 아파트에서 쫓겨났다."라고 하소연했다.

③ **차입소비의 악순환** : 1920년대 미국인들은 자동차, 라디오, 냉장고 등을 대출로 구입하는 게 보통이었다. 대부업체가 1920년 100개에서 1928년 1000개로 증가한 데서 알 수 있드시 당시 고리대금업이 성행했다. 이는 투자신탁 붐으로 이어져서 1929년 대폭락 전까지 미국인들은 은행에서 돈을 빌려서 투자신탁 상품 구입에 나섰다.

오늘날 미국인들은 대출로 투자신탁 상품을 사는 대신에 주택을 매입했다. 매입한 주택을 담보로 다시 대출해서 여행 가고 고급 TV도 사는 등 차입소비의 악순환이 반복되어 금융위기까지 이른 것이다. 미국에서는 최근 몇 년 동안 대부업체가 호황을 누려 왔지만, 지금은 58개로 줄었고 총자산 규모도 2천억 달러 정도다.

④ **21세기형 대공황의 전조** : 텐트촌에서 눈길을 끄는 것이 '하류생활 지침서'다. 지침서 생활강령에 '스포츠센터 회원권을 입수할 것, 회원제 대형 할인점인 코스트코의 회원이 될 것, 자동차를 구할 것'이라는 내용도 있다. 스포츠센터 회원이 되어서 날마다 무료로 샤워하고 코스트코의 시식 코너에서 주린 배를 채우며 자동차는 침실로 활용해야 한다는 뜻이다.

---

(4) 글로벌 경제, 초저금리 시대로 들어서다[11]

바야흐로 '글로벌 초저금리 시대'가 개막됐다. 세계 중앙은행들이 돈을 풀어서 금융위기에 적극 대처하고 있다. 이를 위해 국제적인 금리인하 공조가 전세계 주요국에서 일고 있다.

JP모건 체이스는, 최근 보고서에서 현재 평균 3.4%인 전세계 중앙은행의 기준금리가 연말까지 2.8%로 되고, 내년에는 이보다 더 떨어진 2.3%가 될 것으로 예상했다. 미국 연준은 최근 기준금리를 1.5%에서 1954년 이후 최저수준인 0~0.25%로 낮춘 데 이어서 향후 정책금리를 추가 인하할 것임을 강하게 시사하고 있다. 유럽중앙은행(ECB)의 클로드 트리셰 총재도, 최근 기준금리를 연 2.5%로 낮추었으나 역시 추가인하 가능성을 배제하지 않고 있다.

하지만 세계 주요국들의 금리인하 동참에도 불구하고 상황이 빠른 시일 안에 호전되지는 않을 것이라는 전망이 중론이다. 즉, 주요국들의 기준금리는 이미 상당히 낮은 수준이므로 더 이상의 금리인하는 '유동성 함정(liquidity trap)' 등의 영향으로 효과가 거의 없다는 것이다. 게다가 현재 문제의 핵심인 극심한 신용 경색이 풀리지 않을 경우, '동맥 경화' 상태인 현재로서는 금리인하 효과가 반감될 것이라는 평가다.

(5) 9 · 11 테러 때보다 더 높은 사상최고치 美 투자자 '공포 지수'[12)]

"우리가 두려워 할 것은 두려움 그 자체다. 우리의 노력을 무기력하게 만드는 것은 까닭 모를 두려움뿐이다." 미국 루스벨트 대통령이 1920년대 대공황과 전쟁을 선포할 때 한 말이다. 이처럼 이번에 닥친 금융위기로 인한 두려움의 뇌관을 제거하고 금융신뢰를 되찾는 것이 금융위기 극복의 첫 단추가 될 것으로 판단된다.

세계의 지도자들은 이미 전치 몇 년의 중상을 입은 금융 시스템을 살리는 데 필요한 해결책을 지난 1920년대 미국의 대공황에서 찾고 있다. 최근 뉴욕타임스(NYT)는 "굳건한 낙관주의자들조차 두 손 들어 항복하고 시장에서 급히 빠져나가고 있다."라고 하면서 '요즘 시장은 논리(logic)가 아니라 공포(fear)가 지배하고 있기 때문' 이라고 보도한 바 있다. 실제로 투자자들의 시장에 대한 공포 정도를 측정한, 이른바 공포지수로 불리는 변동성 지수 (VIX, Volatility Index)는 2008년 10월 27일에, 이 지수가 만들어진 1993년 이래 사상 최고치인 80.06을 기록한 후 2008년 말에는 80.86으로 사상 최고치를 경신했다.

변동성 지수(VIX)는 1993년부터 시카고옵션거래소(CBOE)에서 사용하고 있는 변동성 지표로 이 수치값이 높을수록 주식의 변동값도 커질 것으로 예상된다. 예를 들면, 'VIX 30%' 는 앞으로 한 달 동안 주가가 30%의 등락이 생길 것으로 예상한다는 말이다.

2008년 12월 구제금융법안을 미국 하원에서 통과시키고 부시 대통령이 서명했다는 '희소식' 속에서도 공포지수는 꿈쩍도 하지 않아서 이 시기 금융위기로 인한 공포심이 얼마나 큰지를 가늠할 수 있을 것이다. 이처럼 '공포 심리' 가 얼마나 큰지는 미국 언론의 헤드라인이 '대공황을 암시하는 문구' 들로 도배되고 있는 상황을 보면 쉽게 짐작할 수 있을 것이다.

(6) 글로벌 운용사들의 손실액

① 전세계 달러의 규모 및 글로벌 자산 운용사들의 투자현황은?[13)]

전세계에 실제로 존재하는 종이 달러는 약 4,000억 달러 정도로 추산된다. 이러한 실존 달러 중 50% 가량은 미국 내에, 나머지 50%는 미국 이외의 전세계에서 통용되고 있다. 그러나 달러로 거래되는 전세계 금융자산의 규모는 약 300조 달러다.

그렇다면 실제로 존재하지 않는 299조6000억 달러의 거래가 원활하게 이루어지고 있는 것은 무엇 때문일까? 그것은 바로 미국이 보장하는 자산가치에 대한 신용과 약속을 믿기 때문이다.

달러를 쓰고 있는 전세계 국가는 미국이 찍어낸 종이돈을 받고 이에 상응하는 가치의 자국 자산을 미국에 내준다. 한 마디로 말하면, 다른 나라들은 '달러' 라는 종이돈의 가치를 미국이 유지해 줄 것이라는 신뢰를 갖고 있기 때문이다.

그러면 전세계 자산 운용사들의 운용 자산 규모는 얼마나 될까? 물론 이 중에는 실제로 발행된 지폐도 있지만, 대부분은 미국의 신용을 바탕으로 지폐가 오가지 않고 온라인상으로 거래되는 달러가 대부분이다.

최근 통계에 의하면 전세계 자산운용사들의 운용액(net asset)은 약 24조 8,075억 달러 정도다. 최근 국제금융시장의 중요한 추세 중 하나는 위험자산에 대한 회피 등으로 주식의 비중은 감소하고 있는 반면, 자금의 단기 부동화 및 대기성 자금으로의 전환 증가 등으로 화폐시장(Money market)의 투자 비중이 확대되고 있다는 점이다.

대륙별로 보면 아메리카 지역의 비중은 전체의 53.1%로 가장 크며, 다음이 유럽 35.6%, 아시아 태평양 지역 11.0% 순이다. 국가별로 보면 미국이 47.3%로 가장 크다. 그 밖에 룩셈부르크 10.6%, 프랑스 8.3%, 호주 4.7%, 아일랜드 4.0%, 영국 3.3%, 일본 2.8% , 캐나다 2.7%, 브라질 2.7% 등이 그 뒤를 잇고 있다.

② 국부펀드의 세계적 추세와 향후 전망은?[14)]

국부펀드란 무엇인가?

국부펀드[15)](SWF ; Sovereign Wealth Fund)란 정부에 의해 운영되는 자금 및 직접적으로 소유되는 기관을 말한다. 국부펀드는 주식, 채권, 재산과 다른 금융 상품으로 구성된다. 원래 대부분의 국부펀드는 외환보유고에서 기원했으며 '외환보유고'는 금으로만 구성되어 있었으나 브레튼우즈 체제 아래에서 미국은 달러를 금에 고정시켰고 태환을 허용했다.

국부펀드와 외환보유액의 비교

	국부펀드	외환보유액
관리주체	정부	중앙은행
우선적인 운용기준	수익성	안전성, 유동성
주된 투자대상	주식, 채권, 파생상품, 부동산 등	주요 선진국 국채

자료 : 한국은행, 〈해외경제정보〉, 2007. 10. 02.

국부펀드는 국채 등 안전자산 중심의 투자는 물론이고 최근 들어 주식이나 파생상품 등 채권 이외의 금융상품뿐만 아니라 기업 인수합병 또는 사모펀드 · 헤지 펀드 투자 등 고수익 위험자산을 포함한 다양한 자산에 투자를 확대하고 있는 추세이다.

주요 국부펀드의 투자 포트폴리오

투자기관	포트폴리오 (투자전략)
싱가포르투자청 (GIC)	주식 50%, 채권 30%, 부동산 기타 자산 20%
싱가포르 Temasek	주식, 채권, 외환 등, 주식비중(기업매수)이 상대적으로 높음
노르웨이 연금펀드	주식 40%, 채권 60%, 장기적으로 주식비중 확대
호주 미래펀드	주식, 채권, 부동산, 사모주식, 원자재 등에 투자

자료 : 한국은행, 〈해외경제정보〉, 2007. 10. 02.

국부펀드는 펀드재원에 따라 크게 상품 펀드(commodity fund)와 비상품 펀드(non-commodity fund)로 구분하며, 상품 펀드는 원유 등 정부소유의 원자재 수출을 통해, 비상품 펀드는 국제수지 흑자 등으로 축적된 외환보유액이나 채권발행 등으로 조성된다.[16]

국부펀드의 구분

	상품 펀드	비상품 펀드
재 원	원자재수출	국제수지흑자, 채권발행, 정부재정
설립목적	원자재가격 하락 시기에 정부 재정수입 안정성 확보→안정화 펀드(stabilization fund) 성격	미래세대를 위한 저축, 노령화 등 향후 재정지출 확대 대비→저축 펀드(savings fund) 성격
특 징	원자재수출대금이 국내금융시장을 통하지 않고 국고로 바로 유입→중앙은행의 불태화 등에 따른 부채가 발생하지 않음→자산 운용 시 부채를 고려할 필요가 없음	불태화 개입, 채권발행→부채발생→자산과 부채의 만기 및 통화 불일치 최소화 등 자산운용시에 부채측면을 고려할 필요가 있음
운용국가	주로 중동, 남미의 개도국, 러시아	주로 아시아 개도국 및 일부 선진국

자료 : 한국은행, 〈해외경제정보〉, 2007. 10. 02.

국부펀드의 규모는?

IMF에 의하면 현재 전세계에는 약 30개 국가들이 약 40여 개에 달하는 국부펀드를 운용하고 있으며, 전세계 국부펀드 자산 규모는 약 3조 달러로 5조 달러인 세계 외환보유액의 60% 정도에 이르는 것으로 추정하고 있다. 전세계 국부펀드의 대부분은 경상수지 흑자규모가 큰 중동 주요국(점유율 46.2%) 및 아시아 개도국(30.3%)들에 의해 운용되고 있고, 유형별로는 상품 펀드가 약 62%를 차지하고 있다.

국부펀드는 날로 증가추세에 있으며, 현재 세계 국채발행 잔액의 12%, 미국 증시 시가총액의 19%, 세계 파생상품시장의 30%, M & A 거래규모의 83%에 해당한다.

• 중 동

국부펀드는 중동 산유국의 오일달러 증대로 규모가 급속히 확대되는 추세이다. 2002년 이후 유가 등 국제 원자재가격이 급속히 상승하면서 중동 산유국 등 원자재 수출국들의 재정수입이 크게 증가했다.

더불어서 신흥개도국의 외환보유고도 급증했다. 이처럼 산유국 및 아시아 신흥국을 중심으로 한 국부펀드 확대 추세가 가시화되어 최근 전세계 국부펀드 자산규모는 약 3조 달러 내외로 추산되며, 2022년에는 약 28조 달러에 이를 전망이다.

중동 국부펀드의 투자 포트폴리오는 주식사모펀드 10%, 헤지 펀드 등 기타 자산 10%로 구성되어 있다. 특히 중국 · 인도 등 아시아 신흥개도국의 고성장이 지속됨에 따라 신흥개도국에 대한 투자를 증대, 2002년 이후에 신규 중 22%를 신흥개도국에 투자하고 있다.

• 중 국

급증하는 외환보유고의 효율적 운용을 위해 중국은 최근 중국투자공사(CIC)를 설립한 뒤, 특별국채 발행을 통해 약 2,000억 달러 규모로 운용자산을 확보했다. 향후에는 인민은행으로부터 보유외환을 구입함으로써 자금을 조달할 방침이다.

중국은 운영자산 중에서 약 700억 달러는 기업회생업무를 담당하는 '중앙회금투자공사'의 지분 매입에, 900억 달러는 해외 자산투자에, 나머지는 국유 금융기관의 구조조정에 사용할 계획이다.

국부펀드 / 국제금융시장 비율 (2007년 3월말 기준)

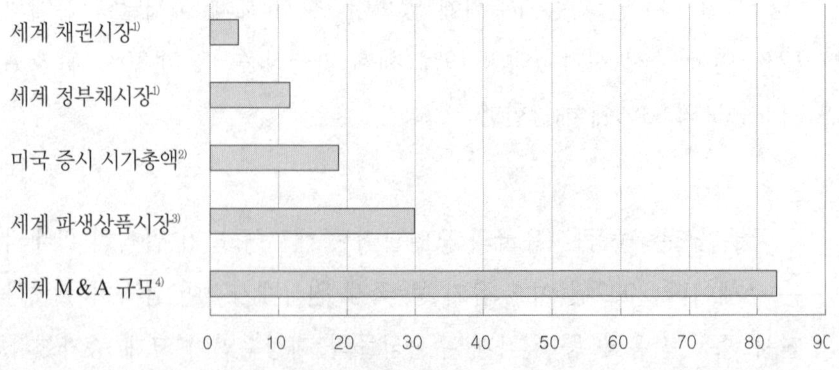

중국투자공사는 선진국 금융기관에 대한 투자와 전략자원 및 기술 확보를 위한 전략적 투자에 집중하고 있다. 그밖에도 중국투자공사는 미국계 사모투자펀드인 블랙스톤과 미국 투자은행인 모건스탠리에 각각 30억 달러와 50억 달러를 투자하고 있다.

• 싱가포르

싱가포르는 싱가포르투자청(GIC)과 테마섹(Temasek) 등 두 개의 국부펀드를 운영하고 있으며, 이들의 자산규모는 각각 최대 3,300억 달러와 1,000억 달러에 달하는 것으로 추정된다. 이들 두 기관 중에서 싱가포르투자청은 주식(50%), 채권(30%), 부동산 등 기타 자산(20%)에 투자하고 있다. 그 반면에 테마섹은 장기 투자를 선호하며 M&A 지분 투자 등 기업 투자에도 관심을 갖고 있다.[17)]

1974년에 설립된 테마섹은 정부잉여자금의 60%를 운용함으로써 설립 이후 연평균 18%의 수익률을 기록하고 있다. 지역별 최근의 통계는 아시아 지역 40%와 싱가포르 지역 38%에 투자한 반면, 선진국 투자는 20%에 불과하다. 업종별로는 금융이 38%, 통신 · 미디어가 23%, 운송 · 물류가 12%를 차지하고 있다.

③ 국부펀드의 향후 투자전망

Morgan Stanley에 의하면 2022년에는 국부펀드가 28조 달러로 늘어나서 13조 달러에 달하는 외환보유액의 2배를 상회하고 세계 전체 금융자산에서 차지하는 비중도 현재의 2.5%에서 2022년에는 9.2%에 달할 것으로 전망하고 있다.[18)]

세계 금융자산 전망[19]

(조 달러, %)

년도	공공자산		민간금융자산	세계금융자산
	국부펀드	외환보유액		
2007	2.5(2.5)	5.1(5.1)	92.4(92.4)	100.0
2012	8.7(6.0)	7.4(5.1)	128.3(88.9)	144.4
2017	17.5(8.4)	9.9(4.7)	181.2(86.9)	208.6
2022	27.7(9.2)	13.0(4.3)	260.6(86.5)	301.3

자료 : 한국은행, 〈해외경제정보〉, 2007. 10. 02.

최근에는 세계 2위의 외환보유국인 일본은 물론이고, 베네수엘라나 볼리비아, 나이지리아 등과 같은 개도국들도 국부펀드 설립 가능성이 제기되고 있다. 특히 미국의 대규모 경상수지적자 지속으로 개도국들의 외환보유액이 빠르게 늘어나면서 지나친 국채위주의 운용에 대한 비판과 수익성 제고 요구가 확산된 점이 국부펀드 성장배경으로 작용하고 있다.

그러나 개도국들의 국부펀드를 통한 선진국 주요기업 인수합병 등 전략적 투자 확대 우려가 확산되면서 선진국을 중심으로 국부펀드 운용의 투명성 제고 압력이나 자국기업 보호 확대 등 국부펀드에 대한 경계가 강화되는 움직임이 일고 있다.

현재 개도국 국부펀드 성장세가 지속되면서 국부펀드의 운용을 둘러싼 선진국과 개도국 간의 갈등이 확대될 우려가 있는 상황에서 개도국들은 그동안 자본자유화를 추진해 오면서 시장규율을 강조했던 선진국의 국부펀드 규제강화 움직임에 반발하고 있다. 특히 쿠웨이트나 카타르 등 중동 국부펀드들은 고성장 등으로 상대적으로 투자수익률이 높은 중국 등 아시아국가에 대한 투자 확대는 물론이고, 투자 다양화 움직임까지 포착되고 있는 등 해외 주요 국부펀드들의 신흥시장국에 대한 투자확대 움직임에 대비책 마련이 필요하다.

④ 각종 연기금의 현황과 손실규모는?[20)]

순 위	펀드명	시장	총자산
1	Government Pension	일본	$ 1,072,429
2	Government Pension	노르웨이	$ 370,985
3	National Pension[1]	한국	$ 231,966
4	Postal savings Fund	대만	$ 129,397
5	Canada Pension[2]	캐나다	$ 123,903
6	GEPF	남아공	$ 103,644
7	Central Provident Fund	싱가포르	$ 94,964
8	Employees Provident Fund	말레이시아	$ 94,659
9	National Social Security	중국	$ 70,731
10	Fondo de Reserva Seguridad	스페인	$ 66,504
11	FRR	프랑스	$ 49,973
12	Future Fund[3]	호주	$ 44,354
13	Employees' Provident*	인도	$ 43,116
14	Local Government Pensions	핀란드	$ 35,278
15	AP Fonden 3	스웨덴	$ 34,765
16	AP Fonden 2	스웨덴	$ 34,503
17	AP Fonden 1	스웨덴	$ 33,423
18	AP Fonden 4	스웨덴	$ 31,562
19	National Pensions Reserve	아일랜드	$ 30,847
20	Zilverfond	벨기에	$ 22,594
21	State Pension	핀란드	$ 17,574
22	KWAP	말레이시아	$ 14,554
23	AP Fonden 7	스웨덴	$ 13,573
24	Government Pension Fund	태국	$ 12,554
25	FEFSS	포르투갈	$ 11,083
26	New Zealand Superannuation**	뉴질랜드	$ 10,069

자료 : 연금펀드 순위(자산규모 별) 미국 달러기준(단위 : 백만) 추정치, 2008년 3월 31일 현재
http://www.edaily.co.kr (2008.9.9)

현재 세계 약 300여 개 연기금 총자산은 약 12조 달러로 지속적인 성장세를 유지하고 있다. 연금시장의 점유율을 보면, 미국이 43%로 1위, 일본이 14%로 2위, 그리고 영국과 네덜란드, 캐나다는 각각 6%로 세 번째로 큰 연금시장을 형성했다.

최근 성장속도가 가장 빠른 연기금은 440억 달러 자산규모의 호주 퓨처펀드(Future Fund)로, 이 펀드는 호주 정부의 자금이 투입되기 시작하면서 자산규모가 작년 122위에서 올해는 66위로 껑충 뛰어올랐다. 또한 북미와 유럽 펀드로 지난 5년 동안의 연평균 성장률이 각각 13%와 21%에 달한다. 아시아 · 태평양 지역 펀드들도 지난 3년 전부터 괄목할 만한 성장을 해 왔으며, 연평균 21% 성장률을 보이고 있다.

이 중 한국의 국민연금도 총 자산 약 2,300억 달러로, 미국 주요 일간지 '연금 & 투자(Pension & Investment)' 와 글로벌 컨설팅사 '왓슨 와이어트' 가 선정한 '세계 300대 연기금' 중 5위에 올랐으며, 연금 성격의 국부펀드, 즉 국부연금펀드 중에서는 3위를 차지했다.

최근에는 연기금의 글로벌화 및 복합화 경향이 일어나고 있다. 즉, 미국 · 영국 · 일본 · 네덜란드 · 호주 등 5개국 공적 연금의 투자행태를 살펴보면, 1996년 이후 해외주식 및 해외채권 투자와 대체자산투자가 확대되고 있는 추세이다.

그러나 금융위기의 영향으로 연기금에 대한 투자손실액이 눈덩이처럼 불어나고 있다. 지난 1년여 동안 미국 전체 연기금은 평균 14.8%의 손실을 기록했다. 특히 미국 최대 연기금으로 캘리포니아주 연기금인 캘퍼스의 경우, 지난 3개월 동안 손실액이 400억 달러에 달하는 한편, 미국 전지역 40%의 연기금에 대한 재원이 모자라는 상태여서 향후 연금지급 불능사태가 우려되는 상황이다.

⑤ 헤지 펀드의 현황[21]

헤지 펀드란 무엇인가?

헤지 펀드에 관해서는 법률적으로 통용되거나 국제적으로 인정된 정의는 없으며, 법적인 구조라든가 투자전략 등에 근거하여 다양한 정

세계 10대 헤지펀드

2007년 10월 현재, 최근 3년간 수익률 기준

1. RAB 스페셜 시추에이션 펀드
2. 췰드런스 인베스트먼트 펀드
3. 하이랜드 CDO투자펀드
4. BTR 글로벌 오퍼튜니티 펀드
5. SR피니시아 펀드
6. 아티쿠스 유러피언 펀드
7. 그래디언트 유러피언 펀드 A
8. 폴라 캐피탈 패러곤 펀드
9. 폴슨 인핸스드 파트너스 펀드
12. 파이어버드 글로벌펀드

세계 10대 헤지펀드 매니저

2007년 10월 현재, 최근 3년간 수익률 기준

1. 존 폴슨 (폴슨&Co.)
2. 필립 팰콘 (하방어 캐피털 파트너스)
3. 짐 시몬스 (르네상스 테크놀로지스)
4. 스티븐 코언 (SAC 캐피털 어드바이저)
5. 겐 그리핀 (시타델 인베스트먼트)
6. 크리스 혼 (췰드런스 인베스트먼트 펀드)
7. 노엄 고츠언 (GLG 파트너스)
8. 앨런 하워드 (브레번하워드자산운용)
9. 피에르 라그랑주 (GLG 파트너스)
10. 폴 튜더 존스 (튜더인베스트먼트)

자료 : 배런스 온라인 (Barron' s Online)

의가 존재하는 실정이다. 헤지 펀드로 대표되는 투기성 자본은 지난 1998년부터 시작된 아시아 금융위기를 비롯하여 금융시장이 요동칠 때마다 근본 원인으로 지목되어 왔다.

손실규모와 향후 국제금융사들의 전망은?

지난 15년 동안 헤지 펀드의 수와 액수 및 수익률은 해를 거듭할수록 급증해 왔으며, 최근 글로벌 금융시장의 헤지 펀드 규모는 2조 6,800억 달러로 추정되고 있다.

금번 금융위기를 몰고 온 모기지 증권을 거대한 거품으로 키워 나간 파생 금융상품 시장의 경우, 헤지 펀드의 투자비율이 35% 정도인데, 아시아 · 동유럽 · 중남미 등 신흥시장 증시에서는 거래량의 55%가 헤지 펀드에 의해 이뤄지는 것으로 추정된다. "하늘이 두 쪽 나도 절대 수익(absolute returns)을 추구한다."라는 게 헤지 펀드들의 지론이다.

그러나 최근에 헤지펀드는 금융위기, 경쟁심화, 안정적 수익률 추구, 차입비용 상승 등으로 수익률이 급감하고 있다.

최근에는 수익률 악화에 따른 환매 증가로 헤지펀드의 딜레버리징이 지속되고 있다. 딜레버리징(Deleveraging)이란 '차입자본에 의한 투자로 이윤율을 높이려는 방식을 중지하는 것' 으로 여신을 축소하는 것을 의미한다.

Hedge Fund Research에 의하면 금년 들어서 전체 헤지 펀드의 20% 정도가 파산하였다. 헤지 펀드 운용자산 규모는 최근 10년 동안 연평균 17% 수준의 높은 성장세를 지속하였으나 2008년 상반기 중 순유입 규모가 크게 줄어들어서 현재는 전체 운용자산의 약 11%를 점유하고 있는 것으로 추산되고 있다.

최근 HSBC은행은 세계 최대 글로벌 자산운용사 12개를 대상으로 실시한 설문조사 결과를 발표했다. 이에 의하면 향후 당분간 투자 자산별 주식비중 감소 및 현금비중 증가 추세가 이어질 전망이며, 금융위기로 인한 헤지 펀드 산업의 침체는 향후 최소한 6개월 이상 계속될 것으로 예상된다.

헤지 펀드 및 주식시장 지수 추이[1)]

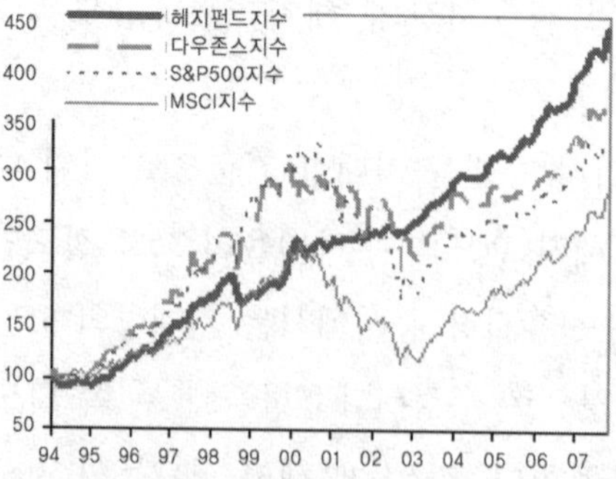

헤지 펀드 및 주식시장 수익률

(%, 연평균)

지수	2001 ~02	2003 ~06	2006	2007 1~10
헤지 펀드	3.7	11.6	13.9	13.4
다우존스	−11.9	11.0	16.3	11.8
S&P 500	−18.2	13.0	13.6	9.2
MSCI 세계	−18.9	18.1	18.8	16.3

주: 1) 1993.12월의 각 지수를 100으로 조정

자료 : Bloomberg, 한국은행, 〈해외경제포커스〉, 조사국 해외조사실, 제2007-47호(2007. 11. 18).

최근 노벨경제학상 수상자인 폴 크루그먼 교수는 신흥 시장에서 헤지 펀드로부터 가장 공격에 취약한 국가로 러시아 및 브라질과 함께 한국을 지목한 바 있다. 우리나라의 경우, 정부가 미국과 통화 스와프를 체결한 데 이어서 최근에는 일본 및 중국과도 통화 스와프 체결에 나서 헤지 펀드 등 외부의 금융공격으로부터 한 발 멀어지는 계기가 된 점은 금융위기라는 불행 속에서 참으로 다행하다고 평가받아 마땅하다. 그러나 안심은 금물이다.

외환보유고 2,400억 달러와 통화 스와프 협정을 통해 확보한 300억 달러, 또 IMF가 신흥국에게 지원하기로 한 통화 스와프을 통해 확보할 수 있는 220억 달러를 모두 더해도 3,000억 달러 남짓이다. 그러나 최근 헤지 펀드의 규모는 전세계에 약 8,000개에 운용자금 약 2조 6,800억 달러로 우리가 가용할 수 있는 돈의 9배에 달한다. 이들은 아이슬란드에 이어 우리를 노리고 있다는 것을 한시도 잊어서는 안 된다.

부동산 시장에 미치는 영향[22)]

최고 빌딩 부르즈 두바이의 부동산 가격 50% 폭락…….

삼성물산이 2009년 11월에 완공 예정으로 짓고 있는 세계에서 가장 높은 빌딩인 중동 부르즈 두바이(1～39층 호텔, 40～108층 고급 아파트, 109～160층 사무실) 조차도 최고 50%까지 폭락했다. 셰우드 등 현지 부동산 중개업체들의 최근 거래내역을 보면 부르즈 두바이의 부동산 매매가는 금융위기 이전에는 평방피트당 1만～1만3천 디르함(2천700～3천510 달러)에 달했지만 최근에는 거의 절반 수준까지 폭락한 것으로 나타났다.

삼성물산이 시공하고 있는 세계 최고 높이의 빌딩 부르즈 두바이

한국 기준으로 환산하면 1평(3.3㎡)당 1억~1억 2천만 원을 호가하던 것이 최근에는 1평당 5천만~6천만 원짜리 매물도 나오고 있는 셈이다. 이를 반영이라도 하듯 미국, EU, 일본, 중국 등 전세계 주요국들의 부동산은 금융위기의 한파에 직격탄을 맞고 있는 형국이다.

1. 미국 및 글로벌 경제

최근 미국의 주택거래량은 1년 전 보다 33.1% 하락한 수준이다. 집값이 가장 급격하게 내려간 곳은 대부분 캘리포니아주다. 이중 샌 버나디노 인근 지역은 주택가격 평균값이 22만 7천200 달러로 39%나 급락했고, 새크라멘토는 37%, 샌디에이고는 36%가 각각 하락했다.

미국 20대 주요 대도시 집값 등락 상황을 나타내는 'S&P/케이스 쉴러 20지수' 는 전년동기 대비 16.62% 하락하여 지난 2000년 이후 7년 동안 최대 하락폭을 기록했다.

특히 10대 도시 주택가격지수도 지난해 동기대비 17.7% 하락함으로써 10대와 20대 대도시 모두 전년 동기대비 하락률이 사상 최고치를 기록했다. 많은 전문가들은, 주택가격 하락세는 2010년까지 이어질 것으로 전망하고 있으며, 특히 2009년에는 15~20% 가량 추가 하락할 것으로 예상하고 있다.

참 고

■ 미국의 주택가격 지수(Case-Shiller Home Price Index)

1980년대에 Karl E. Case와 Robert J. Shiller가 제안한 개념으로, 거래의 회수를 포함하여 가격을 결정하는 방식으로 구해진다. 1987년부터 10대 도시의 주택가격을 지수화하여 10대도시 종합지수를 발표해 왔고 최근에는 20개 도시의 종합지수를 함께 산출하고 있다.

케이스쉴러 지수에는 두 종류, 즉 '거래용(tradable)' 케이스쉴러 지수와 '표준(Standard)' 케이스쉴러 지수가 있다. 거래용 케이스쉴러 지수는 월별로 지수를 산출하는 데 반해, 표준 케이스쉴러 지수는 분기별로 지수를 산출한다. (거래용 지수는 마지막 목요일 Central time 오후 1시 15분에 발표된다.)

케이스쉴러 지수 외에도 주택가격지수로서 National Association of Realtors(NAR) Index와 the Office of Federal Housing Over-sight(OFHEO) Index가 있다.

결과적으로 내년에는 미국의 부동산 가격이 더 하락한다는 전망이다. 왜냐하면 미국의 주택구입 붐이 절정이었던 2005년 말에 서브프라임으로 대출 받았던 사람들의 경우에 연말부터 본격적으로 고정금리에서 변동금리로 전환되어 부담이 커지기 때문이다.

서브프라임은 보통 2년간은 고정금리로 이자만 부담하다가 3년째부터 변동금리가 적용됨으로써 원리금 상환이 시작되는 상품이 대부분이다. 이 때문에 서브프라임 문제가 다시 재발할 경우, 글로벌 금융기관들이 대출 규제를 더 강화하기 때문에 주택 수요는 더 줄고 집값 하락폭을 키우는 악순환에 빠져들 수 있다는 것이 부정적인 시나리오이다.

설상가상으로 '집값 하락이 내수 침체로 이어지고 소득감소를 통해 또 다시 집값이 하락하는 악순환 고리가 전세계를 휩쓸 수 있다는 가능성'이 존재한다는 것이다. IMF보고서에 따르면 미국 주택가격 1%가 오르면 GDP가 0.15% 오른다고 한다.

미국인들은 집값이 오르면 오른 만큼, 모기지 대출을 받아서 자동차 등 내구 소비재를 구입했고, 따라서 미국 내수 호황과 세계 경제호황에 큰 기여를 했다. 하지만 이제 집값이 하락하면서 미국 내의 소비가 줄어들어 경기 침체와 소득감소로 이어짐으로써 다시 집값 하락을 부추길 수 있다.

최근 미국 연방주택금융청(FHFA)은 주택압류를 억제하기 위해 대출기간 연장은 물론이고 대출금리인하 등 대출조건을 완화하는 방안을 마련했다. 즉, 월 모기지 상환액이 월 가계소득의 38%를 초과하고 90일 이상 연체되어 주택압류 위험에 직면한 주택소유자를 대상으로 하며, 대출기관들의 참여도를 높이기 위해 대출조건 완화 건당 800달러를 지급한다는 내용이다.

2. EU[23)]

독일을 제외한 대부분의 유럽 국가들의 주택가격은 2000년대에 들어서 상당히 고평가되어 있는 상태이다. 즉, 가처분소득대비 주택가격 비율(PIR, price-to-income ratio) 및 임대료대비 주택가격 비율(PRR, price-to-rent ratio)은 모두 장기평균을 크게 상회하고 있다. 2007년 말 기준 PIR의 경우에 스페인 156.4%, 영국 149.3%, 프랑스 140.7%, 아일랜드 135.3%를 기록하여 미국(109.7%)보다 크게 높은 수준을 유지했다.

그러나 금융위기의 여파로 최근 EU지역의 집값하락은 영국이 지난 1년 동안 14%나 하락한 것을 비롯하여 스페인 · 프랑스 · 이탈리아 등 유럽 전역에서 거품이 꺼지고 있다. 유럽 지역의 주택투기 버블은 1990년대 말부터 발생하기 시작했는데, 이처럼 유럽 지역에서 주택투기 버블이 대규모로 발생한 배경을 살펴보면 다음과 같다.

첫째로 1999년 유로화의 출범을 들 수 있다. 유로화 국가들의 시장 통합이 이루어짐에 따라 저금리의 여유 유로화 자금들의 역내 직접투자가 확대되어 경기가 호조를 보였다.

둘째로 9 · 11테러 이후 글로벌 시장의 저금리 기조를 들 수 있다.

셋째로 긴축통화로서의 유로화에 대한 세계 각국의 수요 증가는 물론이고 헤지 펀드 등 투기성 자금이 대거 유입되었다. 즉, 2003년 이후 달러화 약세와 유로화 강세로 인한 환위험 회피를 위해 국제 유동성이 대규모로 유로 경제권에 유입된 것이다.

넷째로 고유가 지속에 힘입은 러시아 경제의 부활과 저임금의 동유럽 국가에 대한 외국인 직접투자 확대를 들 수 있다.

다섯째, 은행 등 금융기관의 30~50년에 걸친 초장기 주택 모기지의 대출 확대 등도 빼놓을 수 없는 주택 버블의 중요한 요인으로 작용했다.

금융위기의 영향으로 영국을 비롯한 EU의 주택 버블 역시 빠르게 꺼지고 있다. 특히 영국 경제는 지난 10여 년 동안 금융업과 건설업의 호조로 호황을 누려 왔는데, 최근에는 두 개의 성장 엔진이 동시에 꺼져 가고 있다는 평가다.

1992~2004년 영국의 업종별 총 부가가치 증가율은 금융업이 139%에 주택임대업이 120%나 증가하며 경제 호황을 이끌었다.

그러나 영국은 '집값 폭락 → 건설경기 침체 → 모기지 은행 파산'의 악순환 고리에 빠진 셈이다. 영국의 집값은 1996년 이후 2007년까지 11년 연속 상승세를 이어오다가 올 들어 급락세(10월 말까지 −14.6%)로 돌변했다.

2007년 16만 채에 달했던 신규주택 건축건수가 2008년에는 절반 수준으로 떨어져서 고용 문제를 악화시키고 있다. 영국 컨설팅회사 캐피탈 이코노믹스는 불황으로 인한 실업사태로 인해 2008년 말까지 집값이 정점이던 2007년 대비 35%까지 하락하였다.

아일랜드 역시 2008년에 주택가격이 8~10%대가 하락하고, 독일도 소폭의 내림세가 지속된 바 있으며, 스페인은 2 · 4분기에 하락으로 반전하였고 이탈리아 및 프랑스는 4월 이후 상승률이 크게 둔화되었다. 유로 지역 이외의 국가 중에서는 덴마크 및 스웨덴도 하락했다.

주요국의 주택가격 추이[24)]

(기간평균, 명목가격, 전년동기대비, %)

	2001~03	2004	2005	2006	2007	2008 1/4	2008 2/4	2008 3/4	2008 7월	2008 8월	2008 9월
유로 지역	6.7	7.5	7.8	6.5	4.5	. .	. .	. .	. .	. .	. .
(독일[1)])	0.6	−7.6	−2.9	0.5	−1.8	−3.8	−3.2	. .	−1.4	−0.3	. .
(프랑스)	9.3	15.2	15.3	12.2	6.6	4.3	2.8	. .	–	–	–
(이탈리아)	17.6	13.0	8.4	2.3	−0.5	2.1	0.9	0.6	0.6	0.6	0.6
(스페인[2)])	14.4	17.5	14.0	10.4	9.9	2.8	−0.3	. .	–	–	–
(아일랜드)	11.6	11.6	7.2	13.4	1.1	−8.6	−9.4	−10.0	−9.4	−9.9	−10.6
영국	16.6	17.1	5.2	6.4	9.5	2.2	−0.4	−10.3	−8.1	−10.5	−12.4
덴마크	4.2	8.9	17.5	21.8	4.7	−1.9	. .	. .	–	–	–
스웨덴	7.0	9.6	9.6	11.4	10.7	9.0	4.5	. .	–	–	–

주 : 1) 2003년 이전 Bulwein 지수 기준, 2004년 이후 Hypoport 지수 기준

2) 2007년부터 신 주택가격지수로 개편(2008. 10. 1 시행)

자료 : ECB, 각국 통계청, Nationwide, 한국은행

3. 중국

중국은 2007년의 '상업성 부동산 대출관리에 관한 통지인 9.27조치'를 기점으로 부동산 판매량이 감소하기 시작했고, 뒤이어 가격 상승속도도 둔화되었다.

이러한 조치는 부동산개발 대출, 토지비축 대출, 주택 대출에 대한 통제를 주요 핵심내용으로 하고 있다. 최근에는 금융위기의 영향으로 부동산의 가격하락-투자심리위축에 가속도가 붙고 있다.

글로벌 자산 버블은 주기적으로 반복되어 왔으나 중국의 경우에는 1998년 이후 주택시장화 조치가 시행된 이후에 첫 번째 겪는 부동산 버블이라고 할 수 있다. 글로벌 국가들의 부동산 상승률을 보면 150~350%의 누적 상승률을 기록했다.

중국의 경우, 1998년 기준 35개 도시 누적 평균상승률은 102%로 다른 국가의 버블 시기 누적 상승률에 비해 비교적 낮은 편이다. 중국의 경우, 부동산업종과 제조업의 중국 도시고정자산투자 내의 비중은 55%이며, 도시고정자산 투자 증가 기여율은 67%에 달한다.

특히 주택시장화 조치가 취해진 1998년 이후 부동산투자의 기여도가 급격히 상승했다. 2000년 이후 부동산투자의 기여도는 4.3%~7.5% 수준으로 부동산 대비 연간기여도 변동폭이 큰 모습을 보여 왔다.

전체 대출 중 부동산관련 대출의 비중은 18% 수준에 불과하며, 모기지 관련 대출도 11%, 부동산개발기업 관련 대출이 7%를 차지하고 있다. 모기지 대출액은 최근 3조3000억 원 수준으로 1998년 주택시장화 조치와 주택금융활성화 조치로 크게 활성화되었으나, 2007년 말에 30%에서 긴축조치의 영향에 따라 20%대로 증가율이 크게 떨어졌다.

현재 자금난을 겪고 있는 부동산개발업체의 대출증가율은 2006년 말을 기점으로 빠르게 하락함으로써 2008년 6월 기준 부동산개발업체 대출증가율은 14%를 기록하고 있다. 일각에서는 향후 1~2년 내 대도시 부동산 가격이 최고점 대비 30%까지 하락하는 시점이 부동산 경기의 터닝포인트가 될 것이라는 분석이 나오고 있으나 중국판 서브프라임 사태 가능성에 대해서는 부정적이다.

이러한 근거로 첫째는 미국의 경우에 부동산 관련 대출이 전체 상업은행 대출의 50% 이상을 차지하는 반면, 중국은 12%에 불과하다는 점이다. 또, 주택구입 시에 선금으로 내는 계약금(down-payment)이 집값의 30~40%로 미국(20%)보다 높다.

둘째는 서브프라임의 경우에 모기지론이 2차와 3차 파생상품으로 연결되면서 부실의 파장이 커졌던 반면, 중국의 경우에는 모기지론을 증권화한 상품이 거의 없다는 점이다.

셋째는 현재로선 중국계 은행들의 건전성과 수익성 지표가 나쁘지 않다는 점이다. 현재 주요 선진국 은행의 수익성은 급락하는 반면, 중국 전체 은행 이익은 최근까지 전년 동기에 비해 16.6%나 증가했고, 은행의 부실여신(NPL) 비율도 지난 2005년 8.6%에서 2007년 6.2%, 2008년 9월 5.5%로 오히려 계속 감소하고 있다. 여기에다가 중국 은행들은 자기자본비율이 12~14%로 BIS(국제결제은행)가 요구하는 적정 수준인 8%보다 높고, 대손충당금 비율 역시 130%에 달해 부실 대출에 대한 충격 흡수 능력이 양호하다.

결론적으로 전문가들은 모기지론의 절반이 부도가 나도 중국 전체 은행의 손실 규모는 전체 대출의 1.5%선에 그칠 것이며, 미국과 유럽에서의 사례를 중국에서는 보기 힘들 것으로 보고 있다.

4. 일본의 경우[25)]

2007년 한 해 1년여 동안 일본에서 부도가 난 상장회사는 2차 대전 이후 최대규모인 총 31개로 이 중 부동산, 건설 관련회사가 23개에 달했다. 중소, 지방 건설회사까지 포함하면 200여 개에 달하는 건설 관련 회사들이 부도로 문을 닫은 것으로 나타났다.

일본 부동산경제연구소에 따르면 수도권 아파트의 매매계약 체결률은 63%로 호 · 불황을 가늠하는 기준인 70%대를 2개월 연속 대폭 하락했다. 특히 수도권의 아파트 재고는 1만 842 호로 1년 전에 비해 26%가 증가하고, 부동산 가격하락현상도 가속화되고 있다.

최근 일본 국토교통성의 보고서에 따르면, 전국의 주요도시 150지역의 지가변동을 분석한 결과 기준지가는 지난 3개월 동안 22곳은 변동이 없었고, 128곳이 하락했지만, 상승한 곳은 단 한 곳도 없었다.

이 보고서는 특히 도쿄를 비롯한 대도시권의 지가하락이 두드러진 것으로 분석했으며, 이러한 이유로 경기악화로 자금난에 빠진 부동산 투자 펀드들이 투자를 포기하고 있는데다 고급 아파트나 사무실 수요도 위축되고 있기 때문이라는 설명이다.

한편, 지가는 0~3% 감소한 곳이 81지역으로 나타났고 3~6% 감소한 곳이 42지역으로 나타났으며, 6% 이상 감소한 곳도 5지역이 나타났다. 그러나 이런 추세는 더욱 더 심화될 것으로 보여 부도기업 숫자도 증가할 전망이다.

5. 금융위기의 주범, 파생상품의 파라독스(paradox)

요즘 금융위기의 일등 공신(?)으로 몰리고 있는 파생상품은 부정적인 면만 있을까? 긍정적 효과는 전혀 없을까?

(1) 튤립 생산의 종주국으로 발돋움하다.

네덜란드에서 발생한 튤립 구근 투기는 파생상품투기의 효시로 불린다. 투기는 필연적으로 버블(bubble)을 수반하고 버블의 종착역은 파멸과 붕괴(bust)이다. 그러나 항상 잃는 사람이 있으면 얻는 사람도 있는 법 …… .

한편에서는 심각한 후유증을 앓고 있지만 또 다른 한편에서는 아이러니(irony)한 긍정적 결과가 나타나는 경우도 있다. 광풍 같던 튤립 투기는 튤립의 변종 및 희귀종 등의 재배기술을 업그레이드 하는 결과를 가져와서 약 400여 년 동안 네덜란드는 화훼산업의 종주국으로서의 위치를 공고히 하는 계기가 되었으니 아이러니가 아닐 수 없다.

(2) 도로 등 기간산업이 발전되다.

미국의 경우, 골드러시는 금을 캔 경제효과보다 그 과정에서 도로와 도시가 생겨나고 마차나 연장 등 관련 산업과 음식 · 숙박업 등 서비스업이 활성화되면서 경제가 부흥되는 계기를 만들었다. 또한 파생상품이 발전하면서 미래를 예측할 수 있는 안목이 생기게 된다.

1990년대 미국의 벤처 투기열풍도 무수한 사기 피해자를 양산했지만, 차츰 옥석이 가려지면서 IT(정보기술)의 메카(Mecca)로 자리 잡는 계기를 마련했다. 따라서 투기는 그 자체로는 지극히 부정적이지만 나름대로 '치어리더' 역할도 없지는 않았다는 반론도 만만치 않다.

금융위기 극복을 위한 전세계적 공조

1. 위기 극복의 핵심은 공조

(1) 새로운 글로벌 금융관리체제구축[26)]

"지난 6개월 동안 월가에서 벌어진 일들은 '자율규제 프로그램'이 전혀 작동하지 않는다는 것을 증명한다. 이 감독제도는 근본적인 결함을 안고 출발했으며, 우리는 대공황 이후에 최악의 금융위기를 초래한 책임이 있다."

(9월 26일, 크리스토퍼 콕스 미국 증권거래위원회(SEC) 위원장)

금융위기 극복을 위해 G20 각국 정상들은 최근 미국 워싱턴에서 머리를 맞댔다. 이 때 각국 정상들은 규제적 통화정책과 재정지출 확대를 통한 내수경기 부양책의 일치된 목소리를 냈다. 각국 정상들은 '모든 금융시장과 금융상품 및 금융시장 참가자들은 적절한 규제와 감시를 받아야 한다.'는 원칙 아래 자국 시장에 대한 투명성과 책임성을 높이기로 했다.

자료 : USA G20 SUMMIT (연합뉴스, 2008. 11. 16)

포스트 브레턴우즈체제 누가 주도하나

구분	구성		
G8	미국, 독일, 일본, 영국, 프랑스, 이탈리아, 캐나다, 러시아		
G13	G8	+	중국, 인도, 브라질, 멕시코, 남아공
G14	G8	+	중국, 인도, 브라질, 멕시코, 남아공, 사우디아라비아 (로버트 졸릭 세계은행 총재 언급)
G15	G13	+	한국, 사우디아라비아(또는 이집트)
G20	G7(선진국)	+	러시아, 한국, 중국, 인도, 아르헨티나, 브라질, 멕시코 터키, 호주, 남아공, 사우디아라비아, 인도네시아, EU의장국(후진국)

자료 : ile.mk.co.kr/meet/neds/2008/10/image_readtop

또한 보호무역주의로의 회귀는 안 된다는 데 한 목소리를 낸 것도 의미가 크다. G20 정상회의 참가국 정상들과 재무장관들은, 첫째로 금융시장에 대한 규제 감독을 강화하고, 둘째로 각국의 금융감독 당국간의 공조와 협력을 강화하는 내용 등이 주요 합의사항이다.

셋째로 G20 정상들은 세계 경제의 하강을 막기 위해, 통화정책과 재정지출확대 등을 통한 내수경기 부양책을 추진한다는 원칙에도 합의했다.

넷째로 이번 금융위기를 촉발시킨 신용부도 스와프(CDS) 등 복잡한 금융상품의 내용과 기업의 재무상황에 대한 공시를 강화하고, 금융상품에 대한 차별화된 신용평가기준을 도입하기로 했다.

"금융시스템의 구조적 위험을 막기 위해 각국 중앙은행의 역할이 중요하며, 미국 연방준비제도이사회(FRB)에 보다 포괄적인 감독 권한이 주어져야 한다."(8월 23일, 벤 버냉키 FRB 의장, 통화정책과 금융감독 분리를 주장하던 종전 신념을 번복하며 ……)

세계 금융 자본주의의 메카였던 미국 뉴욕과 워싱턴에서 "엄정한 규제와 감독을 등한시했던 것이 결국 금융위기를 불렀다."는 '고해성사' 가 잇따르고 있다.

글로벌 금융 관리 · 감독체제를 둘러싼 새로운 제안들

- 국제통화기금(IMF) 개혁 및 규제권한 강화
- 금융위기 조기경보시스템 구축
- 다국적 금융회사들에 대한 국가간 감독 공조
- 세계 30대 대형금융기관 공동 감독위원회 설치
- 신용평가기관 · 헤지 펀드 감독 강화
- 선진국 · 개도국을 망라한 금융규제기준 설정

1929년 10월 29일. 탐욕의 역사는 반복된다. 이번 금융위기는 사실 1930년대 대공황과 닮은 점이 있다. 1920년대 말에 미국은 '규제란 쓸데없다' 라는 시장만능주의가 지배하던 시대였다. 은행은 무한 금리경쟁을 펼쳤고, 투자자들은 저금리로 돈을 빌려서 자기가 가진 돈의 10배만큼의 주식을 사들일 수 있었다. 즉, 서브프라임처럼 '빚' 을 통해 자산가치를 불릴 수 있는 환경이 버블을 부풀렸던 것이다.

1929년 10월 '검은 화요일' 에 거품은 꺼지고 대공황이 왔다. 결국 미국 정부는 1933년 투자은행과 상업은행을 철저히 분리시키는 '글래스-스티걸' 법안을 통과시키는 등 금융감독을 대폭 강화했다.

그 이후 80년대까지 미국경제는 금융대란 없이 황금기를 구가한다. 그러나 1980년 이후 금융업계가 자율화를 끈질기게 요구한 끝에, 1999년 사실상 글래스-스티걸 법안이 폐지되고 규제는 축소됐다. 그리고 9년 후에 금융위기가 다시 찾아왔다. 금융산업을 완전히 시장경제에 맡길 수 있다는 생각이 허상이라는 사실은 1933년에 이미 도출된 결론이다.

유동성이 급팽창하지 않도록 사전에 적절한 개입과 감독이 필요하다. 특히 이번에 발단이 된 서브프라임 모기지의 경우는 주정부가 감독하는 데 주당 1만 개가 넘는 관련업체를 주 단위에서 감독한다는 것이 불가능했으며, 그 중 절반 정도는 아예 감독을 받지도 않았다.

소 잃고 외양간을 고치려는가? 미국과 유럽 각국은 금융위기를 극복하고 예방하기 위해 세계적인 금융규제 · 감독 체제를 만든다는 데

의견을 같이했다.

유럽연합(EU) 순회의장국인 프랑스의 니콜라 사르코지 대통령은 벨기에 브뤼셀에서 EU 정상회담을 주재하기에 앞서 성명을 내고 "새로운 자본주의로 가는 문제를 논의하기 위해 이르면 다음 달, 늦어도 2008년 내에 G8 정상회담을 열기로 했다."라고 밝혔다.

'신 브레튼우즈 체제' 창설을 제안한 브라운 영국 총리는 금융위기가 다시 일어나지 않도록 세계 공동의 규제 · 감독 기준을 만들어야 한다고 주장하는 한편, 국경을 넘나드는 기업들에 대해서는 국경을 넘나드는 감독이 필요하다는 점을 강조했다.

신자유주의의 상징인 미국의 패권이 확실히 뿌리째 흔들리고 있는 와중에서 유럽과 신흥국의 목소리는 점차 커지고 있다. 특히 신속한 공적자금 투입을 통한 국유화라는 영국식 은행권 지원 방식이 유럽은 물론이고 미국에까지 원용되면서 이런 목소리의 중심엔 영국이 서게 됐다.

최근 제2차 세계대전 이후에 폐허가 된 세계 경제를 살리는 데 일조했던 브레턴우즈 체제(Bretton Woods system) 같은 체제가 필요하다는 주장이 거세게 일고 있다. 신 브레턴우즈 체제는 은행, 금융환경, 모기지 회사, 헤지 펀드, 사모펀드(PEF)에 이르기까지 국제적인 감독 체제를 새롭게 마련하는 방식이 될 것으로 예상된다.

(2) 금융위기 정책의 국제공조가 추진되다.[27]

① 금리의 동시인하 추진

미국, 유럽, 일본 등의 중앙은행들이 무제한 달러 공급을 약속하기도 했다. 미연준(FRB)은 최근 성명을 통해 유럽중앙은행(ECB)이나 일본은행(BoJ) 등과 함께 세계 주요 중앙은행들이 자금시장 긴장완화를 위해 달러를 무제한 공급하기로 결정했다. ECB, 영란은행(BoE), 스위스중앙은행, 일본은행도 유사한 조치를 취했다. 연방준비제도 이사회(FRB)는 금리를 0% 대까지 인하하였다.

이와 함께 캐나다, 호주, 영국, 중국 등도 금융위기 극복을 위한 금리인하 등 국제적 공조에 동참하고 있다.

② 구제금융 공조 등

미국 정부는 최근 달러를 무제한 공급키로 결정했다.[28] 즉, 미국 정부는 최근 사상최대인 7,000억 달러를 구제금융으로 지원하기로 하는 등 총 1조 640억 달러 규모의 지원 대책을 마련했다. 미국의 7천억 달러 규모 구제금융법안의 내용은 2008년 9월 이미 합의된 기본 안에 일부 공화당 요구를 반영했다.

유럽 지역은 예금지급보장 및 유동성 공급을 확대키로 했다. EU 27개국은 예금지급보장한도를 종전의 2만 유로에서 5만 유로로 상향조정하는데 합의했다. 특히 은행 간의 채무보장 및 부실은행 국유화 등의 조치를 취했다.

유럽 각국의 예금지급보증

구 분	독일	프랑스	스페인	네덜란드	오스트리아	포르투갈	영국	합계(억 유로)
지급보증	4,200	3,200	1,000	2,000	850	200	–	11,450
자본확충	800	400	–	–	150	–	473	1,823
합 계	5,000	3,600	1,000	2,000	1,000	200	473	13,273

앞서 미국 연준(FRB)은 영국 유럽중앙은행(ECB), 스위스 · 일본 · 호주 · 캐나다 · 덴마크 · 노르웨이 · 스웨덴의 중앙은행 등과도 달러의 유동성 부족사태를 사전에 방지하기 위한 통화 스와프 협정을 체결한 바 있다.

특히 일본은 9,800억 달러의 외환보유액을 보유하여 1조 8,000억 달러의 중국에 이어서 세계 2위 외환보유국이다. 이어서 인도와 중동 산유국들이 풍부한 달러를 갖고 있으므로 일본은 중국 외에 중동 산유국에도 이 제도에 참여하라고 촉구하고 있다. 일본이 긴급 제안에 나선 까닭은 기존의 IMF 지원제도로는 금융위기 확대로 인해 불어나는 달러 수요를 충족시킬 수 없다는 판단 때문이다.

"우리는 중국에 5천억 달러(약 611조 원)의 빚을 지고 있다."(존 매케인 공화당 대선 후보)

"우리의 국가채무(10조6150억달러) 중 1조 달러가 중국에 진 빚이다. 지구상에서 일찌기 경제가 쇠퇴하면서도 군사적 우위를 유지한 나라는 없다."(버락 오바마 민주당 대선 후보시절에 한 말)

중국 정부는 현재 해외 국가나 투자가들이 보유한 미국 재무부 채권 2조 6,764억 달러 가운데 약 20%를 갖고 있으며, 이는 2000년 이후 8년 동안 760%가 증가한 수치이다.

중국의 미 재무부 채권 보유 및 미국의 대중 무역적자 추이

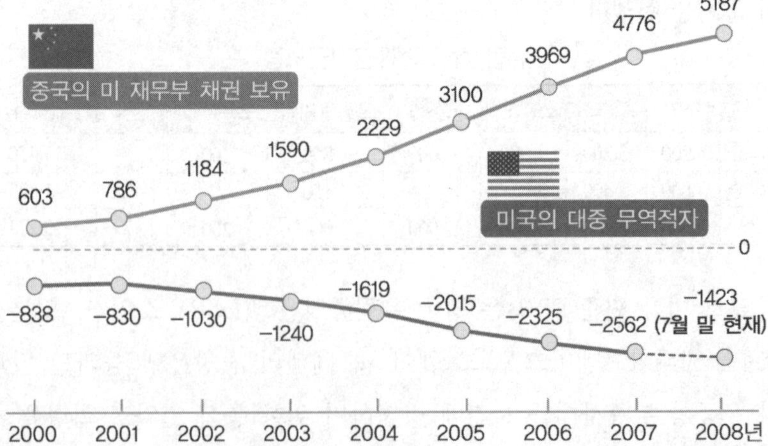

자료 : 미 재무부 통계청

중국은 미국 국채 매입의 '큰 손'으로, 향후 2,000억 달러 규모의 미국 국채를 추가로 매입할 계획이다. 중국은 최근 미국 · 영국 · 캐나다 · 스웨덴 · 스위스 등의 동시 금리인하에도 동참하는 등 국제공조에 적극적인 움직임을 보이고 있다.

금융위기의 전이와 지구촌 동반침체

1. 금융위기, 급속히 전이되다.

(1) 금융위기와 실물경제 침체는 동전의 양면과 같다.[29)]

불과 몇 달 전까지만 해도 인플레이션을 걱정해야 했지만, 이제는 극심한 디플레이션이 우려되는 상황이다. 인플레이션은 금리를 올려서 잡을 수가 있지만, 디플레이션은 금리를 내리는 이외에 별다른 정책적 대응이 없기 때문에 그 폐해는 더 큰 공포에 이를 정도로 무섭다.

최근 금융위기의 영향으로 실물경제의 침체가 이어지고, 다시 이 충격으로 금융시장에 영향을 미침으로써 '백약이 무효'라는 공포가 번지면서 글로벌 증권시장은 일제히 폭락했다. 각국 중앙은행이 "달러를 무제한으로 공급하겠다."라고 밝히기 이전 수준으로 주가가 원위치됐다.

'금융위기 → 실물경제 침체 → 금융위기 증폭'의 악순환이 이어지고 있는 것이다. 미국의 경우, 주택가격의 하락은 물론이고 산업생산도 마찬가지여서, 전년 동기 대비 2.8% 감소로 1974년 12월(−3.5%) 이후 가장 큰 하락폭을 기록했다. 특히 세계의 엔진이라 불리는 중국도 마찬가지다.

중국의 부동산은 물론이고 수출액도 감소세로 돌아섰으며, 최근 7개월 동안 장난감 수출업체의 52.7%에 달하는 3631개사가 문을 닫았다. 전세계가 동반 침체의 수렁으로 빠져들고 있다.

2000년대를 풍미하던 세계적인 경제 호황이 '세계화(globalization)'의 결과였다면 버블 붕괴로 인한 글로벌 경제의 동반 침체도 동조화 현상의 심화를 보여주는 것으로 평가된다.

이를 대변이라도 하듯, 공포 시리즈가 유행이다. 즉, 위기가 실물경기로 번질 가능성을 놓고 'R(Recession, 경기침체)의 공포'가 언급된 뒤에 위기가 생각보다 심각해 'D(Depression, 공황)의 공포', 혹은 'GD(Great Depression, 대공황)의 공포'가 이어질 것이라는 말도 나왔다.

경기침체에 이어서 기업실적이 나빠지고, 연쇄적으로 실업 사태가 우려된다는 의미에서 'J(Jobless) 또는 E(Earning, Employment, 수익 · 고용)의 공포'라는 말까지 등장했으며, 최근에는 이보다 더 무서운 공포인 'L(Layoff, 감원)의 공포'까지 미국은 물론이고 글로벌 경제에 매섭게 몰아치고 있다.

(2) 금융 패닉 美 → 유럽 → 亞 → 브릭스로 급속히 옮아가다[30)]

미국 월스트리트발 금융 패닉은 미국에서 EU를 거쳐서 아시아, 그리고 브릭스(BRIC : 브라질 · 러시아 · 인도 · 중국)까지 동시다발적으로 급속히 확산되고 있다. 미국은 지난 10월 6일 4년 만에 1만 선이 붕괴되었고, 영국 · 프랑스 증시는 사상 최대의 하락폭을 보였다.

이러한 영향은 브릭스 지역으로도 급속히 번졌다. 러시아 · 브라질 · 페루 등 신흥국 증시도 10% 넘는 폭락 장세를 연출했다.

1970년대 이후 미국 경기침체 요인과 경제동향

시기	1973.11~75.3	1980.1~80.7	1981.7~82.11	1990.7~91.3	2001.3~02.11
기간	16개월	6개월	16개월	8개월	8개월
GDP증가율	-2.5	-4.3	-2.0	-1.7	0.5
CPI상승률	10.9	14.3	7.5	5.8	2.8
요인	1차오일쇼크	2차오일쇼크	과다한 통화긴축	주택대부조합 파산 및 주택가격 하락	닷컴 버블붕괴 및 9·11테러

자료: http://economy.hankooki.com(10.8)

(3) 지구촌 동반침체, 현실화되다.[31)]

미국발 금융위기가 글로벌 경제 전체에 극심한 경기침체의 공포로 몰아가고 있다. 경기침체는 미국이나 유럽 등 어느 특정 국가에 국한되는 것이 아니라 금융위기가 전세계로 감염되었듯이 '글로벌 슬럼플레이션(Global Slumpflation)[32)]' 이라는 재앙으로 확대될 조짐을 보이고 있는 것이다.

최근 미국 생산자물가지수(PPI)는 1947년 지수산정 이후 최대 하락폭을 기록했고, 유럽이나 일본 등 주요 선진국과 함께 중국이나 인도 등 신흥시장의 동반 경기침체의 터널로 진입하고 있다.

FRB는 최근 미국의 경제활동이 거의 모든 지역에 걸쳐서 둔화됐으며, 기업들이 투자를 재조정하고 소비자들이 지출을 줄임에 따라 전반적인 전망도 훨씬 더 어두워졌다고 밝혔다. 실제로 전문가들은 미국이 경기침체에 진입했음을 단언하고 있다.

이와 관련하여 월스트리트 저널(WSJ)은 미국 소비지표가 3개월 연속 하락하였고, 2008년 9월 중 15만 9,000개의 일자리가 감소한 것을 두고 "현재까지 확인된 미국 주요 경기지표는 1990년과 2001년 경기

침체 수준을 넘어서고 있다."라며 '1980년 초반 이후 최악의 상황'이라고 평가했다.

미국은 2차 오일쇼크 이후에 폴 볼커 FRB 의장의 과도한 금리인상 조치로 1981년 7월부터 1982년 11월까지 16개월 동안 혹독한 경기침체를 경험한 바 있다.

이와같이 극심한 경기침체현상은 비단 미국뿐만이 아니다. 영국은 최근 들어서 실업자 수가 179만 명에 이르러 1991년 경기 후퇴 이후에 가장 높은 수치를 보이고 있고, 독일의 주요 경제 싱크탱크인 뮌헨 경제연구소(Ifo)와 킬세계경제연구소(IfW) 및 에센 경제연구소(RWI)와 할레경제연구소(IWH)도 독일이 이번 겨울에 침체의 문턱에 들어서게 될 것으로 진단했다. 프랑스는 GDP가 3분기 0.1% 감소한 것을 비롯하여 스페인과 아일랜드 및 덴마크도 마찬가지로 침체의 늪에 빠져들었다.

미국이나 유럽 등 선진경제권이 침체에 빠진다면 세계의 공장을 자처하는 중국은 물론이고 대다수의 국가들이 글로벌 경기침체의 공포에서 자유롭지 못할 것으로 보인다. 특히 2008년도 3분기부터 미국 · 유럽 · 일본 등이 모두 마이너스 성장을 기록하고 있는가 하면 올해에도 마찬가지로 마이너스 성장이 예고된 상황에서 글로벌 디플레이션(Global Delation)은 불가피할 것으로 전망된다.

제5부

글로벌경제, U&D 공포에 빠지나?[1]

제 11 장 본격화되는 글로벌 경기침체[2)]

고난이 클수록 더 큰 영광이 다가온다.

– Marcus Tullius Cicero(철학가, 정치가, BC 106 ~ BC 43.12.

경기 침체의 단계

금융위기의 영향으로 글로벌 경제가 '최악의 시나리오(the worst scenario)' 를 향해 거침없이 돌진하고 있다. '백년 만에 한 번 올까 말까 한 U&D(Unemployment & Depression) 시즌' 이 시작되었다는 우려의 목소리가 높다.

뉴욕대 루비니 교수는 최근 미국과 세계경제 앞에 놓인 가장 큰 위험은 스테그-디플레이션(stag-deflation), 즉 '경기 침체(stagnation, recession)와 디플레이션의 치명적인 조합' 이라고 주장하고 있는가 하면 경기침체와 인플레이션의 합친 말인 슬럼프플레이션(Slumpflation)이 곧 올 것이란 말도 나온다.

이러한 첫 번째 징후는 선진 각국의 폭락하는 성장률이고, 두 번째 징후는 미국 소비자물가가 사상 최대로 하락하는 등 지구촌 곳곳에서 점차 고조되고 있는 디플레이션에 대한 위기감이다.

요즈음은 디프레션, 디플레이션, 리세션, 스태그 디플레이션과 슬럼플레이션에 이르기까지 경기침체 관련 용어의 홍수로 경기의 추세와 용어와의 관계정립마저도 힘든 상황이다.

최근 IMF나 OECD 등은 미국 · 일본과 유로존 등 세계 3대 선진 경제권이 동시에 마이너스 성장에 돌입했음을 진단했다.

만약에 세계 경제에서 64.4%를 차지하는 미국 · 일본 · 유럽 등 선진 3개 경제권이 동시에 연간 기준으로 마이너스 성장률을 실현할 경우, 1970년대 초반 오일쇼크 이후 사상 초유의 일로 기록될 것이다.

그러나 현재 지구촌 곳곳에서 발생하고 있는 여러 지표들을 보면 글로벌 경제의 공포적인 침체가 현실로 다가오고 있음을 느낄 수 있다. 게다가 더 심각한 것은 이러한 글로벌 경기침체 현상이 최소 2~3년 간은 지속될 것이란 전망이다.

돋보기[3]

1. 경기후퇴 (景氣後退, recession)

경제활동의 전반적 수축과정을 말한다. 즉 자본주의 경제에 있어서 특유한 현상인 경기순환의 한 국면으로, 경기가 최고 호황기에서 최저 침체기에 이르기까지의 과정을 말한다. 그 원인에 대해서는, ① 과잉투자설 ② 과소소비설 ③ 이노베이션 이론 ④ 래그 이론 ⑤ 저축과 투자의 불균형 이론 등 여러 설이 있다. 또 현실적으로 경제활동 전체가 어느 정도 수축했을 때에 경기후퇴라고 하느냐에 대해서도 엄밀히 정해진 바는 없다.

미국에서는 계절조정 후의 실질 국민총생산(GNP)의 대전기신장률(對前期伸張率)이 4분기에 2번 잇달아 마이너스가 되면 경기후퇴인 것으로 보고 있다. 하지만 한국에서는 제1차 경제개발 5개년계획 이전의 것은 경기후퇴 등을 말할 성격이 못되며, 그 이후로 세계적인 성장세와 정부 · 기업 · 근로자의 노력이 주효하여 세계적으로 유례가 드문 고도성장을 여러 해 동안 유지하여, 중진국에서 신흥공업국으로 발돋움하였다.

2. 불황 (不況, depression)

자본주의 경제하에서 유효수요(有效需要)의 부족 등으로 인하여 생산이나 소비 등의 경제활동이 쇠퇴하거나 침체를 나타내는 상태다. 이는, 호황(好況)의 반대가 되는 말로 불경기라고도 한다. 파상적(波狀的)으로 반복되는 경기변동의 한 국면으로서 호황과 대비해 사용되는 경우가 있고, 구조불황이나 세계동시불황 등일 때처럼 구조적 · 경향적 현상으로 간주되는 경우가 있다.

이와 같이 경제활동수준이 저하된 국면에서는 투자의 감퇴, 기초자재의 산출, 소비의 감소, 실업자의 증대, 임금 · 물가 · 금리의 저하, 주가의 하락, 기업이윤의 감퇴 등의 현상이 나타난다.

3. 디플레이션 (deflation)

디플레이션은 통화량의 축소에 의하여 물가가 하락하고 경제활동이 침체되는 현상이다. 디플레라고도 하며, 예전에는 인플레이션의 대응어로서 사용되었으나, 그 후 양자 개념의 대상성(對象性)이 상실되어 산출량의 저하나 실업의 증가 등 경제활동의 침체 또는 저하를 의미하게 되었다. 1920년대까지는 각국이 금본위제도의 유지에 힘써서 적절한 통화량을 언제나 금의 보유량과 결부시켜 생각하였다.

제1차 세계대전 중 불환지폐(不換紙幣) 남발에 의하여 금본위제로부터의 이탈이 불가피하게 된 나라들은 금본위제로 복귀하기 위하여 통화량의 감소, 재정지출의 축소, 수요의 억제 등을 통하여 물가인하정책을 실시하였다. 그런데 이와 같은 대(對)인플레이션 정책은 결과적으로 디플레이션의 발생을 초래하였다.

4. 슬럼플레이션 (slumpflation)

불황하의 인플레이션. 불황을 의미하는 슬럼프(slump)와 인플레이션(inflation)의 합성어. 문자 그대로 불황 하에서도 인플레이션 수습이 안 되는 것이다. 스태그플레션에 비해서 경기의 침체가 더욱 심한 상태를 말한다. 영국의 「이코노미스트」지가 1974년 말부터 1975년에 걸쳐서 인플레이션이 멈추지 않고 세계적인 불황에 휩쓸릴 위험성이 있다고 지적하였을 때에 이 말을 쓴 것이 처음이다. 일각에서는 벌써부터 이번의 금융위기가 끝나면 슬럼플레이션이 발생할 것이라는 목소리도 나온다.

5. 디플레이션 사례

세계적으로 가장 대표적인 디플레이션은 1930년대 미국의 대공황기이다. 1930~1933년 사이에 물가는 연평균 10%씩 급락했다. 일본은 1990년대 초 이후 10년 이상의 긴 디플레이션을 경험했다. 홍콩도 1997년 아시아 금융위기 후유증으로 2004년까지 긴 디플레이션을 겪었다.

2000년대 들어서는 2001년 IT 버블이 꺼지고 경기가 불황으로 진입하면서 2002~2003년에 디플레이션이 세계 경제를 강타하자, 그린스펀 연준의장은 정책금리를 1%까지 낮추는 공격적인 저금리 정책을 폈고, 디플레이션의 우려는 해소됐다. 이후 글로벌 자산 버블은 급증했고 급기야는 오늘날의 파국을 초래했다는 비판을 받고 있다.

6. 용어의 차이점

첫째, 디플레이션(deflation)은 인플레이션(inflation)의 반대 개념으로 재화와 서비스 가격이 광범위하고 지속적으로 하락하는 현상을 말한다. 디플레이션이 가격에 관한 용어라면, 리세션과 디프레션은 경기에 관한 용어이다. 또한 슬럼플레이션은 경기하락 속에서도 도리어 가격이 오르는 현상이다.

둘째, 리세션(recession)은 경기가 몇 달 이상 동안 전반적으로 상당히 위축되는 상황을 의미하며, 미국에서는 보통 GDP 성장률이 2분기 이상 마이너스를 기록하는 경우를 일컫는다.

셋째, 디프레션(depression)은 장기적이고 지속적인 경기 하강을 의미하며, 리세션보다 심각한 상황을 일컫는다. 가장 유명한 디프레션은 1930년대에 발생한 미국의 대공황(Great Depression)이었다. 그런데 디프레션은 디플레이션을 동반하는 경우가 많다.

여기에서는 군(群)별 국가들의 금융위기와 개별 국가 간 영향에 대해 살펴보기로 한다. 외채위기 내지는 금융위기 위험으로부터 비교적 멀리 벗어나 있는 미국 · 유럽 · 일본 등 미국과 통화 스와프를 체결한 국가 등의 국가군(1군)과 부도위험에 처하였거나 IMF 및 국제기관 등이 위험성을 경고했거나 경제지표에 있어서 위험국으로 분류가 가능

한 국가군(2군)으로 분류하여 살펴본다. 우리나라의 경우, 우리나라의 특성에 맞는 변수를 고찰한다.

특히 1군의 경우, 금융위기로 인한 영향을 검토한 뒤에 이로 인한 영향이 제2군 국가(동남아시아)들에게 어떤 영향을 미치고 있는지에 대해 알아본다. 아울러서 2군 국가들은 여기서 제시된 변수들의 영향을 중심으로 현재의 심각성 정도나 혹은 외채위기에 얼마나 가까이 다가가고 있는지에 대해 진단해 보고자 한다. 그러나 현재 구제금융위기로 어려움을 겪고 있는 국가들에 대해서는 제6부 제16장에서 다루기로 한다.

우리나라의 경우, 미국과의 화폐 스와프 체결을 계기로 국가부도위험은 상당부분 완화된 것이 사실이나, 최근 수출환경이 최악을 기록하고 있고 경상수지 적자가 급증하는 가운데 국가 신인도마저 하락이 예측되고 있는 등 여러 면에서 경제에 빨간불이 켜지고 있다. 그 때문에 여러 변수를 통하여 우리나라 경제가 처한 상황을 제7부에서 따로 다루기로 한다.

제12장 금융위기에 영향을 받는 국가별 주요 이슈

역경이 반드시 나쁜 것만은 아니다. 현명한 사람에게는 그것이 기회가 될 수도 있다.

– Emerson, Ralph Waldo(사상가 · 시인, 1803~1882)

금융위기, 파국으로 치닫나?[4)]

금융위기, 실물로 이어지다

미국의 금융위기는 이미 글로벌 실물경제에 전이된 지 오래라는 것이 일반적인 시각이다. 최근의 관심은 금융위기의 파장이 어느 정도로 될 것인가에 있다. IMF는 최근 지난 30여 년 동안 선진 17개 국가의 외환시장과 은행 및 증권시장에서 발생한 113개 금융위기를 유형별로 분석한 결과를 내놓았다.[5)]

이러한 결과의 주요 골자는, 첫째로 금융위기의 비중에서 약 절반가량은 은행이 금융위기의 주요 진원지임을 밝혀냈다. 동시에 은행부실로 인한 금융위기가 경기침체로 이어진 경우에는, 다른 경우와는 달리, 누적손실이 2~3배에 침체기간 또한 2~4배 가량 오랫동안 지속될 것으로 예측되었다.

둘째로 금융위기는 경기의 갑작스런 하강이나 침체가 주요 요인이었으며, 금융위기를 극복한 이후에도 절반 가량의 사례가 경기침체로 이어졌다. 또한 경기가 하강할 경우, 가계부문의 재무불균형 정도가 클수록, 가계 및 기업의 차입비율이 높을수록, 금융위기의 기간이 길수록, 금융위기 이전의 부동산 가격이 높을수록, 금융위기 발생 시 실물부문에 미치는 악영향이 큰 것으로 나타났다.

그렇다면 이번에 발생한 금융위기가 실물로의 전이 가능성과 영향은 어느 정도일까? 이에 대해 IMF는 "상당한 가능성(substantial likelihood)이 있다"라고 진단한 뒤에 금융위기의 공통분모로 유가나 부동산 등의 자산가격 상승, 과도한 신용 및 주택대출을 꼽고 있다. 이어서 IMF는 금융충격이 실물경제로 전이되는 데 있어서 브로커-딜러나 투자은행 등 핵심 금융 중개자의 역할이 중요하다는 점도 덧붙이고 있다.

최근 미국 연준의 베이지 북(Beige Book)은 지역 · 업종 불문하고 경기둔화를 공식적으로 인정했다. 또 미국 정부는 천문학적 구제금융 비용을 시장에 쏟아 붓고 있으나, 미국내 총생산(GDP)의 3분의 2를 차지하는 소비는 회복기미를 보이기는커녕 갈수록 위축되고 있고, 설상가상으로 그간 경기관련지표 가운데 유일하게 양호한 수치를 유지해 온 GDP마저 이미 역성장의 영역에 진입한 상태이다.

클로즈 업[6)]

■ 베이지 북(Beige Book)이란?

미국 연방준비제도이사회가 매년 8회에 걸쳐 발표하는 미국 경제동향보고서를 말한다. 즉, 미국의 중앙은행인 연방준비제도이사회(FRB : Federal Reserve Board)가 발표하는 미국의 경제동향종합보고서이다.

연방준비제도이사회 산하의 12개 지역 연방준비은행이 기업인과 경제학자 등 경제전문가들의 의견과 각 지역경제를 조사 · 분석한 것을 모은 책으로 매년 8차례 발표된다.

표지 색깔이 베이지 색이므로 현재의 명칭으로 불린다. 그러나 1970년부터 1982년까지는 붉은색이라 레드 북(Red Book)으로 불렸으며, 정책을 입안하는 데에 참고자료에 불과하였다. 1983년부터 공개 발간하였고, 산업생산활동과 소비동향 · 물가 · 노동시장상황 등의 경기지표를 담아서 연방준비제도이사회가 금리정책을 결정하는 기초자료로 사용한다.

국가위험도의 평가기관별 특징 비교[7)]

국가위험도(혹은 신인도)는 경제협력개발기구인 OECD(Organization for Economic Cooperation and Development), 세계적인 신용평가사[8)] S&P(Standard and Poor's)와 Moody's, 영국의 이코노미스트(Economist)誌의 계열사인 EIU(Economist Intelligence Unit), PRS(the Political Risk Service Group), 와튼계량경제연구소(WEFA : the Wharton Econometric Forecast Associates), EUROMONEY 등에서 평가하고 있다.

평가시기나 변수는 서로 다르다. 피치(Fitch)사는 최근 '이머징마켓(신흥시장) 신용등급 리뷰' 특별보고서에서 투자등급에 속하는 신흥시장 주요 17개 국의 신용등급 검토결과를 공개하면서 한국의 등급 전망을 '부정적' 으로 발표했다. 그리고 이러한 이유로는 은행들의 디레버리지(차입 축소)로 인해 한국의 국가 대외신용도가 악화될 가능성이 있다는 점을 들고 있다.

SK MODEL[9]

구 분	재정 및 경상수지	금융환율	실물 및 민간기업	사회혼란	외부충격
1단계	1. 공공부문투자 팽창 2. 세입감소 3. 국공채 원리금 상환 증가	1. 환율시장 개입 2. 주식 등 자산 가격 급등 3. 신용관리 실패 4. 가계부채 급증 5. 은행건전성 악화 6. 외국인 자본유입 증가	1. 부동산 등 자산가격 급등 2. 경기과열 3. 버블 붕괴 4. 저성장 5. 수출 감소	1. 도덕적 해이 2. 정치적 혼란 3. 노사분규 심화	1. 인근 국가 외환위기[10] 2. 글로벌 금융시장 불안 3. 리보금리 상승 4. 해외펀드 선물환 매도 5. 고유가 6. 서브프라임 사태
2단계	1. 재정적자 확대 2. 경상수지 악화 3. 외평채 금리 상승 4. 단기외채 급증	1. 과도한 신용 창출 2. 주식 등 자산가격 급락 3. 급격한 외화 유출 4. 환율 급상승 5. 외화 유동성 부족 6. 각종 연체율 급증 7. 인플레 심화 8. 외자유입 급증	1. 실물자산가격 급락 2. 개인 파산 증가 3. 수요의 급감 4. 안전자산 선호 5. 대출자금 회수 6. 초인플레이션	1. 정치 및 사회 혼란 급증 2. 노숙자 급증	1. 디플레이션에 대한 공포심 2. CDS 급상승 3. 리보금리 급상승
3단계	1. 과도한 외채 증가 2.외환보유고 소진 3. 외평채 금리 급상승 4. 경상수지적자 확대 5. 대외채무 누적	1. 채권 회수 일부불능 2. 은행차입증가 및 채권 투자 급증 3. 헤지 펀드 급증 4. 은행 자금난 및 미스매칭 심화 5. 증시 급락, 펀드 손실 확대 6. 극심한 인플레	1. 기업 연쇄 도산 2. 디플레이션 3. 글로벌 안전자산 선호 4. 실업률 급상승	1. 극도의 정치·사회적 혼란 2. 정치·사회적 혼란 가중 3. 일부국가의 쿠테타 가능성 4. 가족 동반자살, 생계형 범죄 급증	1. 국가신인도 하락 2. CDS 급상승 지속 3. 국가위험도 급상승 4. 해외 금융기관 및 언론기관의 지속되는 경고

4단계	1. 정부의 대외채무 상환 불능	1. 중앙은행 지급불능 2. 금융권 도산 증가 3. 외국인 국고채 매도 급증 4. 이자율 급등 5. 해외직접투자 철수 6. 금융시장 붕괴	1. 민간 대외채무 지급불능 2. 기업 도산율 급상승 3. 가계신용 부실 급증 4. 경기침체 장기화		
5단계	자국통화가치의 급락으로 인한 외환위기	금융산업의 급격한 충격에 의한 금융위기	1. 글로벌 외국기업에 의한 자국 은행, 대기업 인수 합병		
6단계	정부나 민간의 채무 불이행 단계로 외채위기				
7단계	IMF 등에 구제금융 신청				

국가위험도 평가기관별 특징 비교

OECD	1인당 GNP, 경제성장률, 저축률, 투자율, 소비자물가상승률, 재정수지/GDP, 경상수지/수출, 외환보유액/수입, 총외채/수출, 총외채/GDP, 단기외채/수출
S&P	1인당 GDP, 경제성장률(1인당), 저축률, 소비자물가상승률, 통화증가율, 여신증가율, 재정수지/GDP, 경상수지/GDP, 총차입/외환보유액, 순정부채무/GDP, 순정부채무/정부수입, 우발채무/GDP, 순공공채무/수출, 총공공외채/수출
Moody's	1인당 GDP(PPP), 경제성장률, 투자율, 소비자물가상승률, M2/외환보유액, 여신증가율, 재정수지/GDP, 수출입/GDP, 경상수지/GDP, 총외채/수출, 단기외채/보유외환
EIU	경제성장률, 저축률, 투자율, 소비자물가상승률, M2/외환보유액, 재정수지/GDP, 공공채무/GDP, 실질 대출금리, 실질 실효환율, 수출증가율, 수출/GDP, 경상수지/GDP, 외환보유액/수입, 총외채/수출, 단기외채/수출, 외채이자/수출
PRS	1인당 GDP, 경제성장률, 소비자물가상승률, 재정수지/GDP, 경상수지/GDP, 외환보유액/수입, 경상수지/수출, 총외채/GDP
WEFA	경제성장률, 물가안정, 금리, 환율, 국내금융안정, 공공재정, 외채, 노사관계, 기업가신뢰, 정부개입, 사회안정, 정치안정
EURO MONEY	정치안정, 경제성과, 채무지표, 채무불이행, 신용평가, 은행자금이용, 단기자금이용, 자본시장접근, 포페팅 스프레드

경제지표의 정성 및 정량적 변수[11)]

평가변수 및 모델은 국가별로, 기관별로 상이하다. 따라서 국가위험도 평가모델을 구축하기 위해서는 정량 및 정성분석이 필요하다. 정성분석은 거시경제지표를, 정량분석은 국가의 정치 · 사회 · 외교 등의 여러 요소 들을 고려할 수 있다.

IMF, 세계은행, OECD, S&P, Moody's, Fitch, EIU, Economist 및 JP Morgan Chase 등 주요 평가 및 연구기관 등은 물론이고 많은 학자들도 국가위험도 평가와 관련한 연구논문 및 자료를 지속적으로 발표하고 있다. 이들 기관들이 사용하는 정성 및 정량요소들을 추리면 다음과 같다.

첫째, **정성변수**로는

1. 국내 경제 : GDP 규모(USD), 1인당 GDP(USD), 1인당 GDP(PPP, USD), 실질 GDP성장률, 1인당 경제성장률, 자원생산비중(원유,가스), 총저축/GDP, 총투자/GDP, 노동생산성 증가율, M2/외환보유액, M2 증가율, 여신/GDP, 여신 증가율, 단기 명목금리, 소비자물가상승률, 재정수지/GDP, 재정수입/GDP, 재정지출/GDP, 실업률

2. 대외거래 : 상품수출입 규모(USD), 상품수출/상품수입, 총수출/GDP, 총수입/GDP, 무역의존도, 교역조건, 상품수출 증가율, 총수출 증가율, 총수입 증가율, 상품수지/GDP, 경상수지(USD), 경상수지/GDP, 경상수지/총수출, 자본수지/GDP, FDI/GDP, 순직접투자/GDP, 외환보유액(USD), 외환보유액 증가율, 외환보유액/GDP, 외환보유액/수출, 외환보유액/월평균수입액, 순국제투자포지션/GDP, 명목환율, 실질(실효)환율 증가율

3. 외채관련 : 총외채/GDP, 총외채/총수출, 총외채/외환보유액, 총외채상환/GDP,DSR, 총외채상환/재정수입, 총외채상환/외환보유액, 외채이자 지급/총수출, 공적외채/GDP, 공적외채/총수출, 공적외채/외환보유액, 정부채무/GDP, 정부채무/재정수입,정부채무 이자지급/재정수입, 단기외채/GDP, 단기외채/총외채, 단기외채/총수출, 단기외채/외환보유액, 단기외채이자/GDP, 단기외채이자/외환보유액, 연체금액/장기외채잔액 등

둘째, **정량변수**로는

1. 성장잠재력 : 성장 패턴.전망, 자원 · 원자재 보유현황, FDI 유입현황, 국민계정, GDP 추계 및 구성, 산업분석(강점.약점), 산업구조, 고용구조(경제활동인구, 노동시장 유연성), 소득 불평등구조(빈곤수준), 지하경제, 저축 · 투자의 구성, 노동력의 질적 수준, 지식.기술 축적 수준, 인프라스트럭처(펀더멘털), 산업 발전단계(생산증가율), 주력 수출산업, 기업 경쟁력 · 수익성

2. 정책성과 : 물가 · 환율 ; CPI, GDP 디플레이터, 실질실효환율, 시장 환율, 정책수행의 투명성 · 효율성(시스템), 재정정책 ; 예산지출. 재정수입, 민영화, 공적부문 차입요구액, 통화 · 신용정책 ; 통화량증가, 준비금, 지불요구액, 실질금리, 법(제도)적 환경(실효성) ; 관세 · 조세 · 회사법, 노동시장, 공공 · 금융 · 기업부문 ; 건전성 · 효율성, 경제개혁 추진상황, 시장 경제화 수준(개방화, 체제전환경제 이행단계) ; 외환 · 자본 · 수출입시장(환율 · 주가) 동향, 금융 · 무역 자유화 수준, 투자 여건.제도

3. **금융시스템** : 금융시스템 발전 · 효율성, 금융자유화, 금리수준 및 구조, 실질금리 변동추이, 주식시장 발전 · 효율성(자본화, 거래금액, 상장회사, 투명성), 기업금융 증권시장의 역할과 신용, 자금 · 유통시장 현황, 자본변동에 대한 법적 제한, 금융수단의 발전과 금융혁신, 제도발전과 구조개혁, 금융감독과 예금보험체계에 대한 정책당국의 역할, 법, 회계, 관리 및 감독에 대한 인프라스트럭처

4. **국제수지** : 국제시세(유가, 금리, 환율) 영향정도, 무역구조(품목), 교역조건, 무역개방도, 상품가격 및 시장, 상품수지, 자원부족, 경상수지 현황, 자본계정, 대외지급준비자산 변동, 유동성 위험, 자본유출입 동향 ; FDI, 외국인 송금, 공여 및 ODA, 외채구조 및 구성(만기 · 통화 · 금리민감도), 외자의존도, 채무리스케줄링 · 연체 실적, 채무불이행 사례, 외채상환태도, 국제사회 지원동향, ECA 인수태도, 긴급 구제금융 지원내역(IMF 차관), 국제신인도 추이

5. **정치체제** : 체제 안정성, 정부 · 의회 형태, 군부의 정치개입, 민주화(독재, 관료주의) 정도, 대중의 정치 참여도, 부정부패(사회 · 경제발전 저해, 경제위기 결정요인) 수준, 정치 시스템 투명성 · 공정성, 정권승계 정통성, 정권교체 및 정책변화 가능성, 정권 지지율, 혁명, 여 · 야간 갈등 · 대립 양상, 야권탄압, 선거(총선 · 대선) 실시 현황 · 전망, 제도(법)적 체계성, 국유화 조치(수용 · 몰수위험), 거버넌스 ; 통치 · 지배구조 및 제도적 권한 행사

6. **사회환경** : 테러 · 폭동, 치안상태, 파업.시위, 종교 · 인종 · 지역 · 계층간 갈등, 인구증가, 인적자본, 평균수명, 노동력, 실업률, 도시화, 인적자원 개발(진학률), 인구구성(연령, 성별), 가족계획, 보건상태, 문맹률, 공적 교육지출, 교육수준, 빈곤수준, 소득분배, 빈부격차(계층간 · 지역간), 범죄 · 질병 발생현황, 인권유린 사례, 법 · 질서 준수태도, 정부의 통제 정도

7. **소요사태** : 전쟁, 분쟁, 내란, 내전, 쿠데타, 사회전복, 대정부 소요위험, 자연재해 등 불가항력(force majeure) 발생

8. **국제관계** : 대외 갈등.위협, 외교적 마찰, 지정학적 위험, 안보상황, 대외정책(협력 · 대립), 주변국과의 관계, 국제기구 가입, 활동상황 등을 들 수 있다.

이상에서 공통적으로, 그리고 대체로 활용이 가능한 요소로는 49개 경제지표(독립변수)와 28개의 경제지표를 들 수가 있다. 특히 국가위험도 신용등급과 통계적 유의성이 있는 것으로 나타났다.

국내경제 분야에서는 GDP 규모, 1인당 GDP, 1인당 경제성장률, 총저축/GDP, 총투자/GDP, M2 증가율, 단기 명목금리 및 소비자물가상승률, **대외거래 분야**에서는 상품수출입 규모, 총수출/GDP, 교역규모/GDP, 경상수지 규모,경상수지/GDP, 경상수지/총수출, 자본수지/GDP, 외환보유액 규모, 외환보유액/GDP, 외환보유액/월평균수입액, 명목환율, **외채현황 분야**에서는 총외채/GDP, 총외채/총수출, 총외채/외환보유액, 총외채상환/GDP, 공적 외채/GDP, 공적 외채/총수출, 공적외채/외환보유액, 단기외채/총외채, 단기외채이자/GDP 등이다.

미국 · 유럽 · 일본 및 중국의 경제상황은 어떠한가?

앞서 살펴본 바와 같이, 세계의 주요 평가기관들은 평균 10개 내외의 평가요소를 국가신용도 평가를 위한 분석지표로 삼고 있다. 대체로 평가기관들이 공통적으로 사용하고 있는 경제지표는 경제성장률, 소비자물가상승률, 재정수지, 경상수지적자 문제, 총외채, 외환보유액 등이다.

그러나 여기에서는 위의 기관들이 사용하고 있는 변수 이외에 비교적 국가부도 위험으로부터 벗어난 국가군(미국, 선진 유럽국, 일본, 중국 등)에 대해 현재 경제상황의 현황 및 향후 전망에 한정해 살펴본다.

그리고 이미 구제금융을 신청했거나 향후 글로벌 경제상황이 더 악화될 경우, 구제금융을 신청할 개연성이 상당한 국가군으로 구별하여 현실적으로 금융위기에 이르게 하는 여러 요인들에 대해 고찰하고자 한다.

제13장 미국 및 글로벌 경제의 주요 변수

미래를 신뢰하지 말라. 죽은 과거를 묻어 버려라. 그리고 살아 있는 현재에 행동해라.

– Henry Wadsworth Longfellow(시인, 1807.2.27~1882.3.2

재정 및 금융시장 [12)]

1. 사상최대의 재정적자 및 부채문제를 안고 있는 미국

(1) 미국, 전대미문(Unprecedented)의 재정적자를 기록하다.

'전세계 빚의 80%를 지고 있는 나라, 세계 각국에서 20억 달러를 끌어다 자국에 수혈하는 나라'가 바로 미국이다. 최근 미국 재무부가 발표한 2008년도 연방정부의 재정적자는 4,548억 달러로 사상 최대치를 기록했다.

이는, 미국 국내총생산(GDP)의 3.2%에 해당되는 천문학적인 규모이다. 이 때문에 일각에서는 미국이 부도 나는 소위 '슈퍼 서브프라임(super subprime)' 사태에 대한 공포가 확산되고 있다.

미국 연방정부 재정적자 추이

(단위 : 억 달러)

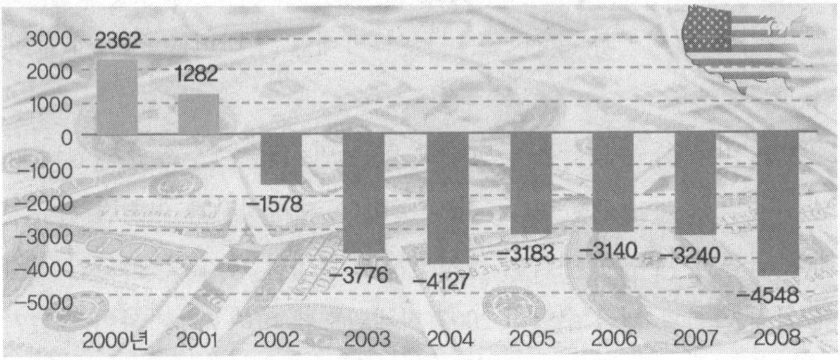

자료 : 미국 의회예산국

(2) 기하급수적으로 증가하는 부채규모

미국은 재정적자폭의 지속적인 확대로 정부 부채가 급증하고 있으며, 이를 충당하기 위한 국채발행 역시 급증하고 있다. 미국 예산관리국은 최근 2009회계연도 기간 중, 연방정부의 총부채는 8,150억 달러에 정부기관 보유를 제외한 일반부채(외국 중앙은행 등의 부채)는 5,370억 달러 규모로 예상하고 있다. 이와는 별도로 미국 의회의 예산국은 2009회계년도 중 연방정부의 총부채와 일반보유 부채가 각각 6,790억 달러와 4,450억 달러 증가할 것으로 추정하고 있다.

결과적으로 이들 두 기관의 추정을 근거로 2009 회계년도 중 美 재무부가 일반 투자가들을 대상으로 국채 발행을 통해 조달해야 할 금액은 4,500억 달러 내지 5,400억 달러 정도인 것으로 추산된다. 그러나 일각에서는 2009회계년도 미국의 재정적자는 1조~1.5조 달러에 달할 것으로 전망하고 있으므로, GDP의 10.2%에 달하는 2조 달러의 국채를 발행하여 돈을 빌려야 할 판국이다. 미국의 1조 달러 예상적자는 미국 GDP의 7.2%에 해당하는 수준이며, 대공황의 정점이던 지난 1934년의 5.9%를 넘는 기록이다.

(3) 재정적자와 부채증가의 원인

"우리의 자녀들과 손자 · 손녀들이 막대한 빚더미를 짊어지게 됐다."

이는 미국 하원 예산을 담당하고 있는 민주당 존 스프랫 의원의 재정적자 및 부채에 관한 탄식 섞인 말이다. 재정적자가 이처럼 사상최대로 급등한 이유는, 미국의 경기침체와 실업률 증가 등으로 인한 경제 여건 악화로 세금 수입이 2007 회계년도에 비해 2% 가까이 줄었기 때문이다. 특히 미국 기업들의 법인세는 2007 회계년도보다 18% 급감하여 약 650억 달러가 줄었고, 개인소득세 총액도 1.6%나 감소했다.

게다가 미국 정부가 올해 모기지업체 패니매와 프레디맥에 최대 2,000억 달러, 그리고 미국 최대 보험사 AIG에 850억 달러 규모의 구제금융을 단행한 데 이어, 이미 계획된 7,000억 달러에 해당하는 구제금융안을 집행할 예정이다. 그러나 미국은 최근 국내총생산(GDP)이 마이너스 성장권역에 진입했다. 앞서 부시 美 행정부는, 그간의 재정적자폭을 줄여 나가서 2012년이면 균형재정을 이룰 수 있도록 하겠다고 약속했지만, 경기침체와 막대한 규모의 이라크 및 아프간 전비 지출로 목표 달성에 실패했다.

(4) 美 적자재정 및 부채증가의 영향

"미국은 과연 위대한 국가(Great country)인가?"

버락 오바마 후보의 당선이 확정된 순간, 전세계인들의 입에서 튀어 나온 말이다. 그간 '부의 재분배(Wealth Redistribution)를 신봉하는 위험한 사회주의 사상을 지닌 자' 라는 꼬리표를 선거유세기간 내내 달고 다닌 오바마 후보의 당선은 아마도 레이건 이후 30년을 지속해

온 '보수 시대' 의 종언을, 짧게는 부시 정권 이후 가속화된 '신자유주의' 드라이브의 후퇴를 의미한다고 볼 수 있다. 즉, 미국 국민들의 62%가 '경제' 를 투표의 가장 중요한 변수로 삼고 '변화와 실용주의' 를 택했다고 볼 수 있다.

이처럼 오바마 미국 대통령이 직면하게 될 가장 심각한 문제 중의 하나가 바로 경제문제로, 금융위기 극복을 비롯하여 눈덩이처럼 불어나고 있는 재정적자가 핵심으로 떠오를 것으로 보인다. 미국 정부는 재정적자를 어떻게 메울 것인가?

미국 정부가 재정적자를 메우는 방법은, 국채를 발행하여 빚을 얻든지, 세금으로 충당하는 방법이 있다. 2001년도 조지 부시 대통령이 취임할 당시만 하더라도 미국은 재정흑자 상태였으나 재임기간 중 재정적자가 사상 최대 수준으로 확대되었다.

미국 재무부의 2009년도 국채발행규모는 7,000억 달러, 구제금융비용을 포함하여 약 1.5조 달러로 추산된다. 미국 정부가 이처럼 막대한 돈을 조달하기 위해 국채를 발행할 경우, 금융시장에서는 미국 국채의 공급이 증가하기 때문에 미국 국채 가격은 하락하고, 지표금리인 국채의 유통수익률이 상승하는 동시에 이와 연동된 시장금리도 함께 상승하는 결과를 초래하게 될 것이다.

특히 향후 국채발행이 증가하여 연방정부의 재정적자가 대폭 확대될 경우, 미국 국채에 대한 투자매력이 감소로 이어져서 미국 내에 이미 투자된 해외자본의 유출은 물론이고 미국으로의 신규자금 유입 규모도 감소하는 등 미국 경제 전반에 대한 신뢰성 저하로 달러 가치가 하락할 가능성이 크다.

(5) 미국의 재정적자, 누가 메워주고 있나?

① 美 구제금융비용, 아시아에 전가하나?[13)]

구제금융의 액수는 얼마나 되나?

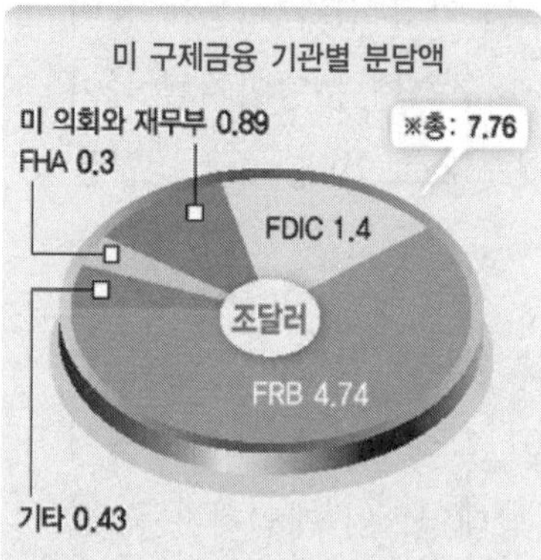

자료 : 블룸버그 뉴스

최근 블룸버그 통신에 의하면 미국 정부의 '서브프라임 모기지' 사태 이후 금융시스템 구제 목적 비용은 약 7조7,600억 달러로 추산되고 있다.

이처럼 천문학적인 액수의 분담금은 미 연준(FRB)이 구제금융 총액의 약 61%인 4조7,400억 달러, 연방예금보험공사(FDIC) 1조 4천억 달러, 재무부 8,900억 달러 등으로 구성되어 있다. 이 가운데 3조 1,800억 달러는 이미 집행되었고, 나머지 4조 5,800억 달러는 집행 대기중이다.

이는 우리 돈으로 1경500조 원을 넘는 액수이고, 미국인 한 명당 2만 3,000 달러에 해당되는 천문학적인 규모다. 이런 점을 감안해서 미국 재무부는 최근 국가채무한도를 기존 10조6천억 달러에서 11조3천억 달러(GDP의 약 80%)까지 늘리는 내용의 법안을 의회에 제출한 바 있다.

그러나 최근 LA타임스는 미국 정부가 현재의 신용위기 해결에 투입할 자금은 무려 8조5,000억 달러인 약 1경2,325조 원으로 작년 미국 국내총생산(GDP) 13조8,100억 달러의 절반이 넘는 수준이 될 것으로 추정하고 있다.

구제금융 비용은 어떻게 충당할까?

그렇다면 미국은 구제금융 비용을 어떻게 충당할 것인가?

"중국은 미국 국채에 대한 흥미를 잃고 있다(NYT/1월 8일)"

"만약에 중국이 미국 재무부 채권을 사주지 않을 경우, 오바마 미국 대통령은 경기 진작을 위한 충분한 재원을 조달하지 못할 것이고, 미국의 조속한 경기회복은 더욱 어려워질 것이다."

최근 중국의 한 경제전문가의 말을 빌리면, 중국의 뒷받침 없이는 미국경제가 유지되기 어렵다는 인식이 널리 퍼져 있음을 보여주는 한 대목이다. 결국 미국이 이번에 조성하게 될 구제금융비용의 상당부분은 세계 여러 국가들이 미국이 발행하는 국채를 매입하는 방식, 즉 '울며 겨자 먹기' 식으로 아시아 각국의 달러 유동성을 미국에 제공하는 방식으로 충당될 수밖에 없을 것으로 보인다.

특히 이러한 대상국가로는 외환보유고가 많은 중국이나 일본 등 동아시아 국가들의 참여가 유력해 보인다. 그러나 중국은 자국의 내수경기 부양에 힘을 쏟아야 하며, 중국정부는 이미 수차례에 걸쳐 미국 국채 매입에 대한 부정적 의견을 내비친 바 있다. 아시아 각국도 비슷한 상황이어서 미국 국채 매입에 소극적일 것으로 보인다.

② 중국의 미국 국채 인수, 독인가? 약인가?

미국의 해외 채무는 최근 10조 달러를 넘어섰다. 이는 GDP의 72.4%로 1934년에 비해 45%를 훌쩍 넘는 수치다. 또한 유엔 경제사회국(UNDESA)은 최근 지금은 달러의 안전성이 유지되기 때문에 달러화 가치가 오르고 있으나 만약 미국의 빚이 지탱할 수 없는 수준에 이르게 될 경우에는 달러화 가치의 폭락으로 세계 경제는 보다 깊은 경기 후퇴에 빠질 수 있음을 경고하고 나섰다.

이러한 와중에서 세계 제1위 외환보유고를 자랑하는 중국은 최근 1조9,000억 달러에 달하는 막대한 외환보유고에 대한 처리를 두고 논란이 증폭되고 있다. 즉, 미국 국채에 집중된 중국의 외환보유고의 투자방식에서 벗어나 장기적으로 비중을 줄여가야 한다는 주장이 힘을 얻고 있다는 지적이다.

왜냐하면, 현재 미국 국채 중심의 외환보유고 운용은 단기적으로는 손실을 줄일 수 있을지는 모르지만, 유엔 경제사회국(UNDESA)의 주장처럼, 장기적으로는 장래 예상되는 달러에 대한 폭락으로 인해 막대한 피해를 볼 수 있다는 주장이다. 현재 중국은 1조 9천억 달러의 외환보유고 중 70% 정도가 달러 자산으로 구성되어 있다.

최근 미국 국채에 대한 중국의 투자액은 지속적으로 증가함으로써 5,850억 달러를 기록하여 일본의 5,732억 달러보다 100억 달러 이상 앞섰다. 그러나 NYT는 1조 달러가 넘어설 것으로 보고 있다. 결국 미국 정부가 빚진 10달러 중 1달러는 중국의 돈인 셈이다. 게다가 전문가들은 중국이 다른 나라를 통해 사들인 채권까지 포함할 경우, 이 규모는 8천억 달러 이상이 될 것이라는 게 일반적인 견해다.

결국 중국의 미국 국채에 대한 투자가 1조 달러에 이르러 미국의 재정 적자를 중국이 메워주고 있는 꼴이 되는 셈이다. 그러나 중국은 미국채 보유를 증가시키든지 중지하든지 간에 모두 딜레마에 직면하고 있다.

만약에 중국이 미국 국채 보유량을 지속적으로 늘릴 경우, 달러화의 강세와 위안화의 약세로 이어진다. 결국 미국 측에서 보면 달러화 강세는 미국의 수출상품 가격상승으로 이어져서 미국상품의 수출 경쟁력을 약화시키는 결과를 초래하는 한편, 반대로 중국 측에서 보면 중국 상품의 가격이 싸지므로서 대미 수출경쟁력이 높아진다. 이 경우, 미국은 대중 무역적자가 더욱 더 심화될 수 있다.

이와는 반대로, 중국이 보유한 미국 국채를 팔거나 더 이상 사지 않을 경우를 상정해 보자. 이 경우는 위안화 강세의 경우다. 오바마 대통령은 지난 대통령 선거운동기간 중 몇 차례에 걸쳐서 중국의 과거 위안(元)화 환율 조작문제를 제기한 바 있다. 특히 2008년 10월 오바마 당선자는 '중국브리프매거진' 에 자신의 대중국 정책을 밝히는 자리에서 중국의 수출기업들에게 불공정한 특혜를 부여하는 중국의 환율정책을 바꾸도록 모든 외교역량을 동원하겠다고 공언한 바 있다.

이는 결국 오바마 행정부가 위안화 평가절상을 압박할 수 있다는 예고편이나 다름없다. 만약에 이러한 공약의 실천과정에서 위안화 절상이 현실화될 경우, 중국 상품의 가격경쟁력이 상대적으로 약화된다.

물론, 미국 측에서 보면 대중 무역적자폭이 그에 비례하여 감소하게 되고, 위안화로 표시되는 미국의 대외자산의 가치는 상승하게 될 뿐만 아니라, 달러로 표시되는 미국의 대외부채의 가치는 하락하기 때문에 순자본소득의 적자 축소도 가능해진다.

그러나 중국 측에서 보면, 위안화 평가절상을 원치않는 중국은 자국 상품의 수출 감소로 인해 경제가 어려움에 처할 수가 있기 때문에 미국채 매입을 중단하거나 보유국채를 매각할 수도 있다. 그럴 경우, 미국 정부는 국채매각에 차질을 빚어서 경기부양책을 위한 자금 조달에 어려움을 겪을 수밖에 없을 것으로 보인다.

영국의 유력일간지 Financial Times는 최근 '아시아의 보복(Asia's revenge)' 이란 표현을 사용하면서 '미국의 금융위기는 지금까지 아시아 자본을 마치 자신들의 돈인 양 흥청망청 써 왔던 말로를 보여주는 것' 이라면서 미국의 과거 행태를 꼬집고 있다.

IMF에 의하면 지난해 말 경상수지흑자국 가운데 1위는 중국으로 3,610억 달러를 기록했으며, 일본(2,130억 달러) 등의 순이었으나 반대로 최근 미국의 경상수지적자규모는 무려 7,392억 달러에 달했다고 한다.

현재 중국을 포함한 일본, 홍콩, 한국, 대만, 싱가포르 등 동아시아 6개국이 차지하는 미국채 보유비율은 60% 정도이다. 이들 국가들은 지난 수십 년 동안 미국 시장을 주요 수출시장으로 삼아서 상품 수출을 주도해 온 바, 자국의 경제성장을 촉진시켰고, 그 반대로 미국은 가계의 과소비와 무역적자를 초래했다.

그러나 이들 아시아 국가들은 지속적인 무역흑자로 인한 달러를 미국 국채매입에 사용하여 미국의 달러 유동성을 촉진하는 한편, 미국이 금융위기의 영향을 최소화하고 시장의 정상화를 되찾을 수 있도록 도와주는 역할을 하고 있다.

따라서 아시아 각국의 수출활성화를 위해서는 현재 아시아 각국이 보유하고 있는 달러의 미국 환류가 어느 때보다도 더 필요해지고 중요해진 것이 사실이다. 어쨌든 오바마 행정부로서도 당장 닥친 글로벌 금융위기 해결을 위해서는 무엇보다도 아시아 국가의 경제 협력이 절실해 보인다.

(6) 미국의 금융정책 '돈 홍수'를 만드는 정책으로 바뀌나?[14)]

① 금리인하에서 통화완화정책으로 …… .

최근 일본중앙은행(BOJ) 총재 Shirakawa는 '기준금리를 추가 인하하여 제로금리가 되면, 투자자의 수익감소로 거래량이 감소되어 은행의 자금확보가 더 어려워 질 것' 이라고 언급하여 양적 완화정책 선호를 시사하고 있다.

일본은행은 지난 2001년 통화완화정책을 도입한 바 있다. 당시 침체된 경기를 부양하고 2년 동안 계속된 물가하락을 막기 위해 제로금리만으론 부족하다는 인식에서 이와 같은 정책을 추진했다.

이 정책은 일본은행이 지난 2001년 초반부터 약 5년간에 걸쳐서 시중에 막대한 유동성을 공급하여 장기화된 디플레이션 극복에 큰 도움을 주었던 것으로, 단기금리를 인상하거나 인하하는 방식의 전형적인 통화정책 대신에 '금융시스템에 잉여자금을 얼마나 공급할지에 대해 미리 그 목표치를 설정해 놓고 관리하는 정책' 이다.

예를 들면 일본은행은 당시 법적 요구수준의 5~6배에 달하는 유동성 목표치를 30~35조 엔으로 묶어 놓고 시중은행들이 자유롭게 융통할 수 있는 자금의 양을 늘려서 콜금리(금융회사 간 초단기 자금거래 금리)를 0.001% 수준으로 묶어 놨다. 일본은행은 이밖에도 매달 1조 2,000억 엔 가치의 일본 국채를 매입하여 국채 수익률의 상승을 억제했다.

최근에는 미국에서도 금융정책을 금리중심 정책에서 양적 완화정책으로 이동시킬 것을 주장하고 있다. 일부 전문가들은 미국 연준이 과거 일본이 실시했던 것처럼, 일종의 '양적 완화(quantitative easing)' 정책을 이미 실시하고 있으며, 이 같은 정책의 효과를 예의주시할 필요가 있다고 주장하기도 한다.

이처럼 미국에서 논의되고 있는 이러한 주장의 바탕에는 미국의 현재 금리는 거의 제로상태로, 유동성 함정(liquidity trap)에 빠질 경우에 금리인하정책은 더 이상 정책으로서의 효과를 상실할 수 있다는 주장도 깔려 있다. 즉, 지난 3개월 동안 미국 연방기금 금리는 5.25%에서 1%로 대폭 인하되었으며, 더 이상 금리인하가 불가능하다는 결론에 따라, 연준은 금융정책의 핵심을 금리조절에서 양적 완화로 초점을 이동할 필요가 있다는 논리이다.

연준의 입장에서 보면 당장 금리인하에는 효과의 한계로 추진하기 힘든 상황에서 디플레이션 발생이 기정 사실화된 요즈음, 주택 모기지 상환이 더욱 더 어려워지는 것을 방지하기 위한 정책의 하나로 양적 완화정책이 필요하다는 것이다. 이를 위해 향후 연방공개시장위원회(FOMC)는 본원통화 목표수준을 상향 조절하는 식으로 변화가 불가피할 것으로 보인다.

전문가들은 이러한 정책 변화에 대해 미 정부가 금리조절 정책을 포기했다기보다는 금융정책 초점의 이동 혹은 동시 진행으로 봐야 한다고 주장한다. 즉, 미국 연준이 재무부 증권을 팔고 상업어음을 매입하는 식으로 시중에 달러를 풀어서 포트폴리오를 재편할 경우, 경기 진작에 기여할 수 있으며, 현재 미국 경제가 제로금리상태인 만큼 '유동성 함정'에 빠질 수 있는 위험이 상존하고 있다는 점에서 양적 완화정책은 금융정책으로서의 보완대책인 셈이라는 주장이다.

최근 루비니 교수는 "최악의 상황이 아직 오지 않았다."며 2009년은 글로벌 경기 침체, 디플레이션, 파산 등으로 힘든 해가 될 것이며 각국이 '스태그 디플레이션(stag-deflation)' 이라는 악몽에서 벗어나려면 기존에 취했던 대책은 효과가 없어 '이례적(unorthodox)' 이고 '비정상적(crazy)' 정책을 취할 수밖에 없다고 주장했다(As traditional monetary policy becomes ineffective, other unorthodox policies have to be used. ... And even more unorthodox "crazy" policy actions become necessary....).[15)]

그러면서 그는 정책금리와 장기 국채금리 간 차이를 줄이기 위해 정부가 직접 국채, 회사채, 모기지, 모기지유동화증권(MBS) 등의 직접 매입을 통해 유동성이 부족한 금융회사에 대규모 자금을 투입할 것을 조언하여 양적 완화정책과 맥을 같이하는 주장을 하고 있다.

그러나 일본은행의 양적 완화정책과의 차이점은 일본은행은 통화 및 지준 확대 등 부채 측면에 중점을 둔 반면 연준은 CP, MBS, 기관채의 매입 등 자산 측면에 중점을 둔 것이 차이점이다.

② 통화완화정책의 문제점은 없는가?

미국 연준(FRB)이 금융정책으로서의 양적 완화정책을 추진할 경우, 첫째, 향후 경제위기가 어느 정도 진정되는 기미를 보이면, 미국 달러화의 약세가 유지될 것이고, 이어서 시중 자금이 다시 오일·곡물 등 원자재 시장으로 흘러 들어가서 가격상승을 부채질할 가능성이 매우 높다. 그러면 달러 총량의 증가가 달러 약세로 이어지고 결국에는 인플레이션을 유발할 가능성이 있다는 논리다. 그러나 현재 글로벌 시장에서 우려되고 있는 디플레이션에 대한 우려를 줄일 수 있다는 면에서는 긍정적인 측면도 있는 것이 사실이다.

둘째로, 일본은행의 경우처럼, 통화완화정책을 끝낼 경우에 대한 부담감이다. 즉, 양적 완화정책을 끝낸다는 것은 미국의 단기금리 상승을 위한 조건이 갖추어졌음을 의미하는 것으로, 과거 일본의 '제로금리' 시대가 끝났음을 선언한 것과 같은 논리이다.

이 정책의 효과에 관해, 당시 일본은행 관계자들을 포함한 많은 전문가들은 통화완화정책이 경기부양에 미치는 직접적인 영향력에 대해 의문을 표시하고 있다. 하지만 다행히, 적어도 이 정책의 시행으로 당시 일본의 경제상황이 디플레이션으로 치닫는 상황을 막는 데는 결정적인 역할을 했다는 의견에 대해 이의를 제기하는 사람은 별로 없다. 이런 점에서 통화완화정책은 이번에 우리에게 닥친 디플레이션 극복에 한 가닥 희망으로 작용할 전망이다. 그러나 '돈 홍수'가 기다리고 있다는 점을 잊지말아야 한다.

2. 미국, 제로금리를 선언[16)]

(1) 제로금리에 도달하다.

美 연준 공개시장위원회(FOMC)는 2008년 12월 16일 만장일치로 페더럴펀드 목표금리를 현 1.0%에서 사상 최저수준인 0.0~0.25%로 인하하기로 결정했다. 재할인금리 및 지준부리 금리도 당초 1.25%에서 1.0% → 0.5% 및 0.25%로 각각 인하했다.

이는 전세계적으로 가장 낮은 금리수준으로, 더 이상 금리정책을 쓸 카드가 남아있지 않다는 것을 보여주는 것으로, '극약처방'을 한 것으로 풀이되고 있다. 일각에서는 제로금리 결정에 대해 '달콤한 독약' 이란 표현까지 나오고 있는 상황이다.

미 연방준비위원회의 페더럴펀드 목표금리 조정 추이

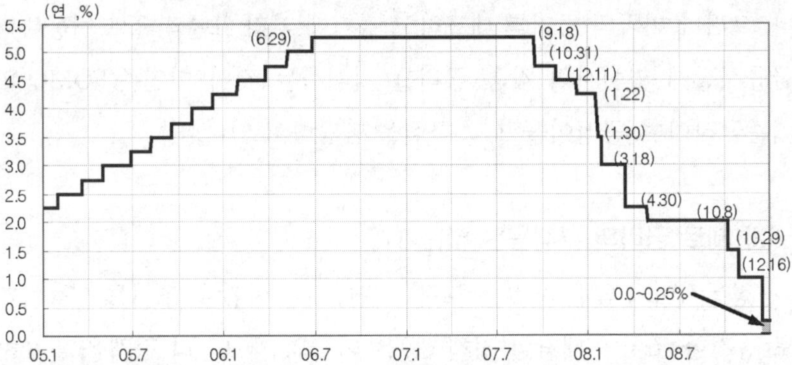

일자	1.30	3.18	4.30	6.25	8.5	9.16	10.8[1]	10.29	12.16
조정폭(%p)	−0.5	−0.75	−0.25	–	–	–	−0.5	−0.5	−1.0~−0.75
(누적조정폭[2], %p)	(−2.25)	(−3.00)	(−3.25)	(−3.25)	(−3.25)	(−3.25)	(−3.75)	(−4.25)	(−5.25~−5.0)
목표금리(%)	3.0	2.25	2.0	2.0	2.0	2.0	1.5	1.0	0.0~0.25

주: 1) 임시회의 2) 2007년 9월 금리인하 시작 이후, 자료 : 미 연방준비위원회, 한국은행

또한 통화신용정책도 금리중심에서 국채와 모기지 채권의 대규모 매입 등을 통해 통화 공급량 자체를 늘리는 '양적 완화(Quantitative Easing)' 로 전환하고, 경기부양을 위해 쓸 수 있는 모든 수단을 총동원하여 경기부양을 하겠다는 선언까지 한 바 있다. 또 경제사정 악화로 이례적으로 낮은 페더럴펀드 금리를 당분간(for some time) 계속 유지할 것임을 시사하고 있다.

금리에는 중앙은행의 공정이율, 시중은행의 예대금금리, 콜레이트 · 국채금리 등 여러 가지가 있다. 미국의 경우 10년만기, 3개월 만기 국채수익률이 각각 장단기의 금리이며, 이것들은 상호 유기적인 관계를 맺고 금리체계를 구성하고 있다.

미국은 최근 총 550억달러(3년 만기 250억달러, 10년 만기 200억달러, 30년 만기 100억달러)의 국채 입찰을 실시했다.

현재 미국의 장기금리는 3.02%, 단기금리는 0.01%에 머무르고 있다. 그러나 미국의 금리를 대표하고 경기에 따라 표준적으로 변동하며 금융시장에 있어서의 각종 금리를 지배하는 것이 미연준(FOMC)의 기준금리이며, 공정이율이 그 구실을 담당하고 있다.

(2) 제로 금리의 부작용은 없는가?[17)]

'정통적이지 않은 새로운 도구' '관례적이지 않은 조처들' '놀랍게도 강경한 조처' '대담한 정책' 등은 미국의 제로금리 정책을 발표하자 외신들이 일제히 쏟아낸 표현들이다.

때문에 이자율을 정책수단으로 사용하는 통화정책은 더 이상 금융정책으로서의 효력이 없다. 이처럼 초저금리 상태에서는 경제가 유동성 함정(Liquidity Trap)에 빠질 수 있다는 문제점이 있다. 즉 미국이 향후 금리를 더 낮춘다 해도, 지금도 금리가 충분히 낮은 상태이기 때문에 유효수요의 부족으로 인한 장기 불황을 겪을 수 있다는 말이다.

제로금리의 부작용의 예는 과거 1990년대 일본의 '잃어버린 10년'에서 쉽게 찾을 수 있다. 1990년대 초 일본은 부동산 거품이 꺼져 경기가 침체되자, 경기를 회복시키기 위해 1990~1995년까지 약 5년간

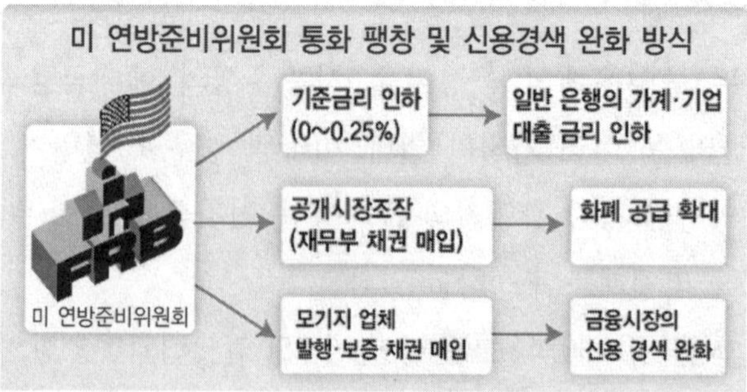

자료 : http://www.hani.co.kr(2008.12.17)

금리를 무려 9차례나 인하해 6%대이던 금리를 0.5%까지 내려 제로금리 시대를 열었다.

그러나 낮은 대출금리는 경쟁력이 없는 한계 기업들의 생존기간을 늘리고 은행 구조조정을 늦추는 등 경제회생의 부작용을 초래했다는 주장이다. 어디 이뿐인가? 국민들은 싼 이자덕분에 단기대출을 장기로 전환하면서 가계의 부채비율이 높아지는 등 결국 일본의 저금리 정책이 오히려 경기침체를 연장시켰다는 주장이다.

또 다른 문제점으로는 초저금리나 제로금리는 신용경색이란 급한 불은 끌 수 있을지는 모르나 향후 어느 정도 시간이 지나면 통화량 증가로 이어져 또 다른 버블을 초래할 수밖에 없다는 지적이다.

특히 이번 금융위기를 극복하는 과정에서도, 과거 일본의 경우처럼, 글로벌하게 '돈비'를 쏟아 부어 제로금리 상태로 유지하려는 행위가 또 다른 글로벌 경제의 버블을 만들어 결국 세계경제는 버블과 경기침체의 악순환의 고리 속에 빠질 수밖에 없다는 결론에 이르게 된다. 따라서 미국의 통화신용정책이 금리에서 양적 완화로 전환했다는 사실을 공식적으로 밝힌 것으로 풀이된다.

(3) 제로금리와 배젓(Bagehot) 처방[18)]

경제위기로 인한 달러의 위상이 급속히 추락하고 있다. 이러한 와중에서, 미국은 최근 '제로금리'와 동시에 '양적 팽창' 정책이란 두 가지의 카드를 들고 나왔다. 이에 따라 달러 글로벌 금융시장에서는 달러의 가치가 급속히 추락하고 있는 동시에 엔화와 유로화의 가치는 치솟고 있다. 이에 대해 일각에서는 '배젓(Walter Bagehot) 처방'을 써야 한다는 주장이 일고 있어 관심을 끈다. 즉 이자율은 '확 높이고 화폐량은 무제한' 풀라는 주문이다.

이러한 정책은, 19세기 영국에서 금이 빠져나가고 파운드화의 가치가 불안해지자, 당시 〈이코노미스트〉 지의 월터 배젓(Walter Bagehot) 편집장은 이 같은 정책을 권고했다. 영국은 그의 권고대로 '금리는 올리되, 우량기업에는 돈을 풀어' 파운드화는 가치를 되찾고, 경기는 회복된 바 있다.

배젓(Bagehot)

1997년 외환위기 당시 IMF가 우리나라에 돈을 주는 대신 고금리를 강요한 이면에도 '고금리로 무제한 돈을 풀라' 는 배젓의 처방이 깔려 있다고 볼 수 있다.

3. 미국 달러화의 폭발적인 팽창은 폭탄돌리기[19)]

(1) 미국의 달러, 어떻게 찍어내나?

미국을 비롯한 세계의 주요 국가들은 금융위기를 타개하기 위해 무한정에 가까운 달러를 시장에 공급하기로 결정했다. 이렇게 달러를 무한정으로 공급할 경우, 글로벌 경제에는 어떤 영향을 미칠 것인가?

달러 홍수가 일어나는 것은 아닐까? 폭우는 홍수를 동반하는데 … .

우선 미국의 달러 발행에 관한 절차부터 알아보기로 한다.

첫 번째 단계로 미국 정부는 화폐발행권한이 없기 때문에 의회는 정부가 제출한 국채의 발행규모를 승인할 경우, 재무부가 국채를 다양한 종류의 채권으로 설계한다. 미국 국채는 미국 정부가 미래에 국민들로부터 거둬들일 세금을 담보로 하기 때문에 세계에서 가장 믿을 만한 자산으로 취급된다. 그중 1년 이내에 만기가 도래하는 채권을

T-Bills, 2~10년 만기의 채권을 T-Notes, 30년 만기 채권을 T-Bonds라고 한다.

이러한 채권은 각각 서로 다른 발행빈도수와 시간대에 공개시장에서 경매로 팔리며, 이 때에 가격이 결정된다. 만약에 경매에서도 끝까지 팔리지 않은 국채는 재무부가 연방준비은행으로 보내면 연방준비은행이 액면가로 전량을 사들인다. 이 과정에서 연방준비은행은 정부에 돈을 빌려주고 이자를 받는다.

두 번째 단계로, 연방정부가 연방준비은행이 개설한 연방준비은행 수표를 받아서 배서하면 이 수표는 다시 연방준비은행에 입금된 다음, '정부 저축'으로 정부의 연방준비은행 계좌에 입금된다. 여기서 주목할 내용은 연방준비은행은 정부기관이 아니라는 점이다. 즉, 독립된 민간자본이며, 지방이 통제하는 회사로 미국의 신용공급을 조절하는 회사라는 점이다.[20)]

세 번째 단계로, 연방은행의 수표들은 화폐의 흐름이 되어 각 경제주체별로 흘러 들어간다. 이러한 수표를 받은 회사와 개인들은 자신의 상업은행 계좌에 입금하면서 수표들은 '상업은행 저축'으로 변한다.

즉, 미국 재무부 채권을 담보로 연방준비제도이사회(FRB)가 달러를 찍어내고, 발행한 달러의 10%만 지급준비금으로 예치하고 나머지는 상업은행을 통해 회전시킴으로써 통화를 무한대로 팽창시키는 현 금융통화 체제에서 금융위기의 반복적 발생은 구조적으로 불가피한 측면도 있다.

미국은 브레튼 우즈 체제를 계기로, 화폐 금본위제도를 폐지하면서부터 통화량의 한계가 금보유고에 의해 제한되는 한계를 벗어나서 발권력을 가진 미국은 전세계 통화량을 임의로 조절할 수 있는 능력을 갖게 되었다.

그러나 최근에는 연방준비은행(FRB)이 동원 가능한 카드가 극히 제한적이란 주장도 있다. 물론 이론적으로는 FRB의 발권력은 무제한이지만 …… .

그 이유는 돈을 마구 찍어 낼 경우, 시중에 유동성 과잉을 초래하여 인플레이션을 불러오기 때문에 무한정 발권력을 행사할 수 없기 때문이다.

이러한 점을 종합적으로 감안할 때, 최근 FRB의 장부상 동원 가능한 재원은 1조2천억 달러로 추정된다는 주장도 있다. 이 가운데 1천500억 달러는 은행에 대한 특별대출 형태로 나가 있고, AIG와 투자은행 등에 긴급대출 등으로 2천620억 달러가 이미 지원된 상태다. 여기에다가 JP모건체이스가 베어스턴스를 인수하는 데 290억 달러의 보증도 섰다.

그 밖에 통상적으로 국채의 매입과 판매 등으로 통화량조절을 위한 공개시장 조작에 나서야 하기 때문에 일정액의 자금이 필요한 상황이어서 현재 FRB로서는 가용할 수 있는 재원이 매우 제한적이라는 논리이다.

달러화의 고향[21]

■ 연방준비은행(聯邦準備銀行, 미국의 중앙은행 ; Federal Reserve Bank)

설립년도 : 1913년

설립목적 : 중앙은행의 역할 필요성

주요업무 : 금융기관 통제 및 지원

시카고에 있는 연방준비은행은 미국 정부의 재무 대리기관으로서 미국 내 상업은행의 준비금을 관리하고 상업은행들에게 대부를 공여하며, 미국 내에 통용되는 지폐발권은행이다.

1913년 발효된 연방준비은행법에 의해 창설된 이 은행은 이사회, 12개 산하 연방준비은행, 연방공개시장위원회, 연방자문회의 등으로 구성되며, 1976년에는 소비자자문회의가 추가되었다.

아울러 수천 개의 은행이 회원 은행으로 되어 있다. 연방준비제도이사회는 법정 한도 내에서 회원은행들의 준비금 요구사항을 결정하며, 12개 산하 연방준비은행이 정한 할인율을 검토 · 결정하고, 그들 은행의 예산을 심의한다. 12개 연방준비은행은 각각 연방준비은행법에 따라 공익을 위해 설립된 민간기업으로, 9명의 이사회에 의해 운영되며, 이사 가운데 6명은 회원 은행들에 의해 선출되고 3명은 연방준비제도 이사회에 의해 임명된다.

연방준비은행은 보스턴, 뉴욕, 필라델피아, 시카고, 샌프란시스코, 오하이오주 클리블랜드, 버지니아주 리치먼드, 조지아주 애틀랜타, 미주리주 세인트루이스, 미네소타주 미니애폴리스, 미주리주 캔자스시티, 텍사스주 댈러스 등에 소재한다. 연방공개시장위원회는 연방준비제도 이사 7명과 연방준비은행에 의해 선출된 5명으로 구성되며 연방준비은행의 공개시장 주식의 매입과 매도에 관한 정책을 결정한다.

연방자문회의는 자문의 역할을 하며, 12개 연방준비은행의 이사회에서 각각 선출하는 12명으로 구성된다. 전국 규모의 은행들은 의무적으로 연방준비제도의 회원 은행으로 가입해야 하며, 주 단위의 은행이라도 요건이 구비되면 회원 은행이 될 수 있다.

---

(2) 달러 발권과 세뇨리지(Seigniorage) 효과

미국이 달러화를 발행함으로써 얻는 경제적 이득을 '세뇨리지(Seigniorage) 효과' 라고 한다. 경제학적으로 세뇨리지 효과란 통화를 발행하는 측(국가경제에서는 정부, 세계경제에서는 미국)은 이자가 붙지 않는 채권인 화폐를 민간에 내어주고 그 댓가로 수익을 올릴 수 있는 실물자산을 얻게 되므로, 화폐에 대한 청구가 들어오는 시점까지 화폐발행액에 대한 이자소득을 올릴 수 있다는 뜻이다.

이는 중세 유럽의 봉건 영주(시뇨르, Seignoir)들이 재정을 보충하기 위해 스스로 화폐를 만들어 유통시킨 데서 유래되었다. 오늘날에는 화폐 발행권을 가지고 있는 정부나 중앙은행이 세뇨리지 효과를 누리고 있으며, 국제적으로는 기축통화(基軸通貨)를 가진 미국같은 나라가 세뇨리지 효과를 누린다.

이것은 좁은 의미의 세뇨리지 효과이고, 넓은 의미로는 일단 발행된 화폐는(즉, 이자가 붙지 않는 채권) 경제가 돌아가는 한 청구되지 않으므로 장부상으로는 중앙은행의 부채이지만 실질적으로는 수입이라고 할 수 있다. 한 마디로, 갚을 필요가 없는 빚을 의미한다. 미국의 연방준비은행은 화폐를 발행한 후 미정부의 국채를 인수한다. 따라서 세뇨리지 효과의 대부분은 정부로 넘어가게 된다.

우리 나라로 따지면 정부가 직접 돈을 찍어내지 않고 한국은행에 의뢰하면 한국은행은 조폐공사에 주조를 의뢰한 후, 정부가 한국은행에 채권을 발행하여 그 돈을 넘겨받는 것과 동일한 이치다.

그렇다면 미국 정부는 달러 발행으로 얼마를 벌었는가? 25센트 기념주화를 찍어내는 비용은 5센트도 안 든다. 이처럼 미국 연준이 매년 챙기는 '세뇨리지' 는 500억 달러로 추산된다.

1944년 브레튼우즈 회의에서 금본위제도가 폐지되고 달러가 기축통화로 결정된 이래 미국이 국제적으로 챙긴 세뇨리지는 천문학적인 숫자가 될 것이다. 미국이 그토록 막대한 재정적자를 내고서도 끄덕없는 이유를 알겠는가? 기축통화를 발행하는 국가의 이득은 그만큼 크다는 증거이다.

증권시장

2007~2008년 미국 증권시장 추이

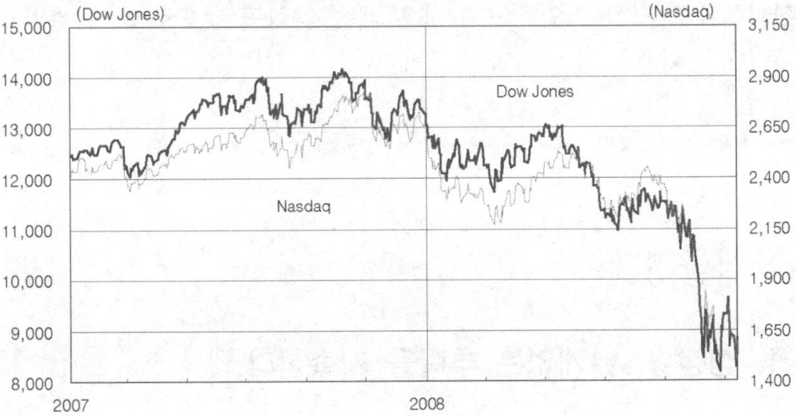

자료 : 해외경제포커스, 한국은행 조사국 해외조사실, 제2008-46호, 2008. 11. 9.

지난 1년여 동안 금융위기로 인한 금융기관 손실 확대와 유통업체의 부진 및 GM 등 'BIG 3' 구제 가능성의 불확실성 등으로 미국의 주가는 급락을 거듭해 왔다. 즉, 의회는 최근 자동차업계 지원 법안에 대한 표결을 연말로 연기시키면서 GM, Ford, Chrysler 등 이른바 'BIG 3' 자동차업체가 자구책을 마련하여 제출할 것을 요구한 바 있다.

더불어서 최근 AIG, Fannie Mae, Freddie Mac 등도 250~300억달러의 순손실을 기록한 데 이어서 Citi Group 과 American Express 는 유동성 부족으로 구제금융 필요성이 제기되고 있다.

Walmart 와 Macy's 및 J.C. Penney 등 체인업체의 수익이 악화되는가 하면, 미국 최대의 전자제품 유통업체 중의 하나인 Circuit City Stores 까지 파산보호를 신청했다.

오바마 대통령의 당선 소식에도 하루를 못 넘기고 주가는 속절없이 하락을 지속했고, 최근에는 불과 몇 개월 전의 반 토막 수준을 겨우 유지하고 있다. 주가는 기업의 실적으로 말하는 법……. 올 한 해 동안 경기침체로 인한 기업들의 실적은 계속 악화될 것으로 보여 주가도 이와 동조현상을 보일 것으로 전망된다.

실물경제

1. 성장률, 날개없는 추락을 지속한다.[22)]

미국은 자산가치 하락 → 소비 감소 → 투자 위축 → 고용 축소 → 소득 감소로 이어지는 디플레이션 악순환에서 초기 단계에 진입해 있다는 게 일반적인 견해이다. 이러한 영향을 반영하여 미국 연준은 최근 2008년 경제성장률 전망치를 당초 1.0~1.6%에서 0.0~0.3%로, 2009년은 2.0~2.8%에서 −0.2~1.1%로 대폭 하향조정했다.

2009년에는 신용경색 및 주택경기침체 지속 등으로 실질 GDP 성장률이 마이너스를 기록할 것이라는 전망이 우세하다. 이는, 1991년 −0.2%를 기록한 이후 18년 만에 연간 기준 마이너스 성장이다. 이에 따라 가계 소득 중간값은 2010년에는 10년 전의 수준보다 낮아질 것으로 보이며 물가도 내리고 임금도 2011년까지는 증가세로 돌아서지 않을 수 있다는 추측까지 나오고 있다.

그러나 일각에서는 최근의 물가하락현상 원인을 지난 6개월여 동안 원유가격이 60% 이상 떨어지는 등 원자재와 농산물 가격이 급격히 하락하고 있기 때문이라고 주장하고 있다.

또한 그간 이상(異常) 급등했던 유가가 정상을 찾아가는 과정에서 나타나는 일시적인 현상으로, 광범위하고 지속적인 디플레이션으로 번질될 확률은 5% 정도 내외라는 주장도 있다.

미국 연준 FOMC의 주요 경제지표 전망[1]

(전년동기 대비, %)

	2008		2009		2010		2011
실질 GDP	1.0~1.6→	0.0~0.3	2.0~2.8→	-0.2~1.1	2.5~3.0→	2.3~3.2	2.8~3.6
실업률[2]	5.5~5.7→	6.3~6.5	5.3~5.8→	7.1~7.6	5.0~5.6→	6.5~7.3	5.5~6.6
PCE 가격지수	3.8~4.2→	2.8~3.1	2.0~2.3→	1.3~2.0	1.8~2.0→	1.4~1.8	1.4~1.7
근원PCE 가격지수	2.2~2.4→	2.3~2.5	2.0~2.2→	1.5~2.0	1.8~2.0→	1.3~1.8	1.3~1.7

주: 1) 6월 전망→10월 전망, 4 · 4분기 기준
2) 4 · 4분기 평균,

자료 : 한국은행 해외경제정보 각호

2. 실업자가 쏟아진다.

이미 400만명 이상이 실직 상태에 놓인 미국의 실업률은 올해에 10%에 육박할 것이라는 경고가 나오고 있다. 더구나 BIG 3의 구조조정 노력이 충분하지 않을 경우, 정부의 구제금융 지원이 성사되지 않거나 BIG 3의 파산 가능성도 배제할 수 없다는 예상까지 나오고 있어 미국 전역에서는 감원의 한파가 휘몰아칠 것으로 예상되고 있다. 특히 12월에 60만명 정도가 실업급여를 신청하여 사상최대를 기록하는가 하면, 기업들은 줄줄이 감원을 예고하고 있다.

최근 Citigroup은 총인원의 14%인 50,000명, 메릴린치와 모건스탠리는 각각 5,700명, 골드만삭스가 3,000명의 인원을 감축하는 등 2009년 미국의 금융사들은 7만명을 감원할 전망인 가운데, 이러한 분위기는 전분야로 확산될 조짐이다.

2008년 미국에서 발생한 실업자는 120만명으로 조사됐으며, 최근 미국의 실업률도 6.5%를 기록했다. 이는 1994년 3월 6.5%를 기록한 이후 최고수준이다.

특히 업종별로는 제조업, 취업자수가 크게 줄어든 가운데 건설업도 감소폭이 확대추세다. 전문가들은 2009년 초에는 실업률이 10%까지 올라갈 수 있다고 보고 있다. 최근 미국 노동부는 실업자 수당을 받고 있는 실업자수가 461만 명으로 지난 1982년대 최고치를 유지하고 있다고 밝히고 있다.

캐나다의 경제학자인 폴 애드워드는, "사람들은 경기침체라고 하면 자연스럽게 1990년 닷컴버블 붕괴와 2001년 9 · 11 테러 사태 때를 생각하지만 지금은 그 때와는 완전히 다르기 때문에 우리는 훨씬 더 먼 과거를 돌아봐야 한다."고 충고한다. 즉 1970년대 오일파동, 1980년대 주식붕괴 등 역대의 불황을 모두 살펴보고 지금의 사태를 진단해야 한다는 것이다.

더구나 최근 美 자동차연구센터(Center for Automotive Research)는 'BIG 3' 가 파산할 경우 2009년 중 총 295만명의 실업자가 발생하며 2009~2011년중 개인소득이 3,982억달러 감소하고 재정수지도 1,564 억달러 악화될 것으로 분석하고 있다.

즉 이는 BIG 3가 요청한 구제금융자금(2011년까지 총 340억 달러)의 약 5배 규모에 이르는 규모이며, 아울러서 법인세 및 판매세 등 세수 감소, 소비심리 위축 등을 추가로 고려할 경우 BIG 3 파산에 따른 경제적 충격은 훨씬 커질 수 있다고 경고하고 나섰다.

BIG 3 파산이 미국 경제에 미치는 영향

	2009	2010	2011	합계
실업자수(만명, 말기준)	295	246	177	–
직접 효과[1]	24	24	21	–
1차 간접 효과[2]	97	80	54	–
2차 간접 효과[3]	174	143	102	–
개인소득(억달러, 증감)	−1,507	−1,382	−1,093	−3,982
재정수지[4](억달러, 증감)	−601	−543	−420	−1,564
사회보장수입	−211	−193	−150	−554
소득세	−247	−226	−178	−651
이전지출	143	124	92	359

주 : 1) BIG 3의 고용 감소, 2) 납품업체 등 관련 산업에 미치는 영향, 3) 주변 상권 등에 미치는 영향 4) 사회보장수입 + 소득세 − 이전지출,

자료 : Center for Automotive Research(2008. 11. 4.), 한국은행.

3. 글로벌 구조조정의 빅뱅이 시작되다

(1) 지난 8월 베어스턴스 파산 이래 페니메이와 메릴린치 AIG까지 파산하여 국유화 혹은 매각되었다.

지금 월가는 "다음은?" 하면서 숨을 죽이고 있는 상황이다. 이러한 가운데, 최근에는 전세계 자동차의 상징처럼 여겨졌던 제너럴모터스(GM)나 포드, 크라이슬러 등 미국의 'BIG 3' 자동차업체 최고경영자들이 펠로시 하원의장을 만나서 500억 달러 규모의 자금 지원을 요청했다.

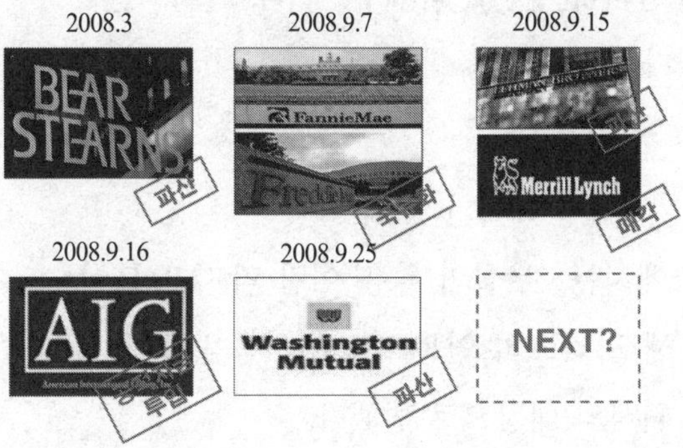

2009년 'BIG 3' 사의 신차판매는 106만대로, 25년 만에 최저치를 기록할 것으로 예상되는 가운데, 'BIG 3' 의 상반기 손실은 286억 달러에 달한다.

'BIG 3' 의 2008년 10월 미국시장 판매량도 2007년 10월 대비 GM은 45%, 포드는 29%, 크라이슬러는 35%씩 각각 감소했다.

전문가들은 외부의 도움이 없을 경우, GM 등 'BIG 3' 는 현금이 곧 바닥날 것이라고 전망했다. 더 나아가서 전문가들은 인수 · 합병(M&A)이나 연방정부의 지원이 없을 경우, 미국 자동차 'BIG 3' 가운데 2개 사가 1년 내에 파산할 것으로 진단하고 있다. 이에 따라 최근 포드와 GM은 2012년까지 각각 3만 명, 크라이슬러는 6천 명을 감원하겠다고 밝혔다.

(2) M & A 로 덩치 키운다.

중소 항공사들도 잇따라 파산하자 항공업계도 합병 바람이 거세게 불고 있다. 최근 미국 법무부는 3위 항공사인 델타와 6위 노스웨스트의 합병을 승인했다. 이 경우, 합병항공사는 아메리칸항공을 누르고 세계 최대 항공사로 발돋움한다.

제품가격 하락으로 고심하고 있는 반도체 업계에서는 미국 마이크론이 D램 제조업체 이노테라의 지분 36%를 사들였다. 삼성전자를 제외한 글로벌 D램 업체들은 최근 매출액의 25%에서 최고 70%에 달하는 영업 손실을 기록했다. 또한 글로벌 업체들은 삼성에 대항하기 위해 하이닉스-프로모스(대만), 엘피다(일본)-파워칩(대만), 마이크론-난야의 세 진영으로 뭉치고 있다.

(3) JP모간-BOA 독주시대 …. 미국 금융 18C로 회귀[23)]

투자은행의 경우, 지금 월가에서는 '부실의 원흉' 이란 딱지가 붙어 있다. 최근 몇 개월 전까지만 해도 최고의 연봉으로 부러움을 한몸에 받던 뱅커들은 어느날 갑자기 원성의 대상으로 변했다.

월가에 마지막 남은 골드만삭스와 모간스탠리도 지금까지의 위험성이 큰 투자은행 일변도의 업무에서 손을 떼고 당국의 규제를 강하게 받으면서까지 수익성은 낮으나 안정성 위주의 사업인 소매 은행으로의 변모를 꾀하고 있다.

모두 개인 고객들을 찾아서 예금과 보험, 그리고 신용카드 판촉에 나섬으로써 생존을 모색하는 처지이다. JP모간 체이스와 뱅크오브 아메리카(BOA)는 이제 월가 내의 최강자로서 확고한 지위를 굳히고 있다. BOA의 기원은, 1784년 7월에 미국 헌법이 정식 채택되지도 않은 때 설립되었고, JP모간은 1799년에 탄생한 맨해튼 은행이 기원이다. 이번 모기지버블 붕괴 충격으로 "월가가 18세기 말로 회귀했다."라는 말까지 나오고 있다.

4. 원자재 가격, 급락과 급등을 반복한다.[24)]

(1) 원자재 가격과 경기 동향과의 관계

원자재는 부동산과 함께, 인류가 살아가는 데 필수불가결한 '없어서는 안 될' 대표적인 실물자산 중의 하나이다.

IMF는 최근 보고서에서 금융위기의 공통분모로 유가나 부동산 등 자산가격 상승과 과도한 신용 및 주택대출을 꼽고 있다. 특히 최근 금융위기의 중요한 원인으로 지목되고 있는 원자재 가격 폭등은 실물부문에서의 수요 증가와 함께 금융 부문에서의 투자 수요가 증가한 상황으로, 장기판에서 양수겸장(兩手兼將)에 진퇴양난의 상황이라고 볼 수 있다.

미국의 경기 호황시에 지속된 초저금리 현상은, 달러화 가치 하락 → 인플레이션 우려 점증 → 물가상승에 대한 대비책으로 유류 등 실물부문 투자 증가 → 유가등 원자재 가격 폭등으로 이어졌다.

국제 원유가격 추이

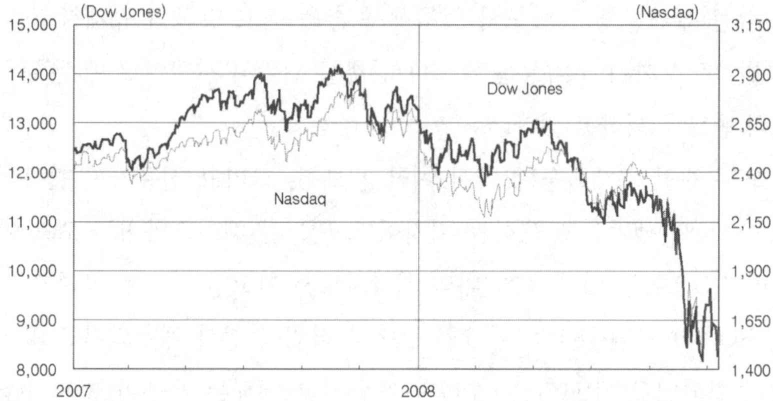

자료 : 한국은행 조사국 해외조사실, 해외경제포커스, 제2008-46호, 2008. 11. 9.

원자재 가격의 움직임은 대체로 두 가지의 중요한 속성을 지니고 있다. 첫 번째로는 경기가 호황일 때는 유가 등 원자재 가격이 올라서 모든 물가를 자극하여 경기호황을 자극하는 것은 물론이고 거품까지 형성하는 데 결정적인 기여를 한다.

둘째로, 요즘처럼 경기침체 시에는 유가 등 원자재 가격이 먼저 하락한 후, 다른 물가까지 끌어내려서 경기위축을 심화시킨다. 이러한 이면에는 글로벌 시장에서 거래되는 선물(futures)의 가격예시 기능도 한 몫을 담당한다. 즉, 국제시장에서 거래되는 원유를 비롯한 각종 원자재 선물가격은 미래의 가격예시 기능을 통하여 현재 시점에서 시장참여자들의 수요와 공급 상황을 고려해서 미래에 형성될 가격에 대해 시시각각으로 생생하고도 유용한 정보를 제공해 준다.

이러한 가격예시 기능은 경기하락의 경우에도 마찬가지여서 향후 경기하락이 예상될 경우에 유가 등의 가격폭락을 미리 예시해 줌으로써 시장참여자들로 하여금 경기위축에 대한 준비를 할 수 있도록 유도해주는 기능을 가지고 있다.

예를 들어 보자. 최근 미국의 CNBC는 경기침체의 영향으로 향후 원유가격이 7년 만에 최저수준인 20달러선으로 내려갈 수 있다고 보도했다. 이 경우, 개인이나 기업 등 개별경제주체는 '유가하락으로 얻는 이득' 보다는 '경기 침체로 인한 손실 혹은 이로 인한 불안심리' 가 먼저 작용하여 현재는 물론이고 미래의 투자와 소비를 줄이고 저축을 늘려서 경기침체를 장기화할 가능성이 높아진다는 논리다.

(2) 향후 유가전망은?

최근 국제에너지기구(IEA)와 미국 에너지정보청(EIA)은, 2009년의 석유수요 하락, 미 달러화 강세, 투자자금 유출 등의 영향으로 인한 지속적인 유가하락을 예고하고 있다. 또한 최근 블룸버그통신의 조사에 의하면, 관련 전문가 38명을 대상으로 한 설문조사 결과 14명이 올해 안에 국제 유가가 추가로 하락할 것으로 예상하고 있는 가운데 배럴당 130달러에서 단기적으로 50달러로 추락하는 과정을 볼 때, 지난 2001년 바닥 수준인 20달러 선까지 떨어질 수 있다고 전망하고 있다.

2009년 유가를 60~70달러대로 전망하는 기관이 다수이나 향후 추가로 하향 조정의 가능성도 내비치고 있다. 그 동안 상품인덱스펀드 시장을 주도해 온 Goldman Sachs, Morgan Stanley가 최근 은행지주회사 체제전환 결정 후 자산건전성 제고를 위해 최근 손실폭이 확대되고 있는 원자재 시장 포지션을 축소한 것이 한 예다. 그러나 2009년의 유가는 경제관련 변수 외에 정치적인 변수도 중요한 요소로 작용하고 있어 예측이 대단히 어려운 상황이다.

(3) 금 가격은 어떠한가?

2008년 12월 뉴욕상업거래소에서 현물 금가격은 온스당 816.20달러로 급등함으로써 지난 1999년 9월 이래 최대 상승률을 나타냈다. 금융위기의 영향으로 안전자산에 대한 선호경향이 강화되어 약간의 상승과 하락을 거듭하고는 있으나, 전체적인 수요의 흐름은 감소추세다.

UBS는 귀금속 수요 부진과 인플레이션 둔화 및 미 달러화 강세 등을 반영하여 2009년 금 가격 전망을 종전에 비해 15% 낮춘 온스당 700달러로 하향조정한 바 있다.

국제 현물 금 가격 동향

자료 : 한국은행, 해외경제포커스(2008.11.16)

(4) 소맥(밀) 가격은?

미국 농무부(USDA)는 최근 2008/09년 세계 소맥 생산 및 기말재고 전망을 각각 종전 680.2백만 톤 → 682.4백만 톤, 144.4백만 톤 → 145.3백만 톤으로 상향조정했다. 이처럼 기말재고량을 상향조정했음에도 불구하고 소맥가격은 그간 아르헨티나의 작황부진 전망 등으로 상승기조였으나, 최근에는 내년 세계 생산량이 사상 최대를 기록할 것이라는 기대가 지속되면서 하락세를 타고 있다.

옥수수 가격은 미국 농무부의 미국 생산 전망 예상외 하향조정 등으로 단기 상승했으나, 최근 들어서 미국과 브라질의 기상여건 호조를 비롯하여 유가급락 및 에탄올 생산업체 파산에 따른 바이오 연료용 수요둔화 가능성 등으로 하락세를 이어가고 있다. 그러나 이러한 와중에서도 항상 급등변수는 있다는 점을 기억해야 한다.

세계 소맥 및 옥수수의 현물가격 동향

자료 : 한국은행, 해외경제포커스 (2008.11.16)

5. 1200만 가구가 '언더 워터(under water)' 상태[25)]

현재 약 1,200만 가구의 집이 당장 팔아도 대출금을 갚을 수 없는 소위 '언더 워터(under water) 상태'인 것으로 알려지고 있다. 그러나 이게 끝이 아니라는 게 전문가들의 주장이다. 부동산 가격이 내년 중반까지 이어져서 정점대비 10~15%의 추가하락을 예상하고 있다. 이를 만회하기 위해 미국 정부는 천문학적인 '돈비'를 쏟아 붓고 있으나, 약발이 영 먹히지 않는 분위기다.

결국 미국의 집값 하락은 실제 가치보다 낮은 가격의 주택을 소유한 사람들이 주택담보대출(모기지) 상환을 체납하게 하고, 결국 재산 압류로 이어짐으로써 시장 경색으로 더욱 나빠진다. 이는, 또한 소비 시장의 위축으로 연결되어 경기 후퇴로 이어질 수 있다.

전문가들은 정부가 주택 수요를 촉진하고 모기지 상환 체납과 압류를 구제하기 위한 대책을 내놓을 것을 요구하고 있다. 프레드릭 미시킨 뉴욕 콜럼비아대 교수(전 연방준비제도이사회 이사)는 '금융 시스템이 제대로 작동하지 않으면 경기 하강이 더욱 심해질 것이고, 주택시장은 훨씬 더 나빠질 것' 이라고 예고하고 있다.

집값이 정점을 유지하던 2006년 하반기에 미국 전체 주택의 자산 가치는 약 24조 달러(1.2억 호×20만 달러)로 추산되었다. 이 중 주택 모기지 대출이 아직 남아있는 주택은 13조 달러(54%)이고 나머지 11조 원(46%)은 모기지를 다 갚았거나 모기지를 애초부터 받지 않은 주택이다.

추락하는 미국의 집값

S&P/Case-Shiller 주택 가격 지표

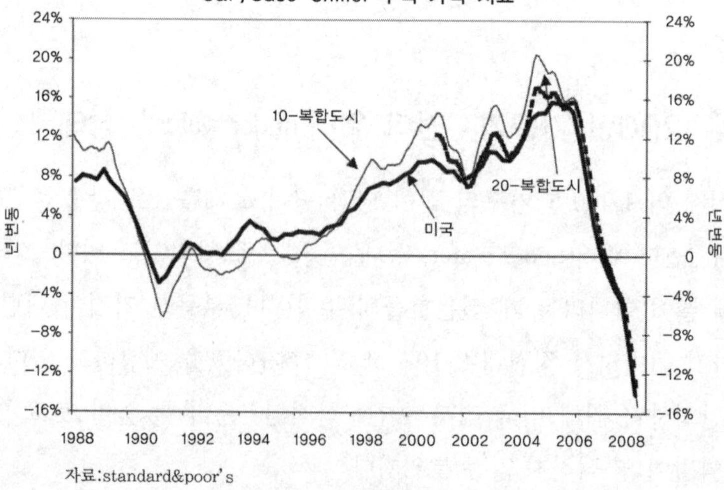

자료:standard&poor's

미국 주택시장 거품붕괴와 자산가치 변화

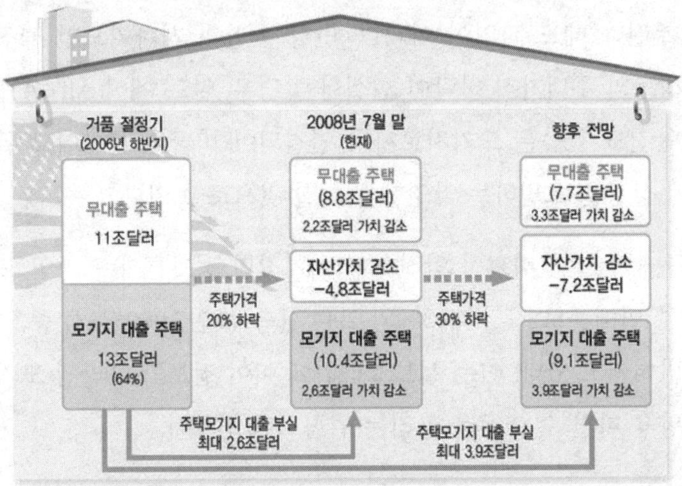

자료 : http://www.hani.co.kr(11.3).

2006년 하반기 이후 지금까지 약 20% 가량 주택가격이 하락하여 미국의 총 주택 자산가치는 4.8(24조의 20%)조 달러가 줄어든 19.2조 달러 정도다. 이 중 무대출 주택 자산가치 감소액은 2.2조 달러(11조의 20%)이며, 모기지 대출 주택은 2.6조 달러(13조의 20%)로 추산된다. 즉, 미국 금융기관의 주택 모기지 대출 손실액은 최대 2.6조 달러에 이를 수 있다는 결론이다.

지금까지는 여기서 집값하락이 멈춘다는 가정이다. 그러나 전문가들은 향후 주택가격이 거품 절정기이던 2006년경보다 30% 정도인 7.2조 달러(24조 달러의 30%) 떨어진 16조 8천억 달러가 될 것으로 전망하고 있다. 이 경우, 미국 금융기관의 모기지 대출 부실은 약 3.9조 달러(13조 달러의 30%)이며, 무대출 주택 총 가격은 3조 3천억 달러(11조 달러의 30%)가 줄어든 7.7조 달러가 된다.

결과적으로 미국 정부가 시장에서는 현재 추진 중인 7,000억 달러

공적자금 투입이 미국 금융기관의 부실 해소에 '코끼리 비스킷' 정도로 여겨진다 해도 과언이 아니다. 만약 최악의 시나리오인 정점대비 30% 정도의 주택가격 하락이 현실화될 경우, 알트 에이(Alt-A) 등 비교적 안전도가 높은 모기지로까지 연결되어 미국은 물론이고 글로벌 경제에 상상을 초월하는 악영향을 미칠 것으로 보인다.

최근에는 그간 비교적 안전하게 여겨졌던 점보론과 프라임 모기지에 대한 연체율도 각각 4.03%와 2.44%(총 41만7,000달러) 증가한 것으로 밝혀지고 있다. 이는 서브프라임에 이어 점보와 프라임 모기지까지 영향을 미칠 수 있음을 알리는 위험스런 신호다.

신현송 미국 프린스턴대 교수는 '최근 미국 주택시장이 얼마나 더 악화될 것이냐' 가 미국 경제 회복의 최대 관건이라고 주장한다. 즉, 미국 경제는 주택시장이 안정되어야 살아날 수 있으며, 최소한 2010년은 되어야 미국 주택시장이 바닥을 칠 것으로 예상된다고 주장하여 금융위기의 여파가 앞으로도 지속될 것임을 예고하고 있다.

돋보기[26)]

■ 주택압류 난제를 풀지 못하는 5대 악재

① **부동산 가격 폭락** : 주택담보대출을 통한 주택 보유자의 23%가 주택가치보다 높은 대출 부담을 안고 있으며, 이 같은 추세는 내년에는 28%까지 높아질 것으로 보인다. 최근에는 미시건, 조지아주, 캘리포니아, 뉴욕, 텍사스, 플로리다 등 상용 부동산이 몰려 있는 곳일수록 위험에 노출된 정도가 심한 것으로 조사되었다.

② **실거주자가 아닌 투자자들의 높은 투자비율** : 실거주자가 아닌 투자자들에 의한 주택구입은 지난해 주택 5채 가운데 1채꼴이었고, 2005년에는 3채당 1채꼴이었다. 2008년말 압류절차에 들어간 주택의 30%는 주소가 다른

점으로 미루어볼 때, 대부분 투자자의 소유로 추정된다.

③ **높은 서브프라임 모기지 비율** : 미국 정부가 저금리 정책을 지속한 지난 10여 년 동안 주택시장은 활황을 이루었고, 특히 신용이 낮은 채무자들도 서브프라임 모기지(비우량주택담보대출)를 이용하여 집을 사들였다. 즉, 이러한 구매액수는 2001년 1천600억 달러에서 2005년과 2006년 6천억 달러로 급증했고 채권자들은 채무자들의 신용평가에 대해 무관심했으며, 이들은 상품이 이미 재판매되었기 때문에 잘못되더라도 손해 볼 것이 없는 중개인들에 의해 복잡한 대출이 이루어졌다.

④ **실업률** : 대출을 감당하지 못하는 첫 번째 이유는, 직장이나 이혼 또는 배우자 사망 등으로 소득원을 상실하는 경우이다. 채무자가 실직하면 채권자는 주택압류절차 말고는 선택의 여지가 없다. 2년 전의 모기지 체납자 36%는 소득원 상실 또는 실직 때문이었고, 2008년 들어서 실업률이 5년만에 최고치인 6.1%로 치솟았으므로 실업 체납자는 45%까지 늘어났다. 2009년 초에는 실업률이 7%까지 올라갈 수 있다고 보고 있으며, 일부에서는 8~9%까지도 실업률이 상승할 것으로도 보고 있다.

⑤ **거듭된 실기(失機)** : 최근 미국 조지워싱턴대 박윤식 교수는 금융위기의 직접적인 책임을 '미국정부의 실기'로 규정하면서, 주요 금융기관은 파산을 시키지 않는 '대마불사의 원칙'을 미국 정부가 무시한 데 따른 2차 쇼크였다는 주장이다. 그러면서 그는 '부시정부 초기였다면 리만브러더스를 파산까지 몰고가진 않았을 텐데 정권 말기 레임 덕과 겹치며 국회 등 여론의 부담을 느끼고 이 같은 결정을 하게 된 것'이라고 분석했다.

또한 크레딧 스위스에 의하면 지난해 3·4분기에 계약을 변경한 서브프라임 모기지 가운데 3분의 1은 10개월 이내에 체납상태에 빠졌다고 한다. 예를 들면, 캘리포니아 교도소에 근무하는 마리아 마르티네스(57)는 모기지로 주택을 사들였는데 3개월 체납한 상태이다.

그는 10년 전에 7만6천 달러를 대출받아서 주택을 사들였지만 이후 계속 대출을 늘려서 빚이 23만 달러까지 늘어난 상태이다. 그는 지난 여름 대출 조건을 바꾸면서 금리가 8.5%에서 7.75%로 내렸지만, 상황은 나아지지 않고 있다.

미국 정부의 대응전략

1. 미국 정부의 대응정책

미국 정부는 금융시장 안정화 대책을 잇달아 발표하고 있다. 최근 미국 재무부와 연준 및 예금보험공사(FDIC)는 공동성명을 통해 은행 지분 매입과 금융기관 채권에 대한 지급보증 및 CP 매입자금 지원제도(CPFF)에 대한 세부방안을 발표했다. 즉, 미국 재무부는 긴급경제안정화법(EESA)상 7,000억 달러의 구제자금 중 2,500억 달러로 2008년말까지 은행 선순위우선주를 매입할 계획이다.

은행별 지원규모는 지원은행 위험가중자산의 1~3%(250억 달러 이내)로 Citigroup, JPMorgan, Chase 등 9개 은행에 대해 총 1,250억 달러 투입하기로 하고, 그밖에 금융기관에 1,250억 달러를 투입하기로 했다. 최근 시티 그룹의 구제금융과 관련하여 미국 재부무와 연준 FDIC는 Citigroup 부실자산 3,060억 달러 규모에 대해 손실보증과 200억 달러 추가 자본투입을 결정했다.

주택담보자산에 대해서는 10년에 비주택담보자산은 5년간 지급보증하고, 향후 자산손실 발생분 290억 달러까지는 Citi 부담이며, 이후 손실에 대해서 미국 정부(TARP 50억 달러, FDIC 100억 달러까지)와 Citi가 각각 90%와 10%씩 부담키로 했다.

그리고 보증에 대한 수수료로 70 억 달러 규모의 우선주를 발행하여 8%를 배당금으로 지급(40억 달러는 미국 재무부, 30억 달러는 FDIC 로 발행)키로 했다. FDIC 는 또한 임시 유동성 보증 프로그램(TLGP, Temporary Liquidity Guarantee Program)을 통해 모든 무이자 요구불 예금(transaction deposit)과 2009년 6월 30일 이전에 신규 발행되는 금융기관의 선순위 무담보 채권에 대해 각각 2009년 12월 31일 및 2012년 6월 30일까지 지급보증해주기로 결정했다.

미국 재무부의 은행 선순위 우선주 매입 계획

(억 달러)

	은행별 매입 금액(B)	총 금액
Citigroup, JPMorgan Chase, BOA(Merrill Lynch 포함), Wells Fargo	250	1,000
Goldman Sachs, Morgan Stanley	100	200
Bank of New York Mellon	30	30
State Street	20	20
기타 금융기관[1]		1,250
합　계		2,500

주 : 1) 2008년 11월 14일까지 참가 은행 선정,
자료 : Bloomberg, 한국은행, 〈해외경제정보〉.

2. 구제금융에 대한 전문가들의 시각[27]

주택 가격의 하락이 지속되고 있고, 모기지 연체나 차압이 늘어나는 현 상황에서 미국의 구제금융으로 대규모 인수를 통해 덩치를 키우는 것에 대해 반드시 우호적인 시각만 있는 것은 아니다. 현금을 최대한 아껴야 하는 상황인데, 외부에서 자금조달까지 병행하며 대형 회사들을 인수하는 확장 위주의 경영은 문제가 있다는 시각이다.

JP모간의 워싱턴 뮤추얼(WM) 인수에 대해서도 신용카드 자산의 추가부실 가능성을 비롯하여 1,760억 달러 상당의 주택관련 대출손실 가능성 등이 제기되었다. 그밖에도 미국 정부와 중앙은행은 베어스턴스 매각에서도 290억 달러의 긴급 자금을 지원했고, 메릴린치 매각 과정에서도 깊게 개입한 것을 놓고도 말이 많다.

그도 그럴 것이, 워싱턴 뮤추얼(WM)도 예금 자산과 지점만 JP모간에 매각했고, 부실 자산은 결국에 정부가 떠안아 국민들의 세금만 축내게 되어 버렸다는 비판이 일고 있다.

최근 큰 문제로 부상한 미국의 자동차 산업은 어떠한가? 미국 자동차업계의 가장 큰 문제점은 경쟁력이다. 전문가들은 이러한 상황에 대해 미국 자동차 산업 전체의 시스템 리스트에 미국 자동차 회사의 고유한 리스트가 겹친 탓으로 규정하고 있다.

이러한 중심에는 미국의 복지제도와 노사관계의 문제점이 있다. GM은 지난 70년부터 노조원에게 30년 근속을 보장했고, 퇴직 후에 건강보험까지 회사가 100% 내주는 '노동자 천국'이 되었다.

그러나 값싸고 좋은 일본차가 물밀듯이 들어오면서 'BIG 3'의 경쟁력은 점차 떨어졌으며, 급기야는 구제금융까지 신청하는 신세가 되고 말았다. 'BIG 3'가 건강보험료를 대신 내줘야 하는 퇴직자와 가족 수는 78만 명으로 건강보험료 부담은 작년 기준으로 46억 달러(약 6조 7900억 원)에 달한다.

대부분의 의료 서비스는 무료이며, 본인은 월 10달러에 가족은 월 21달러만 내면 보청기, 치아 임플란트, 라식 수술 등 고가의 의료 서비스를 무료로 받는 특별 패키지를 선택할 수 있다.

또 GM은 직원과 퇴직자 · 가족에게 비아그라를 제공하는 데에만 연간 1,500만 달러(약 220억 원)를 사용하고 있다. 전문가들은 이처럼 'BIG 3'는 강성 노조때문에 발생하는 눈에 보이지 않는 생산현장 비효율까지 합치면 일본업체보다 생산비가 대당 2,000달러(약 300만원) 정도는 간단히 올라간다는 주장이다.

최근 'BIG 3' 경영자들은 미국 상원 청문회의 구제금융을 신청하는 자리에 전용 비행기를 타고 출석해 정부가 자신들에게 250억 달러를 긴급 지원하지 않으면 큰 재앙이 올 것이라고 적반하장의 태도를 보인 바 있다. 이에 대해 미국의 비난여론은 들끓고 있으며, 오바마 측도 노조가 광범위한 임금삭감과 혜택의 축소를 감수해야 한다고 주장하고 있다.

다수당인 민주당은 7,000억 달러 규모의 구제금융 중 174억 달러를 GM · 포드 · 크라이슬러 등 자동차 'BIG 3'에 긴급 대출해 주는 방안을 추진 중이나 의견접근이 쉽지만은 않은 분위기다. 반면에 노조는 베어스턴스나 AIG 등 이번 금융위기의 근본 원인을 제공한 금융권 근로자에게 정부가 희생을 강요했다는 말은 들어 보지 못했다며 "왜 자동차 노조원들만 희생양이 되어야 하는가?"라는 주장을 굽히지 않음으로써 논란이 증폭되고 있다.

최근 BIG 3 CEO "연봉 1달러만 받겠다."는 내용의 회생계획안 의회에 제출 했다. 또한 이들 'BIG 3' CEO들은 의회 청문회에 참석할 때는 자사가 생산한 하이브리드 차량편으로 워싱턴까지 갔다. 최근 GM과 크라이슬러는 올해들어 각각 31%, 53%씩 판매량이 급감했다고 밝히고 있다.

오바마 대통령은 향후 10년간 1,500억 달러를 투입, 강력한 녹색산업을 육성하기 위한 뉴 아폴로 프로젝트(New Apollo Project)를 추진하고 있으며, 그 중심에 자동차 산업이 자리잡고 있다. 그러나 오바마의 경기 부양책 역시 미 연준이 계속 빚을 떠안고, 재무부는 국채를 마구 찍어야 하는 구조다. 어디 미국만의 문제인가? 영국, 프랑스, 독일 등 전세계 선진국들의 국채 CDS 프리미엄이 사상 최고치를 기록하고 있는 점에서 아마도 전세계는 '국채거품'에 대한 새로운 위기가 조성되어 가고 있다는 느낌이다.

제 14 장 EU의 대응전략

고난이 클수록 더 큰 영광이 다가 온다.

– Marcus Tullius Cicero(철학가, 정치가, BC 106 ~ BC 43.12.

증권 및 금융시장

1. 증시하락의 현황은?

유로지역 주가는 최근 실질 GDP 전기대비 감소, 생산지표 부진, 기업수익 악화 등으로 하락을 지속하고 있다. 최근 유로존은 성장률이 평균 0.2% 감소한 것으로 나타남으로써 유로화 등장 이후 최초로 성장률이 두 분기 연속 감소하는 상황을 의미하는 '기술적 경기침체(technical recession)' 에 이미 빠졌다는 통계가 나왔다. 이처럼 금융위기의 여파가 먹구름처럼 닥치자 EU 지역의 주가도 맥을 못추고 있는 형국이다.

최근 독일이 마이너스 성장국면에 진입한 것을 비롯하여 EU 통계기관인 유로스타트가 집계한 유로존 3분기 GDP 성장률도 1999년 유로화 출범 이후 처음으로 2개 분기 연속 마이너스 성장을 보임에 따라 유로증시는 약세가 지속될 전망이다.

2. 금리

2007~2008년 유로존 GDP 성장률

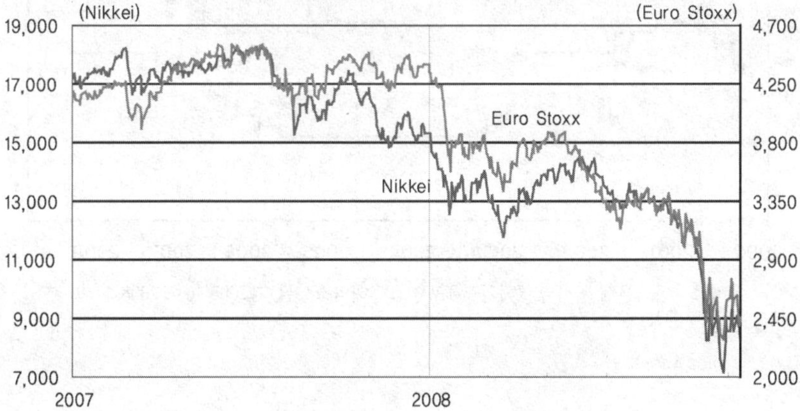

자료 : 한국은행 조사국, 〈해외경제포커스〉 해외조사실, 제2008-46호, 2008. 11. 9.

유럽중앙은행(ECB)은 최근 개최된 정책위원회(Governing Council)에서 기준금리를 3.75%에서 2.5%로 인하하였다.

이와 동시에 영란은행(BOE)도 통화정책위원회(Monetary Policy Committee)를 열어 정책금리를 4.5%에서 2.0%로 대폭 인하하여 1955년 1월(3.0%) 이후 최저수준을 유지하고 있다. 또한 스웨덴은 4.75% → 4.25%로, 스위스도 2.75% → 2.5%로 금리인하를 단행했다.

Jean-Claude Trichet ECB 총재는 중기 물가의 상방위험이 완화되고 기대 인플레이션율도 물가안정목표에 근접하게 된 것을 금리인하의 배경으로 설명하고 있다.

유럽의 정책기준금리

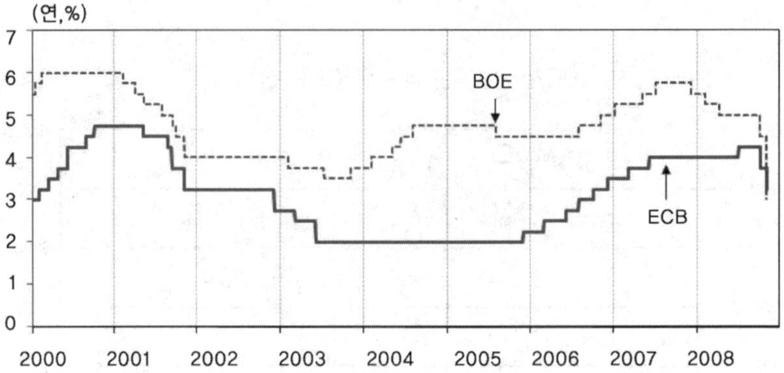

자료 : 한국은행 조사국, 〈해외경제포커스〉 해외조사실, 제2008-46호, 2008. 11. 9.

실물경제

1. 성장률 저하로 이어지다.

금융위기의 먹구름이 유럽의 실물경제에도 속속 침투되고 있다. IMF는 최근 유럽의 내년 성장률을 −0.5%로 전망한데 이어, 경제개발기구(OECD)는 유로화를 사용하는 유로존 15개국 −0.5%를 비롯하여 30개 회원국들의 내년 GDP 성장률을 평균 −0.3%로 전망했다.

특히 유럽연합(EU) 통계기관인 유로스타트는 유로존 및 27개 EU 회원국들의 3 · 4분기 GDP 성장률에서도 유로존은 마이너스를 기록할 것이란 전망이어서 기술적으로 공식적인 경기침체 국면에 들어선 것으로 인정될 수 있다.

EU 집행위원회(European Commission)도 최근 독일 · 프랑스 · 이탈리아의 성장이 정체되고 스페인은 마이너스 성장이 예상되는 등 유로지역의 실질 GDP 성장률이 금년 1.2%에서 내년 0.1%로 크게 둔화되리라고 전망했다.

2. 실업자가 쏟아진다.

경기침체와 디플레이션에 대한 두려움이 가속화되는 가운데 기업들의 감원 바람에 따른 실업 공포가 전세계를 강타하고 있다. 이러한 실업률의 상승은 경기침체 → 해고증가 → 구매력 감소 → 소비침체 → 물가하락 → 생산감소 → 경기침체라는 악순환의 고리를 고착화할 가능성이 높다.

유로존의 실업률은 7.5%로 최고수준이며, 최근 유럽의 실업률은 7%대에 이르고 있다. 전문가들은 이 같은 고용시장의 악화가 지속되어 유럽의 실업률이 내년 최대 8%에 이를 수 있다는 경고를 꾸준히 제기하고 있다.

영국의 경우는 주택가격과 소비와의 동조성이 다른 나라들보다 높기 때문에 최근의 그칠 줄 모르는 주택가격 하락이 가계소비 둔화의 주요 배경으로 작용하고 있다. Merrill Lynch에 의하면, 영국의 주택가격이 10% 하락할 경우 負의 자산효과(wealth effect) 등으로 소비증가율은 1.2%p 정도 둔화된다고 추정하고 있다. 더불어서 UBS는 영국의 경제회복은 가계 부채의 감축이 선행되어야 하기 때문에 상당한 시일이 걸릴 것이라고 지적하고 있다.

참고로 영국가계의 가처분 소득대비 가계부채 비율 (Household Debt to Gross Disposable Income, IMF 추산, 08.10)은 147%로 미국(134%), 독일(100%), 스페인(112%), 프랑스(66%)를 큰 폭으로 상회하고 있다.

각국의 대응전략[29)]

최근 EU는 금융위기에 대응하여 경기대책을 발표했다. 이 대책의 주요 골자는 소비촉진을 위한 부가가치세 세율 인하, 재정적자 건전성 기준(GDP 3% 이내) 적용 유예, 고용촉진을 위한 기업주의 사회보험 비용 경감, 유럽투자은행(EIB)의 중소기업 금융지원 등으로 요약할 수 있다.

아울러 경제위기 속에서 가장 큰 타격을 입고 있는 역내 자동차 산업에 친환경 차량의 R&D 지원 명목으로 50억 유로를 지원해 주기로 결정했다. 또한 유럽 각국 정부는 최근 금융위기 극복을 위해 부실 금융기관의 지분취득이나 은행 간 대출지급보증 등의 방안을 발표하고 예금보호한도도 철폐하거나 대폭 확대키로 의견을 모았다.

1. 독일

독일 정부는 독일 내 자산규모 2위의 모기지 대출기관인 Hypo Real Estate Group에 대해 500억 유로의 구제금융 및 350억 유로의 대출 지급보증 방안을 발표했다. 이러한 구제금융 및 대출지급보증은 정부와 은행 및 보험사가 공동으로 실시했다. 즉, 구제금융액수는 정부 200억 유로와 은행 · 보험사 300억 유로이며, 대출지급보증은 정부 265억 유로, 은행 · 보험사 85억 유로를 분담키로 결정했다.

2. 영국

영국 정부는 8대 대형은행(Abbey, Barclays, HBOS, HSBC, Lloyds

TSB, RBS, Standard Chartered, Nationwide Building Society)을 중심으로 지분취득을 통해 총 500억 파운드의 자금을 공급하는 한편, 2,500억 파운드의 은행간 대출을 지급 보증할 계획이다.

아울러 지분취득자금 중 250억 파운드는 8대 대형은행에, 나머지 250억 파운드는 영란은행 대출적격 금융기관에 대해 필요 시에 추가로 공급할 계획이다.

지분취득 및 지급보증 조건으로 소기업 및 주택대출의 유지도 제시하는 한편, 영란은행은 국채와 모기지 채권 간 스와프(Special Liquidity Scheme) 규모를 종전 500억 파운드에서 2,000억 파운드로 확대하기로 한다.

3. 이탈리아

이탈리아는 경기침체에 직면하여 약 130만 명에 달하는 빈곤층에게 슈퍼마켓 등에서 매월 40유로(51달러)의 물건을 구입할 수 있는 사회 카드를 지급키로 결정했다.

4. EU 국가 공통

최근 EU는 1,300억 유로(1,640억 달러) 규모의 경기부양책을 마련중이며, 각 회원국은 자국 GDP의 약 1%를 지출하게 될 것으로 전해졌다. 또한 EU 27개국 재무장관 정례회의에서는 예금보호한도를 2만 유로에서 5만 유로로 인상하고 금융기관 구제관련 7대 원칙에도 합의했다.

금융기관 구제관련 7대 원칙은 ① 적시성 및 일시성을 갖춘 구제조치 강구 ② 납세자의 이익 보호 ③ 금융기관의 주주가 구제비용 부담 ④ 정부가 경영진 교체권한 보유 ⑤ 정부가 금융기관 보수체계 조정 권한 보유 ⑥ EU 국가보조금 규정의 공평한 적용 ⑦ 개별국 금융위기가 다른 회원국에 전염되지 않도록 노력한다는 것이 주요 골자이다. 예금보호 한도와 관련하여 독일 · 덴마크 · 네덜란드는 한도를 폐지하고, 스웨덴 및 스페인은 한도를 대폭 확대키로 했다.

특히, 유럽은 독일을 중심으로 자동차산업 지원의 움직임이 가시화되고 있다. 즉, 유럽 자동차 업계는 EU에 저리융자 및 신차구입 시에 혜택 등 400억 유로 상당의 자동차산업 지원방안을 모색 중이며, 프랑스도 자동차 산업을 지원하기 위한 개별국가 및 EU 차원의 행동을 촉구하고 있다. 또한 독일 총리는 미국 GM의 독일 자회사 Opel의 경영진들과 회담을 갖고 금융지원방안에 대해 논의하고 있다.

국가별 예금보호한도 조정 내용

국 가	한도 조정 내용			시행일
독일	2만 유로	→	무제한	2008년 10월 5일
덴마크	30만 크로네	→	무제한	10월 6일
스웨덴	25만 크로네	→	50만 크로네	10월 6일
네덜란드	30만 크로네	→	무제한	10월 6일
스페인	2만 유로	→	10만 유로	10월 7일

자료 : 한국은행 조사국, 〈해외경제포커스〉, 제2008-41호, 2008. 10. 5.

15장 일본의 대응전략[30]

역경이 반드시 나쁜 것만은 아니다. 현명한 사람에게는 그것이 기회가 될 수도 있다.

– Emerson, Ralph Waldo(사상가 · 시인, 1803~1882)

일본의 증권 및 금융시장

1. 증시하락 현황

최근 닛케이 평균주가는 2008년 1년 동안 약 42.1%가 하락하여 버블 붕괴 이후 최저치를 기록했다. 이러한 현상은 이후에도 지속될 것으로 전망되며, 경제지표 악화와 엔화 강세에 따른 수출부진의 심화 전망 등이 원인으로 지목되고 있다.

최근 일본의 주가는 정점이던 2007년 7월 대비 60% 가량 하락했는데, 과거 자산버블 붕괴 시와 IT버블 붕괴 시에 비해 단기간에 가장 큰 폭으로 하락했다.

2000년대 들어서 일본 가계는 리스크 자산에 대한 보유가 확대됨에 따라 자산가격 하락이 소비심리악화에 빠르게 전파되었다.

최근 일본 리서치종합연구소는 일본 가계가 리스크 자산 보유를 늘림으로써 주가지수와 소비심리 간의 상관성이 1990년대에 비해 높아졌다고 분석하고 있다. 이 연구소는 지난 1991년 1월~1999년말까지 TOPIX와 생활불안도 지수의 상관계수는 0.078에서 2000년 1월 ~2008년 8월까지는 0.309로 상승했다.

과거 버블기의 닛케이 평균주가(종가) 하락

시기		일자	닛케이 평균(엔)	정점 → 바닥 기간	하락률
자산 버블	정점	1989.12.29	38,915.87	2년 8개월	-63.2%
	바닥	1992. 8.18	14,309.41		
IT버블	정점	2000. 4.12	20,833.21	3년	-63.5%
	바닥	2003. 4.28	7,607.88		
신용 버블	정점	2007. 7. 9	18,261.98	1년 3개월	-60.8%
	바닥	2008.10.27	7,162.90		

자료 : 미쓰이스미토모 은행 (2008년 10월 28일), 한국은행, 〈해외경제포커스〉

2. 단기 금융시장 상황

일본의 콜시장은 최근 들어서 변동성이 약화되어 0.5% 내외에서 안정을 지속하고 있다.

일본 국내 금융기관 간의 콜금리는 낮은 수준이나 외국계 금융기관은 0.75% 수준에서도 자금 조달이 용이하지 않은 상황이다. 최근 일본은 기준금리를 연 0.5%에서 0.1%로 내렸다.

Lehman Brothers 사태 이후 각국 주가등락률

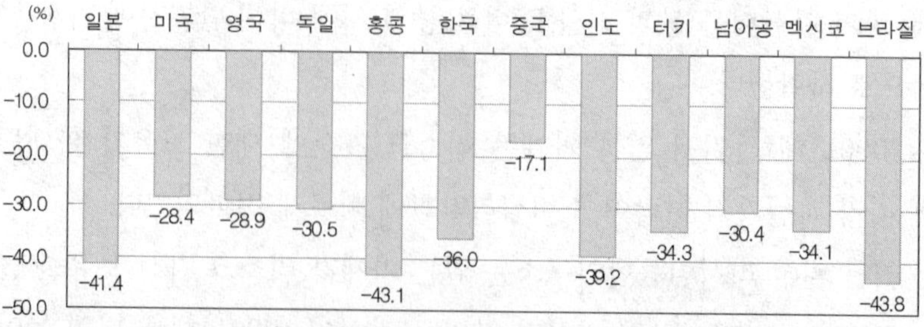

자료 : 한국은행, 〈해외경제포커스〉 (2008년 9월 12일~10월 27일 중)

일본 단기금융시장의 콜금리 추이

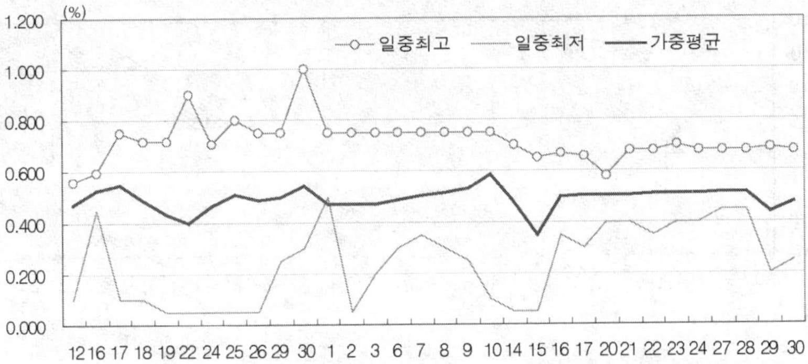

자료 : 한국은행, 〈해외경제포커스〉

3. 엔화 강세, 글로벌 경제에 악영향을 미치다.[31)]

(1) 현황과 원인

최근들어 엔화는 달러 및 유로화에 대해 미국 경제지표 악화와 해외증시 부진에 따른 엔캐리 트레이드(YCT, yan carry trade) 청산 등으로 지속적인 초강세 현상을 이어가고 있다.

엔/달러 및 달러/유로의 환율변동

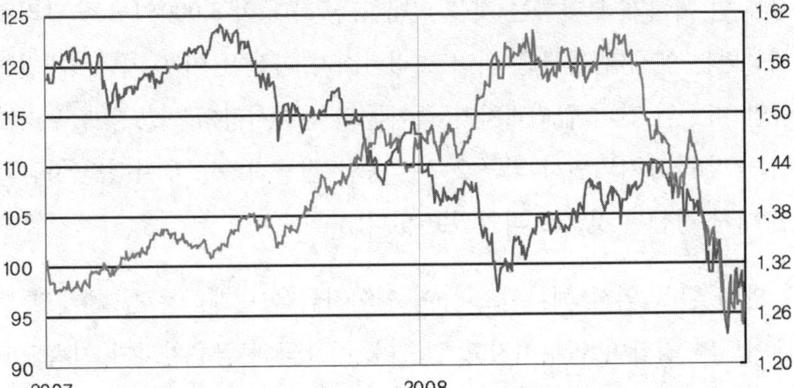

자료 : 한국은행, 〈해외경제 포커스〉

각국 통화대비 엔화 환율변동률

이와같이 엔화 강세를 촉발시킨 원인은 무엇보다 엔캐리 트레이딩 자금의 급속한 환원현상이다. 이러한 현상은 엔캐리 투자가 가장 많이 발생하는 미국 증시가 크게 폭락하면서 엔캐리 트레이드에 대한 청산이 가속화되는 와중에 발생하는 현상이다. Lehman Brothers 사태 이후 각국 통화대비 엔화 환율변동률은 미국 −16.3%, 한국 −51.4% 등으로 특히 원화의 변동폭이 큰 편이다.

엔캐리 트레이딩(YCT, yan carry trading) 이란 일본의 낮은 금리를 이용해 융자를 받은 뒤에 이를 미국 뉴욕 주식시장이나 국제 외환시장에 발 빠르게 투자하는 것을 의미한다. 최대 약 8,000억~1조 달러로 예상되는 엔캐리 자금은 리먼 브러더스가 파산한 이후 지난 3개월여 동안 미 · 일 간의 금리격차가 줄어들고 신흥시장의 거품붕괴 우려가 어느 정도 제기되면서 최근 2~3년 동안 집중적으로 투자됐던 자금들이 대거 청산된 것으로 파악되고 있다.

엔화 환율 역시 헤지펀드 등이 엔화자금을 변제하는 등 엔케리 트레이드의 청산이 이루어지고 있으며, 주요국의 금융완화가 지속되고 있어서 당분간 상승세 전환 가능성은 기대하기 어려운 상황이다.

이러한 현상은 과거 1990년대에도 유로화나 호주 달러 등 현지 통화를 팔고 엔화를 사들이는 청산자금 수요로 인해 엔화가 치솟는 등 글로벌 외환시장의 급격한 시세변동이 초래된 바 있다.

(2) 엔화 강세가 일본 경제에 미치는 영향

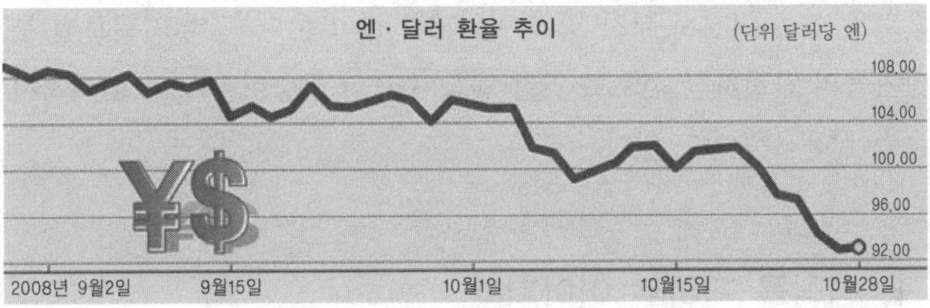

자료 : http://www.asiaeconomy.co.kr(2008.11.3)

엔화 강세는 일본의 수출에 직격탄을 날리고 있다. 즉, 수출의존도가 높은 기업들 사이에서는 엔화 강세에 따른 실적 악화 우려로 전망 수정이 잇따르고 있는 것이다. 도요타자동차, 소니, NEC, 샤프, 도시바 등의 일본 대표기업들은 실적 전망을 줄줄이 하향 조정했다.

엔화 강세의 영향으로 수출기업들의 실적악화가 예상되면서, 엔고를 막기 위해 미국과 일본 및 유럽 등 선진 7개국(G7) 재무장관, 중앙은행 총재들까지 나서서 긴급 공동성명을 발표하는가 하면, 아소다로 총리도 긴급 시장안정대책 마련을 지시한 바 있다.

일본 중앙은행은 정책금리를 0.2% 포인트 인하함으로써 일본시장과 엔캐리 자금의 투자대상국가들과의 금리격차가 다시 벌어지게 하여 엔캐리 트레이드에 대한 청산을 막으려 안간힘을 쓰고 있으나 별 효과는 없는 것으로 보인다.

실물경제

일본은 글로벌 금융위기의 영향이 기업이나 가계 등에 본격적으로 영향을 미치고 있는 모습이다. 금융위기가 유가 및 국제상품가격을 하락시킴으로써 일본 내의 물가상승이 억제될 가능성이 제기되고 있다. 또한 주가하락은 자산가치를 하락시킴으로써 가계, 금융기관, 기업 등으로 영향을 미쳐서 투자 및 소비억제를 몰고 온다. 그리고 글로벌 투자가들의 안전자산 선호로 인한 엔화 수요의 급증이 엔고로 이어져서 수출에 타격을 입고 있다.

1. 성장률 저하로 이어지다.

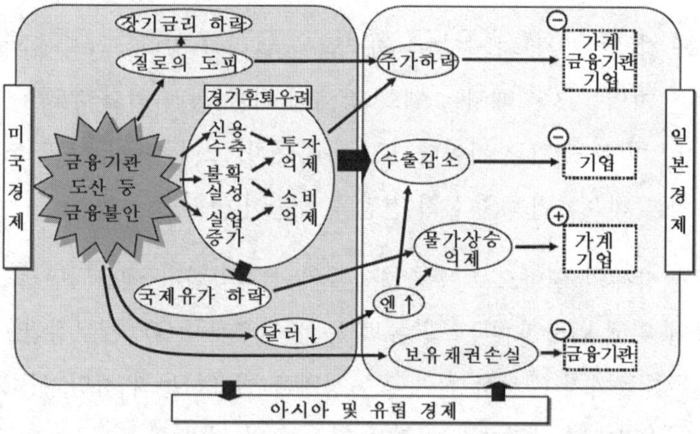

글로벌 금융위기로 경제협력개발기구(OECD)는 30개 회원국들이 25년 만에 최악의 경기침체를 맞게 될 것이라는 전망을 내놓은 가운데, 2009년 일본은 −0.1%의 성장률을 기록하는 최악의 상황에서 벗어나지 못할 것으로 전망하고 있다.

최근 국제통화기금(IMF)도 일본의 내년 경제성장률을 −0.2%로 전망했다. 일본은행을 비롯한 여러 기관들은 올해 일본 경제가 수출 및 설비투자 감소가 이어지면서 사실상 2001년 이후 최저인 '제로 성장'을 기록할 것으로 예상하고 있는 가운데, 2009년 경제성장률의 전망치도 0.3~0.7%대 전후로 하향 조정했다.

이처럼 그간의 교역조건 악화에 따른 실질구매력 하락 등으로 내수 부진이 지속되는 가운데 해외경제성장 둔화나 엔화 강세 등에 따른 수출 둔화로 2009 회계연도 중반까지는 경기침체가 지속될 것으로 예상되고 있으며, 2010년 경제성장률에 대해서는 해외경제가 점차 회복세를 되찾을 것으로 예상됨에 따라 1.5% 전후로 내다보고 있다.

일본 은행들의 실질성장률 대세 전망

	2008년도		2009년도		2010년도
전망시기	2008년 7월	2008년 10월	2008년 4월	2008년 10월	2008년 10월
실질성장률	[1.2] 1.2 ~ 1.4	[0.1] 0.1 ~ 0.2	[1.5] 1.4 ~ 1.6	[0.6] 0.3 ~ 0.7	[1.7] 1.5 ~ 1.9

주 : 1) 전망치 중 최대치와 최소치를 제외, [ ] 내는 전망치 중앙값

자료 : 한국은행, 해외경제 포커스

2. 실업자가 급증한다.

일본 정부 내에서는 실물경기 침체에 이은 최근의 고용시장 악화에 대한 우려의 목소리가 점차 높아지고 있다. 이러한 이유로 일본의 최근 실업률이 3.7%로 전 달의 4%보다 0.3% 포인트 개선된 것으로 나타났다. 그러나 이는 취업이나 구직활동을 하고 있지 않은 비노동력 인구가 증가했기 때문에 감소한 것으로, 고용문제에 대해 정부와 여당은 심각하게 받아들여야 한다는 주장이 힘을 얻고 있다.

최근 일본에서는 실적 악화로 인한 도요타 등의 자동차 대기업을 중심으로 감원이 잇따르고 있다. 후생노동성은 최근 전국 477개 기업을 대상으로 조사한 결과, 올해 3월까지 일본의 실업인구는 3만 67명에 달할 것으로 전망하고 있다.

게다가 2009년이 마이너스 성장으로 이어질 경우, 1,700만 명으로 추정되는 일본 비정규직 가운데 실업자 수는 더욱 늘어날 것이며, 경기침체로 인한 물가하락은 기업의 수익에 먹구름을 몰고 와서 고용시장 악화에 부정적인 영향을 미칠 것으로 보인다.

3. 일본의 수출, 6년 내 최대폭으로 감소하다.[32)]

일본은 최근 미국 및 EU지역 수출이 큰 폭으로 줄어들면서 2001년 12월 이후 최대폭인 전년동월대비 7.7% 감소했다. 즉, 대미 수출은 −19.0%, 대EU 수출은 −17.2%, 대아시아 수출도 −4.0%의 감소세로 전환되었다. 품목별로 보면 그간 일본의 최대 수출품인 자동차가 −15.0%에 전기기계류가 −10.6% 성장했다.

일본의 수출입 증감률

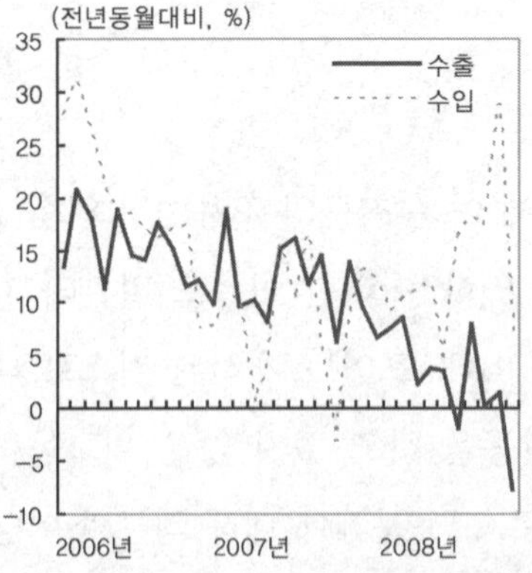

일본의 지역별 수출 증감률

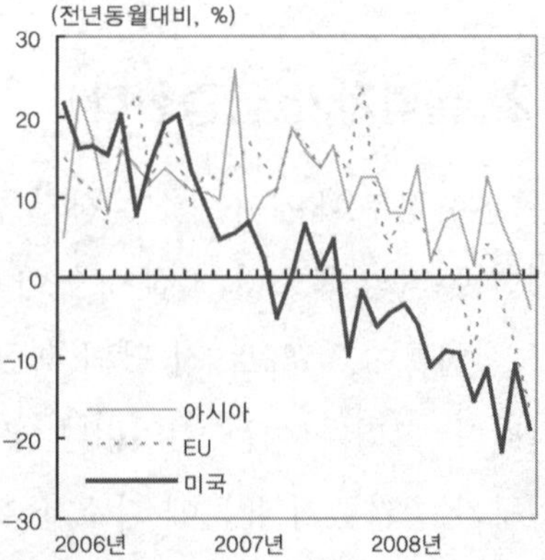

자료 : CEIC, 한국은행, 〈해외경제포커스〉 제47호

한편, 수입은 원자재 가격이 큰 폭 하락하며 증가세가 둔화되었다.

전문가들은 향후에도 해외수요 부진이 지속되는 가운데 엔화 강세의 영향이 더해지면서 수출 감소세가 더욱 확대될 것으로 전망하고 있다. 일본 내각부는 최근 월례경제보고를 통해 수출에 대한 기조판단을 '완만하게 감소'에서 '감소'로 하향 조정한 바 있다.

4. 일본, 기업인수 · 합병(M&A)이 본격화되다.[33]

일본은 엔화 강세 때문에 골머리를 앓고 있다. 일본 파나소닉(舊 마쓰시타전기, Panasonic Corp)이 금융위기로 인한 엔고로 신음하던 산요전기(三洋電機, Sanyo)를 인수하기로 합의함으로써 일본 최대 전자업체가 탄생하게 되었다. 이렇게 되면 올해 3월말경에는 파나소닉과 산요의 합계 매출액은 약 11.22조 엔에 달해서 기존 일본 최대 전자업체인 히타치의 예상매출액 10.9조 엔을 훌쩍 넘어설 전망이다. 2007년 파나소닉의 연간 매출액은 9조 2,000억 엔으로 전자전기업체에서 2위였고 산요전기는 2조 200억 엔으로 9위였다.

일본기업 M&A 규모

(단위 : 십억 달러)

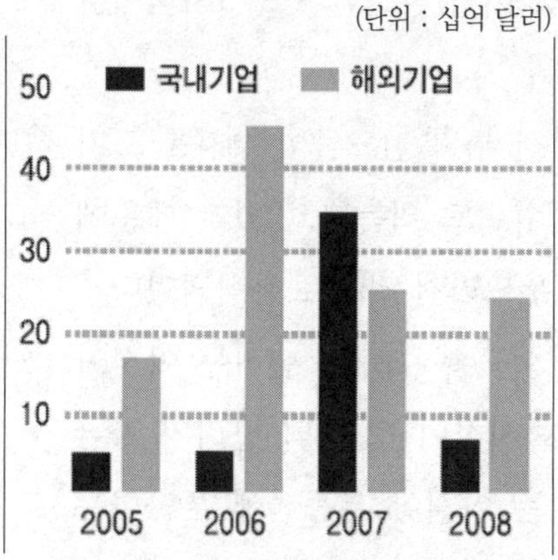

자료 : 톰슨 로이터 * 2008년은 상반기까지

반면, 일본은 막대한 유동성과 엔화 강세 및 글로벌 증시 폭락을 해외 기업의 M&A기회로도 삼고 있다. 현재 신일본제철은 브라질 광산기업 인수를 추진 중이고, 일본 1~2위 제약 도매업체인 메디케오와 알프레사도 해외기업 인수합병(M&A) 계획을 밝힌 바 있다.

또한 아크릴수지원료 부문 세계 4위 업체인 미쓰비시레이욘은 이 분야 세계 1위 업체인 루사이트 인터내셔널을 1,500억 엔에 인수키로 결정하여 전세계 아크릴 시장점유율을 35%까지 끌어올릴 것으로 전망된다. 최근까지 일본기업의 해외기업 인수 총액은 6조 6,678억 엔으로, 지난 해 같은 시기에 비해 3.7배나 증가한 수치이다.

일본의 풍부한 자금으로 해외기업들을 인수, 합병하는 현상을 나타내고 있다.
자료 : http://www.koreatimes.co.kr

5. 부동산 가격동향[34)]

일본은 전국적으로 부동산 가격하락 현상이 점차 가속화되고 있다. 최근 일본 국토교통성에 따르면, 전국의 150개 도시의 지가변동을 분석한 결과, 지난 6개월간 128곳이 하락했고, 22곳은 변동이 없었으며, 상승한 곳은 단 한 곳도 없었다.

한편, 지가변동률별로 살펴보면 0~3% 감소한 곳은 81지역에 3~6% 감소한 곳은 42지역으로 나타났으며, 6% 이상 감소한 곳도 5지역이나 나타났다.

특히 경기악화로 자금난에 빠진 부동산 투자 펀드들이 투자를 포기하고 있는데다 고급 아파트나 사무실 수요도 위축되고 있기 때문에 도쿄를 비롯한 대도시권의 지가하락이 두드러진 것으로 분석되었다.

이를 반영하여 일본 부동산 시장의 '큰 손' 모건스탠리는 아시아 시장을 겨냥한 글로벌 부동산 펀드를 출시하여 수 십억 달러의 자금을 끌어 모으는 중인 가운데 메릴린치는 아시아 부동산에 투자하는 26억 달러 규모의 펀드에 대한 자금 모집을 이미 마무리한 바 있다.

일본 정부의 대응전략

1. 금융안정대책

일본 정부는 최근 금융시장 안정을 위해 금융회사에 투입할 수 있는 돈을 기존의 2조 엔에서 30조 엔으로 확대하고, 은행의 주식취득제한을 완화하는 등 금융안정관련 대책을 마련하였다.

2. 경기부양책

또한 일본 정부는 글로벌 금융위기에 따른 경기악화에 대응하여 경기부양책을 발표하였다. 즉, 2008년 8월 29일 대책에서 11.7조 엔 규모의 1년 동안 소득세 및 주민세 감세, 신에너지 기술의 도입 및 개발촉진, 성장잠재력 확충 이외에도 이번에는 총 26.9조 엔에 이르는 규모로 추진된다.

즉, 가계긴급지원이나 고용안정 사업 등 서민생활안정(3.0조 엔 : 재정지출 3.0조 엔), 중소기업 지원(21.9조 엔 : 재정지출 0.6조 엔), 지역활성화(2.0조 엔 : 재정지출 1.6조 엔)등에 대한 대책이 포함됐다.

3. 일본 국내은행 자기자본비율 산정기준 변경

일본 금융청은 최근 정부의 금융자본시장 안정화 대책의 일환으로 유가증권 평가손익을 2012년 3월까지 한시적으로 자기자본비율 산정에서 제외시키기로 결정했다.

이는, 최근 유가증권 가격의 급락으로 금융기관의 자기자본비율이 크게 하락할 경우에 자금중개 기능이 크게 저하될 우려가 크다는 판단에 기인한 것으로, 일본 내의 은행들은 보유하고 있는 유가증권의 미실현 손실을 자기자본비율 산출 시에 제외할 수 있으므로 유가증권 가격 급락에 따른 자기자본비율의 하락 회피가 가능하다는 판단에서다.

일본 금융청의 자기자본비율 규제 완화

<table>
<tr><th colspan="2"></th><th>개 정 전</th><th>개 정 후</th></tr>
<tr><td rowspan="2">국내기준</td><td>국 채</td><td rowspan="2">· 평가익 : 미반영
· 평가손 : 60%를 기본자본에서 공제</td><td rowspan="2">· 평가익 : 개정 전과 동일
· 평가손 : 미반영</td></tr>
<tr><td>주식 및 국채 이외 채권</td></tr>
<tr><td rowspan="2">국제통일 기준</td><td>국 채</td><td rowspan="2">· 평가익 : 45%를 보완자본에 산입
· 평가손 : 60%를 기본자본에서 공제</td><td>· 평가익 : 미반영
· 평가손 : 미반영</td></tr>
<tr><td>주식 및 국채 이외 채권</td><td>· 평가손 익 : 개정전과 동일</td></tr>
</table>

자료 : 일본 금융청, 한국은행, 〈해외경제포커스〉

4. 외환시장 개입을 통한 대응책 마련

최근들어 시라카와 일본 중앙은행 총재는 엔화강세에 따른 부정적 영향이 심각하기 때문에 외환시장 개입을 통한 대응책 마련에 나설것임을 시사했다. 이는 세계경제 둔화와 엔화강세가 맞물리면서 일본의 수출부진에 의한 경기침체가 가속화되고 있는데 기인한다.

일본의 해외수출은 전년동기대비 지난 9월 1.5% →10월 −7.8% → 11월 −26.7%로 지속적인 감소추세를 이어가고 있다. 일본은 지난 2004년 3월 이후 외환시장에 개입하지 않고 있는 상황이다.

제16장 중국의 대응전략

미래를 신뢰하지 말라. 죽은 과거를 묻어 버려라. 그리고 살아있는 현재에 행동해라.

– Henry Wadsworth Longfellow(시인, 1807.2.27 ~ 1882.3.24)

증권 및 금융시장

1. 증시하락 현황[36]

중국의 상하이 종합주가지수는 하락세가 장기화되면서 2006년의 주식시장 급등 이전 수준으로 회귀했다. 중국 증시는 중국의 경제성장률이 둔화될 것이란 우려가 팽배해지며 하락세를 지속했다.

2007년 월평균 거래액도 2조 5,452억 위안에 달하던 것이 8,000억 위안 수준으로 감소했으며, 월평균 160만 개에 달하던 개인투자자의 신규 주식계좌 개설 수도 30만 개 수준으로 줄었다.

중국의 상하이 종합지수는 지난 1년간 65.2% 하락했다. 이러한 원인으로는 긴축정책 및 대외여건 악화 등의 영향으로 중국의 GDP 성장률이 둔화세를 지속하는 가운데, 기업 비용부담 증가 등으로 수익성이 악화된데 기인한 것으로 보인다. 즉, 중국의 GDP 성장률은 2007년 2/4분기 12.6%를 정점으로 최근에는 10.1%로 낮아졌다.

최근 중국의 주가지수 및 거래액

(단위 : 10억 위안)

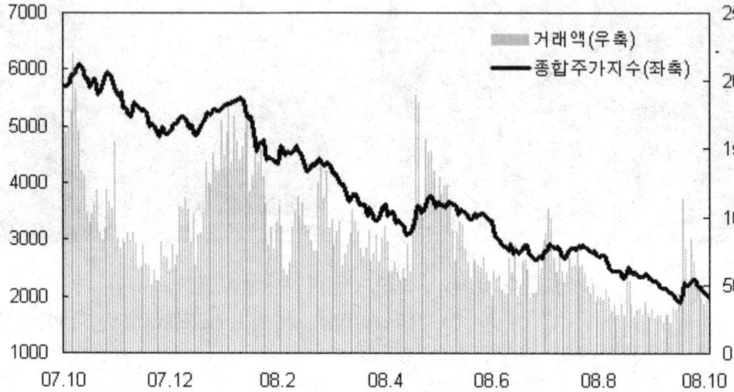

자료 : 한국은행, 〈해외경제포커스〉(2008. 10. 5)

이러한 원인으로는, 첫째로 기업들의 매출액 증가율이 2007년 27.6%에서 2008년 상반기에는 29.3%로 확대된 반면, 당기순이익 증가율은 같은 기간 중 36.7%에서 20.9%로 둔화되었기 때문이다. 또한 작년부터 중국정부가 추진해 온 인플레이션 억제를 위한 가격인상을 제한한 에너지, 전력, 부동산 관련 업종의 수익성이 크게 악화되어 주가하락을 견인한 측면도 있다.

둘째로는 미국 금융시장의 위기노출 등도 투자심리를 크게 위축시키고 있다는 점이다. 즉, 중국은행 · 건설은행 · 교통은행 · 공상은행 등의 Fannie Mae 및 그 관련 채권보유규모는 230억 달러를 상회하며 Lehman Brothers사의 채권보유규모도 공상은행 1.5억 달러와 중국은행 1.3억 달러 등으로 자산대비 비중은 낮으나 투자심리위축 요인으로 작용하고 있다는 주장이다.

셋째로 경기 둔화세 지속으로 기업 실적둔화 및 신용리스크 증대 가능성이 커지고 있으며, 부동산가격 하락은 가계 부실로 이어져서 금융시장 불안을 가중시킬 우려를 낳을 수 있다. 중국 증시에서 금융업의 시가총액 비중은 30%를 상회하고 있어서 같은 부문의 불투명한 전망은 증시 혼조세를 장기화할 우려가 있다.

그 반면, 회사채 발행규모는 2008년 들어서 2007년 같은 기간에 비해 200% 이상 급증했다. 이는, 중국의 국가발전개혁위원회(CSRC)가 채권발행 확대 및 채권시장 활성화를 위해 종전 발행규모(한도액 심사) 및 발행자격심사 후 허가의 2단계 심사에서 채권발행허가제로 절차를 간소화하는 등 증시침체와 더불어 중국 당국의 직접금융 활성화 노력에 기인한 것으로 평가되고 있다.

한편, 주식투자에 적극적인 개인투자자 규모는 3천만 명 정도로 추산되고 있는 가운데, 이는 전체 인구의 2%, 도시 인구의 7%로 낮은 수준으로 증시 침체가 소비에 미치는 부정적인 영향은 제한적인 것으로 평가되고 있다. 그러나 AC Nielsen의 설문조사 결과에 따르면 개인투자자의 70% 가량이 소비지출을 줄일 것이라고 응답하여 반론도 만만치 않다.

2. 금 리

최근 중국 인민은행은 기준금리인 1년 만기 대출금리와 예금금리를 각각 1.08%포인트로 인하했다. 이에 따라 대출금리는 6.66%에서 5.58% → 5.31%로, 예금금리는 2,52% → 2.25%로 각각 낮아졌다. 이번의 파격적인 금리인하는 지난 10여 년 만의 가장 큰 폭이다.

중국 인민은행은 지난 3개월 동안 네 차례(9월 15일, 10월 8일, 10월 29일, 11월 26일)에 걸쳐서 기준금리를 인하하였고, 지급준비율은 두 차례(9월 15일, 10월 8일) 인하하는 등 금융시장안정 및 성장둔화 억제를 위해 금융완화정책을 펴고 있다. 또한 중앙은행 어음 발행 주기(1년 만기)를 기존 매주에서 격주로 축소하여 유동성 공급확대 의지를 표명하기도 했다.

더불어 중국 인민은행은 성장둔화 방지를 위한 구체적인 대책으로 ① 각종 긴급방안을 적시에 가동 ② 금융기관에 충분한 유동성 공급 ③ 신용대출의 점진적 확대 ④ 창구지도를 통해 필요자금이 적시에 지원되도록 유도 ⑤ 채권시장 자금조달 확대 ⑥ 국제금융시장 모니터링 강화 등의 6대 조치를 발표했다.

3. 중국의 외환보유고와 미국 경제와의 관계[37)]

(1) 위안화의 국제화 추진 배경

최근 들어서 중국은 대만 · 홍콩 등 화교권은 물론이고, 러시아 · 동남아시아 등 주변 국가와의 교역에 있어서 위안화 사용을 확대하려는 노력을 크게 강화하고 있다. 위안화 역외거래시장 개설 추진 등 외환제도개혁에도 박차를 가하는 등 위안화의 사용국가를 확대하는 방법으로 위안화의 국제화 추진 노력을 크게 강화하고 있는 모습이다.

전문가들도 중국이 폭증하는 GDP 및 수출입규모 증대를 바탕으로 위안화의 국제적인 사용을 늘리고자 시도할 가능성을 배제할 수 없다는 결론이다.

이러한 배경에는 최근 들어서 달러화 신뢰성 저하나 미 · 중 간의 금리차 확대 등으로 중국의 보유외환 중 약 70%에 육박하는 달러화 자산에 대한 평가손이 발생하는 등 보유외환 관리에 어려움을 겪고 있을 뿐만 아니라 환율에 의한 수출변동성도 상당하기 때문인 것으로 파악되고 있다. 중국의 GDP 규모는 2007년 기준 미국의 23.7%, 일본의 74.9%, 독일의 99.5%로 세계 4 위를 차지하고 있으며, 금년에는 3위 등극이 확실시되고 있다.

(2) 가능성은 있나?

국제통화의 중요한 일반적 요건으로는 국내 금융자본시장의 육성과 건실한 경제성장, 그리고 통화가치의 안정적인 유지를 통한 대외신뢰도 제고를 들 수 있다. 즉, 통화가치안정, 국제거래 통화로서 수요공급의 원활, 교환성 및 이체성 등 매개통화적 기능 충족, 해당국 금융시장이 국제금융시장으로서의 기능과 조직의 완비가 중요하다는 말이다. 이에 비추어 볼 때, 위안화는 환율과 금리의 자유화나 금융시장의 선진화 등 해결해야 할 과제가 산적해 있다.

최근 들어서 천진 등 일부지역을 중심으로 위안화의 자유태환이나 역외금융시장개설 등 외환제도개혁이 추진 중이나 중국의 금융시장은 뉴욕 등 선진국에 비해 여전히 크게 낙후되어 있는 수준이다. 위안화의 국제화는 자본 자유화의 마지막 단계로 추진되고 있다. 우선 현재 중국에서 사용 중인 관리바스켓 변동환율제도를 시장환율제도로 전환하기에는 급격한 자금 유·출입과 환율변동에 대한 기업과 은행의 대응능력이 미약하다는 게 전문가들의 평가다.

그럼에도 불구하고, 주변 국가와의 경제상관성 확대와 이에 따른 위안화 사용확대 및 중국경제의 성장잠재력과 당국의 의지 등을 종합적으로 고려해 볼 때, 향후 아시아지역에 있어서 위안화의 위상이 과거에 비해 크게 제고되고 국제통화의 다변화에도 상당부분 기여할 것으로 전망된다.

중국 언론들은, 최근 중국의 외환보유고가 이미 2조 달러를 넘어섰다고 보도하고 있다. 게다가 아시아 각국의 전체 수출(수입)에서 중국이 차지하는 비중은 홍콩 48.7%(45.2%), 대만 27.8%(27.8%), 한국 22.6%(17.6%), 일본 15.6%(18.5%), 필리핀 11.6%(7.3%), 말레이 9.7%(12.8%) 등으로 큰 비중을 차지하고 있다. 중국의 입장에서도 아시아 지역과의 수출과 수입 비중은 2008년 상반기 각각 46.9%와 62.4%나 차지하고 있다.

이러한 마당에 최근 홍콩에서는 이미 공식 · 비공식적으로 위안화의 사용이 크게 확대되고 있음에 따라 조만간 상품가격에 위안화와 홍콩달러를 동시에 표기하는 방안도 검토되고 있는 등 중국의 주변국과의 무역거래에 있어서 위안화 결제가 크게 늘어나고 있다.

몽골과도 무역의 약 1/3 을 위안화로 결제하고 있으며, 그 밖에 러시아, 베트남 등 주변 국가와의 무역거래도 위안화의 결제가 과거에 비해 크게 확대되고 있는 것으로 알려지고 있다. 이러한 점을 감안하면, 향후 중국정부의 위안화에 대한 국제화 추진노력은 점차 가속도가 붙을 것으로 전망된다.

실물경제

1. 성장률 저하로 이어지다.

최근 중국의 실질 GDP 성장률은 예상을 크게 하회하는 9.0%로 하락했다. 이는, 올림픽 전후 공장가동 중단 및 기업의 생산조절 등으로 생산이 크게 부진하였던 데 기인한다. 그래서 Merrill Lynch는 올림픽

관련 조업차질의 영향이 성장률을 0.5~0.7%p 하락시킨 것으로 추정하고 있다. 이에 못지않게 기업들이 수요감소 전망에 따라 생산을 축소한 영향도 크게 작용했다. 이에 따라 3분기 기업생산은 2·4분기 15.9% 증가에서 13.0% 증가로 둔화되었다.

2009년에도 중국경제는 성장이 계속 둔화될 것으로 전망되고 있다. 즉, 국내 소비와 투자가 수출의 둔화를 상쇄하기 어려울 것으로 예상되어 당분간 성장률은 하락할 전망이며, 이는 과거에 비해 중국 경제의 수출의존도(수출/GDP)가 2000년 20.8%에 불과하였으나 2007년에는 37.0%로 크게 높아진 데 기인한다.

중국경제는 국내 소비가 성장동력으로 작동하기에는 미흡한 수준이어서 해외 선진국으로의 수출 둔화와 더불어 기업도산이 계속 증가할 경우에 소비기반이 급격히 약화될 우려가 있다. 국내외 예측기관들은 2009년도 중국 경제성장률을 하향 조정하고 있으며, 일부에서는 7%대 중반 수준으로 낮아질 가능성도 제기하고 있다.

중국의 GDP 성장률

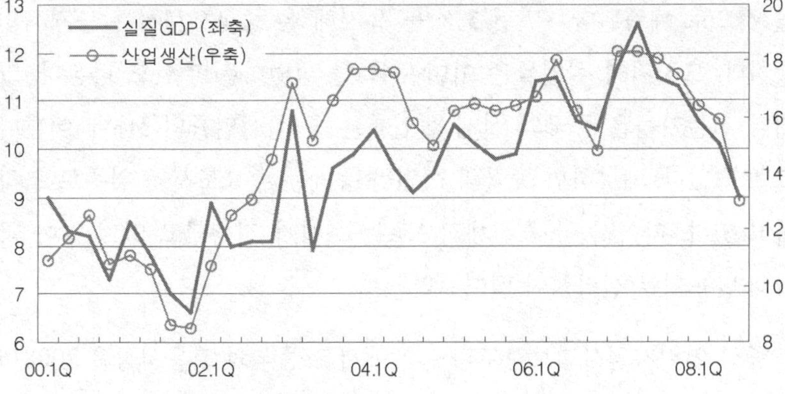

자료 : 한국은행, 〈해외경제포커스〉, 제47호.

중국의 세계 경제성장률 기여도가 약 60%에 이르는 점을 감안해 볼 때, 중국의 성장률 저하는 2009년 세계경제를 '0% 성장' 이라는 암흑의 터널로 끌고 들어갈 것으로 보인다.

중국 경제성장률 전망

(단위 : %)

	전망일자	2008년	2009년
IMF	11.6	9.8 → 9.7	9.3 → 8.5
세계은행	11.25	9.4	9.2 → 7.5
OECD	11.26	10.0 → 9.5	9.5 → 8.0
국가발전개혁위원회	10. 5	10. 3 → 10.1	9.0
Global Insight	11월	9.8 → 9.4	8.4 → 7.3
UBS Warburg	11.10	9.9 → 9.6	8.0 → 7.5
Deutsche Bank	11.7	9.9 → 9.5	8.4 → 7.6
Goldman Sachs	11.21	9.8 → 9.0	8.7 → 7.5
Morgan Stanley	11.10	10.0 → 9.4	9.0 → 7.5
JP Morgan	11.7	10.1 → 9.4	9.6 → 8.1

자료 : 한국은행, 〈해외경제포커스〉, 제47호.

2. 실업자가 쏟아진다.[38)]

2008년 중국의 실업률은 4.5%였으나 2009년에는 10% 이상 치솟을 것으로 예측된다. '만년 3%' 를 유지해 온 중국으로서는 충격적인 수치다. 도시지역 실업률은 이미 9.4%를 넘었다는 추산도 나온다. 그러나 전문가들은 중국의 실제 실업률은 공식 실업률의 3배에 이른다고 보고있다. 왜냐하면 중국의 실업률 통계는 주요도시를 위주로 조사하고 있다. 따라서 국가 전체적으로는 조사가 진행되고 있지 않아 국가의 발표치는 신빙성이 떨어진다.

중국 인력자원사회보장부의 통계에서도 중국의 고용시장은 2008년 10월 신규취업율이 8%를 나타내어 처음으로 하락세를 기록했으며,

또한 최근 들어서 고용시장이 급격히 악화되고 있다는 주장이다.

자료 : kotra.or.kr

실제로 최근 중국 내의 기업들 사이에서도 신규인력 채용계획을 취소하거나 연기하는 건수가 급증하고 있다. 특히 금융관련 기업들 대부분이 신규인력 채용에 대한 계획을 축소하거나 연기하고 있는 것으로 나타났다. 중국 4대 국제회계사무소인 더친, 비마웨이, 푸화용따오, 안용 등의 기업들이 금융위기의 영향으로 신규채용인원을 대폭 축소할 것으로 예상했으나 4대 기업들은 모두 채용계획을 유지하기로 했다.

3. 부동산 가격, 하락으로 이어지다.

최근 부동산 가격 상승세 둔화 및 거래량 감소 등 부동산 경기 위축이 지속되는 모습이다. 즉, 2007년 하반기 이후 10%를 상회하던 부동산 가격 상승세는 2008년 들어서 둔화되기 시작했다. 부동산 거래는 지난해 하반기 이후 크게 둔화되다가 2008년에 들어서는 감소세를 지속하고 있다.

이러한 추세에 대해 중국 당국은 그간의 부동산 가격 상승에 버블이 있다는 판단 하에 어느 정도의 부동산 가격조정은 두고 본다는 입장이며, 국무원은 향후 정책방향을 부동산 시장의 건전성 및 안정성을 촉진하는 데 중점을 둘 것으로 보인다.

사회과학원 뉴펑루이(牛鳳瑞) 주임은 전국적인 부동산 가격조정은 부동산 시장의 성숙을 반영한 것이라는 긍정적인 평가를 하고 있다. 따라서 부동산 경기는 재고 물량이 상당한 데다가 가격 하락의 기대로 수요자들이 구입을 미룸으로써 당분간 부진할 것으로 예상된다.

중국의 부동산 가격

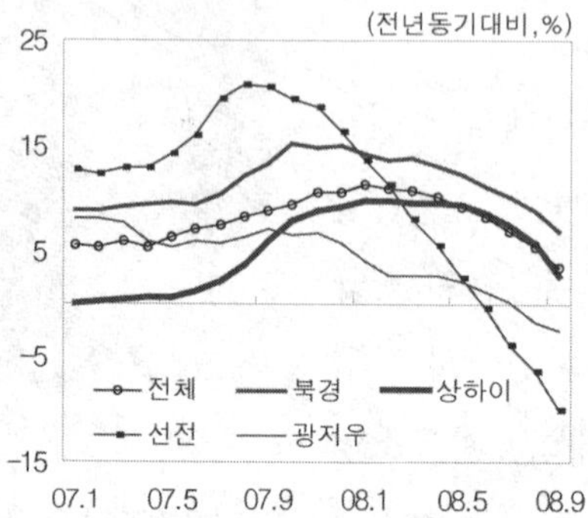

중국의 부동산 거래 규모

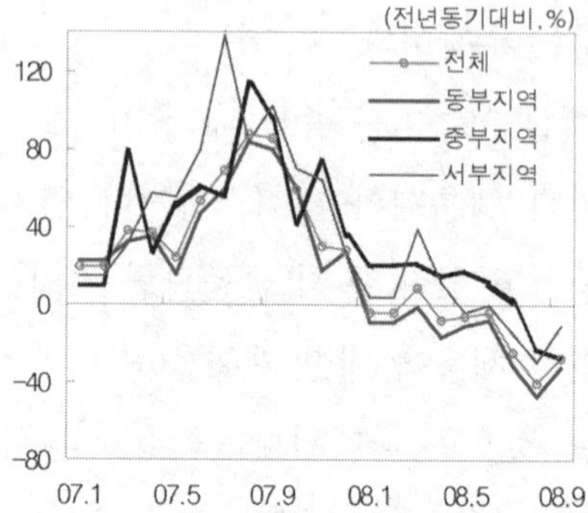

그러나 전문가들은 중국의 부동산 공급물량이 점차 감소하는 데다가 가격 조정이 진정될 경우에 실수요자의 부동산 매입이 서서히 증가할 것으로 예상됨에 따라 부동산 시장이 심각한 침체에 빠질 가능성은 낮은 것으로 평가하고 있다.

이러한 이유로 하반기 이후 주택착공이 크게 둔화되고 있어서 2010년에 들어서는 부동산 재고 물량이 상당부분 해소될 것으로 관측되고 있다. 또 국민들의 가처분소득이 증가하는 가운데 도시로의 인구 유입이 지속되고 있어서 주택에 대한 실수요는 견고하다는 논리이다.

중국의 부동산 대출 및 투자

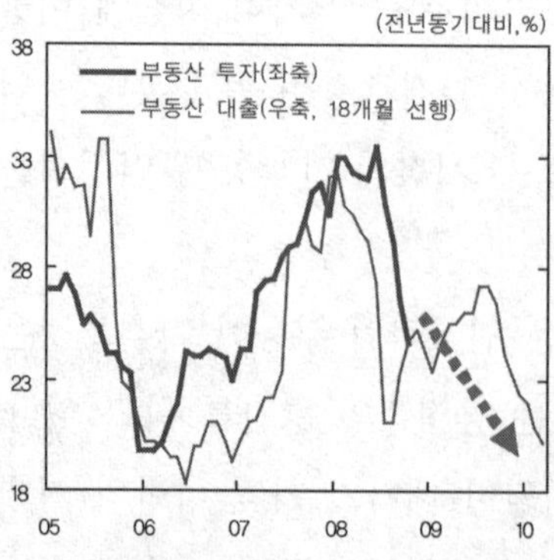

자료 : CEIC, 한국은행, 〈해외경제포커스〉

중국의 도시화율

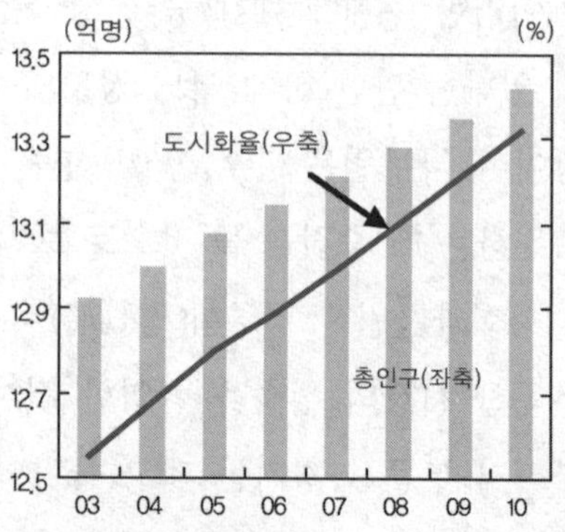

주 : 1) 6개월 이동평균, 자료 : CEIC

4. 무역수지 및 수출입 증가율 추이[39)]

최근 중국의 수출은 미국, EU 등 선진국뿐만 아니라 ASEAN 등 신흥시장국에 대한 수출도 감소세로 전환되고 있다. 다만 수입이 수출보다 빠르게 감소함에 따라 무역수지 흑자규모는 401억달러로 사상 최고치를 경신했다.

그동안 신흥시장국 수출이 호조를 지속하면서 미국, EU 등 선진국 수요 감소 영향을 상쇄하여 왔으나 9월 이후 금융불안이 실물경기를 더욱 침체시키면서 수출부진이 본격화되어 최근 들어 미국 수출이 6.1% 감소하고 EU(−0.0%)도 소폭 줄어들었으나 일본 4.0% 증가, 신흥시장국 중 ASEAN, 인도, 브라질 수출은 각각 2.4%, 5.8%, 3.7% 감소했다.

한편 산업생산은 수출 감소 등의 영향으로 전문가들의 예상치(Bloomberg, 7.2%)를 크게 하회하는 5.4%(전년동기대비) 증가에 그쳤으며, 시장에서는 중국 정부의 수출증대 노력에도 불구하고 선진국의 경기침체와 신흥시장국의 성장 둔화로 해외수요가 급감함에 따라 당분간 수출 부진이 지속될 것으로 예상된다.

IMF는 2009년 경기침체에 따라 선진국의 수입은 물량기준으로 0.1% 감소하고 신흥시장국의 수입은 5.2% 증가하는 데 그칠 것으로 전망하고 있는 가운데, Aziz and Li(2007년)는 선진국 경제의 성장률이 1%p 낮아질 경우 중국의 對선진국 실질 수출 증가율이 약 4.3%p 하락하는 것으로 추정하고 있다.[40)]

또한, 세계은행은 3.5%p, OECD 5.7%p, Deutsche Bank는 −4.0%p의 수출증가율을 기록할 것으로 보고 있다. 이러한 가운데서도, Royal

Bank of Scotland 의 Ben Simpfendorfer 는 과거 경험에 비추어 이번 세계경기 침체도 중국 제품의 세계 시장점유율이 상승하는 계기가 될 것으로 전망하고 있는 가운데, 일본종합연구소와 중국 국가발전개혁위원회는 2009년 중국 수출이 정부 지원책의 효과 등으로 각각 15.4%, 16.0% 증가할 것으로 전망하였다.

지난 2002년 IT버블 붕괴로부터 세계경기가 회복할 때 중국 수출은 다른 국가들에 비해 빠르게 증가했다. 즉, 중국은 2001년 7.0% → 2002년 22.1% → 2003년 34.6%의 수출증가세를 이어 간 바 있다.

중국 정부의 대응전략[41)]

중국은 경기불황으로 수출이 급감할 것을 예상하여 긴축정책을 완화하고 경기부양책을 실시하여 약 64%에 달하는 대외의존도를 줄이고 국내 투자와 국내 소비진작에서 경제성장의 새로운 동력을 찾으려는 금융위기 대응책을 모색하고 있다.

중국의 무역수지 및 수출입 증가율 추이

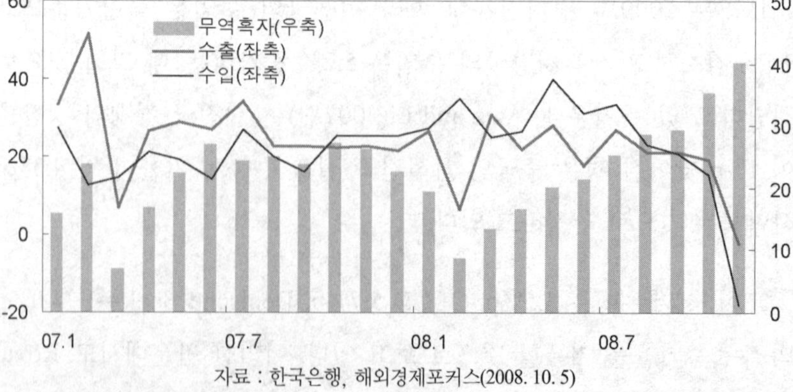

자료 : 한국은행, 해외경제포커스(2008. 10. 5)

중국 고도경제 성장의 8가지 위협요소[42)]

미국의 주요 싱크탱크 중 하나인 랜드연구소(Rand Corporation)에서 발표한 자료(Fault Lines in China's Economic Terrain)에 따르면, 중국은 현재의 고도성장 기조 유지를 위해 신중하게 대처해야 할 8가지 위협요소가 있으며, 이를 어떻게 대처하느냐에 따라 중국경제와 성장률에 타격을 입힐 가능성이 있다고 보고했다.

그 내용은 다음과 같다.

먼저 세 가지 위협요소는 **실업률**, **빈곤**, 그리고 **사회불안**이다. 중국의 공식적 실업률은 '공식적 수치인 3%선'이지만 실제로 현재 중국의 실업률은 노동인구를 기준으로 20% 정도로 추산, 약 1억7천만 명이 정규적인 일자리를 얻지 못하고 있다. 실업률이 높은 주요 원인으로는 1980년대의 인구팽창, 기업의 사유화, 비효율적인 공기업의 인력감축 및 중국 정부의 WTO 규정준수 노력의 결과를 들 수 있다.

또 도시와 농촌의 소득불균형의 격차가 커짐에 따라 농촌지역의 빈곤은 증가했으며, 이로 인한 농촌인구의 도시 이주 현상이 실업률의 증가와 사회적 불안을 초래하고 있다. 이러한 상황이 지속될 경우, 향후 10년간 중국의 경제성장률은 0.3~0.8% 정도가 감소될 것으로 전망된다.

네 번째는 **부정부패**로, 중국 도처에 퍼져 있는 부정부패는 자원 배분의 왜곡을 초래하면서 경제성장을 지연시킬 수 있다. 크리스천 사이언스 모니터(CSM)지에 의하면 지난 10년 동안 북미와 유럽 등지로 도피한 중국의 전직 부패관리들이 1만여 명에 달하며, 이들이 가지고 나간 공금만 1000억 달러(약 129조 원)에 이르는 것으로 나타났다. 중국 정부는 부정부패에 대한 처벌을 대폭 강화했지만, 오히려 부패관리들의 해외도피가 늘어나는 부작용을 초래하고 있다.

중국 해외 원자재 수입 의존도

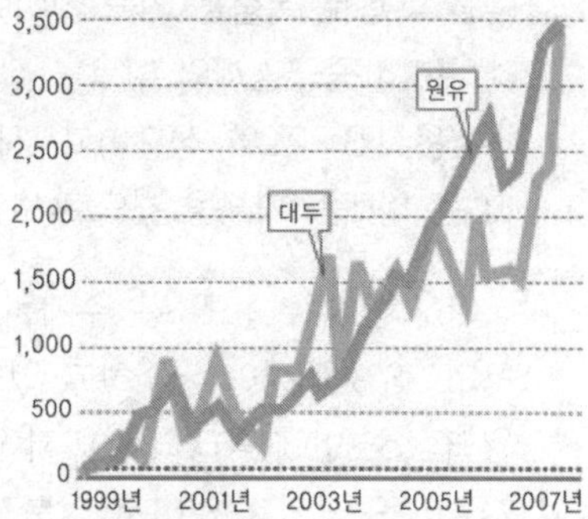

*1999년 기준(100),
자료 : 이코노미스트

중국이 범죄인 인도 협정을 맺은 국가가 전세계 31개국에 불과하기 때문이다. 특히 중국 부패관리들의 3대 은신처로 꼽히는 미국과 캐나다 · 호주 · 유럽 등의 선진국들은, 대부분 협정을 체결하지 않음으로써 도피행위를 더욱 부추기고 있다. 범죄인 인도 재판이 벌어져도 이들 국가에서는 변호사의 도움을 받을 경우에 재판 절차를 10년까지 지연시킬 수 있다는 것이 전문가들의 설명이다.

만연한 부정부패가 악화될 경우, 이와 관련된 중국의 성장지표들도 부정적인 영향을 받을 것으로 보이며, 이는 경제성장률 0.5% 정도를 감소시킬 수 있는 요인으로 보인다. 또한 최근에는 지방정부들이 중앙정부의 경기부양책(4조 위안)을 초과하는 10조 위안(1.5조 달러) 이상의 투자계획을 수립하는 등 경기부양책에 대한 규율부족 및 투자과잉 우려가 제기되고 있다.

일부 이코노미스트 및 정부 관료들은 경기부양책 시행에 따른 투자과잉 및 관료들의 부정부패를 우려하고 있으며, JP Morgan 이코노미스트 Frank Gong은 "지방정부들은 현 경기상황을 중앙정부의 투자승인을 받는데 이용, 정부주도의 투자쇄도는 부정부패와 낭비를 초래할 수 있다."라는 우려를 표명하기도 했다.

다섯 번째는 **HIV/AIDS와 전염병 발생**이다. 최근 중국에는 에이즈 바이러스(HIV)에 감염된 사람들이 70만여 명에 이르는 것으로 추산되고 있으며, 에이즈가 중국 내에서 수혈이나 마약주사가 아닌 성관계를 통해 확산되고 있다는 보고서가 나왔다. 비공식적으로는 중국의 HIV/AIDS 감염자는 최대 130만 명 정도가 될 것으로 추산하고 있으며, 매년 20~30% 정도로 증가하고 있다.

이러한 추세가 지속된다면, 2015년 이후에는 매년 170만 명~270만 명이 HIV/AIDS로 목숨을 잃을 것이며, 이는 치료비용의 증가와 생산성 저하를 초래하면서 중국경제의 발목을 잡을 것으로 보인다. 예상되는 경제성장률의 감소율은 1.8~2.2% 정도이고, 사스(SARS)와 같은 전염병이 발생할 경우에는 더 큰 피해를 가져올 것으로 보인다.

여섯 번째 위협요소는 **수자원의 부족과 수질오염**이다. 중국 북부는 전체 인구의 33% 이상이 거주하고 있으나 자연적으로 공급 가능한 중국 전체 수자원의 7.5%밖에 공급되고 있지 않다. 그 반면, 중국남부는 인구대비 풍부한 수자원이 공급되고 있어서 남북간의 불균형이 심하다. 또한, 중국 북부지역은 공업단지로부터 야기되는 수질오염이 수자원부족 현상을 악화시키고 있다.

이러한 중국 북부지역의 수자원 부족현상을 슬기롭게 극복하지 못한다면, 약 1.5~1.9%의 경제성장률이 감소할 것으로 보인다. 유엔은 '최근 중국의 물 부족 현상이 다소 개선되고 있지만 수질오염 정도가 심각하다'라는 내용의 보고서를 발표하고 시급한 개선을 촉구했으며, 중국 정부는 수질상황을 개선하기 위해 2010년까지 1,259억 달러(약 117조9800억 원)를 투자할 계획이라고 밝히고 있다.

일곱 번째와 여덟 번째는 **에너지 소비**와 **가격의 상승**이다. 1990년대 초만 하더라도 중국은 원유 수출국이었으나 현재는 사용되고 있는 원유의 절반과 천연가스의 1/5이 수입되고 있는 실정이다. 국제원자력기구(IAEA)는 중국의 원유 수입이 2030년까지 3배 늘어날 것으로 예상하고 있다.

이와 같은 천연자원에 대한 중국의 끊이지 않는 욕심은 국내에서도 문제를 일으키고 있다고 이코노미스트는 진단했다. 지난 몇 년 동안 중국 경제의 성장엔진은 경공업이 아니라 중공업 쪽으로 중심이 이동했는데, 이로 인해 중국 내의 환경오염이 심각한 수준에 도달했다는 것이다. 이러한 가정 하에 경제성장률은 1.0~1.3% 감소할 것으로 예상된다.

앞에서 언급한 8가지의 불안 요소들이 모두 현실로 나타날 경우, 중국의 경제성장률은 7.4~10.7% 감소할 것이다. 그러나 위의 여덟 가지 불안요인이 모두 발생할 확률은 극히 낮으며, 전혀 일어나지 않을 확률 또한 매우 낮다.

위의 여덟 가지 불안요소 중에 하나가 현실로 나타날 경우, 관련 불안 요인들이 연쇄적으로 발생할 가능성도 크다. 예를 들면, 중국 내부의 금융위기가 발생한다면, 외국인 직접투자(FDI)와 실업률 및 부패에 부정적인 영향을 초래할 가능성이 크다는 것이다.

이러한 위험 요소의 발생을 최소화하고 완화하기 위해서는, 중앙정부와 지방 간이나 정치기구 간의 긴밀한 관계 유지를 통해 현상을 진단하고, 문제 발생 시에 즉각적으로 처리할 수 있는 거대한 시스템의 구축이 필요하다.

1. 긴축정책 완화[43)]

중국은 최근 긴축정책의 기조에서 신축적인 통화정책을 통해 위축된 경기를 회복시키려는 조짐을 보이고 있다. 이러한 대책의 일환으로 중국 인민은행은 최근 대출금리와 지급준비율을 인하하여 기업운영의 활성화와 가계부담 완화정책을 추진하고 있다.

인민은행은 최근 수차례에 걸쳐서 대출금리를 인하한 데 이어, 주식매입 거래세를 폐지하고 신용거래를 허용하는 등 증시부양책을 통해 금융긴축정책을 완화했다. 금리인하와 지급 준비율 인하를 통해 주식시장을 활성화하는 한편, 생산 및 소비량을 늘려 보자는 취지다.

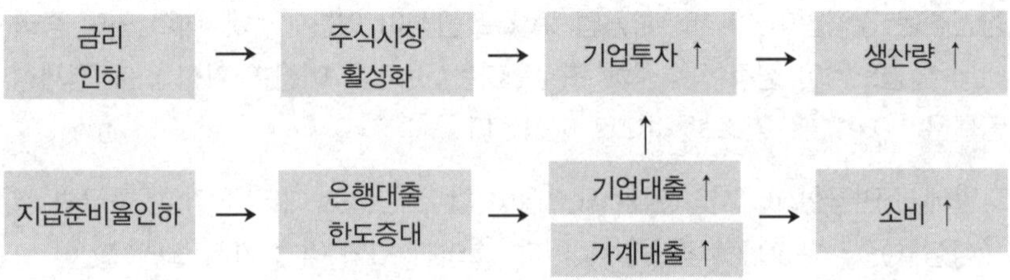

자료 : http://www.globalwindow.org(2008.9.17)

2. 경기부양책

최근 중국경제는 소비자 물가상승률이 둔화되고 있는 반면, 생산자 물가상승률은 최근 1년 동안 꾸준한 상승세를 보이고 있다. 이러한 현상은 기업의 생산비용 증가분이 소비자가격에 반영되지 못해 기업의 이윤폭이 점차 좁아진다는 것을 의미한다.

이처럼 경영환경이 어려운 가운데서도 경기둔화가 지속되자, 중국 정부는 수출품의 부가세 환급률 인상과 공공투자 확대는 물론이고 부동산 정책에 이르기까지 광범위한 대책을 발표했다.

2007년 이후 중국의 지급준비율 변동 현황

(단위 : %)

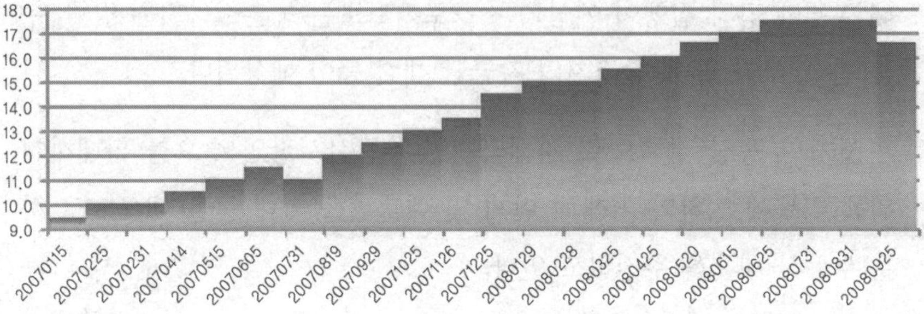

자료 : 중국 국가통계국

첫째로 부가세 환급률 인상이다. 즉, 수출기업에 대한 지원 및 수출 촉진을 위해 직물 · 완구 등 전체 수출품의 25.8%인 약 3,500여 개 품목에 대해 부가세 환급률을 인상했다.

둘째, 공공투자 확대정책이다. 소비 · 투자 등 내수활성화를 위해 약 2년 동안 4조 위안을 풀어서 경기대책을 시행할 계획이다. 이는 2007년 중 고정자산투자의 1/3을 상회하는 규모이며, 첫 단계로 금년 말 중에 4,000억 위안이 투자될 것으로 보인다.

이같은 대책을 10개 분야로 나누어서 저소득 계층에 대한 주택공급 확대, 농촌 인프라 개선, 교통 · 통신망 확충, 사회보장정책 강화, 환경보전, 기술혁신 및 지진피해복구 등을 집중 지원하는 한편, 고정자산투자에 대한 부가가치세를 면제하여 기업 부담을 경감하고 금융 산업의 성장견인력을 강화하는 내용을 포함하고 있다.

이러한 배경으로 최근 UBS나 Credit Suisse 등은 중국의 2009년 성장률 전망을 종전 8%대 중반에서 7%대 중반 이하로 하향 수정한 반면, 중국국제금융유한공사(CICC)는 이번 대책으로 중국의 2009년 성장률을 2% 상승시킬 수 있을 것으로 추정한 후에 중국의 성장둔화 속도가 예상보다 빨라질 것을 우려한 데 따른 조치를 들 수 있다. 즉, 올해 말경에 당장 집행이 예상되는 프로젝트로는 농촌소득지원 강화, 수출 진작, 투자 확대, 중소기업 자금난 해결 등이 예상된다.

셋째, 부동산 정책으로, 침체국면인 부동산시장의 수요를 확대하기 위해 취득세 인하와 거래세 면제 및 대출비율 확대 등을 내용으로 하는 부동산 대책을 추진하고 있다.

전문가들은 이번 조치에 대해 미국발 금융위기가 중국의 실물경제에 미칠 영향에 대해 본격적으로 대비하기 시작했다는 사실을 알 수 있으며, 이번 조치만으로는 전세계적인 유동성 과잉문제를 해결하기에 부족하다는 견해가 일고 있는 가운데, 지급준비율 인하는 중소 금융기관에 국한되어 있으므로 향후 좀더 다양한 대책이 마련될 가능성이 높다는 평을 하고 있다.

최근 중국의 월별 소비자물가 및 생산자물가 상승률 추이

(단위 : %)

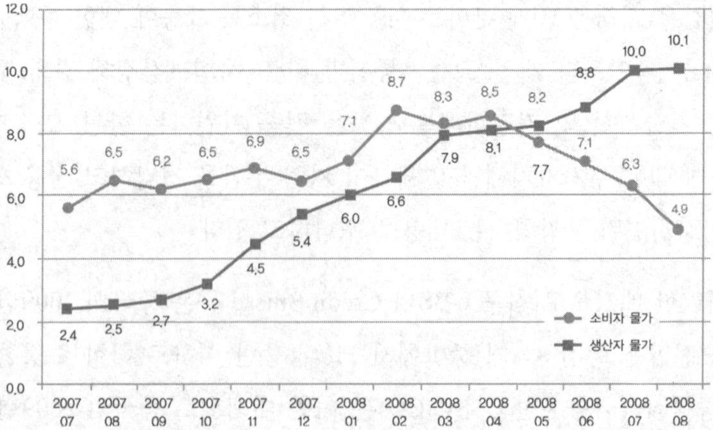

자료 : www.globalwindow.org(2008.9.17)

최근 노동집약형 가공기업들 중 신노동법에 따른 인건비 상승과 위엔화 평가절상에 따른 수출경쟁력 약화 등의 요인으로 인해 심각한 경영난을 겪고 있는 기업들이 급증하고 있음을 감안할 때, 이러한 일련의 조치는 이들 기업의 숨통을 조금이나마 트이게 하는 계기가 될 것으로 보인다.

금융위기에 따른 중국의 대응전략

구 분	주 요 내 용
농촌소득 지원·강화	• 최저 곡물 수매가 대폭 인상 • 농업 보조금 증대 방안 제정
수출입 확대	• 수출환급세율 인상(노동집약 및 고부가가치 제품) • 수입증가 통한 국제수지 균형 촉진
투자 확대	• 지진피해지역 복구 공사 가속화 • 농업, 에너지, 교통 등 인프라 확충 • 민생관련 프로젝트 건설 활성화
중소기업 지원	• 금융기관의 중소기업 대출 장려 • 중소기업 담보체계 정비 • 중소기업 기술혁신에 대한 재정지원 강화
민생문제 해결	• 저소득층과 특수계층의 기본생활 보장 • 보장성 주택의 건설 규모 확대 • 주택거래세 인하

제 17 장 동남아 국가의 경제상황[44]

탐욕은 그 입에 흙이 들어갈 때까지는 만족하지 않는다

– 네덜란드 속

증시 및 금융시장 동향

1. 주식시장

최근 월스트리트 저널(WSJ)은 아시아 국가통화약세 현상은 외국자본에 의존하고, 국내 상황에 대한 확신이 흔들리고 있는 국가들일수록 심하며, 이 같은 불안감이 국내 투자자들마저 외국자본의 이탈 흐름에 가세하게 만들고 있다고 진단한바 있다.

미국을 중심으로 한 국제금융시장 불안의 영향으로 아시아 주요 국가의 주가, 환율, 금리 등 가격변수의 불안전성이 심화되고 있다.

2008년 들어 대만, 태국, 필리핀 등에서 외국인 주식투자가 순매도로 전환되는 등 아시아 증시에서 외국인 주식투자자금 이탈이 뚜렷해졌다. 그러나 아시아 증시는 최근 들어 상승세를 타기 시작하여 MSCI 아시아 · 태평양지수가 상승했으나 대부분의 국가들은 전년말대비 40% 이상 하락했다.

주식시장에서는 미국 내 대형 금융기관들이 유동성 위기에 봉착하고, 글로벌 금융기관들의 디레버리징(deleveraging)과정에서 나타나고 있는 안전자산 선호현상으로 인한 아시아 금융시장에서의 외국인투자자 자금 회수에 따른 영향으로 주식시장의 불안이 지속되고 있다.

아시아지역 주가지수, MSCI Asia

자료 : 한국은행, Bloomberg

특히 최근 금융위기로 인한 신용경색 국면이 선진국에서 신흥국으로, 금융위기에서 실물경기 침체로 확산됨에 따라 엔화 및 달러화를 차입하여 고금리 국가 및 신흥국들에게 투자했던 투자 익스포져(exposure)를 대거 청산하면서 달러화 및 엔화를 되사는 거래가 활발해지고 있다.

주가지수 변동률 (2008년 10월 22일 기준)

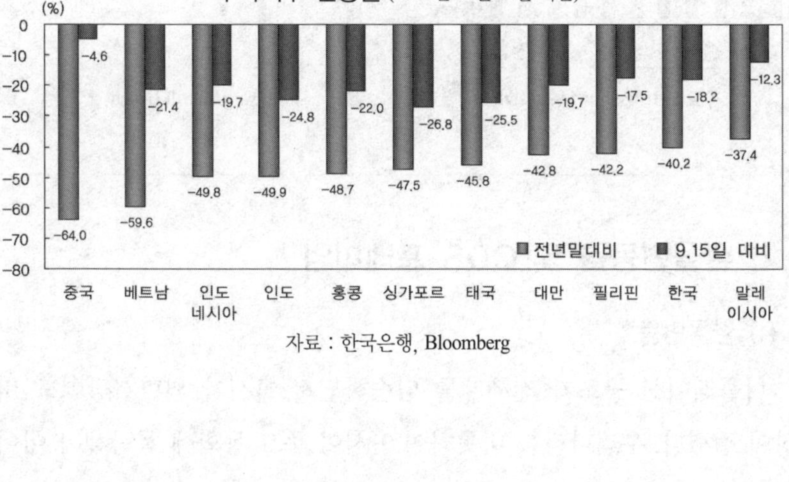

자료 : 한국은행, Bloomberg

헤지 펀드의 디레버리징(deleveraging) 지속[45)]

■ 수익률 악화에 따른 환매 증가지속

① Hedge Fund Research에 의하면 금년 들어 전체 헤지 펀드의 1/5 정도가 파산하였으며, 헤지 펀드의 운용자산규모도 2007년말 2조 달러에서 10월 중순 1.8조 달러 수준으로 감소하였다.

헤지 펀드 운용자산 규모는 최근 10년간 연평균 17% 수준의 높은 성장세를 지속하였으나 금년 상반기 중 순유입 규모가 크게 줄어든 데 이어 3 · 4분기에는 310억 달러 순유출로 전환되었다.

② 9월에만 430억 달러의 펀드 자금이 환매되었으며 환매에 대비한 현금 보유액이 8월 1,840억 달러로 전체 운용자산의 11%를 점유하고 있는 것으로 추산된다(TrimTabs Investment Research, Merrill Lynch).

헤지 펀드의 자금 순유입

(10억 달러)

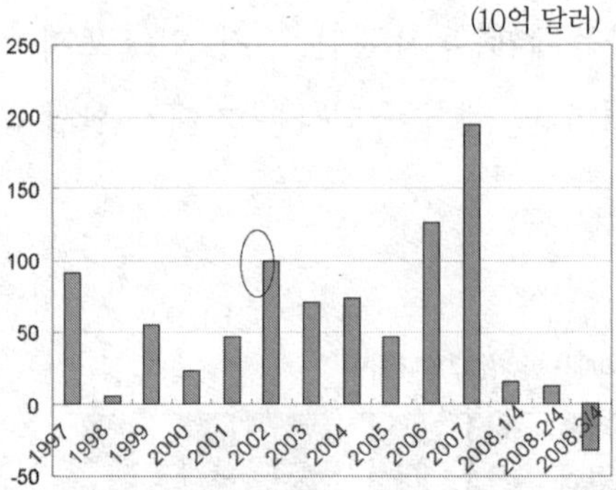

자료 : Hedge Fund Research

헤지 펀드의 현급보유액(추정)

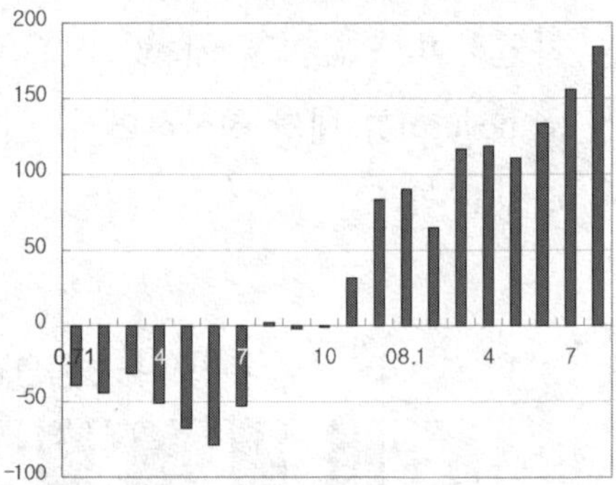

자료 : Merrill Lynch

2. 환율변동률 및 CDS 프레미엄

(1) 환율변동[46)]

디플레이션 공포가 전세계를 엄습하면서 아시아 외환시장에도 비상이 걸렸다. 우리나라를 비롯하여 아시아 주요 통화에 폭락세가 이어지면서 각국 금융당국의 환율방어 노력에도 불구하고, 중앙은행들의 개입에 대한 효력을 잃은 지 오래다.

2008년 한해 동안, 한국 원화는 달러대비 60% 이상 급락한 것을 비롯하여 대부분의 아시아 국가 통화들의 달러대비 가치는 이미 반토박이 난 상태이다.

아시아 국가별 환율 변동률

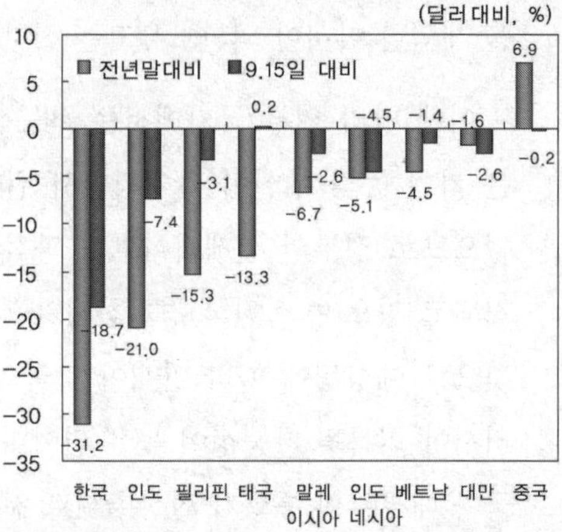

(+)는 절상, (−)는 절하, 2008년 10월22일 기준
자료 : 한국은행

아시아 국가가 세계금융위기의 중심에 있지도 않은데 금융위기의 중심에 있는 미국, 유럽 통화보다 큰 영향을 받고 있는 것은 아시아 국가가 선진국 경제에 크게 의존하고 있기 때문이다.

아시아 국가 경제는 2007년까지 미국, 유럽 등 선진국의 호경기에 따른 수요증가로 교역 확대와 함께 큰 폭의 무역 및 경상수지 흑자를 시현하였으며, 아시아 국가의 채권, 주식투자를 위한 간접투자와 함께 직접투자 자금도 선진국으로부터 대폭 유입되었다.

이에 따라 대부분의 아시아 국가는 수 년간 양호한 경제지표를 시현하였는데, 결국 아시아 국가의 양호한 경제지표는 선진국의 호경기 및 선진국 자금에 크게 의존한 것으로 볼 수 있다.

특히 2008년 들어 세계금융시장 불안 심화와 미국 등 선진국 경기 둔화로 아시아 국가는 수출 둔화와 함께 무역 및 경상수지 악화, 안전자산으로서의 달러자산 선호 현상 등으로 외국인 간접투자자금이 유출되면서 대부분의 통화가 약세로 전환되었다. 이러한 영향으로 중국을 제외한 아시아 외환보유고는 점차 줄고 있는 상황이다.

이에 따라 일부 국가에서는 부동산 부문, 중소기업, 부채비율이 높은 기업 등의 부실이 확대되면서 위기에 직면할 가능성도 배제할 수 없으므로 정부의 선제적이고 효과적인 정책실시가 필요한 것으로 지적되고 있으며, 선진국 경기침체가 적어도 2009년 후반까지는 이어질 것으로 예상됨에 따라 아시아 각국의 수출 및 경제는 2010년에 이르러서야 회복될 가능성이 높은 편이며, 경제 회복조짐이 보여야 아시아 국가 대부분의 통화가 절상추세로 전환될 것으로 예상된다.

(2) CDS (Credit Default Swap) 프레미엄

외환시장에서는 최근 들어 아시아 주요국의 CDS 프리미엄이 급등하는 등 외화조달여건이 악화되면서 통화가치가 하락하고 있다. CDS란 채권 등 증권화된 상품의 채무불이행에 대한 위험을 따로 거래할 수 있도록 한 상품이다. 즉, 채권 등을 거래할 때 만기 시에 못 받을 가능성에 대비하여 보험을 들어, 채무자가 파산하더라도 CDS를 통해서 채권을 회수할 수 있도록 만든 상품이다.

여기서 CDS 프레미엄이라는 말은 해당 증권을 발행한 채무자가 파산할 가능성이 높기 때문에 보험 수수료를 높게 받는다는 뜻이다.

국채기준 CDS 프리미엄

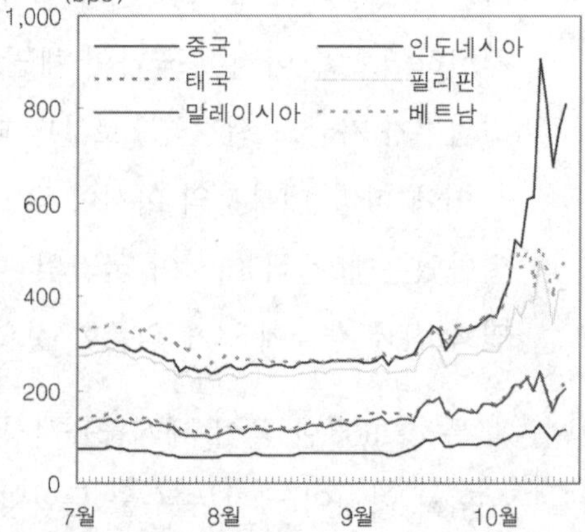

자료 : 한국은행

싱가포르 명목실효환율과 환율운용밴드

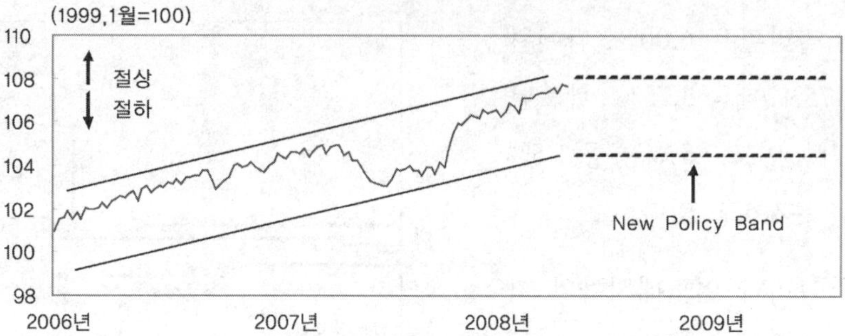

자료 : 한국은행

최근의 CDS프리미엄의 오름세는 한국뿐 아니라 중국 등 아시아 다른 나라에서도 공통된 현상으로, 아시아 각국의 국내 금융시장 여건보다 글로벌 금융시장의 상황이 반영된 것으로 보인다.

한편 환율(명목실효환율)을 통화정책의 운용목표로 삼고 있는 싱가포르도 환율운용범위를 하향 조정하여 싱가포르 달러의 약세를 유도하는 쪽으로 금융완화 조치를 시행했다.

3. 금리

(1) 기준금리

아시아 각국이 경기침체에 대응하기 위해 금리를 잇달아 인하하고 있다. 지금부터는 기준금리에 대해 알아보고자 한다. 아시아 주요 국가들은 국제금융시장 불안에 따른 경기 둔화 우려가 확산됨에 따라 금융정책 기조를

동남아 각국의 정책금리

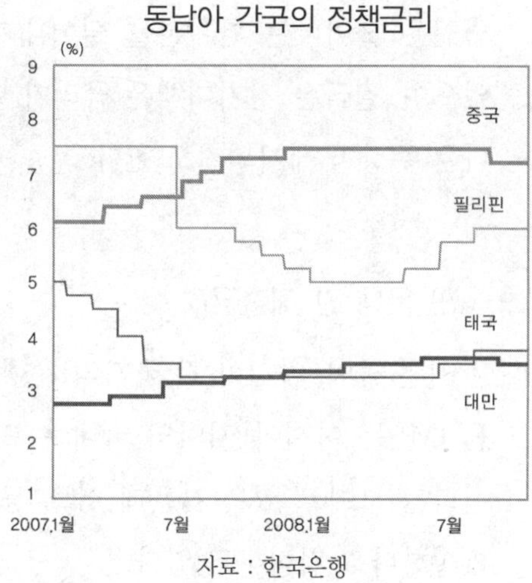

자료 : 한국은행

긴축에서 완화로 전환했다.

필리핀은 6.00%, 타이완 2.75%, 태국 3.75% , 베트남 11%, 인도 7.5%, 홍콩 1.5%를 유지하고 있다.

동남아 각국의 예금금리

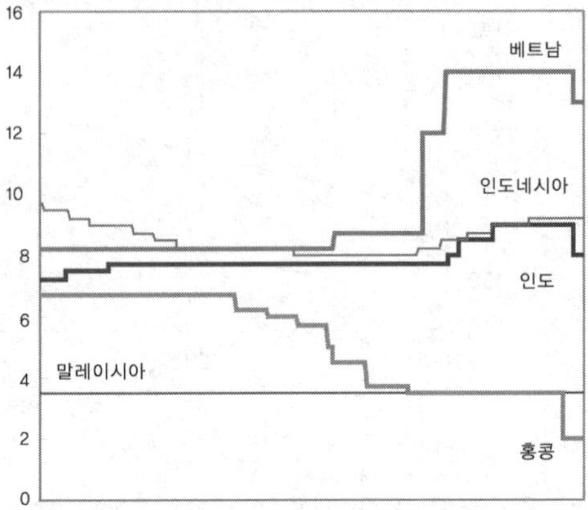

자료 : 한국은행, 제 2008-43호 / 2008. 10. 19

그러나 인도네시아의 기준금리는 9.50%로 0.25% 포인트 인상했다. 그 이유는 환율상승과 함께 달러난을 심화시킬 수 있기 때문이다. 또한 금리인하로 환율이 오른다면 도리어 수입물가 상승으로 인한 물가인상을 부채질할 수도 있다.

이는 다시 가계소비를 위축시키고 기업실적 악화를 촉진하는 부메랑으로 돌아올 공산이 크다.

이보다 더 심각한 문제로는 이자율 상승으로 환율이 오를 경우, 외국인은 불어나는 환차손을 덜어내기 위해 주식 매도에 나설 수밖에 없으며, 결국은 경기대책은 금리가 아니라 재정정책으로 대응해야 한다는 주장이 제기되기도 한다.

(2) 은행 간 대출금리

최근 들어, 아시아 각 국가의 은행 간 대출금리가 상승하고 있다. 최근 IMF는 아시아 지역의 국내 수요가 급격한 수출 감소와 신용경색 심화를 보이고 있는 가운데 어느 정도나 스스로 맞설 수 있을지도 불확실하다고 지적하고 있다.

또한 IMF는 아시아 지역이 금융시장 안정과 성장을 지원하기 위한 단호한 조치가 필요하다고 경고하면서 아시아 각국의 은행 간 대출금리가 상승하고 변동성이 확대되는 등 신용경색이 심화되고 있음을 경고하고 있다.

동남아 각국의 은행간 대출금리

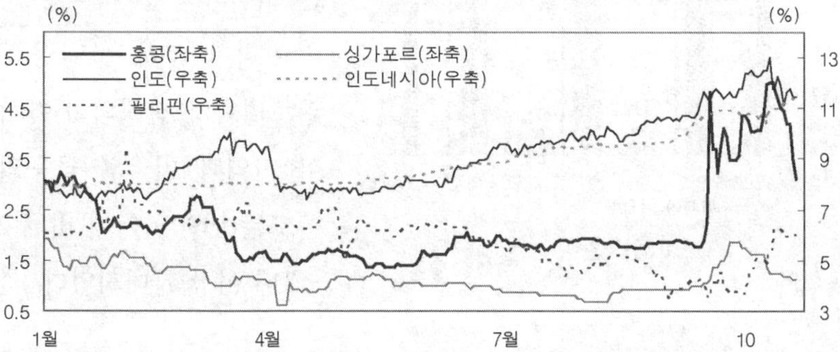

* Interbank Offered Rate, 1개월 만기, 자료 : CEIC, 한국은행

4. 대미 수출의존도

아시아 주요국의 수출의존도

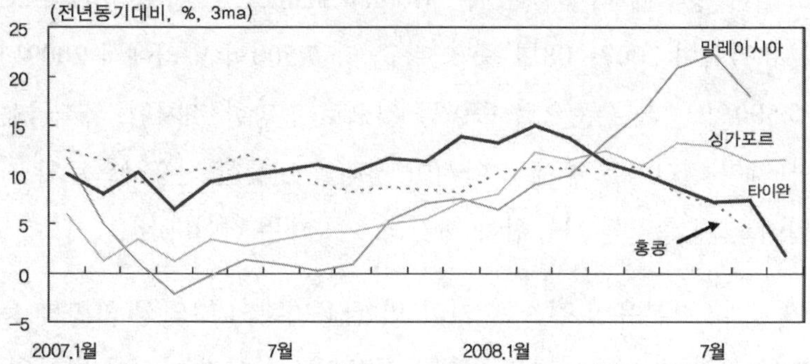

자료 : 한국은행

외채 / 외환보유액 비율

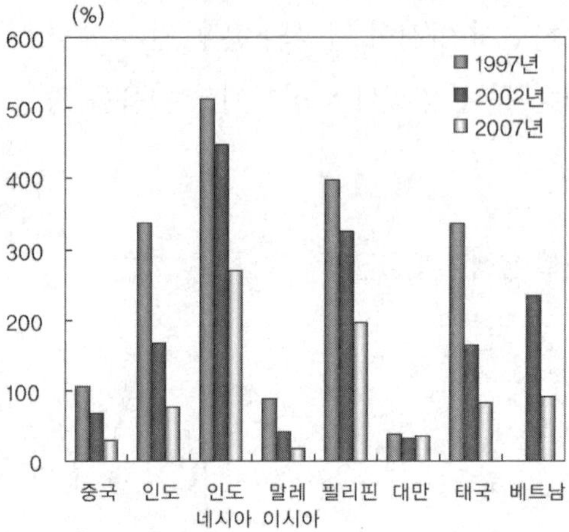

자료 : 한국은행

아시아 국가들의 대미 수출의존도는 1990년대에 비해 오히려 상승하였으며 제3국을 통한 간접수출을 포함할 경우 대미 수출의존도는 더욱 높아진다.

이러한 추세는 금융의 글로벌화가 진행되며 아시아 지역과 미국의 금융의존도는 1990년대에 비해 2~3배 이상 확대되었다.

그러나 금융위기의 영향으로 올해 하반기 들어 대미 수출의존도가 높은 홍콩, 싱가포르, 대만, 말레이시아 등의 수출 증가세가 둔화되는 모습을 보이고 있다. 또한 디레버리징(deleveraging), 해외자본 유입 감소에 따른 자금조달 애로로 인해 내수 성장세가 위축될 가능성도 점증하고 있다.

그러나 향후에 더 큰 문제는 Morgan Stanley가, 신흥시장국으로의 자본유입액이 2007~08년 중 연평균 약 7,500억 달러에서 2009년에는 5,500억 달러 수준으로 줄어들 것으로 전망한 것처럼, 국제금융시장 불안이 일단락된 후에도 아시아 지역을 비롯한 신흥국으로의 자본유입이 크게 축소될 가능성이 제기되고 있다는 점이다.

이 경우, 자본유입 감소는 기업 및 금융기관의 수익성 악화를 통해 아시아 지역 내 금융기관의 디레버리징으로 이어져 아시아 국가의 내수 성장세에 부정적인 영향을 미칠 것으로 우려된다.

5. 외채비율/외환보유고 및 예대율

(1) 외채비율/외환보유고

아시아 주요 국가들은 지난 10년간 외환보유액이 증가되고 대외채무에 대한 관리가 강화되면서 대외지급능력에 대한 우려가 크게 감소한 것이 사실이다.

특히 인도네시아와 필리핀을 제외한 아시아 주요 국가의 외채/외환보유액 비율이 과거 외환위기 당시에 비해 크게 낮아졌으며, 외환보유액이 외채규모를 상회하고 있어서 미국발 국제금융시장 불안이 아시아 지역의 금융시스템 위기로 이어질 가능성은 크지 않은 것으로 평가되고 있다.

(2) 예대율

대부분의 아시아 주요 국가의 은행 예대율(Loan-Deposit Ratio)은 낮은 수준을 유지하는 등 은행시스템이 건전한 편이다. 즉 인도를 제외한 국가들은 예대율이 100%를 하회하고 있으며, 외환위기 당시에 비해서도 큰 폭으로 하락했다. 그러나 우리나라의 경우는 136%에 달하는 것으로 나타났다.

예대율 (Loan-Deposit Ratio)

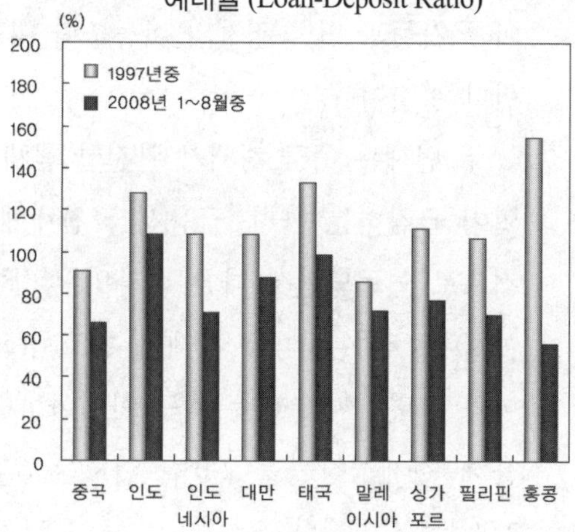

자료 : 한국은행

실물시장

1. 성장률[47)]

금융위기로 인한 국제금융시장의 불안이 지속되면서 수출 둔화, 해외자본 유입 감소 등의 영향으로 아시아 지역의 성장세가 크게 둔화될 전망이다. 2000년대 들어서 아시아 지역의 역내 무역이 증가하고 내수규모가 확대되었음에도 불구하고 아시아 경제와 미국 경제는 실물 및 금융측면에서 여전히 밀접한 관계를 맺고 있다. 또한 미국 경제가 침체 국면에 접어들 경우, 아시아 경제도 큰 타격을 받을 수밖에 없는 상황이다.

이에 대해 IMF는 두 가지 시나리오를 제시하고 있다. 첫 번째는 미국 경제가 완만하게 감속할 경우, 다른 나라의 경제성장에 미치는 영향은 제한적이며 대부분의 국가들은 성장세 유지가 가능하다. 즉 아시아 국가들과 미국 경제와 비동조화 내지는 탈동조화(decoupling 효과)한다는 것이다.

두 번째는 미국 경제가 완전한 침체국면에 접어들 경우, 미국의 수입이 급감하는 한편, 금융시장 침체에 의한 자산가격 하락이 전세계적으로 연동되면서 다른 나라의 성장에 심각한 악영향을 미친다. 즉, 아시아 국가는 미국 경제와 동조화(coupling 효과)한다는 주장이다. 이와 관련하여 IMF는 최근 아시아 · 태평양지역 경제전망보고서에서 올해 경제성장률을 2.0%, 인도는 6.3%, 홍콩은 2.0%, 싱가포르는 2.0%로 전망했다.

이러한 원인으로는 세계적인 금융위기 심화와 선진국 경제침체로 인한 수출감소에 있는 것으로 분석되고 있다.

또한 지난 2~3년 전부터 약세장을 예상하며 '미국계 IB가 무너진다', '금에만 투자하라' 는 등의 극단적인 전망을 내놓은 프랑스계 아시아주식전문 증권사 CLSA의 한 이코노미스트는 "앞으로 인플레이션과 유동성의 시대는 끝나고 디플레이션의 시대가 될 것입니다.

위험선호도(Risk appetite)의 감소는 어떤 정부도 막을 수 없으며, 적어도 2010년 하반기까지는 경기하강이 계속될 것입니다."라고 주장하였다. 그는 한국의 2009년 성장률을 -1.1로 보고 있다. 또한 중국을 제외한 8개 국가의 평균도 0.43%로 1%에도 못 미치는 최악의 성장률이며, 우리나라를 포함한 홍콩, 말레이시아, 싱가폴, 타일랜드 등은 마이너스 성장을 예견하고 있다.

아시아 신흥국의 실질 GDP 전망

	2007	2008E	2009E
중국	11.9	9.0	5.5
홍콩	6.4	3.7	−1.7
인도	9.0	6.9	5.9
인도네시아	6.3	5.8	2.2
한국	5.0	3.7	−1.1
말레이시아	6.3	5.0	−0.5
필리핀	7.2	2.9	1.9
싱가포르	7.7	2.3	−2.2
태국	4.8	4.2	−1.0

자료 : 한국은행.

2. 대외취약성 지수

대외취약성 지수라는 것은 공식외환보유고 대비 잔여단기부채 비율이다. 1997년 아시아 금융위기시, 대외취약성 비율이 높았던 국가들은 이 비율이 낮았던 국가들보다 더 큰 외환변동과 거시경제적 충격을 겪었다. 1996년 말 한국은 본질적으로는 매우 역동적인 경제였지만 높은 대외부채 비율로 인해 특정 형태의 충격에 취약한 상태였다. 최근 Citibank의 분석에 따르면 베트남, 인도, 인도네시아, 필리핀 등은 상대적으로 대외취약성(vulnerability)이 높은 것으로 평가되고 있다.[48)]

대외취약성 지수 (Vulnerability Indicator)

(단위 : %)

해외 자본유입이 중단될 경우 (Sudden Stop)[1)]		해외 자본이 유출될 경우 (Sudden Reversal)[2)]	
베트남	64	인도네시아	237
인도	21	필리핀	97
인도네시아	13	대만	88
필리핀	12	말레이시아	71
태국	0	인도	59
대만	−6	태국	54
싱가포르	−9	베트남	34
홍콩	−15	중국	16
중국	−19	싱가포르	..
말레이시아	−24	홍콩	..

1) Risk of Sudden Stop of Financial Flows = (경상수지 적자 + 만기 1년 미만 외채)/외환보유액,
2) Risk of Sudden Reversal of Financial Flows = (외국인보유 주식 및 채권 + 단기외채)/외환보유액,
자료 : 한국은행.

아시아 정부의 대응책[49)]

아시아 각국은 금융위기에 대응하기 위해 금융완화 이외에도 예금보호한도 확대, 증시부양책 마련, 공적자금 투입 등의 조치를 시행 중이다. 최근 들어 주요 선진국들이 예금보호한도를 확대하는 가운데[50)] 인도네시아, 대만, 말레이시아, 싱가포르, 홍콩 등도 예금보호한도를 확대하거나 전액 보장키로 했다.

태국은 최근 증시활성화를 위해 'SET in the City' 라는 100만 바트(28,478달러)의 상금을 제공하는 프로그램을 시행했다.

올해 태국 주식시장의 SET 지수는 아시아 외환위기 이후 최악인 54%나 급락했다. 인도 중앙은행은 최근 금융위기 해소를 위해 시중은행에 유동성과 구제금융을 지원하는 법안을 마련했다.

구제금융 규모는 10년 전 아시아 외환위기 당시 구제금융 규모(450조 루피)를 상회할 것으로 전망된다. 중앙은행은 또한 루피화 환율방어를 위해 석유 및 가스 업체들이 금융거래 시 인도 은행을 이용하도록 하는 법안을 시행할 것으로 알려졌다.

인도는 그밖에도 해외자본 유입을 위해 비거주자의 주식투자 규제를 완화하고 예금금리를 인상하는 한편, 국내기업의 외화차입 상한을 확대하였고, 대만과 인도네시아는 주식시장 안정을 위해 공매도를 금지하였으며, 대만은 주가하락 제한폭도 축소(7.0% → 3.5%)하는 조치를 취했다.

홍콩은 Contingent Bank Capital Facility 를 설립하여 은행에 대한 공적자금 투입에 대비했다. 즉, 은행들의 요구가 있을 경우, 감독당국의 충분한 조사 · 검토 후 공적자금이 투입(재원은 외환기금)되며 공적자금 투입 은행에 대해서는 제반 계약조건 이행을 위한 홍콩금융관리국(HKMA)의 규제가 가능하도록 했다.

홍콩 재정장관은 이와 관련하여 현재의 은행시스템이 건전하여 이 조치가 당장 필요한 것은 아니지만 국제적인 금융불안에 대응하여 신뢰성을 확보하기 위한 선제적 조치라고 설명했다.

동남아 주요국별 대응책

국가	주요내용
인 도	• 비거주자의 주식투자 규제 완화, 비거주자 예금금리 인상 • 국내 기업의 외화차입 상한 확대 • RP 거래를 통한 자금 공급(2,000억 루피)
인도네시아	• 예금보호한도 확대(1억루피 → 20억 루피) • 주식 공매도 금지 • 상업은행이 중앙은행으로부터 대출을 받을 경우 담보물 범위 확대
대 만	• 예금보호한도 확대(150만 대만달러 → 300만 대만달러) • 일부 주식에 대해 주가 일일 하락 제한폭 축소(7.0% → 3.5%) • 주식 공매도 금지
말레이시아	• 예금전액 보장(말레이시아 링깃화 및 모든 외화예금, 2010년말까지) • 중앙은행의 유동성 공급대상에 보험사를 포함
싱가포르	• 예금전액 보장(싱가포르 달러화 및 모든 외화예금, 2010년말까지)
홍 콩	• 예금전액 보장(홍콩 달러화 및 모든 외화예금, 2010년말까지) • Contingent Bank Capital Facility 설립

자료 : 한국은행, 〈해외경제포커스〉 각호.

제6부

글로벌 경제 최악의 시나리오

제 18 장 글로벌 경제의 위기, 이제부터 본격적인 시작이다

미래를 신뢰하지 말라. 죽은 과거를 묻어 버려라. 그리고 살아있는 현재에 행동해라.

– Henry Wadsworth Longfellow(시인, 1807.2.27 ~ 1882.3.2

위기 속에서도 꿈은 잃지 말자

나는 꿈이 있습니다.[1]

그리고 나는 오늘 오후 남부로 돌아가지만, 절망에 빠진 채 가는 것은 아닙니다. 나는 남부로 돌아가지만, 우리가 탈출구가 전혀 없는 컴컴한 지하 감옥 속에 갇혀 있다고는 생각하지 않습니다. 나는 새로운 날이 오고 있다는 믿음을 가지고 돌아갑니다. 나는 지금 꿈을 가지고 있습니다. 그것은 아메리칸 드림에 깊이 뿌리를 둔 꿈입니다.

나는 지금 꿈을 가지고 있습니다. 어느 날, 조지아에서 미시시피와 앨라배마에 이르기까지 옛날 노예의 아들들이 옛날 노예주인의 아들들과 함께 형제처럼 살게 되는 꿈입니다.

나는 지금 꿈을 가지고 있습니다. 어느 날 백인 어린이가 흑인 어린이와 형제와 자매처럼 손을 잡게 되는 꿈입니다. 나는 지금 꿈을 가지고 있습니다. 어느 날 단순히 자유를 얻기 위해서 집이나 교회에 불을 지르는 일이 없게 되는 꿈입니다.

나는 지금 꿈을 가지고 있습니다. 어느 날, 이곳 워싱턴 시의 흑인들이 돈만 있으면 어느 곳에서든지 집을 사거나 세를 들고 집을 가질 수 있게 되는 꿈입니다.

그렇습니다. 나는 지금 꿈을 가지고 있습니다. 어느 날, 이 땅에서 아모스의 예언이 실현되고, 정의가 강물처럼 흘러내리며, 진리가 거대한 분류처럼 흐르게 되는 꿈입니다.

마틴 루터 킹 목사

나는 지금 꿈을 가지고 있습니다. 어느 날 모든 사람은 평등하게 태어났고, 창조주로부터 생명, 자유, 행복추구 등 양도할 수 없는 권리를 받았다는 제퍼슨의 말을 인정하게 되는 꿈입니다.

나는 지금 꿈을 가지고 있습니다. 인간이 모두 형제가 되는 꿈입니다. 나는 이런 신념을 가지고 나서서 절망의 산에다 희망의 터널을 뚫겠습니다. 나는 이런 신념을 가지고 여러분과 함께 나서서 어둠의 어제를 광명의 내일로 바꾸겠습니다. 우리는 이런 신념을 가지고 새로운 날을 만들어낼 수 있습니다.

하나님의 모든 아이들이 흑인이건 백인이건, 유태인이건 비유태인이건, 개신교도이건 가톨릭교도이건, 손을 잡고, '자유가 왔다! 자유가 왔다! 하나님 감사합니다!' 하고 흑인영가를 부를 수 있는 날을 만들 수 있습니다.

워싱턴 대행진때 링컨 기념관 앞에서 행한 연설(1963. 8. 28)

〈Martin Luther King, Jr, 목사, 정치인, 1929. 1. 15~1968. 4. 4〉

초특급 금융위기의 뇌관

1. 글로벌 금융위기, 언제 막을 내릴 것인가?[2)]

2009년 들어 글로벌경제는 경제위기가 실물경제에 본격적으로 전이되어 성장이 급속히 둔화되는 등 수년간 극심한 어려움이 지속될 것으로 예상된다. IMF 등 국제연구기관들에 의하면 실물경제가 침체를 거쳐 회복되는 시점까지 대략 3~4년 정도가 소요되어 2011년경에야 회복추세를 보일 전망이다.

그러나 이러한 가정은 경제회복에 대한 장애물이 없을 경우에 해당되는 가정들이다. 그러나 오늘날의 미국 발 금융위기는 경기회복을 가로막는 '숨겨진 뇌관' 들이 곳곳에 남아 있어 과거의 단순한 '버블' 로 인한 금융위기 때와는 전혀 다른 양성으로 진행될 것으로 판단된다.

최근 미국의 경제연구소인 NBER은 미국경제가 2007년 12월부터 경기침체기에 진입하였다고 공식 발표한 가운데, 향후 미국 경기침체의 장기화 가능성을 예고하고 있다.

이러한 분석은 지난 2007년 12월을 기점으로 고용지표(취업자수)가 감소세로 전환된 것이 주된 요인으로 지적되고 있으며, 실질 GDP 성장률도 2007년 4 · 4분기 마이너스 성장 이후 2008년도는 물론 2009년도도 마이너스 성장을 이어갈 전망이다.

이는 美 정부가 실시중인 5,000~7,000억달러의 추가 부양책의 효과는 Barack Obama 대통령 당선자가 취임(2009년 1월 20일 취임)한 이후 2009년 2분기부터 가시화될 것으로 전망되고 있는 가운데, 종전 16개월 간의 침체기보다 더 긴 침체기를 기록할 가능성이 있음을 시사하는 대목이다.

세계 금융위기 사례 연구 (IMF, World Bank 등)

	금융위기 (서브프라임부실) →	실물경제전이 →	경기침체지속 →	추세성장회복
소요기간	(2~3분기)		(7~8분기)	(3~4년)
시 점	〈2007.3/4〉	〈2008.2/4분기〉	〈2010.1/4~2/4분기〉	2011년

자료 : 2009년 경제운용방향 (관계부처 합동, 2008. 12. 16)

미국의 경기순환 주기

침 체 기[1]			지속기간(개월)	
고점		저점	침체기	확장기
1929. 8(III)	~	33. 3(I)	43	21
1937. 5(II)	~	38. 6(II)	13	50
1945. 2(I)	~	45. 10(IV)	8	80
1948. 11(IV)	~	49. 10(IV)	11	37
1953. 7(II)	~	54. 5(II)	10	45
1957. 8(III)	~	58. 4(II)	8	39
1960. 4(II)	~	61. 2(I)	10	24
1969. 12(IV)	~	70. 11(IV)	11	106
1973. 11(IV)	~	75. 3(I)	16	36
1980. 1(I)	~	80. 7(III)	6	58
1981. 7(III)	~	82. 11(IV)	16	12
1990. 7(III)	~	91. 3(I)	8	92
2001. 3(I)	~	01. 11(IV)	8	120
2007. 12(IV)	~	..	13[2]	73

주: 1) ( )내는 분기

2) 2008. 12월 현재, 자료 : NBER, 한국은행

2. 진짜위기, 뇌관이 터지기 시작하다.

지난 몇 개월 동안 전세계를 강타한 금융위기의 영향으로 상업은행들, 투자은행과 헤지 펀드, 보증을 해준 모노라이너들, 그리고 수많은 동구권 국가에 이르기까지 한꺼번에 부실화하거나 혹은 국가부도 사태를 맞았다.

'프레디맥'과 '패니메이' 등의 금융기관들은 국유화되고 '리먼'은 파산을 신청하는 한편, '메릴린치'는 매각되는 등 대부분의 금융기관이 어려운 상황에 처해 있다. '골드만 삭스'와 '제이피 모건'은 은행지주회사로 구조를 바꾸기로 했다.

아이슬란드를 비롯한 6개국이 이미 IMF에 구제금융을 신청했으며, 다른 10여 개국도 언제 부도위기에 처할 지 모르는 그야말로 '일촉즉발'의 국가부도 위기상황에 몰려 있다. 이러한 와중에서 CDS, 합성 CDO, 헤지 펀드 등 잠재적 부실뇌관이 터지고 있고, 향후 글로벌 부동산 가격이 하향할 것으로 예상되는 등 글로벌 금융시스템에 '전대미문'의 역사상 최대 위험요소로 작용할 전망이다.

(1) 서브프라임 모기지보다 60배나 더 큰 신용부도 스와프[3)]

① 신용부도 스와프란 무엇인가?[4)]

신용부도 스와프(CDS, Credit default swap)란 대출이나 채권의 형태로 자금을 조달한 기업의 신용위험만을 별도로 분리하여 이를 시장에서 사고 파는 최신 금융파생상품이다. 우리나라에서는 2006년 12월에 처음 거래가 시작되었다.

CDS가 부도에 따른 손실 위험을 크게 줄여서 거래의 안정성을 높여 줄 수 있기 때문에 CDS 거래가 늘어나면 중소기업 대출이나 회사채 발행도 활발해질 수 있다. CDS는 사고 팔 수도 있어서 매입한 CDS를 웃돈을 주고 사거나 팔기도 한다.

최근 월가의 충격은 서브프라임 모기지 사태를 넘어서 사태의 후폭풍이 어디까지 확산될지 종잡을 수 없다는 데 있다. 특히 신용기반 거래인 '신용부도 스와프(CDS)'가 다음 위기의 진원지가 될 수 있다는 우려가 글로벌 금융시장에 광범위하게 번지면서 금융기관들의 단기차입이 거의 봉쇄되는 사태까지 올 수 있다는 지적도 나오고 있다.

전문가들은 현실적으로 스와프 지불절차가 정형화되어 있지 않기 때문에 월가의 불안이 높아질수록 CDS 거래는 더욱 더 위축될 수밖에 없다고 입을 모으고 있다.

신용부도 스와프(CDS)의 예[5]

예를 들어 A은행이 연 5%의 이자로 B기업에 100억 원을 대출해 주었을 경우, B기업의 부도를 대비해 A은행은 C금융기관과 CDS 거래를 할 수 있다. 이때 A은행은 연 0.8%의 수수료를 C금융기관에 주고 C금융기관은 B기업이 부도를 낼 경우에 100억 원을 A은행에 대신 갚아주기로 계약을 맺는 것이다.

한국의 경우, 2006년 12월 산업은행과 JP모건체이스 사이에 100억 원 규모의 원화 CDS 거래가 처음 이루어졌다. 산업은행이 거래하는 SK가 부도를 내면 JP모건체이스가 산업은행에 100억 원어치만큼을 보장해 주기로 하고 산업은행은 연 0.3%의 수수료를 JP모건에 지급하였다.

② 규모는 얼마나 되나?

이미 망한 리먼의 CDS 규모만 하더라도 명목금액 기준으로 8,000억 달러에 달한다. 만약 리먼의 파산절차과정에서 CDS 물량을 한꺼번에 시장에 쏟아낼 경우에 CDS 시장의 급랭은 피할 수 없고, 이 경우에 가뜩이나 유동성 위기에 시달리고 있는 미국 자금조달시장은 더욱 위축될 수밖에 없다.

미국에서 최근까지 실제로 발행된 모기지증권은 6조 달러 규모인데 비해, 이를 보증하는 CDS 시장 규모는 62조 달러로 미국 전체증시의 3배에 달하는 기형적인 상황이다. 문제는 만약 단 하나의 CDS에 관련한 금융사가 파산하더라도 파장은 곧바로 금융시스템 전체의 위기로 옮겨갈 가능성이 크다는 점이다.

CDS 스프레드(국채와 은행채 간의 금리 차이)는 시장의 불확실성의 대소에 달려 있다. 리먼이 무너진 당시, 월가의 거의 모든 금융기관의 스프레드는 상승했다.

즉, 당시에는 은행들에 대한 부도위험이 그만큼 높아진 것을 반영하여 월가 5대 투자은행 중 다행히도 살아남은 골드만 삭스와 모간 스탠리의 신용부도 스와프(CDS) 프리미엄이 치솟고 신용시장 경색이 심화된 바 있다.

다시 말해서 리먼이 망할 당시, 세계최대 투자은행인 골드만 삭스는 스프레드가 2%에서 3%로 상승했고, AIG는 13% 상승했다. 특히 최대 저축대부업체인 워싱턴 뮤추얼은 25%나 급등하여 S&P가 신용등급을 BBB-에서 정크본드인 BB-로 3단계 하향조정한 바 있다. 최근 신규 자금조달이 가뜩이나 어려워지고 있는 상황에서 금융기관에 CDS 위기까지 겹친다면 리먼이나 메릴린치와 같은 운명에 빠질 업체들이 급증할 수 있다는 게 전문가들의 공통된 주장이다.

CDS 사례[6)]

■ 리먼 CDS 8.625센트, 대규모 손실 불가피

CDS는 공식적인 거래소가 없어서 가격산정이 매우 어려운 동시에 가격산정이 끝나도 가격의 적정성 여부에 대한 논란의 여지가 남는다. 파산보호를 신청한 미국 대형 투자은행 리먼 브러더스(Lehman Brothers)의 신용부도 스와프(CDS)의 1차 청산 가격이 당초 시장의 예상보다 훨씬 낮은 가격에 결정, 발행기관들의 대규모 손실이 불가피할 전망이다.

국제 스와프 파생상품협회(ISDA)는 최근 리먼의 CDS 청산가격이 원금대비 8.625%로 결정되었다고 발표했다. CDS 매도자에게는 1달러당 8.625센트만 남고 나머지 91.375센트를 매수자들에게 지급해야 하는 것이다.

이는 당초 청산가치가 최소 12~15센트에 이를 것으로 기대했던 월가 전문가들의 예상보다 크게 낮은 것이다. 현재 청산되지 않은 계약잔고는 약 4,000억 달러 정도로 추산되고 있으며, 이들 대부분이 손실될 것으로 보인다. 다만, 계약 시에 발생한 수수료나 헤지거래로 인한 상쇄가 어느 정도인지는 확실치 않다.

더구나 대형 금융기관들이 발행한 이 CDS는 거래소나 청산소가 집중되지도 않고, 정보가 투명하게 공개되지도 않기 때문에 어떤 업체가 어느 정도의 손실을 안고 있는지가 불확실하다. 이 때문에 금융기관들은 서로의 거래상대방의 위험을 경계하는 중이었다.

---

③ 신용부도 스와프(CDS) 청산소(clearinghouse) 설립 추진

이미 망한 리먼의 경우, 파생금융상품 가치를 산정하기는 아주 어려울 뿐만 아니라 CDS 또한 공식적인 거래소가 없어서 정확한 손실 규모를 예측하기가 힘든 상황이다.

이와 관련, 미국에서는 리먼 브러더스의 파산보호신청과 AIG의 신용등급 강등 이후 은행들이 신용부도 스와프(CDS) 거래를 중앙청산소(clearinghouse) 혹은 거래소를 통해 하도록 하는 등의 노력을 하고 있다. 최근에는 영국의 청산서비스 업체인 LCH 클리어넷과 시카고 상품거래소(CME)가 청산소 설립승인을 받은 바 있다.

뉴욕연방준비은행은 연방준비제도이사회(FRB) 등 미국 금융감독기구와 모건 스탠리, 도이체 방크, 골드만 삭스 등 17개 은행이 청산소(clearinghouse)를 통해 CDS를 거래하는 방안을 모색하고 있다.

CDS관련 청산소가 설립될 경우, 은행들은 CDS를 거래소 안으로 끌어들여서 위험을 줄이기 위한 노력을 가시화할 것으로 보인다. CDS를 장 내에서 거래함으로써 시장조성자 가운데 한 개사가 위기에 처하더라도 위험을 흡수할 수 있기 때문이다.

(2) 서브프라임 모기지보다 더 큰 태풍의 눈 "Alt-A와 점보 대출"[7)]

서브프라임 모기지의 위기가 일반모기지 시장으로도 번지고 있다. 즉 서브프라임 모기지뿐만 아니라 비교적 안전하게 여겨졌던 Alt-A,

프라임 모기지에 대한 채무 불이행도 빈번하게 발생하기 시작해 침체된 주택시장을 더욱 더 압박하고 있다.

Alt-A 모기지는 중간 정도의 신용을 갖고 있는 사람들을 대상으로 하는 모기지 대출을 말한다. 전문적인 모기지 분석기관인 로안 퍼포먼스의 조사에 따르면 최근 1년 동안 프라임 모기지에 대한 연체율은 2.44%(총 41만7천 달러)로 지난해 같은 시기보다 1.06% 포인트 상승한 것으로 나타났다.

또한 패니매와 프레디맥 등 미국의 정부 모기지 기관들이 행하는 대출 중 금액이 41만7천 달러를 웃도는 대출을 의미하는 '점보론(Jumbo loan)'에 대한 연체도 최근 4.03%를 기록해, 전년비 2.92% 포인트나 상승했다.

이러한 현상은, 그간 모기지 채무불이행 사태가 서브프라임 모기지에서 Alt-A론으로 확산되어 왔으며, 이제 프라임론으로까지 위기가 번지고 있다는 결정적인 증거다.

이러한 상황을 반영하여 국제신용평가사 S & P 등은 1,180억 달러의 프라임 점보는 물론, 2,801억 달러 규모에 달하는 Alt-A 모기지 증권의 등급을 하향 조정했다. 특히 이들 기관들은 또한 Alt-A 압류에 따른 손실 추정치를 35%에서 40%로 상향 조정했다.

Alt-A 신용등급의 하향 조정은 은행이나 보험업체들의 자본 충당을 더욱 늘리는 한편으로 일부 투자자들의 채권 매도를 유발할 것으로 보인다.

(3) 또 다른 잠재부실, 합성 CDO

최근에는 합성 CDO(Synthetic CDO)의 위험성도 거론되고 있다. 합성 CDO는 자산의 소유권이 자산 소유자의 장부에 그대로 남고 자산과 관련한 신용위험만 유동화전문회사(SPV) 등 제3자에 이전된다는 점에서 일반 CDO와 다르다.

이 때문에 채무자와의 관계에 변화가 없으면서도 자산 규모에 비해 유동화증권 규모가 작기 때문에 발행이 쉽고 비용도 적게 든다는 장점이 있다. 최근까지 합성 CDO 투자 손실액은 약 1조 달러로 추정되고 있다.

3. 헤지 펀드 뇌관, 이미 터지기 시작하다[8)]

"수백 개의 헤지 펀드(Hedge Fund)가 쓰나미처럼 도산 …… ."

2년 전에 '미국 경제 및 금융시장이 붕괴로 가는 12단계' 시나리오를 내놨던 루비니 교수의 예언대로, 헤지 펀드가 무더기로 도산하고 있다. 이는 그의 시나리오 가운데 9번째 단계이다.

2000년대에 들어 헤지 펀드는 연평균 27.8%씩 성장하여, 펀드수는 1만1,000개, 자산규모는 1992년 960억 달러에서 1조9,300억 달러로 증가하여 지난 15년 6개월 만에 20배 가량 급증했다.

헤지 펀드 성장속도

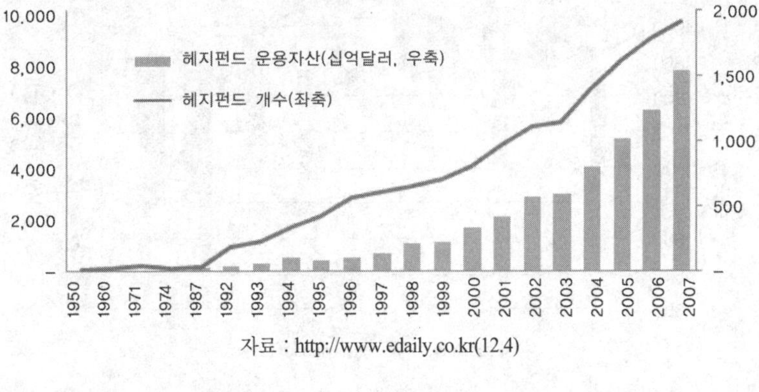

자료 : http://www.edaily.co.kr(12.4)

그러나 일각에서는 헤지 펀드의 운용자산 규모는 전세계적으로 약 3조 달러에 달하는 것으로 보고 있는 가운데, 맥킨지 글로벌연구소는 2012년 3조5,000억 달러에 달할 것이며, 경우에 따라서는 4조6,000억 달러까지도 늘어날 가능성이 있는 것으로 추정하고 있다.

최근에는 그간 늘어만 가던 헤지 펀드 자산규모가 감소하기 시작했고 헤지 펀드들은 고객들의 자금상환 요청이 빗발치자 미리 보유자산을 매각하여 속속 현금화하고 있는 가운데, 최근에는 펀드자산의 10%에 달하는 규모인 1,840억 달러가 헤지 펀드에서 이탈했다. 이에 대한 이유로는 수익률 저하를 들 수 있다.

미국 헤지 펀드연구소에 의하면 모기지 관련 파생상품 손실이 누적되면서 헤지 펀드 업계는 올해 들어서 평균 17%의 손실을 냈다. 그러나 서브프라임 모기지 부실 사태가 발생하기 전 헤지 펀드의 수익률은 20% 안팎에 이르렀다. 특히 헤지 펀드들은 더 많은 수익을 목표로 차입거래방식을 활용한다.

헤지 펀드들은 자기자본에 2~20배의 자금을 빌려서 투자했는데, 최

올해 헤지 펀드 자금 유출입 현황

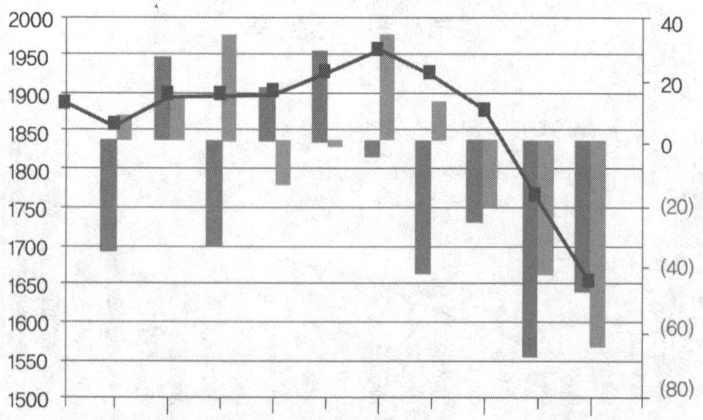

자료 : http://www.edaily.co.kr(12.4)

근 담보자산 가치 하락에 따른 마진콜 위기에 직면하고 있고 수익률 하락으로 환매요구도 늘어나고 있다.

최근 자산가치의 급감으로 은행으로부터 담보증거금을 채우라는 독촉을 받고 있는 실정이다. 담보증거금을 채우지 못하면 당장 자산을 강제 처분하여 반대매매에 들어가는 것은 물론이고, 부동산의 경우는 유동성의 문제가 발생하기 때문에 비교적 유동성이 높은 주식을 매각하는 경우가 대부분이다.

이 경우, 당장 주식시장 불안도 가중된다. 특히 미국의 헤지 펀드들은 한국 등 아시아 증시에도 거액을 투자하고 있어서 뉴욕 증시뿐만 아니라 아시아 증시의 불안 요인이 될 것으로 우려된다. 최근 한 두 달 사이, 헤지 펀드 업계가 입은 아시아 지역손실만 1천150억 달러로 추정된다. 2008년 하반기부터 우리나라 증시에서만 약 8조 원 정도가 빠져나간 것으로 추정된다.

JP모건 체이스는 향후 1년간 헤지 펀드에서 빠져나갈 투자자금이 1,500억 달러에 이를 것이며, 헤지 펀드들은 이에 맞추어 4,000억 달러의 자산을 매각해야 할 것으로 전망하고 있다. 전문가들은 헤지 펀드의 약 52%가 투자자들의 환매로 마무리되었지만 41%는 아직까지 투자자들의 환매가 절반 수준에 그치고 있다고 추정하고 있다.

이처럼 헤지 펀드 업계에 위기감이 고조되고 보수적인 투자 움직임이 확산되면서 헤지 펀드 업계의 자산에서 현금이 차지하는 비중은 31%로 높아졌으며, 이는 2년 전 7%에 비해 4배 이상 늘어난 수치이다. 이번 금융위기로 대규모 헤지 펀드의 도산 및 대규모 이탈이 지속될 경우, 글로벌 경제에 또 다른 핵폭탄급 영향으로 다가올 전망이다.

4. 용의자의 딜레마 (Suspect's Dilemma)[9)]

(1) 토마스 홉스 vs 아담 스미스 vs 존 내시

"사회? 좋아하네. 오직 나만이 있을 뿐이야!"

영국의 수상이었던 대처의 아주 솔직한 말이다.

① 토마스 홉스(Thomas Hobbes, 1588~1679)는 자신의 저서인 〈리바이어던(Leviathan)〉에서 인간의 본성인 이기심은 사악한 욕망이며, 이러한 이기적인 욕망 때문에 인간은 '만인에 대한 만인의 투쟁' 상태에 돌입하게 된다고 보았다.

인간은 태어나자마자 절망적인 상황을 경험하게 되고, 따라서 각 개인들은 절망적인 상태를 극복하기 위해 개인의 권리를 양도하여 국가를 형성하게 되었다고 주장하였다. 즉, "이기적인 인간은 사회를 혼란스럽게 하므로 국가가 이들에게 질서를 부여해야 한다."라고 주장하고 있다.

리바이어던[10)]

리바이어던(Leviathan, 영국의 철학자, T. 홉스의 철학서, 1651)은 당초 '교회 및 시민 공동체의 내용 · 형태 · 권력 : the Matter, Forme, and Power of a Commonwealth Ecclesiastical and Civile'(1651년)이라는 부제를 붙여 출간되었다. 서론과 결론을 제외하고 4부 47장으로 구성되어 있다. 리바이어던이란 구약성서 '욥기(記)'에 나오는 거대한 영생(永生) 동물의 이름인데, 이 책에서는 교회권력으로부터 해방된 국가를 가리키며 그러한 국가의 성립을 논하고 있다.

내용의 주요 골자는, 인간은 태어나면서부터 평등하되 자연상태에 있어서는 '만인은 만인에 대해서 싸우는 상태'에 있다는 것이다. 이 자연권의 자기부정(自己否定)을 벗어나기 위하여 이성이 스스로 발견하는 자연법에 의해서 자연권을 제한하고 절대주권 설립의 사회계약에 의하여 국가가 성립한다고 하였다. 홉스는 전제군주제를 이상으로 여기고 있으나 그 주권의 기초를 국민의 자기보존권에 두고 있으며, 바로 거기서 자연주의 입장을 엿볼 수 있다. 이 저서는 법 · 정치사상적인 면에서 많은 영향을 미쳤다.

---

② 그러나 아담 스미스(Adam Smith, 1723~1790)는 "모든 사람들이 본능적으로 자기 자신의 이익을 추구한다면 타인들을 만족시키는 여러 가지 결정들이란 있을 수 없는 것이 아니겠는가? 그렇다면 이 세상은 지금 어떻게 유지되어 가는 걸까?"를 고민했다.

유머가 넘치고 인간미 있었던 글래스코 대학 교수 아담 스미스는 그의 처녀작 〈도덕감정론(Theory of Moral Sentiments)〉에서 홉스의 견해에 반박하고 있다.

고전경제론

■ 도덕감정론 (道德感情論, The Theory of Moral Sentiments)

영국의 고전경제학자, 스미스의 처녀작(1759년)으로 도덕철학과 사회과학사에서의 고전이다. 인간의 사회적 덕성을 인혜(仁惠)와 정의 및 신려(愼慮)의 구분과 조정(調整)에 두고, 그 인식능력을 동정(同情)과는 질적으로 다른 '동감(同感)'에서 파악하는 획기적인 이론을 전개하였다.

■ 국부론 (國富論, The Wealth of Nations)

영국의 경제학자 스미스가 1776년에 발간한 주요 저서 '국가의 부(富)의 성질과 원인에 관한 고찰, An Inquiry into the Nature and Causes of the Wealth of Nations'(5편)의 약칭이다. 10년 동안에 완성한 이 대저에서 스미스는 부의 원천은 노동이며, 부의 증진은 노동생산력의 개선으로 이루어진다고 주장하고, 생산의 기초를 분업에 두었다. 그는 분업과 이에 수반하는 기계의 채용을 위해서는 자본의 축적이 필요하며, 자유경쟁에 의해서 자본축적을 꾀하는 것이 국부 증진의 정도라고 역설하였다.

이 책의 의의는 첫째, 자본주의 체제가 가격의 기능을 통해서 질서를 형성하고 있음을 주장함으로써, 경제학을 처음으로 성립시켰다.

둘째, 자연법적 예정조화의 사상에 의해 고전파 경제학의 출발점이 되었고 동시에 이를 대성시켰다.

셋째, 무역의 차액에 의한 화폐의 축적이 부라고 하는 중상주의나 농업노동만이 생산적이라는 중농주의에 대해서, 산업혁명 초기에 있어서의 영국산업자본의 입장을 대표하는 이론을 수립하였다.

넷째, 산업자본이 요구하는 자유경쟁이 '보이지 않는 손'에 인도되어 사회의 이익을 증진시킨다고 설명하여, 경제적 자유주의를 주장한 점 등이다.

국부론은, 이 이전에 다만 단편적인 정책 주장만을 해 온 경제학과는 본질적으로 다른, 경제학사상 획기적인 저작이다. 한국에서도 1970년대에 중역(重譯)으로 소개되었다.

인간은 두 가지 공통적인 욕구를 가지고 있다. 하나는 '모든 인간은 보다 잘 살고 싶어한다.'는 욕구이고, 다른 하나는 '모든 인간은 자신에게 모자란 것을 다른 사람의 것과 바꾸고 싶다.'라는 욕구이다.

스미스는 인간이 가진 이기심은 친절성, 박애심, 희생정신보다도 훨씬 더 강력하고도 지속적으로 인간에게 동기부여를 할 수 있다고 믿었다. 경제학사상 가장 빈번하게 인용되는 구절에서 스미스는 이렇게 단언한다. "우리가 저녁식사를 할 수 있는 것은 푸줏간 주인이나 양조장 주인 및 빵 제조업자들의 박애심 덕분이 아니며, 오히려 그들의 돈벌이에 대한 관심 덕분이다."

스미스는 한때 천문학을 연구한 적이 있다. 그는 별들이 각각 자신의 궤도만을 돌고 있지만 우주 전체가 조화와 균형이 완벽하게 이루어지는 것을 경이롭게 생각한 나머지, 이러한 현상이 인간사회에도 작용된다고 믿었다. 즉, 개인이 각자의 이익을 추구하는 것이 사회전체로 볼 때에 균형과 조화를 이루게 될 것이라는 것이다.

한 발 더 나아가 그는 "국가와 민족과 정의를 앞세우는 정치인치고 국부 증대에 도움을 주는 사람을 못 봤다."라고 꼬집는 동시에 "장사꾼이 나라를 위해 일한다고 말하는 것을 보지 못했지만 그들만큼 국부의 증대에 기여하는 사람이 없다."라고 주장한다.

일면 타당성이 있다. 그러나 문제는 이처럼 복잡다단한 글로벌 경제환경에서 개인이나 기업이나 국가할 것 없이 '공명정대한 관찰자(impartial spectator)'가 있다 하더라도, 이기심이 홉스의 지적을 무시해도 괜찮을 만큼 스미스의 가설이 잘 지켜질 수가 있느냐가 문제다.

스미스는 '국부론'에서 "공익(共益)을 추구하려는 의도도 없고 자신이 공익에 얼마나 이바지하는지조차 모르는 이, 또는 오직 자신의 이익만을 도모하는 이는 그 과정에서 보이지 않는 손에 이끌려 의도하지 않았던 부수적인 결실도 얻게 된다."라고 보았다.

③ 용의자의 딜레마 이론은 1950년 터커(A.Tucker)가 용의자의 딜레마 게임 story를 제시한 이후, 수많은 연구가 이어진 데서 시작되었다. 이는, 다시 죄수의 딜레마 이론으로 발전했다. 즉, 개인이든지 집단이든지 자신들에게는 이익이 되지만 그들을 포함한 모두에게 파멸을 가져오는 행동을 한다는 것이 죄수(罪囚)의 딜레마(PD, prisoner's dilemma)이다.

이 이론의 핵심은 협력을 통해 서로 이익이 되는 상황이 아닌 더욱 불리한 상황을 선택하는 문제가 발생되는 것을 보여주고 있다. 다시 말해서 아담 스미스와는 달리, 이기심으로 인해 자신의 이익에만 매달린 나머지 전체가 모두 손해를 볼 수 있다는 것이다.

경찰에 붙잡힌 두 명의 죄수가 모두 침묵하면 서로에게 이득인 데도 불구하고 결국 상대방을 믿지 못해 서로 자기만 이익을 보려고 둘 다 자백한다는 논리이다.

각 부분에서는 최선의 선택이라고 믿는 것이 결국은 집합적으로는 오류가 된다는 '부분 최적, 집합 오류' 와도 같은 의미라고 볼 수 있다.

'게임 이론' 은 1928년의 폰 노이만-모르겐스턴(John von Neumann and Oskar Morgenstern)에 의해 처음으로 언급된 후 1950년에는 죤 내쉬(John Nash)의 '비협조적 게임이론 및 내시 교섭이론' 등으로 발전하여 지난 1994년에는, 게임이론가 내시(Nash), 젤턴(Selten), 하사니(Harsanyi)가 노벨경제학상을 공동 수상하기에 이르렀다.

이후 게임이론은 군사이론 등에 널리 활용되고 있다. 존 내시의 게임이론은 아담 스미스의 보이지 않는 손이 틀릴 수도 있다는 것을 증명하고 있다는 점에서 시장실패에 대한 정부 개입의 이론적 근거가 될 수 있을 것이다.

(2) 개인

최근 글로벌 경제는 국내외를 막론하고 '용의자의 딜레마 사회' 라고 할 만큼 오늘날의 사회를 잘 설명하는 것도 없는 것 같다. 금융위기로 인한 주가폭락이 이어지고 있는 가운데, 투자가들은 선물을 매도하는 등 주가하락을 부채질하는 경우가 다반사다.

심리학자 칼 융에 의하면 아무리 이성적인 사람들로 이뤄진 집단이라도 군중으로서의 집단은 도덕성과 지능의 관점에서 볼 때에 몸집은 크지만 어리석은 맹수와 같기 때문에, 그 안에서 사람들은 피 터지게 경쟁한다.

경제가 힘들어지자 개인이든지 사회이든지 각자의 사익(私益)만을 추구하는 나머지 모두가 더 큰 손해를 보게 되는 전형적인 '죄수의 딜레마' 상황이 되었다. 글로벌 금융위기 속에서 기업들은 달러를 사재기하고, 해외에 진출한 기업들이 야반도주를 하는 동시에 공명정대하게 평가해야 할 기관들이 사익을 위해 투자자 보호를 외면하고 있는 것이 오늘날의 현실이다. 사례를 통해 짚어보고자 한다.

(3) 기업

"달러를 사재기하는 기업이 있다면 생각을 바꿔야 한다."

이명박 대통령의 환투기 기업에 대한 경고성 발언이다. 금융당국 고위관계자도 "물론 몇몇 기업이나 은행은 분명 문제있는 행동을 했겠지만 기업이나 금융권 전체를 싸잡아 매도해선 곤란하다."고 말했다.

또 어려움을 같이 극복해야 할 '파트너' 를 자꾸 '수하' 쯤으로 격하시키고 있기때문에 문제라고 하면서 아쉬움을 표하고 있다. 따라서 일부에서는, 대통령이 기업의 이기심을 공박했을 때에 '아주 일부 기업이…' 라는 표현을 달았다면 좋았을 것이라고, 아쉬움도 표하고 있다.

중국 진출 기업의 파산절차

중국에 진출한 한국 기업들이 집단으로 '야반 도주' 를 하거나 불법 철수를 하는 등의 모습이 중국 내에서 사회 문제화된 것은 어제 오늘 일이 아니다.

중국의 통계에 따르면 지난 한 해 동안 칭다오 지역에서만 100여 개의 한국 기업이 야반도주한 것으로 알려짐으로써 중국 내 한국 기업의 불법 청산을 해결하지 못할 경우, 한 · 중 간의 경제협력에도 부정적인 영향을 미칠 것으로 보고 있다. 특히 이러한 현상은 앞으로도 지속될 것으로 보인다는 게 전문가들의 견해이다.

이는 중국 내의 파산절차가 복잡한 점도 작용함에 따라 한국 외교통상부는 앞서 "중국내 외자기업의 청산 절차를 간소화하는 등 한국 기업이 원만하게 철수하는 방안을 중국 측과 논의 중이며 청산을 원하는 한국 기업을 적극 도와줄 것"이라고 밝힌 바 있다.

그러나 이러한 처사는 국가의 브랜드 이미지에 먹칠을 하는 행위로, 국가가 신속하게 나서서 대책을 세워야 할 것으로 보인다.

신용평가사의 역할[11)]

최근 IHT(International Herald Tribune)는 대표적 국제신용평가사인 Moody's 와 S & P사에 '신용평가사는 경비견(Watchdog)에서 애완견(Lapdog)으로 전락했나?' 라는 기사를 통해 본연의 임무를 무시하고 이익 지상주의에 빠져 있다고 직격탄을 날렸다.

IHT는 '무디스가, 자신의 고객이었던 컨트리 와이드파이낸셜 증권에 매긴 최초 등급이 만족스럽지 못한 수준이라며 불평을 터뜨리자, 무디스는 곧바로 다음 날 신용등급을 호의적으로 변경했다' 고 주장한다.

결국 서브프라임 모기지(비우량 주택담보대출) 부실 사태로 망하기 일보 직전까지 갈 회사에 대한 등급을 아무런 근거없이 손바닥 뒤집듯 하루 만에 뒤집었다는 것이다.

스탠더드 앤드 푸어스(S&P)나 피치 등 주요 신용평가사들도 서브프라임 모기지 부실 사태를 계기로 엄청난 비난에 직면했다. 과거 이들이 제시한 장밋빛 등급 전망에 근거해 의사결정을 내렸던 투자자들이 수십억 달러에 이르는 막대한 손실을 입었기 때문이다. 무디스가 평가에 대한 신뢰성을 잃게 된 것은 수입원을 신용평가받는 기관으로 삼았기 때문이라는 지적이다.

1970년대까지만 해도 무디스 등 신용평가사는 신용등급을 활용하는 투자자에게서 수수료를 받는 까닭에 투자자 보호가 회사의 최우선 목표였지만 1990년대부터 이익 지상주의를 내건 경영진이 들어서면서 투자자 보호는 뒷전으로 밀리고 말았다는 비판적인 분석이다.

(4) 국제 간의 공조[12)]

최근 글로벌 금융위기 극복을 위해 국가 간의 공조를 강화하고 있다. 그러나 일각에서는 자국의 이익만을 위해 엇박자를 내고 있다. 영국은 최근 경기부양을 위해 42조 원의 세금 감면한다고 선언한 반면, 독일과 프랑스는 "따라가지 않겠다."라는 점을 분명히 하고 있다. 즉, 영국이 사상 유례없는 감세 도박을 단행하던 날, 독일 메르켈(Merkel)

총리는 "영국의 부가세 인하와 같은 정책은 선택하지 않겠다.

이러한 정책은 이미 물가가 하락한 국가에 적합하다."라고 지적했고, 프랑스 정부도 영국의 감세정책을 따라가지 않겠다는 뜻을 분명히 밝혔다.

최근 독일 · 프랑스의 이 같은 행보는 범유럽 차원의 공동 경기부양 대책을 통해 각 회원국에 소비 진작을 위해 부가세 1% 포인트 인하를 권장하려던 유럽연합(EU)의 행보에 찬물을 끼얹고 있는 것이다.

(5) 블랙 스완(Black Swan)의 교훈

검은 백조(Black Swan)

백조는 당연히 하얗다는 생각을 깬 '블랙 스완(Black Swan)' 이 우리에게 주는 시사점은 아주 크다. 아무도 예상치 못했던 세계경제의 '블랙 스완' 인 서브프라임 모기지 사태가 금융위기로 번져 글로벌 경제를 붕괴위기로 숨가쁘게 몰아가고 있다.

여기서 블랙 스완의 주요 골자는 예측 불가능성으로, 단지 일어나기 힘든 일이라는 이유만으로 넋 놓고 있다가 나중에 엄청난 결과를 초래하게 된다는 것이다.

토마스 홉스는 "이기적인 인간은 사회를 혼란스럽게 하므로, 내버려 두면 결국 '만인에 대한 만인의 투쟁 상태' 가 되므로, 인간은 결국에 강자만이 살아남을 것이다. 따라서 국가가 이들에게 질서를 부여해야 한다."라고 했다. 이처럼 홉스는 인간의 이기심을 꼬집고 있다.

그러나 아담 스미스는 "공익(共益)을 추구하려는 의도도 없고 자신이 공익에 얼마나 이바지하는지조차 모르는 이나 오직 자신의 이익만을 도모하는 이는 그 과정에서 보이지 않는 손에 이끌려 의도하지 않았던 부수적인 결실도 얻게 된다."라는 홉스와는 정반대의 주장을 하여 인간의 이기심을 옹호하고 있다.

그러나 요즘 세상은 아담 스미스가 생각한 만큼 단순하지 않다는 데 문제가 있다. 스미스가 말한 '보이지 않는 손' 이 50미터 앞 과녁을 향해 화살을 쏜다고 가정하자.

100발 중 99발은 성공을 했으나, 1발은 실패했다. 즉 보이지 않는 손은 인간이 하는 일이기에 완벽하지 못하다. 그런데 문제는 1%의 실수에 있다. 즉, 지난 17세기 호주에서 '블랙 스완(Black Swan)' 이 발견된 후에 전세계의 조류도감을 바꿨듯이, 근래의 금융위기를 촉발시킨 시발점–서브프라임모기지 사태는 글로벌 경제를 공포의 도가니로 몰아 넣은 블랙 스완이란 점이다.

이번 금융위기는 100년만에 한 번 있을까 말까한 '대공황' 수준이다. 또 하나의 '신자유주의' 의 몰락이란 얘기가 여기 저기서 봇물 터지듯 나오고 있다. 글로벌 금융위기로 충격을 입은 것은 규제 완화, 작은 정부, 큰 시장을 주장한 이른바 '신(新)자유주의' 진영이었다. 미국의 레이건 행정부의 신자유주의는 그 동안 금융 규제완화와 무분별한 대출이 주택시장의 거품을 키웠고 그 거품이 꺼지는 과정에서 세계경제가 병들었다는 이유로 비판을 받고 있다.

1980년대의 신자유주의는 프리드리히 폰 하이에크(Hayek, 1899~1992)를 이념적 기반으로 하고 있다. 오스트리아 출신의 영국 경제학자인 그는 자유주의적인 입장에서 계획경제에 반대한 대표적인 학자이다.

1970년대 서구 복지국가가 경기 침체와 복지병(病)을 앓게 되면서 그의 자유주의 이론이 재조명되었고, 1974년 경기 변동에 대한 연구로 노벨 경제학상을 받은 바 있다.

그러나 다른 한편에서는 신자유주의 문제점은 정부의 개입이 '반시장적' 이란 점을 들고 있다. 예를 들면 1995년 클린턴 정부 때에 강화된 미국의 '지역 재투자법(Community Reinvestment Act)' 은 저소득층 주택 소유를 늘리기 위해 금융회사에 주택대출 심사를 완화하고, 저소득층 주택대출 실적을 금융회사의 평가기준으로 삼음으로써, 결국은 미국의 주택버블을 키운 불씨가 되었다는 것이다. 즉, 규제 완화가 아닌 '정부의 잘못된 규제' 가 금융위기를 낳았다는 점이다.

이런 점에서 볼 때, 전문가들은 금융위기에 대한 대책으로 신자유주의적 경제 운영 패러다임에서 탈피하고 정부 개입으로 돌아가야 한다는 것은 근거없는 주장이라는 논리를 펴고 있다. 문제의 핵심은 시장 친화적이어야 한다는 점이다. 요즘 핵심적으로 거론되는 구조조정 문제만 해도 그렇다. 사람의 몸속에 피가 흐르듯, 정부는 시장에 돈이 돌아갈 수 있도록 막힌 곳을 뚫어 주는 데만 집중하고, 살아남는 기업과 도태당하는 기업은 시장의 몫으로 남겨야 한다는 주장이다.

결국 이번의 금융위기는 '보이지 않는 손' 을 없애는 것이 아니라, 사악한 이기주의가 개입되지 않은 '보이지 않는 깨끗한 손' 이 더 잘 작동될 수 있도록 정부가 나서서 환경을 제공해 줘야 한다는 점을 일깨워 주고 있는 셈이다.

이제 우리는 전세계 어디선가에서 매년 4~5회씩이나 발생하는 또 다른 금융위기가 우리에게 닥치지 않도록 하기 위해 어떤 일을 해야 하는지 진지하게 생각해야 한다.

5. 전세계 금융권 감가상각 파동이 온다.[13)]

"끝 모를 금융부실, 이제 3~5부 능선… 부실 더 털어라."

지금까지 미국 국채에 다음가는 안전 투자상품으로 평가받던 머니 마켓 펀드(MMF) 시장의 손실과 자금유출이 어려워지면서 금융시장의 우려가 현실로 변화하고 있다.

최근 총 3.4조 달러에 달하는 머니 마켓 펀드(MMF) 시장에서 손실과 자금유출이 어어지면서 글로벌 투자은행을 비롯한 전세계 금융기관들은 지난 1년여 기간 중에 서브프라임 모기지 부실 자산을 상각해 왔다.

UBS, Citigroup 등 14개 주요 투자은행들의 경우는 지난 1년여 동안 1,936억 달러 규모의 부실자산 상각을 실시했다. S & P는 최근 전세계 금융권이 올해 남은 기간 동안 부실자산 상각 파동에 다시 한 번 직면할 것으로 보고 있다.

또한 모기지유동화채권(MBS)과 자산담보부증권(CDO)의 상각규모 예상치를 2008년 3월의 2,850억 달러에서 3,780억 달러로 33% 상향 조정했다. 이어서 S&P는 모든 종류의 채권에서 발생하는 상각규모는 3,780억 달러의 두 배에 달하는 7,000억 달러 이상이 될 것으로 보고 있다.

주요 투자은행의 부실자산 상각 규모

(억 달러)

	2007. 3/4	2007. 4/4	2008. 1/4	2008. 2/4	합 계
UBS	44	137	190	70	441
Merrill Lynch	84	167	65	54	370
Lehman Brothers	7	8	18	37	70
Morgan Stanley	14	94	23	10	141
Goldman Sachs	15	0	20	8	43
소 계	164	406	316	179	1,065
Citigroup	38	180	130	–	348
Bank of America	15	53	21	–	89
JP Morgan	16	13	51	–	80
Credit Suisse	19	9	52	–	80
Deutsche Bank	31	1	42	–	74
Wachovia	13	17	20	–	50
Barclays	–	31	33	–	64
HSBC	–	21	33	–	54
Bear Stearns	7	19	6	–	32
소 계	139	344	388	–	871
총 계	303	750	704	179	1,936

자료 : 한국은행, 〈해외경제정보〉, 각호, 각 금융기관 공시자료, 주요 통신사 등

금융위기를 넘어 경제위기로 ……

1. 빠르게 진화하는 '이스레델(ISReDEL)'의 공포[14)]

"미국발 금융위기로 전세계가 아우성이지만, 진짜 위기는 시작도 하지 않았다."

"2009년에 대폭락 장이 올 것이다."

"다우지수와 니케이지수 5000, 코스피지수 500으로 폭락하는 반토막 장세가 나타날 것으로 본다."[15)]

미국 월가에서 근무하고 있는, 한 전문가의 무시무시한 경고다. 현재의 금융위기가 어디까지 갈 것인가? 이번 금융위기는 I(Inflation, 인플레이션) → S(Stagflation) → R(recession, 경기침체) → D(deflation, 불황 속 물가하락)를 넘어서 1930년대식 GD(Great Depression, 대공황)로까지 이어질 것으로 예상하는 사람들도 많다. 이번 위기는 시스템의 위기란 차원에서 대공황보다도 더 심각하다는 얘기다.

일본이 1990년대에 겪은 '잃어버린 10년' 과 유사한 형태의 장기적인 자산가격 급락과 기업 도산 등으로 상징되는 '복합 불황' 으로 치닫고 있다는 공포감이다. 불과 1년 전까지만 해도 'I의 공포' 가 세계 경제의 최대 이슈였다. 국제유가가 사상 최대폭으로 폭등하고 식품가격이 앙등하면서 세계 경제를 인플레이션 충격으로 몰아넣었다.

이어 'S(stagflation)의 공포' 가 세계경제를 덮쳤다. 인플레이션 압력이 높아지는 상황에서 경기침체 조짐이 일자, 침체 속에 물가만 뛰는 1970년대식의 스태그플레이션이 도래할 것이란 공포감이 피어올랐다. 영국의 파이낸셜 타임스(FT)지는 최근 'Depressionomics(Depression + economics)' 라는 제하의 '렉스 칼럼' 에서 세계 경기침체가 공황으로 발전할 가능성을 배제할 수 없다고 경고하고 나섰다.

이번에는 경기침체를 의미하는 'R' 의 공포를 넘어 'D의 공포' 로 빠르게 진화하고 있다. 디플레이션 상황에선 '경기침체 → 물가하락 → 투자위축 → 고용악화 → 총수요 감소 → 부동산 · 주식 폭락 → 기업파산' 등으로 이어지는 악순환이 발생한다. 심지어는 금융위기와 실물경제 불황이 모두 예상을 뛰어넘는 최후, 최악의 마지막 국면으로 빠져드는 1930년대식 'GD(great depression, 대공황)의 공포' 시나리오마저 제기되고 있는 상황이다.

여기서는 'EL의 공포(Earning, Employment, Lay-off)'가 엄습한다. 즉, 수익저하나 고용불안 혹은 해고를 의미한다. 세계 주식시장에서 '오바마 랠리'를 하룻만에 잠재운 것도 'E의 공포' 때문이라는 지적이 제기되고 있다.

경기 하강 또는 침체 용어[16)]

인플레이션(Inflation) : 한 국가의 재화와 용역 가격 등의 전반적인 물가가 지속적으로 상승하는 경제상태를 말하며, 이는 동시에 해당 국가의 통화가치 하락과 구매력의 약화현상을 가져온다.

스태그플레이션(Stagflation) : 스태그네이션(stagnation)과 인플레이션(inflation)의 합성어로, 거시경제학에서 높은 물가(인플레이션)와 실직 및 경기후퇴(스태그네이션)가 동시에 나타나는 경우를 뜻한다. 이 경우, 총 공급이 줄어들어서 물가가 오르고 GDP가 후퇴하며 이 결과로 투자위축이 발생하여 실업률이 오르게 된다.

디플레이션(Deflation) : 한 국가의 경제에서 재화와 용역의 일반적이고 지속적인 물가의 하락을 의미한다. 디플레이션은 일반적이고 지속적인 인플레이션의 반대되는 개념으로 이해된다.

2. 주식시장, 회복의 유형[17)]

(1) 'U'자형과 'V'자형이란?

증시는 경제를 그대로 비추는 거울이다. 경제학에서 말하는 '기술적 경기침체' 혹은 '경기침체(Recession)'란 대체로 2분기 연속 마이너스 성장을 뜻하는 의미다. 자연의 이치는 아무리 추운 겨울이라고 할지라도, 시베리아라도 혹독한 겨울이 지나면 봄이 오기 마련이다.

그렇다면 이러한 봄은 언제 오는지, 기후변화로 겨울이 길어지는 것은 아닌지가 문제이다.

과거의 글로벌 경제위기를 분석해 보면 위기 후에 주가회복의 시나리오는 대체로 두 가지 패턴으로 대별된다. 첫째는 주가가 분지(盆地, 밑이 넓은 U자) 모양의 더딘 회복을 보이는 '대공황형(型)' 과 둘째는 2년 내외의 단기간에 계곡(V자) 모양으로 원상회복하는 'IMF 사태형' 이다.

(2) 'U', 'V' 자형의 사례

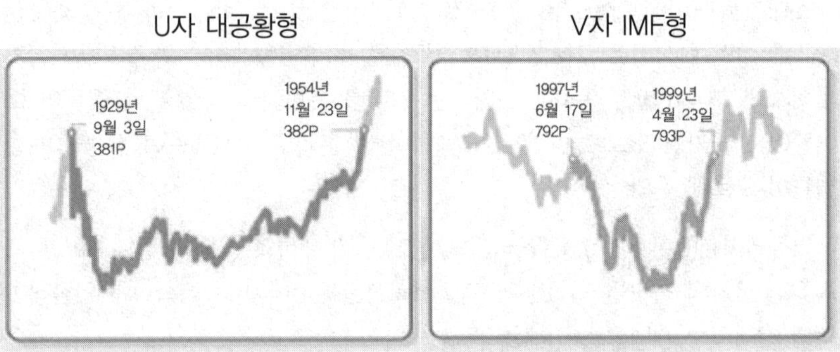

주가폭락은 대체로 U자형(대공황형)과 V자형(IMF)형이 있다.
자료 : http://news.chosun.com.

좀더 자세히 살펴보면, 첫 번째 U자형의 대표적인 예인 일본의 버블붕괴는 '대공황형' 에 가깝고, 두 번째 미국의 블랙먼데이는 'IMF형' 과 비슷했다.

먼저, 'U' 자형의 전형은 대공황과 일본의 장기불황 사례이다. 대공황 직전 미국은 제1차 세계대전 이후, 경기팽창, 규제완화 등으로 부동산과 주식에 대한 극심한 투기바람이 광풍처럼 일었다. 당시 다우지수는 8년 동안 394%까지 올랐다가 대공황을 맞이했던 것이다.

대공황의 영향은 혹독했다. 국민총생산(GNP)은 거의 반 토막이 난 상황에서 주가는 90%가 빠졌고, 실업률은 24.9%까지 치솟았다. 부동산 모기지는 1930년대 도시 가구 절반 이상이 대출금을 갚지 못하는 상황이 벌어져서 20가구 중 1가구가 주택 담보물 유실 상태에 빠져 있었다.

그야말로 미국은 당시 대공황으로 수 백만 명이 하루아침에 '절대빈곤' 상태로 추락한 후, 회복기간만도 25년이 걸렸다. 이후 대공황은 인류 역사에 길이길이 회자되는 '경기침체의 대명사' 로 남았다.

두 번째 'U' 자형인 일본은 어떠했는가? 일본은 1983년부터 상승세를 타던 자산가격 상승세가 1987~91년까지 약 4년 동안 가속화되었다. 주식은 1983년부터 연간 20% 이상씩 7년 동안, 부동산 시장도 1983년부터 1989년까지 6년여 기간동안 급등을 거듭했다. 1988년도에는 동경의 지가상승률이 약 60%를 넘는 광풍 수준에 이른 반면, 1982년도에 16%를 달리던 가계저축률은 90년에 12%대로 하락했다.

대기업들은 탈은행화로 금융관리 시스템이 느슨해졌고, 거의 모든 기업들은 부동산 투자대열에 합류하여 은행의 대출잔액 중 부동산 융자비율은 1985년 20%에서 1990년대 말에는 27%까지 급증했다.

그러나 올라가면 반드시 내려오게 되는 법…. 아니나 다를까? 1990년대 초부터 일본의 버블경제가 붕괴되기 시작했다. 그후 일본은 버블붕괴의 영향으로 극심한 디플레, 부실채권 증가, 소비 및 대출감소 등의 요인으로 악몽같은 '잃어버린 10년' 을 경험하게 된다.

다음으로, 'V' 자형의 예를 알아보자. 글로벌 경제는 1973~75년의 오일 쇼크 이후, 10여년 동안 경기회복속도가 매우 느려지면서 인플레 속에서도 경기가 침체되는 소위 '스태그플레이션(stagflation)' 이라는 신조어까지 만들어 냈다. 이후 1987년 말에 2차 오일쇼크가 다시 찾아올 당시, 미국에서는 최악의 블랙먼데이 이후 불과 두 달 사이에 주가가 1000포인트 가까이까지 빠지게 된다.

우리나라의 경우도 환란직전인 1997년 10월 1일 코스피지수는 644.92에서 1998년 6월 16일까지 환란의 영향으로 280.00로 수직 하락했다. 그후 우리나라는, 극심한 경기침체는 물론이고 고금리의 영향으로 1998년 말까지 300~400을 유지하다가 경제가 다시 회복되어 1999년 7월 1,000대로 올라섰던 뼈저린 과거를 갖고 있다.

(3) 금융위기 이후 'U' 자형인가? 'V' 자형인가?

26년 만에 최저 수준인 미국 제조업 경기

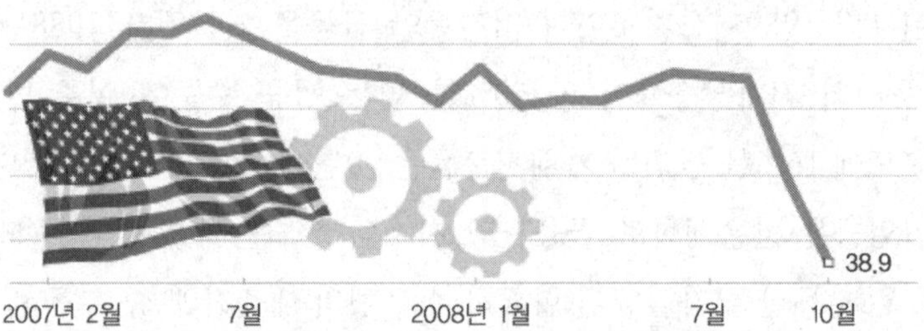

자료 : http://www.mk.co.kr(2008.11.5)

2008년 발표된 미국의 국내총생산(GDP) 성장률도 소비경기가 곤두박질치면서 7년 만에 가장 부진한 성적을 기록하는 등 미국의 경기상황은 1980년 이후 28년 만의 최악의 기록이다.

최근 전미경제조사국(NBER)은 미국 경제가 이미 2007년 12월 이후부터 후퇴 상황에 직면해 왔다고 공식 선언했다. 뉴욕대학의 루비니 교수도 경기침체는 2008년 1월 이미 시작됐으며, 경기침체는 앞으로 약 18개월 동안 이어질 것으로 내다보고 있다.

전문가들은 미국이 대공황형인 'U' 자형 경기침체가 불가피하다고 주장한다. 대체로 V자형은 반등과정이 가파른 반면, 이번의 경우에는 긴 회복기간의 U자형이 될 가능성이 농후하다는 견해가 주를 이루고 있다. 혹자는 이번 금융위기는 'U' 자형의 더딘 회복을 넘어서 'L' 자형의 장기 부진에 머물 가능성을 진단하는 경우도 있다.

특히 미국 경기의 빠른 회복에 대해 비관적인 사람들은 미국은 전대미문(前代未聞)의 신용위기로 인해 향후 수년 동안 경기침체가 지속될 것이라고 주장한다. 이런 주장을 펴는 이코노미스트들은 신용위기가 과거 미국의 1930년대 대공황이나 1990년대 일본의 장기불황에 버금가는 형태로 전개될지도 모른다는 심각한 우려를 반영하고 있다고도 볼 수 있다.

그러나 한편에서는 이번의 금융위기를 옛날처럼 오래 갈 것으로는 보지 않는 경우도 많다. 이러한 이유는 대공황 당시 미국의 후버 정부는 긴축정책을 써서 문제를 키운 측면이 있는 반면, 현재는 그렇지 않다는 점이다.

과거에는 인근국가를 가난하게 만드는 근린궁핍화정책(begger-thy-neighbour), 즉 각국이 경쟁적으로 자국의 환율을 인하하는 등 국제 간의 공조가 미약했으나, 현재는 국제공조가 신속하고도 대규모로 이루어짐으로써 대공황 때보다는 금융위기의 영향이 훨씬 미약할 것이란 견해다. 그러나 금융위기 이후의 넘치는 유동성에 대한 걱정이 급증하고 있는 추세이다.

3. 경기침체의 영향, 3~5년은 지속된다.[18]

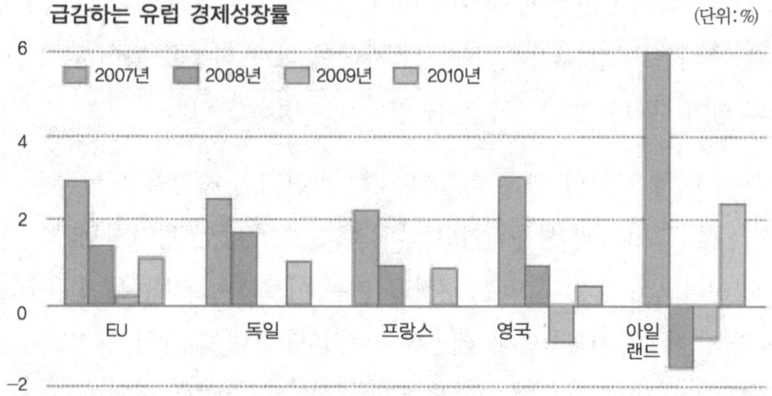

자료 : EU 집행위원회

미국 소비자 물가가 지속적으로 급락하고 있다. 2009년초의 미국 소비자 물가 하락률은 1947년 이후에 가장 큰 폭이다. 영국이나 일본 등 대부분의 글로벌 선진경제권도 디플레이션의 어두침침한 터널에 들어가고 있다.

우리나라의 국내 기업 최고경영자(CEO) · 임원들의 절반 이상이 최근 금융위기가 3~5년 이상 지속되고, 중국경제가 경(硬)착륙(hard landing, 급속하게 둔화되는 것)하는 '최악의 상황'을 예상하고 있다.

또한 이들의 58%는 현재의 경제위기가 3~5년 동안 지속될 것이라고 보고 있으며, 1~2년 내의 단기간에 끝날 것이라고 본 응답자는 42%에 불과하다. 즉, 전세계의 동시다발적인 경기부양책과 금융시장 안정책에도 불구하고 CEO들은 'L'자형 경기침체 가능성이 높다는 견해이다.

따라서 글로벌 경제 불균형이 해소되는 과정에 대해서도 53%는 미국 소비시장이 붕괴하고 환율전쟁이 벌어지는 등 급격한 조정을 거칠 것으로 예상된다는 답변을 했다.

또한 CEO들은 내년 중국경제가 8% 이하로 성장하는 경착륙 가능성(55%)을 연착륙(45%)보다 높게 보고, 유가는 100달러 정도(68%), 금융위기 이후의 세계 경제에 대해서는 미국 중심의 일극(一極)체제로 돌아갈 것이란 응답(27%)보다 중국 등 신흥시장 성장에 따른 다극체제로 갈 것이란 응답(52%)이 두 배 가까이 많았다.

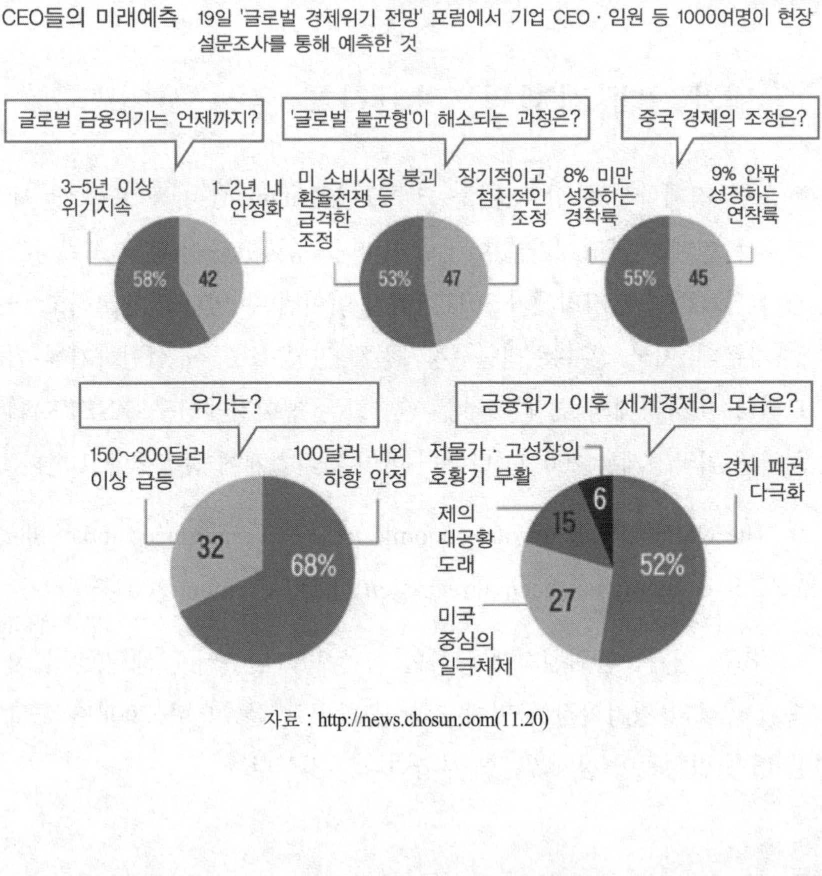

자료 : http://news.chosun.com(11.20)

제 19 장 글로벌 경제, 최악의 시나리오를 향해 돌진하다

세계 경제는 '잃어버린 10년'의 터널 속으로 빠져들고 있다. 금융위기는 극복되지 않는다. 반복될 뿐이다.

세계 3대 경제권, 경기침체 공식 선언[19)]

노벨 경제학상 수상자인 폴 크루그먼(Krugman) 미국 프린스턴대 교수는 현재 미국경제가 잃어버린 10년을 경험했던 일본의 초기상황보다 심각하며 경기침체가 2011년까지 이어질 수 있다고 경고하고 나선 가운데, 미국 정부는 최근 '경기침체 진입'을 공식 선언하기에 이르렀다. 미국경제의 침체 여부를 판단하는 전미경제연구소(NBER)에 의하면 미국경제는 2007년 말부터 이미 경기침체에 진입했다고 한다.

"The National Bureau of Economic Research announced today that the U.S. economy has been in recession since December 2007"[20)]

NBER 경기순환위원회에 의하면 지난 2001년부터 73개월 동안 지속된 미국의 경기확장 국면이 지난해 11월로 끝났으며, 2008년의 모든 경제 환경들이 침체기준에 부합하다는 것이다.

"It's official: The U.S. entered a recession in December 2007, according tothe private National Bureau of Economic Research's business cycle dating committee... The committee maintains a chronology of the beginning and ending dates (months and quarters) of U.S. recessions. The committee determined that a peak in economic activity occurred in the U.S. economy in December 2007. The peak marks the end of the expansion that began in November 2001 and the beginning of a recession. The expansion lasted 73 months; the previous expansion of the 1990s lasted 120 months"[21)]

유로화를 사용하는 15개국은 물론이고 일본도 지난 2분기뿐만 아니라 3분기까지 마이너스 성장을 하고, 4분기도 역시 마이너스 성장이 확실시되고 있는 상황에서 침체를 공식선언했다.

이로써 세계 3대 경제권이 모두 침체 상황에 놓이게 되었으며, 전세계가 우려하던 '글로벌 U&D(Unemployment & Depression)의 공포'가 결국에는 현실로 다가 선 것이다.

이와 관련하여 전문가들은 "세계경제가 최악의 경기후퇴 단계에 진입했다."라고 단언하면서 이번 글로벌 경기침체가 금융위기와 맞물려서 대공황 이후에 가장 길고 심각한 침체가 될 것으로 전망하고 있다.

선진국에 대한 수출의존도가 높은 신흥국의 수출 둔화세가 이미 가시화되고 있는 상황에서, 한국과 중국 등 신흥국들의 고통도 그만큼 커질 전망이다.

금융위기, 확대되어 다시 돌아오는 '불사조'

1. 폭증하는 달러, 부메랑으로 되돌아 온다.[22)]

(1) 유동성 딜레마(Liquidity Dilemma) 이론

미국이 국제수지에 적자를 낼 경우, 세계 각국이 보유하는 미국 달러의 보유액이 증가하여 세계 전체로서의 국제유동성도 증가하나, 미국 달러에 대한 신용도는 낮아진다.

그러나 미국이 국제수지의 개선에 나서서 그 적자 축소에 노력하면 세계 각국이 보유하는 미국 달러의 양이 줄어들게 됨으로써 세계 전체가 국제유동성의 부족에 빠지게 될 것이다.

미국 달러를 세계 각국이 주요 국제유동성으로 보유하는 제도가 유지되는 한, 국제통화체제는 조만간 막다른 벽에 부딪치게 된다. 이것이 예일대 R.트리핀 교수가 그의 저서 〈금과 달러의 위기(1960)〉에서 현행 국제통화체제에 내재하는 약점으로 지적한 '유동성 딜레마(liquidity dilemma)론' 이다.

이 이론이 근거가 됨으로써 미국의 국제수지문제에 상관없이 세계무역 확대에 알맞은 국제유동성을 계획적으로 만들어 내려는 의도하에 현재의 SDR(특별인출권) 제도가 탄생하였다.

소위 '트리핀 안(Triffin plan)' 은 지난 날의 J.M.케인스가 주장한 '초국가은행안' 을 기초로 한 것으로, 이 역시 트리핀의 〈금과 달러의 위기〉에 의하여 밝혀졌다. 이 사고방식의 일부는 SDR의 창설 등, 그 후의 국제통화체제 개혁에 현실적으로 채택된 바 있다.

참 고[23]

■ 부메랑 효과 (boomerang effect)

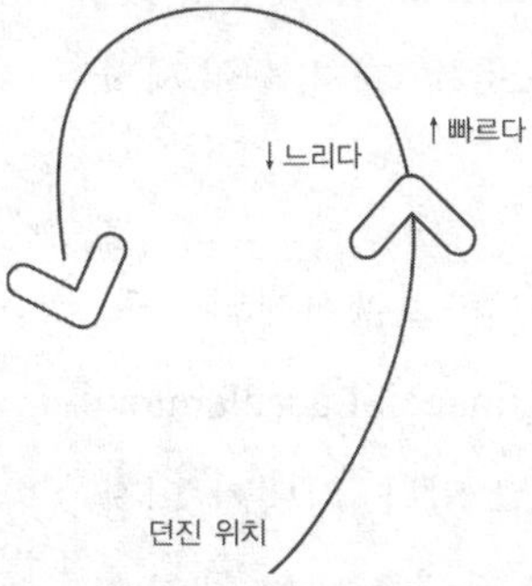

'부메랑 효과(boomerang effect)'란 개발도상국의 현지생산이 선진국에 역수출되어 해당산업과 경합을 벌이는 현상이다. 즉 선진국이 개발도상국에 경제원조나 자본투자를 한 결과, 현지생산이 시작되어 마침내 그 제품이 현지시장의 수요를 충족시키고도 남아서 선진국에 역수출됨으로써 선진국의 해당산업과 경합을 벌이는 현상이다.

부메랑이란 본래 호주 원주민이 사용하던 사냥기구로서, 던지면 다시 제자리로 돌아오는 도구이다. 광복 이후 지금까지 한국은 미국을 비롯한 구미 선진국의 자본투자 · 기술원조 등에 힘입어 여러 산업 분야에서 발전을 거듭함으로써 오늘날에는 중화학공업제품이나 전자제품 등을 생산하여 전세계에 역수출하고 있다.

또한 최근 금융위기로 인한 경기침체 속에서 미국의 자동차 'BIG 3'는 미국 의회에 구제금융을 신청했다. 그 이유에 대해 전문가들은, 미국 자동차 업계는 최근 몇 년 동안 기름먹는 하마 SUV와 트럭 등을 주력 상품으로 돈을 벌어 왔으며, 환경 문제와 유가상승 전망이 끝없이 제기되었음에도 불구하고 소형차와 친환경 자동차 개발에 게을렀다는 비난을 면키 어렵다고 주장한다.

최근 다른 나라 자동차회사들은 대거 구조조정과 친환경 자동차 생산시스템으로 전환하는 추세지만, 'BIG 3'는 그 움직임이 늦고 규모도 충분치 않을 뿐만 아니라 소모적인 설비투자 경쟁으로 몸집만 불린 것이 부메랑으로 되돌아왔다는 주장이다.

(2) 금융가속기 (Financial Accelerator)

벤 버냉키(Ben Shalom Bernanke) 미국 연방준비제도이사회(FRB) 의장이 프린스턴대 교수로 재직하던 지난 1995년, 그는 마크 거틀러 뉴욕대 교수와 함께 〈블랙박스 해부(Inside the Black Box)〉란 제목의 연구논문을 발표했다. 그는 이 논문에서 '가속도 효과(financial accelerator)'를 주창한다. 그에 의하면 금융불안으로 인해 초래된 경기둔화가 다시 신뢰상실과 자산가치하락을 유발함으로써 재차 금융시장의 붕괴를 촉진한다는 것이다.

그는 논문에서 특히 금융위기의 파고가 높을수록 실물침체의 속도는 빨라진다고 주장한다. 이는 이후 금융가속기(financial accelerator)라고 불리는 현상을 정량분석하는 데 도움을 주고 있다. 버냉키 의장은 최근 의회 증언에서 "신용 여건 악화가 경제성장에 상당한 제약요인이 되는 상황이라 가속기가 보통 때보다 더 강화된 것 같다.

이제 성장률 둔화가 금융시장에게 문제가 되는 것은 바로 신용의 질이 계속 떨어지고 있음을 의미할 수 있기 때문이다."라고 주장했다. 그리고 이러한 배경이 연준의 지속적인 금리인하 배경의 원인으로 작용하고 있다.

이미 실물 · 금융위기의 '가속도 효과'가 현실화되었다. 즉, 금융위기에 따른 전세계적인 경기둔화가 금융과 무역의 국제승수 효과를 통

금융시장 불안과 실물경제 침체의 악순환 고리

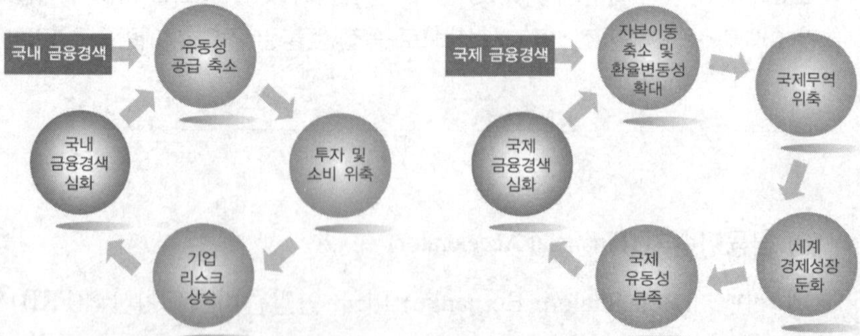

자료: http://www.heraldbiz.com(11.21)

해 연쇄적인 악순환을 초래할 가능성이 높으며, 실물위기와 금융불안이 서로를 자극하며 속도를 높여가는 현상은 우리 경제에서 그대로 나타나고 있다. 현재의 금융위기에 따른 경기침체는 1930년대 대공황 이후로 가장 심각할 것이란 견해가 다수이다.

국제통화기금(IMF)이 17개국의 113개 사례를 분석한 결과, 은행권 경색이 선행될 경우, 실질 국내총생산 전년동기증가율은 약 −1.5% 상태로 추락하였다. 그러므로 은행권 경색이 선행되지 않은 경우인 약 −0.5%에 비해 3배 이상 충격이 크기 때문에, 은행권 부실이 선행된 경기침체는 어떤 종류의 경제위기보다 깊고 길다는 것을 보여주고 있다.

오늘날의 상황은 IMF의 연구내용과 정확히 일치되고 있다. 즉, 서브프라임 사태의 후폭풍으로 인한 세계적 투자은행(IB)들의 잇따른 몰락과 은행권의 유동성 위기 등 금융위기에서 비롯되어 이것이 실물위축으로 번지면서 위기가 확대 재생산되는 과정을 보여주고 있다.

(3) 무제한의 달러 공급이 시작되다.

세계 각국은 경기 부양을 위해 앞 다퉈 재정 정책을 내놓고 있다.[24)]미국 연방준비제도이사회(FRB)와 유럽중앙은행(ECB) 등 5개 은행은 최근 신용시장의 경색을 완화하고, 은행에 자금을 지원하기 위한 새 조치로 달러를 거의 '무제한으로 방출' 하기로 방침을 정했다.

미국은 지난 2월 1차 경기부양책을 통해 지출한 1,680억 달러, 향후 10년간 청정에너지 개발에 1,500억 달러, 오바마 대통령이 이미 밝힌 2009년도 재정지출액 5,000억~7,000억 달러(975조원)를 포함, 이번 금융위기 타개를 위해 총 8조 5,000억 달러(약 1경 2325조원)를 투입할 예정이다.

또한 중국 10대 경기부양책을 위해 4조 위안(810조원), 일본 정부는 2010년까지 20조 엔(300조원), 유럽연합(EU)도 2,000억 유로(362조원) 규모의 부양책을 내놓는 등 그야말로 지구촌은 '돈 비로 인한 홍수'를 이루고 있다.

지구촌의 구제금융자금 약 10조 달러의 90% 이상을 차지하는 미국의 경우, 어떻게 돈을 마련할 것인가? 일단 미국은 재정적자를 무릅쓰고 의회의 승인을 받아 미 연준에서 달러를 찍어낼 것으로 보인다. 미국에서 달러를 찍어내는 구조는 의외로 간단하다.

실제로는 종잇조각에 불과한 미국 재무부 채권을 담보로 연방준비제도이사회(FRB)가 달러를 찍어내고, 발행한 달러의 10%만 지급준비금으로 예치하며 나머지는 상업은행을 통해 회전시킴으로써 통화를 무한대로 팽창시키는 현재의 금융통화 체제에서 금융위기의 반복적 발생은 구조적으로 불가피하다는 것이다.

모기지 채권으로 자금난을 겪고 있는 은행들을 구제하기 위해 7천 억 달러의 구제금융을 실시하려는 헨리 폴슨 재무장관의 계획에 반발한 미국 시민들이 대부분 값이 떨어져서 휴지조각이 되다시피한 주식을 미국정부가 사라며 매물을 내놓는 해프닝을 벌였다.

이처럼 거대하게 형성된 달러의 유동성은 금융부문으로 자원을 급격하게 이동시켜서 금융부문과 실물경제 사이에 더욱 커다란 불균형을 낳았다.

파생금융상품과 무제한적인 거래를 통해 막대한 수익을 다시 거두어들이며, 이는 다시 금융부문이 실물보다 빠르게 성장하게 만들어 놓음으로써 금융-실물 간의 심각한 불균형 상태를 만들어 가고 있다. 이러한 불균형을 나타내는 지표가 산출량 대비 금융자산 비율이다.

1980년 세계 연간 산출량 대비 금융자산 비율은 두 부문이 거의 같은 수준인 109%였으나, 2005년 경에는 316%로 세 배 이상 격차를 벌어지게 만들었다. 이를 돈으로 환산해 보자면 2007년말 현재 전세계 금융자산은 167조 달러로 추정되고 있는 반면에 세계 총 GDP는 48조 달러 수준에 불과한 실정이다.

또 다른 불균형 지표는 외환시장 거래량의 급속한 증가이다. 최근 외환시장에서 현물 · 선물 · 스와프 등의 일일거래는 3.2조 달러 수준으로, 사상 유래없는 규모로 성장하였다.

장외거래에서 파생상품 시장의 하루 거래는 2.1조 달러에 달할 정도로 성장했다. 이러한 거래규모는 전세계 실물거래가 연간 12조 달러 수준임을 감안하여 볼 때, 금융거래의 과도한 불균형을 분명하게 말해준다. 전문가들은 글로벌 유동성이 세계 GDP의 12.5배인 607조 달러 정도로 추정하고 있다.

이와같이 유동성의 급격한 팽창은 한 나라의 통화량 지표를 사실상 무의미하게 만들어 버렸다. 국가적 차원에서의 본원통화 발행을 통해 유동성을 조절하던 시절은 이미 옛말이 되었고 개별 국가의 중앙은행을 사실상 무력하게 만들고 있다.

이는, 개별국가가 나서서 외환정책이나 통화정책을 통해 글로벌 유동성을 관리하고 통제한다는 것이 어렵게 되었다는 것을 뜻하는 동시에, 이렇게 성장한 글로벌 유동성이 실물경제의 호황과 불황을 좌지우지하는 상황에까지 왔다. 이러한 유동성 증가는 자산유동화를 통한 파생상품 개발과 같은 새로운 금융기법을 통해 이전과는 다른 유동성이 폭발적으로 증가했기 때문으로 풀이된다.

(4) 과다한 외환보유고가 금융위기의 씨앗

① 외환보유고 및 잉여외환보유고의 규모는?

세계 외환보유액의 선진국 및 개도국 비중

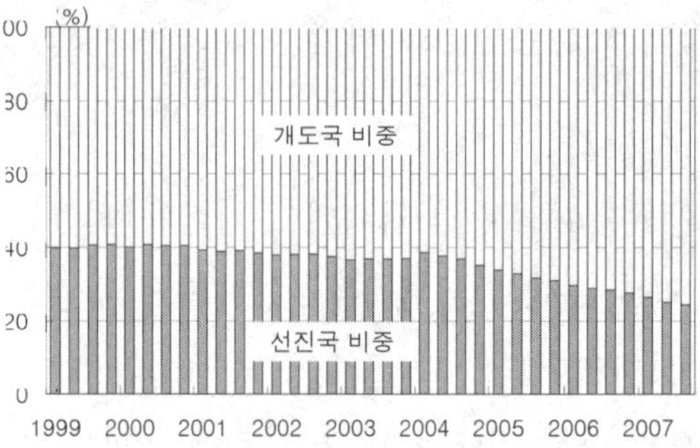

자료 : 한국은행

IMF에 보고된 최근 세계 각국의 외환보유고 총액은 약 4조 3,223억 달러 규모이다. 최근 중국을 제외한 아시아 국가들의 외환보유고는 2조 3,400억 달러 정도로 전세계 외환보유고의 60%선을 유지하고 있다.

세계 외환보유액에서 개도국이 차지하는 비중은 2004년 초반부터 60% 수준을 유지해 왔으며, 이후 증가세로 전환되어 2007도 말에는 70%대까지 높아지다가 최근 금융위기의 영향으로 아시아 국가의 외환보유고가 줄고 있다.

또한, 개도국의 경우에는 최근 달러비중을 확대하고 있어서 통화구성을 밝히지 않고 있는 개도국까지 고려하게 되면 실제 달러비중은 더 높을 가능성이 있다.

전문가들은 세계 최대 외환보유국인 중국과 중동 산유국들이 통화구성을 밝히지 않는 것으로 보고 있는 데다 중국의 경우는 달러비중이 최대 70%에 이르는 것으로 추정되고 있어서 공식적인 자료로는 세계 외환보유액 통화구성을 정확하게 반영하는 데에 한계가 있다.

나아가서 IMF에 통화구성을 밝히지 않는 개도국의 외환보유액이 전체 개도국 외환보유액의 절반에 근접하는 데다 이 비중은 계속 증가하고 있다.

또한, 미국의 대규모 경상수지적자 지속으로 중국 등 아시아 수출국들의 외환보유액이 빠르게 증가하면서 외환보유액 운용의 수익성 제고 압력이 증가했다. 2001년까지 비교적 완만하게 늘어나던 세계 외환보유액이 2002년 이후에 미국 경상수지적자 확대로 개도국을 중심으로 빠르게 늘어난 것이다.

참 고[25)]

■ 잉여외환보유액과 국부펀드

아시아 주요 국가들의 잉여외환보유액이 1조 5천억 달러(Morgan Stanley, 2007)에서 2조 달러(Summers, 2007)에 이르는 것으로 추정하면서 이것이 국부펀드 운용배경으로 작용하고 있다고 주장하고 있다.

적정 외환보유액은 ① 3개월분 수입금액 ② 향후 1년 안에 지급해야 하는 대외부채 원리금(Greenspan-Guidotti Rule) 등에 기초하여 추정하는 경우가 있는데, Morgan Stanley는 조건 ①과 ②를 모두 적용하여, Summers는 조건 ②만을 적용하여 산정했다.

잉여외환보유액 규모가 큰 상위 10개 개도국 가운데 절반 이상이 국부펀드를 운용하고 있으며, 잉여외환보유액이 클수록 국부펀드 규모도 커지는 경향이 있다.

잉여외환 보유액과 국부펀드 규모

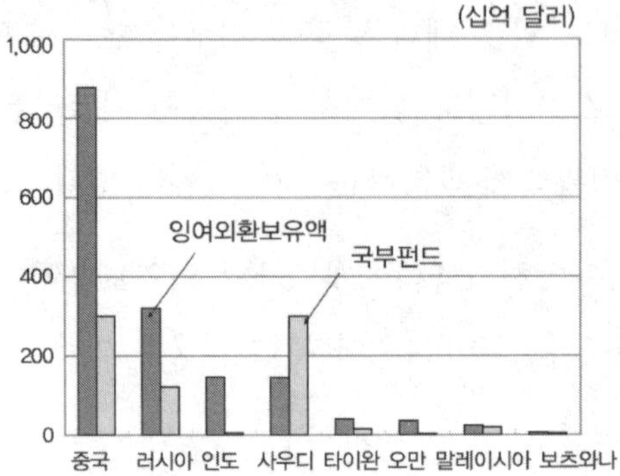

주 : 1) IMF는 중국의 국부펀드를 2,000억 달러로 예상하고 있으나 시장에서는 3,000억 달러까지 늘어날 것으로 전망

주요 잉여외환보유액 보유국

중국	822(32)
러시아	200(21)
사우디	145(40)
인도	136(16)
알제리	76(63)
말레이시아	70(49)
이란	64(27)
리비아	59(125)
나이지리아	45(39)
멕시코	37(5)

주 : 1) 음영은 국부펀드 운용국

---

② 아시아 국가의 과다한 외환보유고, 금융위기의 새로운 씨앗?[26)]

뉴욕대 루비니 교수는 2007년 5월에 발표한 논문을 통해 "아시아 국가들이 채택한 외환보유고의 과다한 축적이나 수출경쟁력에 대한 지나친 의존은 아시아 국가들이 금융위기로부터 배운 잘못된 교훈이며, 이것이 바로 아시아 금융위기 재발의 씨앗이 될 것"이라고 지적한 바 있다.

이러한 이유로 그는 외환보유고 축적의 원인을 아시아 국가들이 인위적으로 통화가치를 낮추어서 수출경쟁력을 높이고, 외환위기 재발을 막기 위해 달러를 대거 매입했기 때문으로 보고 있다.

더 나아가서 그의 주장은 외환보유고의 문제점으로, 여신의 과도한 증가에 따라 인플레이션 압력으로 이어지는가 하면 증시 및 주택시장에서의 자산버블로 이어져서 지난 1998년의 아시아 금융위기와 같은 전철을 밟을 수 있다는 점을 들고 있다. 물론 일리가 있는 주장이긴 하다.

그러나 우리나라와 같이 외환위기를 겪은 나라의 경우, 외환보유고의 부족에서 오는 악몽은 상상도 할 수 없을 만큼의 고통을 준다.

그렇다고, 외환보유고가 인플레위험의 요소로 작용하지 않도록 정책을 펴는 노력이 필요하지 않다는 말은 아니다.

이러한 원인 중 하나는 골디락스 경제(Goldilocks Economy, 뜨겁지도 차갑지도 않은 상태로 경기 호황을 상징하는 말), 즉 중국과 인도를 지나치게 세계의 성장동력으로 삼아서 이들이 너무 많은 국제수지흑자를 낼 수 있도록 했던 것이 문제점으로 지적되고 있다. 즉, 미국이 지속적으로 국제수지 적자를 방관하면서 달러를 발행하여 세계 통화를 팽창시킨 것이 문제를 야기했다는 뜻이다.

통화구성을 밝히지 않고 있는 개도국의 외환보유액 비중

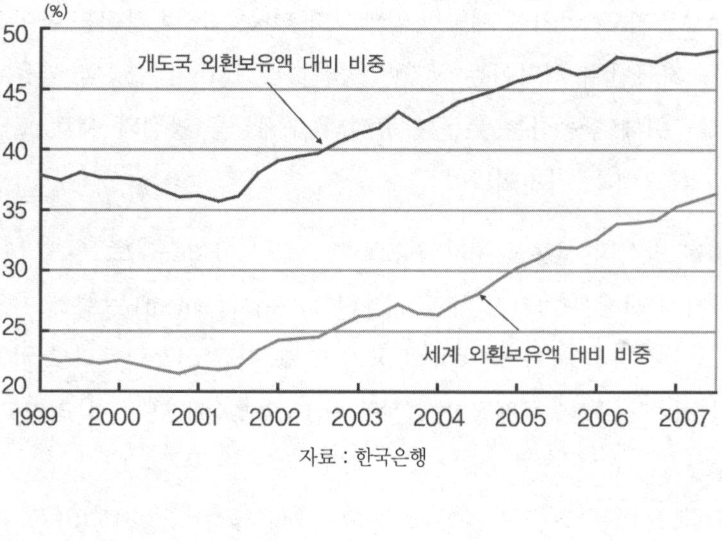

자료 : 한국은행

제20장 글로벌 경제, 최악의 시나리오가 현실화되다[27]

살아남길 원하는가? 스톡데일 패러독스(stockdale paradox)를 기억하라.

세계의 곳간 IMF, 도산위기에 처하다.

1. IMF는 세계의 은행이다

최근 국제통화기금(IMF, International Monetary Fund)은 지난 5년 동안 IMF가 각 국가에 제공한 금액보다 더 큰 418억 달러를 아이슬란드 등 자금난에 허덕이는 국가에 공급했다. IMF가 신흥국 금융위기 해소를 위해 활동하는 부문은 종전의 구제금융 방식과 새로 도입한 방식 등 크게 두 가지이다.

종전 방식의 신흥국 구제금융으로는 최근 아이슬랜드, 우크라이나, 헝가리에 대해서 대기성 차관(Stand-By Arrangement)을 통해 지원했다. 그밖에 발칸 국가 등 동유럽 국가 및 또 다른 신흥국들과도 비공식적인 접촉을 통해 구제금융 협상을 벌리고 있는 것으로 알려지고 있다.

또한, IMF는 최근 새롭게 도입한 단기유동성 공급제도(SLF, Short

Term Liquidity Facility)를 통한 지원책도 만들었다. 단기 유동성 부족으로 일시 어려움을 겪고 있는 신흥국 지원을 위해 새로운 제도를 도입한 것이다.

이러한 제도는 경제 펀더멘탈 및 경제정책이 건전한 상황이지만 일시적으로 유동성 문제에 직면한 국가들에 대해 신속한 단기자금을 지원하는 목적으로 도입되었으며, 지원규모는 신청국 쿼타(Quota)의 최대 5배까지 가능하다. 또 차입기간은 3개월이지만 1년이내 최대 3회까지 차입이 가능하다.

참 고[28)]

■ 아이슬란드, IMF 구제금융을 맞다.

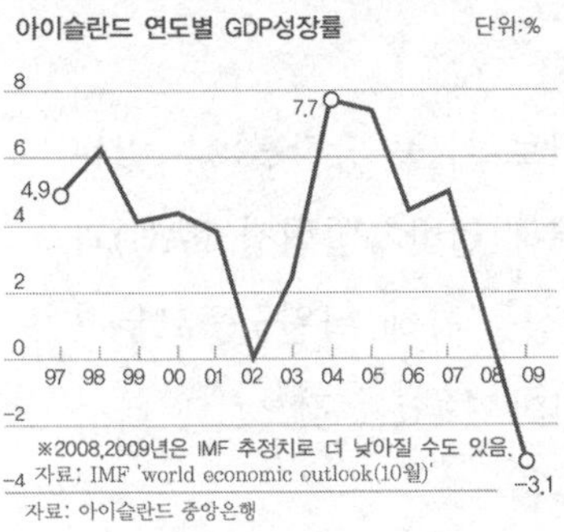

자료: 아이슬란드 중앙은행

1인당 국민소득 세계 5위 부국(富國)이던 아이슬란드가 국가부도사태를 맞았다. 아이슬란드는 물가급등, 금리급등, 집값급락의 삼중고(三重苦)를 겪고 있어서 금융위기로 인한 연금 수령액이 40%나 줄었다.

이는 외국 투기자본에 기대어 성장하다가 미국 리먼 브러더스 파산 이후로 전세계 금융시장에서 급격한 디레버리징(deleveraging, 차입축소 및 대출회수)이 일어나면서 직격탄을 맞았다.

아이슬란드의 유명작가인 아이나르 구드먼슨은 〈인터내셔널 헤럴드 트리뷴〉지와의 인터뷰에서 "정부는 룰렛 도박을 벌였고, 온 국민이 돈을 잃었다."라고 말했다. 여기에는 이번 위기의 주범(主犯)으로는 아이슬란드 3대 은행이 지목을 받는다.

2003년 은행산업의 경쟁력을 높인다는 명분 하에 진행된 은행 민영화 과정에서 '은행 재벌'이 탄생했고 은행들의 몸집이 너무 비대해져서 정부가 손을 쓸 수 없는 지경에 이르렀다. 이미 몇 년 전부터 이러한 위기의 신호가 왔지만 정부는 손을 놓고 있었다.

미국이 금융시스템을 구제하기 위해 내놓은 7,000억 달러의 긴급구제금융은 미국 GDP의 5% 수준이다. 하지만 아이슬란드 은행들의 대외 부채는 GDP의 10배를 넘는다.

이에 따라 최근 아이슬란드 국민들 사이에서는 은행 대주주에게 사재(私財)를 국가에 헌납할 것을 요구하는 한편, 정치권에는 책임을 묻는 조기 총선을 요구하는 목소리가 높아지고 있다. 하지만 모든 국민이 한 푼도 안 쓰고 10년치 소득(GDP)을 꼬박 모아야 빚을 갚을 수 있는 상황이다.

지금 아이슬란드에서는 기업 연쇄부도, 실업률 급증, 물가 급등, 금리 급등, 국민 구매력 저하로 인한 소비의 급격한 위축 등으로 나타나고 있다. 일각에서는 빚을 갚기엔 20년 이상 걸릴지도 모른다는 탄식 섞인 얘기가 곳곳에서 새어 나오고 있다.

---

2. IMF가 현재 집행가능한 자금

현재 IMF가 가용가능한 재원 규모는 약 2,500억 달러 정도이다. 그러나 전문가들은 최근의 잇따른 구제금융 및 향후 잠재적인 구제금융 규모를 감안했을 때, 향후 부족현상의 가능성이 있다는 우려를 표하고 있다.

현재의 가능재원 규모는 약 2,500억 달러로 이 중 당장 쓸 수 있는 가용재원은 1,990억 달러 수준이며, 이에 더해 일반차입협정(GAB)과 신규차입협정(NAB) 등 2개의 상시 차입협정을 통해 회원국들로부터 530억 달러(340억 SDR)의 추가재원을 차입할 수 있는 것으로 나타나고 있다.

2009년부터 2012 년까지 상환되어 IMF에 돌아올 원금 및 이자 등의 재원은 연간 25~48억 달러에 불과하며, 이 또한 차관국가가 요청할 경우에 상환 및 이자지급이 연장될 수 있으므로 수입 자체도 아직까지는 불확실한 상황이다. 게다가 대형 신흥국의 잠재적인 유동성 위기 시에는 가용재원이 모자랄 수도 있다.

아직까지는 소규모 신흥국에 대한 지원에 그쳤지만 글로벌 금융위기가 확산되면 상대적으로 경제규모가 큰 신흥국이 불안해질 경우에 IMF의 가용재원이 모자랄 가능성이 제기된다는 주장이다.

美 Think Tank 인 CFR 은 최근 러시아, 멕시코, 브라질, 인도 등 대형 신흥국이 환율 방어를 위해 쓴 외화가 750억 달러에 달하는 것으로 추정하고 있다. IMF 수석 경제연구원을 지낸 메사추세츠공대(MIT) 사이먼 존슨 교수는 "당장 집행 가능한 자금 중 이미 4분의 1이 곧 사용될 예정이고 아직까지 도움을 필요로 하는 국가들이 많이 있는 상황에서 2,500억 달러는 금방 소진될 수 있다"라고 주장하고 있다.

도미니크 스트로스 칸 IMF 총재도 바로 동원할 수 있는 자금이 2,500억 달러이며, 그 밖에도 500억 달러 정도의 추가 집행이 가능하다고 밝히고 있지만 그 정도로는 부족하다고 인정하고 있다.

3. 향후 집행이 예상되는 자금 규모

우크라이나는 경제정상화를 위해서 550억~650억 달러가 더 필요할 것이라는 전망이 나오고 있으며, 아이슬란드와 헝가리도 각국 정부와 유럽중앙은행(ECB) 등에 추가 지원을 요청해 놓은 상태이다.

이런 상황에서 최근 Wall Street Journal은 IMF가 SLF를 통해 총 재원 중 약 절반을 사용할 수 있다고 보도했으며, 한 전문가는 잠재적인 위기를 겪고 있는 16개 신흥국이 SLF를 이용할 경우에 1,882억 달러가 소진될 수 있다고 추정하고 있다. 또한 경제 규모가 보다 큰 브라질, 아르헨티나, 터키 등의 이머징 국가들이 위기에 처할 경우에는 지원하기가 역부족이라는 지적이다.

사이먼 존슨 전 IMF 수석이코노미스트는 "IMF가 국제적 금융위기에 주도적 역할을 하려면 2조 달러 가량이 필요하다."라고 주장하고 있다. 최근 위기를 맞은 각국도 IMF에 대한 의존도를 낮추려는 추세이다. 아이슬란드는 IMF의 구제금융과는 별도로 북유럽 국가들에 수십 억 달러의 지원을 요청했고, 헝가리는 유럽중앙은행(ECB)의 긴급지원을 받기로 했다.

IMF의 자금 부족이 이슈로 떠오르자, 향후 주요국 정상회의 등을 통해 IMF와 관련한 다양한 이슈가 논의될 전망이다. 주요 이슈는 추가재원 확보 및 IMF의 역할 재정립문제를 포함하여 IMF의 추가재원 확보 방안일 것으로 보인다.

현재 가능한 확보 방안으로는 ① 대규모 외환보유국가로부터 보유 외환 차입 ② 선진국들과 통화 스와프라인 체결 ③ 회원국 쿼타 증액 ④ IMF의 채권 발행 ⑤ IMF의 SDR(Special Drawing Rights) 발행 ⑥ 보유 금(Gold) 시장가 매각 등이 있다.

IMF 지배구조 논의 가능성으로는 쿼타에 맞는 IMF 회원국의 동등한 대우나 세계경제성장의 주요원동력인 대형 신흥국의 적극적인 참여 등 IMF 지배구조 개선을 위한 논의가 재차 확대될 가능성이 크다.

최근 Brown 영국 수상은 IMF에 자금제공을 하는 국가들은 IMF 지배구조 등 개혁에 대해 보다 큰 목소리를 가져야 한다고 주장하고 나섰다. Sarkozy 프랑스 대통령도, "IMF가 이전보다 더 객관적이고 정당한(more strongly legitimated) 기관의 역할을 수행하여야 하며, 중국 · 인도 등 주요 신흥국에도 IMF 내에서의 보다 강한 역할을 해주어야 한다."라고 주장하고 있으므로 향후 진로가 한국 등 신흥국의 참여 폭이 넓어질 수 있을 것으로 보인다.

세계경제 최악의 시나리오들

1. 글로벌 경제의 불균형 조정 시나리오

금융위기가 글로벌 경제에 어떤 영향을 미칠 것인가? 전문가들은 대체로 4가지의 시나리오를 가정하고 있다.

첫째는 이번 금융위기가 1987년 미국의 블랙먼데이 혹은 1990년대 초반 미국 및 주요 선진국의 금융위기처럼 단순한 금융불안 시나리오로 끝나는 경우이다. 둘째는 금융불안 후에 경기침체(recession)가 어느 정도 지속되는 경우로, 2000년대의 정보통신(IT) 거품이 붕괴된 후에 발생한 경우와 같은 시나리오다.

셋째로는 장기불황(depression) 시나리오로, 1970년대 오일쇼크로 인한 장기적인 불황을 겪은 것처럼 글로벌 경제가 침체에 빠지는 경우이다.

마지막 단계는 1920년대 말에 미국에서 발생한 대공황(Great Depression)의 경우처럼 글로벌 경제가 공황 상태에 빠지는 상황이다.

세계경제 불균형의 급격한 조정과정에서 글로벌경제가 일시에 급격한 혼란에 빠져서 붕괴될 수도 있다.[29] 세계금융위기, 이를 극복하기 위해 폭발적으로 증가하는 달러, 이로 인한 실물경제의 위기 등은 세계경제를 붕괴할 수 있는 중대한 요소다. 특히 금융위기의 진원지인 미국의 사상최대로 예상되는 2009년도 쌍둥이(경상수지 및 재정수지) 적자로 인해 달러 가치를 더 이상 신뢰할 수 없다는 인식이 확산될 가능성이 대단히 높다. 또 금융위기로 인한 달러 가치에 대한 국제사회의 인식이 퍼지면서 이러한 가능성은 점증되고 있다.

이 경우, 달러화를 기축통화로 하는 세계경제가 일시에 무너지면서 달러가치 폭락과 세계경제의 불균형 해소과정에서 대혼란이 발생할 수 있다. 세계경제의 불균형이란, 주요국가들의 경상수지가 균형을 이루지 못하고 적자상태인 것을 말하는데, 세계 GDP대비 불균형(경상수지적자 국가의 수지 합계) 비율은 1995년의 세계 총생산(GDP) 대비 1% 수준에서 2008년에는 2.80% 수준으로 높아졌다.

만약에 미국 국채 투자비중이 높은 해외 중앙은행이 달러 약세에 따른 외화자산의 평가손 축소를 위해 달러 표시 자산을 매도할 경우에는 달러화가 급락하면서 국제금융시장이 혼란에 빠지게 되고, 미국의 장기금리 상승과 투자 및 소비 위축 → 대미 수출감소 → 글로벌 경기둔화 심화로 이어질 가능성이 있다. 특히 Morgan Stanley의 S. Roach 등 전문가들은 달러 표시 자산에 대한 수요가 급감할 경우에는 미국 장기금리가 1~1.5% 포인트 이상 상승할 것으로 예상하고 있다.

또 IMF(2006)는 불균형 해소를 위한 각국의 정책대응이 없을 경우, 미국의 GDP대비 대외순부채 규모가 2015년 55%, 장기적으로는 최대 85%까지 확대될 것으로 분석하고 있다.

이 경우, 국제금융시장에서는 미국 금융자산에 대한 불안감이 높아져서 각국의 외화자산 포트폴리오 구성에 변화를 가져올 것이다. 특히 브루킹스연구소 등 민간 연구소들은 미국의 재정적자가 GDP 대비 2%에서 2017년에는 3% 수준까지 다시 악화될 것이라는 부정적 견해를 내놨다.

세계 경제 불균형 조정 시나리오

		정책 대응없는 완만한 조정	급격한 조정	각국의 정책대응이 수반되는 조정
미국	성장률	현재 사이클 유지	2년간 2%p 하락	조정직후 1%p 감소 후 빠르게 회복
	경상수지	4%대로 빠르게 축소	2%대로 빠르게 축소	1%로 점진적으로 축소
	환율	점진적 절하	2년 내에 11% 이상 급락	다소 빠르게 하한 후 점차 절하속도 둔화
	대외순부채	2015년 55% 기적으로 85%까지 확대	2015년 38%로 완만하게 확대	2011년 40%까지 확대된 후 점차 축소
일본 및 유럽	성장률	현재 사이클 유지	1.5%p 이상 크게 축소	조정시작 2년 후 1%p 이상 확대
	경상수지	소폭 확대 후 점진적 축소	급격한 축소 후 다시 확대	큰 폭 확대 후 빠르게 축소
	환율	소폭 절하 후 점진적 절상	상당폭 절상 후 횡보	소폭 절하 후 점진적 절상
	대외순부채	비교적 빠르게 증가	5~6년간 횡보 후 완만하게 증가	비교적 빠르게 증가
한국 및 이사아	성장률	현재 사이클 유지	조정 직후 1~2년 동안 최대 4%p 축소	2%p 축소 후 빠르게 회복
	경상수지 적자	소폭 확대 후 점진적 축소	급격히 축소	비교적 완만히 축소
	환율	비교적 빠르게 절상 후 4년 이후부터 절상속도 둔화	2년 만에 19% 절상	2년간 큰 폭 절상된 후 점진적 절상
	대외부채	지속적 증가	3년 정도 소폭 증가 후 완만하게 감소	4년 정도 증가 후 완만하게 감소

주 : 1) 경상수지와 대외부채는 GDP대비 기준, 환율은 실질실효환율 기준

국제통화기금(IMF)은 불균형이 급격히 조정되는 경우, 각국 성장률이 큰 폭으로 둔화되고 환율 급변동 등 금융불안도 크게 확대될 것으로 분석했다. IMF에 따르면, 1960~2006년 간 선진국의 불균형 조정이 4~5년 동안 이뤄지는 과정에서 성장률이 평균 1.4% 포인트 낮아지고 통화가치는 12% 정도 절하되었다.

아시아 신흥국도 조정이 시작된 직후 1~2년 동안 성장률이 최대 4%까지 하락한 바 있다. 또한 IMF보고서에 의하면, 1960~2006년 간 선진국의 불균형 조정(42건)이 4~5년 동안 이루어지는 과정에서 성장률이 평균 1.4%p 낮아지고 통화가치는 12% 정도 절하되었다.

2. 글로벌 경제의 4단계 예측 시나리오

GBN(Global Business Network)[30]은 옛 소련 붕괴를 예측한 피터 슈워츠가 이끄는 모니터 그룹의 미래예측 전문기관으로, 금융위기의 글로벌 경제의 영향을 4개의 시나리오별로 설명한다.

첫째, 낙관적 시나리오로는,

〈시나리오 1〉 각국 정부의 효과적인 대응으로 금융 시스템의 자율 조정과정을 통해 세계 경제가 회복되는 것으로, 이미 글로벌 경제는 침체의 터널에 접어들었으므로 이 단계는 이미 지났다.

〈시나리오 2〉 주요 선진국과 브릭스 국가가 포함된 G20은 올해 안에 금융위기를 해결하기 위한 국제공조방안에 합의하여 세계 경제가 2008년의 침체를 벗어나서 2009년 하반기부터 회복을 시작한다는 시나리오다.

세계 금융위기의 정치 · 경제적 파급효과 시나리오

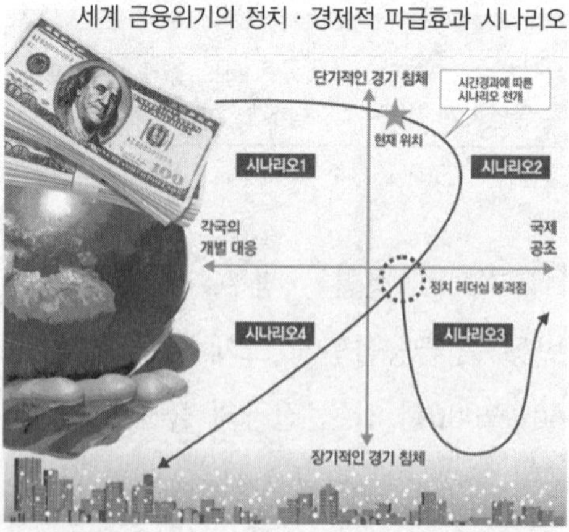

자료 : http://www.donga.com/fbin/output?n=200811010166

이 단계에서는 2008년 말부터 선진국 은행의 유동성 문제가 해결되어 자금시장에 돈이 돌고 부실채권의 정리로 2009년 하반기 경에는 주택가격 하락이 진정된다.

둘째, 비관적 시나리오로는,

〈시나리오 3〉 글로벌 경제의 국제공조가 실패로 끝나고 증시폭락, 실물경기 침체가속, 신용경색 확산, 주택가격 하락 지속, 실업률 증가 등 사회 불안이 심화된다. 이 단계에서는 제2차 세계대전 이후의 '브레턴우즈 체제(1944년 세계 44개국이 달러 기준 고정환율제의 도입과 국제통화기금 및 세계은행 창설에 합의)' 에 맞먹는 新브레튼우주체제가 탄생하며, 바젤 2의 실행으로 엄격한 세계적 금융규제 시스템(중앙집권화된 글로벌 금융 및 통화관리)이 작동된다.

〈시나리오 4〉 이 단계는 최악의 시나리오로, 국제공조 또는 강력한 국제기구 창설이 무산될 경우에 금융위기가 전방위적으로 확산 · 심화되어 장기화한다. 2010년 혹은 그 이후까지 지구촌 경제가 위축되는 것은 물론, 대공황의 우려가 증폭되는 동시에 10년에 걸친 세계 장기 불황도 전망된다.

3. 글로벌 경제 최후, 최악의 시나리오[31)]

(1) 금융위기 극복? 확대되어 반복된다.

① 금융위기, 얼마나 자주 반복되나?

금융위기의 역사는, '금융위기는 되풀이 된다.' 라는 사실을 우리에게 입증해준다. 멀리는 17세기 네덜란드의 튤립 버블로부터 가까이는 20세기 초반의 대공황, 그리고 최근의 부동산 거품에 이르기까지, 적절한 규제와 감시의 틀을 벗어난 금융시장은 항상 파열음을 내며 자신과 주변에 큰 상처를 입히곤 했다.

2008년 10월 3일 미국 의회가 7천억 달러에 달하는 구제금융법안을 통과시켰다. 그러나 금융위기는 잦아들 줄 모른다.

② 금융위기, 손실규모가 급격히 확대되다[32)]

"우리는 버블이 형성되는 것도 막을 수 없고 설사 버블이 터진다고 해도 배울 것이 없다. 우리는 항상 버블에 싸여 있을 수밖에 없다."

앨런 그린스펀 전 미국 연방준비제도이사회(FRB) 의장의 이른 바 '버블론' 이다. 전문가들의 버블에 대한 정의를 종합하면 버블은 시장이 비효율적이거나, 투자자가 비이성적인 행동을 하거나, 우연에 의해 발생하는 것이라고 정의할 수 있다.

정보의 부족 또는 단기적인 수요 불균형 등 시장 기능이 제대로 작동하지 않거나 대다수 사람이 군중심리에 이끌려 비이성적으로 자산 가격 상승에 대한 '과신' 이 형성되면 버블이 생길 수 있다는 것이며, 단지 상황적인 우연에 의해서도 발생할 수 있는 것이 버블이다. 게다가 지금은 금융상품 발달로 파생상품이 범람하면서 버블이 생길 수 있는 가능성은 더욱 커져 가고 있다.

미국은 버블의 본산지라 할 수 있다. 1930년대 미국 대공황 때에 발생한 버블은 '비이성적인 경제 낙관론' 의 확산에서 이유를 찾을 수 있다.

1929년 10월 24일 목요일. 미국 뉴욕증권거래소에서는 하루 1,300만 주 매도 물량이 쏟아지면서 증권사, 외국 은행, 기업들은 주식매도는 물론, 콜시장에서 대출을 회수하면서 29일 300이던 다우지수가 1932년에는 41로 90% 가까이 폭락했다.

1930년대 미국발 경제 대공황은 발발하기까지 영국 · 프랑스 · 독일 등 제국주의 열강에 서서히 영향을 끼쳤다. 1990년대 아시아 금융위기는 2년에 걸쳐서 아시아 인근 지역에만 확산되었고, 미국 등 선진국에는 영향이 없었다.

미국의 저축대부조합 사태로 인한 손실은 2,700억 달러에 이르고 일본의 버블 붕괴로 인한 '잃어버린 10년' 동안의 손실규모는 7,400억 달러에 이르렀다.

그러나 오늘날의 금융위기는 단지 2개월 만에 오일 달러가 풍부한 중동 바레인의 아랍뱅킹에까지 미침으로써 이 은행에 12억 달러의 손실을 입힌 것을 비롯하여, 글로벌 경제는 불과 수 개월 만에 세계 금융시장 경색에 따른 외자 이탈(환율 급등)은 말할 것도 없고 경기 침체에 따른 수출 타격을 받아서 세계 주요 주식시장 53곳은 지난해 말 시사총액 대비 약 29조 달러를 허공에 날렸다. 이처럼 버블붕괴로 인한 손실규모와 파급속도는 점점 커지는 동시에 빨라지고 있다.

금융위기로 인한 손실 규모

구 분	발생기간	손실규모(10억 달러) 혹은 주가폭락 비율
대공황	1929	주가 90% 폭락
저축대부조합 사태	1986~95	273
일본 버블 붕괴	1990~99	745
아시아 외환위기	1998~99	404
금융위기	2007~	2,900

자료 : 각종 신문, 언론, 국제금융센터

③ 연환계와 글로벌 공조

연환계[33]

1363년 9월 4일. 중국 장시성 북부 파양호(서울특별시 면적의 약 82배 큰 거대한 호수)에서 한 달 넘게 싸워온 주원장과 진우량의 수전이 막을 내렸다. 결과는 20만 명의 병력으로 65만 명을 이김으로써 진우량의 군대는 대부분 물고기 밥이 되었고, 주원장은 원나라 말기의 혼란을 진정시킬 지도자로 떠올랐다. 동서고금을 통틀어 해전 역사상 가장 많은 인원이 동원된 파양호 전투는 처음부터 끝까지 반전에 반전을 거듭하며 펼쳐졌다.

소형 선박 위주였던 주원장의 수군을 단번에 깨뜨리기 위해 진우량은 대형 전선을 쇠사슬로 연결해 풍랑에도 거뜬한 선단을 꾸렸다. 누가 봐도 열세임이 분명한 상황에서 주원장은 화공(火攻)을 결정하고 바람의 방향까지 미리 알아냄으로써 기적적인 승리를 낚아챘다.

연환계(連環計)며 불화살 공격 및 풍향 변경 같은 파양호 대전의 순간은 문학작품에 이용되고 있으며, 삼국지연의에서도 백미로 꼽히는 적벽대전은 바로 파양호 전투를 나관중이 상상력을 결합하여 쓴 것이다. 이처럼 연환계(連環計)란 '고리를 잇는 계책'이라는 뜻으로, 여러 가지 계책을 교묘하게 연결시킨다는 의미이다.

중국의 고대 병법인 36계 가운데 35번째 계책으로 연환(連環)이란 고리를 연결한다는 뜻이다. 36계 가운데 미인계(美人計)·공성계(空城計)·반간계(反間計)·고육계(苦肉計) 등과 함께 패전계(敗戰計)에 속한다. 패전계란 패세에 몰린 싸움에서 기사회생하여 승리를 이끌어내는 계책이라는 뜻이다.

이 계책은 "적의 장수와 병사들이 많을 때는 정면으로 대적할 수 없다. 적벽대전(赤壁大戰)에서는 방통이 조조를 속여서 선단을 쇠사슬로 연결하게 만들게 한 다음, 주유가 화공을 펼쳐서 조조군의 선박을 모두 불태워 버림으로써 대승을 거두었다. 이는, '첩자를 적에게 보내어서 계책을 꾸미게 하고, 그 사이에 적을 공격하여 승리를 얻은 경우'로서 설명할 수 있으며, 연환계의 대표적인 예로 언급된다.

서브프라임은 블랙 스완(Black Swan)이요, 불화살이다.

"그런 일이 일어난 것에 대해 미안함을 느낀다(I' m sorry it' s happening, of course)."

미국 대통령 부시가 현재의 경제위기 상황에 대해 한 말이다. 자신의 임기 중에 대공황 이후 최악으로 평가되는 경제위기가 발생한 데 거듭 책임감을 느낀다는 의미의 말도 했다.

누가 알았으랴? 미국 주택담보대출시장에서 9%에 불과한 서브프라임 사태가 전세계 글로벌 경제를 이토록 강타할 줄을….

월가의 이단아로 불리는 나심 니콜라스 탈레브의 '블랙 스완'은 철학 · 역사 · 물리학 · 수학 등 학문의 모든 분야를 넘나들면서, 검은 고니의 속성을 이야기하고 있다. 즉 검은 고니는 1% 미만의 극단값이다. 극단값은 과거의 경험으로는 그 존재의 가능성을 확인하기 어렵기 때문에 일반적인 기대 영역 밖에 놓여 있다. 또한 검은 고니는 신선함을 넘어서 극심한 충격을 준다. 그러나 이 책의 백미는 검은 고니의 수수께끼를 파헤치는 것보다 오히려 사람들이 '검은 고니가 없다.'고 가정하고 행동하는 사실에 대해 충고하고 있다.

대부분의 사람들은 수학적으로는 가우스의 정규분포 범위 곡선 안에서 생각하기 일쑤다. 따라서 사람들은 하나의 정보만을 얻을 수 있을 뿐이며, 결국에 어떤 사건이 일어날 확률인 극단값은 무시될 수밖에 없다는 것이다. 그러나 문제는 1% 미만인 정규분포 범위를 벗어나는 곳에서 생긴다는 점이며, 이 경우에 검은 고니는 80대 20을 능가하는 50대 1이 지배하는 세상을 만든다는 것이다. 이런 점에서 볼 때, 미국 전체 모기지의 10%에 불과했던 서브프라임 모기지는 블랙 스완(The Black Swan)이요, 연환계에서의 불화살이다.

서브프라임 모기지 사태가 금융위기로, 다시 대공황으로 이어질 가능성이 제기되고 있는 오늘날의 상황에서, 우리는 블랙 스완이라는 1% 미만의 '예측 불가능성' 혹은 '예외적 상황'을 무시할 경우에 연환계에서의 진우량 군대처럼 처절한 실패를 맛볼 수 있다는 점을 다시 한 번 마음 속에 새겨야 할 것이다.

두 갈래의 연환계(連環計)

'적벽대전'에 나오는 영화의 한 장면으로, 하나로 묶인 배가 하나의 불화살에 의해 모두 타고 있는 모습.

연환계는 두 갈래로 이루어진다. 첫 번째 연환계는 미국, EU, 일본 간 공조로 이루어지는 연환계이다. 두 번째 갈래는 경제변수 간 공조로 이루어지는 연환계다.

우선 첫 번째의 경우부터 살펴보면, 금융위기 발생 후 미국을 위시한 글로벌 3대 경제권은 국제 공조의 틀 안에서 거의 동시다발적으로 구제금융이란 구실아래 10조 5천억 달러에 달하는 엄청난 '돈비'를 쏟아 부어 거대한 '연환계'를 만들고 있다.

폭발적으로 증가하는 구제금융은 눈사람이 굴리면 굴릴수록 더 커지는 것과 같은 이치로, 앞으로 더 큰 신용창출을 부추겨 당시에는 잠시 돌아가지만, 언제 다시 먹구름을 동반한 폭풍우를 가득안고 재앙이 되어 우리앞에 나타날지 아무도 모른다. 어느 날 새벽 '짠~' 하면서 가면을 쓰고 나타날지 모르는 또 하나의 거대한 공룡을 만들고 있는 셈이다.

오늘날의 금융위기는 인터넷 등 정보기술 발달, 각국의 개개인들까지 역외 금융상품에 직접 가담할 정도로 글로벌 경제가 하나의 시장이 되어 그 안에서는 금융이 자유화된 점 등이 과거와는 확연히 다른 점이다. 전세계는 유동성 폭탄을 '퍼붓듯' 시장에 공수하여 시장을 일시적으로는 잠재울 수 있을 것이다. 그러나 얼마나 잠을 오래 잘 수 있을까? 잠재워진 금융위기는 얼마나 있다가 다시 깰까? '눈사람효과' 라고나 할까?

눈뭉치는 처음에는 조그마하나 굴리면 굴릴수록 커지는 법…. 이토록 폭풍과 같이 커져만 가는 전세계가 만들어가는 유동성, 즉 전세계가 달러라는 지폐로 만드는 연환계에 누가, 언제, 어디에서 불화살을 만들어 쏠지 생각만 해도 끔찍하다.

두 번째 연환계는 금융위기로 인해, 그리고 국제공조에 의해 변수가 자연적으로 동조화를 보이면서 연환계를 형성할 조짐을 보이고 있다는 점이다. 금융위기로 인한 변수의 동조화 현상은 세계적인 저금리 속에서 전세계의 동시 다발적인 증시 폭락, 금융시장 혼란, 고용 없는 성장으로 인한 노동의 종말 현상, 자산 디플레 현상, 부동산가격 하락 등을 꼽을 수 있다.

예를 들면, 최근 부동산 가격은 지난 4~5년간 집값이 치솟았던 한국을 포함한 미국, 중국, 일본, 영국, 아일랜드, 호주, 스페인, 뉴질랜드, 러시아 등 전 세계에서 폭락을 지속하고 있다.

부동산 가격의 하락 현상은 대부분의 국가가 미국과 비슷한 구조를 갖고 있다. 즉, 저금리 → 집값 상승 → 자산효과로 인한 소비 증가 → 경기호황 → 인플레이션 → 금리상승 및 규제강화 → 부동산 가격하락 → 대출부실 → 금융위기 → 자산 디플레 및 신용경색 → 내수침체 → 기업부도 증가 → 고용불안의 악순환으로 이어지고 있는 것이다.

결국, 현재의 글로벌 경제의 동시 집값하락 현상은 고용불안 문제와 맞물려 글로벌 경제 통합의 결과가 만들어 낸 경제호황이라는 '축복' 인 동시에 '공포' 로 다가오고 있는 것이다.

그밖에도 국제공조의 결과로 발생하는 연환계는 글로벌 경제의 제로금리화, 글로벌 경제의 '통화의 양적 완화정책' 으로 인한 '무제한의 통화방출', 이로 인해 예상되는 글로벌 경제의 極超인플레이션 현상(Great Inpression) 혹은 짐바브웨식 경제 등으로 요약해 볼 수 있다.

④ 수퍼 서브프라임(Super subprime)과 제2의 서브프라임

글로벌 경제를 강타한 신용위기 극복을 위해 세계각국의 '돈비' 에 비유되는 구제금융 및 경기부양 지출이 이어지면서, 미국을 포함한 12개 주요 선진국이 내년에 발행할 국채규모는 2조5,000억 달러(약 3,600조원)에 이를 것으로 추정된다.

그러나 이것이 끝이 아니다. 특히 미국은 이번 신용위기 해결에 투입할 자금은 8조5000억 달러(약 1경2325조원)로 작년 GDP(국내총생산) 13조8100억 달러(약 2경원)의 절반이 훨씬 넘는다는 분석도 나오고 있는 가운데, 그리스(20.3%), 이탈리아(13.6%), 네덜란드(11.1%) 같은 나라의 경우에도 내년도 국내총생산(GDP)의 10%를 넘는 금액을 빚으로 조달해야 한다. 이에 대해 세계 채무위기는 물론, 심지어는 미국이 부도나는 '수퍼 서브프라임' 이 올지도 모른다는 공포감이 조심스럽게 나오고 있다.

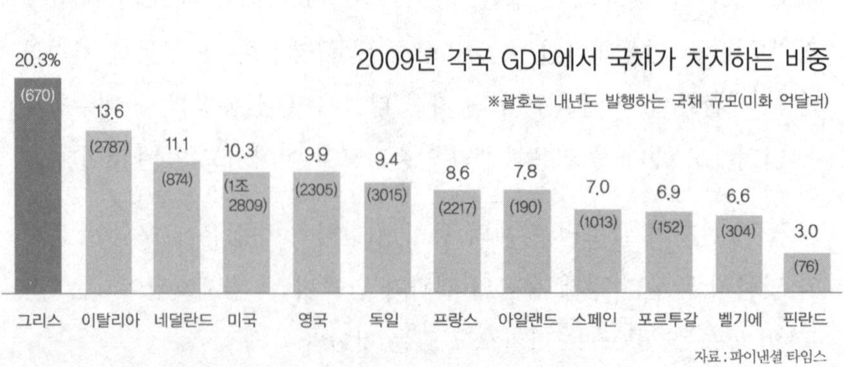

자료 : 파이낸셜 타임스

어디 이 뿐인가? 전문가들은 제2의 서브프라임도 우려하고 있다. 현재 미국에서는 수 십억 달러의 세금을 투입해 중산층의 내집마련을 지원하고 있다. 그러나 미 정부의 정책을 악용하는 모기지 업체들이 또다시 고개를 들고 있다. 즉, 이들은 연방주택국(FHA)의 지급보증으로 100% 회수가 보장된 대출을 상환능력이 없는 사람들에게 제공하고 있다. FHA 관리들이 일부 모기지 회사들의 이와 같은 만행에 대해 알지 못하고 있거나 방치하고 있다는 점이다.

최근 들어 전문가들은 향후 5년간 FHA의 지원을 받는 신규대출의 부실로 향후 12~18개월 내에 채무불이행과 주택 압류가 다시 증가하고 미국은 또다시 엄청난 경제대란에 빠져 'FHA 보증 아마겟돈'이 터져 1,000억 달러 이상의 세금이 투입될 것이라고 경고하고 있다.

⑤ 짐바브웨가 미국의 미래모습

세계은행은 최근 내년도 세계경제성장률을 0.9%로 추정했다. 이는 세계은행이 지난 1970년 경제성장률을 제시하기 시작한 이후 가장 낮은 기록이다. 이처럼 글로벌 경제가 물가하락, 경기침체에 빠져 가는데 짐바브웨에서는 도저히 상상도 할 수 없는 일들이 벌어지고 있다.

"1,000억달러의 지폐를 본적이 있습니까? 1,000억달러로는 빵 반 조각 정도를 살 수 있습니다."

이것이 요즘 짐바브웨 경제의 참모습이다. 더 큰 문제는 지금도 물가가 더 오르고 있다는 점이다. 이처럼 폭증하는 달러는 장차 더 큰 금융위기를 불러온다는 사실을 명심해야 한다. AT커니의 폴 로디시나(Laudicina) 글로벌 회장은 세계는 2차 대전 이후 최대의 어려움에 직면해 있으며, 변화의 크기와 속도가 너무 달라 상황에 따른 시나리오를 짜놓고 미래를 대비하지 않으면 실패할 수 있다는 주장을 했다.

1,000억 달러짜리 짐바브웨 화폐

아울러서 미국이 금융위기 극복을 위해 달러화를 더욱 많이 찍어내면서 미국 경제가 짐바브웨나 아르헨티나 경제처럼 될 가능성이 있으며 적자는 계속 증가되고 미국 달러화는 계속 약화되는 상황으로 이어질 가능성이 있다고 경고하고 있다.

짐바브웨의 인플레이션이 2008년 5월 1천250만%를 기록하여 極超인플레(GHI, Great Hyper-Inflation)현상을 겪고 있다.

이번 달에도 5천만 %에 달할 것이라고 지적하고 있다. 최근 천문학적인 인플레이션에 시달리고 있는 짐바브웨에서 정부가 미국 달러 사용을 금지하자 휘발유 쿠폰이 화폐처럼 사용되는 일까지 일어나고 있다고 전해지고 있다.

경매회사 '옥셔니어스 해머 앤 텅'은 최근 수 십여 대의 자동차와 생활물품을 내놓는 경매에서 짐바브웨 달러나 미국 달러화 대신 휘발유 쿠폰을 받을 것이라고 밝혔다. 앞서 짐바브웨 중앙은행은 지난 1일 100억 짐바브웨 달러(Z$)를 1 Z$로 변경하는 디노미네이션(화폐단위 절하)을 단행했었다. 2년 전에도 1만 Z$를 10 Z$로 낮추는 화폐개혁을 한 바 있지만 인플레이션은 멈추지 않았다.

짐바브웨 중앙은행의 기데온 고노 총재는 극심한 인플레이션으로 조(兆) 단위의 상품 가격이 등장하면서 현재 사용되는 전산장비나 계산기로는 도저히 업무를 처리할 수 없게 됐다며 화폐개혁 배경을 설명했다.

한편 약 4조3,223억 달러 규모의 세계각국 외환보유고, 3조 달러에 해당하는 헤지 펀드는 물론 이보다도 더 많은 액수의 국부 펀드, 연기금 등이 탐욕을 싣고 수익을 좇아 온라인을 타고 전세계를 초단위로 강타할 경우 글로벌 경제는 그야말로 대 혼란에 빠질 수 있을 것으로 보인다. "달러가 가치없는 휴지조각이 될 것이며, 미국은 정부 능력을 넘어서는 부채급증으로 궁극적으로 파산하게 될 것이다."

"돈을 새로 마구 찍어낼 경우 초인플레이션이 올 수밖에 없고 이 경우 미국의 모델은 바로 지금의 짐바브웨가 될 것이며, 미국 달러 가치는 휴지조각이 될 수밖에 없다."

월가의 대표적인 비관론자인 마크 파버의 말이다. 2008년 7월 짐바브웨의 인플레이션율이 2억 3,100만%에 달한 것처럼, 국제 금융시스템의 붕괴를 막기 위해 찍어낸 달러가 각국 재정의 적자를 늘리고, 물가를 끌어올리는 재앙을 낳을 것이라는 경고다. 이어서 그는 "1980년 GDP의 130% 수준이던 미국 내 총 부채가 최근에는 350%로 늘어났다"며 "앞으로 이 문제가 표면으로 떠오르면 미국의 국가신용등급도 'AAA'를 장담하기 어려울 것"이라고 경고하고 있다.

유럽도 상황은 마찬가지다. 370억 파운드(약 80조원)의 공적자금을 투입해 3개 은행을 국유화한 영국은 공공 부채가 제2차 세계대전 후 50년 만에 처음으로 GDP의 100%에 달할 전망이다. 이렇듯 영국·프랑스·독일·스페인·오스트리아가 발표한 구제금융 총액은 2조 5,000억 달러로 5개국 GDP의 24%에 달한다.

결과적으로, 세계 각국의 이번 조치는 돈이 넘쳐 문제가 된 것을 다시 돈을 더 넣어 막은 꼴로, 머지않은 장래에 부메랑이 되어 더 큰 부실을 안고 돌아와 은행 부실은 물론, 정부도 함께 수렁에 빠질 것으로 예상된다. 다시 말해 미국만 '짐바브웨' 상황이 되는 것이 아니라 글로벌 경제가 '짐바브웨' 상황이 오지 않을 것이라고 누가 장담할 수 있겠는가?

⑥ 노동의 종말을 맞이하다[34)]

노동자가 사라진다?

“인간의 노동은 처음으로 생산 과정으로부터 체계적으로 제거되고 있다.”

리프킨(Rifkin)이 그의 저서 〈노동의 종말(The End of Work : The Decline of the Global Force and the Dawn of the Post−Market Era)〉에서 주장한 내용이다. 이어서 “1세기 이내에 시장 부문의 대량 노동은 사실상 세계의 모든 산업 국가들에서 사라져갈 것이다. 정교한 정보통신기술의 새로운 시대가 다양한 노동상황에 신속하게 침투하고 있다.

지능기계가 무수한 과업에서 인간을 대체하면서 수많은 블루칼라와 화이트칼라 노동자들을 실업자로 만들고 있다.”는 그의 예언이 오늘날의 현실이 되어가고 있다.

이러한 전망은 노벨 경제학 수상자인 레온티에프(Wassily Leontief)의 경고에도 잘 나타나 있다. 즉 레온티에프는 “보다 정교한 컴퓨터의 도입으로 인하여 마치 농경시대에 있어서 말의 역할이 트랙터의 도입에 의해서 감소되고 제거된 것처럼, 가장 중요한 생산요소로서의 인간의 역할이 감소하게 될 것이다."고 간파한 바 있다.

또한 크루그만(Paul R. Krugman)와 로렌스(Robert L. Lawrence)도 자동화로 인한 제조업 부문의 일자리 감소에 대한 우려가 현실화되고 있는 점에 대해 우려한 바 있다.

현재 글로벌 경제의 중심을 이루고 있는 대다수 산업국가는 노동력의 75% 이상이 단순하고도 반복적인 작업에 종사하고 있다. 대부분의 이런 작업들은 조만간 자동기계, 로봇, 컴퓨터로 대체할 수 있는바, 이런 추세는 미국에서만도 향후 1억 2,400만 명의 총노동력 중 900만 명이 기계에 의해서 대체될 수 있다는 것을 의미한다.

향후 미국에서는 매년 200만 개 이상의 일자리가 없어지는 등 글로벌 경제는 '노동 없는 세계'가 현실화될 조짐이다. 이어서 저자는 아래와 같이 항변하여 글로벌 경제의 음울한 미래를 짐작케 한다.

예를 들면, 일본의 모 전자회사의 경우, 1994~95년에는 라인당 12명 가량이 일을 했으나 현재는 5명이 일을 하고 있다. 그 결과, 과거에는 현장노동자들이 700여 명에 이르렀으나 1998년 경기침체기에 인력을 감축한 이래 점진적으로 감축하여 최근에는 340명으로 더 높은 생산성을 올리고 있다는 것이다.

"우리 앞에 놓인 세계가 유토피아인지 아닌지의 여부는 정보화 시대의 생산성 향상분이 어떻게 분배되는가에 의해서 크게 좌우된다. 생산성 향상분의 공정한 분배를 위해서는 전세계적인 노동시간 단축이 필요하고, 시장 부문에서 축출된 사람들에게 제3부문(사회적 경제 the social economy)의 일자리를 제공하기 위한 정부의 노력이 필요하다.

그러나 만일 하이테크 혁명으로 인한 거대한 생산성 향상분이 공유되지 않고 기업, 주주, 최고 경영자, 출현하고 있는 하이테크 노동자들에 전유된다면, 가진 자와 가지지 못한 자간의 격차는 전세계적인 사회정치적 격변을 야기하게 될 것이다."

글로벌 경제, 고용없는 성장(jobless growth)시대가 도래하다

미국의 고용 트렌드를 보면, 박사학위 소지자 등 고급인력의 수요와 단순노동 인력의 수요는 늘어나는 데 중간층의 일자리가 급격히 사라지고 있다. 이런 추세는 특히 1990년대 이후 가속화하고 있으며, 글로벌 경제의 공통적인 현상으로 중간층 노동자의 일자리는 기계로 대체되거나 아웃 소싱 되기 때문이다.

Burke et al.(2004)의 연구에 의하면, 미국의 경우 해외로의 아웃소싱이 제조업 고용의 감소와 밀접히 연계되어 있음을 보여주고 있다. 제조업 전체로 1998년 1,700만 명이었던 노동자수는 2003년에는 1,450만 명 수준으로 하락하였으며, 특히 산업 고용감소율에서 컴퓨터 등 전자제품산업 27.7%, 전자장비와 부품산업 23.6%, 그리고 자동차산업은 12.3%에 달하였다.

금융 · 소프트웨어 · 법 · 엔터테인먼트 등의 분야는 과학기술의 발달이 이뤄진다고 해도 기계가 인간을 대체할 수 없는 성격이 강하기 때문에 고급인력을 여전히 필요로 한다. 청소, 육아, 경비 분야를 중심으로 한 단순 노동도 마찬가지로 기계가 인간을 대체하기 힘들다.

결국은 고도의 전문성과 기능을 필요로 하지 않는 분야의 중간층 노동자들이 이른바 '샌드위치' 로 전락하고 있는 것이다.

미국의 고용없는 성장원인은 다음과 같다. 첫째, 1990년대말 호황기에 첨단기술과 통신산업에 대한 과잉투자로 조정이 일어나면서 인력조정이 불가피하다는 것이다.

둘째, 생산성 증가율을 넘어선 과도한 임금상승률이다. 지난 25년간(1982~2007) 미국의 생산성 증가율은 2.5%를 유지해왔다. 그러나 사무직 근로자의 생산성은 1980년이래 약 10여년간 마이너스의 추세로 떨어지는 등 제조업에 비해 낮은 증가율을 보이고 있다.

이에 반해, 지난 25년여간의 임금상승률은 미국의 생산성 증가율을 꾸준히 앞질러 오다가 최근 8년간은 25%를 기록, 생산성 증가율을 급격히 넘어서고 있다. 이처럼 생산성을 넘어선 임금증가가 기업의 신규 채용을 억제하고 있는 것이다. 이에 따라 기업들은 새로운 직원을 채용하기보다는 기존 직원들의 생산성향상에 더 큰 노력을기울이게 되었다는 것이다.

셋째, 미국내 정치 · 경제적인 불확실성의 증가로 기업들이 신규사업 확장을 꺼렸기 때문이라는 지적이다. 2001년의 9 · 11 테러사건, 2002년말 이후의 이라크전쟁, 2001년말부터 시작된 잇따른 기업들의 회계부정 파문등을 거쳐왔는가 하면 최근에는 금융위기로 인한 디프레션위협에 이르기까지 고용을 위협하는 중요 변수들이 급증하고 있는 것도 고용에 장애가 되고 있다.

미국을 위시한 글로벌 경제는 경제가 성장하는 데도 고용은 늘어나지 않는 현상이 지속되고 있다. 전문가들은 이런 현상이 산업구조가 고도화, 정보기술(IT)산업에 대한 의존도 확대, 전통업종인 노동집약형 산업체들의 해외 투자 확대 등으로 고용 없는 성장이 지속될 것으로 보고 있다.

세계의 공장인 중국과 인도의 임금상승률도 연일 사상 최고치를 갈아치우고 있다. 중국은 최근 도시지역 근로자의 평균연봉이 2만4,932위안(374만원)으로 전년대비 18.7%가 증가해 6년래 최대폭으로 증가했다. 인도도 최근 1년간의 임금상승률은 14%~15.2%에 달해 아시아 최고 수준이 될 것으로 보인다. 아시아 개발은행(ADB)의 아프잘 알리 수석 이코노미스트는 "파티는 끝났다. 이제 낮은 인플레이션 수치가 동반된 고성장을 기대해서는 안된다."고 지적하고 있다.

우리나라의 경우는 어떤가? 우리나라도 취업유발계수가 갈수록 떨어지고 있다. 취업유발계수란 10억원을 투자할 때 만들어지는 일자리 수를 뜻한다. 취업유발계수가 떨어지면 경제성장률을 높이더라도 그만큼 일자리가 생겨나지 않는다. 우리나라는 지난 10년간 일자리 창출력이 반토막났다.

한국은행에 따르면 우리나라 전체 산업의 취업유발계수는 1995년 24.4 → 2000년 18.1 → 2005년 14.7로 하락했다. 산업별로 보면 제조업의 취업유발계수는 1995년 19.3 → 2000년 13.2 → 2005년 10.1로 거의 절반 수준으로 급락했다. 서비스업의 취업유발계수도 1995년 29.5 → 2000년 21.5 → 2005년 18.4로 갈수록 떨어지는 추세다. 전력 · 가스 · 수도업도 예외는 아니어서 2000년 5.3 → 2005년 3.6으로 하락했다.

이러한 취업유발계수의 하락 추세는 설비투자가 늘어나고 생산기술이 빠르게 발전하여 자동화로 이어지는 과정에서 지속될 것으로 보인다. 수출의 일자리 창출력은 어떤가? 수출의 취업유발계수는 2000년 15.3 → 2005년 10.8로 하락했다.

이는 고용유발효과가 낮은 정보기술(IT)업의 수출 비중이 지속적으로 높아졌기 때문으로 풀이된다. 산업별로는 농림어업 취업유발계수가 51로 가장 높고, 다음으로는 서비스업(18.4), 건설업(16.6), 제조업(10.1) 등의 순이었다.

우리나라, 고용없는 성장이 현실화되다

우리나라의 경우, 한 산업의 경제성장에 따른 고용변동의 크기를 나타내는 고용탄성치(elasticity of employment)가 지속적으로 하락하고 있다.[35)]

이 지수는 한 산업의 성장이 얼마만큼의 고용을 창출하는가를 나타낸 것으로 '취업자 증가율 GDP(gross domestic product : 국내총생산) 증가율' 로 산출한다. 고용탄성치가 높을수록 산업성장에 비해 취업자수가 많은 것을, 낮을수록 산업성장에 비해 취업자수가 적은 것을 의미한다.

한국 경제 고용창출 추이

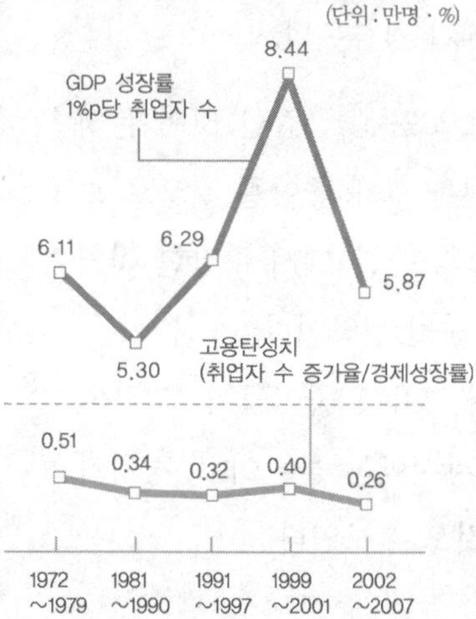

자료 : 현대경제연구원

이러한 현상은 경제 성장에 따른 고용흡수력이 전반적으로 둔화 추세를 보이고 있으며, 산업별로는 서비스업보다는 제조업에서, 직종별로는 사무 · 영업직보다는 생산직에서 고용흡수력 둔화 현상이 뚜렷이 나타나고 있는 것이다.

이는 그 동안 우리나라의 산업이 중화학공업의 추진과 함께 생산공정의 자동화 추세에 따라 노동대체효과가 크게 작용한 데에 기인한 것으로 보인다.

우리나라 산업평균고용 탄성치는 1970년대 0.51에서 2002년 이후 0.26으로 추락하여 최근에는 0.16으로 내려앉았다. 또한 경제성장률이 1%포인트 증가시 취업자가 0.51% 증가하던 것이 최근에는 0.26% 증가하는 수준으로 감소했다.

최근 한국은행에 따르면 전체 사업체의 1.9%, 고용의 11.6%, 매출액의 41.9%를 차지하는 생계형 서비스산업의 경우, 2005년 기준, 2005~2006년중 생계형 서비스산업의 고용탄성치는 −0.37로 2001~2004년(0.49)의 플러스(+)에서 마이너스(−)로 반전되었다. 이는 향후 영세 자영업자 등의 퇴출을 가속화시켜 대규모 고용 구조조정이 일어날 것임을 예고하는 대목이다.

향후 글로벌 경제는 경기가 침체할 경우, 금융위기 → 소비감소, 경기침체, 자산가격 하락 → 기업도산 증가, 대량해고 → 성장률 저하 → 금융위기 → 경기침체의 가중이 반복될 것이다. 또한 금융위기 이후 경기 회복시에는 유동성 증가로 인한 인플레이션 급증, 자산가격 상승, Bubble 형성 → 이자율 상승, 규제 강화 → 버블 꺼짐 → 디플레이션, 혹은 슬럼플레이션으로 이어져 경기침체가 가중된다.

고용 측면에서 보면 경기가 침체할 경우, 고용은 급감할 것이 분명하다. 그러나 경기가 활성화 된다 해도 사정을 크게 좋아질 것으로 보이지 않는다. 즉, 경기 활성화될 경우, 〈노동의 종말〉에서 주장한 것처럼, 기술개발의 촉진으로 자동화, IT화가 급진될 전망이다.

이 경우, 생산성 증가로 이어지는 동시에 고용은 줄어들어 '고용없는 성장' 을 부채질 할 것이다. 결국 경기불황시에는 물론이고, 경기가 회복될 경우에도 고용없는 성장은 지속될 것으로 보인다.

⑦ '돈 가랑비' 이후, '돈 소나기'

미국을 위시한 글로벌 경제가 공조를 통해 제로금리를 선언했다. 미 연준은 정책 금리인 '연방기금 목표금리(Federal funds target rate)' 를 종전 1.00%에서 0~0.25%로 대폭 낮추고, 국채와 모기지 채권(MBS)의 대규모 매입을 확대하는 등 통화공급량 자체를 늘리는 '양적 완화' 로 전환을 공식 선언했다.

일본, 유럽 등 세계 3대 경제권도 금리인하에 공조를 맞추고 있다. 그러나 제로금리하에서는 유동성 함정(liquidity trap) 등으로 인해 더 이상의 이자율 인하효과는 없다. 이러한 상황에서 취할 수 있는 정책이 이른바 '양적 완화정책' 이다.

양적 완화정책은 '제로금리 + 통화량 공급 확대' 로 요약할 수 있으며, 금융시스템에 잉여자금을 얼마나 공급할지에 대해 미리 그 목표치를 설정해 놓은 뒤, 관리해나가는 정책으로, 중앙은행은 이 돈으로 시중은행이 보유한 장기 국채를 매입하는 방법으로 금융권에 돈을 직접 푸는 정책이다.

지금까지 금융위기에 대비하여 글로벌 경제의 3대 경제권에서 공급된 10조5천억달러 구제금융정책은 '가랑비' 에 비유할 수 있다. 그러나 글로벌 경제는 이것도 모자라 '통화의 양적 완화정책' 으로 '무제한 돈을 찍어내는' 방법에 국제공조의 초점을 맞추고 있다. 이것은 '돈 소나기' 가 하늘에서 퍼 붓는 셈으로, '돈 홍수' 를 예고하고 있다.

이러한 정책은, 일각의 비판에도 불구하고, 일본은 지난 2001년부터 5년간 시중에 막대한 유동성을 공급하여 장기화된 디플레이션 극복에는 일정하게 도움을 줬던 정책으로 평가받고 있다.

이 정책은 이미 일본과 미국에서 실시 중이며, 영국에서도 실시할 수 있다는 주장이 제기되고 있다. 즉 3대 세계경제권이 이젠 '제로금리도 모자라' 양적 완화(quantitative easing)를 위한 '돈 홍수' 를 만드는데 본격적으로 공조하고 있는 상황이다.

앞으로의 글로벌 경제는 어떤 방향으로 흘러 갈 것인가? 언젠가는 금융위기는 위기는 끝날 것이고, 중앙은행은 엄청나게 부풀어난 대차대조표를 갖게 될 것이다. 이 경우, 글로벌 경제는 부동산, Oil, 금, 곡물 등의 자산가격 폭등으로 이어져 hyper-Inflation을 능가하는 '돈 홍수' 속에서 헤우적대면서, 極超 인플레이션 상태(Great Inpression)에 빠질 것이다. 경제는 극심한슬럼플레이션(Slumpflation)현상이 발생하고, 각국 중앙은행들은 전 세계에 '산더미 같이 쌓인 돈' 을 회수하기 위해 금리를 5%, 8%, 아니면 10%까지 끌어올릴 것이다.

결국 이는 기업들의 금융조달 여건을 악화시켜 전세계 경제전반에 또 다시 먹구름을 몰고 와 '또 다른, 더 큰' 위기를 만들어 낼 것이다. 지금 세계의 정치 지도자들은 '마중물' 로 '홍수' 의 씨앗을 뿌리고 있는 셈이다. 그러나 지금 뿌리고 있는 '돈 홍수' 의 씨앗은 우리의 후손들이 거둘 열매임을 명심해야 할 것이다.

⑧ 나비, 위기의 씨앗을 물고 날다[36]

자료 : http://goodaugury.egloos.com/83755

글로벌 경제가 잦은 금융위기를 맞으면서 경제학자와 과학자들은 금융위기를 이론적으로 설명할 수 있는 근거를 찾기에 분주하다. 이러한 와중에서 나온 것이 소위 '나비효과'와 '카오스 이론'이다.

MIT의 과학자 에드워드 로렌츠(Edward N. Lorenz)는 대기현상을 설명하기 위해 기온과 기압, 기압과 풍속 등을 나타내는 방정식을 만들고 컴퓨터 시뮬레이션을 했다.

결과는 이상하게도 무시할 만큼 작은 수치의 차이가 전혀 엉뚱한 그래프를 그려놓은 것이다. 0.506127대신 0.516이라고 입력하면 전혀 다른 그래프가 그려지는 것이다. 이러한 예로써 그는 무시할 만큼 작은 변수도 기상 현상에서는 엄청난 변화를 가져온다는 것을 알게 되었다.

로렌츠는 또한 '이상한 끌개'(Strange Attractor)를 발견했다. 끌개란 마치 어떤 중심점이 있어서 운동을 일정한 모습으로 이끌어나가게 하는 것을 말하는데, 한 번 지나간 곳을 다시 지나지 않는다. 그런데 반복되지 않는 운동이 전체적으로는 어떤 질서에 따라 움직이는 것처럼 행동한다. 로렌츠가 발견한 '이상한 끌개'는 대기의 운동을 표현한 것인데, 나비의 날개와 같은 모습을 하고 있었다.

이것이 '나비효과'가 탄생하게 된 계기이다. 나비효과는 지구 한 쪽의 자연현상이 언뜻 보면 아무 상관이 없어 보이는 먼 곳의 자연과 인간의 삶에 커다란 영향을 미친다고 설명하고 있다.

그런데 궁금한 점은 20세기들어서 '카오스' 가 경제는 물론 과학계의 화두가 되고, 또 하필 그 많은 곤충 가운데 벌이나 풍뎅이가 아니라 '나비' 가 선택되었냐는 점이다.

이는 현재의 이론이 경제현상을 설명하는데 한계가 있기 때문이다. 그렇다면 카오스이론(chaos theory)이란 무엇인가? 겉으로 보기에는 불안정하고 불규칙적으로 보이면서도 나름대로 질서와 규칙성을 지니고 있는 현상들을 설명하려는 이론으로 이것은 작은 변화가 예측할 수 없는 엄청난 결과를 낳는 것처럼 안정적으로 보이면서도 안정적이지 않고, 안정적이지 않은 것처럼 보이면서도 안정적인 여러 현상을 설명하려는 이론이다.

앞에서도 잠시 언급했듯이 신화에 파묻혀 있어야 할 카오스가 과학에 다시 등장하게 된 것은 '인간이 자연을 해석하고 그 현상을 예측할 수 있는 인간의 능력에 하계가 있기 때문' 이 아닌가 싶다. 인공위성과 컴퓨터의 발달로 힘을 얻은 과학자들은 대기현상을 예측하는 것에 대해 커다란 자신감을 갖고 있었다.

그러나 요즈음 우리도 자주 경험하듯 기상청의 기상예상조차도 자주 틀리는 것을 볼 수 있듯이 자연현상은 이론만으로는 설명되지 않는다. 따라서 나비효과나 카오스 이론 등이 경제현상이나 사회현상을 더 잘 설명해 주고 있는지도 모른다.

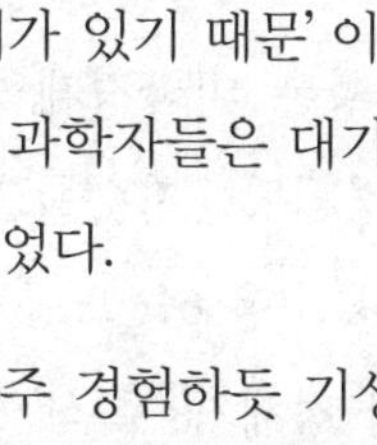
처녀와 노파

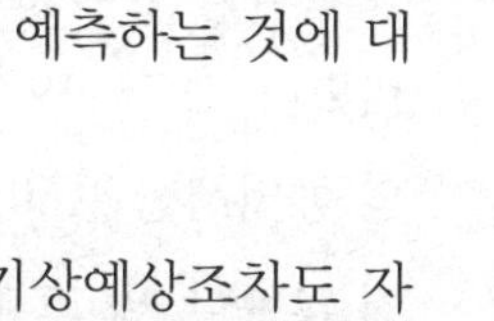
오리와 토끼

우리의 지각은 노파에서 처녀로, 처녀에서 노파로, 또는 오리에서 토끼로, 토끼에서 오리로 순식간에 변해 간다. 이는, 물리적 카오스와 마찬가지 방식에 따라 이해되어야 한다는 지적이다.

미국에서 발생하는 경제적 악영향은 우리에게

나비효과로 설명될 수 있다는 점에서 우리나라경제는 미국과 동조화 현상을 보이고 있다. 나비효과의 영향이 최소화 될 수 있는 방안이 강구되어야 할 것으로 보인다.

4. 글로벌 경제, 최악의 시나리오

(1) 대공황(GD, Great Depression)

세계적인 금융위기

구분	총건수	평균
1945 ~ 1971	38	1.5
1973 ~ 1997	139	4.5
1945 ~ 1997	177	3.54

출처 : 업코리아, 2003.11.24

전세계적으로 금융위기는 1945년~1971년까지 38건이 있었고, 1973년~1997년까지 139건이 있었다. 이는, 1945년부터 71년까지는 1년에 평균 1.5건 있었는데, 70년대 중반부터 1년에 평균 4.5건으로 늘었다는 뜻이다.

일찍이 1929년의 대공황은 미국경제의 대 몰락의 상징처럼 되어 버렸다. 1923~1925년간 경제평균지수를 100으로 볼 때, 1933년 미국의 공업생산은 60, 건축 14, 고용 61, 노동자 임금은 38 정도 밖에는 되지 않는다. 말 그대로 미국 경제가 '폭삭' 주저앉은 것이다. 이 경우는, 유효수요(有效需要)의 부족 등으로 인하여 생산이나 소비 등의 경제활동이 쇠퇴하거나 침체를 나타내는 상태를 나타낸다.

(2) 초(超) 인플레이션 상태(GI, Great Impression)

우리는 지난 1920년대 최악의 디플레이션(deflation) 상황을 대공황(GD, Great Depression) 으로 부르듯, 짐바브웨처럼 hyper inflation을 넘어선 최고 최악의 超인플레이션 상태를 GI(Great Inpression)로 규정하고자 한다. 이 경우는 유동성의 폭발적인 증가로 인한 극심한 물가현상, 즉 Hyper-Inflation을 상회하는 상태를 일컫는다.

(3) 글로벌경제, 超 인플레이션과 대공황 사이를 반복하여 오르락 내리락한다.

미국 정부가 승인한 구제금융 7000억달러 가운데 이미 각 은행에 투입된 2,500억달러를 비롯하여 지금껏 경기부양을 위해 투입된 액수 및 GDP비율은 미국이 약 8조5천억 달러(50%)에 달하는 것으로 추정되고 있는 가운데, 중국 4조위안(14%), 일본 26.9조엔(5%), 이탈리아 800억 유로(5%), 독일 500억유로(2%), 영국 150억파운드(1%)를 구제금융에 사용할 것으로 보이는 등 글로벌 경제는 약 10조5천억 달러를 시장에 풀어 돈이 홍수를 이룰 것으로 보인다. 구제금융투입으로 경제가 회생할 것인가? 아니면 침체를 지속할 것인가?

① 작금의 금융위기 및 수습과정은 아래와 같다.

저금리 → 집값 상승 → 자산효과로 인한 소비 증가 → 경기호황 → 인플레이션 → 금리상승 및 규제강화 → 부동산 가격하락 → 대출부실 → 금융위기 → 자산 디플레 및 신용경색 → 내수침체 → 기업부도 증가 → 실업대란, 고용불안 → 국제공조로 연환계 형성

② 향후 글로벌 경제, 최악의 시나리오는?

제1단계 : 글로벌 경기침체(GD), 슬럼플레이션(Slumpflation)[37)]

- 글로벌 실업대란
- 고용 없는 성장
- 글로벌경제의 감원

제2단계 : 글로벌 공조로 인한 제1의 연환계 형성

- '돈 가랑비'

- 제로금리, 10조5천억불 구제금융)

제3단계 : 글로벌 양적완화정책으로 제2의 연환계 형성

- '돈 소나기'

제4단계 : 세계는 '돈 소나기'를 등에 업고 글로벌 금융위기에서 탈출

- 경제지표는 금융위기 극복 상황
- 슬럼플레이션 현상 잔존
- 실업대란으로 지구촌 혼란 가중
- 자원확보를 위한 지구촌 전쟁 격화

제5단계 : 금융자산, 실물자산 급등

- 경기회복
- 글로벌 주가, 부동산, oil, 금, 곡물 가격 급등
- 글로벌 버블 형성
- 글로벌 경제의 짐바브웨식 極超 인플레이션(GI)

제6단계 : 공조를 통한 글로벌 인플레이션 완화정책 추진

- 글로벌 공조 및 블록화로 규제강화
- 글로벌 이자율 상승
- 글로벌 주가 및 부동산 가격하락
- 글로벌 경제의 블록화 가중

제7단계 : Black Swan의 출현과 나비효과

- 주택가격 급락, 혹은 주가 급락이 지구촌 한곳에서 Black Swan으로 작용
- 글로벌 동조화(정책 및 변수), 나비효과로 삽시간에 글로벌 경제에 파급
- 부메랑 효과로 제1단계(GD)로 회귀

남태평양에서 번지점프하는 모습

결론적으로 글로벌 경제는 극단적인 경기침체와 경기회복의 경계선을 넘나들면서 요동을 칠 것으로 보인다. 즉, 경기가 회복되면 곧이어 GI(초인플레이션 상황을 넘어선 상황, Great Impression)로 이어져 부동산, 주가, 원자재 등에 버블이 글로벌 경제를 뒤덮을 것이다.

버블이 꺼질 경우, 이번 경우와 같이 GD(대공황, Great Depression) 상태로 접어들어 부동산, 주가, 원자재 값 등이 속절없이 하락할 것으로 보인다. 결국 글로벌 경제는 번지점프 하듯 GI와 GD를 오가며 요동칠 것으로 보인다.

(4) 해결책은 있는가?[38)]

"많은 배를 하나로 연결해 적과 싸우려고 했던 이 전략은, 순풍을 탔을 때는 강력했지만 역풍을 타고 불어온 불길에는 속수무책으로 당할 수밖에 없었다."

이명박 대통령

"지금의 금융위기도 서로 연결된 개방경제의 장점을 최대한 살리면서도 화재를 미리 차단할 예방책을 만들고 만약 불이 나더라도 이를 조기에 진화할 메커니즘이 필요한 것이다."

이는, 이명박 대통령이 삼국지 적벽대전에 나오는 연환계(連環計)를 소개하며 한 말이다. 이토록 복잡하고 어려운 문제를 어떻게 해결할 것인가? 요즘 금융위기 극복을 위한 국제공조는 그 어느 때 보다도 강하다. 수많은 배가 한 개의 밧줄로 묶인 경우, 단 한 발의 불화살이 불바다를 만들 듯 전세계의 국제공조는 또 다른 연환계가 될 수도 있다.

반복되는 글로벌 금융위기의 모형

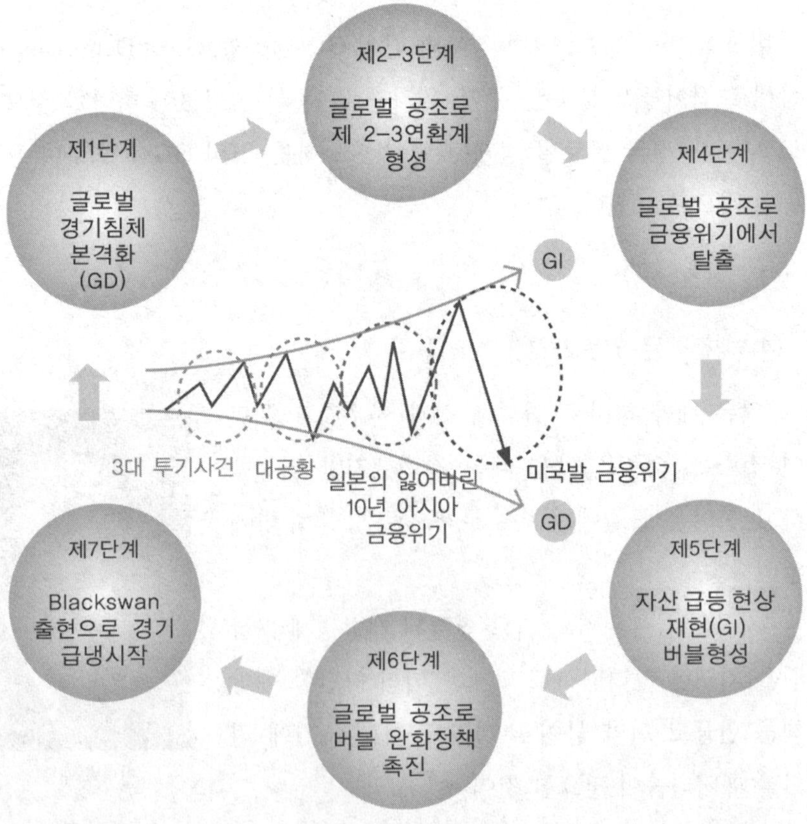

이럴 때일수록 위기극복을 위한 공조는 하되, 불화살 촉이 날아와도 번지지 않는 대책마련이 필요하다. 알렉산더 대왕은 고르디우스의 매듭(the Gordian Knot)을 푸는 자가 세계를 제패한다는 전설을 듣고 칼을 뽑아들고 매듭을 잘라 풀어 버렸다. 그러나 우리 앞에 산적한 문제들은 단칼에 잘라 버리기에는 인드라망과 같이 너무나도 복잡다단하다.

인도의 불교 신화에 등장하는 인드라망은 수많은 구슬로 엮인 제석천의 그물로 서로 촘촘하게 연결돼 있기 때문에, 하나의 구슬을 잡아당기면 그물의 다른 쪽 구슬들에 영향을 줌으로써 전체 그물의 모양새나 구조도 달라진다고 한다. 이러한 상황에서 우리는 과학적이고도 치밀한 국가 전략이 필요하다.

일단 방화벽을 쌓는 것이 필요하다. 최근 IMF의 구제금융을 받은 나라는 거의 예외없이 외국인 투자비율과 해외의존도가 높고 경상수지적자가 큰 나라들이다. 알랙산더 대왕처럼 고르디안 매듭을 단칼에 끊어버리느냐, 아니면 천천히 풀어 가느냐는 전적으로 대통령 · 정부 · 국회의 몫이다.

지금부터 광범위한 연구에 착수하여 철저한 상황별 시나리오를 만든 다음, 실행계획을 짜서 하나에서 열까지 숫자를 넣어서 직접 확인할 수 있도록 모의 프로그램을 돌려 보면서 최악의 시나리오에 대비해야 한다. 금융위기의 기운이 잦아들 무렵부터는 전세계적으로 급격히 팽창된 유동성이 실물자산을 무차별적으로 공격하여 부동산 등 실물자산으로 이어질 공산이 매우 크기 때문이다.

국가부도, 현실화되다[39)]

1. 국가 부도위기에 몰리는 국가들

이미 아이슬랜드, 우크라이나, 헝가리, 파키스탄, 벨로루시, 세르비아 등이 국제통화기금(IMF)에 구제금융을 신청하고 강도 높은 구조조정에 들어갔다. 또한 이들 국가 이외에도 많은 국가의 신용등급이 하향조정되는 등 금융위기로 인한 국가부도 위기 상황에 몰릴 가능성이 많다.

이에 대한 배경으로는 ① 글로벌 신용경색 여파로 인한 자국 금융산업 취약성 노출 ② 외국인 자금유출 증가와 경상수지적자폭 확대 ③ 상품가격 하락에 의한 성장률 둔화 ④ 선거를 앞둔 정치적 불확실성 증가 ⑤ 국가 채무불이행위험 증가 등이 주요 배경으로 꼽힌다. 이러한 상황의 대상국가로는 폴란드, 크로아티아, 카자흐스탄, 에스토니아, 불가리아, 멕시코, 리투아니아, 러시아와 남아프리카 공화국 등이 꼽힌다.

2. IMF 구제금융신청 국가 및 위험국

IMF에 구제금융을 신청한 국가들의 주요 경제지표

국 가	경상수지 (% of GDP)	은행의 해외 순차입	단기외채/외환 보유액(배)	CDS	
				1/1	11/25
터키	−6.7	−12.2	0.9	167	441
아이슬란드	−8.0	−267.9	–	65	888
우크라이나	−7.6	−9.5	1.0	238	2,200
라트비아	−15.0	−72.5	0.3	134	875
파키스탄	−6.9	4.8	12.1	494	2,276
헝가리	−5.5	−54.1	0.9	55	424

자료 : 국제금융센터

최근까지 IMF에 구제금융을 신청한 나라는 터키, 아이슬랜드, 우크라이나, 라트비아, 파키스탄, 헝가리 등 6개국이다. 이들 국가들은 경상수지 적자와 해외 순차입은 물론이고 단기외채가 급증하는 공통점을 지니고 있다.

이에 따라 CDS(Credit Default Swap) 및 국가신용도가 하락하는 등 주요 경제지표의 악화가 국가채무 지불불능으로 이어져서 이미 IMF에 구제금융을 신청한 바 있다.

다음으로는 제3부의 SK 변수에서 규정한 방법에 따라 향후 IMF에 구제금융을 신청할 가능성이 높은 국가들을 중심으로 알아보고자 한다. 최근 금융위기로 폴란드, 크로아티아, 카자흐스탄, 에스토니아, 불가리아, 멕시코, 리투아니아와 남아프리카 공화국 등이 금융위기로 인한 심각한 국가적 위기상황을 맞고 있다.

이들 대부분의 국가들은 이미 IMF에 구제금융을 신청한 국가들과 마찬가지로 경상수지 적자는 물론이고, 은행의 해외 순차입이 높을 뿐만 아니라, 단기외채 비중이 높아서 CDS 수치 또한 급상승한 상태다.

SK변수에 의한 IMF 구제금융 가능성이 높은 국가에 대한 단계별 고찰

국 가	경상수지 (% of GDP)	은행의 해외 순차입	단기외채/외환 보유액(배)	CDS		단 계
				1/1	11/25	
폴란드	−5.0	−17.1	−0.8	26	233	6
크로아티아	−9.0	−59.7	0.9	67	400	6
카자흐스탄	−1.7	−8	0.6	202	610	6
에스토니아	−11.2	−78.7	0.2	73	535	6
불가리아	−21.9	−29	1.1	79	503	6
멕시코	−1.0	−2.3	1.4	70	339	6
리투아니아	−14.5	−36.4	0.9	87	610	6
남아프리카	−7.7	4.7	1.6	78	418	5

자료 : KCIF, 한국은행

특히 SK 모델에 따라 분류할 경우, 이들 8개국 중 남아프리카 공화국(5등급)를 제외한 다른 7개 국가들은 IMF 구제금융 수준 직전인 6등급으로 분류되고 있으므로 향후 글로벌 금융위기가 진정되지 않을 경우는 IMF에 구제금융을 신청할 국가가 늘어날 것으로 전망된다.

각국 정부의 대응책

아이슬란드나 우크라이나 등 IMF로부터 구제금융을 지원 받은 국가들은 예금보증한도 인상 등 자구노력을 강구하고 있다. 아이슬란드 정부는 자산규모 1~3위의 대형은행(Kaupthing Bank, Landsbanki Bank, Glitnir Banki)의 지분을 전부 취득하는 한편, IMF와 구제금융 합의 이후에도 영국 등과 수 십억 달러의 추가 금융지원을 협의 중이다. 또한 근본적인 경제안정 대책의 일환으로 EU 가입 및 유로화 도입도 검토하고 있다.

또한 헝가리는 ECB로부터 50억 유로를 차입하고 환율안정을 위해 중앙은행 기준금리를 8.5%에서 11.5%로 대폭 인상한 바 있으며, 재정적자(2006년 : GDP 대비 −9.2%, 2007년 : −5.5%)가 지속되자 금년 7월 유로화 도입 계획을 당초 2010년에서 2013년 이후로 연기했다. 우크라이나는 비거주자 외화예금의 기준율을 인하하고 리투아니아 및 루마니아는 예금보증한도를 인상한 바 있다.

아이슬란드 및 동 유럽국가의 금융시장 안정대책

국 가	조 치
아이슬란드	• 정부의 예금지급 전액보장 발표 • 영국과 30억 파운드의 금융지원 협의 중 • 자산규모 1~3위 대형은행(Kaupthing Bank, Landsbanki Bank, Glitnir Banki)의 지분 100% 취득
헝가리	• 중앙은행 및 정부의 금융시장 안정대책 발표 – 은행 간 차입금에 대해 중앙은행이 무제한 지급보증 – 연기금의 주식투자 하한 및 채권투자 상한 비율을 폐지 – 일일 통화스와프 감시자 제도 도입 – 금년 4 · 4분기 국채 발행계획 축소 • 환율안정을 위해 최근 수주 간 33억 달러를 시장에 투입 • ECB로부터 50억 유로 도입 • 환율방어를 위해 중앙은행 기준금리 인상 : 8.5% → 11.5%
우크라이나	• 예금보증한도 인상 : 2.5만 유로 → 5만 유로 • 환율방어를 위해 23억 달러의 외환보유액을 시장에 공급하고 은행의 외화부채 조기상환 제한 등 실시 • 6개월 시한으로 비거주자 외화예금의 지준율을 20% → 0%로 인하 • 자산규모 6위 은행(Prominvestbank)의 국유화 추진
리투아니아	• 예금보증한도 인상 : 2.2만 유로 → 10만 유로
루마니아	• 예금보증한도 인상 : 2만 유로 → 5만 유로
벨로루시	• IMF 구제금융 신청

제21장 글로벌 경제, 이렇게 변한다[40]

세계는 Well-being Mode에서 Survival Mode로 변하고 있다. 살아남고 싶은가? 행복한 비관논자가 되

글로벌 경제, 서바이벌 게임에 돌입하다

1. 블록화가 강해진다.

(1) 선진국에서 신흥 개도국으로의 권력이동

세계경제의 권력 이동은 이미 시작되었다. 그동안 선진국 모임인 G7이 세계경제 질서를 좌지우지했지만, 최근의 G20 회의에서는 한국을 비롯한 중국, 브라질, 인도, 사우디아라비아 등 신흥 개도국들이 새로운 세계경제 질서 재편에 상당한 영향력을 행사하고 있으며, G7이 선진 · 개도국 모임인 G20으로 대체될 것이라는 관측도 나오고 있다.

국제통화기금(IMF)에 따르면 현재 G7의 인구비중은 12%에 불과하고, 세계경제 비중은 44%이다. 그러나 2030년에는 37%로 급속한 하락세를 보일 것으로 전망되는 가운데, 경기침체의 영향으로 내년 G7국가들은 대부분 마이너스 성장이 예상되어 세계 경제성장의

100%를 개발도상국들이 맡게 될 상황이 발생할 것으로 보인다.

G20의 국내총생산(GDP)규모는 전 세계 GDP의 88.7%에 해당하는 48조6천억 달러, 인구도 3분의 2를 차지하고 있다. 이런 점에서 전문가들은 세계 최대 외화보유국인 중국(GDP 3조2,800억 달러), 그동안 세계 경제에서 비중을 높여온 한국(9,698억 달러), 그리고 브라질(1조 3,100억 달러), 인도(1조1,700억 달러) 등 신흥시장 국가들의 목소리에 귀를 기울여야 한다고 주장하고 있다.

참 고[41)]

■ G7과 G20의 경제규모는?

G20 합의사항

금융 개혁 5대 원칙	향후 대응 조치	세계 경제 개방 공약
· 투명성 및 책임성 강화 · 금융감독 및 규제 개선 · 금융시장의 신뢰성 제고 · 국제적인 협력강화 · 국제금융기구 개혁	· 금융 시스템 안정화 노력 · 내수 진작을 위한 통화 정책 사용 · 적극적인 재정 정책 추진 · IMF의 단기 유동성 지원 제도 도입 환영	· 경제 성장과 자본 이동을 방해하는 과도한 규제 회피 · 새로운 무역투자 장벽 및 수출 제한, WTO에 위배되는 수출 촉진 자제 · 금융 위기가 개도국에 미치는 악영향 유념

G7인 미국, 일본, 영국, 프랑스, 독일, 캐나다, 이탈리아와 러시아, 한국, 중국, 인도, 인도네시아, 아르헨티나, 브라질, 멕시코, 터키, 호주, 남아프리카공화국, 사우디아라비아 등 19개국에 유럽연합(EU) 의장국을 더한 20개 국가로 구성되어 있다.

개별 국가의 GDP는 유럽연합(EU) 16조9천억 달러, 미국 13조8천억 달러, 일본 4조4천억 달러, 중국 3조3천억 달러, 독일 3조3천억 달러, 영국 2조8천억 달러, 프랑스 2조6천억 달러, 이탈리아 2조1천억 달러, 캐나다 1조4천억 달러, 브라질 1조3천억 달러, 러시아 1조3천억 달러, 인도 1조1천억 달러, 한국 1조 달러, 멕시코 1조 달러, 호주 9천억 달러, 터키 7천억 달러, 사우디아라비아 4천억 달러, 인도네시아 4천억 달러, 남아프리카공화국 3천억 달러, 아르헨티나 3천억 달러 등이다.

G20은 앞으로 G7과 G8(G7+러시아), G8+5(브라질 · 멕시코 · 인도 · 남아공 · 중국) 등 기존 기구를 대체할 수 있는 유력한 후보로 떠오르고 있다.

G20 국가 정상과 재무장관들이 글로벌 금융위기 타개 방안을 논의하고 있다.

(2) 급진전되고 있는 경제 · 정치적 블록화

유럽연합(EU)은 물론 아시아 · 중동 · 남미 · 동유럽 등 이머징마켓(신흥시장)까지 경쟁적으로 블록화 대열에 합류하는 양상이다.

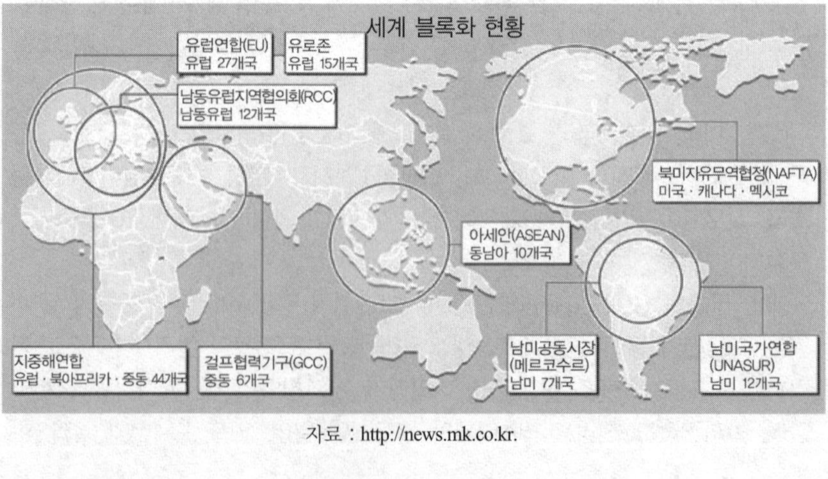

자료 : http://news.mk.co.kr.

특히 블록화 움직임은 지난해 미국발 서브프라임 모기지(비우량 주택담보대출) 부실 사태 후 더 고조되는 추세이며, 최근 유럽과 주변 지역을 아우르는 '지중해연합'이 출범했다. 이는 EU 27개 국가와 지중해 연안에 있는 중동 · 북아프리카 국가 17개국 등 모두 44개국이 참여하는 대형 블록이다.

(3) 뭉치는 중남미 · 카리브국가들[42)]

최근, 브라질을 비롯한 남미 12개국 전부, 멕시코를 비롯한 중미지역 국가 대부분, 쿠바를 위시한 카리브해 지역 국가 등 33개국 정상과 정부 대표들이 참석하여 제1회 중남미 · 카리브 정상회의가 열렸다.

형식적으로는 남미공동시장(메르코수르), 남미국가연합, 리우그룹, 안데스공동체(CAN), 중미통합체제(SICA), 카리브해공동체(Caricom), 중남미통합협회(Aladi), 미주를 위한 볼리바르 대안(ALBA) 등 중남미권에 존재하는 국제기구와 관련된 국가들이 모두 모였으나, 이는 미국과 캐나다를 제외한 아메리카 대륙의 모든 국가 정상이 한 자리에 모인 셈이다.

이들은 오바마 당선자가 쿠바에 대한 경제제재를 해제하는 등 외교정책을 전환해야 한다고 한 목소리를 내는 한편, 중남미문제는 중남미 스스로 결정하겠다는 의지도 피력했다. 특히, 이들은 사상 처음으로 미국 참여없이 정상회의가 개최됐다는 사실을 강조하면서, 지난 200여년 전 중남미 지역이 스페인과 포르투갈의 식민지배에서 벗어난 후, 또 한 번의 독립선언을 하는 것과 마찬가지라는 주장과 함께, 중남미 지역에서 미국의 헤게모니는 종식됐다는 점도 강조하고 나서 주목을 받고 있다.

특히, 인구 3억9240만명, 국내총생산(GDP) 2조달러 규모의 남미 12개국은 지난 5월, 남미국가연합(ASUR)을 결성한 이래, 브라질과 아르헨티나는 최근 양국 간 무역거래에서 미국 달러화 대신 상호 자국 통화를 결제 수단으로 사용한다는 데 최종 합의해 남미 단일통화 창설을 위한 단초를 마련한 바 있다.

(4) 걸프 협력기구(GCC)

사우디아라비아, 쿠웨이트, 아랍에미리트 등 6개국은 2010년까지 단일통화 출범을 추진하고 있다. 거대 산유국 집단인 GCC가 단일통화를 도입한다면 엄청난 오일머니를 바탕으로 한 경제적 영향력은 더욱 커질 전망인 가운데, 일각에서는 석유 결제통화에서 기축통화로서 달러 위치가 위축될 수도 있다고 지적했다.

(5) 동남아 국가연합(ASEAN)

주요 ASEAN 회원국들은 180개 블루칩 기업 주식을 매매할 수 있는 통합거래소 설립을 추진 중인 가운데 블록화는 물론, 블록 간 협력도 확대하는 데 주력하고 있다. 태국, 말레이시아, 싱가포르, 베트남, 인도네시아, 필리핀 등 6개국은 각 거래소에서 30개 우량회사를 선별하여 전자거래 플랫폼에 연결하는 방안을 논의하고 있으며, 특히 이 가운데서도 EU(유럽연합)와 중국의 영향력이 확대되면서 유로화와 위안화가 지난 70여 년간 미국 달러화가 맡아온 글로벌 기축통화의 역할을 일정 부분 분담하게 될 것이라는 전망이다.

지금은 미국 달러화가 안전자산으로 인식되면서 가치가 상승하고 있지만 위기극복 과정에서 투입된 천문학적 유동성 때문에 실물경제의 침체와 함께 달러 가치의 폭락이 예견되고 있다.

즉 어떻게든 달러의 기축통화 지위는 상당한 타격을 받을 것으로 보인다.

2. 보호무역주의로 회귀하나?[43]

최근의 미국발 금융위기의 원인은 크게 규제와 감독을 제대로하지 못한 정부의 탓과 또 다른 하나는 자율규제를 하지 못한 금융시장의 잘못이다.

각국의 보호주의 정책

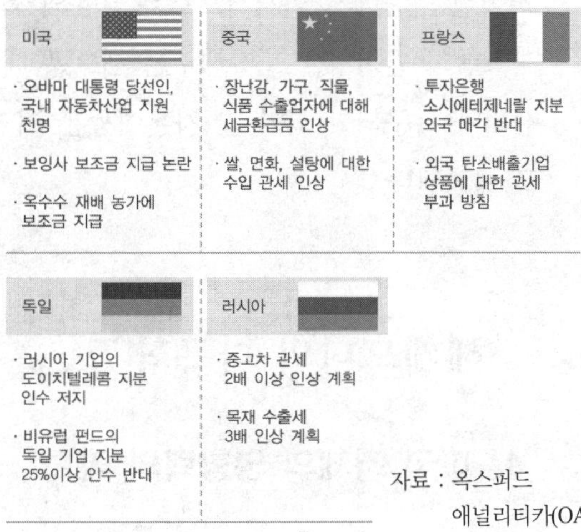

자료 : 옥스퍼드 애널리티카(OA) 등

그럼에도 불구하고, 전문가들은 금융위기 후에도 글로벌 자본주의는 결코 사라지거나 위축되지 않을 것으로 전망하고 있다. 다만 문제점과 단점을 보완하여 수정된 형태로 발전 · 진화할 뿐이라는 것이다.

미국은 최근 긴급경제안정화법안(EESA, Emergency Economic Stabilization Acts)을 통과시켰다. 이 안의 주요 골자는 황금낙하산(Golden parachute)을 원칙적으로 금지시키고, 예금보호대상 예금규모를 기존의 10만 달러에서 25만 달러로 증가시킨다는 내용이다.

그밖에도 미국은 국내 자동차산업 지원을 천명했고, 중국은 수출업자에 대한 세금환급금 인상, 프랑스는 투자은행의 외국 판매 반대, 독일은 비 유럽펀드의 독일기업 지분 25% 이상에 대한 인수를 반대하는 등 글로벌 경제는 자국산업 보호를 위한 정책으로 급속히 전환되고 있으며, 향후에도 이러한 추세는 강화될 것으로 보인다.

덧붙여서 글로벌 국가들의 파생상품에 대한 감독은 강화할 전망이지만 파생상품이나 글로벌 자본시장 같은 신(新)금융자본주의의 산물은 보완·발전될 것으로 보인다.

이런 와중에서 일시적으로는 금융의 쇠퇴가 오겠지만 글로벌 금융 시스템의 안정성을 보장해주는 새로운 대안이 나타나면 금융에 대한 신뢰가 복구되고 국가 간 자본이동은 이전보다 훨씬 더 확대될 것으로 예상된다.

헤게모니의 다극화

1. 미국 경제의 영향력의 약화

(1) 다극화와 미국의 지배력 약화

"역사적 권력 이동(Historic Power Shift)"이 온다. 이러한 추세는 세계경제력 집중 약화, 신흥 시장국 및 자원부국의 부상이 바로 그것이다.[44)]

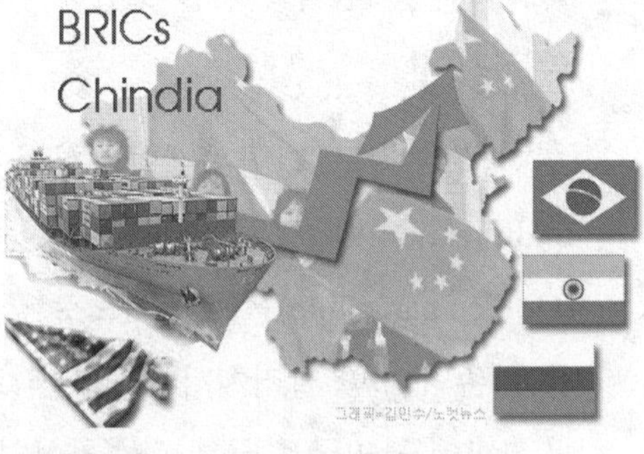

약화되는 미국의 영향력과 비약하는 브릭스
file2.cbs.co.kr/.../02/06011735656_60300070.jpg

즉 미국 중심 일극체제(uni-polar)가약화되고 세계 경제에서 차지하는 비중이 커진 신흥 시장국의 역할이 확대된다.[45)]

세계 GDP의 70%를 차지하는 국가 는 2차대전 후에는 미국과 유럽이었다.

그러나 80년대를 지나오는 동안 미국, 유럽과 일본이 그 자리를 차지했고, 최근에는 미국 + 유럽 + 일본 + BRICs가 세계경제의 70%를 차지하고 있다.

"2025년께 미국은 단일국으로는 가장 강력한 행위자로 남겠지만, 지배적 지위는 줄어들 것이다."

"영향력 있는 행위자들이 다양해지고, 막대한 영향력에 대한 불신으로 미국은 협력없이 (세계를) 통제하기 어렵게 될 것이다."

"새로운 국제질서의 가장 현저한 특징은 미국 지배의 단극 체제가 전통적 강국과 신흥국의 정리되지 않은 지배구조로 바뀌고, 국가의 권한이 비국가 행위자로 분산되는 변화가 될 것이며, 특히 중국과 러시아의 성장은 미국 정책을 결정하는 중요한 요인이 될 것이다."

이는 최근 미국 국가정보위원회(NIC)가 발간한 '글로벌 트렌드 2025 : 변화된 세계' 의 주요 골자다. 미국 국가정보위원회는 국가정보국(DNI) 산하기구로, 각 정보기관의 의견을 종합 · 분석하여 대통령과 고위 정책입안자들에게 대외정책 등을 분석, 전달한다.

2000년대 들어 미국의 경제적 위상이 하락하고 세계경제와의 교역상 연계(trade linkage)도 약화되는 대신 신흥시장국 상호 간의 교역은 활발해지고 있다. 14조 달러인 미국 GDP가 세계 GDP에서 차지하는 비중은 2000년대에 들어 지속적으로 하락(2000년 23.6% → 2007년 21.4%)했고, 세계 총수입에서 차지하는 미국 수입의 비중도 큰 폭으로 하락(2000년 19.1% → 2007년 15.0%)했다.

2. 글로벌 경제에서 미국의 비중

(1) 주요국의 경제비중은?

미국은 여전히 경제규모 및 교역규모, 금융시장의 영향력 측면에서 세계 최대이다. 2007년 중 미국의 GDP(세계의 21.4%), 상품 수입(14.3%), 2001~2005년 동안 주식시장 시가총액은 전세계 주식시장의 44.1%를 차지하여 세계 1위 자리를 지키고 있다.

최근 주식시장 시가총액은 전세계 주식시장의 교역연계(trade linkage) 이외에 금융의 세계화에 따라 금융연계(financial linkage)를 통하여 미국경제가 세계경제에 미치는 영향력이 크게 증대했다.

미국의 GDP성장률이 1%p 하락 시 교역 및 금융 연계가 높은 국가의 GDP는 각각 0.92%p 및 0.31%p 하락(IMF)한다. 이는 미국의 성장률 하락이 세계경제 전체에 미치는 효과는 유로 및 일본의 성장률 하락 효과를 훨씬 상회하는 효과임을 입증하는 결과이다.

세계경제에서 주요국의 비중

(2007년 기준, %)

국 가	GDP[1]	수 입[2]	주식시장시가총액[3]
미 국	21.4	14.3	44.4
유 로	16.1	14.1	15.3
중 국	10.8	6.8	1.9
일 본	6.6	4.4	9.4
인 도	4.6	1.2	0.8
N I E s	3.7	8.9	..
영 국	3.3	4.4	7.5
러 시 아	3.2	1.7	..
브 라 질	2.8	0.9	0.8
캐 나 다	2.0	2.9	2.8

주 : 1) PPP 환율기준 2) NIEs 및 캐나다는 2006년 기준 3) 2001~2005년 기준

자료 : IMF, 한국은행

(2) 글로벌 시장에서의 미국의 위치가 줄고 있다.

① 세계경제에서 미국의 GDP 및 수입 비중

세계경제 속에서 미국의 GDP 및 수입비중은 지속적으로 감소하고 있다. 즉 지난 1995년 세계 GDP 대비 미국의 GDP 비율은 23%에서 2007년 21.4%로 감소했고, 세계 총수입에서 미국이 차지하는 비중도 1995년 15.2%에서 2007년 14.3%로 줄었다.

② 신흥시장국의 대미, 대중 수출증가율 및 비중

특히 최근 신흥시장국의 대미 수출은 크게 둔화된 반면 신흥시장국가 간 수출은 20% 이상 증가했다. 또한 2007년에는 신흥시장국의 대미 수출비중이 대중 수출비중을 하회했다.

2000년대에 들어 신흥·개도국의 교역량 증가율은 선진국을 훨씬 상회하고 있고, 경상수지 흑자, 대규모 외환보유액 등을 바탕으로 미국의 경기하강에 대한 탄력적 정책대응이 가능한 상황이다. 그러나 최근 미국의 주택경기 침체가 예상보다 심각하고 장기화되어 미국의 경기가 크게 둔화될 경우 세계경제에 미치는 파급효과는 크게 증대될 것으로 보인다.

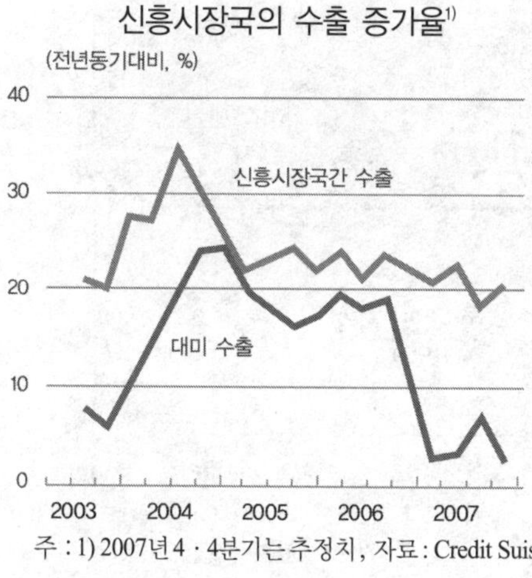

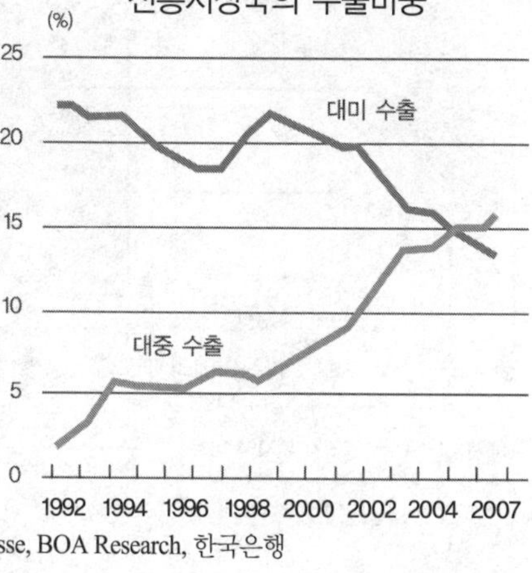

주 : 1) 2007년4·4분기는 추정치 , 자료 : Credit Suisse, BOA Research, 한국은행

왜냐하면 신흥시장국의 세계경제에서의 비중증대 등을 근거로 일부에서 유로지역 및 신흥시장국의 역할 증대를 예상하고 있으나, 아직은 세계경제의 성장 엔진으로서 미국경제를 대체하기에 아직은 역부족인 것이 사실이기 때문이다.

(3) Sell USA가 시작되다.

'Sell USA'가 갈수록 거세지고 있다. 미국 국책 모기지 기업의 부실화로 금융시장의 위기가 본격화된 지난 하반기 이후, 국제 투자자들은 미국 달러화, 채권, 주식을 대거 내다 판 것으로 드러났다. 최근 악화된 미국 시장의 유동성 위기로 미루어볼 때 'Sell USA' 사태는 더 심해질 것으로 보인다.

'Sell USA'가 장기화되면 달러화의 가치가 떨어지고, 기축통화로서의 위상도 흔들리게 된다. 국제금융시장에서는 이와 관련, "세계경제를 떠받쳐온 미국의 경제기반이 흔들리고 있다."

세계 경제권역 간 투자와 금융자산 규모

2006년 세계 GDP는 48조 달러
2006년 기준, 원은 권역별 금융자산 규모

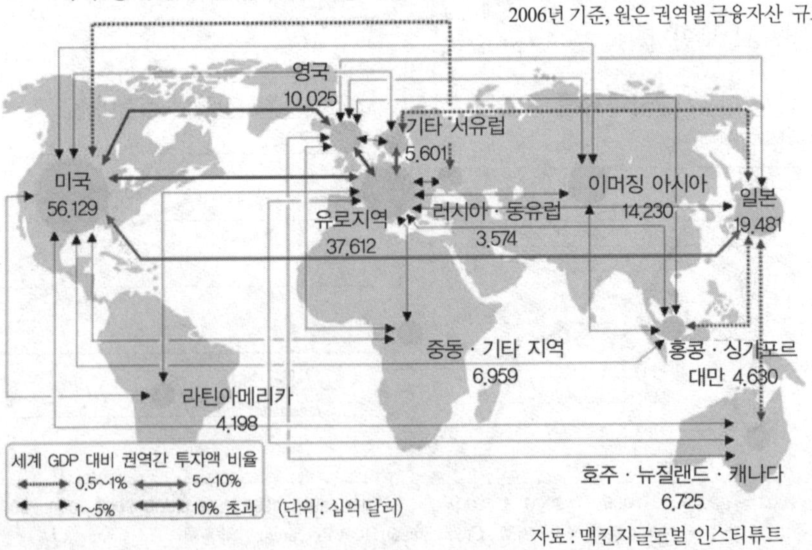

(단위 : 십억 달러)

자료 : 맥킨지글로벌 인스티튜트

“글로벌 금융산업의 퇴보가 우려된다.”는 소리가 터져나오고 있다. 이에 따라 미국은 자본수지에서도 적자가 발생할 가능성이 커졌다.

실제 미국으로 들어간 자본 순유입 규모는 2006년 1조618억 달러에 달했으나 서브프라임 모기지 사태가 불거진 2007년에는 6,204억 달러로 대폭 줄어들었다.

특히 최근 MMF는 한때 2천억 달러가 넘는 주간 순유출을 기록했다. 미국은 또한 2006, 2007년 각각 7533억 달러, 7003억 달러의 무역적자를 낸 바 있어서 올해 자본수지 흑자규모가 크게 줄어들 경우 국제수지관리에 어려움을 겪게 될 전망이다.

부문별로 보면 7월에는 ‘해외의 대미(對美) 증권투자’는 256억 달러 순유출을 기록했다. 외국인이 미국 채권과 주식을 팔아 치운 것이다. 해외 투자자들은 미국 정부가 보증하는 국채를 꾸준히 사들였지만 일반기업은 물론 공기업마저 부실화 우려가 커지고 있는 가운데 회사채는 물론 공채까지 대거 매도에 나섰다는 분석이다.

이렇듯 미국의 국가신용등급과 함께 달러화의 기축통화로서의 지위도 동시에 휘청대고 있다. 특히 해외 투자자들이 ‘Sell USA’에 나서면서 위기감이 고조되고 있어 세계 경제를 주도해온 미국 중심의 국제금융시스템이 무너지는 게 아니냐는 성급한 전망도 나온다.

아울러 일각에서는 미국의 대외신인도에 금이 가면 또 다른 2차 위기에 직면할 것이라는 경고도 나오고 있는 판국이다.

세계 3대 신용평가기관의 하나인 스탠더드 앤드 푸어스(S&P)의 존 체임버스 국가신용등급위원회 의장은 최근 미국 정부가 보험회사인 AIG를 구제한 이후 미국의 최고 국가신용등급인 ‘AAA’에 압력이 쌓이고 있다고 밝힌 바 있다.

이는 미국 연방준비제도이사회(FRB)의 850억 달러에 이르는 AIG 구제금융이 미국의 재정적 단면을 약화시켰으며, 이는 미국의 국가신용등급에 부정적인 영향을 미칠 것이라는 분석이다.

3. 탈(脫) 달러화 시대 열리나?

(1) 기축통화 변경, 이미 시작되다.[46]

미국 금융시장은 다른 선진국 금융시장보다 안전성 · 유동성 · 다양성 등 투자대상처로서 상대적으로 우수한 여건을 보유하고 있다. 미국의 세계 최대 경제대국으로서의 지위, 달러화의 기축통화로서의 외부효과 등으로 세계 외환시장에서 달러화 거래비중이 유로화의 2배, 엔화와 파운드화의 5배를 상회하고 있다.

이는 미국 자산이 다른 지역에 비해 상대적으로 안전한 것으로 평가되어 왔다는 것으로 나타났으나 최근 서브프라임 모기지 및 유동화증권 부실로 미국 금융자산에 대한 불안감이 확산되고 있다. 미국이 세계채권시장의 45%를 점유하여 유로지역 및 일본의 2배 이상을 점유하고 있는 것이다.

각국 외화자산 운용당국이 수익성 제고차원에서 보유비중을 높이고 있는 금융채 · 회사채는 세계시장의 절반 이상을 차지하고 있고, 국채 거래량 또한 다른 지역보다 미국이 3배 이상 많은 것으로 나타나 유동성 측면에서도 미국 채권시장이 우수하다. 그러나 금융위기로 인한 미국 및 달러의 지위는 물론 경제규모도 축소되고 있다. 반면에 세계 곳곳에서 일어나는 블록화는 점차 심화되고 있다.

(2) 달러중심의 기축통화 체제 탈피, 가속화되고 있다.[47]

'미국 재정적자 폭증, 달러 기축체제 휘청', '다극체제로 내년 미국 재정적자 1조달러', '누가 미국채 사려 하겠나?'

최근 블룸버그 통신의 보도 내용이다.

미국이 7천억 달러에 달하는 구제금융을 쏟아 붓기로 하면서 향후 미국 재정적자가 확대되는 등 미 재정부실이 확대되어 달러화 및 미국 채권이 급락할 위기에 직면할 경우, 오바마 대통령은 중국의 후진타오 주석에게 협조 요청을 할 것이란 게 전문가들의 지배적인 관측이다.

현재 미국의 누적 재정적자 규모가 연간 GDP에 육박하는 10조 달러에 달하고 있는 상황에서 7천억 달러에 달하는 구제금융으로 인해 내년에는 1조 달러의 적자로 달러의 기축통화 붕괴우려가 점증될 전망이다. 최근 마이클 블룸버그 뉴욕시장도 조지타운 대학 강연에서 "누가 우리 국채를 사려고 할지 불명확하다. 2차 파동이 되돌아와 우리를 물어뜯게 될 개연성이 매우 높다."라며 달러 기축통화 붕괴에 강한 우려를 나타낸 바 있다.

아직 세계 금융시장에서는 달러공급선을 확보하기 위해 치열한 각축전이 벌어지고 있는 바, 이에 따른 결과가 바로 미국과의 통화스와프협정이다. 미국은 최근 선진국 및 한국을 비롯한 일부 신흥국가와 통화스와프협정을 맺었다. 즉 미국과 이 협정을 맺은 나라는 유럽중앙은행(ECB)과 영국, 일본, 호주 등 14개국이다.

ECB, 영국, 일본, 스위스에는 제한없이 달러를 공급하고, 한국, 브라질, 싱가포르, 멕시코 등 신흥 4개국에는 각각 300억 달러 한도 내에서 달러를 지원해주기로 했다.

러시아와 동구 국가는 통화스와프 대상국에서 아예 빠져 최근 들어 경제상황이 급격히 냉각되고 있다. 그러나 달러화를 대체할만한 확실한 대안이 부재한 상황에서 수년 내 달러화의 위상이 뒤바뀔 가능성은 저조하다는 평가도 나오고 있다.

따라서 달러 지배체제는 무너질 수 있으며 "1960년대와는 달리 오늘날에는 중앙은행이나 정부가 준비 자산으로 사용할 수 있는 달러 이외의 매력적인 대안 통화, 즉 유로가 존재한다."는 것이다. 그래서 '이제 새로운 선택이 생긴 것' 이다. 그러나 미국은 아직도 중국의 9배에 달하는 세계 최대의 소비 시장이란 점이다.

달러의 몰락과 함께 수반되는 미국의 점진적인 몰락은 그간 대미수출을 통해 성장해온 한국과 중국 등의 측에서 보면 괴로운 일이 아닐 수 없다. 특히 미국을 대신할 새로운 소비시장이 급속도로 성장할 수 있는 것도 아니라는 점에서 더욱 그러하다.

(3) 금융패권, EU로 넘어가고 있다.[48)]

미국이 제로금리 상태로 진입함에따라, 세계의 자금이 유로화에 몰릴 가능성이 커지고 있다. 즉 미연준의 금리 대폭 인하에도 불구하고 유럽중앙은행(ECB)이 금리 인하에 미온적이어서, 유로화 선호를 가중시키고 있는 것이다. 이렇게 될 경우 달러화 폭락으로 인한 달러화에서 유로화나 엔화로 교체가 더욱 가속화되어 기축통화로서의 달러화의 지위는 급감할 전망이다.

만약 중국과 일본이 가지고 있는 달러를 유로화로 교체하거나, 미국채를 팔아버리는 순간 미국은 당장 몰락할지도 모른다. 이 경우 미달러가 글로벌 경제의 기축통화로서의 지위를 상실하고, 매일 아침뉴스에서 환율을 알려주는 아나운서가 예컨대 "원/유로 환율이 어제

1,876.87원에서 오늘 1,850.00원으로 하락했습니다"라고, 혹은 "원/위안 환율이~"라고 말하는 것을 상상해 볼 수 있다.

미국경제가 세계경제에서 차지하는 비중은 점차 축소되고 있는 반면, 유럽은 EU 또는 유로지역 가입국가 증가 등으로 경제비중이 확대되고 있어 유로화의 국제적 위상이 점차 높아질 전망이다. 즉 EU국가는 1952년 6개국 → 73년 9개국 → 81년 10개국 → 86년 12개국 → 95년 15개국 → 2004년 25개국 → 2007년 27개국으로 지속적인 증가를 이어왔다.

유럽연합(EU) 각국은 특색있는 경쟁력을 지니고 있다. 즉 독일의 원천 기술, 프랑스의 외교력, 영국의 금융 산업, 네덜란드의 농업, 동유럽의 저임금 노동력 등이 합쳐져서 시너지 효과를 낼 수 있다는 의미이다. 2007년 기준 EU의 GDP규모는 16조8,300억 달러로 미국의 13조8,438억 달러를 상회하고 있다.

만약 전문가들이 추측하는 바와 같이 기축(基軸)통화로서의 미국 달러화의 위치가 흔들릴 경우 EU의 위상이 강화될 전망이다. 전 세계 외환보유액에서도 유로화 비중은 26%에 달하고, 금융위기의 영향으로 미국의 경제비중 축소, 유럽의 경제규모 확대 및 금융시장 발전이 기대되는 와중에서 최근에는 일부 산유국을 중심으로 결제통화를 달러에서 유로로 바꾸는 등 유로화가 기축통화에 도전할 것이라는 주장이 증가하고 있는 추세이다.

최근 미국 컨설팅그룹 맥킨지는 서브프라임 모기지 부실 사태로 미국이 세계 금융시장에서 패권을 잃어가고 있다고 주장하는 한편, 전문가들은 영국 등 유로지역 비가입 EU국가가 유로에 가입하고 최근과 같은 달러약세 기조가 지속될 경우 2022년경에는 달러화가 기축통화로서의 지위를 상실할 가능성이 있다고 주장하고 있다.

이러한 이유로는 첫째, 2006년 기준 전세계 권역별 금융자산 규모에서 미국은 56조1,290억 달러로 유럽(유로화를 사용하는 국가들과 영국, 스위스, 스웨덴 포함)의 53조2,380억 달러를 소폭 웃돌았다.

둘째, 2006년 전세계 금융자산은 주식과 채권, 예금 등을 합하여 167조 달러에 달해 전년대비 25조 달러, 17.6%나 늘어나 전세계 총생산(GDP) 대비 350%에 육박한다.

셋째, 유럽은 1999년 유로화 출범 이래 금융시장 유동성이나 규모면에서 성장세를 거듭하고 있으나 미국은 최근 들어서는 급격히 줄어들고 있는 추세이다.

그러나 넘어야 할 산도 많다. 스페인의 경우 유로존 편입 후, ECB의 저금리정책으로 인한 과잉 유동성으로 부동산 버블 현상이 발생하고, 이탈리아의 경우 과거에는 리라화 평가 절하를 통한 수출경쟁력 제고 정책으로 다른 유럽국가와 경쟁할 수 있었지만, 유로화 채택 이후엔 이런 정책이 불가능해져 '유럽의 병자' 로 전락했다.

WSJ는 이런 점을 지적하면서, 미국의 경우 금리정책의 후유증을 완화하기 위해 재정정책을 보조 수단으로 사용할 수 있지만 유럽의 경우, 재정정책은 각 국가별로 진행되기 때문에 상호 보완이 어려운 문제점이 있다는 점을 덧붙이고 있다.

4. 한 · 중 · 일의 힘, 갈수록 커진다.

(1) 강해지는 중국의 힘, 미국의 목줄을 쥐고 있다.

① 2018년 중국경제, 미국을 앞지른다?[49]

최근 중국국정발전연구소는 중국은 2018년 미국을 앞지르며 세계 1위의 경제대국으로 부상할 것으로 예측했다.

중국 경제의 미국 추월시점에 관한 전망이 나오기는 세계 금융위기가 본격화된 이후 처음으로, 미국의 골드만 삭스는 올해 초 중국 GDP가 2040년 미국을 추월할 것이라고 예측한 뒤 추월 시기를 2027년으로 앞당겼다.

주요국의 2007년 GDP 규모

(단위 : 달러, 중국 GDP는 중국정부 확정치)

자료 : IMF

미국의 GDP는 2007년 현재 13조6,500억달러로, 중국의 3조5,200억달러(24조 9,500억위안)의 3.88배에 이른다. 그러나 미국의 연평균 실질성장률이 1.5%를 유지하고, 통화팽창에 따른 성장률을 1%라고 가정할 경우 10년 후 미국의 GDP는 17조7,300억달러에 달하게 된다.

그러나 같은 기간 동안 중국의 성장률은 연간 8.5%를 유지하고 통화 팽창에 따른 성장률을 2.8%로 추정할 경우, 중국의 GDP는 2018년 82조위안에 이르며, 만약 위안화의 대미 달러화 환율이 달러당 4.6위안까지 떨어지면 중국의 GDP는 17조8,000억달러로, 미국을 간발의 차로 앞지르게 된다는 논리다. 2018년은 중국이 1978년 개혁 · 개방을 시작한 후 40년째 되는 해다.

연구원 측은, 그럼에도 불구하고, 중국의 1인당 국민소득은 2018년 1만2,800달러를 기록, 2007년 한국 국민소득의 67% 수준에 머물 것으로 예상되어 경제발전 속에 빈부격차는 중국의 큰 숙제로 남을 것으로 보고 있다.

중국은 1600년대 세계 총생산의 29%를 차지하는 초강대국이었으나 산업혁명기인 1700~1820년 영국의 경제성장률이 238%에 이르면서 중국이 세계경제에서 차지하는 비중은 추락한 바 있다.

② 중국, 미국채 1위 보유국이 되다.

美 정부는 금융기관 및 빅3자동차를 살리기 위해 각각 7,000억달러와 140억달러 구제안을 놓고 정치권과 논의 중이다. 특히 올 한해 동안 美 정부가 투입을 결정한 금액은 8조5,000억달러(약 1,184조7,300억원)에 이른다. 이처럼 천문학적인 돈은 어디서 나오는 것일까? 월스트리트저널은 최근 중국이 美 정부 구제금융프로그램의 '실질적 돈줄' 이라는 분석을 내놨다.

중국이 美 국채에 투자한 돈은 공식적으로는 5,850억달러, 제3국을 통한 국채매입까지 합치면 약 1조 달러로 추산되어, 일본(5,730억달러)을 제치고 전세계 1위에 올라섰다. 이는 미국의 공공부채 중 10%는 중국이 메워주는 상황이란 얘기다. 그러나 미 정부는 앞으로도 지속적으로 미 국채를 발행해야 한다. 이 경우, 누가 사줄 것인가? 이에 대한 논란이 일고 있다.

③ 만약 중국이 미국 국채매입을 급격히 줄이거나 늘린다면?

최근 미 재무부가 실시한 300억 달러어치 4주 만기 국채 입찰에서 낙찰금리가 0.00%를 기록했다. 미 국채 발행금리가 '제로' 를 기록한 것은 이번이 처음이다. 채권 금리가 '0.00%' 라는 의미는, 구매자가 자금 예치 수수료를 떼고 채권을 매입한다는 의미로, 미 채권의 수요가 많아 수익률이 0%라 해도 미 국채를 사겠다는 구매자가 많기 때문에 채권 가격은 급등하고 있다는 것을 의미한다. 이러한 현상은 금융시장 불안감으로 안전자산 선호현상이 시장에 팽배해있다는 의미다.

만약 중국이 미 국채 투자를 늘릴 경우 → 미 국채 가격 상승 → 달러화 강세 → 미국상품의 수출 가격 상승 → 미국의 대중 수출경쟁력 약화 → 미국의 대중 수출 감소로 이어진다.

반면 중국기업들의 대미 수출 경쟁력은 높아져서 대미 수출이 증가하게 된다. 결국, 중국이 미 국채 투자를 늘릴수록 미국 상품의 대중 수출경쟁력은 약화된다는 의미다.

중국의 국별 수출입 및 비중을 보면 중국은 작년 한해 동안 미국으로부터 699억달러어치를 수입했으나 대미수출은 2,328억 달러로, 중국의 대미 수출액이 수입액의 달해 3배를 넘고 있다.

중국의 국별 수출입 및 비중[1]

(2007년 기준, 억 달러, %)

순위	수출			순위	수입		
1	미국	2,328	〈19.1〉	1	일본	1,339	〈14.0〉
2	홍콩	1,843	〈15.1〉	2	한국[2]	1,040	〈10.9〉
3	일본	1,021	〈8.4〉	3	대만	1,010	〈10.6〉
4	한국	561	〈4.6〉	4	중국[3]	857	〈9.0〉
5	독일	487	〈4.0〉	5	미국	699	〈7.3〉
	총계	12,182	〈100.0〉		총계	9,563	〈100.0〉

자료 : 한국은행, "한중 교역구조의 변화와 대응 방안", 전광명 ; 노원종, 2008. 11

그러나 최근 중국은 "미국국채를 무한정 매입하지는 않겠다."는 충격적인 선언을 했다.

세계 1위의 미국 국채 보유국인 중국도 더이상 미국국채를 사들이지 않겠다고 경고, 달러화 폭락을 부채질하고 나섰다. 최근 미국의 제로금리의 영향으로, 달러의 대폭락은 시작됐다. 헤지 펀드 등 국제환투기세력들은 이미 행동에 나섰는가하면, 외환보유고가 많은 아시아 중앙은행도 달러화 포지션을 줄이기 시작할 것이다. 특히, 일본 엔화에 대한 수요급증으로 사상최고의 엔고로 전후 최악의 불황이 우려된다.

JP모건체이스는 이와 관련, 이날 글로벌 공황 심화 및 엔고로 일본이 2차 세계대전 후 최악의 불황에 빠져들 것으로 전망했다.

중국도 최근 "미국국채 무한정 매입하지 않겠다." 는 선언과 함께 달러화 폭락을 부채질하고 나섰다. 이에 대해 전문가들은 만약 중국이 미국 국채매입을 중단할 경우, 심각한 결과가 초래될 것으로 보고 있다.

그러나 미국측에서 보면, 중국의 미 국채 매입과는 관계없이 윤전기를 돌려 달러화를 찍는 수밖에 없으며, 이럴 경우 달러화의 폭락은 가속화될 것이 분명하다. 최근 부시 전 미대통령이 이라크 방문 때 이라크 기자의 '신발 투척' 으로 일생일대의 모욕을 당했다면, 미국은 지금 달러화가 급속히 불량화폐화하면서 기축통화가 붕괴될 국가적 모욕에 직면한 양상이다.

이처럼, 중국이 미 국채매입을 중단하거나 중국이 보유하고 있는 팔아버린다면 미국채 가격은 하락하고 동시에 미국를 사려는 사람이 없어지다보니, 국채의 이율을 높여야 한다. 이럴 경우, 미국의 가계금리가 상승하게 되고, 기업들은 금융비용 상승으로 이어진다.

최근 중국은 4조위안(약 800조원)의 경기부양책을 발표했다. 그러나 전문가들 사이에서는 중국이 향후 이 자금 조달하기위해 미 국채를 팔거나 혹은 더 이상 미국채를 매입할 여력이 없어질 경우, 미국에 악영향을 미칠 것이란 논란이 있어온터라, 최근 중국의 이같은 선언은 미국은 물론 글로벌 경제에 충격적으로 받아들일 수밖에 없다.

실제로 중국은 미국의 모기지 업체인 패니메이와 프레디맥에 500억달러를 투자한 이후, 이들 회사에 대한 추가 투자를 꺼리자, 이들 두 회사들은 자금조달 비용이 증가하고 미국 가계들의 금리인상을 가져온 바가 있기 때문이다.

④ 미국 오바마 정부가 향후 중국을 인위적인 환율조작국으로 제재를 가할 경우, 중국의 선택은?

만약 오바마 행정부가 중국에 대해 위안화 환율의 인위적 조작을 중단하도록 강도 높은 압박을 가할 경우, 중국은 자국의 미국에 대한 수출경쟁력을 높이고자 위안화 환율을 낮추려 할 것이다.

이 경우 중국의 선택은 중국이 보유 중인 미 국채를 대거 매각하거나 더 이상 미국채 매입을 중단할 경우 미국채의 가격은 낮아지고 국채금리는 상승하게 되어 결국은 미국의 가계는 물론 기업의 금리상승으로 이어지게 될 것이다. 이 경우 경기침체로 치닫고 있는 미국 경제에 상당한 충격을 줄 수 있다.

⑤ 중국의 경기부양정책이 미국을 궁지로 몰아넣는가?

중국이 4조 위안(5860억 달러, 800조 원)에 달하는 규모의 중국 내수부양을 추진하고 있다. 이는 4조 위안(800조 원)을 2년 동안 쏟아부어 성장과 물가억제의 조화라는 기존 정책의 틀을 성장 중심으로 확고히 전환하겠다는 의미이다.

중국이 발표한 경기부양책은 도로 · 철도 등의 대형 건설사업을 핵심으로 한 '차이나판 뉴딜', 부가가치세 감면과 대출규제 폐지, 농민 소득지원 등이 핵심이다. 그러나 이러한 부양책의 최대 피해자는 엉뚱하게도 미국 정부와 소비자가 될 것이라는 전망이다. 이러한 전망의 이유는 다음과 같다.

중국이 이처럼 막대한 재정지출 자금을 어디서 가져오겠는가? 중국 정부는 대규모 재정 지출을 위해 중국 정부가 소유한 1조 달러 상당의 미국 채권(이중 국채 보유 규모는 5410억 달러, 정부기관 채권은 2000억 달러) 중 일부를 매각하여 자금조달을 할 가능성이 있다.

현재까지 중국 정부가 미국채 매각에 대해 구체적으로 언급한 것은 없으나, 워낙 사안이 민감한 이슈인 만큼 공개적인 매각 방침은 가시화되지 않을 가능성이 많다. 그러나 만약 중국이 대규모의 미국 국채를 매각한다면 파장은 만만치 않을 것으로 보인다. 즉 만약 중국 정부가 국채를 매각할 경우, 미국 국채의 공급이 많아져 국채가 보장하는 금리가 오르게 된다.

그러나 미국의 입장에서 보면 현재 엄청난 액수를 국채 발행을 통해 끌어들여야 하기 때문에 고스란히 비용의 증가로 이어진다. 국채 금리가 오르면 당장 모기지 금리 상승에도 영향을 미쳐 거꾸로 가계의 재정에도 부담이 될 수밖에 없다.

만약 중국이 미국 국채를 매각하지 않고 재정지출을 할 수 있다손 치더라도 지금까지의 추세처럼 미국 국채 구입은 눈에 띄게 감소할 것임에는 틀림이 없다.

아이러니하게도, 만약 중국이 내수를 부양하여 소비여력이 확대된다면 일부 미국 다국적 기업들의 수익에는 긍정적일지 몰라도 미국 정부 입장에서는 중국 정부의 대대적인 내수부양이 호재가 아닌 악재로 작용할 수 있다는 분석이다. 특히 중국의 대규모의 인프라 관련 기업들이 이익을 독식하는 결과를 초래할지도 모른다.

게다가 현재 추진하고 있는 초대형의 경기부양책은 세계가 합창이라도 하듯 중국 뿐만 아니라 유럽, 일본을 비롯한 우리나라까지 진행되고 있다. 중국과 같은 결과가 안나온다고 누가 장담하겠는가?

이 경우 자칫 미국 국채가 서브프라임처럼 가격하락으로 어어질지도 모른다는 의미다. 우리 정부도 미국채에 엄청난 투자를 해온 만큼 외환보유고의 투자 포트폴리오를 조정하는 등 '특별한' 대비가 필요할 것으로 보인다.

(2) 세계금융시장의 세 그룹과 뭉치는 중화자본[50)]

세계금융시장의 위기극복을 위한 협조 판도는 대략 세 그룹국으로 나뉜다. 첫째, 그룹이 미국과 통화스와프를 체결한 국가들이다. 즉, 이번에 미국과 체결한 한국을 비롯한 브라질, 멕시코, 싱가포르 등을 포함하여 유럽중앙은행(ECB)과 영국, 일본, 호주 등 14개국이다.

미국이 통화 맞교환 방식으로 달러자금을 대주자면 상대 국가의 경제가 튼튼해야 하지만, 통화스와프협정은 미국의 우방국에만 달러를 집중 지원해주는 결과를 가져오고 있다. 특히 이들 국가들은 미국의 세계 전략에서 중요한 국가이며, 달러지원은 미국의 세계전략과 관계를 가질 수밖에 없다.

둘째, 영국 경제주간지 이코노미스트는 최신호에서 '중국, 중앙무대로 진출하다(China moves to centre stage)' 라는 기사를 통해 글로벌 금융위기의 해결사로 나설 것을 촉구 받는 중국이 말없이 내건 전제조건은 '미국의 달러권력 포기' 라고 보도한 적이 있다.

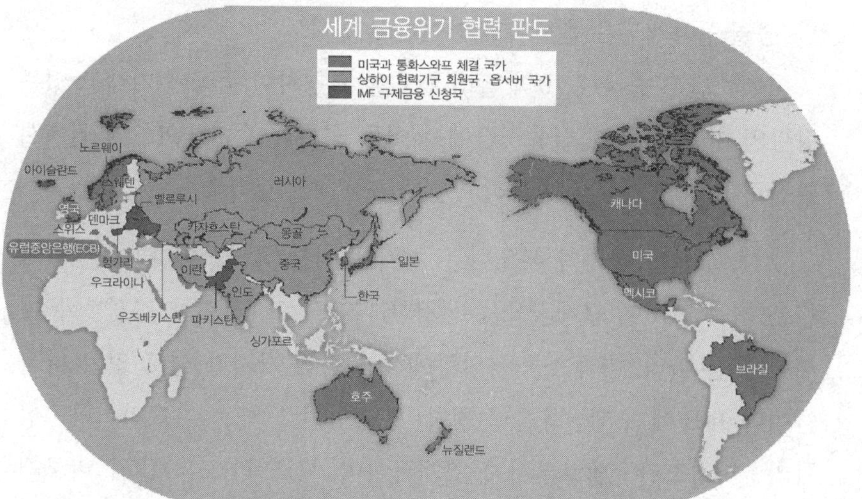

자료 : http://www.segye.com(2008.11.2)

최근 중국은 상하이 협력기구(SCO) 회원국들에게 외화자금난을 풀어 주겠다고 발표까지 했다. 곧이어 중국은 러시아에 200억~250억 달러를 대주기로 한 데 이어 최근 카자흐스탄에서 열린 상하이협력기구(SCO) 긴급 총리회담에서는 회원국에 저리자금을 지원하겠다고 약속했다.

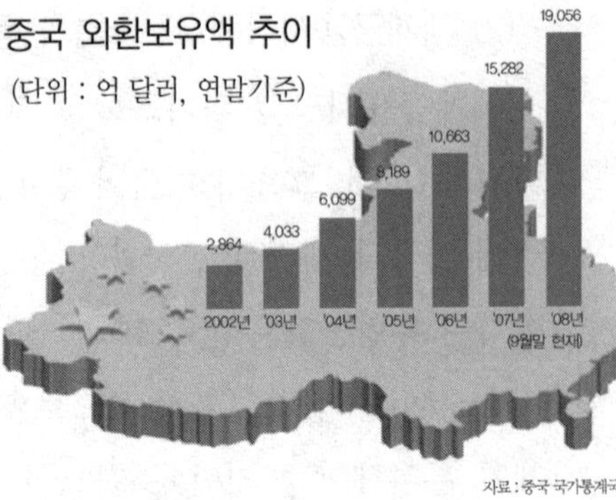

미국 금융위기 발발 후 중국의 해외협력 동향

- 對 러시아 : 3억t 원유 수입, 러시아 기업에 최대 250억달러 지원, 에너지 핵 등 전방위 협력 합의, 헤이샤쯔 삼각주 영토분쟁 해결
- 對 베트남 : 2010년까지 무역규모 250억달러 확대 합의, 양국 공동 경제발전 5개년 계획 수립
- 對 SCO(상하이협력기구)국가 : 자금 저리융자

그림 http://www.hankyung.com(2008.10.31)

경제력 측면에서 중국은, 지난해 중국 국내총생산(GDP) 3조2800억 달러로 미국의 23% 수준을 기록하여 '포스트 미국'을 꿈꿀 수 있는 1순위 국가라는 평가를 받는다. 여기에다가 SCO 회원국은 중국을 포함, 러시아, 우즈베키스탄, 카자흐스탄, 키르기스스탄, 타지키스탄 등 6개국이며 이란, 인도, 파키스탄, 몽골 등 4개국은 옵서버로 참여하고 있다.

파키스탄은 중국에 10억 달러 지원을 요청하여 중국에 기대고 있는 상황인 가운데, 국제 금융시장에서 이들 국가들은 미국의 영향권에서 완전히 벗어날 것으로 관측하고 있다.

셋째, 그룹은 국가가 부도나는 처지에 이른 국가군이다. 이들 국가들은 최근 IMF에 구제금융을 신청한 나라들로, '강력한 경제블록'에 끼지 못한 나라, 미국 · 중국 입장에서 전략적 가치가 별로 없는 나라들이다. IMF에 구제금융을 신청한 곳은 아이슬랜드 · 우크라이나 · 헝가리 · 파키스탄 · 벨로루시 등 5개국이며, 세르비아도 IMF와 비공개 자금지원 협상을 하고 있다.

아시아 · 남미 · 아프리카의 대다수 국가들도 정도의 차이는 있지만 이 범주에 포함되어 외환부족 상태에 있다. 이 때문에 국제 금융시장에서는 '이번 세계 금융위기의 최대 희생자는 힘 없는 이들 나라' 라는 분석이 나오고 있으며 "이들 나라의 부도가 본격화되면 세계경제의 '부익부 빈익빈' 현상이 강화될 것"이라는 전망도 제기되고 있다.

(3) 한 · 중 · 일의 힘, 갈수록 커진다.[51)]

글로벌 경제에서 한 · 중 · 일이 차지하는 비중은 절대적이다. 국제통화기금(IMF) 에 따르면 1980년 한 · 중 · 일이 세계 국내총생산(GDP)에서 차지하는 비중은 13.3%에서 2007년 15.8%로, 그리고 2013년에는 17.4%로 급속히 확대될 전망이다. GDP 액수도 기하급수적으로 증가하고 있다.

1980년 한 · 중 · 일 3개국의 GDP 합계는 1조4327억 달러이던 것이 2007년에는 8조6315억 달러로 6배 커졌고, 2013년에는 2007년의 약 2배인 14조3801억 달러에 달할 전망이다.

한 · 중 · 일 경제 규모 (세계 GDP 대비 한 · 중 · 일 GDP 규모)

(단위 : 달러)

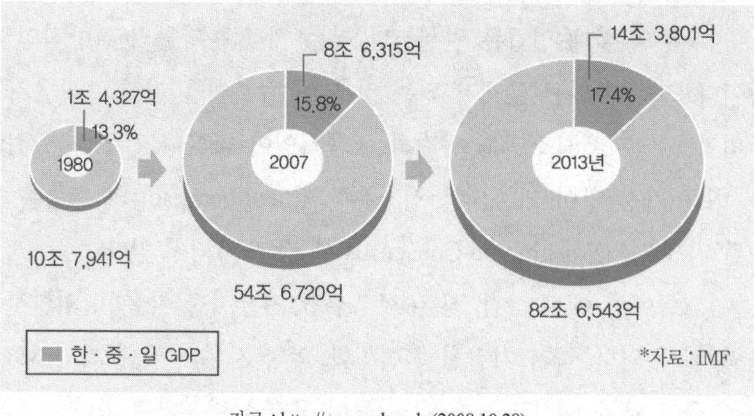

자료 : http://news.mk.co.kr(2008.10.28)

반면 미국과 유럽연합(EU) 비중은 줄어들 전망이다. 미국은 2007년 25.3%였던 전세계 GDP 비중이 2013년에는 20.9%로 크게 줄어 한·중·일 3개국과의 격차가 3% 포인트 미만으로 좁혀질 전망이다.

또한 2007년 세계 GDP에서 차지하는 EU의 비중은 30.9%였고 2013년에는 28.6%로 축소될 전망이다.

국제 금융시장에서의 한·중·일 파워는 어떤가? 한·중·일 3개국이 보유한 외환보유액은 2008년 9월말 현재 3조 달러(중국은 1조 9,060억 달러, 일본 외환보유액이 8,310억 달러, 한국 2,397억 달러)를 넘는다. 중국과 일본은 각각 세계 제1, 2위의 달러 보유국이며, 한국도 세계 제6위의 달러 보유국이다.

특히 세계 인구의 약 60%가 살고 있는 아태지역의 지난 해 개인소비 총계는 48조 달러, 미국은 69조 달러, 유럽(EU)은 50조 달러였다.

이데올로기 논쟁을 불러일으키다.

1. 금융위기, 30년 신자유주의를 몰락으로 몰고 가는가?[52)]

"자유주의 실패 언급은 넌센스다"라는 게 전문가들의 일반적인 시각이다. 그런데 최근 문제가 되는 것은 이번 사태를 가지고 금융자본주의와 시장경제시스템을 공격하는 움직임이 나타나고 있다는 점이다. 최근 가장 많이 거론되는 신자유주의(neoliberalism)의 흐름은 워싱턴 컨센서스(Washington Consensus)에 잘 요약되어 있다.

그 흐름에는 예산 삭감, 작은 정부추구, 자본시장 자유화, 외환시장 개방, 관세 인하, 국가 기간산업 민영화, 외국 자본의 국내 기업 M&A 허용, 규제 완화, 재산권 보호 강화 등이 근간을 형성하고 있다.

최근의 사태가 주는 교훈을 되새기며, 금융산업에 대한 건전성 감독을 일부 강화하는 등 보완을 해야 할 필요는 있으나 신자유주의 정책이 근본적으로 잘못된 것은 아니라는 것이다.

전문가들은 신자유주의 문제점은 정부의 개입이 '반시장적' 이란 점을 들고 있다. 예를 들면 1995년 클린턴 정부 때 강화된 미국의 '지역 재투자법(Community Reinvestment Act)' 은 저소득층 주택 소유를 늘리기 위해 금융회사에 주택대출 심사를 완화하도록 하고, 저소득층 주택대출 실적을 금융회사의 평가기준으로 삼은 이 제도는 결국 미국의 주택버블을 키운 불씨로 작용했다.

'규제 완화' 가 아닌 '정부의 잘못된 규제' 가 금융위기를 낳았다는 점이다. 실례로, 최근 로젠그렌 보스턴은행 총재도 '서브프라임 문제' 에 관한 연설에서 이 법을 근거로 지속적인 대출을 약속하였다.

"I want to stress that the continued availability of loans to subprime borrowers is important. We will continue to encourage banks to lend to qualified borrowers. And we encourage existing lenders to extend terms or refinance into fixed-rate products. Of course, for depository institutions, lending to low- and moderate-income borrowers is positive in terms of meeting Community Reinvestment Act responsibilities."[53)]

'지역재투자법(CRA, Community Reinvestment Act)' 은 해당 은행이 위치한 지역에 자금을 제공하도록 유도한다는 목적으로 제정된 일종의 금융규제법이다. 보수 진영에서는 이번 금융위기의 일차적 진원지가 저소득층을 대상으로 한 주택담보대출의 부실화와 무리한 대출을 주장하고 있다.

즉, 할부금을 낼 형편조차 안 되는 낙후지역의 저소득층들에게 손해를 감수하고 대출을 할 수밖에 없었는데, 이것이 바로 서브프라임 모기지라는 것이다.

그러나 진보진영에서는, 지역재투자법은 1977년에 제정이 되었으며 이번에 문제가 된 서브프라임 부실사태는 2007년에 일어났다는 점부터 지적한다. 이미 오래전부터 존재하고 있었음에도 불구하고 마치 최근에 새로 생겨서 무분별한 대출을 유도했다는 잘못된 인상을 주고 있다는 것이다.

그러나 이코노미스트지는 다르게 진단한다. 금융위기의 씨앗은 금융의 비중이 커진 1980년대에 뿌려졌으며, 금융위기의 뇌관은 금융이 실물경제로부터 본격적으로 독립하던 2000년대 초반에 장착되었다는 것이다.

미국은 1980~2007년까지 수익은 10% 에서 40%로 늘었고, 전체산업 중 금융업의 시가총액 비중은 6% 에서 19%로 급증했다. 그러나 작년에 금융업이 전체 기업의 총부가가치에서 차지한 비중은 15%, 민간고용에서 차지한 비중은 5%에 불과하여 금융업의 이러한 수익증가추세가 장기적으로 지속되기 어렵다는 것을 의미한다.

한편, 뉴욕대의 누리엘 루비니와 프린스턴대의 폴 크루그먼교수는 '그림자 금융 시스템(shadow banking system)' 의 허점을 지적한다. 미국에서는 전통적으로 예금은 보호해주는 대신 예금은행에 대해서는 차입 및 위험과 관련해 규제를 가했다.

결과적으로 은행들은 예금은행의 길 대신 그림자 은행의 시스템 속에서 성장하는 길을 선택했다. 투자은행, 헤지펀드, 사모펀드, 구조화투자기구, 주택담보대출 등이 소위 그림자은행 시스템에서 성장했다.

이들은 정부규제가 허술하기 짝이 없어서 사업을 펼치는 과정에서 은행에 비해 높은 차입 의존도(금융 용어로는 레버리지가 높다고 한다)를 기꺼이 감수한다. 레버리지가 높을수록 자기자본 수익률이 눈덩이처럼 불어나기 때문이다.

그럼에도 앨런 그린스펀 연준(聯準) 의장 등 금융감독자들은 헤지펀드나 투자은행의 규제에 대해 감독을 소홀히 했다. 그러나 루비니 교수에 따르면, 이러한 시스템에서는 다음과 같은 사태가 논리적으로 예정될 수밖에 없다. 언젠가는 자산가격 거품이 사라지기 때문이다.

금융상의 위험은 감독의 소홀 속에 가리워졌을 뿐 줄어든 것이 아니었다. 이론상으로는 증권화와 파생상품을 통해 위험을 타인에게 전가시킬 수 있다고 하지만 실제와는 달랐다. 결국은 시스템적 오류라는 점을 지적하는 전문가가 많다.

이런 점에서 볼때, 최근 사태가 주는 교훈을 되새기며 금융산업에 대한 건전성 감독을 일부 강화하는 등 보완을 해야 할 필요는 있으나 이러한 신자유주의 정책이 근본적으로 잘못된 것은 아니라는 점이다. 이번 사태에 대한 섣부른 비판은 자제하고 장기적인 안목에서 선별적인 규제완화와 시장경쟁력 강화를 지속적으로 추진할 필요가 있다.

참 고[54)]

■ 그림자 금융 (Shadow Banking System)

구조화 채권과 같은 고수익-고위험 채권을 사고 파는 과정에서 새로운 유동성이 창출되는 시스템을 말하는 것으로, 손익이 투명하게 드러나지 않는다는 점에서 그림자(Shadow)란 말이 붙었다. 그림자 금융의 개념은 서브프라임 모기지 위기가 수면 위로 드러나면서 나온 것으로 영국의 이코노미스트지가 2008년 9월 22일자에서 처음으로 사용하면서 유행하기 시작했다.

미국과 유럽의 주요 투자은행들은 그 동안 고수익을 얻기 위해 자회사 성격의 '구조화 투자회사(SIV)'를 만들어 서브프라임 모기지와 이에 연계된 자산담보부채권 등에 주로 투자해왔다. 하지만 SIV는 별도의 회사여서 이들의 운용 내역은 모회사인 투자은행의 재무제표에 큰 영향을 미치지 않았다.

칼 마르크스의 자본론 표지

따라서 투자은행의 장부를 아무리 뒤지더라도 SIV의 손실을 파악하기 어려운 구조이고 현재의 신용위기의 본질은 바로 이와 같은 그림자 금융 때문에 나온 것이란 분석이 많다.

세계 최대 채권펀드인 핌코의 빌 그로스 매니저는 그림자 금융 시스템이 특징으로 하는 요소로 피라미드 조직(Pyramid Scheme)같은 방식의 레버리지와 위험을 남에게 계속 전이시키는 불행의 편지(Chain letter)를 꼽고 있다.

이와 관련해 그로스 매니저는 신용 부도 스와프(CDS)가 그림자 금융에서 시장의 규제를 피하기 위해 만든 엄청난 범죄행위라고 지적했다. 다음 금융위기는 CDS에서 시작될 수도 있다는 게 그로스의 예상이다.

2. 금융위기가 공산주의 유령 깨우다[55)]

최근의 금융위기를 계기로 일본에서는 공산당에 가입하는 젊은이들이 급증하고, 유럽에서는 칼 마르크스가 부활하고 있다. 심지어 자본주의의 본산인 미국에서도 공산당이 꿈틀대고 있다. 이런 이야기는 지난 세기의 얘기가 아니고 공산주의가 종언을 고한 지 한참이 지났다고 믿는 최근에 벌어지고 있는 21세기의 현상이다.

일본 공산당에는 매달 1,000명이 넘는 새 당원이 입당하고 있고 프롤레타리아를 다룬 고전소설은 출간 8년 만에 수 십만 부가 팔리고 있으며, 공산주의자를 주인공으로 한 소설 '마그마'는 단기간에 베스트셀러가 됐다. 이러한 현상에 대해 전문가들은 일본 젊은이들이 비정규직으로 내몰리는 상황에서 아무리 열심히 일해도 행복해질 수 없는 주인공들의 절망감이 공감을 얻는 것 같다는 주장이다.

그밖에도 유럽에서는 공산주의 창시자 칼 마르크스가 저술한 고전적인 자본주의 비판서 '자본론'이 인기를 끌고 있는가 하면 주민 설문조사에서도 자본주의보다 사회주의가 좋다는 응답이 43%에 달하는 등 심각한 경기침체를 반증하는 예로 실업률이 높은 지역을 중심으로 자본주의에 대한 반감이 커지고 있다는 신호이다.

금융위기의 진원지이자 현대 자본주의의 종주국인 미국에서도 월가가 혼란에 빠진 틈을 타 공산당이 수세적인 입장에서 벗어나 홍보에 열을 올리고 있다. 미국 공산당 뉴욕 본부의 리베로 델라 피아나 당의장은 "금융위기로 시장이 스스로를 규제할 수 없다는 것이 입증됐고, 공산주의 이데올로기가 왜 도래할 것인지도 알게 되었다."라고 밝혔다. 또 미국 사회주의 노동자당 소속의 세스 델링거는 "자본주의의 위기는 사회주의의 기회"라고 주장하고 있다.

이는 자본주의의 꽃이라고 할 수 있는 금융 분야에서 전세계적 위기가 높아지고 있는 데 따른 반작용이란 분석이다. 금융위기로 자본주의에 대한 회의론이 퍼져가자 언론과 정치권은 차단의 필요성을 공감하고 있다.

영국 주간지 이코노미스트는 최신호에서 "자본주의 신봉자들은 자본주의를 지켜내기 위해 싸워야 한다. 자본주의는 많은 결점을 갖고 있고 앞으로도 문제점을 드러내겠지만, 인간이 고안한 최선의 경제체제가 바로 자본주의이다."라고 강조하고 있다.

이코노미스트는 비판의 빌미를 제공했던 대규모 구제금융에 대해 '이념적 문제가 아닌 실용적 문제'로 규정하고 "구제금융이 잘 처리되면 납세자들은 은행 투자로 이익을 볼 수 있다."라고 주장하는 등 금융위기는 자본주의 자체의 결함이 아니라 운용상의 실패일 뿐이라는 지적이다.

참 고[56)]

■ 자본론

자본론은 '자본 : 정치경제학 비판'(資本 : 政治經濟學 批判, 독일어 : Das Kapital : Kritik der politischen Oekonomie) 또는 '자본론'(資本論)은 칼 마르크스가 독일에서 저술한 정치경제학 논문이다. 자본주의와 당대 경제학자들의 이론들을 분석한 책이다.

'자본'은 주로 영국의 고전파 경제학과 영국 사회에 대한 비판을 담고 있는데, 내용은 1859년 발간된 마르크스의 저서 '정치경제학 비판을 위하여'의 연장선상에 놓여있다.

'자본'은 총 3권으로 구성되어 있는데, 1권은 자본의 생산과정, 2권은 자본의 유통과정, 3권은 자본주의적 생산의 총 과정이 부제로 붙어 있다. 1권은 1867년에 발간되었으며 2, 3권은 프리드리히 엥겔스가 마르크스의 유고를 모아 집필, 각각 1885년과 1894년 발간되었다.

한국에서의 '자본'은 1980년대 까지는 금서와 다름이 없었다. 1987년 강신준이 이름을 밝히지 않고 3부 8권으로 번역한 것이 한국어 최초의 번역이며 독일어판 전집인 '마르크스-엥겔스 전집(Marx-Engels Werke)' 중 자본을 대본으로 한 완역이다. 우리나라에서는 '자본'을 번역했다는 이유로 1989년 3월 출판사 사장이 구속되는 일이 있었다. 금지가 풀린 후 1989년 3월에 서울대학교의 김수행 교수가 번역한 '자본론'이 나왔으며, 1권 상/하, 2권, 3권 상/하로 분리되어 총 5권으로 발행되었다. 또한 2008년 개정번역으로, 번역자 이름을 실명으로 하여 재출간되었다.

3. 백인우월주의(KKK)의 부활[57)]

최근 FBI(미국 연방수사국)와 국토안보부 산하 비밀경호국(Secret Service)은 KKK에 대한 수사에 착수하는 한편, 이들의 대통령 암살 기도에 대한 감시활동을 강화하는 등 비상이 걸렸다.

백인우월주의(白人優越主義)란 백인이 다른 인종보다 선천적으로 우월함을 타고났다는 인종관념이다. 이 용어는 때때로 정치적 또는 사회적으로 백인이 주도하는 사회나 국가의 정치이념으로 나타난다.

백인우월주의는 다른 우월주의와 마찬가지로 자민족중심주의와 헤게모니에 대한 욕망에 근거하고 있으며, 많은 인종주의와 외국인의 혐오적 요소들을 포함하고 있다. 백인우월주의는 종종 인종청소, 민족정화, 인종분리 등과도 연계되어 있다.

백인우월주의는 특히 반흑인주의와 반유대주의를 강하게 드러내는데, 좀 더 일반적으로는 백인의 범주에 들지 않는 모든 민족집단 아랍인, 아시아인 등에 대한 편견과 차별을 드러낸다. 특히 미국의 백인우월주의자들은 인종 외에 종교나 성정체성 등을 이유로 미국에서 비주류로 여겨지는 가톨릭이나 몰몬교 등 비개신교계 크리스트교신자나 동성애자, 여성주의자에게도 적대적이다.

백인우월주의의 핵심인 백인과 비백인의 구별에 대한 정의는 각 집단마다 차이를 보이고 있으며, 그들이 주적으로 삼는 비백인 집단도 차이를 보이고 있어서 모든 백인우월주의 집단에 공통되는 것은 아니다. 그러나 공통적으로 유대인을 백인에 대한 최대위협으로 보고 있으며, 유대인이 다른 인종그룹을 조종하여 그들 자신의 목적에 이용하고 있다고 보고 있다.

그리스어로 원(circle)을 뜻하는 'KuKlos'에서 이름을 따 온 KKK는 1866년 남북전쟁에서 패한 남군 퇴역군인 6명이 장난 삼아 조직한 것에서 시작되었다고 한다.

오바마 대통령 당선 이후 미국 전역에서 십자가 화형식, 오바마 초상화 훼손, 오바마 암살 여부에 대한 내기 등 인종증오 범죄가 200건 이상 발생했기 때문이다. 전문가들은 현재 KKK가 지역별로 소수 고립된 형태로 유지되고 있고 전국적으로 6천 명 정도의 회원이 있는 것으로 추산하고 있다.

이와같이 백인우월주의자들의 인종증오 범죄가 다시 기승을 부리는 이유는 급속히 악화하는 경제상황과 더불어 미국 전체인구 중 백인 인구비율이 감소하는 것도 주요 원인으로 분석되었다. 그밖에도 최초의 흑인 대통령 출현도 이같은 인종증오범죄 증가 요인에 복합적인 원인으로 작용했다는 지적이다.

KKK의 형성과 변천

■ 활동내용

- 제 1기(1865년~1870년대) : 남북 전쟁 직후 남군(南軍) 패잔병 출신 백인들을 중심으로 결성. 단원 약 5만5000명
- 제 2기(1915년~1944년) : 1차 세계대전 직후 이민 노동자가 급증하자 일자리를 빼앗긴 백인 남성을 중심으로 전국 조직화. 약 400만명
- 제 3기(1946년~현재) : 2차 세계대전 이후 흑인 인권운동의 성장과 차별 철폐에 대한 불만세력을 중심으로 활동. 단원은 현재 2500명 수준으로 감소

■ 폭력행사

주로 미국 남부 농촌을 중심으로 흑인 교회 등을 습격하거나 살인 · 방화 · 폭행 자행

제7부

국가경쟁력, 금융위기, 그리고 한국경제

제22장 금융위기가 한국경제에 미치는 영향[1]

한국경제가 네번째 위기를 맞고 있다. 1973년 유가폭등으로 인한 1차위기를 극복한 후 개발도상국이 되고 1979년 유가폭등의 2차위기 극복으로 초기중진국 위치에 올라섰다. 지난 1997년 IMF 외환위기를 극복한 후 후기중진국이 되었으며, 오늘날의 금융위기를 극복하면 선진국이 될 것이다. 이처럼 위기는 우리에게 도약할 수 있는 기회를 주는 고마운(?) 존재인지도 모른다.

정치 지도자의 자세

국민들은 울고 있다.[2]

한국의 지도자들은 아는가 모르는가? 국민의 눈물을….

2008년 12월 이명박 대통령은 장태평 농림수산식품부 장관을 대동하고 새벽 5시30분경 송파구 가락 농수산물시장을 방문했다. 그 자리에서 좌판에서 무 시레기를 파는 박 할머니가 감정이 복받친 듯, 이 대통령을 잡고 울음을 터뜨렸다.

이 대통령은 "하루 수입이 얼마 되느냐"고 물은 뒤 노점상을 하던 어머니가 생각난 듯 "내가 선물을 하나 주겠다. 내가 20년 쓰던 건데 아까워도 줘야 겠다." 면서 목도리를 직접 건넸다고 한다.

해장국 집에서도 상인들과 해장국으로 아침식사를 함께 한 이 대통령은 시장에서 박 할머니를 언급하며 "하도 울어서 마음이 아프다" 며 안타까움을 표시했다는 보도다.

이 대통령은 “할머니가 ‘대통령이 잘 되기를 바라는 기도를 하겠다.’ 고 하는데 눈물이 난다.” 면서 “그 사람을 위해 내가 기도를 해야 하는데, 그 사람이 나를 위해 기도를 하니.” 라며 말을 잇지 못하는 모습도 보였다고 한다.

역사적으로 볼 때, 우리 국민들은 위대한 민족이다. 지구촌 어딜 가도 성공한 한국의 이민자들이 있고 삼성, LG, 현대차를 비롯한 글로벌 상품이 즐비하다.

아프리카 오지의 선교사수도 세계 최고다. 그러나 우리는 오바마가 ‘1분 1초가 아깝다면서 동분서주하는 모습을 보면서’ 배워야 할 것이 많음을 느낀다. 국민들이 아직은 흘릴 눈물이 남아 있다. 그러나 심각한 경제위기로 눈물조차도 마를 날이 올지도 모른다.

국민들은 한국의 정치지도자들은 보면서 한국의 미래를 설계하며 희망을 느낄 것이다. 그러나 온갖 난동과 부정부패는 물론, 세계의 웃음거리가 되고 있는 것이 한국정치의 현주소다. 먹구름처럼 밀려오는 글로벌 경제위기 속에서 한국은 또 다른 비전을 준비해야 한다. 역사는 몇 년 후 대통령을 비롯한 장관, 여야 국회의원 등 정치지도자들을 ‘혹독할 만큼’ 냉정하게 평가할 것이다.

금융시장에 미치는 영향

1. 한국경제, 해외변수의 움직임에 좌우되다.

(1) 한국경제, 해외변수와 동조화 현상이 심화되고 있다.

“한국의 금융상황은 1997년보다는 좋습니다. 그러나 불황은 매우 혹독할 겁니다.

왜냐하면 한국경제는 세계경제 사이클을 심하게 타기 때문입니다. 조선, 전자, 건설업 등 한국은 글로벌 붐에 혜택을 보다가 호황이 끝나면 큰 타격을 입는 구조로 향후 경제난이 심각할 것입니다.

더구나 한국은 중국에 상품을 많이 팔죠? 그런데 중국경제는 지금 성장하는 게 아니라 쪼그라들고 있어요. 중국은 '거짓말하는 법' 을 배운 것 같아요. 나는 개인적으로 중국경제 상황이 일반적 평가보다 훨씬 나쁘고 어렵다고 생각합니다.

중국의 수출은 아직 증가하고 있지만 성장률 자체는 확 줄었어요. 지표들을 찬찬히 살펴보면, 산업 생산은 매우 심각하게 냉각되고 있습니다. 그래서 나는 한국경제도 비관적으로 보는 것입니다."[3)]

이는 지난 1987년 블랙먼데이를 예견해 '닥터 둠(Dr. Doom)' 이란 별명을 갖고 있는 세계적 투자분석가이자 펀드매니저인 마크 파버가 한국경제를 진단한 내용이다.

미국 발 금융위기가 한국경제에 직격탄을 날리고 있다. 왜 일까? 간단히 말해서 이는 동조화 현상 때문이다.

자료 : http://www.ukopia.com/2008.10.28.

국제자본시장에 대한 통합도가 외환위기 이후 현격히 높아진 것으로 나타났기 때문이다. 즉 외환위기 이전에는 우리나라의 주가 변동에 대한 세계요인의 기여도가 4.5%에 불과한 반면, 아시아 역내 요인과 자국 요인의 기여도는 각각 45.9% 및 49.6%에 달했다.

외환위기 이후, 자본시장의 통합화 및 개방화의 영향으로 우리나라 주가 변동에 대한 세계요인의 기여도가 54.1%로 크게 상승한 반면, 역내 및 자국 요인의 기여도는 각각 36.7%, 9.2%로 급락했다.

이와 같이 대외요인(세계요인+역내요인)의 주가 변동에 대한 기여도가 외환위기 이전 50.4%에서 외환위기 이후에 90.8%로 크게 상승한 것은 우리나라 주식시장이 대외요인에 상당히 민감하게 반응하는 구조로 변화하였음을 시사하는 중요한 대목이다.

그러나 경제성장면에서 해외 요인 기여도는 외환위기 이전과 큰 차이가 없는 것으로 나타났다. 즉 경제성장면에서 해외 요인 기여도는 46.6%로 외환위기 이전 46.8%와 거의 차이가 없지만, 아시아 역내 요인의 기여도는 역내 국가의 성장에 따라 9%에서 11.4%로 소폭 높아졌다.

코스피지수와 환율 추이

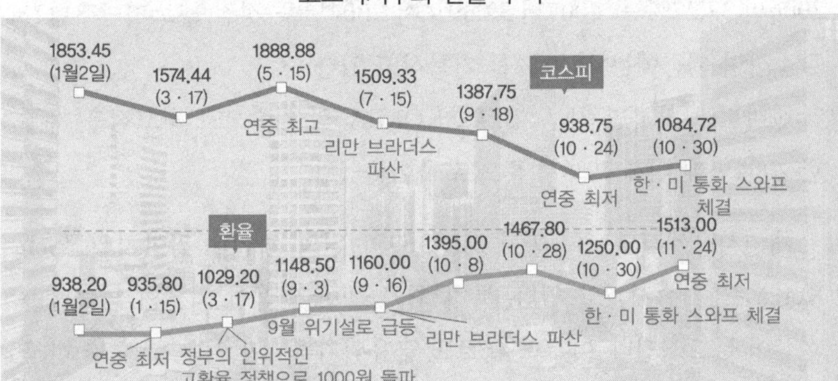

자료 : 증권선물거래소, 한국은행

이러한 영향은 금융시장에 가장 커 2007년 12월10일 1906.42였던 코스피지수는 1145.87로 1년 사이 40%나 폭락했는가하면 지난해 말 달러당 936.1원이었던 원 · 달러 환율은 최근 1393.8원으로 폭등했다.

이처럼 우리 경제가 과도하리만큼 글로벌 경제와 동조화 현상을 보이는 것을 단순히 세계경제의 통합으로 인한 자연스런 현상으로 돌리기에는 대가가 너무 크다.

오늘날의 미국발 금융위기를 맞으면서 '펀더멘탈은 좋은데도' 단순히 '동조화가 되었다는 이유만으로' 우리는 엄청난 대가를 치르고 있다. 알렉산더 대왕이 고르디우스의 매듭(THE GORDIAN KNOT)을 단칼에 잘라 풀어버린 것처럼 문제해결을 단숨에는 못하겠지만, 그래도 곰곰이 생각하면서 끈질긴 노력으로 해결책을 찾는다면 가능하리라고도 본다.

(2) 한국의 외환시장 '헤지 펀드 스탠더드' 다

① 외국인 지분, 얼마나 되나?[4)]

유가증권시장의 외국인 지분율은 2001년 36.64% → 2002년 36.01% → 2003년 40.09% → 2004년 41.97% → 2005년 39.70% → 2006년 37.22% → 2007년 32.39로서 2004년을 정점으로 지난 3년간 감소하여 최근에는 28.98%를 기록하고 있다.

한마디로 말하면 최근 'SELL KOREA' 의 지속으로 최고점을 기록한 2004년에 비해 70% 수준으로 줄어들었다.

채권시장에서도 최근까지 3조1369억 원의 채권을 팔아치워 'Sell Korea' 를 가속시키고 있다. 특히 최근 들어 외국인 지분의 한국탈출 현상이 두드러진다. 아무리 글로벌 금융위기라지만 지난 한 달간 한국 증시에서 외국인 매도액은 33억 달러를 기록하고 있다.

최근 12개월 동안 외국인의 누적 순매도금액은 450억 달러, 시가총액의 9.5%로 같은 기간 태국(7%), 대만(4.9%), 필리핀(2.7%), 인도(2.2%), 인도네시아(2.5%)보다 월등히 많다. 그러다가 2008년 12월 이후부터는 buy Korea 분위기가 서서히 형성되는 느낌이다.

② 왜 이탈하나?

그 이유는 첫째, 외국인들의 한국경제에 대한 과도한 불안감으로 인해 한국을 글로벌 경기에 가장 민감한 국가 중의 하나로 보기 때문이다. 즉, 향후 글로벌 경제가 침체에 빠질 것이 확실한 상황에서 한국경제는 대외의존도가 높아 동조화 현상이 심화될 것이란 추측에서이다.

둘째, 한국의 개인 부채가 과다하고 부실하다는 인식이 많다. 최근 우리나라의 전체 개인 부채는 780.7조 원이며, 국민 한 사람당 1,606만 원 꼴이다. 그리고 이는 지속적으로 상승하고 있다.

셋째, 환율이 계속 오르면 달러의 가치가 하락해 증시에서의 이익을 상쇄해버리기 때문에 외국인 입장에서 보면 한국증시에 더 이상 매력을 느낄 수가 없다. 이미 우리나라는 미국과 통화스와프를 체결하고, 나아가 일본, 중국과도 통화스와프체결을 긍정적으로 논의하고 있는 와중에서도 2009년 2월말 현재 달러당 환율이 외환위기 이후 최고인 1,500원을 넘어서고 있다. 증시도 3년 만에 시가총액이 600조 원 밑으로 떨어져 최고치를 기록했던 2007년 말경 약 1,140조 원에 비해 반토막 뿐인 실정이다.

넷째, 국가신인도 하락, 성장률 전망, 은행의 불건전성 등 최근 우리나라의 경제 지표들의 추세가 점차 악화되고 있는 것도 외국인이 주식시장에서 이탈하는 주요 요인으로 작용하고 있다. 외국인 투자자의 입장에서 보면, 그간 한국 시장에 많은 투자를 했고, 수익도 많이 난 상태로, 주식을 팔아도 사주는 사람들(한국의 투자자들)이 있기 때문에 현금인출기와 같다고도 한다.

③ 이탈의 영향은 무엇인가?

이처럼 외국인이 주식시장을 이탈하면서 주식을 판 돈을 달러로 바꾸다보니, 달러의 수요가 많아져서 환율이 급등하고, 국가신용도의 불안까지 부추기고 있다. 환율과 외국인들의 주식 매도양과는 비례관계에 있다는 얘기다. 이처럼 한때 증시 호황의 견인차였던 외국인투자가 이제는 금융불안의 원인으로 돌변해 버렸다.

④ 이탈방지책은 없나?

외국인투자자 국내 금융시장 투자 회수 흐름도

자료 : http://news.khan.co.kr.

첫째는 환율문제를 해결하는 것이다. 2007년 이후 지난 2년간 환율은 세계 51개국 중 11개국이 유로화를 사용하는 것을 감안, 총 37개국의 통화를 '자국통화/달러'로 통일해 비교할 경우 원화환율은 2007년초 대비 최근 38.9%, 2007년 이후 저점대비 고점이 63.9%나 상승해 37개국 중 아이슬란드 다음으로 높은 상승률을 보였다.

이처럼 다른 국가들과 비교해 봐도 유독 우리나라만 환율이 이토록 문제가 되고 있는데 외국인 입장에서 볼 때는 증시가 하락세를 타는 마당에 환율까지 오르니 손실이 막심한 상황이다. 이 문제가 해결되지 않으면 외국인들의 이탈은 당분간 지속될 것으로 보인다.

둘째는 과도한 불안감을 제거하는 것이다. 증시에서의 급 이탈은 심리적 요인이 크기 때문에 정부는 펀더멘털(fundamental)을 더욱 더 강화하고, 이에 대해 정확하게 이해할 수 있도록 나서야 한다.

마이클 포터 하버드대 교수는 현재의 경제상황을 세 가지로 규정하고 있다. 즉, 지금은 경제가 어렵고(Difficult), 불안정하고(Unstable), 감속하는 시기(Decelerating)이며 이러한 위기의 시대에는 정상적인 상황에서 내리기 힘든 조치를 단행하여 위기를 기회로 바꿀 수 있어야 한다는 것이다. 위기일수록 정부는 펀더멘털을 강화하라고 주장하고 있다.

셋째, 실물 경제의 건전성 유지가 절실하다. 금융시장은 본질적으로 비이성적인 시장이기 때문에 해외발 악재에 대한 근본적인 대책 수립은 사실상 불가능하며 세계경제와의 '동조화 현상' 으로 더욱 그러한 측면이 많다. 그러나 한국이 글로벌 금융위기를 극복하기 위해서는 금융시장 안정 대책 마련도 중요하지만 수출, 성장률, 물가 등 실물 경제 지표들을 안정적, 지속적으로 관리하는 데 모든 역량을 집중하는 것이 우선과제라고 할 수 있을 것이다.

⑤ 향후 전망은?[5)]

OECD국가의 외국인 평균 주식비중은 약 25% 정도로 추산된다. 전문가들은 현재 우리나라가 외국인 비중이 28.98%를 기록하고 있는 상황에서 향후 약 180억 달러 정도의 추가이탈이 있을 수도 있다고 진단한다. 최근 진행 중인 한 · 중 · 일 3국간 금융스와프 문제의 해결이 외국인들에게 하나의 순간적인 호재로 작용할지는 몰라도 장기적인 이슈는 되지 않을 것으로 보인다.

은행간 일평균 외환거래 추이

(단위 : 억 달러)

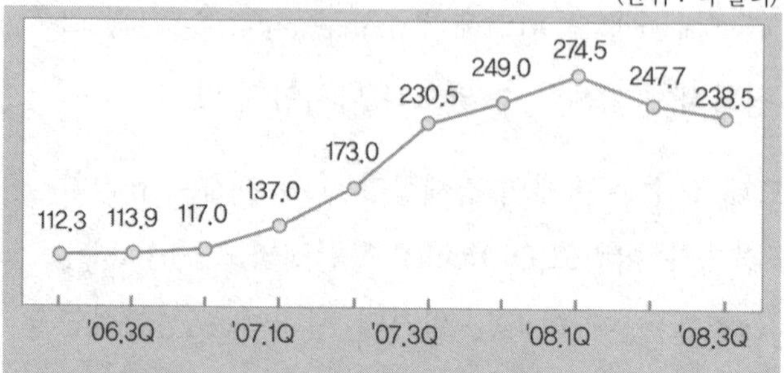

자료 : 한국은행

그러나 2008년 11월 이후 외국인들은 매수세로 전환, 코스피지수를 162.55포인트(16.5%) 끌어 올리는 데 중요한 역할을 했다. 이처럼 헤지 펀드를 앞세운 외국인 투자가들의 입출이 잦고 쉬운 우리나라 주식시장의 변동성을 심화시키는 장본인으로 작용하고 있다.

물론 이러한 원인은 우리에게도 있다. 즉 한국의 자본시장규모가 전 세계 경제의 1% 정도를 차지하는 상황에서 대외 악재변수의 움직임에 쉽게 동조화되기 때문에 선진국에 비해 상대적으로 위험성이 크다고 볼 수 있다. 게다가 은행들의 건전성 악화, 환율의 변동성 심화, 투자가들의 안전자산 선호 등으로 언제든지 맘만 먹으면 우리나라보다 상대적으로 더 안전성이 있다고 평가되는 미국이나 유럽으로 이동할 가능성이 있기 때문이다.

그러나 우리나라의 주가나 환율의 변동성이 세계 최고, 최대인 점을 감안한다면, 우리나라의 제도에도 보완이 필요하다는 필자들의 논리도 틀린 것은 아닐 것이다.

2. 환율 불안, 얼마나 심한가?[6)]

(1) 은행 간 외환거래 규모가 감소하다.[7)]

우리나라의 원 · 달러 환율은 2008년 하반기까지 1,050원 내외에서 움직이다가 8월 이후 미국 달러화의 큰 폭 강세 전환, 무역수지 적자, 외국인 주식순매도 지속 등으로 높은 오름세를 보였다. 9월에는 '9월 위기설' 등으로 1,080~1,160원에서 급등과 급락을 반복하는가 싶더니 급기야는 10월을 지나면서 1400원대를 기록했다.

그후 한 · 미 간 통화스와프로 1,200원대까지 하락하다가 최근에는 다시 1,400~1,500원대에서 널뛰기 장세를 이어가고 있는 형국이다.

특히 최근 현물환 및 외환스와프 등 은행 간 외환거래 규모는 238.5억 달러로 전분기 대비 3.7% 감소했다. 이는 조선, 중공업체들의 수주가 급감하고 있고 무역수지 적자 확대 및 미국 금융시장 불안 등으로 시장에서의 환율상승 기대심리가 높아진 데 원인이 있다.

(2) 환율 변동폭, 세계최고를 기록하다.[8)]

지난 1년간 우리나라의 미국 달러화 대비 원화 환율상승률은 38.9%로 아이슬란드 크로나화(67.5%)에 이어 두 번째로 높은 상승률을 기록했다. 이어 파키스탄(33.6%), 영국(21.9%), 인도네시아(21.8%) 등의 순이었다.

미국 달러화 대비
환율 상승률 상위 5개국

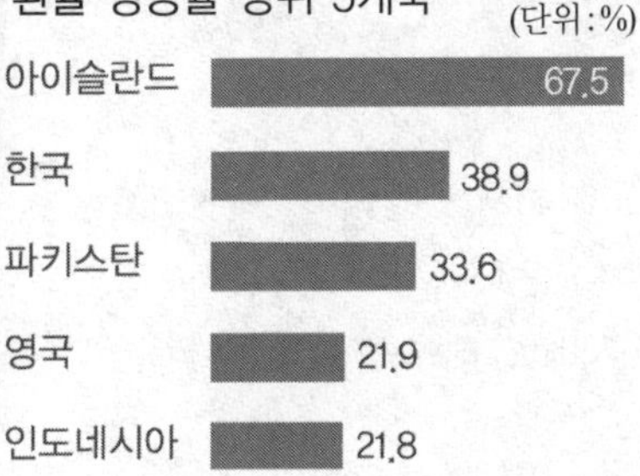

*기간 : 2007년 1월1일~2008년 10월 31일
자료 : LG연구소,

이처럼 우리나라의 달러 대비 원화의 절하율은 세계 최고 수준으로 나타났으며, 동시에 원 · 달러 환율 변동성도 10년만에 최대치를 기록했다. 같은 기간 일본 엔화는 7.3%, 중국 위안화는 6.7%를 절상하는 데 그쳤다. 그러나 아쉽게도 옛날처럼 원화가 절하되어도 수출로 얻는 이익은 별로 없다.

우리나라의 경우, 수출입의 환율전가율, 수출입 수요의 가격탄력성을 각각 추정한 결과 우리나라의 수출 수요의 가격 탄력성은 −1(단위탄력)에 가까워 환율이 달러표시 수출금액에 미치는 영향은 크지 않은 것으로 나타났다. 즉, 가격의 탄력성이란 물량변화율을 가격변화율로 나눈 것으로, 수출가격이 10% 오를 경우 해당 상품에 수요가 10% 줄어들어 수요 가격탄력성이 −1가 된다는 의미이다. 이처럼 원화가 절하되어도 수출 가격이 오르는 만큼 가격도 상승되어 해당국에서의 수출 수요도 같은 비율로 줄어들기 때문에 상품수지 개선효과도 덜하다는 의미이다.

그러나 최근에는 달러 초약세, 엔화 초강세, 위안화 강세현상이 나타나고 있다. 이는 미국의 제로금리정책, 양적 완화정책으로 '달러 홍수'가 예상되는 가운데, 달러가격이 폭락하고 있기 때문이다.

참 고[9]

중앙일보는 최근 환율관련 기사와 그래프를 통화가치기준으로 통일한다고 밝혔다. 즉, '환율이 올랐다.'가 아니라 '원화가치가 떨어졌다.'로, '원화 환율이 연중 최고'가 아니라 '원화가치 연중 최저'로 표기한다는 말이다. 따라서 종전의 표현인 '코스피지수는 떨어졌으나 환율은 올랐다.'도 '코스피지수와 원화가치가 함께 떨어졌다.'처럼 명료하게 전달할 수 있다는 것이며, 동시에 그래프도 통화가치기준으로 그리게 된다는 내용이다.

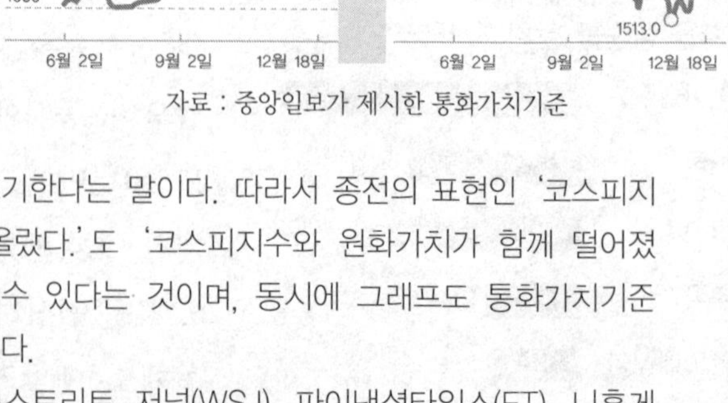

자료 : 중앙일보가 제시한 통화가치기준

이어서, 중앙일보는 월스스트리트 저널(WSJ), 파이낸셜타임스(FT), 니혼게이자이(日本經濟)신문 등이 '달러 약세(Weak Dollar)' '달러 급락(Dollar plunge)' '엔화가치 하락(円反落)'으로 표현한다는 예는 물론, 그래프도 해당 화폐가치기준으로 그린다는 점을 곁들여 설명하고 있다.

늦은 감은 있지만, 대단히 잘된 결단으로 평가된다. 한걸음 더 나아가, 달러 대비 원화가치, 유로화 대비 원화가치, 엔화대비 원화가치, 위안화 대비 원화가치처럼, '~ 대비 원화가치'로 통일해서 표현하면 독자들의 이해가 더 빠를 것으로 본다. 한국은행 등 다른 기관의 환율표기도 이런 방식으로 통일하면 더 좋을 것으로 보인다.

---

(3) 환율변동의 원인

미국발 금융위기로 인한 금융시장 불안으로 환율이 급격히 요동치고 있다. 유독 한국의 원화 환율의 변동폭이 세계 최고수준을 기록하는 이유는 무엇인가? 이에 대한 설명으로 대략 세 가지가 요약된다.

첫째, 외국인 투자자들은 투자에 따른 위험을 줄이기 위해 달러나 유로화, 엔화 등 안전자산으로 이동하기 위해 원화를 파는 과정에서 외환, 특히 달러의 수요가 급증하게 된다. 따라서 단기간동안 많은 외화가 국내에서 유출되어 국내 환율이 급등하고 있다.

둘째, 실용정부는 우리 경제가 경상수지 적자를 보이면서 우리나라의 경제성장 전망이 비낙관적임을 감지한 후, 정권초기부터 성장률을 높이기 위해 고환율 정책을 실시했다. 담당 장관은 경상수지적자 해소와 경제성장률 제고를 기치로 삼고 원·달러 환율 인상의 필요함을 수차례에 걸쳐 강조하며 고환율 정책을 실시했다.

설상가상으로 글로벌 금융위기가 더욱 더 악화되는 기미를 보이자, 외국인들은 유동성이 많은 증시에서 신속하게 탈출하여 자금회수에 들어갔고 이로인해 달러수요가 순식간에 폭발했다. 이미 경험한 바와 같이, 장관의 강 달러 발언으로 향후 원화가치가 떨어질 것을 예상했기 때문에 외국인 매도가 급증함에 따라 환율 상승폭이 더 커졌다고 볼 수 있다.

셋째, 우리나라의 여행수지 적자를 비롯한 서비스 수지 적자가 경상수지 적자의 원인으로 작용하고 있는 상황에서 선박, 반도체 등 우리나라의 주력 수출상품의 수출량이 급감하고 있고, 대외 교역조건 악화는 물론, 세계 금융위기로 상품수지 흑자규모가 감소하여 무역수지 적자폭을 점차 확대시키고 있기 때문이다. 특히 환율은 글로벌 경제체제하에서는 '동조화(coupling)' 현상을 보임에 따라 국가경제 전반에 영향력이 막강한 변수로 작용하고 있다.

이런 점에서 내수가 취약하고 수출의존도가 높은 경제구조에서 세계 교역량 자체가 줄어들 것으로 예상되는 2009년에는 우리 경제에 미치는 충격은 예상을 훨씬 뛰어넘을 것으로 보이며 이에 따라 환율 상승도 뒤따를 것으로 보인다. 이런 점에서 우리나라는 환율을 조세, 물가정책 이상으로 신중하게 접근해야 할 것으로 판단된다.

3. 흑자부도의 주범-KIKO

(1) 키코(Knock-In, Knock-Out)란 무엇인가?[10)]

키코란 환율의 일정범위를 지정하여 환율이 이 범위 내에 있을 경우 시장가보다 높은 지정환율(행사가)로 외화를 팔 수 있는 통화옵션 상품 중의 하나이다. 이 통화옵션의 수요자는 미래에는 환율의 변화가 거의 없을 것이라고 판단한 기업들로, 금융기관과 옵션거래 계약을 맺는다. 그러나 문제는 요즘처럼 환율불안으로 일정한 범위를 벗어나는 경우에 발생한다. 즉 요즘처럼 환율이 지정범위 이상으로 상승한 경우이다.

이 경우를 'Knock-In barrier'라 부르며, 기업은 계약한 금액의 2~3배를 시장가보다 낮은 지정환율로 팔아야 하는 상황이 발생하기 때문에 엄청난 손실을 감수해야 한다.

반대로 환율이 지정범위 아래로 내려갈 경우에는 'Knock-Out barrier'라 부르며, 구매기업은 계약을 무효로 하여 손해를 면할 수 있다. 이처럼 KIKO계약은 변동성이 있는 환율에 대해 환리스크를 헤징하기 위한 방안으로 활용되지만 환율이 급등하는 경우에는 기업의 환손실이 엄청나게 발생할 수 있는 위험을 안고 있다.

(2) KIKO의 문제점은 무엇인가?

키코(KIKO)는 환헤지(Hedge) 상품으로서 근본적으로 구조적 결함을 가지고 있다. 첫째, 키코는 만약 환율이 일정 수준이하로 내려가면 계약이 해지되므로 구매자인 기업 측의 손실은 면할 수 있으나 요즘처럼 환율이 일정수준 이상으로 올라가면 가입 기업이 크게 손실을 보게 되는 구조로, 구매자에게 '이득은 찔끔, 손실은 왕창' 보게 하는 환헤지 상품으로 보이기에는 너무나 불합리한 구조를 가지고 있다. 즉, 상품의 구조가 옵션의 매수자가 얻을 수 있은 이익이 매도자에 비해 지나치게 불리하게 설계돼 있다는 얘기다.

전문가들은 만약 미래의 환율이 대칭적으로 움직일 것으로 예상할 경우, 키코 매수자의 미래예상 평균손실은 거래시 발생되는 수수료 정도가 되어야 한다고 지적하고 있다.

만일 환율이 일정구간보다 하락할 경우, Knock-out되어 단지 계약이 종료되도록 하면서, 일정한 환율 이상의 상승구간에서는 이론상으로 기업이 무한정 손실을 입게 되는 구조는 매우 불공정한 거래라고 볼 수밖에 없다는 얘기다.

둘째, 이 상품은 만기가 다른 옵션상품들과 비교해 볼 때, 지나치게 길어서 유동성 리스크가 발생할 확률이 높고 위험성 또한 매우 크다. 증권시장의 지수옵션의 경우 1일 결제, 1개월 만기와는 달리, 키코는 만기가 1년~3년으로 지나치게 길기 때문에 중도에 해지하기가 어렵도록 설계되어 있다.

용어 설명

키고(KIKO, Knock In Knock Out) : 미리 녹인(Knock In)과 녹아웃(Knock Out) 구간을 정해 놓고 환율이 이 안에서 움직일 경우 계약한 가격에 외화를 팔 수 있도록 한 통화옵션 상품. 환율이 계약 구간의 하단 아래로 내려가면 계약이 종료되고, 상단 위로 올라가면 현재 환율보다 낮은 가격에 외화를 팔아야 한다.

녹 인(Knock In) : 키코 상품에서 환율이 약정 구간 상한보다 높아지는 경우 녹인이라고 한다. 녹인이 되면 기업은 은행에 매도한 콜옵션 이행 의무를 갖게 된다.

녹 아웃(Knock Out) : 환율이 약정 구간 밑으로 떨어지는 경우 녹아웃이라고 하며 녹아웃이 되면 키코 계약은 종료된다.

콜 옵션(Call Option) : 외화나 주식 등 기초 자산을 미리 정한 가격(행사가격)에 살 수 있는 권리.

풋 옵션((Put Option) : 콜옵션과 반대로 기초 자산을 행사 가격에 팔 수 있는 권리.

참 고[111]

■ '나스레딘의 냄비'가 된 키코

천 년 전 이슬람의 현자로 알려진 나스레딘 호자가 어느날 이웃집 여인 파티마의 대문을 두드렸다. 음식을 하는 데 필요한 냄비를 하나 빌려달라고 부탁하자 이웃집 여자는 중간 크기의 냄비 하나를 빌려줬다. 다음 날 나스레딘은 빌린 냄비 속에 작은 냄비 하나를 넣어 이웃집에 돌려줬다. 파티마는 "작은 냄비는 제 것이 아닌데요"라고 말하며 의아해 했다. "지난 밤 당신 냄비가 자식을 낳았어요. 당신 냄비 딸이니 당연히 당신 것이죠." 이웃 여자는 나스레딘의 어리석음을 비웃으면서도 작은 냄비를 얻게 되자 기뻐했다.

사흘 후 나스레딘은 다시 이웃집 대문을 두드렸고 파티마는 제일 크고 좋은 냄비를 빌려줬다. 파티마는 또다시 덤으로 냄비 하나를 얻고 싶었다. 그러나 일주일이 지나도 나스레딘에게서 아무 소식이 없자 걱정이 되기 시작한 파티마는 결국 옆집을 찾아가 나스레딘에게 냄비를 돌려달라고 말했다.

"잊은 게 아닙니다. 나쁜 소식을 어떻게 전해야 할지 몰라서…. 사실 당신 냄비는 밤에 해산을 하다가 끔찍한 고통 속에 숨을 거두고 말았어요." 나스레딘의 말에 파티마는 기가 막혀 소리를 질렀다. "날 놀리는 거예요? 냄비가 죽다니 말이나 되는 소리예요?" "불행하게도 자식을 낳는 모든 것은 언젠가는 죽게 마련이죠. 당신이 첫 냄비의 해산을 인정했다면 둘째 냄비의 사망도 인정하셔야 합니다." 나스레딘은 결국 큰 냄비를 돌려주지 않았다.

2007년까지만 해도 키코는 수출 중소기업과 은행을 모두 만족시키는 효자상품이었다. 키코는 초기 비용이 전혀 들지 않는 '제로 코스트' 상품이다. 게다가 환율이 떨어져도 시장 환율보다 높게 달러를 팔 수 있어 짭짤한 수익도 챙길 수 있다. 은행도 수수료 수익을 올렸다.

예대마진 축소로 새로운 수익원 발굴에 나선 은행들은 키코 등 파생상품 분야를 공격적으로 키워 나갔다. 최근 '키코 사태'가 불거지면서 당시 적지 않은 부작용이 벌어졌다는 사실이 뒤늦게 조금씩 드러나고 있다. 일부 중소기업들은 환헤지를 넘어 대박을 노린 '투기'에 나서기도 했다.

은행들도 전문성이 없는 지점 인력을 통해 무리하게 상품을 판 사례가 있다. 한 외환시장 관계자는 "은행은 '사기'를 쳤고, 기업은 '투기'를 했다"고 일침을 놓았다. 경제학자들이 가장 많이 입에 올리는 말은 '공짜 점심은 없다'는 것이다. 키코의 경우도 마찬가지다. 계속 하락하던 환율이 올 들어 상승세로 급반전하면서 키코에 숨겨진 문제점이 드러나기 시작했다. 키코는 매력적인 상품이지만 환율 상승에는 취약했다.

(3) 누가 이익을 챙겼나 ?[12)]

키코는 '제로섬게임'의 성격을 갖는 상품이다. 즉 얻는 자가 있으면 잃는 자도 있어 합하면 '0'이 된다는 의미이다. 그러므로 중소기업의 환차손은 옵션을 매도한 은행의 환차익이 돼야 한다. 그러나 국내 은행 대부분은 외국계 상품을 단순히 복제해 들여와 팔았기 때문에 수수료 말고는 이익이 없다고 항변한다.

한 예로, 우리나라의 한 시중은행은 어느 기업과 1년간 총 500만 달러의 키코 계약을 체결하면서 약 0.2%의 금리를 받고 실제 수익은 반대 포지션에 있던 외국계 은행이 가져갔을 가능성이 있다. 그러나 만약 외국 은행도 키코 계약 체결과 동시에 자체 헤징을 위해 시장에서 반대 방향의 거래를 했다면 이익을 챙기지 못할 가능성이 있다.

외환시장 영향력이 큰 글로벌 투자은행들이 바로 키코의 설계자라는 점에서 음모론은 여전히 가시지 않고 있다. 이와 관련하여 최근 금융감독원이 13개 은행을 대상으로 키코 거래에 대한 전수조사를 실시한 결과 중소기업에 판매한 일부 은행의 위험고지 및 내부 심사가 부적합하다는 잠정 결론이 나왔다.

'키코'라는 파생 괴물에 물린 국내 중소기업 관계자들의 대책모임 분위기가 사뭇 비장하다.

이러한 결과는 키코의 거래가 향후 불완전판매(Mis-selling)로 인한 논란의 소지가 있음을 시사하는 대목이다. 또한 정부가 최근 키코 피해 기업 지원방안에 보증기금의 대출 보증을 포함시킨다고 결정하여 '국민의 혈세로 일부 기업을 지원한다' 는 논란도 일고 있는 상황이다.

(4) 손실규모

최근까지 키코로 인한 손실기업은 약 517여개로 손실액은 대우조선해양이 2,314억 원을 기록하는 등 약 1조3천억 원을 기록하고 있으며, 2008년 말까지 누적 손실은 4조~5조 원으로 추정된다. 현재 우리나라의 경우, 최근 환율이 1,500원대까지 급등한 상황에서 KIKO계약을 맺은 기업들은 계약금액의 2~3배만큼 지정환율(즉 현재보다 훨씬 낮은 가격)로 팔아야 하는 상황이 발생해 엄청난 손해를 보고 있다. 따라서 기업들이 영업실적이 좋아 흑자를 내고 있지만 환손실로 인해 도산하게 되는 경우까지 발생하였다.

기업의 키코 등 파생상품 투자 손실내역

(단위 : 억 원)

유가증권 시장

기업	손실액 (억원)	자기자본 대비 손실규모(%)
대우조선해양	2314	13.10
동양제철화학	562	4.83
선우ST	249	34.22
현대오토넷	245	5.14
동양기전	223	12.70
한세실업	214	21.50
미래와사람	93	7.23
동원금속	75	24.60

코스닥 시장

기업	손실액 (억원)	자기자본 대비 손실규모(%)
대산LCD	6092	8803.70
SAMT	819	99.66
세미텍	463	11.94
현대오토넷	436	43.30
동양기전	187	30.00
한세실업	153	42.67
미래와사람	151	6.96
동원금속	115	21.40

자료 : 금융감독원

(5) 누구의 책임인가?

가장 중요한 일차적 책임은 키코를 산 기업들에게 있다. 왜냐하면 기업 스스로가 위험성을 미리 계산해 보지도 않고 덥석 폭탄같은 위험을 구매했기 때문이다. 또한, 은행 내부의 준법감시인이나 리스크관리팀에서 상품의 과도한 위험성을 지적하고 키코상품을 출시하지 말았어야 했으며, 은행의 영업부에서는 고객의 이익을 생각하여 미리 고객의 헤지수요를 파악하고 과도하게 가입을 권유하지 않았어야 했다.

그러나 금융시스템을 총체적으로 관리, 감독할 권한을 지닌 정부도 책임을 면할 수 없다. 공정거래위원회는 부실한 약관심사로 화를 키웠다는 지적이 나오고 있다. 또한 재정경제부는 지난 4월 키코의 문제점이 재경부에 보고되자, 금융위원회에 신속한 대응책을 주문했다. 하지만 금융위는 6개월이나 지난 10월 1일에야 대책을 내놓았다.

(6) 정부의 지원방안과 향후 바람직한 방향

① 정부의 지원책은?

정부는 최근 키코로 인해 피해 받고 있는 기업들을 지원하기 위해 Fast Track 지원 프로그램을 세워 추진하고 있다. 2008년 11월말 현재 정부는 KIKO 등 통화옵션 손실기업 573개사가 지원 신청하여 283개사에 6,918억 원을 지원 완료했다.

2009년 경제운용방향

	지원신청	평가중	평가완료	지원완료	지원금액				
					대출전환	신규여신	만기연장	기타	합계
KIKO기업	573	32	541	283	4,804	478	1,624	12	6,918

자료 : 기획재정부, 2008.12.16.

② 향후 바람직한 방향은?

첫 번째로는 전문가들은 은행이 즉각 '키코'를 중도해지할 수 있도록, 정부가 제도를 손질해야 한다. 두 번째로는 키코 구매기업, 판매 은행, 그리고 상품판매를 허가해 준 감독기관과 정부 등 3자가 공동출자로 특수목적회사(SPC)를 만든 후 기업이 갖고 있는 KIKO 관련 계약을 SPC로 이관해 관리하는 방안이 있을 수 있다.

이 경우 3자 간 손실의 분담비율을 정하기가 어렵고 복잡한 법률적 검토가 필요한 것은 물론, 환율이 현재와 같이 급변할 경우 커다란 부작용이 우려된다는 점에서 실행가능성은 낮다고 볼 수 있다.

결론적으로 가장 좋은 방안은 은행과 기업 간에 맺은 키코 계약을 즉시 해지하는 것이며, 동시에 그간의 손실분에 대해서는 소송 등을 통해 해결할 수 있는 방안을 마련하는 것으로 판단된다. 그러나 최근에는 동일사건에 대한 법원의 판결이 상이하여 논란이 증폭되고 있다.

4. 외평채 가산금리와 CDS 프레미엄[13)]

외국환 평형기금 채권(外國換平 衡基金債權, foreign exchange stabilization bond)이란 외화자금의 수급조절을 위해 정부가 발행하는 채권으로 '외평채'라 한다. 외평채는 자국통화의 대외가치 안정과 투기적 외화의 유출 · 유입에 따른 악영향을 막기 위해 정부가 조성한 자금을 외국환평형기금이라고 하는데 이 기금의 재원조달을 위해 정부가 지급보증형식으로 발행하는 채권을 가리키며, 줄여서 '외평채'라고 한다.

외평채는 원화와 외화표시 두 가지로 발행할 수 있는데, 그 동안 원화표시로만 발행되었으나 IMF(국제통화기금, International Monetary Fund) 구제금융지원 이후 부족한 외환위기를 극복하기 위해 외화표시

증권을 발행하였다. 해외시장에서 발행할 경우 기준금리에 발행국가의 신용도와 유통물량을 고려하여 가산금리가 붙는다.

11월초에는 2013년물 외평채의 가산금리는 0.40% 포인트 오른 5.64%, 2016년물 외평채의 가산금리는 0.63% 포인트 오른 5.29%로 상승했다가 연말이 다가오면서 점차 낮아지는 추세이다. 또한 한미통화스와프 체결 이후 글로벌 금융시장에서 우리나라의 신용위험지표로 활용되고 있는 5년 만기 외국환평형기금채권(외평채)의 신용 부도스와프(CDS) 프리미엄도 낮아지는 추세이다.

CDS란 채권이 부도날 경우 이를 보상해주는 보험 성격의 파생 금융상품으로, 수수료 격인 프리미엄은 부도 위험이 클수록 높아진다.

그러나 한국물에 대한 CDS 프리미엄은 한때 말레이시아나 태국, 브라질, 남아프리카공화국, 멕시코, 칠레보다도 높다가 한 · 미 간 통화스와프 체결로 급락했다. CDS 프리미엄과 외평채 가산금리의 급등은 신흥시장국들의 국가부도 위기가 확산되면서 국제 금융시장에서 한국 경제의 취약 부분이 크게 부각되고 있는 것이라는 지적이 많다.

특히 외화 부채가 많은 은행의 유동성 문제와 은행의 외채를 정부가 지급보증하기로 한 데 따라, 은행의 리스크가 국가 리스크로 전환될 수도 있다는 우려 등이 반영되었던 것으로 보인다. 그러나 그간 과잉반응했던 CDS시장이 심리적으로 안정을 찾고 있어서 미국에서도 회사채시장이 회복되는 등 외화차입에 긍정적 여건이 형성되고 있다.

5. 외환보유액[14)]

외환보유액이란, 최소의 비용과 시간으로 매매가능하며, 항상 매입자 및 매도자가 존재하는 자산으로 시장성이 높은(liquid or marketable assets) 자산, 현금화하는 데 제약이 거의 없는 자산으로 언제든지 사용가능한(readily available to) 자산, 통화당국이 소유할 필요는 없으나 통화당국이 통제가 가능한(controlled by monetary authorities) 자산, 대외자산(external assets), 즉 비거주자에 대한 청구권[예치금, 유가증권(채권), 금, IMF포지션, SDR 등으로 구성되며, 私募주식 및 부동산은 제외]으로 우리나라의 외환보유액은 한국은행이 외화자산으로 보유 및 관리한다.

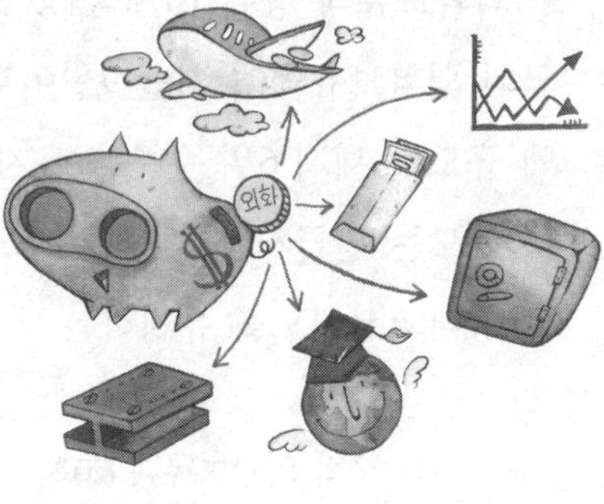

자료 : 무역의 날 홍보자료, 2007.11.30.

(1) 외환위기 이후 외환보유액 축적과정은?

외환위기 이후 지난 10년간 국제수지 상 지속적인 외환공급이 이루어지며 외환보유액이 꾸준히 증가해왔다. 지난 11월 현재 우리나라의 외환보유액은 2,005억 달러로, 감소추세에 있다.

최근에는 글로벌 신용경색으로 외환초과수요가 발생하여 외환보유액이 다소 감소하고 있는 상황으로, 외환보유액의 감소는 우리나라뿐만 아니라 다른 나라에서도 공통적으로 발생하고 있는 상황이다.

외환위기 이후 외환보유액 동향

(단위 : 억 불)

	1997	98	99	2000	01	02	03	04	05	06	07	08.11
외환보유액	89	485	741	962	1,028	1,214	1,554	1,991	2,104	2,390	2,622	2,005
외환초과공급	-70	372	266	244	46	117	259	358	197	234	122	–
경상수지	-83	404	245	123	80	54	120	282	150	54	60	–
자본수지	13	-32	20	121	-34	63	139	76	48	180	62	–

주 : 2008년 외환초과공급, 경상수지, 자본수지는 2008년 1~8월간 누적분

외환보유액 상위 10개국 중 중국, 브라질, 홍콩, 독일을 제외한 6개국의 외환보유액이 지난 9월이후 감소하였으며, 우리나라의 외환보유액 규모는 세계 6위 수준을 유지하고 있다. 특히 우리나라의 외환보유액 규모는 긴급시 대외지급수요를 감내하는 데 부족하지 않은 수준으로서 대외신인도를 유지하는 데 무리가 없는 것으로 판단된다.

각 국의 외환보유액 (2008년 10월말 현재, 한국은 11월말 현재)

(단위 : 억 달러)

순위	국가	외환보유액	순위	국가	외환보유액
1.	중 국	19,056	6.	한 국	2,005
2.	일 본	9,777	7.	브 라 질	1,972
3.	러 시 아	4,846	8.	싱가포르	1,622
4.	대 만	2,782	9.	홍 콩	1,549
5.	인 도	2,529	10.	독 일	1,243

1) 잔액기준, ( ) 내는 전월말대비 증감액

(2) 구성 및 운용현황은?

우리나라의 외환보유액은 예치금(9.1%), 유가증권(90.7%), 금(0.03%), SDR(0.04%), IMF포지션(0.1%) 등으로 구성되어 있다. 즉 현재 외환보유액은 예치금 및 정부채, 정부기관채, 국제기구채 등 안정성 위주의 채권으로 운용하고 있다. 외환보유액의 투자 최저신용등급 기준은 A급 이상이나, 실제는 AA급 이상으로 운용하고 있다. 예를 들면 금융위기 이후 미국 국채는 가장 안전한 자산으로 평가받고 있다.

최근에는 구제금융에 안전자산의 선호현상으로 미국 국채가격 상승으로, 수익률이 0.00%까지 하락하는 일까지 벌어지고 있다. 그러나 한편에서는 최근의 유동성 급증으로 향후 美 국채가 자유자재로 거래될 수 있을 지에 대해 의문을 제기하는 주장도 점차 증가하는 추세다.

(3) 적정보유액은 어느 정도인가?

자료 : http://www.heraldbiz.com.

외환보유액 적정 수준에 대해 단일화된 지표는 없으나 IMF, 학계 등에서 다양한 기준을 제안하고 있다. 그러나 외환보유액의 적정수준에 대해서는 환율제도, 자본자유화 정도, 국가위험도 등과 같은 개별국가의 질적인 특징에 따라 달라진다. 대개 IMF는 3개월치 경상지급액을 안전한 수준으로 평가한다.

우리나라의 경우, 최근 외환보유액은 2,005억불(2008년 11월말)로 3개월 경상지급액 기준(1,412억불)을 훨씬 초과하고 있다. 여기에다가 한 · 미, 한 · 일, 한 · 중 간 통화스와프으로 인한 유동성 증가액 까지 합할 경우 우리나라 외환의 유동성은 충분하다고 평가된다. 즉, "IMF는 적정 외환보유액을 판단하는데 단 하나의 기준을 갖고 있지 않으며 여러 지표를 사용하고 있는 바, 한국은 적정 수준의 외환보유액을 가지고 있다"는 평가이다.

(4) 당장 현금화 할 수 있는 액수는?

우리나라는 외환보유액 전체(2008년 11월말 현재 2,005억불)를 '즉시 현금화 가능한 자산'으로 운용 중이다. 정부는 외환보유액 전체가 미 국채, 정부채, 정부기관채 등 안정적이며 1주일 내에 현금화가 가능한 자산이라고 주장한다. 한걸음 더 나아가, 만약 금융위기가 더욱 더 심화될 경우에도, 한 · 미, 한 · 일, 한 · 중 간 통화스와프로 우리나라의 외환유동성은 충분할 것으로 판단된다.

(5) 1년 내에 갚아야 외채가 외환보유액에 육박한다는데……. [15]

한국은행에 따르면 2008년 9월말 현재 유동외채는 2,271억 달러를 기록했다. 이에 비해 11월말 공식적인 외환보유고는 2,005억달러를 기록하고 있으며, 일각에서는 이미 2,000억 달러 아래로 떨어진 것으로 분석하고 있다. 이 경우 외환보유액 대비 유동외채 비율은 100%를 넘어서게 되어 IMF 외환위기 당시인 1999년 9월말(105.2%) 수준에 육박한다는 얘기다. 즉 유동외채 비율이 100%를 넘는다는 것은 1년 안에 갚아야 할 외채가 외환보유액보다 많다는 뜻으로, 대외채무를 한꺼번에 갚아야 하는 상황이 발생하면 외화가 부족할 수도 있다는 것을 시사한다.

국제 금융계에서는 유동외채 비율이 60%만 넘겨도 단기지급 능력이 '안정 상태'에서 벗어난 것으로 평가하고 있는 상황에서 현재 이 같은 상황은 대외 신인도에 악영향을 끼칠 수 있는 점이 우려된다. 이에 대해 정부는 순채무국으로 전환됐지만 "나쁘게 볼 일만은 아니다"라는 입장을 보이고 있다. 즉 대외채무 4,250억9,000만달러 중 선박수출 선수금 약 550억달러와 환헤지용 해외차입 약 496억달러 등은 선박 수출, 해외 주식투자와 연계되어 있어서 추후 소멸될 부채라는 주장이다.

(6) 은행의 외화부채가 많다는 지적에 대해…….

우리나라 은행들이 갚아야 할 외채는 600억~700억달러 수준으로 파악되고 있는 가운데, 이 중 매일 만기가 돌아오는 달러는 30억달러 안팎으로 추정되고 있다. 은행들이 이처럼 30억달러 정도를 외환시장 및 단기자금시장에서 조달하다 보니 환율과 가산금리가 가파르게 치솟고 있다.

그러나 일부에서는 은행들의 외화유동성 비율(만기 3개월 이내 외화자산을 만기 3개월 이내 외화부채로 나눈 것)이 106%로 외화자산이 외화부채보다 많아 유동성에 큰 문제가 없다고 주장하고 있다. 외환위기 당시인 1997년 12월에도 단기외채의 32%가 만기 연장이 된 점까지 감안하면 중앙은행이 '최종 대부자'로 외환보유액으로 민간은행의 외화 부채를 갚아야 할 가능성은 극히 낮다고 할 수 있다.

정부는 한국의 외환보유액은 IMF나 세계은행 등 어느 국제기구가 제시한 기준보다 많다고 강조한다. 실제로 일본, 싱가포르, 홍콩, 독일 등 외환보유액 상위 국가조차도 단기외채가 외환보유액보다 많다. 하지만 시장에서는 원화가 국제 통화가 아니라 서울 외환시장에서만 거래되는 점과 북한 등 지정학적 위험이 있기 때문에 외환보유액을 넉넉하게 보유해야 한다는 지적도 있고, 특히 11년 만의 경상수지 적자 전환과 세계 금융시장의 신용 경색이 쉽사리 풀리지 않을 수 있기 때문에 환율 안정을 위한 외환당국의 외환보유액 지출에 특히 신중해야 한다는 지적도 나온다.

6. 한국의 대외채무 및 대외채권[16)]

(1) 국가채무란?[17)]

IMF는 정부재정통계지침(GFS Manual, Government Finance Statistical Manual)에 따라 회원국의 국가채무통계를 집계하고 있다. 이에 따르면 공적 연금, 사회보장제도의 우발채무 및 보험수리적 부채(잠재적 채무 또는 준비금 부족액)는 물론, 통화당국 채무도 국가채무에 포함하지 않고 있다.

공기업 및 정부의 공공금융활동을 정부의 범위에서 제외하기 때문에 공기업 등의 채무도 국가채무로 집계하지 않고 있다.[18]

결과적으로 국가채무는 중앙정부(central government)와 지방정부(local government)를 합한 일반정부(general government)가 직접적인 상환의무를 부담하는 확정채무(the recognized direct financial obligations)를 일컫는다.

우리나라의 국가채무 비중은 1997년 12.3%로부터 외환위기로 인한 대규모의 공적작금 투입, 구조조정 지원, 사회안전망 구축 등으로 2003년에는 22.9%로 증가하기 시작한 이후, 2008년 6말 잔액/2007년중 명목 GNI 비율은 43.2%로 증가했다.

이처럼 우리나라는 지난 10여 년간 국내총생산에 대한 국가채무비중이 불과 10년도 안되어 세배 이상으로 급증했다. 그러나 전문가들은 2007년말 기준 42.7%의 한국의 GDP대비 국가채무는 영국, 443.6%, 홍콩 329.8%등에 비해서는 월등히 낮고, OECD 평균인 78.4%에 비해서도 낮은 편이어서 아직은 재정적자를 충분히 감내할 수 있는 수준이라고 주장한다.

앞으로 우리나라의 국가채무 비중은 점차 감소하여 "2008~2012년 국가재정운용계획"에서도 밝히고 있듯이 30%대를 유지할 것으로 보인다. 그러나 전문가들은 우리나라의 경우, 최근 2년간 단기외채가 140% 증가하면서 대외신인도에도 악영향을 미치고 있는 만큼, 이에 대한 증가 배경이 무엇인지, 어떤 대책이 가능한지 살펴보아야 한다고 주장하고 있다.

주요국의 GDP 대비 대외채무 비율

국가	비율	국가	비율
• 영 국	443.6 %	• 일 본	48.0 %
• 홍 콩	329.8 %	• 대 한 민 국	42.7 %
• 독 일	171.8 %	• 태 국	27.0 %
• 미 국	99.5 %	• 멕 시 코	23.0 %

주 : 2007년말 기준
출처 : 한국은행, IMF, World Bank.

(2) 한국, 純채무국이 되다?[19)]

외국인들의 주식 매도가 이어지기 시작하면서 우리나라는 최근 대외채권에서 대외채무를 뺀 수치가 8년여 만에 마이너스로 돌아섰다. 한국은행은 '9월 말 국제투자대조표(잠정)' 에 따르면 9월 말 현재 순대외채권은 −251억 달러로 집계됐다. 이는 우리나라가 가진 대외자산보다 외국에 갚아야 할 빚이 더 많다는 뜻으로, 순채무국이 된 것은 2000년 1분기(−58억 4,000만 달러) 이후 처음이다.

주요 신흥국 민간부문(금융기관) 순 대외채권 비율

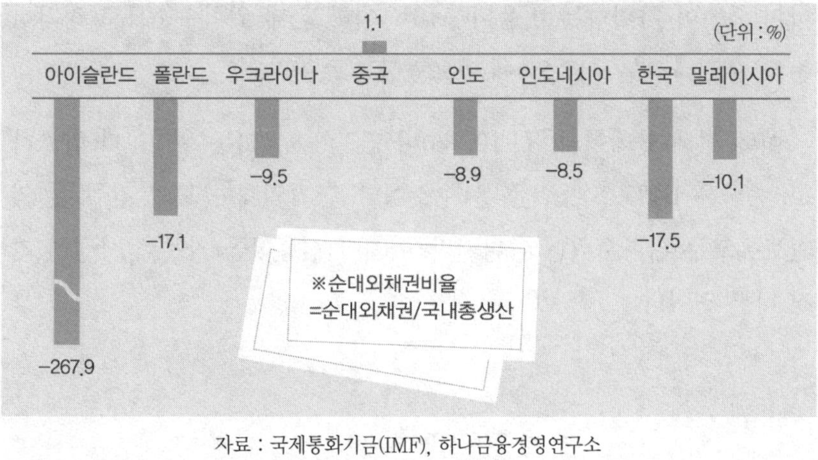

자료 : 국제통화기금(IMF), 하나금융경영연구소

순채무국이란, 국가 차원에서 볼 때 '해외에서 받을 돈보다 갚아야 할 돈이 더 많은 상태'를 말하는 것으로, 대외채권(채무)의 범위에는 정부 차원 대출금뿐만 아니라 금융회사, 기업이 해외에 빌려준 돈, 국제 상거래에서 발생한 채권, 미국 국채 등 투자 차원의 채권 보유액, 외환보유액도 대외채권에 포함되나, 해외 주식투자와 부동산투자 등은 대외채권에서 제외된다.

대외채권 및 대외채무란 일정 시점에서 우리나라가 해외에 대해 가지고 있는 확정 금융자산 및 금융부채만을 의미하며, 직접투자 중 지분투자나 주식, 파생금융상품은 제외된다. 최근 외국 언론이나 누리엘 루비니, 혹은 폴 크루그먼 등 미국의 학자들은 우리나라 시중은행들의 은행의 단기외화부채가 지나치게 많다는 점을 지적, '은행'을 한국 금융시장 불안의 근원지로 지목하고 있다.

실제로 국내 모 연구소가 국제통화기금(IMF)의 최근 보고서를 인용해 만든 '신흥시장 국가들의 주요 리스크 요인' 자료를 보면, 우리나라는 '민간 금융기관의 순대외채권 비율'에서 위험수치를 보이고 있다. 즉 국내총생산에서 민간 금융기관의 순대외채권(순채무일 경우 마이너스)이 차지하는 비율이 −10% 이하일 때 위험수준으로 평가하는데, 우리나라는 −17.5%에 이르렀다는 것이다.

이에 비해 말레이시아(−10.1%)나 인도(−8.9%)는 우리보다 양호하고, 중국은 1.1%로 아주 좋은 수준이다. 단기외채 규모와 견줘 본 외환보유고는 위험수위는 아니지만, 아시아 신흥국들 가운데 사정이 가장 나쁜 편이다.

실물시장

1. 금융위기, 한국 실물시장에 미치는 영향의 경로[20)]

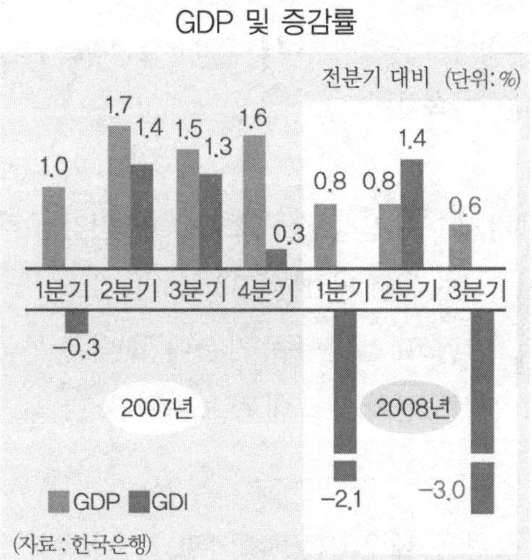

해외에서 발생한 금융위기는 우리나라의 실물경제에 어떤 경로를 통해 영향을 미치는가? 연구에 의하면 실물부문의 경우, 우리나라와 인근한 국가와의 역내교역 비중이 증가함에 따라 소득 변동에 대한 역내요인의 기여도가 과거에 비해 다소 높아졌음이 밝혀졌다.

즉 미국발 금융위기는 삽시간에 유럽으로 전이되고, 결국에는 글로벌 금융시장에 위기감을 확산시켰다.

이 과정에서 세계적인 유동성 확보 전으로 이어져 우리나라의 경우, 금융시장 불안으로 이어져 금융시스템이 갑자기 불안해졌고 실물시장까지 강타하고 있다.

특히, 외국인 투자가들은 환율상승 및 주가하락을 염려한 나머지 주식 등의 자산을 처분하여 일시에 달러로 바꾸어 나가는 과정에서 주가하락, 환율 상승, 투자수익률 감소, 부동산 침체에 이어 소득 및 투자감소가 고리처럼 연결되어 동시 다발적으로 발생했다.

이러한 현상은 금융시장뿐만 아니라 실물시장도 일정한 시차를 두고 일어났다. 이처럼 글로벌 경기침체는 수입수요 감소를 불러와 수출경기가 악화되는 것은 물론, 자산가격하락으로 이어져 소비가 감소하여 전체적인 실물경기가 악화되게 된다.

오 를줄 알았던 집값
바 닥을 모르겠네
마 음 비우고 기다려야지

또한 이러한 현상의 속도가 점점 빨라지면서 동조화 현상을 보이는 것이 최근 금융위기의 특징이라고 할 수 있다. 이를 반영 하듯 최근에는 소비심리가 '꽁꽁' 얼어 소비관련 동반지수 및 선행지수가 동반 추락을 지속하여 최장의 불황속으로 빠지고 있다.

경기선행지표에 해당하는 국내 기계수주는 공공(−52.7%) 및 민간(−32.1%) 부문 발주가 줄어들면서 작년 같은 달 대비 33.4%나 감소했다. 건설수주도 40.4% 감소했다. 그리고 건설수주 가운데 주택은 70.8%나 줄면서 극심한 부동산 경기침체 상황을 그대로 보여줬다. 다들 먹고살기 힘들다고 아우성이다.

이처럼 최근 우리나라의 경제 상황은 내우외환(內憂外患)을 맞고 있다. 부동산 시장을 비롯해 내수 경기는 불황의 그늘이 짙게 드리워져 있다. 이를 반영이라도 하듯, 미국 44대 대통령으로 오바마 민주당 상원의원이 당선되자 '오 · 바 · 마' 세 글자로 한국 부동산시장을 풍자한 신조어까지 등장했다. 오늘날의 부동산 시장 상황을 빗댄 말이다.

최근 체감경기를 나타내는 제조업 업황전망 기업경기실사지수(BSI)는 65로 10년 만에 최저치를 나타냈다. 기업들은 자금사정 악화로 투자 엄두를 못 내고 있고, 가계 사정도 마찬가지다. 임금은 오를 기미가 없는데 집값은 떨어지고 대출금리는 치솟고 있다. 자산가치가 떨어지면서 소비가 줄어드는 '역(逆)자산효과' 가 이미 나타나고 있다.

실제로, 국내총생산(GDP)과 소득의 실질구매력을 나타내는 국내총소득(GDI)은 갈수록 하락세다. '소비 위축 → 기업이익 감소 → 투자 및 고용 감축 → 소비 위축'의 악순환 조짐이 확연히 드러나고 있는 것이다.

금융위기와 서민경제[21)]

"그래도 IMF 때가 더 살만 했죠"

"외환위기 때는 해보자는 의지라도 있었지요. 요즘은 자포자기 상태예요."

1997년 7월 구모(49 · 마포구 성산동)씨는 방황 끝에 가족들 몰래 택시기사 자격증을 따러 갔던 기억이 생생하다. 그는 15년 동안 가죽유통사업을 했지만, 그해 돌아오는 어음을 막지 못해 파산했다. 구씨는 결국 택시운전을 제2의 인생으로 선택했고 "죽기 살기로 한번 해보자."고 마음먹었다. 구씨는 하루 2교대 근무로 오후 4시부터 다음날 새벽 4시까지 12시간 동안 꼬박 일했다. 그런 구씨는 31일 "요즘은 그런 의욕조차 나지 않는다."고 말했다.

외환위기 시절에는 손님들이 많았지만, 요즘은 사람들이 택시도 자제하는 분위기다. 구씨는 "외환위기 시절에는 새벽 2~3시까지도 만취한 손님을 태운 기억이 많지만, 요즘은 12시만 넘어도 거리가 한산하다."고 전했다.

구씨가 일하는 H택시는 현재 전직원이 200명이 채 안 된다. 외환위기 이후 신규유입이 많아진 2001년까지만 해도 250명을 웃돌았지만, 지금은 인원이 점점 줄어들고 있다. 구씨는 "외환위기 때는 택시운전을 하려는 대기자들이 수도 없이 많았는데 지금은 택시벌이도 안 좋아져서 신규로 들어오는 사람들이 많지 않다."면서 "사업실패의 대안으로 선택했던 택시도 불황인데 다른 사업들은 오죽하겠냐."고 말했다.

택시기사 구모씨의 일일차계부 비교

기본요금 1300원 1998년		2008년 기본요금 1900원
6만 8000원	사납금	8만 9000원
1만원	밥값	1만 5000원
15ℓ 기준 약 3000원 (기본 25ℓ 공제)	LPG값	15ℓ 기준 약 1만 5000원 (기본 25ℓ 공제)
없음	부대비용	1만원 (카드수수료 등)
8만 1000여원	일일지출 합계	12만 9000여원

1998년 5월, 24년 동안 몸담아온 제약회사에서 구조조정당한 김모(60 · 은평구 응암동)씨는 6개월 방황 끝에 그해 11월부터 택시운전을 시작했다. 김씨는 "당시에는 하루 평균 손님 수가 40명 정도였지만 지금은 25~30명 수준"이라면서 "경제가 어려워서인지 손님들이 비싼 택시보다는 요금이 싼 버스나 지하철을 더 많이 이용하는 것 같다."고 말했다. 1997년에 L당 180원이었던 LPG 가격이 고환율 영향으로 최근에는 1080원(보조금을 받지 않을 경우 870원)으로 대폭 올랐지만 월급은 당시와 비슷한 150~170만 원 수준이라고 전했다.

2. 금융위기가 실물에 미치는 영향

(1) 경제성장률은?[22)]

세계 주요 투자은행들이 내다본 올해 한국경제성장률 전망 평균치가 1%대 수준까지 떨어졌다. 심지어는 '마이너스' 성장률을 예측하는 전문가들도 점증하고 있다. 이는 불과 몇개월 사이에 3% 포인트 이상 하락한 것인데다 세계시장의 경기침체가 빠른 속도로 진행되고 있어 대외경제 의존도가 높은 우리 경제는 마이너스 성장 가능성도 배제할 수 없는 상황으로 변했다는 증거다.

경제성장률은 일정기간 동안 국민경제(투자 · 산출량 · 국민소득)의 규모가 확대되는 속도를 말하는 것으로, 이것을 국민총생산(GNP)의 양적인 크기로 파악하면, 국민총생산의 연간 신장률이라 할 수 있다.

1979년이후 지난 30여년간 우리나라의 GDP 성장률은 외환위기 이후, 아시아 역내요인에 의한 파급효과가 다소 높아진 것으로 나타났다. 외환위기 이전 기간에는 우리나라의 소득 변동에 대한 세계요인의 기여도는 46.8%, 아시아 역내요인의 기여도는 9.0%로 나타났다.

그러나 외환위기 이후의 기간에는 우리나라의 성장률 변동에 대한 세계 요인의 기여도가 46.6%로 외환위기 이전과 큰 차이가 없었으나, 아시아 역내요인의 기여도는 11.4%로 소폭 증가했다.

이처럼 아시아 역내요인의 기여도가 증가한 것은 외환위기 이후 우리 경제의 역내 교역 비중이 증가한 것을 반영하고 있는 것으로 판단된다.

국내총생산 · 국내총소득 추이

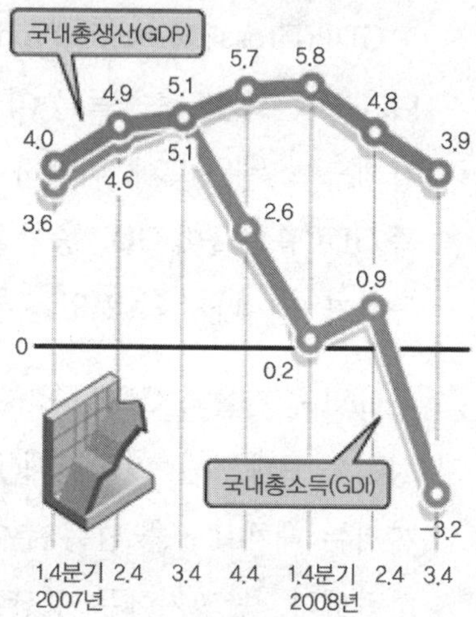

자료 : 한국은행

한 나라의 경제상태를 표현하는 데 있어 가장 기초적인 자료가 되는 것은 성장률, 물가상승률, 실업률, 경상수지 등의 주요 거시경제지표를 말한다. 펀더멘탈(경제기초, Fundamental)은 환율의 변동과 관련되어 사용되는 일이 많은데, 중장기적으로는 환율이 펀더멘탈의 상태에 따라 좌우 되지만 단기적으로는 펀더멘탈의 변화를 예상하고 변동한다. 또한 펀더멘탈은 국제경제 안정에 필요한 기초적인 조건들이며, 펀더멘탈의 균형이 붕괴되면 각국 간의 통화가치의 변동이 발생하고 세계 경제는 안정을 잃게 된다.

국제통화기금(IMF)이 한국경제가 내년초 바닥을 칠 것이란 전망을 내놓았다. 최근 IMF측은 "한국경제가 글로벌 경기침체 여파로 빠르게 쇠퇴하고 있지만 내년에 느리게 회복할 것으로 보이는 가운데 세계경제의 회복세와 금융시장 개선과 맞물려 한국도 점진적 회복이 나타나면서 내년 1 · 4분기에 바닥을 칠 것으로 보인다."는 것이다. 한편 IMF는 한국 경제가 내년 2% 성장할 것으로 전망한 바 있다.

① 경제가 1% 성장 시 소득은 얼마나 증가할까?

GDP(Gross Domestic Product)는 보통 1년간 국내 총생산을 가리키며, GDI는 국민 총소득을 가리킨다. 2000년대 들어 국민 총생산이 증가해도 소득은 그에 비례하여 증가하지 않는 현상이 발생하고 있다. 즉 GDI 증가율이 GDP 증가율을 하회하여 생산이 늘어나는 만큼 소득 증가가 일어나지 않고 있는 것이다.

GNI 증가율과 GDP 증가율의 비, 즉 국민총소득의 성장에 대한 탄성치를 구해보면, 1970년대(1.0), 1980년대(1.2), 그리고 1990년대(1.0)까지는 대체로 1을 넘는 추이를 나타내 왔으나 2000년대 들어 0.7로 하락했다. 즉 과거에는 성장이 1% 이루어지면 소득은 1% 혹은 그 이상 증가했으나, 근래에는 생산이 1% 증가하면 소득은 0.7%만 증가한다는 의미다.

최근 20여 년간 경제성장률과 각 소득계층별 소득증가율의 상관계수를 구해보면, 저소득층인 1분위 소득계층이 0.79로 가장 높고, 2분위 소득계층 0.71, 3분위 0.71, 4분위 0.70, 그리고 최상위계층인 5분위 소득계층 0.59 등의 순으로 나타나, 소득수준이 낮을수록 성장률의 변화와 높은 상관성을 보이는 것으로 나타났다.

이러한 결과는 일자리와도 직결된다. 2000년대 초반까지 경기 확장기에는 50만 명 이상의 신규 일자리가 생겨났지만 2006년 이후로는 최대 30만 개 일자리를 만들어내기도 버거운 상황이다. '고용없는 성장' 이 수년째 계속되고 있는 것이다.

2008년에는 97,000개의 일자리가 생겼으나 2009년 1%의 성장률을 계산하면 약 5~6만 개의 일자리가 생길 것으로 예상되나 일각에서는 '마이너스' 일자리도 예상하고 있는 상황이다.

② 10억 원을 투자할 때 몇 개의 일자리가 생기나?

우리 경제의 취업유발계수는 1995년 26.5명 → 2000년 19.2명 → 2003년 17.1명 → 2006년에는 추정치가 15.3명으로, 2000년대 이후 지속적으로 낮아지고 있는 상황이다. 이는 투자대비 고용효과가 지속적으로 떨어지고 있는 것을 반영하는 것으로 10억원을 투자할 경우, 약 15명가량의 일자리가 생긴다는 결론이다.

이러한 현상은 기술 진보가 빨라지면서 자동화 등의 영향으로 인한 생산성 증가 등으로 그만큼의 고용이 줄어드는 탓으로 평가되고 있다.

③ 외국인 고용인구가 2배 되면 GDP도 0.3%P 증가한다.[23]

"외국 인력은 새로운 일자리를 창출하고 고용시장에 활력을 불어넣는 요소다." 이는 국제협력개발기구(OECD)가 최근 '2007년 세계 이민보고서'를 통해 밝힌 내용이다. 경제 이론상 외국인력 유입은 시장 임금 수준을 낮추고 고용을 증대시켜 국내 총생산(GDP)은 물론, 자본 수익률을 증가시키는 효과가 있다.

최근의 연구보고서에 의하면, 외국인력 도입에 따른 경제적 효과를 모의 분석한 결과, 외국 인력 비중이 2%, 4%, 6% 수준일 때 경상 GDP는 각각 0.24% 포인트, 0.297% 포인트, 0.304% 포인트 증가하는 것으로 나타났다.

2008년 말 기준으로 외국인력 비중은 국민등록 인구의 2%로 117만 명 정도다.

외국 인력 도입의 경제적 효과

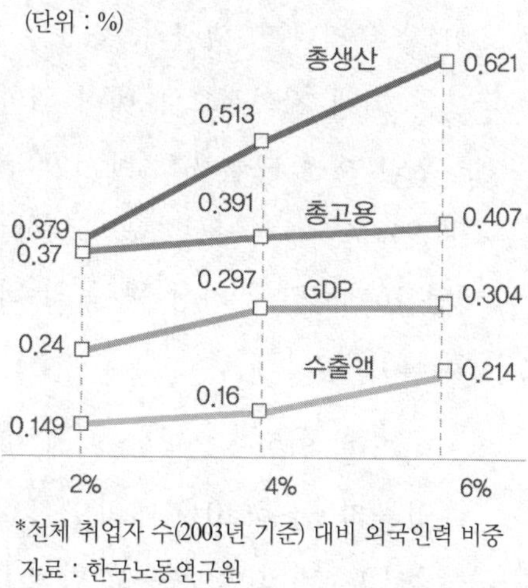

*전체 취업자 수(2003년 기준) 대비 외국인력 비중
자료 : 한국노동연구원

특히, 현재 우리나라는 GDP가 8800억 달러인 점을 감안하면, 외국인 노동자들은 우리경제에 1인당 7,500달러 꼴로 기여하는 셈이다.

(2) 물가상승률

OECD 회원국 6월 중 물가상승률

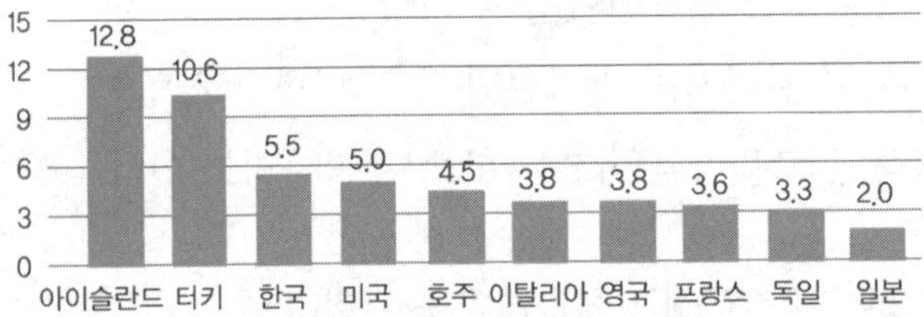

자료 : OECD Employment OutBook(2008)

우리나라의 최근 물가상승률은 한국 물가상승률 OECD 국가 중 6위로 나타났다. OECD의 '회원국 연간 물가상승률' 보고서에 따르면 2008년 6월 중 30개 회원국의 전 년 동월 대비 소비자 물가상승률은 평균 4.4%로 집계되어 동기간 우리나라의 소비자 물가상승률이 5.5%보다 1.1%포인트 낮은 셈이다.

2008년 말에는 경기침체의 영향으로 약 4% 내외의 물가상승률이 예상된다. 특히 최근 들어 생산자 물가가 곤두박질치고 있다. 지난 7월 이후, 우리나라 생산자 물가는 1.8% 오른 이래 지속적으로 내려 외환위기 직후인 98년 12월 3.5%에서 99년 1월 −1.9%로 급락(−5.4%포인트)한 이후 9년 10개월만에 가장 큰 폭의 하락세를 보였다.

생산자물가 추이(전월대비)

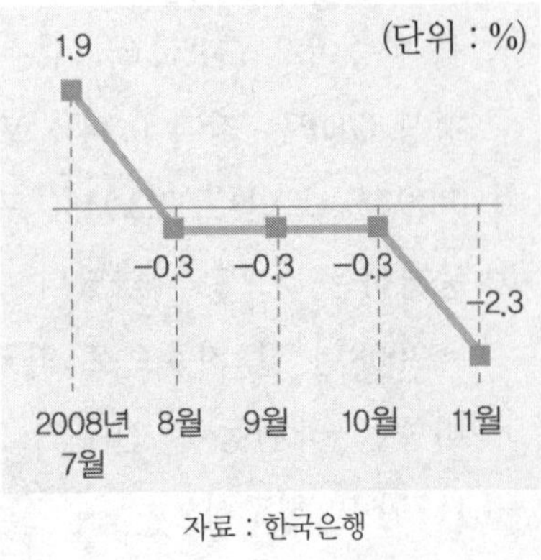

자료 : 한국은행

이러한 원인으로는 최근에 발생한 수입물가 급등(20% 내외), 실효환율 상승(10% 내외) 및 총수요 압력(1% 내

외)이 물가를 각각 0.8%, 0.5% 및 0.15% 내외 상승시키는 요인으로 작용하고 있다.[24)]

작년말 기준 국가별 물가상승률은 아이슬란드(12.8%), 터키(10.6%) 체코(6.7%) 헝가리(6.7%) 벨기에(5.8%) 등이 상대적으로 높았던 반면 우리나라는 5.5%를 보였다.

그러나 일본은 2%로 물가상승률이 가장 낮았고 네덜란드(2.6%), 스위스(2.9%), 캐나다(3.1%), 독일(3.3%) 등이 뒤를 이었다.

(3) 실업률[25)]

① 현황[26)]

"한국의 고용전망은 암울하다."

국제신용평가기관 무디스의 자회사인 무디스이코노미닷컴이 최근 한국실업률 통계에 대해 내놓은 평가이다. 무디스는 급감하고 있는 수출은 물론, 위축되고 있는 제조업생산 현황을 근거로 들면서 향후 한국의 실업률에 대한 전망은 더욱 어두워질 것이라고 진단했다.

앞서 통계청은 2009년 실업률을 3.5%를 유지할 것으로 전망하고 있다. 또한 최근 가구주가 직업이 없는 가구의 비율은 16.13%를 기록, 7가구 중 한 곳 꼴로 가구주가 실직한 상태로 나타났다.

무직가구주 비율은 2003년부터 2007년까지 각각 13.61%, 15.57%로 상승했고 올해는 16.13%를 기록할 것으로 예상되는 등 지속적 증가세를 유지하고 있다.

직업이 없는 가구주 비율

(연도별 3분기 기준, 단위 : %)

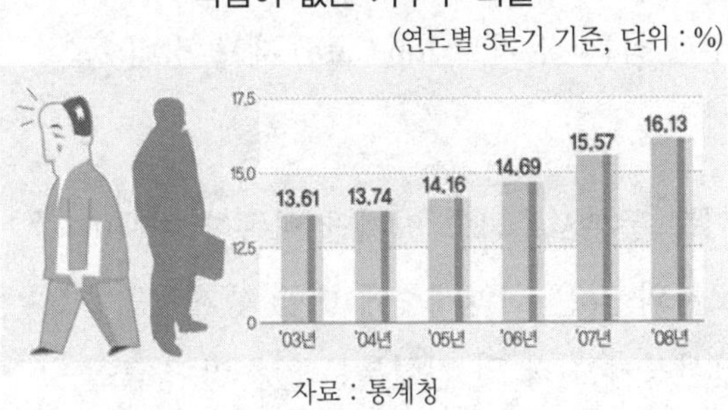

자료 : 통계청

② 니트족(NEET), OECD 국가 중 가장 심각[27)]

'일을 하지 않고, 앞으로도 일할 의지도 없는 청년 무직자'를 지칭하는 소위 '니트(NEET : Not in Education, Employment or Training)'족이 급증하고 있다. 우리나라 청소년층(15~24세)의 최근 경제활동 참가율은 28.2%로 경제협력개발기구(OECD) 회원국의 같은 연령대 평균인 49.4%에 비하면 크게 낮은 수치이다.

그러나 현 정부 출범이후 청년층(15~29세)에서만 무려 22만3000개의 일자리가 줄었고 기업의 구조조정과 도산, 건설경기 위축 등으로 인해 취업환경이 더욱 악화되어 최근 일용근로자는 214만2000명에 달하고 있는 실정이다.

우리나라는 고학력일수록, 1인당 가구소득 및 부모의 학력은 낮을수록 니트족이 될 확률이 높게 나타났다. 반면, 일본은 1인당 소득이 높을수록 니트족이 될 확률이 높아 일본의 니트족은 '부유한 집 게으른 자제'이고, 우리나라 니트족은 '가난한 집 고학력자'로 표현할 수 있다.

전문가들은 이러한 상황을 장기간 방치할 경우 '묻지마 살인 등' 청년층의 '자포자기 범죄'가 늘어날 가능성이 높다는 조언이다. 이러한 대책으로 일본은 '프리터(Freeter : free + arbeiter, 아르바이트로 생활하는 사람)'의 정규직 고용화, 니트족 자립화를 위한 지원정책 강화, 실무적 훈련 및 능력평가를 주로 하는 잡 카드(Job Card) 제도 정비 등을 추진하고 있다.

우리 정부도 대책마련을 위해 동분서주하고 있지만 뾰족한 대책이 없는 상황에서 최근 일용근로자와 같은 취약계층에 대한 생계지원을 위해 임금체불을 예방하고 건설경기 진작 및 건설부문 일자리 창출을 위해 내년 말까지 건설부문에 5조 원을 투자하는 등 여러 가지 고용안정 대책을 마련한 상태이다.

③ 성장률과 실업과의 관계는?[28)]

성장률이 하락하면 고용도 당연히 악화된다. 또한 고용 악화는 자연히 소득감소 → 소비위축 → 산업생산 위축 등으로 이어져 실물경제 침체가 심화된다. 이처럼 글로벌 금융위기의 여파가 국내 실물경제로 확산될 경우, 기업들은 '감산' 기조로 돌아서고, 이것은 다시 '감원'으로 직결된다.

10여 년간 신규 취업자 증감

(단위 : 천명)

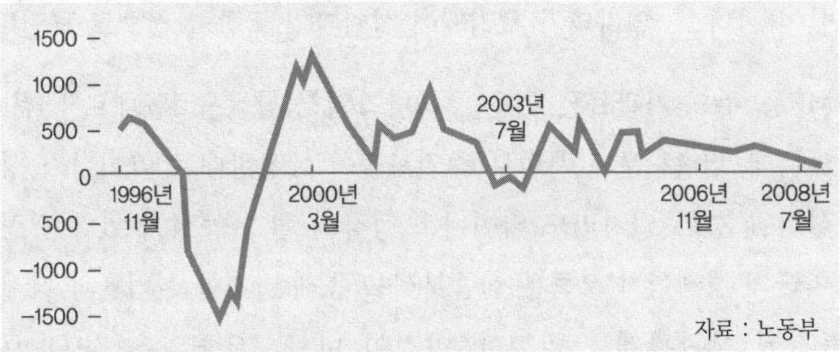

2007~8년 취업자수와 고용률

(단위 : %)

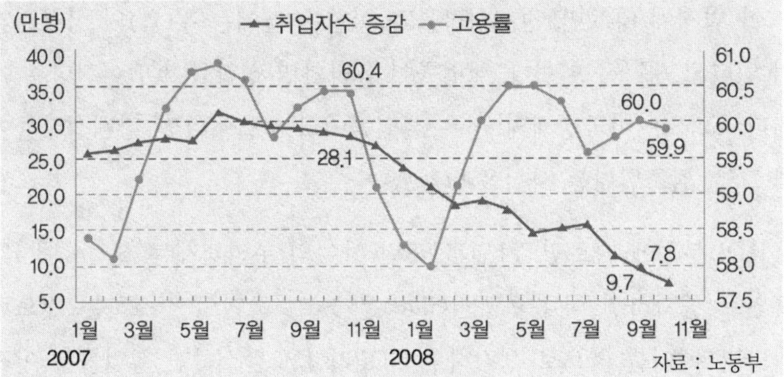

최근의 연구에 의하면 성장률 1%당 취업자 수, 즉 고용을 몇 % 증가시키는지에 관한 탄성치는 0.2로 나타났다. 이에 따르면 GDP가 1% 추가적으로 늘어날 때 고용은 0.2%가 늘어나는 것으로 나타난다. 우리나라의 경우, 경제가 1% 성장할 경우, 취업자 5만 6,000명이 늘어난다.

1970년대에는 생산이 1% 늘어날 때 고용은 0.5% 늘어나 지금의 2배가 넘는 탄성치를 나타냈으나, 1980년대에는 0.3, 1990년대에는 0.4 정도의 수준을 유지하다가 최근 들어 지속적으로 낮아지고 있다.

우리나라는 매년 청년을 포함해 신규 노동력이 40만 명 가량 쏟아진다. 만약 최악의 경우, UBS의 예상대로 내년 성장률이 −3.0% 머문다면 '마이너스' 일자리가 우려되어 실업자가 급증할 것으로 보인다.

IMF등 주요 기관들은 최근 우리나라의 성장률을 1%대로 낮춰 잡고 있는데, 더 큰 문제는 일부 증권사들이 예상한대로 마이너스 성장이 실현될 경우, 일자리도 마이너스 성장이 될 가능성이 있다는 점이다. 미국의 경제학자 오쿤은 실증분석을 통해 발견한 실업률과 경제성장률간에 상관관계를 밝혔다. 이것이 바로 '오쿤의 법칙(Okun' s Law)' 이다.

이 법칙에 따르면, 경제성장률과 실업률 간에는 부(負)의 상관관계가 있다고 생각하면 쉽다. 실업률이 올라가면 성장률이 떨어진다는 애기다. 오쿤은 미국경제의 경우 실업률이 1% 늘어나면 경제성장률이 약 2.5% 감소한다는 사실을 발견했다.

KDI 분석에 따르면, 71년과 98년 사이의 우리경제는 실업률이 1% 포인트 증가하면 국내총생산(GDP)은 3.6% 포인트 감소하는 것으로 나타난다. 이를 역으로 생각하면 GDP가 1% 감소하면 실업률은 이전

연도에 비해 0.27%포인트 상승하게 됨을 의미한다. 그러나 요즘은 생산설비의 자동화, 아웃소싱 등으로 성장과 실업률의 관계 자체가 예전 같지가 않다. 바꾸어 말하면, 경제가 1%포인트 더 성장하면 실업률이 0.2~0.3% 가량 떨어진다는 것이 다수의 견해이다.

④ 임시직 비중

우리나라의 임시직 비율이 경제협력개발기구(OECD) 국가 중 두 번째로 높은 것으로 나타났다. '좋은 일자리 지수 OECD 국제비교' 보고서에 따르면 우리나라의 임시직 비율은 29.7%로 OECD 가입 28개국 중 스페인(30.4%)에 이어 2위를 기록했다. OECD 평균 임시직 비율(13%)보다 2배 이상 높은 수치이다.

⑤ OECD 국가 중 일자리의 질 수준은 '최악'

OECD와 통계청에 따르면, 2005년 기준 한국의 대졸 이상 고용률은 76.8%로 OECD 30개 회원국 중 29위를 기록했다. 우리나라의 고학력자 고용률은 OECD 회원국의 평균(84.1%)에 비해 7.3%포인트 낮은 수준이며, 대졸 이상 고용률이 가장 높은 나라는 아이슬란드(92%)였다.

특히, 우리나라는 대졸 이상 고학력자 100명 중 77명 정도만 일자리를 가지고 있는 반면 아이슬란드는 100명 중 92명이 취업했다.

OECD 주요 가입국 임시직 비율

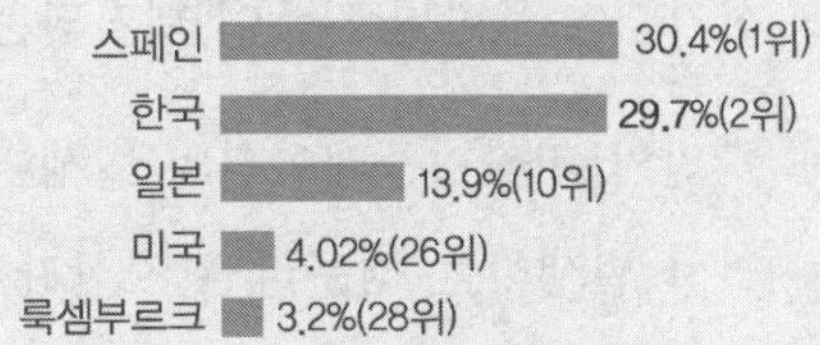

한국 1위 지표

지표	한국	OECD평균
저임금노동자비율	24.5%	17.9%
연간노동시간	2261시간	1679시간
10만명당 산재사망자	30.8명	5.6명
성별임금격차	38%	18%

자료 : OECD Employment OutBook(2008)

이처럼 한국의 대졸 이상 고용률이 낮은 것은 여성 고학력자의 고용률이 낮기 때문이다. 대졸 이상 남성 고용률은 2005년 현재 89.6%로 OECD 평균(88.7%)보다 높았지만 대졸 이상 여성 고용률(58.5%)은 OECD 평균(78.9%)에 크게 못 미친다.

그밖에도, 임시직 비율(2위), 저임금 노동자 비율(1위), 성별 임금격차(1위), 연간 노동시간(1위), 인구 10만 명당 산재사망자 수(1위) 등 부정적인 항목에서 최상위권을 기록한 한편, 고위관리직 여성 노동자 비율(24위), 공적 사회복지 지출(24위), 비준한 국제노동협약 개수(28위), 노동조합 조직률(29위), 임단협 적용률(29위) 등에서는 최하위 지수를 나타냈다.

(4) 자산디플레이션(Asset Deflation) 현상이 심화된다.[29)]

자산디플레이션은 외적인 충격이나 통화정책 기조의 변화, 내부적인 수요 공급 불균형 등에 의해 주식, 채권과 같은 금융자산과 토지, 주택과 같은 실물자산의 가격이 지속적으로 하락하는 현상을 말한다. 이와 같은 자산 디플레이션 현상은 자산의 내재가치가 하락하거나 자산가격에 포함된 거품이 제거되는 과정에서 발생한다.

만약 자산디플레이션의 발생이 자산가격에 포함된 거품이 제거되면서 발생하는 경우라면 자산가격이 적정수준을 찾아가는 과정으로 순기능 역할을 할 수 있다. 그러나 자산가격의 하락은 자칫 기업 가계 등 각 경제주체들의 소비와 투자를 위축시켜 경제전반의 침체로 이어질 수 있다는 점에서 심각성이 우려되고 있다.

현재 진행 중인 미국발 금융위기로 인한 '자산 디플레이션' 현상은 민간소비 감소 → 내수경기 부진 → 실물경기 침체로 이어지고 있다. 최근에는 내수침체, 소득감소, 수출둔화 등 실물경제의 악화가 현실화되고 있는 와중에서 기업은 물론, 총 676조원, 가구당 4,000만원이 넘는 부채가 경제 회복에 결정적 걸림돌로 작용할 가능성이 높아지고 있다.

① 금융자산

우리나라 서민들의 자산가치 붕괴의 근원지는 주식시장이다. 지난 1년 사이에 미국 다우지수는 물론 국내 코스피 지수도 반토막이 났다. 그러나 과거 정책금리와 동조화 현상을 보이던 CD금리는 정책금리 하락만큼 내리지 않아 자금시장의 경색을 부추기고 있다.

국내펀드도 마찬가지 상황이다. 국내 주식형펀드는 순자산액 100억 원, 설정기간 1년 이상인 301개 중 86%인 260개가 30% 이상 손실을 냈다. 해외펀드의 경우도 최근 순자산액 100억 원, 설정기간 1년 이상인 해외주식형펀드 246개 중 1년 손실이 50%를 넘는 펀드가 89개로 36%를 차지, 3개 중 1개 이상이 반토막 났고, 해외펀드의 90%인 222개가 30% 이상 손실을 냈다.

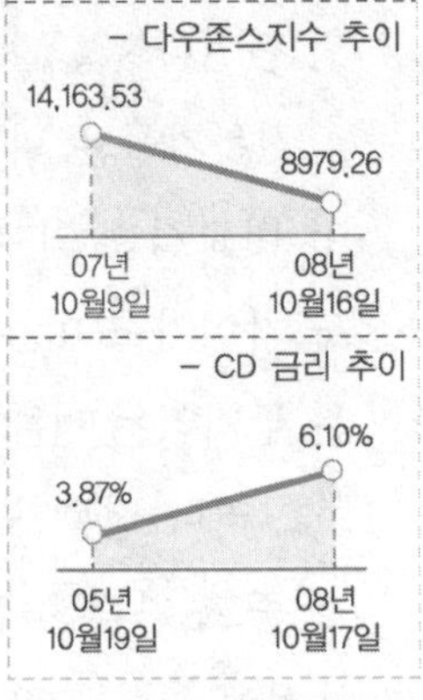

그림: http://www.seoul.co.kr.

이러한 해외펀드의 수익률 급락은 금융위기로 글로벌 증시의 급락 속에 중국, 러시아 등 일부 신흥시장에 투자가 집중된 것이 주원인으로 분석되고 있다. 실례로, 작년 8월 설정된 중국펀드 '미래에셋 차이나 인프라섹터 주식형자(CLASS-A)' 는 1년 수익률이 −72.30%까지 추락한 것을 비롯, 작년 9월 설정된 'JP모간 러시아주식 종류형자1A' 도 −65.71%로 곤두박질치는 등 중국이나 러시아 관련 펀드들의 수익률이 바닥권을 형성하고 있다.

러시아 · 브라질 · 중국 · 인도 관련 펀드도 상호 손실을 상쇄하는 선순환 구조를 이어가지 못하면서 투자 비중이 압도적인 브릭스(BRICs) 펀드들이 해외펀드 수익률 악화를 주도하고 있다. 그러나 미국이 오바마 대통령 취임으로 경기부양책에 힘을 쏟을 경우 주식시장은 생기를 찾아갈 것으로 보인다.

② '부동산 3空 한파[30)]

글로벌 경제위기의 여파로 전국의 집값이 곤두박질치면서 강남을 비롯한 '버블세븐' 지역에서는 2006년 고점 대비 약 40% 정도 가격이 하락한 아파트가 속출하고 있다. 일각에서는 조만간 '집값 반토막 시대' 가 현실화하는 것이 아니냐는 우려도 커지고 있다.

최근 서울 강남과 경기 분당, 용인 일대의 일부 급매물 시세도 2006년 고점 대비 30~40% 하락했으나, 2003년 '10 · 29대책' 직전 집값과 비교하면 아직도 20~30%가량 거품이 남아있다는 주장도 있다. 즉 아직 집값이 반토막 났다고 하기에는 시기상조라는 말이다. 그러나 서울 강북이나 수도권 북부지역은 고점 대비 하락률이 5~10% 선에 불과하여 버블세븐지역 아파트를 제외한 전체 집값은 예상보다 하락률이 더딘 편이다.

전문가들은 과거 2~3년 사이에 집값이 급등한 아파트에서는 거품이 비교적 많이 빠졌지만 2003년 10 · 29대책 이후와 비교하면 아직도 차이가 크며, 지금 시점에서 아파트값이 반토막이라고 단언하기에는 무리라는 견해다.

그러나 전문가들은 '부동산 가격은 거품붕괴 초기단계에서는 거래가 줄고 가격은 떨어지지 않는 기간이 1년 반에서 2년가량 이어지는 특성이 있다. 그러다가 갑자기 폭락으로 이어진다' 고 경고한다.

한편에서는 우리나라 금융기관들은 집값의 절반 이하로 돈을 빌려줬기 때문에 집값 거품이 터져도 금융시장에 큰 혼란이 없다는 분석도 나오지만, 우리나라 은행들은 예금총액의 130%를 대출해 주고 있어, 담보대출비율이 미국보다 낮다고 할지라도 미국이나 일본의 대출총액이 예금 총액의 90% 정도인 점을 감안하면 절대로 방관할 일이 아니라는 것이다.

우리나라의 주택담보대출 고정금리는 최고 연 10% 선을 넘다가 최근 한국은행의 금리인하의 영향으로 시중은행 주택담보대출 금리는 CD금리가 3%대로 인하됨에 따라, 3%대로 내려왔다.

우리나라의 경우, 주택담보대출의 90%가 시장금리연동형이고, 예금은행 주택대출의 평균 약정만기가 1년 7개월(만기 5년 이하의 비중 34.8%)로 미국 등을 위시한 주택담보대출 발달 국가에 비해 고정금리부 비중이 낮고 만기가 짧은 것이 특징이다.

상환방식은 거치식 분할상환이 59.2%, 일시상환이 40.8%이고 거치식 분할상환 방식의 88.1%가 3년 거치 뒤 분할상환 방식으로 올해인 2009년부터 본격적인 원리금 상환 부담이 시작된다. 특히 총부채상환비율(DTI)이 적용되기 이전인 2006년 말까지 취급된 주택담보대출 중 만기 5년 이하의 규모가 55조 원으로 만기 1~3년 38조6000억 원, 만기 3~5년 16조1000억 원으로 집계되고 있다.

집값 흐름 및 전망

(전년말 대비 증감률, 단위 : %)

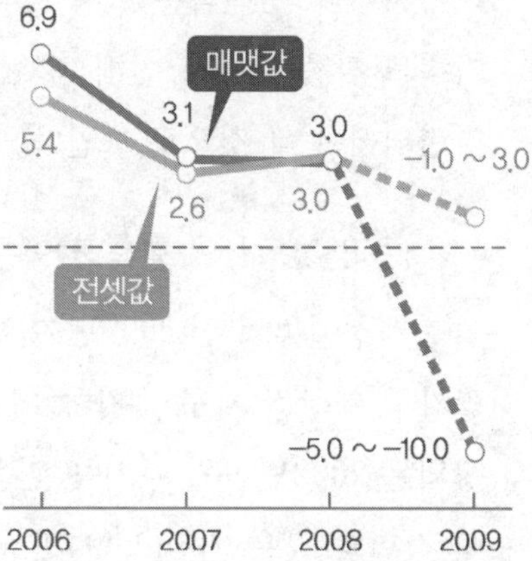

자료 : 건설산업연구원

2008년 말 현재 우리나라의 부동산 담보대출은 229조 원이나 공식 통계에 잡히지 않은 액수까지 포함하면 500조 원 정도로 예상된다. 만약, 집값이 20% 하락해 100조 원 정도가 부실화 될 경우, 국내 은행들이 감당하기 힘들 것으로 보인다. 특히 실물경기 침체가 장기화될 경우, 가계 대출과 부동산 프로젝트 파이낸싱(PF) 대출의 건전성이 나빠져 자산 디플레이션과 금융부실로 이어질 가능성도 있다.

더구나 우리나라의 주택보급률은 선진국에 비해 크게 낮은 수준으로 앞으로도 주택공급이 더욱 더 필요한 상황이다. 즉 인구 1000명당 주택 수는 최근 전국적으로는 293호, 서울은 245호 수준으로 미국 427호, 도쿄 500호, 런던 415호, 파리 616호 수준에 비교하면 턱 없이 모자라는 수치이다. 실제로 자기 집에 사는 비율인 자가보유율도 마찬가지이다. 우리나라의 자가보유비율은 55.6%로 미국 68%, 일본 61%에 비해 훨씬 낮다.

이와 같은 주택공급 차원에서는 정부 규제가 기존 주택의 희소성이 보장되어 주택가격 상승을 부추기는 면도 없지 않다. 국토이용도도 마찬가지이다. 선진국은 도시 지역률이 전 국토의 평균 10%지만 우리는 아직도 각종 규제로 인해 6% 선에 머물러 있어 종합적인 주거대책이 마련되어야 할 것으로 보인다.

③ 한국 부동산의 향후 전망은?

통계청에 따르면 2009년 이후 서울은 매년 4만여가구, 경기도는 10만가구 이상씩 가구 수가 늘어날 전망이다. 또한 2011년에 입주가 예상되는 2008년 9월 주거용 건축물의 착공 면적(1,157만㎡ · 350만평)이 작년과 같은 기간(2,494만㎡ · 754만평)보다 53.6% 감소하여 장기적인 주택공급 위축이 향후 집값 불안의 진원지로 작용할 수 있다고 전문가들은 지적한다. 결과적으로 2009년 서울 및 수도권의 경우 41,000가구, 2010년에는 90,000가구가 부족할 것으로 추정된다.

정부의 종합대책 및 기타 변수[31)]

1. 정부의 종합대책

미국발 금융시장 위기가 글로벌 경제의 불안심리를 확산시키면서 소비는 물론 투자 위축을 심화시키고 주식 및 부동산 등 자산위기로 이동하고 있다. 이러한 금융 및 실물 경제위기가 장기간 지속될 가능성이 점증되면서 국제공조를 통해 적극 대응해야 한다는 공감대가 글로벌 경제에 확산되고 있다.

연도별 주요 지역의 아파트 수요대비 공급 비교

(단위 : 가구)

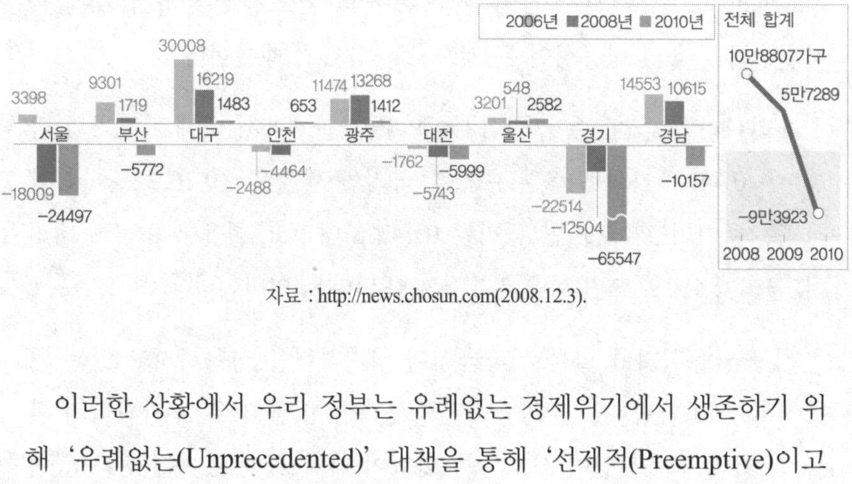

자료 : http://news.chosun.com(2008.12.3).

이러한 상황에서 우리 정부는 유례없는 경제위기에서 생존하기 위해 '유례없는(Unprecedented)' 대책을 통해 '선제적(Preemptive)이고 확실하며(Decisive), 충분하게(Sufficient)' 대응할 필요가 있다는 판단에서 대책을 내놓은 것으로 보인다.

(1) 외환 · 금융시장 안정 대책

외환 및 금융시장대책으로 우리 정부는 첫째, 통화스와프 확대 등 유동성(liquidity) 확보에 중점을 두어 금융위기에 선제적으로 대응하고 환율 안정 노력을 지속하여 금융시장 안정기조를 정착한다는 것이다. 이를 위해 은행 · 증권사 · 자산운용사 등에 유동성 공급을 확대하는 것은 물론, 증시 등 국내 금융시장 안정을 유도하고 은행채 발행여건을 개선하는 등 시장금리의 하향안정 노력도 강화한다.

둘째, 중소기업의 도산을 막기 위해 자금지원 확대를 위해 산은을 포함한 기업은행, 수출입은행 등 국책은행과 신보, 기보, 주택금융공사 등을 중심으로 추가 출자는 물론 출연을 실시한다는 것이다.

그러나 이럴 때일수록 통화정책이 정치적인 목적에 의해 흔들리지 않고 독립적으로 운영될 수 있도록 한국은행의 독립성이 철저히 보장되어야 할 것이다. 또한 안정적인 환율변동을 위한 경제의 기초(fundamental)를 튼튼히 해야 한다. 경제의 기초가 튼튼하지 않은 국가일수록 환율의 변동성이 큰 것으로 나타났기 때문이다.

우리나라의 금리, 주가, 환율사이의 상관관계에서 대체로 주가와 금리는 −0.44, 주가와 환율은 −0.34, 금리와 환율은 −0.26으로 나타났다. 즉, 주가가 1%오르면 금리는 0.44%p 내리고, 환율은 0.34% 내리며, 금리가 1% 오르면 환율은 0.26% 내린다는 의미이다.

최근 금융위기가 실물로 파급되어 경기하락을 심화시키고 있는 와중에서 정책 담당자들은 금융시장의 변동성이 클 경우, 주가하락과 환율 및 금리의 움직임이 상호 동조화되어 나타날 수 있다는 점을 깊이 인식해야 할 것이다.

(2) 실물경제 활성화 대책

최근 정부는 '2009년도 경제운용방향 보고회의'를 열어 2009년도 경제운용방향을 확정 · 발표했다.

우리 정부가 실물경제 활성화 대책으로 발표한 주요 골자는 3% 안팎의 성장률에 근거, 100억 달러의 경상수지 흑자를 이룬다는 가정 하에 청년인턴제 실시, 사회서비스 일자리 확대, SOC투자 등 정책적 노력으로 고용여건을 개선한다는 계획이다. 또한 환경, 보건의료, 국토해양, 문화체육관광, 미래첨단, 에너지, 농식품, 방송통신 등 8개 분야 7개 부처에서 총 10만 개의 일자리를 창출할 계획이다.

수혜 대상별 주요 지원 내용

	주요 지원 내용
서민 · 취약계층	• 가계대출 부담완화(가계대출 rescheduling, 시장금리 안정) • 저소득층 단계별 취업지원 서비스 제공('09년 1만 명) • 사회적 일자리 확대('08년 11.0만 명 → '09년 12.5만 명) • 범부처 일자리 창출 노력 • 사회안전망 강화 – 최저생계비 인상('08년 127만 원 → '09년 133만 원) – 근로빈곤층 직업훈련 · 구직기간 생계비 지원 – 긴급복지 확충('08년 378억 원 → '09년 489억 원) – 노숙인 일자리 · 거주지 지원과 자립기반 조성 • 교육복지 확충 – 장학금 확대 기초수급자 : '08년 대학신입생 → '09년 전 학년 근로장학금 : '08년 6,500명 → '09년 36,500명 이공계 학생 : 기초수급자 장학금 20% 증액, 장학생 선발 우대 지방대 학생 이공계 국가장학사업 확대 : '08년 2천명 → '09년 3천 명 – 방과후 학교 지원(자유수강권 지원대상 : '08년 기초수급자 → '09년 차상위계층) – 저소득층 자녀 학교 급식비 지원, 방학중 결식아동 지원 – 저소득층 유아(만3~5세) 보육 · 교육비 지원확대 – 교육복지투자 우선지역 확대('08년 322개교 → '09년 540개교) • 중소기업 청년인턴제 지원(임금 50%지원, '09년 2.5만 명) • 실업자 직업훈련('09년 13.3만 명)과 생계비 대부, 취업알선 병행 시행 • 생필품 할당관세 연장('09.상반기까지)

	주요 지원 내용
근로자	• 고용유지 지원금 상향 조정(중소기업 : 임금의 2/3→3/4, 대기업 : 임금의 1/2→2/3) • 근로시간단축지원금 확대 (단가 : 1인당 180만원→240만원, 범위 : 단축전 근로자 수의 10%까지→30%) • 유급휴가기간 대체인력 인건비 지원('09년 1,000명) • 육아기 근로시간 단축제 도입기업에 육아휴직장려금 및 대체인력채용장려금 지급('09년 1.3만 명) • 비정규직 근로자 사용제한 기간 연장 및 파견허용업종 확대
영세자 영업자	• 소상공인 정책자금 지원 확대(2,875억 원→5,000억 원) • 자영업자 유가환급금('08~'09년 8,600억 원) 지원 및부가세 경감('09년 △7,810억 원) • 업종전환 · 재창업 지원(신규 1,000억 원) 및 성공창업지원(2.2억 원→31억 원) 확대 • 영세상인 저금리 소액대출(점포당 3백만 원, 연4.5%이내) • 전통시장 활성화 - 주차장 등 편의시설 258개소 확충 - 전국 공통 상품권 발행 • 영세자영업자 재취업 · 창업훈련 프로그램('09년 1만 명) • 영세자영업자 고용보험 가입 허용('09년말)
농어민	• 경영자금 및 보증공급 확대(농업종합자금 1.8조 원, 영농자금 3.6조 원, 영어자금 1.9조 원, 신용보증공급확대 13.2조 원) • 농업 원자재 등에 대한 할당관세 연장('09.상반기까지)
중소기업	• 중소기업 유동성 지원 - 한은 총액한도대출 배정(9조 원) - 산은 · 기은 · 수은 등을 통한 직접지원 - 중소기업 회사채 발행('08년 1조 원→ '09년 2조 원) 활성화 • 중소 수출기업 금융지원, 수출업체 보증 · 보험 공급 - 수은 자금공급 확대 : '08년 21조 원→ '09년 25조 원 - 중장기 수출보험 : '08년 12.6조 원→ '09년 19.5조 원 • 하도급 유통분야 불공정거래 감시 · 시정 • 신 · 기보 총보증공급 규모 확대(6조 원), 지역신보 보증공급 규모 확대(6.3조 원→8.6조 원) • 중기청 융자자금 지원 확대('08년 3.2조 원→ '09년 4.3조 원) • Pre-Workout 추진(Fast-Track, 대주단 협약 등)

2. 정부 정책에 대한 신뢰도를 높여라[32)]

최근 자유기업원에 의하면 한국의 경제학자 51인에게 '글로벌 경제위기의 원인과 해법' 에 대한 설문을 실시한 결과 정부의 대응수준이 'C학점' 수준이었다는 평가가 나왔다. 이 조사에 따르면 '경제위기 극복을 위한 현 정부의 정책에 대해 학점으로 평가해달라' 는 질문에 경제학제의 41.2%가 C학점, D학점 31.4%, B학점 25.5%, A학점 2% 순이었다.

이렇게 평가한 이유로는 '위기 땜질용 정책' 보다는 위기의 '근본적인 대책' 으로 대응하는 것이 중요하다고 평가하고 있는 것으로 분석됐다. 이들은 경제위기 극복을 위한 정부정책에 대해, 단기적으로 정책 신뢰성 회복 및 금융시장 안정을, 그리고 장기적으로는 경쟁력 강화를 위한 경제시스템 변화가 필요하다는 점을 지적하고 있다.

또 한국은 '외환위기 때 보다 심각한 경체침체가 올 것으로 예상하지 않는다' 는 답변이 26명으로 51.0%를 차지했고, 한국의 경제의 회복 시점에 대해서도 72.5%가 '2~3년 이내가 될 것' 이라고 전망했다.

경제위기의 핵심 원인으로 ① 파생금융상품 증가 및 금융감독시스템의 부재를 49%, ② 그린스펀의 저금리 정책을 29.4%, ③ 미국의 주택보유 담보제공정책을 17.6%, ④ 부동산 버블 붕괴를 3.9% 순으로 꼽았으며, 이번 경제위기가 세계경제 대공황으로 이어질 가능성이 없다는 평가가 58.0%(29명)로 주를 이루었다.

경제학자들은 또한 규제완화와 금리인하, 외환시장 안정, 금융기관의 건전성 감독의 필요성을 지적하는 동시에 시장 고유의 기능을 훼손해서는 안 된다는 점도 아울러 강조했다.

이처럼 경제전문가들의 현 정부의 경제정책에 대한 평가는 냉혹하고도 철저하다. 이를 반영하듯, 최근 이명박 대통령은 4시간 동안이나 청와대 참모진들을 꾸짖었다 한다.

2009년 거시경제 지표 전망치

실질 GDP 성장률	3% 안팎
취업자 증가	10만명 이상
민간소비 증가율	1% 안팎
설비투자 증가율	-2% 안팎
소비자물가 상승률	3% 안팎
수출(통관) 증가율	0%
경상수지	100억달러 이상 흑자

자료 : 기획재정부

"매일 하던 대로 하지 말고 창의적으로 생각하고 아이디어 내서 일하라."

"주로 외교 쪽에 집중하는 것 같은데 안보 분야는 안 챙기느냐."

"정부의 잇단 대책에도 시장은 반응하지 않는데 뭔가 잘못 파악하고 있거나 노력이 미흡한 게 아니냐."

"한번 지시하면 이행이 돼서 결과물로 나타나야 하는데, 한참 있다 물어보면 전에 했던 것과 같은 보고를 해서야 되겠느냐."

"과연 청와대 직원들이 몸을 던져서 일할 자세가 돼 있는지 반성해야 한다."

또한 최근 한나라당과 국회 상임위원장들과의 미팅에서 이 대통령은 '견위수명(見危授命, 위기를 만나면 목숨을 던진다)'을 언급했다.

"먼 훗날 몸을 던져 일했다는 평가를 받고 싶다."

"세계 정상들을 만나보니 내년 상반기가 가장 어려울 것이라는 게 공통된 의견이었다."

"국회가 새해 예산안을 하루라도 빨리 처리해 주면 특단의 방안을 마련해서라도 최대한 신중히 집행하도록 하겠다."

자료 : http://economy.hankooki.com(2008.12.2)

"경기진작과 내수활성화를 위해서는 어느 때보다 타이밍과 속도가 중요하다."

대통령으로서의 국가를 경제위기 속에서 살리고자 하는 절박한 마음의 표현이다. 최근 대통령에 대한 국민들의 신뢰도가 39%에 그치는 등 정책전반에 대한 국민불신이 심각한 수준인 것으로 나타났다.

그에 대한 이유로 31.5%가 정책의 일관성 부재, 인사편향과 불공정(27.5%), 경제회생 능력(20.9%), 이념적 편향성(10.5%) 등을 꼽고 있다. 심지어는 한반도 대운하 공약을 폐기했다고 믿는다는 응답이 32.0%, 폐기했다고 믿지 않는다는 답변도 52.1%에 달할 정도로 정책에 대한 불신이 크다.

왜 그럴까? 이는 국민들은 '뭔가 다른' 참신성을 원한다. 세계적인 경영전략 분야의 석학인 미국 하버드대 마이클 포터(Michael Eugene Porter) 교수는 최근 한국경제정책에 대해 '효율적(efficient)'인 것 이외에도 '다르게, 차별화되게(different)' 하는 것이 필요하다고 강조한 바 있다.

예를 들면 최근 미국과 300억 달러, 그리고 중국과 일본까지 통화스와프(currency swap) 계약 체결에 나서 금융위기로 인한 국가부도의 위험에서 한 발 멀어지게 한 것은 '뭔가 다른(something different)' 정책의 좋은 사례로 정권 초반 747정책, 밀어붙이기식 쇠고기 협상, 강부자로 대표되는 코드정치, 낙하산식 공기업인사 등으로 신뢰를 잃은 정부가 국민들이 예상하지 못했던 신선한 정책으로 잃었던 신뢰를 회복하는 첫걸음이었다.

미국 제16대 대통령 에이브라함 링컨은 “만일 당신이 국민들로부터 신뢰를 잃는다면, 당신은 그들로부터 존경과 존중을 결코 회복할 수 없다”라고 했다. 지지도는 ‘오르락내리락’ 하는 것이므로 단기간의 지지율에 크게 신경 쓸 필요는 없다. 그러나 정책수행 시에는 지지율이 중요한 역할을 하는 것이 사실이다.

국민들의 단기적인 신뢰는 ‘뭔가 다른, 참신성(something different, new)’ 여부에 달려 있다. 물론 가장 중요한 것은 장기적인 플랜 속에서 일관성을 가지고 끈기 있게 국민을 설득하도록 노력하는 것이다.

최근 이명박 대통령은 공자님 말씀을 예로 들며 ‘견위수명(見危授命)’ 즉, 나라가 위험에 빠졌을 때 목숨을 바쳐야 한다고 했다. 그러려면 목숨을 바칠만한 사람이 필요하다. 먼저 그 대열에 뛰어들 수 있는 실력과 용기를 갖춘사람을 찾아야 한다.

금융위기의 원흉, 망한 미국기업의 대명사인 ‘리먼’을 인수한 일본 노무라증권 회장 고가 노부유키(古賀信行)는 사무라이는 “투자란 최악에 하는 겁니다.” “금융은 사람이다.” “리먼 인수는 회사가 아니라 인재(人材)를 산 것” 이라고 했다.

日 노무라증권
고가 노부유키 회장

이처럼 일은 사람이 하는 것이기 때문에 사람이 가장 중요하다. 그러나 막상 쓸려고 보면 사람이 없는게 현실이다. 이럴 때에는 반드시 외부수혈이 필요하다.

몸 바쳐 일할 용기도 중요하다.

원균이 칠천량 전투에서 대패하여 단 12척의 배만이 남았을 때, 이순신은 수군을 없애겠다는 조정의 공론에 반박하여 이렇게 말했다. "신에게는 아직도 12척의 배가 남아있습니다. 신이 살아있는 한 왜적이 우리를 업신여기지 못할 것입니다."

이순신은 왜선 앞에서 동요하는 부하들에게 이렇게 말했다. "죽기를 각오하면 살 것이요, 살고자 하면 죽을 것이다(必死卽生, 必生卽死)." 이러한 정신이야말로, 지금 우리에게 가장 절실한 덕목인 것이다.

외국속담에 "Trust comes on foot, but leaves on horseback." 이란 말이 있다. 즉 신뢰를 쌓기는 오래 걸려도 잃기는 쉽다는 말이다. 글로벌 경제에 닥친 경제상황은 '신뢰의 상실' 이라는 말로 요약할 수 있다. 사람들에게 신뢰가 상실되면 텅빈 마음 한 구석에 불신과 절망이 자리 잡게 마련이다.

덴마크의 철학자 키에르케고르는 죽음에 이르는 병은 바로 '절망' 이라고 했고, 독일의 철학자 블로흐는 인간이 존재하는 힘은 바로 '희망' 이라고 했다. 사람들의 마음 속에 이미 자리를 틀고 앉은 불신과 절망이 고착화되기 전에 빨리 '희망과 용기' 로 바꿔야 한다.

3. 북한 관련 변수[33)]

(1) 북한의 핵개발인정과 미국의 대북 정책

최근 미국 국방부 산하 합동군사령부는 보고서에서 북한을 러시아, 중국, 인도, 파키스탄과 함께 아시아의 5대 '핵능력국가(Nuclear Power)' 로 표기했다.

이어서, 로버트 게이츠 국방장관은 외교전문지인 포린 어페어스(Foreign affairs) 최신호에서 "북한이 핵폭탄을 여러 개 제조했다."고 밝혀 북한의 핵개발 사실을 다시 한 번 확인했다.

전문가들은 오바마 당선자 정부에서도 국방장관으로 이미 내정된 그의 발언은 북핵에 대한 미국 새 행정부의 시각 변화를 예고하는 것이어서 사태가 사뭇 심각하다는 평가이다.

북한은 최근 열린 6자 수석대표회담에서 검증의 포괄적인 원칙을 거부했다. 따라서 북한은 이미 보유한 '과거 핵'의 인정 여부도 큰 변수가 되었다. 오바마 행정부는 북한의 과거 핵무기를 그대로 인정하고 추가 생산과 확산만 막는 전략을 취할 경우, 북한은 핵보유국 지위를 갖고 '현재 및 미래 핵'만을 협상의 테이블에 올릴 가능성이 높다.

그러나 북한이 핵보유국으로 인정받을 가능성은 국제정세 흐름을 볼 때 그리 크지 않다는 점에서 '개성공단 차단과 핵'을 지렛대로 삼아, 미 오바마 정부의 최대 지원책을 끌어낼 가능성이 크다는 것이 전문가들의 견해다.

미국의 북핵 인정 입장이 오바마 대통령의 의중이 반영된 것이라면 미국이 북한의 핵 무기를 인정하고 이를 감축하는 방향으로 정책이 전환될 수도 있다는 것을 의미한다. 이 경우 미국은 북한과의 직접 대화에 나서되 북한에 대해 훨씬 강한 압박술을 쓸 것이란 추론도 가능해진다.

이런 맥락에서 볼 때, 최근 숀 매코맥 국무부 부대변인이 북한이 핵 검증 체제에 대한 약속을 지키지 않는다면 테러지원국 재지정이 언제나 가능하다고 말한 것도 대북정책에 대한 오바마 대통령의 강경대응 방침에서 나온 것이 아닌가 하는 추론도 가능해 진다.

(2) UN 미래보고서

UN 미래보고서에 의하면, 2015년경에는 수 백만 명의 남한행이 예상되는 가운데 난민 대처 계획을 서둘러야 한다고 조언하고 있다. 미래학자들은 북한의 정보화로 인해 남북한의 통일 변수가 2020년 이전에 있다고 한다.

2010년 정보 공유화로 개인 간 인터넷을 통한 북한 주민의 인터넷 접속이 가능해져 북한 권력은 세습이 불가능해지고 2012년경에는 매일 수백, 수천 명의 북한 주민이 남한으로 잠입하려 시도할 것으로 예상되는 가운데 2015년에는 수 백만 명의 북한인이 남한으로 들어와 이들을 수용할 시설이 없으면 폭동이 일어날 수 있다고 주장하고 있다. 따라서 경기 · 강원도, 중국 · 러시아 · 동남아 등지에 난민촌을 준비해야 한다는 것이다.

(3) 대응 전략

"한국에 남은 거대한 기회는 바로 북한이고 통일이라고 봅니다. 물론 미국도, 일본도, 중국도, 러시아도 한반도 통일을 원하지 않으니 통일이 당장 이뤄지지 않겠죠. 그래도 역사적으로 볼 때 통일은 불가피하지 않나요? 경제적으로 지혜롭게 준비하고 추진해서 이 기회를 최대한 활용해야죠."

지난 1987년 블랙먼데이를 예견해 '닥터 둠(Dr. Doom)' 이란 별명을 갖고 있는 세계적 투자분석가이자 펀드매니저인 마크 파버가 내린 진단이다. 만약 개성공단사업의 중단이 장기화될 경우, 남측으로서는 5,000억 원에 달하는 투자손실이 발생하거나 입주업체의 부도 사태가 이어질 전망이다.

또한 개성공단 조성과 철도 · 도로, 통신 등 사회간접자본 구축에 투자된 금액이 1조 원에 이르러 당장 눈에 보이는 손실만 1조5000억 원에 달하고 북한도 2010년경에는 1억1800만 달러에 달하는 것으로 추정된다.

남북경협시민연대는 최근 현재 개성공단에 입주한 87개 기업의 현지 생산액은 2,500억 원에 이르며, 이를 남측에서 상품화할 경우 1조 6700억 원의 경제적 효과가 있다고 밝히고 있다. 특히, 2년 후 개성공단의 생산유발 효과는 최대 47억 2천만 달러에 달할 것이라는 전망이다.

최근 한국은행 금융경제연구소에 의하면 개성공단의 남측 경제적 효과에 대해 2010년 생산유발 효과가 36억~47억 2천만 달러, 부가가치유발 효과가 11억 9천만~15억 6천만 달러로 늘어나 국민소득 대비 각각 0.3~0.4%와 0.1% 수준으로 확대될 것이라고 내다봤다.

개성공단은 막대한 경제적 가치와 함께 북한의 주요 남침로를 막고 있다는 안보적 가치도 상당히 크다는 점에서 개성공단 중단으로 남북이 입을 피해는 단지 금액으로는 추산하기 힘들다는 견해가 주를 이루고 있다.

따라서 정부는 다각적인 대응책 마련에 나서야 할 것으로 보인다. 단기 전략으로는 당장 개성관련 문제 및 핵문제 해결을 염두에 두면서 미국을 비롯한 주변국과 공조를 맞추고, 중장기적으로는 '유엔미래보고서'에서도 지적하였듯이 통일에 초점을 맞춰가야 한다.

만약 지금부터 대응책을 세우지 않을 경우 탈북자 문제로 허둥댈 수 있을 뿐 만아니라 사회에 큰 혼란을 불러 올 수도 있는 중대 사안이다.

이와 관련하여 최근 서울의 높은뜻 숭의교회가 탈북자를 위한 교육 시설을 지원하는가하면, 이들을 고용하여 박스공장을 성공적으로 운영하고 있다. 정부는 이러한 성공적인 사례를 참고하여 다양한 프로그램으로 벤치마킹 할 경우, 향후 탈북자 지원을 위한 다양하고도 효율적인 정책으로 활용이 가능할 것으로 보인다.

특히 미국기업연구소(AEI)의 2009년 1월 12일자 발표(미국의 아시아 전략)에서 "한국은 불안정이 두려워 통일 노력을 꺼리고 있다."고 지적하고 있는 점을 감안하여 우리정부는 주도적으로 나서서 통일에 대한 적극적 대응책을 펴야 하는 상황이다.

개성공단의 경제적 가치

	2007년	2010년(추산)
남한		
생산 유발효과	6700억원	36억원 ~47억 2000만 달러
부가가치 유발효과	2200억원	11억 9000만 ~15억 6000만 달러
고용효과	3300여명	2만 7000 ~3만 3000명
북한		
임금수익	2376만달러	1억 1810만달러

그 밖에 교류로 인한 남한의 지원 등

자료 : http://www.segye.com(2008.11.25)

제 23 장 한국경제, 최악의 실업상태 (U&D)

한국은 어떤나라인가? 인구밀도, 해독률, 교통사고, 흡연자수가 OECD국가중 1위다. 또한 1981~2005년 평균 GDP 성장률이 6.9%로 세계 1위이고, 조선, 휴대폰기술, 반도체, LCD모니터기술도 세계 1위다. 골드삭스에 의하면 2025년 한국은 1인당 GDP가 세계 3위, 2050년에는 세계 2위가 될것이다. 그러나 2305에서 한국이 사라질지도 모른다.

한국 경제위기의 시계, 지금 몇 시인가?[34)]

작년말부터 우리나라는 글로벌 경제위기의 영향으로 부동산 반토막, 주가 폭락, 기업 도산, 경기 급속 냉각 등의 우울한 소식 속에 매일 파묻혀 있는 느낌이다. 이러한 경제상황은 IMF 이후 최악의 경기침체, 즉 U&D(Unemployment & Depression) 시즌이 시작되었다는 것을 입증해주는 징표이다.

우리나라의 펀더멘탈은 괜찮은데, 왜 그럴까? 현재 한국경제의 대외의존도는 76%를 기록하고 있으며, 이는 한국은 무역을 통해 먹고 사는 나라가 되었음을 시사하는 대목이다. 특히 우리나라는 수출입 물량을 합치면 GDP와 비슷해지는 나라로, 우리 경제는 수출에 동조화되어 있다고 해도 틀린 말이 아니다.

한국은 일본에서 부품을 사고, 중동에서 석유를 사다가 중간재 내지는 기계를 만들어서 중국에 팔면, 중국은 다시 소비재를 만들어서 미국에 판다.

이렇듯 우리나라의 최대 무역국이 어느덧 중국이 되어버렸지만 결국 중국보다 '소비면에서 9배나 큰' 최종 소비국인 미국시장에 연동되어 있는 셈이다.

미국발 금융위기가 한국경제에 미치는 흐름도

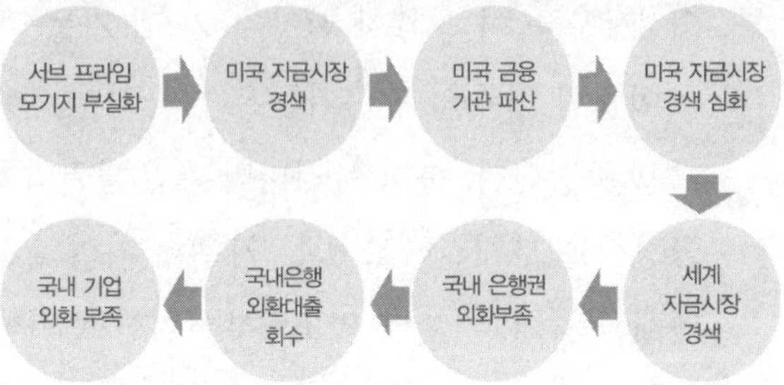

따라서 미국과 중국의 경제가 힘들면 우리도 직격탄을 맞는 게 당연하다는 논리이다.

최근 미국 뉴욕대의 루비니 교수는 AEI 강연에서 아시아에서 금융위기 직전(on the verge of a financial crisis)에 몰려 있는 나라들로 세 나라를 거론하고 나섰다. 즉 한국을 파키스탄과 인도네시아와 동급으로 취급해 충격을 주고 있다.

그는 지난 9월말 "신흥시장에서 금융위기로 몰리고 있는 10여개 국가가 있는데 유럽에서는 라트비아, 에스토니아, 리투아니아, 헝가리, 불가리아, 루마니아, 터키, 벨라루스, 우크라이나 등을 들 수 있으며, 아시아에서는 파키스탄, 인도네시아, 그리고 한국이 곤경에 빠져 있다."고 언급한 바 있다.

이어서, 올해 노벨경제학상을 수상한 폴 크루그먼 프린스턴대 교수도 최근 'The Widening Gyre' 이라는 뉴욕타임즈 칼럼에서 "정말 충격적인 것은 이번 위기가 신흥시장에 확산되는 양상이며, 러시아, 한국, 브라질은 큰 곤경(big trouble)에 빠진 신흥시장들"이라고 꼽았다 (...Now the emerging markets are in big trouble...The really shocking thing, however, is the way the crisis is spreading to emerging markets ? countries like Russia, Korea and Brazil).[35)]

크루그먼 교수는 또 "미국의 금융시장이 1차 진앙지라면, 신흥시장의 '경착륙' 이 '제2차 진앙지' 가 될 가능성이 있다"는 경고까지 했다.

이처럼 다수의 전문가들은 한국경제 전반에 위기의 경고등이 켜졌다고 주장한다. 특히 우리나라는 은행권의 외화부족 사태가 기업의 자금경색을 부채질하고 있는 가운데 기업의 교역조건 조건 악화, 금융권 연체율 증가, 미분양 및 P/F부실위험로 인한 건설사 부도 등이 위험요소로 작용하고 있다. 더구나 정부에서는 경상수지 적자로 순 채무국으로 전환되어 한국경제 전반에 위기 징후가 속속 포착되고 있는 상황이다.

우리나라의 위험시계는 현재 몇 시를 가리키고 있는가? 이러한 신호를 분석해 위험 시계로 환산하면 한국경제의 위기 시간은 '21시 10분' 으로 위기예보를 지나 경보가 발령된 상태이다.[37]

금융위기 이후 가계경제 현상[36]

한국의 서민생활은 특히 어려워져 4중고에 시달리는 등 갈수록 고달파지고 있다. 최근 우리나라의 2인 이상 전국 가구의 월평균 소득은 346만5,000원으로 지난해 같은 기간에 비해 5.5% 늘어난 수치이다. 하지만 물가 상승률을 반영한 실질소득 증가율은 '0%' 로 실질소득 증가가 멈춰버렸다.

최근 김모씨는 2억 원을 빌려 식당을 개업했다. 작년까지만 하더라도 이자가 120만원 안팎이었으나 올 초부터 연 8%대로 뛰어 이자만 월 130만원대, 그리고 최근에는 140만원으로 늘었다.

올 들어 일자리도 사정은 작년과 마찬가지이다.

경기위축의 영향으로 일자리가 급격하게 줄고 있다. 통계청에 따르면 올 1월 전년 동월에 비해 늘어난 일자리 증가수는 23만5000개 → 6월 14만7000개 → 10월에는 9만7000개로 줄었다. 현재 취업 준비생만 58만 명을 넘고 별다른 이유없이 그냥 집에서 쉬는 사람도 126만 명에 달한다.

내년에도 취업자 증가수가 매월 10만 명 내외에 그칠 것으로 전망하고 있다.

자산디플레이션 현상도 심각하다. 최근 통계청에 따르면 중산층 적자 가구는 24.6%로 지난해에 비해 2% 포인트 높아졌다. 중산층 네 집 중 한 집은 적자라는 얘기다. 금융 및 실물자산 모두 가치가 하락하고 있다.

지난 작년말을 100으로 볼때, 가격지수가 최근 송파구 90.8, 용인 91.5를 기록하고 있다. 가격지수란 어느 일정한 시기를 기준으로 하여 개별상품의 시기에 따른 가격변동을 지수로 나타낸 수치(數値)로 증권, 부동산 등의 자산가격이 하락하고 있음을 나타내는 지수이다.

연구에 의하면 한국은 주식 및 부동산 가격이 1000원 하락할 경우, 소비는 각각 50원, 20원이 줄어든다는 평가이다. 자산가격 폭락은 소비 위축 → 생산 감소 → 기업의 투자 위축 → 성장잠재력 약화 등의 악순환으로 이어진다.

최근 환율도 천정이 어딘지 모르게 급등하면서 해외에 자녀를 유학 보낸 사람들은 걱정이 많다. 올 1월 초만 해도 월 3000달러를 보내려면 281만원 정도 들었다. 하지만 지금은 달러대비 원화가 절하되어 449만원이 든다. 원-엔 환율과 원-위안 환율도 마찬가지로 절하되어 일본이나 중국에 자녀를 유학 보낸 가정도 어렵기는 마찬가지다. 이처럼 국내 또는 국외로 송금한 교육비는 전년 동기에 비해 8.7%나 증가했다.

어디 이뿐인가? 2009년 들어 미국 달러화 대비 원화의 절하율은 22.4%로 세계 주요국 통화 중 가장 높은 것으로 나타났다. 이 경우, 수출경쟁력은 증대되는가? 아니다. 아쉽게도 우리나라는 현재 환율이 상승해도 수출증대 효과는 별로 없는 상태다. 최근 한국은행의 조사에 의하면 원화가 절하되면 수출가격의 상승으로 수요가 감소되어 수출물량이 줄어드는 형국이 되었다.

한국경제의 8대 악재[38)]

1. 성장능력 및 성장률 하락[39)]

(1) 성장능력 위축

우리나라는 금융위기로 성장능력이 크게 위축되고 있다.

90년대 중반까지 7~8%대의 고성장세를 지속했던 우리 경제의 성장률이 4%대 이하로 하락하고, 2009년에는 1~2%대로 추락할 전망이다[연평균 성장률, % : (81~90)8.7 → (91~95)7.5 → (96~00)4.1 → (01~07)4.6]. 또한 1인당 소득이 G7 국가의 절반 수준[40]에 불과한 가운데, 1~2만 달러 기간 중 투자 증가율이 성장률을 크게 하회하는 등 내수기반이 급속히 약화되고 있다.

1~2만 달러 소요기간 중 주요국과 우리나라의 투자 및 민간소비 증가율 (%)

	미 국 (‘78~87)	영 국 (‘87~95)	일 본 (‘84~97)	싱가폴 (‘89~93)	한 국 (‘95~07)
성장률	3.2	2.3	3.8	8.9	4.9
고정투자(설비 + 건설)	3.8	3.1	5.7	12.3	2.6
민간소비 증가율	3.3	2.8	3.5	8.0	3.6
1만 달러 → 2만 달러 소요기간	10년	9년	14년	5년	13년

(2) 성장률 하락

최근 한국은행은 세계경기 동반침체 심화, 신용경색 확산, 부동산가격 급락 및 가계채무부담 증가 등이 향후 경기의 하강요인으로 작용함에 따라 2009년 중 GDP 성장률은 금년(3.7%)보다 크게 낮은 2.0%를 기록할 것으로 전망했다. 국내 주요 기관도 ‘09년 중 성장 및 일자리 유지가 어려울 것으로 전망하고 있다.

이는 내수부진이 심화되는 가운데 수출도 세계경기 둔화로 크게 위축될 것으로 예상되는 대목이다. 특히 우리 경제는 향후 잠재 성장능력이 더 떨어진다는 게 일반적 견해다.

IMF는 우리나라의 잠재성장률은 외환위기 전에는 연간 8%였던 잠재성장률이 향후 점차 낮아져 21세기 중반에는 연간 2%로 감소할 수 있다는 전망이며, 많은 다른 전문가들도 우리나라의 잠재성장률이

2010년까지 4% 수준을 유지하다 점차 낮아져 2031년경에는 1.9% 수준으로 추락할 것으로 분석하고 있다.

이러한 원인으로 IMF는 고령화와 노동시장 경직성에 따른 노동력 부족, 서비스 산업의 경쟁력 저하, 자본시장의 비효율성, 복지예산 증액에 따른 재정난 등을 꼽고 있다.

참 고[41)]

■ 잠재성장률(潛在成長率)

완전고용이 이뤄질 때의 성장률 추정치로, 여기서 완전고용은 노동력뿐 아니라 자본의 완전활용까지도 포함한다. 즉 물가상승을 유발하지 않고 달성할 수 있는 성장률을 가기키다. 실제성장률과 대응되는 개념으로 실제성장률에서 잠재성장률을 뺀 GDP갭이 마이너스(−)이면 생산능력 안에서 경제활동이 일어나고 있음을 의미하며, 인플레 압박이 발생하지 않는다. 또 유효수효를 증가시켜 실업률을 낮출 수 있다.

반면 GDP갭이 플러스(+)라면 실제성장률이 잠재성장률을 초과하는 수준을 초과하는 상황이며, 이 경우 경기과열, 인플레이션, 물가상승 등이 발생한다.

잠재성장률은 특별한 공식에 의해 산출되지 않기 때문에 통상 발표되지 않는다. 한국은행도 여러 가지 시각에서 잠재성장률을 예측한 후 이론전개와 검증과정이 가장 뛰어난 전망치를 업무참조용으로 활용하고 있다.

2. 복지 및 재정부담의 급증

(1) “2050년에 한국은 세계 최고령국이 된다.”

오는 2026년 우리나라 노인인구 비율은 전체인구의 20%에 이르러 초고령사회에 진입하고 2050년에는 노인 인구가 전체인구의 38.2%를 차지해 세계 최고령국이 된다는 분석이 나왔다.

저출산 고령사회위원회에 따르면 우리나라의 전체인구에서 차지하는 노인인구 비율이 2008년 10.3%(502만 명) → 2018년 14% → 2026년 20% → 2050년에는 38.2%를 차지하게 되어 세계 최고령국이 되는 것으로 분석됐다.

이에 따라 우리나라는 각종 연금과 의료보험의 재정부담이 급증할 전망이다. 즉 의료보험에서 차지하는 노인의료비 비중은 1985년 4.7% → 2006년 22.8% → 2010년에는 28% 수준으로 급증할 것으로 전망된다. 더불어서 공무원연금, 군인연금은 물론 기초조열 연금도 급증할 전망이다.

우리나라는 재정지출 구조면에서 공무원 인건비, 저소득층 생계비 지원 등 지출을 줄이기 어려운 경직성 복지비 지출 비중이 늘어나고 있다. '비전 2030 희망 한국' 에 따르면 2006~2030년 복지지출 증가율이 연 9.8%로 빠르게 증가할 전망인 가운데 통일에 대비, 향후 막대한 국채 발행이 불가피할 전망이다.

이미 국가부채가 과다한 상황에서 통일비용 조달을 위한 부채까지 늘어날 경우, 국가부채는 통제하기 어려운 수준까지 갈 것으로 보인다. 독일의 경우, 통일이 되던 1991년 부채비율이 국내 총생산의 40.4%에서 2004년에는 67.0%로 크게 늘어난 점을 상기할 필요가 있다.

3. 인구감소

유엔인구기금(UNFPA)이 전 세계 156개 국가를 대상으로 발표한 '2008 세계 인구현황 보고서' 에 의하면 한국의 인구 감소는 그야말로 경고 수준에 이르고 있다.

우리나라의 출산율은 여전히 세계 최저수준이며, 합계출산율이

2005년엔 세계최저수준인 1.08명 → 2007년엔 1.26명으로 지난 2년 연속 증가하고는 있으나 인구대체수준인 2.1명이나 OECD평균인 1.6명에 크게 못 미치는 상황이다. 특히 2008년 출생아수는 9월말 현재 35만7천 명으로 전년 동기간에 비해 1만5천 명이 감소한 것으로 나타났다.

현재 우리나라의 가임기 여성(15~49세) 1인이 낳는 평균자녀수는 1.20명으로, 1.3명인 일본 · 독일 등과 함께 세계 최저 수준이다. 이는 첫 번째가 도시국가 홍콩(0.96명)임을 감안하면 세계 최저수준이나 다름없다.

2050년이면 한국 인구가 지금보다 13%인 600만 명 가량이 줄어들 것으로 예상되는 가운데 한국이 세계 속의 강국으로 발돋움하기 위해서는 출산장려운동을 벌여야 한다는 주장이 설득력을 얻고 있는 상황이다.[42)]

반대로, 향후 의료 · 요양 수요가 많은 75세 이상 노인 인구비중이 큰 폭으로 증가할 것으로 예측되고 있다. 이러한 원인으로는 기대수명 연장('05년 78.6→'50년 86.0세)과 저출산 현상이 주 원인인 것으로 파악되고 있다.

4. 돈 먹는 하마 "자녀의 사교육비"[43)]

(1) 노후대책 가로 막는 사교육비

① "가르치다 보니 노후준비자금이 한 푼도 없구나."

최근 조선일보사와 피델리티 · 현대경제연구소의 '은퇴준비에 대한 인식조사'에 의하면 한국인들의 노후대책의 최대 걸림돌은 자녀교육비로 나타났다.

이러한 영향으로 노부모 부양 의식은 점차 줄고 있는 상황에서 현재의 40~50대가 노후 대비에 가장 취약한 것으로 나타나고 있다.

이어서 '은퇴준비 인식 조사' 에서도, 한국인들이 은퇴자금 준비에 차질을 빚는 가장 큰 이유로 '자녀 교육비' 를 꼽고 있다. 특히 이번 조사 대상인 유럽 8개국(스웨덴, 네덜란드, 독일, 오스트리아, 스위스, 프랑스, 이탈리아, 포르투갈) 사람들은 돈이 없어서, 잘 몰라서, 관심이 없어서, 나이가 어려서 등의 이유로 은퇴 준비를 못하는 것으로 나타났다.

그러나 우리나라의 경우, 은퇴자금을 준비하고 있다는 응답비율이 전체의 49.6%로, 북유럽 국가(68~81%)들보다 상대적으로 낮았으나 프랑스, 이탈리아, 포르투갈 등 남부 유럽 국가(36~43%)들보다는 높은 편이었다.

이처럼 노후준비에 가장 커다란 짐인 사교육비는 21조원을 훌쩍 넘어서고 있다. 이는 국내총생산(GDP)의 3.4%로 세계 최고 수준이며, 국방비(2.7%)보다도 높다. 심지어는 교육열이 높기로 유명한 일본의 3배(1.2%), 미국(2.3%)의 1.5배에 달할 정도이다.

한 연구보고서에 의하면, 우리나라는 OECD 23개 회원국의 2003년 기준 교육투자 효율성 순위가 20위로 최하위권 수준을 벗어나지 못하고 있는 실정이다.

국가별 사교육비를 포함한 교육투자의 효율성 비교

경제협력개발기구(OECD)가 조사 발표한 '2000년도 학업성취도 국제비교지수' 와 '2003년도 교육지표' 를 토대로 학업성적 대비 교육비 지출의 효율성 측정.

사교육비를 감안하지 않을 경우 한국 순위는 일본에 이어 2위.

자료 : LG 경제연구원

(2) '방과 후 학교 프로그램', 사교육비 해결책으로 활용해야 … .

① "소득의 양극화가 교육의 양극화로 이어진다."

최근 5년간 우리나라 상위소득 10%의 교육비 증가율은 46.3%에 달한 반면 하위소득 10%의 교육비 증가율은 16.9%에 그쳐 소득별 교육양극화가 현실화되고 있다.

여기에다가 보건사회연구원과 중앙일보 조사에 따르면 우리나라의 중산층 비율은 1996년 68%에서 2006년 55%로 낮아지고, 외환위기 이전에는 70% 정도가 중산층 귀속 의식을 가졌으나 최근에는 57%로 크게 감소한 것으로 나타났다.

이처럼 우리나라는 시간이 갈수록 소득양극화가 교육양극화로 이어지고 있는 가운데, 최근 금융위기로 우리사회의 '허리' 인 중산층의 몰락이 가속화되고 있다. 이러한 폐단을 막기 위해, 정부는 최근 저소득층 학생을 위해서는 방과 후 학교 프로그램을 확대 운영하겠다고 발표했다.

방과 후 학교프로그램은 학생 · 학부모 중심으로 운영하는 정규 수업 이외의 학교 교육활동으로, 기존의 특기 · 적성교육, 초등학교의 방과 후 교실, 고등학교의 수준별 보충학습 등으로 사용된 각각의 명칭과 프로그램을 '06년부터 방과후학교로 통합하여 운영해오고 있다.

정부는 2009년부터 방과 후 초등보육교실 확대 지원(설치 · 운영비) 및 자유수강권 지원대상을 단계적으로 확대한다는 방침이다.

그러나 이러한 정책의 대상자가 서민이란 점에서, 전국을 대상으로 영구임대주택 등 서민 임대주택을 관리하고 있는 주택관리공단 같은 공기업이 단지별로 공공 및 기업들과 연계한 지원 프로그램을 개발하여 참여할 경우, 정책의 효율성이 크게 제고될 것으로 보인다.

특히, 방과 후 프로그램을 임대단지마다 만들어서 강사로, 미취업한 대학생들의 인턴쉽, 공익요원 배치로 서민 주거안정은 물론 사회복지제고 노력을 하는 한편, 교사 임용 전 방과 후 프로그램 참여자에 대한 가점 부여 등의 정책을 실시할 경우, 늘어만 가는 청년실업해소에 도움이 될 뿐만 아니라, 저소득층 보호를 위한 사회적 안전망 구축에도 크게 도움이 될 것으로 전망된다.

5. 양극화[44)]

(1) 계층의 양극화

노동연구원의 연구에 의하면 우리나라의 노동시장에서 중간계층에 적합한 일자리는 '93년 50%에서 2006년 41%로 감소하여 중산층을 위한 일자리는 급속히 줄어드는 것으로 나타났다.

이러한 현상은 90년대 초반에 시작된 것으로, 외환위기를 거치는 동안 기업의 인사패러다임은 격변을 거듭하여 고소득 전문직과 단순직으로의 양극화가 급속히 진행되었다.

이 와중에서 퇴직자들은 자영업에 과다하게 몰리면서 소위 '묻지마 창업' 으로 인한 실패증가로 빈곤층으로 전락하는 사례가 급증하는 추세이다. 그나마 외환위기 당시에는 정부의 실업자 지원대책을 실시하여 자영업자 창업을 장려하고 지원했으나, 최근에는 이런 제도가 줄어드는 동시에 자영업자가 과잉 공급되면서 생산성 하락으로 자영업자들의 부도율이 급증하고 있다.

전문가들은 중산층을 되살리기 위한 대책으로 감세와 규제완화, 시장개방 등을 통해 해외기업의 투자유치를 적극적으로 유도해야 한다고 입을 모으고 있다.

동시에 공교육 정상화로 사교육비 부담을 대폭 줄이고, 양질의 일자리를 지속적으로 만들어내는 '투자와 일자리 창출의 선순환구조' 의 정착이 시급하다고 지적한다.

한국의 중산층 변동

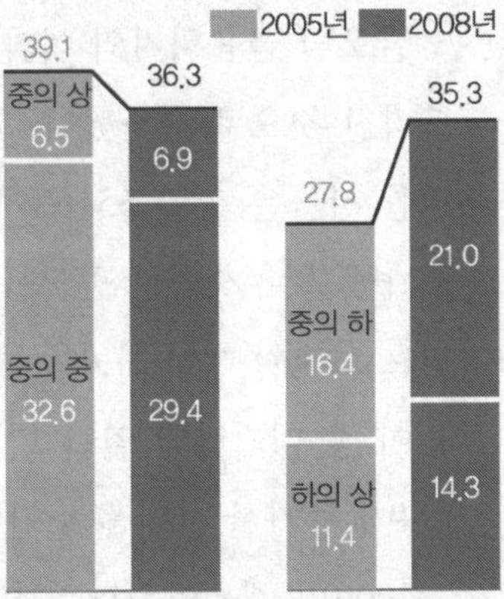

자료 : http://news.joins.com/(12.15)

덧붙여서 정부의 산업정책으로는 장차 대한민국을 먹여 살릴 성장 엔진, 즉 신성장 동력산업 육성을 위한 산학연 공조체제를 더욱 더 강화해야 한다는 주장도 설득력을 얻고 있다.

특히, 양극화로 인한 가장 큰 피해자는 소위 '워킹 푸어(working poor)' 들이다. 최근 들어 열심히 일해도 생계비에도 못 미치는 돈을 받는 근로 빈곤층(워킹푸어' Working Poor)이 급증하고 있는 것이다.

한국노동연구원에 따르면 우리나라 노동인구 1천600만 명 중 309만 명이 월 소득 88만 원에 못 미치는 '근로 빈곤층' 이며, 이러한 빈곤층 비율은 점증하고 있는 반면 중산층의 숫자는 지속적으로 감소하고 있다. 즉 빈곤층 비율은 1992년 7.7% → 2007년 14.4%까지 증가한 데 반해, 중산층 비율은 1992년 75.2% → 2007년 62.7%로 급감했다. 특히, 20, 30대 직장인의 65.2%가 '나는 워킹푸어에 속한다' 고 답하고 있다.

최근 중앙일보 조사에 의하면, 우리 국민들은 상층 1%, 중층 57%, 하층 42%로 나타나 1997년 외환위기 이전에는 거의 모든 여론조사에서 중층 대 하층 비율이 7대2에 해당했으나, 중층 비율이 눈에 띄게 감소한 것으로 나타났다.

(2) 대기업과 중소기업 간 양극화

글로벌 금융위기의 여파로 대기업과 중소기업 간 양극화 현상이 두드러진 것으로 나타났다. 최근 기업들이 회사채 공모 발행을 통해 조달한 자금은 총 3조5162억 원으로 전달의 2조2,539억 원보다 56.0% 증가했고 유가증권 공모를 통한 기업자금 조달실적은 총 8조5857억 원으로 전월 대비 27.4% 늘었다.

이 중 대기업의 일반 회사채 발행액은 1조5795억 원으로 전달보다 12.9% 증가한 반면 중소기업의 발행액은 169억 원에 불과했다.

2009년 채용인원도 5천5여 명으로 올해 채용인원보다 23% 감소한 가운데, 대기업이 15% 감소하는 반면 중견기업과 중소기업은 각각 38%, 34%가 줄어들 것으로 나타났다. 수익률은, 대기업의 영업이익률은 20%대지만 중소기업의 영업수익률은 4.5%에 불과한 실정이다.

6. 한국은 위험한 사회[45)]

(1) 급증하는 위험 요소들

"한국은 위험한 사회다"

최근 한 조사에 의하면 우리나라 사람들의 71.4%가 한국 사회를 '위험한 사회' 라고 보고 있다. 위험분야별로 보면, 실업 및 빈곤 23.8%, 고유가 시대 10.9%, 먹거리 위험 8.8%, 노후불안 8.1%로 경제 문제에 대부분이 집중되어 있다. 더 큰 문제는 10년 뒤 사이버 범죄와 사생활 침해가 더 증가할 것이라고 답한 사람도 81%나 되어 미래전망도 부정적으로 보고 있다는 점이다.

이에 대한 사회적 안전망은 어느 정도인가? 최근 노동부에 따르면 지난해 정규직 근로자는 90.9%가 국민연금에 가입했지만 비정규직 근로자의 가입률은 38.7%에 불과하며, 비정규직 근로자의 고용보험, 건강보험가입률도 각각 49%, 44.6%에 머물고 있는 실정이다.

정부가 나서 이 위험부터 줄이자

(단위 : %)

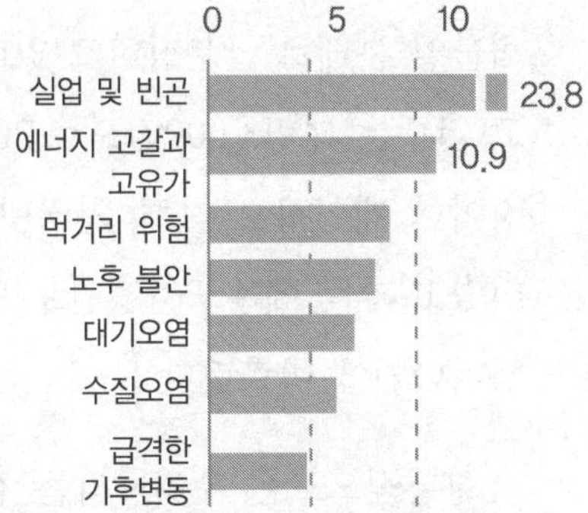

자료 : 한국사회에 대한 인식조사

전문가들은 한국은 성장을 위해 나머지를 희생하던 개발 독재의 시대를 지나 현재는 물질적인 풍요뿐 아니라 삶의 질과 안전한 삶에 대한 욕구가 늘면서 위험·불안이 일상화됐다고 분석하고 있다.

게다가 우리나라는 지난 1990년대 중반까지만 해도 보통 '위험' 이라고 하면, 태풍·홍수 등 자연재해에 교통사고, 대형 건축물 붕괴, 폭발사고 등의 인재(人災)가 대부분 이었다. 즉, 구포역 열차탈선 사건(78명 사망), 아시아나항공 추락사고(66명 사망), 위도 페리호 침몰사건(292명), 성수대교 붕괴(32명), 대구지하철 가스폭발사고(101명), 삼풍백화점 붕괴(502명) 등 대형 인재사고가 쉴 새 없이 이어졌다.

그러나 1997년 외환위기를 계기로 위험에 대한 패러다임은 180도로 바뀌었다. 취업난, 실업에 대한 공포, 빈부격차, 노후걱정 등 '경제적 위험' 이 자연재해나 사고보다 앞 순위에 놓이게 된 것이다.

또한 교통사고, 환경, 정보화 역기능 등 경제발전의 역기능으로 인한 위험이 증가하는 추세다. 즉 교통사고의 경우, 작년 1년간 우리나라는 차량 1만 대당 사망자가 3.1명으로 OECD 평균(1.5명)의 두 배를 넘고, 화재는 3만6,400건이 발생해 최근 10년간의 평균치(3만2,800명)를 넘는다.

한편 산업재해도 증가해 지난해 9만 명이 피해를 봤으며, 그 중 2,400명이 목숨을 잃었다. 여기에다 최근에는 정보화의 역기능이 사회불안 문제로 급부상하고 있다. 지난해 경찰에 접수된 사이버범죄 신고 건수는 14만3,000건으로 2001년(7만6,500건)의 두 배 수준이며, 해킹이나 개인정보 침해, 인터넷 사기 등의 피해도 이미 일상화가 되어 버렸고, 최근에는 '환경안보(Environmental Security)' 라는 용어까지 생겨나기에 이르렀다.

결론적으로는 우리나라는 전통적 위험이 우리의 생활 중심에 자리하고 있는 가운데, 경제, 과학기술, 생태환경, 먹거리 위험 등 첨단 위험이 복합적으로 발생하여 단순위험사회에서 복합위험 사회, 다중위험 사회로 변모하고 있는 것이다.

전문가들은 이에 대해 한국은 지난 40여년간 단축성장과 극심한 경쟁 속에서 여유를 잃고 바쁘게 살아오는 동안 '사회적 규범정립' 에 소홀한 면이 있었고, 경제적 측면으로는 성장과 분배에 대한 제대로 된 가이드라인 정립에 소홀한 것도 하나의 주요 요인으로 보고 있다.

(2) 한국사회, 한탕주의에 빠지다[46)]

최근 불법 인터넷 '바카라' 도박 수사와 더불어 마카오 등 해외로 수억원대 원정도박문제로 사회가 시끄럽다. 이들 혐의자 중에는 유명가수, 중견 탤런트, 프로야구 선수 출신 방송인 등에 이어 현역 프로야구 선수 16명까지 인터넷 상습도박을 한 혐의를 받고 있다.

이처럼 한국사회에서, 소속 집단에서 생존하기 위해 받는 스트레스를 풀기위해, 혹은 경기불황이 심화되면서 '인생의 한방 역전' 을 꿈꾸는 사람들이 급증하고 있다. 그렇기 때문에 극심한 경기 불황 속에서도 카지노, 경마, 경륜, 경정, 복권 등 사행산업이 최대 호황을 맞고 있다.

지난 4년간 강원랜드의 매출액 규모는 7,500억 원(2004년) → 8,300억 원(2005년) → 8,478억 원(2006년) → 1조 265억 원(2007년) 등으로 지속적인 증가세를 유지하고 있다. 올해 9월까지 집계한 매출액만 8,815억 원에 달해, 동기(7,204억 원)대비 22%나 증가했다. 그러나 일반 영업장에 손님이 북적이는 것과는 달리 3000만 원의 게임자금을 보유해야만 출입이 가능한 VIP룸 손님은 30%가량 줄어 대조를 보이고 있다.

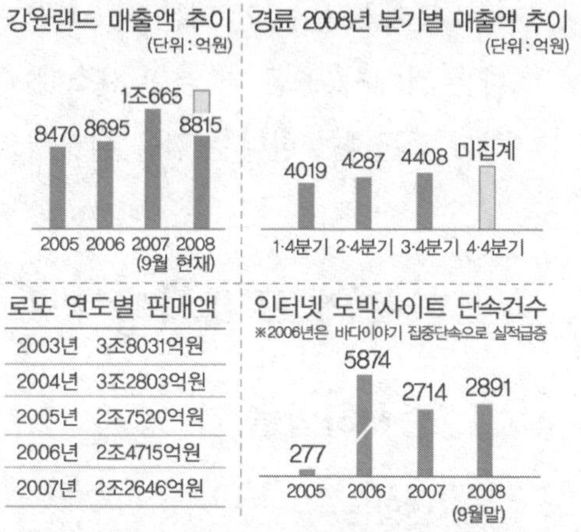

자료 : http://news.khan.co.kr(11.24)

이러한 현상은 한방을 노리는 '생계형'이 그만큼 많아졌음을 의미하는 것이다. 로또복권은 물론, 인터넷 도박사이트도 호황이다. 상황이 이렇다 보니, 도박 중독자도 급증하고 있다. 어린이는 학습 스트레스로, 부모는 사교육비, 서민들은 한탕주의에 빠져 있는 등 한국사회는 지금 위험에 처해있다.

이에 대해 전문가들은 한국은 특별히 위험한 사회로, 향후에도 통제할 수 없는 위험이 등장할 것이며, 만약 지금까지 인류가 해온 대로 발전을 지속한다면 2100년 이후 더 이상의 발전은 불가능하고, 파국을 맞게 될 것이란 점을 강조하고 있다. 또한 더 이상의 파국을 막으려면 라이프 스타일이 달라져야 하고 모든 사람들이 무한정으로 욕구를 충족시키려고 하면 안 된다는 점도 강조한다.

특히 우리나라의 경우, 사회의 지속적인 재난의 원인은 사회조직과의 커뮤니케이션의 문제 때문이라는 주장도 일고 있다.

소통과 조율이 안 되는 시스템에서는 그만큼 재난의 확률이 높아진다는 점에서, 조금 더 열린 시스템 속에서 사람들은 위험에 대해 인식하고 접근해야 한다는 점을 해결책으로 제시되고 있다.

한국의 금융시장[47)]

1. 증시하락률

(1) 현황은?

코스피지수가 지난 1년 동안 반토막이 났지만 기업 내재가치대비 주가 수준을 보여주는 주가순자산비율(PBR) 하락률은 여타 신흥국 증시에 비해 낮은 것으로 나타났다.

금융위기로 인한 글로벌 증시의 동반 조정이 본격화된 최근 1년간 코스피 지수 PBR는 48% 감소하여 국외의 브릭스 62%, 러시아 72%, 인도 66%, 중국 62%, 브라질 50%에 비해 낮은 것으로 평가됐다. 하지만 코스피지수가 선진국 증시보다는 하락률이 큰 것으로 조사됐다. 즉 2007년 11월말 2.6배이던 선진 증시(FTSE 선진지수) PBR은 2008년 11월말 1.5배로 42% 떨어지는 데 그쳐 우리나라의 48%에 비해서는 낮았다.

(2) 원인은?

우리나라의 증시하락의 원인은 세계적인 금융위기로 인한 선진국과의 동조화 현상은 물론, 안전자산 선호로 인한 외국인들의 엑소더스(exodus), 현재의 산적한 구조조정의 지연, 채권시장에서 신용 리스크 확산, 실물경기 하강 지속, 기업실적 악화 등에 기인한다. 그러나 최근에는 '나부터 살고보자' 는 '복지부동' 의식이 사회전체에 팽배하여 경제 불안을 키웠다는 주장도 있다.

예를 들면, 국내 증시가 연속적으로 하락하던 시기에 개인들의 선물 매도 주문으로 주가가 하락을 가속화시키는 일이 벌어지고, 기업들은 달러를 챙기면서 환차익을 노려 환율 상승폭을 키웠는가하면, 은행들은 BIS 지율을 맞추기 위해 대출을 축소하여 기업들의 부도를 키웠다는 주장들이다.

참 고[48)]

■ **주가순자산비율** (PBR ; price book value ratio)

주가를 1주당 순자산액으로 나눈 것으로 주가를 p, 1주당 순자산액을 B, 주가순자산비율을 PBR이라고 하면 PBR = p/B가 된다. p로는 어떤 한 시점의 주가를 이용하며 B로는 직전결산기의 1주당 순자산액을 이용하는 것이 보통이다. 여기서 말하는 순자산이란 대차대조표상의 자산액에서 부채액을 뺀 것으로 대부분의 경우 자기자본액과 같다. 그러나 차변에 이월결손금이 있을 때는 그 금액을 빼야 되며 부채항목에 내부축적성이 높은 충당 금이 있을 경우에는 가산시키는 것이 바람직하다.

일반적으로 기업의 순자산이 많은 것은 재무내용의 양호함을 나타내므로 주가순자산비율을 재무내용에 비해 주가가 어느 정도인가를 나타내는 것이라고 볼 수 있다. 따라서 이 수치가 낮을수록 주가는 상대적으로 낮다고 볼 수 있다. 그러나 원가주의회계가 일반적인 현상하에서는 자산장부가로부터 계산된 순자산액은 별의미가 없다.

2. 은행의 건전성은?[49)]

(1) 반 토막 난 은행의 수익성

외환위기 이후 지난 10여년간 우리나라의 시중은행들은 '수익 추구' 에만 매달려 왔다는 지적을 면하기 어렵다. 특히 우리나라 은행들은 2004년이후 주택담보대출 확대를 포함한 대출경쟁을 통해 예금 수신 규모를 뛰어넘는 대출을 강행하는 등 은행의 순수기능인 '자금 중개 기능' 보다는 '수익 추구형' 으로 전환하여 대출 증가에 힘써왔다.

은행들의 주택담보대출 증가액은 2008년이던 결과, 1분기 2조6576억 원이었으나 2/4분기에는 5조1795억 원을 기록하여 2배이상 늘었다. 주택담보대출 평균 약정 만기도 13.1년으로 증가했다. 또한 지난 2004년 40조 원에 불과했던 양도성예금(CD)발행은 2008년 6월말 현재 110조 원으로 3배 가까이 증가했다.

특히, 국내 시중은행의 전체 정기예금(요구불 예금과 수시입출금식 예금 제외) 중 1년 미만 단기성 정기예금의 비중은 2007년 1월말 15.57%에서 2008년 8월말에는 21.89%로 급증했다.

이처럼 은행들의 대출상품은 만기가 갈수록 늘어나는 데 반해 수신은 주로 만기 1년 이하의 단기성 정기예금이나 특판예금에 주로 의존하고 있어 순현금자본포지션비율이 급격히 떨어지고 있는 추세이다. 이러한 상황에 대해 전문가들은 "금융위기로 원화 유동성이 불안한 상황에서 은행들의 재무 건전성에도 부정적인 영향이 우려된다."는 주장이다.

최근들어 이러한 결과가 반영되어 금융권이 보유한 총 자산 1,414조 원 중 잠재적 위험 자산은 약 348조 원으로 24.6%에 이른다. 이 중에서 건설 및 부동산 관련 대출 136조 원, 외환관련 손실 20조 원, 소호(SOHO) 등 중소기업 및 자영업자 대출 116조 원, LTV(담보인정비율)가 과다한 주택담보 대출이 39조 원 등으로 '위험 자산규모' 가 급증했다. 이처럼 요즘 우리나라 은행들은 수익성에 빨간불이 들어온 상태이다.

최근 국민, 우리, 하나 등 7개 금융기관의 신용등급 전망은 부정적에서 안정적으로 전환됐다. 이는 정부와 한국은행이 미국과의 통화스와프에 힘입은 바가 크다.

그럼에도 불구하고 지난 2008년 3분기 연체율은 급증하는 반면, 수익성은 2분기에 비해 반토막이 나는 등 은행의 자금사정은 여전히 좋지 않은 상태이다. 즉, 국민 · 신한 · 우리 · 하나 · 기업 · 외환 등 6개 은행의 총 연체율은 2008년 3분기 들어 0.02~0.33% 포인트 증가했고, 원금 상환이 3개월 이상 연체된 부실 채권 비율도 0.08~0.46% 포인트씩 상승했다.

이를 반영이라도 하듯, 3분기 순이익은 2분기에 비해 평균 57%나 급감했고, 특히 하나은행은 파생상품과 관련하여 711억 원의 순손실을 냈다. 이러한 상황에서 은행들이 잇달아 자금동원에 나섰다.

HSBC의 보고서에 따르면 우리나라는 지난 수년간 은행권의 급격한 대출 증가로 국내총생산(GDP) 대비 대출 비율이 2004년 91%에서 지난해 111%로 높아졌고 2006년 이후 '신용공급 증가액/명목 산출액 증가액' 비율은 15배로 아시아권 최고치를 기록하는 등 한국 경제의 신용의존도가 심화됐을 가능성을 제기하며 대출증가세 둔화 시 경제에 부정적인 영향이 가중될 수 있다고 주장했다.

이러한 상황에서 은행들은 지금껏 경쟁적으로 외국에서 돈을 차입해 국내에서 외화 대출이나 수출입금융에 운용해왔으나, 최근 금융환경이 경색국면을 맞자, 일부 은행들이 신규 대출을 중단하고 기존 대출의 연장마저 기피하고 있어 시중은 극심한 외화 부족에 시달리고 있는 상태이다.

(2) 우리나라의 은행, 무엇이 문제인가?

대출금리 현황

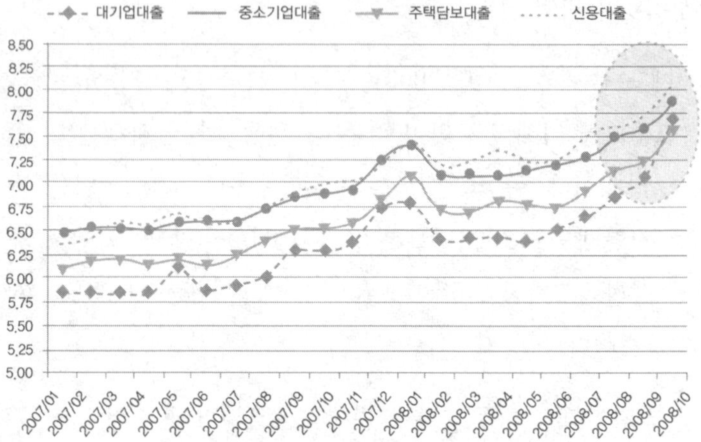

http://www.ohmynews.com(2008.12.11)

많은 전문가들은 현재 한국의 시중은행들은 미국발 금융위기의 매개자가 되어 마치 '은행 살자고 한국경제를 질식시키고 있는' 식의 은행에 대해 비판적인 주장이 늘어나고 있다.

즉 글로벌 금융위기 이후, 외국 금융기관들은 주식시장에서 주식 및 채권을 투매하고 있고, 국내 은행들에게 차입해준 자금도 회수해가고 있는 실정이다. 그러다 보니 우리나라의 자본시장은 혼란에 빠지고, 채권시장마저 국채 이외의 채권은 소화를 못 시키고 있는 상황에서, 국내 시중은행들은 BIS 비율 맞추기에 여념이 없다.

이처럼 현재 우리나라의 금융시장은 물론 기업도 '혼란'에 빠져 있다 해도 과언이 아니다. 기업의 자금을 조달할 방법으로는 대략 세 가지 경로가 있다. 주식시장에서 유상증자를 통하는 방법, 채권시장에서 회사채를 발행하는 방법, 그리고 은행 대출을 통해 자본을 조달하는 방법이다.

최근 주가 폭락의 영향으로 유상증자도 여의치 않고, 신용도 좋은 은행채가 과잉되다 보니 회사채 발행은 더욱 더 어려워지고, 은행들은 대출금리가 지속적으로 상승하고 있는 동시에, 심지어는 고금리로나마 대출 자체를 기피하고 있는 상황이다. 이처럼 현재 우리나라는 '은행 살자고 대출을 기피' 하여 채권시장도 혼란에 빠지면서 기업이나 가계는 자금 숨통 자체가 트일 겨를이 없는 것이다.

특히 은행들은 자금을 위해 은행채 발행 확대로 금리가 7%를 넘어 고공행진을 지속해 왔다. 은행채조차도 채권시장에서 소화가 안 되니 카드채나 기타 회사채는 말할 것도 없다. 즉 카드사보다 신용도가 높은 은행들이 8% 금리로 후순위채를 발행하면 카드사는 9% 수준으로 카드채를 발행할 수밖에 없는 와중에서 캐피탈사는 아예 채권 발행이 안 되는 수준이 되어버렸다.

결과적으로 신용등급이 다소 낮은 회사채(BBB−) 금리는 지난 11월 중순 11%대에 올라선 뒤 12월 현재 12.51%까지 치솟았다.

외국인 투자자들의 상황은 어떠한가? 이들은 우리나라의 경상수지 적자, 금융기관들의 높은 레버리지에 대해 부정적인 견해를 보이고 있다.

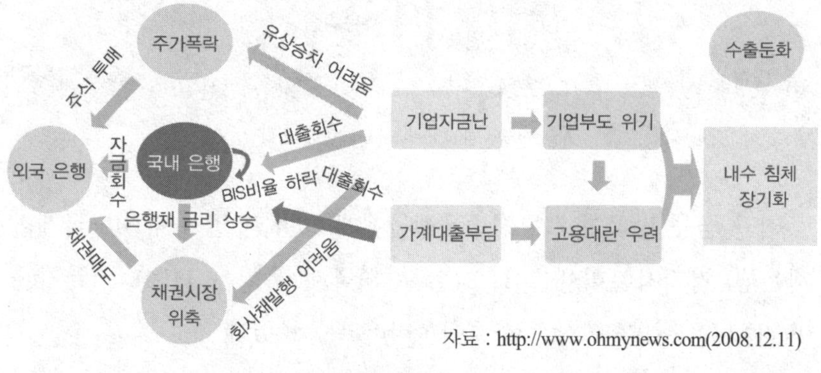

자료 : http://www.ohmynews.com(2008.12.11)

즉 이들 글로벌 투자자들은 세계 경제에서 예대율이 높은 나라순으로 투자자산을 팔고 달러를 회수하고 있다.

우리나라 은행들의 예대율은 최근 2~3년 사이에 126.5%(CD 및 은행채 제외)까지 상승하여, 아시아 주요국 은행들보다 높은 수준이다. 한마디로 말하면, 예금으로 받은 100 이외에 모자라는 26.5만큼은 금융시장에서 은행채를 발행하여 조달한 후 대출해 주었다는 뜻이다.

그런데 글로벌 신용경색으로 채권시장이 불안해지자 시장에서 조달한 26.5만큼에 대해 시장참가자들은 심각한 우려를 하고 있는 것이다. 이처럼 현재 국내 금융시장의 신용위험 문제는 은행, 저축은행, 캐피탈사의 과도한 자산 증가로 볼 수 있다.

(3) 국제결제은행의 자기자본비율(BIS)은 어떠한가?[50)]

대출금리 현황

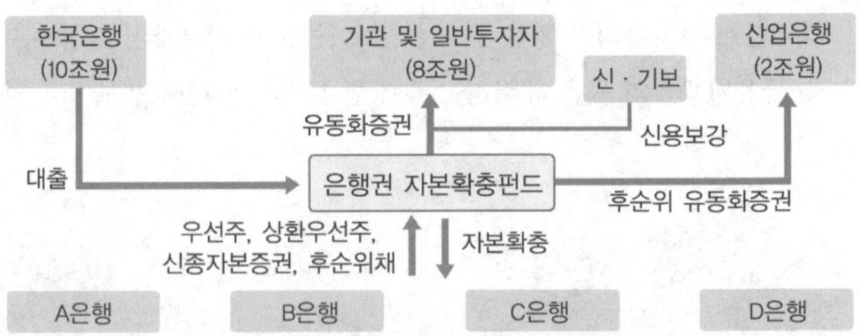

http://www.ohmynews.com(2008.12.11)

최근 금융 당국이 7개 시중은행들에게 2008년 말까지 BIS(국제결제은행) 자기자본비율을 12%(일부 외국계 은행은 11%), 기본자본(tier1) 비율은 9% 이상으로 끌어올리라고 통보했다.

참 고[51]

■ 기본자본 (tier1)

BIS기준 자기자본비율의 분자인 자기자본의 핵심이 되는 자본으로서 ① 주주에 의해서 조성 ② 상환불능, 만기불확정 ③ 확정이자 지급 배제의 요건을 갖추어야 한다.

기본자본으로 인정되는 항목은 범위설정이 명확하고 모든 나라 은행 제도에서 공통으로 나타나며 공표된 계정에서 파악이 가능한 항목으로, 주식자본과 공표준비금으로 구성된다. 우리나라의 경우 자본금, 자본 준비금, 이익잉여금, 연결자회사의 외부주주 지분, 미교부주식배당금, 투자유가증권평가손실 등이 이에 해당된다.

참 고[52]

■ BIS 자기자본비율 (BIS capital adequacy ratio)

BIS(국제결제은행 : Bank for International Settlement)가 정한 은행의 위험자산(부실채권) 대비 자기자본비율로 1988년 7월 각국 은행의 건전성과 안정성 확보를 위해 최소 자기자본비율에 대한 국제적 기준을 마련하였다.

이 기준에 따라 적용대상은행은 위험자산에 대하여 최소 8% 이상의 자기자본을 유지하도록 하였다. 즉, 은행이 거래기업의 도산으로 부실채권이 갑자기 늘어나 경영위험에 빠져들게 될 경우 최소 8% 정도의 자기자본을 가지고 있어야 위기상황에 대처할 수 있으며, 산출공식은 다음과 같다.

자기자본비율=(자기자본/위험가중자산)×100 > 8%

BIS 비율을 높이려면 위험자산을 줄이거나 자기자본을 늘려야 하는데 위험자산을 갑자기 줄이는 것은 불가능하므로 자기자본을 늘려 BIS 비율을 맞추는 것이 보통이다. 향후 바젤Ⅱ 기준의 BIS 비율이 도입되면 자산을 신용등급에 따라 가중치를 두게 되어 신용평가가 더욱 더 중요해질 전망이다.

한편, 정부는 2009년초부터 20조 원 규모의 은행권 자본확충펀드를 만들어 시중 은행들이 국제결제은행(BIS) 기준 자기자본비율 제고노력을 기울일 계획이다.

은행별 기본 자기자본비율

(단위 : %, 9월말 기준)

시중은행		지방은행		특수은행	
신한	8.5	대구	7.7	산업	11.87
우리	7.6	부산	7.06	기업	7.04
SC제일	8.9	광주	6.98	수출입	7.28
하나	7.5	제주	7.27	농협	6.79
외한	8.3	전북	7.67	수협	6.38
한국씨티	8.7	경남	7.67	국민	9.1
평균	8.3	평균	7.37	평균	8.36

–일반은행 (시중+지방) 평균 7.37 → * 7.6
–국내은행 (일반+특수) 평균 8.28 → * 7.63

*는 12월 말 기준 잠정추산치

자료 : 서울신문(2008.12.9)

특히, 기본자기자본(Tier 1)제고를 위해 우선주 및 신종자본증권 등을 주로 매입한다는 방침 하에 한국은행에서 10조 원, 기관과 일반투자자가 8조 원, 산업은행에서 2조 원이 출연될 전망이다. 이 경우, 은행들의 BIS비율은 평균 2.6%p 높아질 것으로 판단된다.

지난 9월말 현재, 국민 · 신한 · 우리 · 하나 · 외환 · 한국씨티 · SC제일 등 7개 시중은행의 BIS비율은 9~11%대로, 시중은행, 지방은행, 특수은행 평균은 각각 8.3%, 7.37%, 7.36%를 기록하고 있다.

따라서, 은행에 따라 많게는 1조~1조5,000억 원가량의 자본확충(증자)을 하든지, 자산을 줄여야 할 것으로 보인다. BIS 자기자본 비율은 국제결제은행이 은행의 건전성과 안정성 확보를 위해 최소 자기자본 비율에 대해 정한 국제적 기준이다.

한 예로, 현재 BIS 비율이 8%라는 말은 은행자산이 자산 100원이라면 1250원까지 돈을 빌릴 수 있다는 의미이다. 한 걸음 더 나아가, 2008년 12월말 기준 기본자본비율은 국내 은행 평균 7.63%로 추정되어 9월말의 8.28%에 비해 0.65포인트나 감소한 수준으로 예사롭지가 않은 상황을 예고하는 셈이다.

7개 시중은행별 상황은, 국민만이 9%를 넘겼고 SC제일, 신한은행 8%, 하나 · 우리 은행 등은 6%대로 추락한 상태로 금융권 전체가 초비상 상태다. 우리은행은 이달 중에 지주회사를 통해 9500억 원 증자를 단행, 기본자본비율을 8%대로 끌어올릴 계획이지만 여건이 만만치 않은 상황이다.

따라서 은행들은 대대적인 후순위채 발행을 서두르고 있다. 즉 국내 은행들이 올해 안에 발행할 후순위채 물량은 총 6조9400억 원으로, 이들 후순위채 발행이 순조롭게 이루어질 경우, BIS기준이 지난 9월 10.79%에서 11.37%로 상승할 것으로 보인다.

신한은행의 경우 9월말 11.9%에서 12.64%로, 우리은행은 10.53%에서 11.18%로, 하나은행은 10.65%에서 11.71%로 높아진다. 지주회사 전환 때문에 BIS비율이 10% 밑으로 내려갔던 국민은행도 10.71%로 올라간다.

금감원은 새로운 국제결제은행(BIS) 기준 자기자본비율 협약인 바젤Ⅱ를 의무적으로 도입해야 하는 시기를 당초 예정됐던 2009년 1월에서 1년 늦춰 2010년 1월로 1년 연기했다.

그러나 이러한 상황에 대해 비판의 목소리도 적잖이 일고 있다. 즉 우리나라 은행들은 지난 수년간 수익경쟁을 통해 얻은 매년 10조 원의 당기순이익에서 절반 이상을 현금배당을 해오면서도 자본 확충은 게을리했다. 또한 과잉대출을 해오면서도 위험대비에는 소홀해왔다.

따라서 최근 은행권들은 BIS 비율하락에 따른 정부 지원은 물론 예금자 보호를 위해 한국은행에 예치해 놓은 지불준비율까지 낮춰, 남는 자금을 달라는 요청을 했다. 전문가들은 이러한 은행들의 행태에 대해 '비판받아 마땅하다' 고 주장하고 있다.

참 고[53)]

■ 바젤 II가 시행되면?

첫째, 신용도에 따른 위험을 정확히 반영한다. 은행이 고객에게 돈을 빌려줄 경우, 은행은 일정 규모의 자기자본을 반드시 쌓아 놓아야 한다. 이것이 바젤 I이다. 예를 들면 100억 원을 대출할 경우, 반드시 8억 원은 자기자본 대출하고(BIS 기준 8% 룰) 어떤 대출이든 대출액의 100%를 위험가중자산으로 확보해 놓아야 한다. 여기서 위험가중자산에 대한 평가는 은행이 보유하고 있는 자산을 신용위험도에 따라 가중치를 둔다. 즉, 국가에 대한 여신은 0%, 은행 20%, 기업여신은 100%로 평가한다.

둘째, 은행들은 어떤 기업에 대출할 경우, 해당 기업의 신용도에 따라 은행이 대출한 금액의 15~1,250%의 위험가중자산을 반드시 확보해 놓아야 한다. 과거에는 신용도와는 관계없이 대출금액만큼만 위험가중자산으로 확보하면 됐지만 2010년부터는 은행이 개별적으로 해당 기업에 대한 부도율은 물론 부도손실률 등을 세밀하게 측정하여 신용등급표를 만든 후 이를 바탕으로 위험자산을 확보해 놓아야 한다.

전문가들은 만약 은행 내부 등급이 1등급으로 평가될 경우, 대출액의 30%만 위험자산을 확보하면 되지만 만약 최하 등급인 9등급으로 평가될 경우 무려 351%나 되는 위험자산을 확보하게 되어 1등급과 9등급 기업의 차이는 10배 이상 되는 자산을 확보해야 하는 어려움이 있다.

셋째, 도덕적 기준도 강화된다. 예를 들면 은행 임직원의 횡령 등 내부사고에 대비한 리스크도 통계적으로 계량화하여 자기자본을 확보해야 한다. 은행의 입장에서 보면 지금까지는 없던 자기자본이 추가로 들어가야 한다. 또한, 감독 당국이 금리, 유동성, 편중 대출 리스크도 감독하여 적정 수준이 아니라고 판단할 경우 BIS 비율이 8%를 넘을지라도 추가로 자기자본을 쌓아두어야 하는 것은 물론, 은행의 자기자본과 관련한 공시도 확대하는 한편 투자자 등 시장의 감시도 대폭 강화했다.

■ 기업에 미치는 영향은?

바젤 II가 도입될 경우 우량기업의 경우에는 금리가 1% 포인트 정도 인하될 것으로 예상되는 반면, 신용도가 낮은 중소기업들의 경우 현재보다 약 2~4% 포인트를 더 부담해야 할 것으로 전망된다.

■ 바젤 II의 개선점은 없는가?

그러나 바젤 II에 대한 비판의 목소리도 만만치 않다. 기본적으로 바젤 II는 위험 자산에 대한 자기자본 규제다. 허나 서브프라임 모기지 사태를 보듯이 위험자산에 대한 감독도 물론 중요하지만 금융기관의 전체 레버리지를 따져봐야 한다는 주장이다.

이런 주장은 최근 도산한 리먼이나 베어스턴스의 경우 비교적 안전하다고 평가받는 단기부채였지만 레버리지에 대한 감독이 없어 발생했기 때문이다. 현재 미국 연방예금보험공사(FDIC)는 시중은행에 대해서만 레버리지를 규제하고 있지만 증권사나 다른 금융기관도 감독을 확대해야 된다는 주장이 설득력을 얻고 있는 실정이다.

---

3. 은행의 미스매칭(Mismatching)은 어느 정도인가?[54)]

은행권의 원화 '미스매칭', 환란 이후 최악 상황

최근 시중은행들은 지속되는 수신감소 속에서 자금조달은 단기화되고 자금운용은 장기화하는 현상이 더욱 확대되고 있다. 최근 국내 은행들의 중장기적인 유동성 위험 감내 능력을 나타내는 지표인 순현금자본포지션 비율이 2008년 6월말 현재 5.7%로 외환위기 이후 가장 낮은 수준이다. 이 비율은 지난 2005년말 6.1% → 2006년말 3.6% → 2007년말 9.2% → 2008년 6월말 5.7%를 유지하여 지속적으로 감소하는 추세이다.

순현금자본포지션 비율은 은행의 장기부채에서 장기자산을 차감한 금액을 총자산으로 나눈 것으로 단기적 관점에서 유동성 수준을 나타내는 원화유동성비율 지표와는 달리, 중장기적 관점에서 유동성 상황을 측정한 것이다.

이 비율이 낮으면 금융회사의 재무건전성도 취약해질 수 있고, 결국은 여수신간 만기가 일치하지 않는 '미스매칭(mismatching) 현상'의 가속화로 이어질 가능성이 높아진다.

미스매칭 문제가 단기간 내 은행 건전성 측면에서 문제를 야기하지는 않을 것으로 보이나, 시중자금의 단기 부동화 현상이 심화되는 과정에서 은행들의 자금조달과 운용의 미스매칭이 심화될 경우 유동성의 문제 등 심각한 상황도 배제 할 수 없다는 게 일반적인 평가이다.

우리는 지난 1998년 외환위기 당시 금융불안을 야기했던 종금사의 경우, 자금조달은 단기로 하면서 운용은 장기로 하는 과정에서 금융시장의 경색이 생겨 유동성 위기로 이어졌던 점을 상기할 필요가 있다.

4. 외화 유동성은 충분한가?[55)]

(1) 2009년까지 은행들의 해외차입금 규모

우리나라 시중 은행들의 외화대출은 매년 평균 21% 이상 늘었다. 2005년말 498억 달러 → 2007년 731억 달러 → 2008년 6월 889억 달러 수준으로 급증하고 있다. 그 결과 은행권의 '덩치' 는 커졌다.

현재 국내은행의 총자산은 2006년말 873조 원 → 2007년말 965조 원 → 2008년 9월말 1167조 원으로 급증했다. 또한 국내 시중은행들은 40~80억 달러 수준의 해외 차입금을 '09년 6월까지 갚아야 한다.

각국 은행의 대외채무 수준 현황

(GDP대비, 2007년 12월말 현재)

자료 : 월드뱅크, IMF

우리은행이 84억8,300만 달러, 하나은행 84억3,100만 달러, 신한은행과 외환은행이 각각 68억 달러, 62억 달러를 갚아야 하며 SC제일은행도 42억 달러를 갚아야 한다.

국내 은행의 외화대출 현황

(단위 : 억 달러)

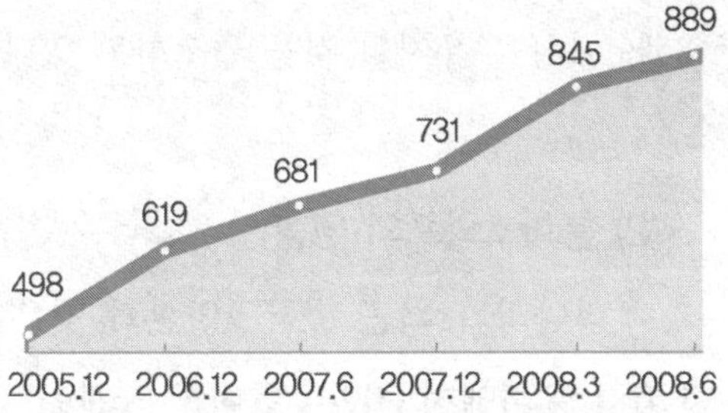

자료 : http://www.moneytoday.co.kr(2008.12.7)

2008년도 상반기 국내은행의 차입실적은 107억8,000만 달러로, 전년동기에 비해 9억1,000만 달러(7.8%) 줄었다. 한국물의 신용부채 스와프(CDS) 프리미엄이 치솟았다. 이 수치가 높을수록 부도위험이 커진다는 의미로, 해외채권을 발행할 때 붙는 가산금리가 상승한다.

한국물 5년만기 CDS프리미엄은 12월 6일 기준, 405bp를 기록, 태국(347bp)이나 말레이시아(309bp)를 웃돈다. 특히 한국은 말레이시아나 태국보다 각각 한 단계, 두 단계나 낮은 신용등급에도 불구하고 한국 금융기관의 부도위험이 더 높다.

이러한 이유로, 전문가들은 과도한 해외차입을 꼽는다. 우리나라 은행들의 2007년말 기준 대외채무는 국내총생산(GDP) 대비 20%에 달해 일본(15.8%), 말레이시아(10.3%), 태국(2.6%), 인도(4.1%)보다 약 2~8배 높은 수준이다.

그러나 우리나라 은행들의 외화조달에는 큰 문제가 없는 것으로 나타났다. 즉 18개 국내 은행들의 3개월 외화유동성비율도 6월말 현재 103.0%(잠정) 수준을 유지하고 있다.

'3개월 외화유동성 비율'이란 3개월 이내에 만기가 돌아오는 외화 자산을 3개월 이내 만기가 돌아오는 부채로 나눈 비율이며, 금감원은 85% 이상을 유지할 것을 권고하고 있다.

(2) 통화스와프의 영향

우리나라가 최근 중국 · 일본과 맺은 통화스와프 협정 규모가 현재 170억 달러에서 600억 달러로 증가된다. 한 · 미 통화스와프 300억 달러와 동남아국가연합(아세안)과의 통화스와프 65억 달러, 외환보유액 2,005억 달러를 합하면 비상시에 동원할 수 있는 외화자금은 대략 3,000억 달러에 육박해 국내 외환시장에 큰 도움을 준 것이 사실이다.

한 · 일, 한 · 중 통화스와프는 모두 엔화, 위안화를 빌려와 외환시장에서 팔아 달러화를 사들인 뒤 이를 다시 은행권에 공급하는 방식으로 외화유동성 지원에는 효과적으로 활용할 수 있다.

이러한 조치는 외환시장의 심리적 불안을 감소시켜 원 · 달러 환율 안정에 도움을 주는 것은 물론, 그동안 국내 금융기관의 대외신용도 하락을 부른 외화 유동성 문제나 외화 채무에 대한 불안 심리를 진정시켰다.

(3) 기업의 은행 지분 확대에 대한 해외의 시각[56)]

최근 정부가 추진 중인 재벌의 은행지분 보유 허용과 관련하여 월스트리트 저널은 우려감을 표시하고 있다. 월스트리트 저널이 우려하고 있는 내용의 주요 골자는 다음과 같다.

첫째, 한국이 10년 전의 금융위기를 반복하지 않으려면 은행 경영방식에 대한 감독 강화가 필요하다.

은행의 자금 조달원을 확대하려는 것은 적절해 보이나, 이를 위해 재벌의 자금을 끌어오는 것은 실책일 수도 있다는 점이다.

둘째, 재벌이 은행을 보유할 수 있는 규정은 내년 상반기에 시행될 것으로 보이는 바, 삼성 · 현대 등 대기업들이 은행 지분을 최대 10%까지 보유하고 의결권도 행사할 수 있게 될 것으로 보인다. 외환위기 당시 한국의 재벌은 은행으로부터 저리의 융자를 받을 수 있었으며, 또한 자본을 다른 계열사에 빌려줄 수 있었는데, 이러한 시스템이 무너지자 한국 재벌의 3분의 1이 파산하기에 이르렀다.

셋째, 한국 재벌의 지배구조는 여전히 취약하기 때문에 1990년대말 상황이 재연되지 않게 하기 위해서는 은행지분 소유가 어떻게 사업 형태로 나타나는 지에 대해 철저한 규제 감독이 이뤄져야 한다는 점이며, 한국의 은행들에게 필요한 것이 자본이라면, 외국인의 지분 보유도 자본 확충의 또 다른 방법이다.

넷째, 외국계 기업들은 이미 한국의 여러 은행들의 지분을 보유하고 있으며, 곧 규제가 완화되면 그 보유 한도도 늘어날 것이다. 그러나 한국의 완고한 규제 당국자들과 신용위기가 외국인들의 은행 보유 열망을 꺾고 있기 때문에 재벌이 은행들의 경영에서 상당한 역할을 재정립하게 될 가능성이 그만큼 더 높아지고 있다고 분석하고 있다.

5. 금융권 연체율, 갈수록 태산이다[57)]

글로벌 신용경색에 따른 국내 금융권의 유동성 문제가 가히 공포적인 이슈로 떠오르고 있는 가운데 가계, 카드사, 주택담보, 대부업체까지 줄줄이 연체율이 상승하고 있다. 차례로 살펴보도록 하자.

(1) 기업 대출 및 프로젝트 파이낸싱(P/F)의 연체율은?

지난 9월말 기업대출은 약 400조 원 정도이고, 원화대출 연체율이 0.97%를 기록, 전년동월 말에 비해 0.08%p 상승했다. 기업대출은 8월 1.12%에서 9월에는 1.30%를 기록, 0.08%p 높아졌다.

이는 환율 및 원자재 가격 상승 등 기업경영여건 악화에 따른 것으로, 중소기업 대출 연체율(1.50%)은 0.28% 포인트 상승했으나 대기업의 대출 연체율은 0.31%로 0.07% 포인트 하락했다.

또한 부동산 가격하락으로 100조 원에 육박하는 부동산 프로젝트 파이낸싱(PF) 대출도 부실화될 수 있는 가능성이 증가하고 있다. 프로젝트 파이낸싱(PF) 대출은 일반 대출과 달리 부동산 같은 담보가 필요없다.

이는 금융회사가 대규모 건설 프로젝트의 향후 수익성을 보고 부동산 개발업자에게 돈을 빌려주는 것을 말하며, 부동산 개발업체는 향후에 생기는 분양수익금으로 이자를 내고 원금을 갚는다.

최근 이같은 저축은행의 PF 대출규모는 2년 사이 연체율이 8.6% 포인트나 급증했다. 이로써 연체액의 총규모는 12조2,000억 원으로 총 대출금(50조5,800억 원)의 24%, 연체액은 1조7,440억 원으로, 연체율이 14.3%나 차지하고 있다.

그러나 최근 정부는 자산관리공사를 통해 약 70%의 가격으로 1조 3,000억 원 규모의 PF 대출을 사들이기로 했다. 예를 들면 저축은행이 보유한 5,000억 원 규모의 PF 대출채권을 3,500억 원에 인수해 2,500억 원은 현금이나 공사채 등으로, 1,000억 원은 후순위채로 지급하는 식이다. 이 경우, PF 대출 연체율이 6.5~9.9%대로 하락할 것으로 전망하고 있다.

(2) 가계 · 주택담보대출 연체율[58)]

가계대출 및 개인금융부채 추이

※개인금융부채는 월말 잔액,
가계대출은 전월말 대비 증감액 기준
(단위 : 원)

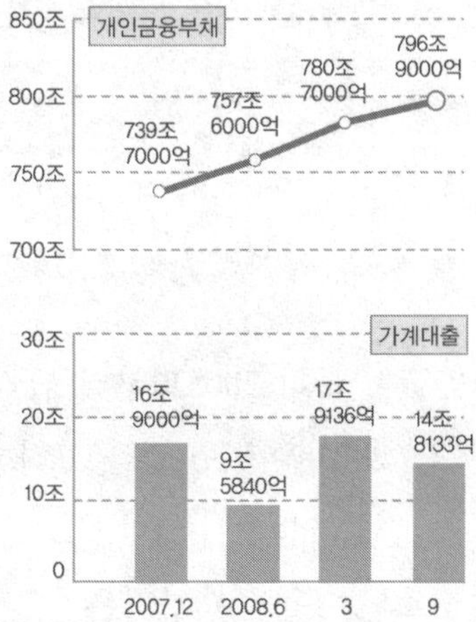

자료 :한국은행

우리나라 전체 가계의 빚이 676조 원을 기록하면서 가구당 부채가 처음으로 4000만 원을 넘어섰다. 연체율은 0.5%로 안정세를 유지하고 있다. 그러나 최근 국제통화기금(IMF)은 한국의 국내총생산(GDP)에서 가계부채가 차지하는 비중은 2007년 66%로 10년 전 38%보다 크게 높아져, 세계최대 수준을 기록, 우려의 목소리를 내고 있다.

최근 월스트리트 저널도 "한국의 가계부채가 지난 5년간 세계에서 가장 많다고 할 수 있는 수준으로 늘어났고, 기준에 따라서는 세계최고인 미국의 가계부채 수준보다도 높을 수도 있다."고 지적한 바 있다.

우리나라 시중은행의 주택담보대출 잔액은 2007년말 222조 원에서 2008년 10월말 236조 원으로 6.3%, 주택담보대출 금리는 2007년말 6.85%에서 2008년 9월 말 7.25%로 0.40% 상승했다. 그러나 주택담보대출의 연체율은 2008년 12월 현재 0.4%대로 안정세를 유지하고 있으나, 향후 경기침체로 인한 가계의 소득감소와 대출금리의 상승이 이어질 경우 연체율이 상승이 우려되는 상황이다.

전문가들이 향후 부동산 가격하락을 기정사실화하고 있는 가운데, 만약 20% 수준의 부동산 가격이 추가 하락한다면 부동산 가격 급락 → 담보가치 하락→은행 부실 및 신용경색 → 개인파산 → 경착륙의 악순환 고리에 빠질 수 있다.

주택담보대출 금리 및 연체율 추이

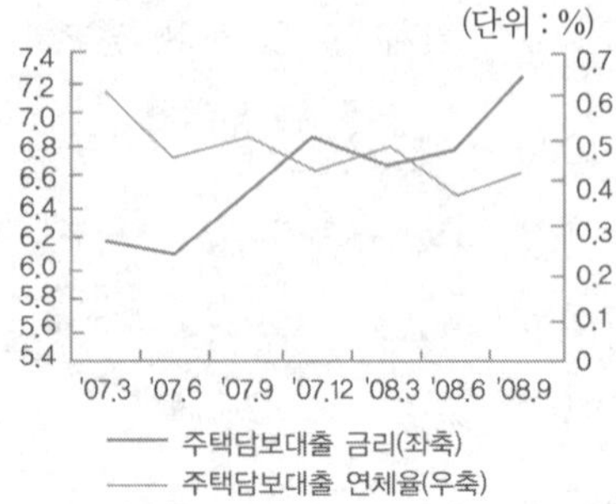

자료 : 한국은행, 금융감독원

은행의 주택담보대출 잔액 추이

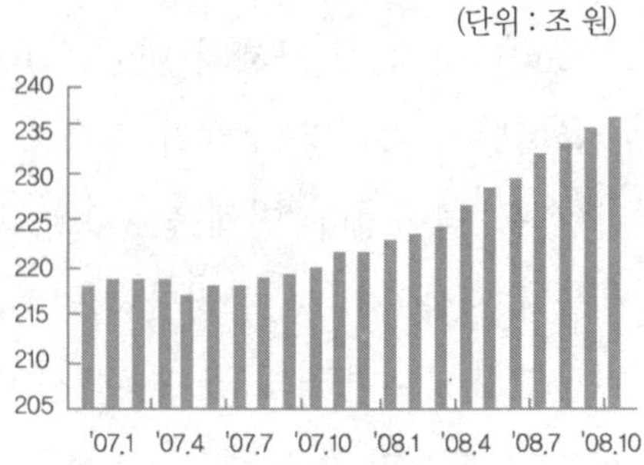

자료 : 한국은행

특히 2005년부터 급격히 늘어난 주택담보대출의 거치기간이 통상 2~3년이었던 것을 고려하면 2009년부터 원리금상환이 집중되기 시작할 가능성이 크다.

서울 주택가격은 외국 도시에 비해 비싼편이다. 뉴욕은 8년, 런던은 7년을 모으면 집을 살 수 있으나 서울은 근로자가 대략 14년간 월급을 몽땅 모아야 집을 살 수 있는 수준이다.

또한 우리나라 국민의 금융자산 증가율과 금융부채증가율은 각각 2004년 6.8%, 4.3%이던 것이 2008년 들어 11.1%, 3.4%가 되어 금융부채 증가율이 금융자산 증가율을 앞지르고 있다.

이에 대한 대책으로는, 정부가 나서서 가계 부채가 금융 부실로 번지는 것을 막기 위해 시장 실세 금리부터 낮춰야 한다.

주요도시 주택 가격/연소득 비교

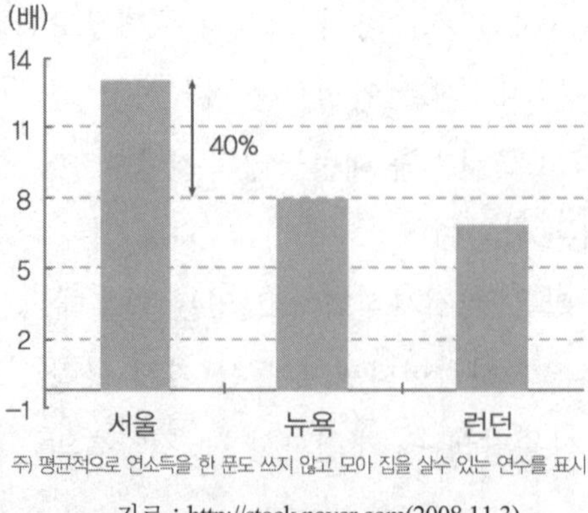

주) 평균적으로 연소득을 한 푼도 쓰지 않고 모아 집을 살수 있는 연수를 표시

자료 : http://stock.naver.com(2008.11.3)

최근 시중금리는 파격적으로 인하했는데도 대출금리 인하 속도는 매우 더딘 편이다. 이러한 조치가 미뤄질 경우, 급매물이 증가하면서 추가 집값 하락을 부추기고, 이 경우 본격적인 거품 붕괴로 진행될 위험이 커진다.

(3) 카드사 연체율[59)]

최근 들어 15개 은행계 카드사의 자금조달 평균금리는 8.57%로 지속적인 증가추세를 유지하고 있고, 연체율은 1.66%로 지난 분기 1.49%에 비해 0.17% 포인트 상승한 것으로 나타났다. 특히 연체율은 2007년부터 지속적으로 상승하고 있는 추세이다.

일각에서는 지난 2005년 급증했던 주택담보대출에 대한 원금을 갚는 시기인 2009년이 다가온다는 점에서 '제2의 카드대란' 가능성에 대한 우려가 제기되고 있다. 즉, 2009년에는 경영상태가 좋지 않은 일부 은행이 만기 연장을 거절할 가능성이 높은 상황에서 대출자들이 일단 가용 유동성 자산을 매각하고도 모자랄 경우, 카드를 통해 일단 변제할 것으로 보인다. 그리고 이 경우, 카드 대란이 우려된다.

더 큰 문제는 우리나라는 현재 금융지주회사를 통해 카드사가 은행과 합병되어 있는 상황에서, 카드사 부실은 자연히 은행 부실로 이어질 가능성이 높다.

(4) 대부업체 연체율[60)]

금융위기의 여파로 저축은행, 캐피탈 등 제2금융권의 대부업체 연체율이 상승하고 있다. 2008년 8월말 현재 저축은행의 PF대출에 대한 연체율은 14.2%로, 전년(12.8%)에 비해 1.4% 포인트 상승한 것을 비롯, 총 연체율도 14.12%로 전년동기 대비 0.3% 포인트 상승했다.

캐피탈사 역시 2007년말 연체율은 지난해 1.8%, 올해 6월 말 현재 2.2%까지 상승했다. 이런 와중에서, 최근에는 대출 한도마저 대폭 축소되어 연체율이 더 올라갈 것으로 전망되고 있다.

또한 세계적인 금융위기 속에서, 최근 저축은행들의 8% 고금리 예금은 겉으로 보기에는 매력적으로 보일 수도 있다. 그러나 장기적인 관점에서 보면, 고금리 제시는 저축은행의 안정성에 대한 '위험 신호'로 작용할 여지가 크다.

왜냐하면, 예대마진에 의존하는 현재의 수익구조 속에서 최근의 고금리 제시는 그만큼 자금 조달의 어려움을 반증하는 신호이며, 장기적으로는 저축은행의 수익성을 악화시킬 수 있기 때문이다.

(5) 은행채 시장의 한파, 대출 금리에 연쇄적 파급효과를 내는가?[61)]

한국은행은 최근 역사상 최초로 통화량을 조절하기 위해 공개시장조작의 일환으로 증권사와 자산운용사에 2조 원의 자금을 긴급 투입기로 결정했다. 한국은행은 시중자금을 조절하는 수단으로 RP 매매를 활용하고 있는 것이다.

한국은행은 나중에 다시 파는 조건으로 국공채 등을 매입한 뒤 되파는 환매조건부채권을 장기로 공급기로 한 것으로, 이는 정부와 은행들이 한국은행에 '환매조건부채권(RP) 방식' 으로 은행채 매입을 요구해온 것으로 알려지고 있다.

환매조건부채권(RP ; Repurchase Agreements)이란, 은행이 단기자금 마련을 위해 보유 중인 국고채나 통화안정증권 등을 한국은행에 매각한 뒤 약정기간이 지나면 다시 사들이는 계약을 의미한다.

이러한 대상에 포함되는 2년만기 은행채 금리는 AAA급이며, 9월 말 리먼브러더스의 파산보호신청 직후 연 6.7%에서 10월22일에 연

7.8% 정도를 유지했다. 또한 한국은행은 총액한도대출 규모도 기존 6조5,000억 원에서 9조 원으로 2조5,000억 원을 증액했다. 총액한도대출은 한국은행이 총액한도를 미리 정해놓은 후, 시중 은행별로 중소기업 지원 실적에 연계하여 시장 금리보다 낮은 3.25%의 금리로 자금을 배정해 주는 방식이다.

6. 9월 위기설과 3월 위기설

(1) 환율시장과 9월 위기설은 무슨 관련이 있나?[62]

"국제화되지 않은 통화를 쓰면서 달러와 같은 대외결제용 기축통화를 항상 일정량 비축해 놓아야 하는 우리나라와 같은 국가는 외환위기를 한 번쯤 당할 수밖에 없는 원죄(original sin)가 있는 것이다"

이는 경제학자 스펜스 교수가 한 말이다. 즉 국제화되지 않은 통화를 사용하는 나라는 외환위기를 당하기 쉽다는 의미이다.

지난 1997년 외환위기 당시를 상기해보면, 1996년 우리나라의 경상수지적자 규모는 231억 달러를 기록, 국내총생산(GDP) 5574억 달러 대비 4.1%를 기록했다. 일반적으로 정부의 재정적자 규모가 GDP 대비 4~5%를 넘을 경우 정부의 신용에 문제될 수 있다는 것을 입증한 결과가 되었다.

이처럼 금융위기의 본질은 외화유동성에 있다. 특히 2008년 9월 위기설의 배경인 외화유동성 부족과 관련, 기획재정부 장관은 우리 시장에서 외국인 자본의 이탈이 당분간 지속될 것이며, 미국 자금시장의 경색이 일어나고 자금 회수가 본격화되면 어찌될지 단언하기 어렵다고 한 뒤, 외국인 투자자의 만기상환 연장도 어려울 것이란 우려를 표명한 바 있다.

이어, 그는 외화표시 외국환평형기금채권 발행 연기는 자금 경색 및 고금리 탓으로 돌리면서 국제금융시장이 안정될 때 발행하겠다는 취지의 발언을 한 바 있다.

이를 반영이라도 한 듯, 당시(10월 20일) 일일 원 · 달러 환율변동폭은 72원60전에 달했다.

특히 하루의 환율변동폭은 2009년 7~8월만 해도 7~8원에 불과했지만 '9월 위기설' 이 불거진 9월 이후에는 25원 정도로 높아진 데 이어 10월에 들어서는 환율변동폭이 8월(6원90전)의 10배가 넘을 정도로 변동성이 커졌다. 이러한 이유는 다음과 같다.

환율변동성이 커진 가장 큰 이유는 첫째, 거래량 감소를 꼽을 수 있다. 지난 7월 이후, 우리나라 외환시장의 거래량은 하루 평균 80억 달러 정도였으나 10월에 들어서는 50억 달러 미만으로 줄었다. 이처럼 거래량이 급감한 가운데 소량의 매매 주문만으로도 환율이 급등락 했다는 주장이다.

둘째, 국제 금융시장의 불안이다. 금융위기의 영향으로 인한 글로벌 금융시장의 극도로 불안심리가 국내 시장의 변동성을 키웠다.

셋째, 환율이 경제의 펀더멘탈보다는 시장의 공포심리에 의해 좌우되고 있다는 것이다.

그리고 마지막으로, 전문가들은 정부 정책의 일관성 부재와 실패를 꼽고 있다. 즉 외화자금난으로 환율이 급등할 때 정부는 '우리는 별 문제없다.' 는 식으로 대응하다가 뒤늦게 대책을 쏟아내는 등 환율 급등은 정부가 선제적 대응에 실패한 결과라는 주장이다.

여기에다가 정부는 외환시장의 거래내역을 일별 점검하고 투신권의 달러 환매수를 장외매매로 유도하는 과정에서 외환시장의 거래량이 급감하는 등 정부가 시장의 생리를 무시하고 일방적인 정책을 편 것도 환율의 변동성 증가의 원인으로 작용했다는 지적이다.

(2) 3월 위기설

'3월 위기설'은 원래 2000년대 초 일본에 10년 불황이 닥쳤을 때, 제기된 '일본경제 위기론'에서 비롯된 것으로, 일본의 은행들이 3월 결산을 맞춰 자국(自國) 금융시장에서 일거에 돈을 회수, 금융경색이 일어날지 모른다는 것이었다.

이 위기설이 '일본의 위기가 현실화되면 한국도 위험해질 수 있다.'는 논리로 확대 재생산된 후, 한국에 적용되어 매년 3월만 되면 똑같은 위기설이 제기되고 있다.

최근에는 '미네르바'라는 네티즌이 한 월간지에서 "2009년 3월을 못 버티고 한국 은행들이 일본 자본에 편입되는 파국을 맞을 수 있다."는 황당한 주장을 편 뒤, 대통령실장이 "2009년 2월이 되면 대졸 실업자들이 쏟아지고 3~4월이 되면 중소기업들이 부도나, 현 정부나 체제에 대한 위협세력이 될 수 있다."는 주장을 했다.

이 말을 한 경제전문가가 2009년 3월말은 일본 은행들이 결산을 하는 시점이기 때문에 위기 가능성이 높다는 취지의 발언을 이어서 했다.

'3월 위기설'의 확산과정

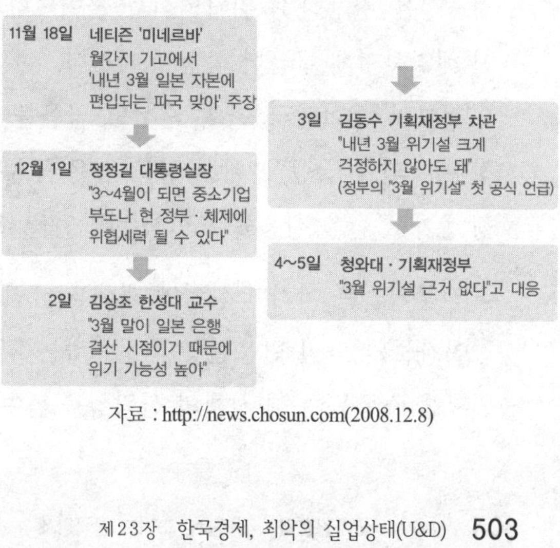

자료 : http://news.chosun.com(2008.12.8)

곧이어 정부관계자도 "내년 3월 위기설은 걱정하지 않아도 된다."며 '3월 위기설' 이라는 용어를 공식화했다. 이처럼 이전의 다른 위기설들도 대부분 비슷한 과정을 거쳐 증폭된 것처럼 인터넷 등에서 떠돌던 '설' 들이 정부 관계자, 방송, 학자, 정부 관계자까지 핑퐁식으로 오가며 실체는 점증적으로 키워져왔다.

(3) 위기설의 교훈은 무엇인가?

위기설의 본질은 전세계 금융시장이 불안한 가운데, 정부와 시장의 소통 부재, 가계 · 중소기업의 부채 부담 우려, 달러 유동성 부족 등 우리 경제의 취약성을 드러냈다는 것이다. 그렇다면 위기설에서 찾아야 할 교훈은 무엇일까?

9월 위기설은 정부 정책이 일관성과 신뢰성을 잃으면서 증폭됐다. 정부가 경제운용 목표를 '경상수지 방어 → 물가 안정 → 일자리 창출을 위한 경기 부양' 으로 옮기는 과정에서 환율정책도 오락가락했다는 비판을 받고 있다.

더구나 2008년 7월에는 '3차 오일쇼크', '국난적 상황', '외환위기 때와 비슷하다' 등의 자극적인 발언이 여기저기에서 쏟아지면서 당 · 정 · 청은 경쟁하듯 위기의식을 불어넣다가 위기설이 불거지자 뒤늦게 해명하기에 급급한 상황에 빠졌다.

정부와 통화당국 간의 혼선도 금융불안을 부채질한 측면이 있다. 정부는 환율 급등에 대해 강도 높은 구두개입을 내놓은 반면 한국은행 총재는 환율 상승을 용인하는 발언을 내놓은 게 대표적이다.

전문가들은 이러한 상황에 대해 외국인 채권 만기 문제보다는 시장 참여자들의 과민 반응현상 때문이라는 지적과 함께 정부는 시장과의 원활한 소통을 통해 정책의 신뢰성을 높여야 한다고 주문하고 있다.

그밖에도 9월 위기설에 대해 최근 몇 년간 가계나 중소기업들이 과도한 빚을 얻어 과잉 유동성으로 키운 부동산·주식 거품이 동시에 꺼지면서 발생할 수 있는 최악의 시나리오에 대한 우려가 커진 게 9월 위기설의 근본 배경이라는 것이다.

사실, 그간 소문만 무성했던 9월 위기설은 '찻잔 속의 태풍'으로 끝났지만 앞으로도 '3월 위기설' 등 비슷한 설들이 꼬리에 꼬리를 물고 우리를 괴롭힐게 분명하다. 더구나 이러한 '설'들은 그럴싸한 화제거리를 몇 개씩 동반하고 찾아와 '공포'를 조장하곤 한다. 또한 국제 금융시장의 신용 경색, 유럽·미국 등 전세계 경기 둔화 등 대외 여건이 불안한데다 내수 침체, 물가 불안 등 내부 여건도 악화되면서 조그만 충격에도 위기설이 불거지고 있는 것이다.

경제 전문가들은 앞으로 저성장 속에서 고용 및 소득 감소 → 가처분 소득 감소 → 이자비용 등 지출 증가로 이어질 공산이 크다. 이 경우, 개인은 빚을 줄이는 것이 첫 번째 과제인 동시에, 정부는 경기부양 쪽으로 정책방향을 옮기고 이와 함께 부실기업 정리 등 시장 불안 요인소인들을 과감히 해소하는 등의 정책이 필요하다.

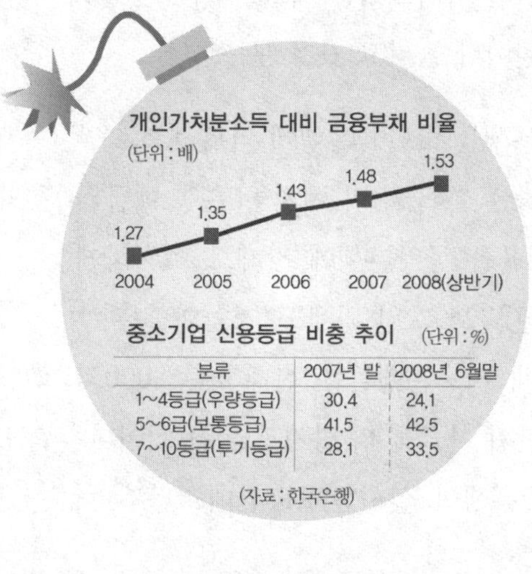

중소기업 신용등급 비중 추이 (단위 : %)

분류	2007년 말	2008년 6월말
1~4등급(우량등급)	30.4	24.1
5~6급(보통등급)	41.5	42.5
7~10등급(투기등급)	28.1	33.5

(자료 : 한국은행)

만약 부동산 버블 구조조정, 서민·자영업자 대책, 가계부채 문제 해결, 수출경쟁력 강화 등 정부가 나서서 경제 펀더멘탈을 튼튼하게 하지 않으면, 9월·3월 위기설 등 비슷한 위기설은 시기가 문제일 뿐, 언제든지 터져 나올 수 있다.

이처럼 국내외 상황에 따라 위기설은 반복될 것으로 보이지만 치밀하고도 일관된 선제적인 정책으로 대응할 경우 큰 문제는 없어 보인다.

7. 은행들의 이기적 행태와 기업들의 마이너스 베팅[63]

금융시장에서 금리 메커니즘이 붕괴하고 있다. 한국은행의 지속적인 금리인하 속에서도 시중 대출금리는 오히려 역행하고 있는 느낌이다. 최근 3개월 만기 양도성 예금증서(CD) 금리는 2007년 10월 5.96%까지 치솟았다가 '대폭적인 기준금리인하'로 2007년 12월 8일 5.45%로 '찔끔' 내려갔다. 12월 11일, 금통위는 또 다시 금리를 1% 포인트 내렸지만, 이로 인해 시중금리가 내려가리라 기대하는 사람은 별로 없다.

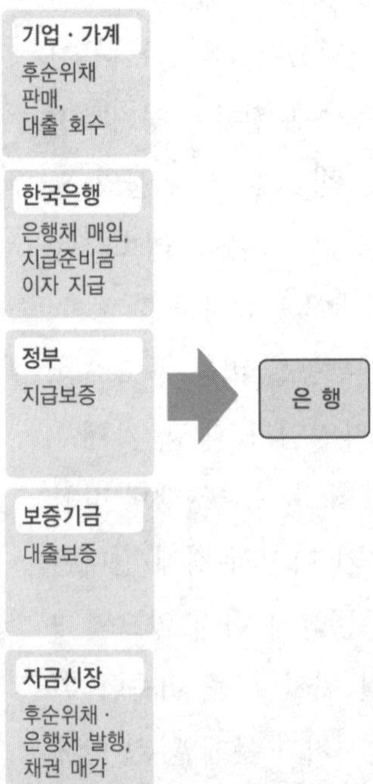

자료 : http://news.chosun.com(12.10)

왜냐하면 국제결제은행 기준 자기자본비율(BIS비율)을 의식, 한국은행 등으로부터 지원 받은 돈을 시중은행들은 자금난에 빠진 기업들에는 대출을 꺼리면서도 14조 원이나 놀리고 있기 때문이다.

즉 은행들이 한국은행에 의무적으로 맡겨야 하는 '지급준비 예치금(은행 예금의 일정비율을 중앙은행에 강제로 예치하게 하는 돈)' 25조 원 외에도, 기업대출은 무시한 채 시중은행들은 현재 14조8000억 원의 단기 자금을 더 맡기고 있는 것이다.

한국은행이 실시한 RP(환매조건부 채

권, 일정기간 후 되산다는 조건으로 판매하는 채권) 매각에는 총 13조 원의 시중은행 자금이 응찰, 이 중 12조 원이 낙찰되어 시중 은행들이 남아도는 단기자금 12조 원을 연 4%의 금리를 받고 7일간 한국은행에 맡기고 있는 것이다.

특히 최근에는 대통령까지 나서서 기업들에게 정상적인 대출을 해주라고 독려했지만 별로 달라진 것은 없다는 게 일반적인 시각이다. 국내 은행들은 지난 9월 이후 대규모 대출 축소와 금리인상에 나서 "비올 때 우산을 뺏는다."는 비판을 받고 있다. 결국 은행들이 경기침체와 기업의 경영악화 쪽으로 몰아가고 있다는 지적을 받고 있다.

그러나 은행 쪽에서 보면 할 말이 있다. 정부가 한쪽으로는 BIS(국제결제은행) 자기자본비율 등 건전성 관리에 주력하라고 주문하면서 다른 한쪽으로는 위험성을 감수하고 중소기업 대출을 늘리라는 것은 모순이며, 은행이 망하면 국가가 위태로워지기 때문에 조심 할 수밖에 없다는 주장이 바로 그것이다.

그러나 최악의 경우 은행의 건전성은 미국과 유럽의 경우에서처럼 정부가 직접 돈을 투입해서라도 지켜 줄 수 있는 반면 중소기업은 그

기업대출 증감액 추이

(단위 : 원)

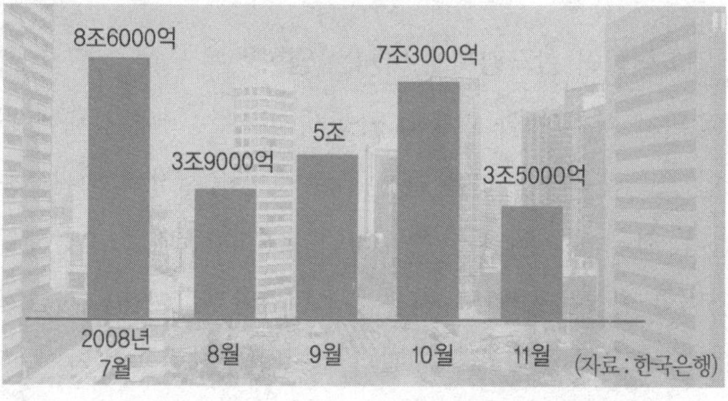

(자료 : 한국은행)

렇지 않으며, 은행들이 건전성을 이유로 기업대출을 끊는 것은 공동체와의 상생(相生)을 무시한 이기주의라는 것이다.

그도 그럴 것이, 2008년 9월 이후 정부와 한국은행은 30조 원에 달하는 자금을 시중은행에 지원했지만 시중 은행들은 '블랙홀' 처럼 시중 자금을 빨아들이기만하고 기업들에게는 '찔금찔금' 빌려주어 기업들은 돈 가뭄으로 타들어 가고 있는 상황이기 때문이다.

이들 은행들은 자신들의 BIS비율을 맞추기 위해 14조 원에 달하는 돈을 금고 속에 쌓아 놓았으며, 이것도 모자라 4대 시중은행들은 금리가 연 8%에 달하는 후순위채권 발행(RP)을 통해 4조5,000억 원가량을 거둬들여 시중에는 돈이 거의 씨가 마른 상황이 되어버렸기 때문이다.

그러나 지난 11월 예금은행의 기업대출은 겨우 3조5,000억 원 증가하여 전달의 증가액 7조3000억 원의 절반수준에 그쳤다. 이에 대해 사실상 "공자금이 투입된 은행임에도 불구하고, 경영진의 복지부동으로 안전한 곳에만 대출하고, 주주들을 핑계로 정부방침을 거부하고 있다."는 비판적인 의견이 곳곳에서 나오고 있는 상황이다.

8. 엔고와 엔화강세가 한국경제에 미치는 영향

(1) 엔고현상이 한국경제에 미치는 영향[64)]

금융위기 이후 엔화 환율의 급등세 지속은 국내 경제에 커다란 부담요인으로 작용하는 것은 물론 글로벌 금융시장의 뇌관으로 부각되고 있다. 최근 원 · 엔 환율은 100엔당 1,500원대로 초강세를 유지했다. 이러한 현상은 1991년 원 · 엔 고시환율 집계 이후 처음이다. 특히 이러한 영향으로 산업은 업종별로 희비가 엇갈리고 있다.

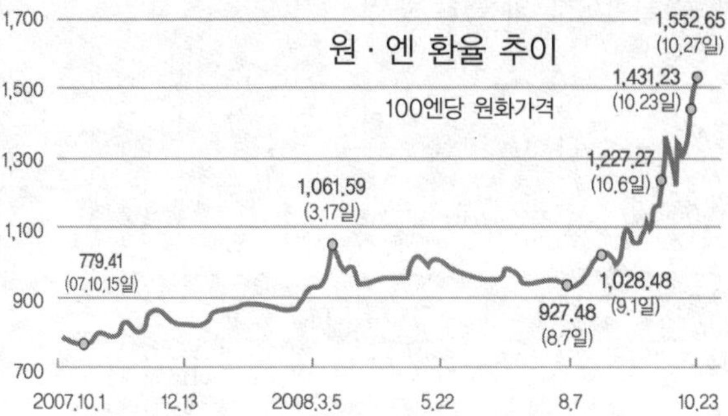

자료 : 한국은행
http://economy.hankooki.com(2008.10.27)

해외시장에서 일본제품과 경쟁하는 자동차 · 전자업계, 일본인 관광객 특수를 누리는 여행업계 등은 희색이 만면하다. 허나 일제 부품을 들여와 가공해 되팔거나 일본에서 수입하는 업체는 수익성 악화에 신음하고 있는 실정이다.

해외 시장에서 일본제품과 경쟁하는 자동차 · 전자 · 여행업계는 엔화 강세로 가격경쟁력이 생겨 우리나라 상품의 경쟁력을 회복하는 절호의 기회로 삼고 있다. 즉 엔화 강세의 영향으로 세계 자동차 시장은 한국업체에 유리하게 돌아가고 있다.

한 예로, 엔달러, 엔-유로화도 동조화 현상을 보이며 일본제품의 가격경쟁력에 악영향을 미치고 있다. 특히, 미국의 'BIG3' 는 구제금융을 신청하고 있고, 일본차는 엔고로 고통받고 있는 요즘 한국의 자동차업계는 탄력적 생산대응이 가능한 노사관계를 정립하고 미래시장인 친환경차쪽 개발을 강화하는 등 세계시장에서 경쟁력 제고의 발판으로 삼는다면 금융위기가 기회가 될 수 있을 것으로 보인다.

실제로 2007년 우리나라의 자동차 수출은 497억달 러로 우리나라 전체수출 3,714억 달러의 13.4%를 차지, 무역흑자가 424억 달러를 기록하는 한편 157만 명 고용으로 전체 고용의 10.4% 수준에 육박하고 있다. 전자 · IT 업체들도 단기적으로는 구매비용상승을 초래하고는 있지만, 중장기적으로는 가격경쟁력을 강화할 수 있다는 주장이다.

엔/달러 및 달러/유로화 환율 추이

자료 : 한국은행, 해외경제 포커스

여행업계 역시 엔화의 강세의 영향으로 일본인 관광객들이 저렴하게 해외여행을 즐기기 위해 한국으로 몰려들고 있어 최대 30% 정도까지 늘어날 전망이다.

이에 반해 일본 부품 소재를 수입하여 가공해 수출하는 부품 수입업 · 중소기업들은 부품가격 상승으로 전전긍긍하고 있는 실정이다. 이를 반영하듯 2007년 299억 달러를 기록했던 대일 무역적자 규모는 올 연말까지 그 규모는 400억 달러까지 치솟을 수 있다는 전망이다.

(2) 엔화대출, '제2의 키코사태' 초래한다.

엔화 강세가 지속돼 대출금을 갚지 못하는 사례가 속출할 경우 '제2의 키코 사태(대규모 환손실)' 가 우려되고 있다. 최근 2~3년새 은행에서 낮은 금리로 엔화를 빌려 썼던 국내 중소기업과 자영업자들이 '환율 폭탄' 을 맞고 있다.

최근 세계적 엔고(高) 현상으로 엔화에 대한 원화 환율이 치솟는 바람에 엔화로 갚아야 할 상환부담이 눈덩이처럼 불어나고 있기 때문이다. 엔화대출자들은 엔고로 인한 피해가 급증하자 최근 엔화대출자모임협의회(엔대모)를 구성하여 법원에 금리인상효력정지가처분 신청을 제기하는 등 피해를 줄이기 위한 소송을 진행하고 있다.

(3) 위안화 강세와 한국경제[65]

최근 들어 중국 내 생산 경쟁력이 급속도로 약화되고 있어 '굿바이 차이나' 분위기가 확산되고 있다.

2008년 8월 이후 1위안(元)당 150원대에 진입한 환율이 10월 200원대를 지나 최근에는 23,000원까지 치솟았다. 이처럼 요즘 중국은 인건비 상승과 세금 · 노동조합 등 규제강화로 임가공 생산기지로서 매력이 소멸되고 있는데다, 위안화 강세까지 가세하면서 '리턴 코리아' 현상이 확산되고 있다.

최근 대한무역투자진흥공사의 2008년 7월 중국진출기업 600개사의 조사보고서에 의하면 응답기업의 57% 정도는 앞으로 중국 내 사업 환경이 악화될 것으로 보고 있다.

가장 큰 장애물로는 임금상승(27%)과 원자재 가격상승(25%) 등을

주요 통화별 은행권 외화대출 규모

* 2008년 8월 말 잔액기준

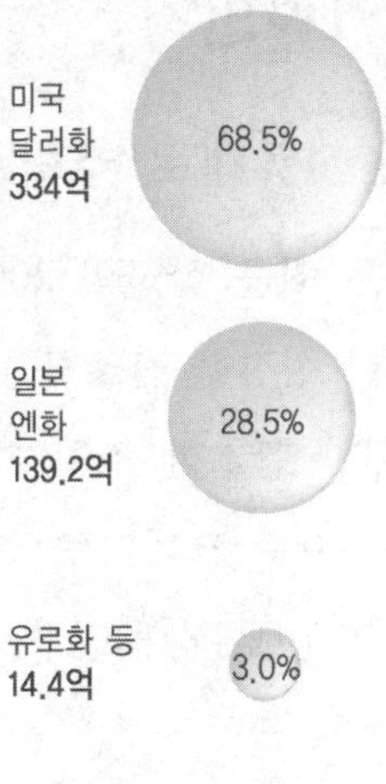

엔화 대출피해 어떻게 발생했나

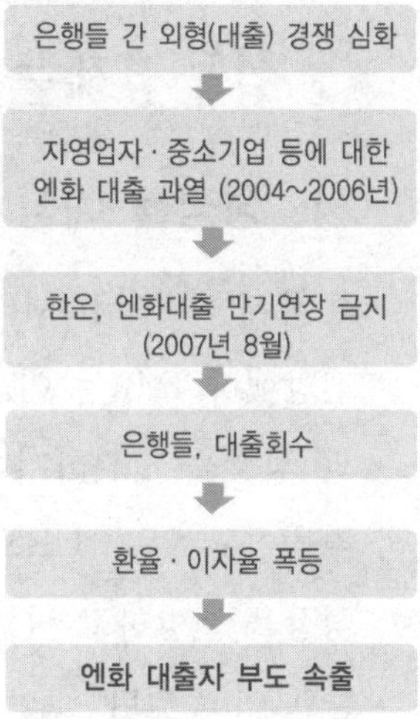

지적하고 있으며, 최근에는 환율문제까지 가세했다는 분석이다.

이런 상황에서 한국으로 유턴(U-Turn)행을 택하는 기업들이 속속 등장하고 있다. 향후에도 지속적으로 인건비 급등과 단순 가공무역 제품에 대한 부가가치세 환급 혜택 축소에다, 환율 상승까지 겹쳐 현지 진출 한국 기업들이 중국 사업을 줄이거나 접을 가능성이 증가할 전망이다.

위안화에 대한 원화 환율

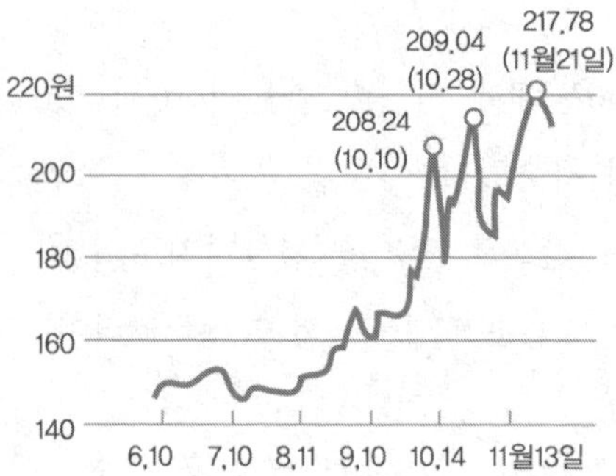

향후 중국진출 환경 전망

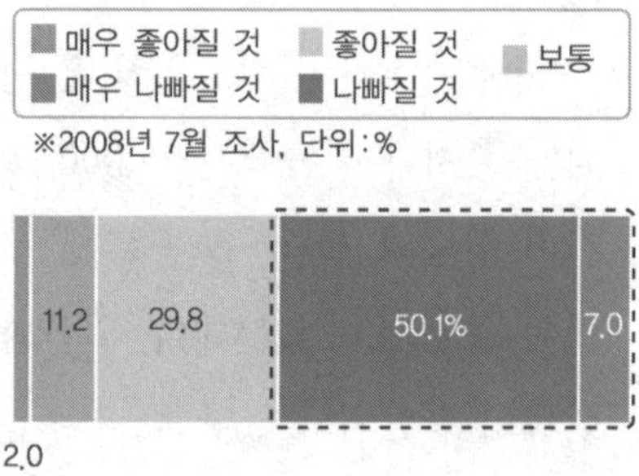

자료 : KOTR, http://news.chosun.com(2008.12.2)

실물경제는 어떠한가?

1. 성장률 예상치, 1%대로 추락[66)]

국제통화기금(IMF)은 최근 한국의 2009년 경제성장률을 2.0%로 전망했다. IMF는 이러한 성장률 전망치를 내놓으면서 금융시장 안정과 성장을 지원하기 위한 단호한 조치가 분명히 필요하다는 지적도 곁들이고 있다. UBS −3.0%, 크레디트스위스 −1.1% 등은 마이너스 성장을 전망하고 있는 가운데, 국내 연구기관은 1~2%대를 제시, 대조를 보이고 있다.

이처럼 미국발 금융위기가 실물경제로 번지고 있고, 전 세계가 극심한 경기침체를 보이고 있는 가운데, 우리 경제는 2008년보다 2009년 초반이 더 어려울 것이란 전망이 다수를 이루고 있다.

2. 소비심리, 얼어 버렸다.

최근 한국은행이 2008년 4분기의 전기 대비 성장률이 −1.6%로 추락할 것으로 예측한 가운데, 현재의 경기상황을 보여주는 동행지수는 물론 선행지수 역시 11개월째 하락세를 지속했다.

이런 현상은 1981년 관련 통계가 작성되기 시작한 이후 처음이다. 지금의 경기가 적어도 지난 28년간 전례를 찾을 수 없는 최악의 상황인 셈이다. 미래 경기동향을 예측하는 지표가 1981년 이 분야 통계작성이 시작된 이래 처음이다. 이는 경기하강이 본격화되고 있음을 뜻하는 것이다.

참 고[67)]

■ 경기동행지수 (CCI, Coincident Composite Index)

하락하는 경기

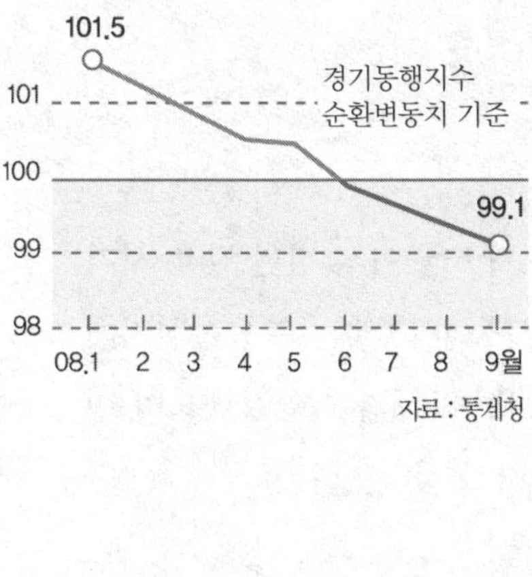

자료 : 통계청

현재 경기동향을 보여주는 지표로 경기종합지수(CI)의 하나이다. 최근 경기동행수는 99.1을 나타내고 있어 경기침체 상황을 나타내고 있다. 이에 대한 정의를 좀 더 자세히 살펴보자.

첫째, 경기종합지수란 현재 경기상태를 판단하거나 앞으로 경기가 어떻게 될지에 대해 예측하기 위한 대표적인 지표이다.

이 지수는 각종 경제지표들의 전월 내지는 전년 같은 기간대비 증감률을 합성해 작성된다.

선행지수, 동행지수, 후행지수가 있으며, 경기종합지수에 의한 경기판단은 선행지수는 경기동향을 예측하는 데, 동행지수는 현재의 경기상황을 파악 하는 데, 후행지수는 경기동향을 확인하는 데 이용된다.

둘째, 동행지수는 현재 경기동향을 보여주는 지표로 노동투입량, 총산업생산지수(광업 제조업 전기가스제조업 포함), 제조업가동률지수, 생산자출하지수, 전력사용량, 도소매판매지수, 비내구소비재 출하지수, 시멘트소비량, 실질수출액, 실질수입액 등 10개 지표를 합성해 산출한다. 동행지수를 가지고 경기국면을 판단할 때는 '동행지수 순환변동치'를 사용한다.

'동행지수 순환변동치'는 동행지수 변동요인 중 추세적 요인을 제거하고 만든 것이다. 즉 구성지표의 월별 통계자료에서 계절적 요인과, 천재지변이나 사건과 같은 불규칙요인을 제거하고, 또 중장기적으로 경제성장에 따라 변동하는 부분을 제외해 작성한다.

이 지표를 이용해서 경기가 올라가고 있는지, 내려가고 있는지 파도와 같은 모양으로 한눈에 볼 수 있는데, 일반적으로 '경기순환'이란 이 순환변동치의 움직임을 가리킨다. 이 지표에서 지수가 100 밑으로 내려가면 경기침체를, '경기상승기'에 100을 넘어서면 활황기에 들어섰다고 해석한다.

단기적으로 순환변동치가 가장 낮게 나타나는 시점을 '경기저점(trough)', 가장 높게 나타나는 시점을 '경기정점(peak)'이라고 부른다. 그리고 경기가 저점을 지나 정점에 이르는 기간을 '확장국면', 정점을 통과해 저점에 이르는 기간을 '수축국면'이라고 부른다.

---

3. 부동산 가격, 폭락한다

(1) '집값 반토막' 현실화되나?[68]

최근 우리나라의 부동산 거래는 아파트가 6월 이후 전년 같은 시기에 비해 무려 80% 이상 급감했다. 최근 부동산 거래는 부동산실거래가 신고제도가 시행되던 2006년의 11월 대비 88%가량 급감했으며 버블세븐지역의 아파트도 10채 중 7채는 가격이 하락했다.

특히, 서울, 수도권 '버블세븐' 지역을 중심으로 아파트값 약세가 지속되고 있는 가운데 일부 지역의 급매물 가격이 2006년의 최고 거래가격 대비 40% 이상 하락한 것으로 나타났다. 이 때문에 일각에서는 "경기침체가 계속될 경우 버블세븐 지역 주도로 다른 지역까지 집값 50% 하락이 현실화되는 게 아니냐"는 우려의 목소리가 나오고 있다.

그러나 일각에서는 현재 집값이 30~40%씩 빠진 곳은 최근 2~3년간 집값이 상대적으로 많이 올라 그간 '거품' 우려가 제기됐던 곳으로 실물경기 침체가 심화되고 기업 구조조정이 본격화되면 이들 지역은 추가 하락할 수도 있겠지만 나머지 지역까지 반토막 날 가능성은 매우 낮다는 것이 지배적인 의견이다.

서울 아파트 거래 추이

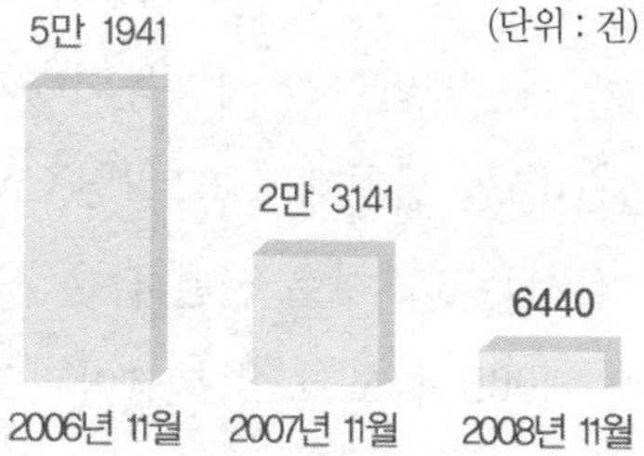

자료 : 서울시

미분양 주택 수

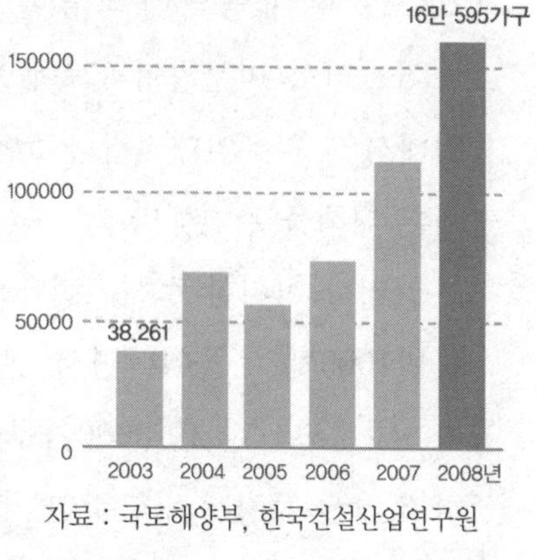

자료 : 국토해양부, 한국건설산업연구원

앞으로 집값을 포함한 부동산 가격 하락현상은 실물경기와 금융시장 불안지속 여부에 따라 달라질 수 있으며, 실물경기 회복이 빨라진다면 부동산도 빠른 시일 내 안정될 것이다.

반대로 회복이 늦어진다면 불안 시기도 그만큼 지속될 수밖에 없을 것으로 보인다.

아직도 우리나라의 명목 GDP 대비 토지자산 배율(3.7배)은 프랑스(3.0배), 미국 · 호주(2.8배), 일본(2.4배), 캐나다(.1배) 등 주요국 보다 높은 수준이며, 명목 GDP 대비 고정자산도 3.0배로, 프랑스(3.2배), 미국(3.1배),

호주(3.0배), 캐나다(2.2배) 등과 비슷하며, 지속적인 증가추세를 보이고 있다.

우리나라의 명목 GDP 대비 토지자산 배율은 공시지가 현실화와 토지가격 상승 등으로 토지자산 가치가 선진국보다 빨리 상승한 면이 있다. 즉 미국이 2003년 2.5배에서 지난해 2.8배로 움직이는 동안 한국은 2.7배에서 3.7배로 커져 한국의 토지자산 가격은 3조5천780억 달러로 캐나다의 2.3배, 호주의 1.4배에 달해 가격으로만 따지자만 캐나다 국토를 2번 사고도 남는다. 이는 아직 한국의 부동산에 엄청난 버블이 끼어 있음을 의미하는 징표다.

(2) 미분양아파트, 뇌관된다[69)]

지난 1년여간 시공능력평가 41위인 신성건설은 기업회생절차(법정관리)를 신청했고, 62위인 C&우방은 워크아웃을 신청하는 등 부도 건설사는 365개로 전년 같은 시기 대비 40% 늘어났다.

2008년 초기, 미분양아파트가 13만 가구에 달하자 정부는 대책 마련에 나섰다. 즉, 분양가 10% 인하 시 담보인정비율(LTV) 10% 포인트 상향, 취득 · 등록세 50% 인하, 일시적 1가구 2주택 인정기간 1년에서 2년으로 확대 등의 대책을 발표했다.

아울러서 미분양아파트에 대한 임대사업자들의 수요 진작을 위해 임대사업 의무임대기간을 5년, 149㎡이하로 완화하는 등 정부는 발빠른 대책을 추진했다.

그러나 이러한 정책추진에도 불구하고, 미분양 주택이 사상 최대인 16만1000채로 늘어나면서 연체율 증가와 함께, 부도로 이어지고 있다. 이는 5년 전 3만8000가구에서 4배 이상으로 불어난 수치로, 신고하지 않은 물량까지 합하면 약 20만 가구가 넘을 것으로 추산된다.

전체 미분양 주택을 시가로 환산하면 20만 가구는 63조 원으로 GDP대비 6.6%를 차지하는 수치이다.

특히 더 큰 문제는 미분양 물량의 80% 이상이 이미 주택보급률이 100%가 넘어선 지방의 대형평형이기 때문에 미분양 사태가 장기화될 수밖에 없고, 결국은 지방 경기 침체로 이어지고 있다는 점이다.

(3) 2009년, 주택담보대출이 위험하다.[70]

2008년 주택담보대출은 234조6천억 원 정도이다. 이는 만기가 보통 3년이고 부동산이 호황이던 2005~2006년 대출이 급증한 점을 감안하면 만기 금액은 2008년 17조4000억 원, 2009년에는 40조~50조 원에 이를 것으로 관측된다.

그러나 정상적인 상황이라면 이러한 대출상환은 큰 문제가 아닐 수도 있으나 만약 집값하락으로 대출당시보다 집값이 하락하고, 실업률이 오르는 상황이라면 연체 및 상환 불능으로 이어져 큰 부실덩어리로 전환될 가능성이 높아진다.

저축은행의 주택담보대출의 경우, 2008년 아파트담보대출 가운데 10건 중 3건의 손실이 발생한 와중에, 부실아파트담보대출의 원금은 최대 20%까지 손실이 발생했다.

현재 저축은행의 주택담보대출 규모는 12월말 현재 2조2천억 원 규모이다. 그러나 만약 앞으로 가격폭락이 20% 이상 진행될 경우 대출원금 회수에도 어려움이 발생할 수 있다.

① 이자폭탄에 무너지고 마는 셀러리맨의 비명[71]

'한국판 서브프라임' 사태가 오고 있는 것일까? 은행 빚을 얻어 한 채 두 채 집을 장만한 적지 않은 가정에서 파탄의 조짐이 나타나고 있다.

일각에서는 2008년 9월말 기준, 은행들의 가계대출 잔액(383조6천억 원) 중 주택담보대출이(234조6천억 원)이 60% 이상을 차지하고 있는 상황에서 최근 부동산 가격하락으로 은행의 대출금 회수가 어려워지면서 '한국판 서브프라임' 사태가 빚어질 수 있다는 우려까지 나오고 있다.

특히, 부동산 담보 대출은 보통 만기가 3년이고, 2005~06년 대출이 급증한 점을 감안, 2009년에 만기가 도래하는 금액이 40조~50조 원에 이를 것으로 추정된다.

부동산 담보 대출문제의 최대 분수령은 2009년 상반기가 될 전망이다. 게다가 최근에는 부동산 금리 급등에 따른 이자 부담 증가와 원리금 상환 부담이 늘어나 연체 상태에 빠지고, 빚을 갚기 위해 집을 처분하려 해도 얼어붙은 주택시장 탓에 팔지 못하여, 이런 현상이 다시 집값 하락을 부추기는 악순환 고리가 형성되고 있다.

더구나 2006년3월 총부채상환비율(DTI) 규제가 처음 도입되어 향후 재약정을 하더라도 DTI 규제를 새롭게 적용 받아 대출원금 일부를 상환해야 하거나 이자 부담이 대폭 늘어나는 대출이 적지 않을 것으로 보인다.

사 례 1[72]

한 중견 기업의 과장으로 결혼 5년차인 김 씨(34)는 지난 2005년 1억 원을 대출받아 현재의 28평형 아파트를 2억5천만 원에 구입했다. 당시 매달 80여 만 원만 이자로 물면 되었고, 집값의 상승률이 이자율보다 훨씬 높아 문제될 것이 없었다. 이후 2년여 만에 집값이 1억원 정도가 올라 매매가가 5억 원에 육박했다. 그러나 지난 2년여 만에 대출금리가 두 배 가까이 뛰어 1백50만 원이 되었다. 문제는 12월부터이다. 원금에 대한 거치상환분을 내야 하기 때문에 김씨는 앞으로 적자생활을 해야 할 판이다.

사 례 2

대기업 부장인 김모씨(48)는 재테크를 위해 재건축 아파트를 잡았다가 요새 은행 이자만 매달 6백만 원 가까이 물고 있다. 그의 연봉은 7천5백만 원선이다. 월 급여 실수령액이 6백만 원이 안 되기 때문에 연봉 전체를 이자로 날리고 있는 셈이다.

그는 경기도 산본에 32평짜리 재건축 아파트를 3억 원에 구입하면서 이 중 1억8천만 원을 대출받았다. 문제는 지난 2006년 2월 아파트의 재건축이 이루어지면서 부모님과 살림을 합치기로 하고 52평형을 신청한 것이다. 추가 분담금이 3억8천5백만 원에 달했고, 이 돈은 부모님이 현재 살고 있는 아파트를 처분해 마련하기로 했다.

그러던 차에 미국에서 서브프라임 모기지 사태가 터졌다. 부동산시장은 더욱 얼어붙었고 매수세는 완전히 사라졌다. 결국 분담금까지 은행에서 빌리면서 빚은 눈덩이처럼 불어났다. 내년에 입주하면 내야 할 등기 비용 3천만 원까지 합칠 경우 6억 원을 은행빚으로 안고 있는 셈이다.

주변에서는 "손해를 보더라도 아파트를 팔아라."라고 말한다. 그러나 속 모르는 소리이다. 아파트를 구입한 지 3년이 지나면 양도세 중과 대상에서 벗어날 수 있다. 김씨의 경우 집을 산 지 3년이 지났기 때문에 이 아파트를 팔아도 문제될 것은 없었다.

하지만 최근 재건축 관련법이 바뀌어 팔고 싶어도 팔 수 없는 처지이다. 김씨는 "재건축을 위해 잠시 이주한 시기는 거주 기간의 산정에서 제외된다. 이 기간 동안 집을 팔면 투기한 혐의를 받아 상당한 세금을 물어야 한다."라고 털어놓았다.

현재로서는 이러지도 저러지도 못하고 있는 형편이다. 그러는 사이에 이자 비용은 계속 불어나 김씨의 생계는 말이 아니다. 아이들은 다니던 학원을 모두 그만두었다.

김씨는 "말이 대기업 부장이지 사는 모양새는 도시 빈민이나 다를 것이 하나도 없다. 이자 폭탄이라는 소리가 나와 웃어넘기곤 했지만 집 한 번 잘못 장만했다가 집안이 쑥대밭이 되고 있다. 월급쟁이가 소득 전체를 은행에 바치고 있으니 앞날이 암담할 뿐이다."라고 한탄했다.

사 례 3

대기업 차장인 서 씨(46)는 지난 2006년부터 아내의 명의로 임대 사업을 시작했다. 서씨는 지난 2006년 3월 용인 죽전지구에 32평형 아파트를 4억7천만 원에 구입했다. 나머지 돈은 강남의 한 상가 건물, 그리고 캐나다 토론토에 있는 아파트는 3억 원의 은행 대출을 끼고 자신의 돈 1억 원을 보태어 총 4억 원을 투자했다.

한동안 수입이 괜찮았으나 최근 버블 세븐의 거품이 꺼지면서 죽전 일대의 아파트 가격은 뚝뚝 떨어져 팔려고 해도 사려고 나서는 사람이 없다. 구입 가격보다 1억 원이나 싼 3억7천만 원에 내놓았는 데도 보러 오는 사람조차 없다.

그동안 차질없이 임대료를 챙겼던 강남의 상가 역시 6억7천만 원에서 5억 원으로 가격이 떨어졌고, 지난 8월 계약이 만료되었지만 들어오려는 사람이 없어 지금은 텅텅 비어 있는 상태이다. 들어오는 돈은 없이 매달 80만 원씩 관리비만 물고 있으니 답답한 지경이다. 설상가상으로 캐나다에 투자한 아파트 가격도 3분의 1 토막이 났다. 이곳 역시 그동안 분양이 안 되어 이자를 포함한 관리비로만 매달 1백80만 원씩 나가고 있고, 환율 또한 급등하여 회사에서 받는 월급 4백만 원으로는 이자를 메우는데, 턱없이 모자란다.

세 사람은 한국 사회를 대표적으로 상징하는 중산층이다. 이들은 지금 이자 폭탄에 눌려 생계 걱정까지 해가며 하류층으로 전락하게 되지 않을까 전전긍긍하는 지경에 이르렀다. 한탕 심리에 편승해 무작정 부동산에 손을 댔다가 받는 대가치고는 너무나 혹독하다. 그러나 이들 같은 중산층 가계의 파산 조짐은 간단하게 넘길 일이 아니다.

소비의 중심축을 형성하고 있는 이들이 또다시 무너지면 나라 경제는 기반이 허물어지는 악순환에 처하게 된다. 문제는 향후 상황조차 그다지 녹록하지 않다는 점이다.

---

4. 한국의 교역조건, 추락하고 있다.[73)]

최근 우리나라의 상품 교역조건은 사상최악 수준으로 악화됐다.

교역조건이란 사후적인 지수로 수입단가와 수출단가의 비율을 가지고 여러 합의를 찾는 과정이라고 볼 수 있다. 우선 순상품교역조건은 수입단가/수출단가이다. 다시 말하면 1단위 수출을 하면 어느 정도의 수입을 할 수 있느냐를 의미한다. 즉 순상품교역조건이 100이였는데 120으로 높아지면 1단위 수출로 수입을 20% 정도 더 할 수 있게 상황이 변화되었다는 것이다.

최근 한국은행이 발표한 '2008년 3/4분기중 무역지수 및 교역조건 동향'에 따르면 우리나라의 3분기 중 순상품교역조건지수는 78.0으로 지난해 동기 대비 13.8%나 하락했고, 2005년 기준 대비 지수는 70대로 진입하여, 한국은행이 관련 통계를 작성하기 시작한 1988년 이후 사상 최악의 상황이다.

이처럼, 순상품교역조건 지수란 수출 1단위로 수입할 수 있는 수입량을 나타내며, 이의 변동을 파악하기 위해 실제 이용되는 것은 순상품교역조건지수이다. 순상품교역조건지수는 수출단가지수를 수입단가지수로 나누어 산출한다.

순상 품교역조건이 좋아졌다는 것은 지수가 상승했음을 뜻하는데 수출 단가 의 상승폭이 수입단가의 상승폭보다 크거나 수출단가의 하락폭이 수입단가의 하락폭 보다 작아야 한다.

이는 기준시점과 동일한 양의 상품 을 수출해서 받는 외화로 더 많은 상품을 수입할 수 있다는 뜻이다.

우리나라의 3분기 순상품교역조건 지수가 78.0이라는 것은 동일한 물량의 수출로 2005년에 100개를 수입할 수 있었다면 올해 3분기에는 78.0개만 수입할 수 있다는 뜻이다.

순상품교역조건이 이처럼 악화한 것은 수출단가의 오름세에 비해 수입단가 상승폭이 훨씬 크기 때문으로 수입단가는 28.6% 상승한 반면, 수출단가는 10.8% 상승하는 데 그친데 기인한다.

이러한 원인으로는 원자재가 원유, 철강재 등을 중심으로 전년 같은 시기 대비 47.2% 상승하면서 수입단가를 끌어올렸기 때문이다.

또한 중국 내 주요 산업의 기술경쟁력이 빠르게 상승하여 전기전자, 철강, 석유화학 등의 경우 한 · 중 간 기술격차가 크게 축소된 것으로 평가되고 있는 동시에 세계시장 점유율도 중국은 지속적으로 확대되는 반면 우리나라의 경우 철강 등 몇 가지를 제외하고는 축소되는 경향을 보이고 있다.

참 고[74)]

■ **교역조건지수**(交易條件指數, term of trade index)

수출물가지수를 수입물가지수로 나눈 것을 지수화한 상품 교역조건지수를 가리킨다. 즉, 일국에서 수출하는 1단위의 상품(수출품)과 타국으로부터 수입하는 상품(수입품)간의 수량적 교환비율을 말한다.

일국의 수출품의 1단위와 교환되는 수입품의 양이 증가하면, 교역조건은 유리해지고, 감소하면 불리해진다. 교역조건지수는 상품의 수출입뿐만 아니라, 눈에 보이지 않는 수출입까지도 포함한다.

교역조건지수의 측정에는 수출입품의 수량이 필요하지만, 통계의 미비 때문에 실제로는 수출입가격을 물가지수로써 조정하여 간접적으로 교역조건지수를 산출한다.

교역조건지수는 한 시점에서의 무역이익을 파악하기 위한 것인데, 교역조건지수가 100보다 크면 클수록 그 나라의 교역조건은 유리하여 무역이익이 증가하고, 반대로 100보다 작으면 작을수록 교역조건은 불리하여 무역이익은 감소한다. 그러므로 무역이익은 교역조건지수의 증가함수가 된다.

한 · 중 간 품목별 기술격차(년수)

산 업	품 목	원천기술	개발기술	생산기술
전기전자	디지털 TV	1.5	2.0	2.0
	노트북 PC	3.0	1.0	2.0
	LCD 모니터	5.0	1.5	0.5
	디스플레이 패널	5.0	5.0	1.0
	휴대폰	1.5	1.5	1.5
철강	선박용 후판	–	–	1.0
	자동차용 도금강판	–	–	3.0
석유화학	PE(폴리에틸렌)	2.0	2.0	1.5
	PP(폴리프로필렌)	3.0	2.5	4.5
섬유	폴리에스터섬유	2.5	3.0	3.0
기계	자동차부품	4.5	8.0	2.5
	프레스	13.0	6.0	7.0
	건설기계	5.7	8.0	6.0
조선	LNG운반선	9.0	11.5	13.0

주 : 중국이 현재의 우리 기술수준에 도달하는 데 필요한 기간(년)

자료 : 한국은행, "한중 교역구조의 변화와 대응 방안", 전광명, 노원종, 2008. 11.

주요 품목별 세계시장 점유율

(%, %p)

품목	중국			한국		
	2002(A)	2007(B)	B−A	2002(A)	2007(B)	B−A
화공품	2.4	4.3	1.9	2.0	2.7	0.7
고무 · 플라스틱	1.7	4.9	3.2	3.9	4.3	0.4
철강금속	2.9	9.6	6.7	3.1	3.6	0.6
섬유 · 의복	17.3	31.4	14.1	3.7	2.0	-1.6
자동차	1.3	3.5	2.2	2.8	4.3	1.5
선박	4.1	12.0	7.9	22.8	26.2	3.4
전기전자	8.4	21.3	12.9	5.0	6.0	1.0
전 체	5.1	8.8	3.7	2.5	2.7	0.2

자료 : 한국은행, "한중 교역구조의 변화와 대응 방안", 전광명, 노원종, 2008. 11.

5. 기업환경, 갈수록 어려워진다.

(1) M&A 시장 얼어 붙다[75)]

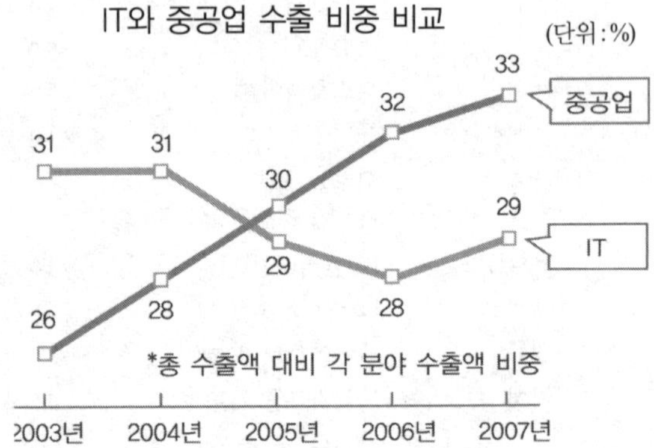

자료 : 통계청, http://news.mk.co.kr(2008. 8. 5)

최근 금융시장이 급속히 냉각되고 있는 가운데, 쌍용건설 등 국내외 기업의 인수 · 합병(M&A)도 잇달아 좌초하고 있다.

쌍용건설 이외에도 최근 들어 두산이 대우조선해양 인수전 불참을 선언했고, 삼성전자도 미국의 메모리카드업체인 샌디스크 인수 제안을 내놓았다가 제안을 철회했으며, LG전자도 독일 코너지 그룹의 독일 현지 태양전지 생산공장의 지분 75%를 인수하려다 포기한 것을 비롯, 포스코와 컨소시엄을 이뤄 대우조선해양 본입찰에 참여하기로 한 GS도 본입찰 직전에 불참을 선언했다. 이처럼 국내 M&A 시장은 급속히 냉각되고 있다.

그러나 일각에서는 이러한 원인에 대해 현재 대기업들은 많은 현금을 보유하고 있고, 향후 추가로 가격 하락을 예상하는 고도의 계산된 행동이라는 분석도 나오고 있어 내년 중반 이후부터는 '저가 매수(bottom fishing)' 가 활발해지는 M&A 시장이 되살아날 수 있을 것으로 보고 있다.

(2) 위기의 제조업, 기로에 서 있다.

실물경제의 위기가 닥쳐와 경제 주체들이 극심한 고통을 감내하고 있다. 이러한 기업들의 경영난은 실업률 증가 → 민간소비 위축 → 내수경기 부진 → 성장률 하락으로 이어지는 것이 경기침체 모델의 관례이다.세계적 컨설팅업체인 베인&컴퍼니는 "한국 제조업은 가격 경쟁력과 우수한 인력으로 자원부족이라는 태생적 한계를 극복해왔으나 최근 역사상 유례없이 시장 환경이 달라지고 있다. 지금이야말로 정부와 기업이 힘을 합해 성장 패러다임을 전면 재점검할 시기"라고 진단하고 있다.

우리나라의 제조업은 한국을 세계 13위(GDP 기준)로 끌어올리는 데 견인차 역할을 해왔음은 부인하기 어렵다. 즉 6대 굴뚝산업이 전체 수출에서 차지하는 비중은 2002년 25.4%에서 2006년 31.7%로 늘었으나 IT산업 비중은 30.2%에서 28.1%로 오히려 줄었다. 상황이 이렇다보니, 당장 발등에 떨어진 불은 원자재 가격이다.

철강업체 포스코의 경우, 올해 들어 철광석과 원료탄 가격은 지난해보다 각각 80%, 200% 상승, 포스코의 원가부담은 8조 원 가까이 늘어났다.

자동차 조선 등 완성품 제조업체도 중장기적 관점에서 차별화 전략이 부족하다는 지적인 바, 전 세계 조선업계에서 1위부터 7위를 휩쓸고 있는 한국이지만 경기 하락 시 지속적 성장을 담보할 대안이 없다.

위협받는 한국 제조업 위상

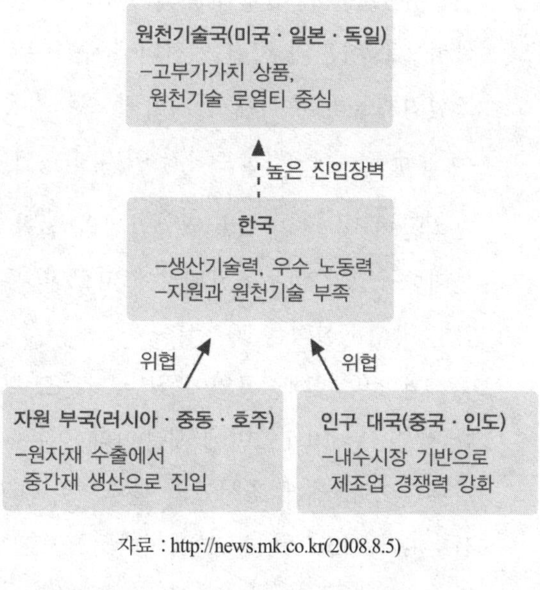

자료 : http://news.mk.co.kr(2008.8.5)

게다가 중국은 지난해 전 세계 선박 발주량의 33%를 수주해 한국의 40%에 이어 세계 2위이다. 자동차 업종도 고급 브랜드와 범용차 사이에 끼인 '샌드위치' 시장 지위에다 강성노조로 인한 생산성 저하, 친환경 하이브리드카 분야의 원천기술 부족 등의 문제도 해결과제로 남아 있다.

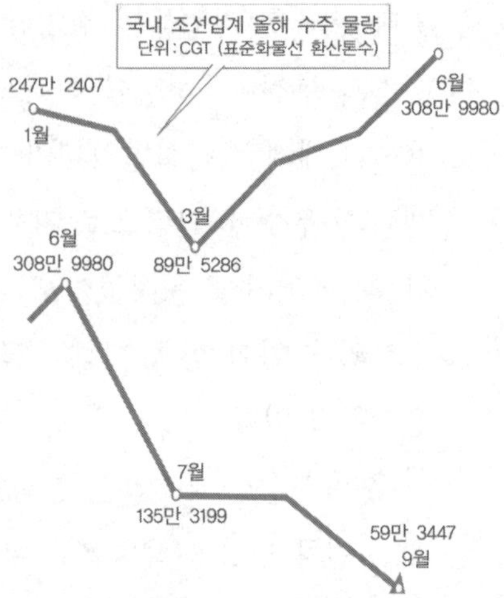

자료 : http://news.chosun.com(2008.11.3)

한국 조선업체들의 경우, 선박 설계 프로그램도 영국 아비바 등 외국 업체에 로열티를 주고 사다 쓰고 있고, LNG선을 만들 때 영하 160도를 견디는 화물창을 설계 · 제조하는 원천기술이 없어 프랑스 GTT사에 선박 한 척 가격의 5%에 100억불에 달하는 로열티를 지급한다.

물론 현재 한국의 대형 조선업체는 훌륭한 설계 능력과 뛰어난 생산성으로 향후의 시련을 견뎌낼 수 있는 힘을 갖고 있으나 향후 중국 조선업체들의 추격에서 지속적으로 자유롭기 위해선 연관산업 발전과 함께 더 많은 기술투자가 이뤄져야 한다는 지적이다.

최근 들어 우리나라 조선업계의 선박 수주가 최근 급감하고 있다. 현대중공업과 대우조선해양에 따르면, 두 회사의 지난 10월 한 달 동안 선박수주실적은 '0' 이다.

세계 1위 현대중공업이 월별 기준으로 선박을 한 척도 수주하지 못한 것은 3년 10개월만에 처음이다. 이는 미국발 금융위기와 글로벌 경기부진으로, 세계 조선업의 불황으로 한국 조선산업에도 침체의 경고 신호가 울리고 있다는 분석이다.

세계 조선 · 해운 분석기관인 '클락슨'에 따르면, 2008년 3분기 국내 조선업체의 수주량은 329만5400CGT(표준화물선 환산톤수)로 2분기(712만6300CGT)의 46% 수준으로 감소했고, 특히 지난 9월 신규 수주물량은 59만3400CGT에 그쳐 2005년 12월 이후 33개월 만에 최저치로 떨어졌다.

반도체의 경우도 마찬가지다. SD램(1Gb DDR2, 아시아 현물시장 기준)은 공급과잉 지속으로 전주대비 7.3% 하락했다.

1990년대 이후 6년마다 한 번씩 약 1년간 급격한 침체기를 맞는 '6년 주기설'을 되풀이해 온 반도체 업계에 이상 기류가 흐르고 있다. 작년 하반기부터 시작된 이번 불황은 글로벌 경기침체 여파까지 닥쳐, 글로벌 메모리 반도체 업계가 바닥 모를 수렁에 빠져 들고 있다. 메모리 반도체업계의 계속된 손실은 이례적이다.

업계는 1980년대부터 적절한 경쟁과 구조조정이 반복되며 '성장 → 호황 → 침체 → 불황'의 주기를 거쳐 왔다.

반도체 가격 추이

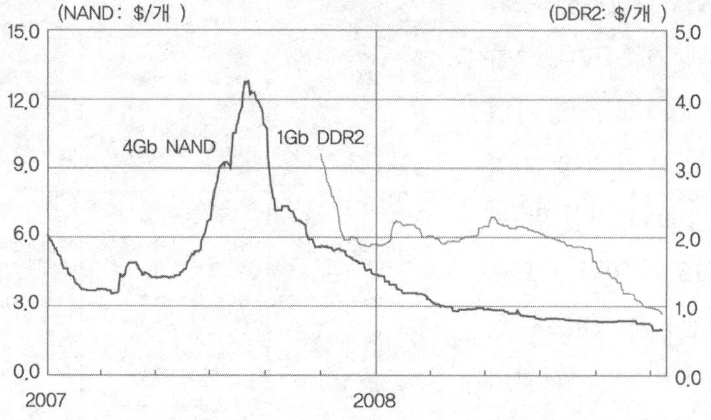

자료 : 한국은행, 해외경제포커스(2008.11.9)

성장 · 호황기에는 생산 경쟁을 벌이고, 침체 · 불황기에는 하위 업체가 탈락하며 정기적인 수익과 손실을 반복해왔다. 이러한 영향으로 최근 메릴린치를 비롯한 국내외 증권사들은 삼성전자가 4분기에 2천억 원대의 영업적자를 기록할 것으로 예상하고 있다.

① 한국의 기업들, 지금은 돈과의 전쟁 중[76)]

대기업

"현금을 챙겨라"

대기업들이 연말 '쩐의 전쟁'을 벌였다. 국내 최대 기업인 삼성전자도 현금성 자산을 확대하는 것을 최우선 전략으로 삼고 있는 가운데, 현대차가 20개월만에 회사채를 발행하고, LG는 자금 추가확보를 지시하는가 하면, 그밖에 대기업들도 대금결제 미루고 어음기한 연장하는 등 국내 대기업들이 '동 확보'에 전력을 기울이고 있다. 한편, 부채비율도 동시에 올라가고 있다.

우리나라의 30대 그룹의 차입금은 지난 1년간 59%나 급증했다. 자산총액 기준 30대 그룹 계열 164개 상장기업(금융회사 제외)의 차입금은 2008년 9월 말 현재 49조6,250억 원으로 2007년동기 대비 58.7% 급증하여 1년 새 빚이 18조 원 넘게 늘어난 셈

연말 유동성 확보 전쟁에 돌입한 대기업들

자동차	전자	통신
-대금결제 가급적 늦춰 유동성 확보 -현대차, 3500억원 내외 회사채 발행 추진 -GM대우, 대우차판매와 1500억원 부동산 담보 설정으로 갈등	-삼성전자, 샌디스크 인수제안 철회 -LG전자, 독일 코너지사 인수 포기 등 M&A 계획 보류 -연말 성과급 보수적 책정 등 인건비 축소 움직임	-장기투자자금보다는 상시운영자금 마련에 비상 -SK브로드밴드: 만기상환자금 마련 위해 회사채 발행(700억원) -LG텔레콤: 2000억원으로 연말 현금 보유액 늘려
철강 기계	**정유 화학**	**기타**
-차입금상환 위한 자금 마련에 총력전 -일부 담보 제공까지 요구 -현대제철(1000억원) 동부제철(2000억원) 두산중공업(500억원) 등 회사채 발행	-유전스 만기 단축 요청에 자금사정 악화 -회사채 발행 서두르고 있지만 조건 두고 협상 난항 -LG화학: 차환자금 위해 1529억원 회사채 발행	-현대상선(500억원), SK네트웍스(550억원), 하이트맥주(500억원), 호텔신라(1000억원) 등 회사채 발행

자료 : http://news.mk.co.kr(2008.12.15)

이며, 1년 이내에 원금과 이자를 갚아야 하는 급전 성격의 단기차입금은 28조9,667억 원으로 75.1%가 증가하고, 상환기간이 1년 이상인 장기차입금은 39.3% 증가한 20조6천583억 원으로 단기차입금 의존도가 크게 높아진 셈이다.

장 · 단기 차입금이 증가하면서 30대 그룹의 평균 부채비율도 2007년 3분기 말 89.7%에서 올해 3분기 말 108.5%로 크게 높아졌다.

이러한 원인은 국제유가와 원자재 가격의 상승을 비롯해 원 · 달러 환율 상승, 시중금리 인상, 자금시장 경색 등이 복합적으로 작용한 결과이며, 특히 금리상승과 차입금 증가는 미국, 유럽, 중국 등 주요 수출시장의 경기 둔화와 맞물리면서 기업의 이익 감소에 절대적인 영향을 미친다.

중소기업[77)]

국내 중소기업들이 겪고 있는 수출금융 경색

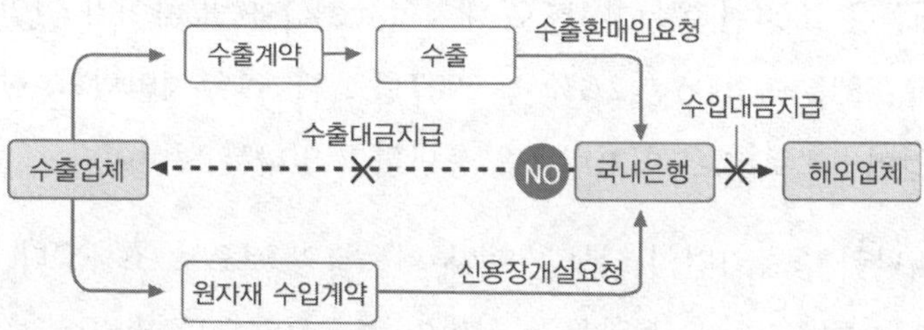

자료 : http://news.chosun.com(2008.11.3)

경제의 주력부대인 수출 중소기업들이 돈가뭄에 시달리고 있다. 최근 일부 은행들이 수출 기업들의 수출환어음(수출대금을 미리 당겨쓰는 어음)을 받아주지 않고, 장기 · 거액의 신용장(외화 어음 발행을 허가해 주는 증서) 개설도 거부, 수출 기업들의 자금난이 더욱 더 심해지고 있다.

최근 정부는 은행의 외화 자금난 해소 대책을 내놓으면서 은행들에게 수출 금융 확대를 당부했지만, 은행들은 자금줄을 풀지 않고 있어 수출 기업들이 수출을 하고 싶어도 못하는 상황이 벌어지고 있다.

최근 중소기업중앙회에서 154개 중소기업을 상대로 한 설문조사에서 금융위기가 미칠 영향으로 '은행 자금 조달' 이라는 응답이 '내수 감소' 보다 많았다. 그야말로, 지금 대한민국 대부분의 중소기업들인 68.8%가 '돈과의 전쟁 중' 이다.

그밖에도, 은행 이용에서 겪는 어려움으로는 '구속성 예금(꺾기) 가입 요구(27%)', '대출금 일부상환 후 만기연장(23%)', '신규대출 거부(21%)' 등을 꼽았다. 중소기업 영업이익률도 추락하고 있다.

즉, 지난 2004년 4.9% → 2005년 4.4% → 2006년 3.1% → 2007년 3분기에는 2.5%로 뚝 떨어졌다.

영업이익으로 이자비용을 충당할 수 있는 비율인 중소기업의 이자보상배율은 2004년 에는 4.1%로 대기업(4.2%)과 별 차이가 없었지만 2005년 3.3% → 2006년 2.3% → 2007년 1.3%로 주저앉았다. 한마디로 영업이익으로 겨우 이자비용을 충당하고 있다는 의미이다.

우리나라 중소기업의 3분의 1이 투기등급인 것으로 조사됐다. 최근 들어서는 중소기업도 우량등급 기업이 보통등급으로 밀려나고, 보통등급 업체들이 투기등급으로 떨어지는 도미노 현상이 벌어지고 있는 것이다. 특히 규모가 작은 업체들의 타격이 심했다.

규모별로 보면 소기업(매출 10억~100억 원)은 같은 기간 투기등급 비중이 8.9% 포인트(26.5 → 35.4%), 중기업(매출 100억~600억 원)은 3.7% 포인트(13.7 → 17.4%), 영세기업(매출 10억 원 이하)은 1.9% 포인트(39.7 → 41.6%)씩 각각 증가했다.

투기등급이 되면 회사채 발행이나 금융권 대출이 어려워지며, 중소기업의 10단계 신용등급 가운데 하위 7~10등급이 투기등급으로 분류되는 바, 이는 빚을 갚을 능력이 떨어져 불황 등 갑작스러운 경기 변동 때 채무 불이행 가능성이 높은 기업들에게 주어진다.

사 례[78)]

■ 반월 시화공단

"직원 월급은 밀려도 이자는 꼭 갚아"

건설 중장비 부품 업체 L사장은 "하루하루 돈 구하러 다니는 게 전쟁 같다."고 하소연했다. 작년 60억 원의 매출을 올린 이 회사는 20억 원의 대출금이 있다. 이달에 갚아야 하는 원금과 이자는 4500만 원이다. 건설경기 불황으로 매출이 작년보다 30% 떨어져 적자로 돌아섰다. 아들집까지 담보로 잡혀 있는 상황에서 이제 담보로 잡힐 것도 없다.

L사장은 상호저축은행에 12%의 이자를 주고 돈을 빌릴까 생각 중이다. 그는 "직원 월급날짜가 일주일 지났지만, 은행 이자부터 갚아야 한다."며 "그러지 않으면 은행 거래가 중지가 되거나 공장이 경매에 넘어갈 수 있다."고 말했다. 매월 이자만 1500~2000만 원이 나가고, 12월에는 원리금 5000만 원을 내야 되는데, 걱정으로 한숨만 쉬고 있는 것이다.

최근에는 환율, 경기 불황에 이어 금융위기에 따른 자금난의 직격탄까지 맞으면서 중소기업들이 벼랑 끝으로 내몰리고 있다. 연간 60억 원의 매출을 올리는 전자 부품 회사의 이 대표는 최근 1억 원의 예금을 담보로 대출을 받았다. 그는 당초 예금을 빼려고 했지만, 은행 측에서 "예금을 빼면 기존 대출금을 연장해 주지 않겠다."고 해 오른 이자를 내고 대출을 받았다.

② 국내 건설사, 혹독한 계절이 온다.

2008년 국내 건설사들의 해외수주 공사금액은 약 464억 달러로 역대 최고 규모다. 반면 걸프협력회의(GCC) 6개 회원국의 전체 프로젝트 5000억 달러 중 최근까지 중단 또는 취소된 프로젝트만 150여 건, 약 500억 달러로 전체 프로젝트의 10% 수준이다.

중동의 건설프로젝트는 유가가 배럴당 50~60달러 이상이 돼야 GCC 국가의 재정이 유지되나 현재와 같이 유가가 지속적으로 하락할 경우에는 석유화학과 가스 플랜트를 포함한 모든 공사를 전면 재검토할 수밖에 없을 것으로 보인다.

이 경우 2009년까지는 이미 예산이 확보된 사업이 많아 어느 정도 수주물량을 유지할 수 있지만 경기 침체가 이어지면 2010년경에는 심각한 위기를 맞게 될 것으로 전망된다.

건설사들은 최악의 경제위기가 오더라도 국가가 발주하는 기반시설 공사나 선진국이 원조하는 공적개발원조(ODA)자금으로 진행되는 사업쪽으로 방향전환이 필요하며, 지역적으로도 중동 국가 편중에서 벗어나 신흥 에너지국가인 북아프리카와 러시아, 브릭스(BRICs) 국가 쪽으로 방향전환을 서두를 것으로 보인다. 그러나 더 큰 문제는 국내 주요 건설사들의 부채비율이 무려 429%에 이른다는 점이다.

최근 모 증권사의 조사에 의하면 신용등급 BBB- 이상 41개사의 부채비율이 189%이며, 부동산 프로젝트 파이낸싱 관련 우발 채무를 감안할 경우 429%에 이르고, 수정부채비율이 1천%를 넘어서는 건설사도 7개나 되는 것으로 나타났다.

전문가들은 일반적으로 건설사의 구조조정의 가이드라인으로는 프로젝트 파이낸싱을 포함해 수정부채비율 300% 정도가 합리적인 수준으로 판단되기 때문에, 이런 가이드라인을 맞추지 못할 경우 과감한 퇴출이 필요하다고 조언하고 있다.

6. 벼랑 끝에선 자영업자, 서민

2008년 신용불량자 수는 5년만에 증가세로 반전하며 300만 명을 다시 넘어설 것으로 보이는 가운데, 지난 1월부터 9월말까지 전국 법원에 접수된 개인파산 신청은 8만9,049건으로 1998년 외환위기시의 350건보다 250배 이상 늘어나 올해 말까지는 개인파산 신청이 지난해의 15만4,000여 건을 훨씬 넘을 것으로 전망된다.

서민들의 생활상을 알 수 있는 소송가액이 2,000만 원 이하인 민사사건 신청의 경우, 97년 41만여 건이던 것이 매년 10만 건 정도씩 증가하여 올해는 1월부터 9월까지 72만1,843건을 기록했고, 연말까지는 100만 건 정도가 예상된다.

2009년 성장률의 경우, 대기업은 15~20%의 성장이 예견되는 반면 자영업자는 −3%로 추락이 예상된다. 이를 반영하여 최근 1년 사이 자영업자 수는 5만 6,000명 줄어 2002년 한때 620만 명까지 급증했던 자영업자 수는 올 들어 598만 명으로 감소했고, 휴·폐업한 음식점도 18만1,043개(9월 말 기준)에 달해 한 달 평균 2만개씩, 하루 평균 700개씩 문을 닫은 것으로 나타났다.

7. 한국의 신용부도 스와프(credit default swap)는?[79)]

(1) CDS(Credit Default Swap)란 무엇인가?

'신용부도스와프(CDS · credit default swap)' 는 신용파생상품의 하나로 신용자산의 가치를 감소시키는 신용사건이 발생했을 때 그 손실의 일부 또는 전부를 보전해주는 계약을 의미한다. 즉, CDS는 채권 부도시 채권 매입자에게 손실을 보상하는 파생상품의 하나로, 이 비율이 높을수록 금융조달비용이 커진다.

(2) 신용부도 스와프(CDS)와 국가부도 위험과는 어떤 관계인가?

"한국의 CDS 프리미엄이 10월 23일 현재, 605.4bp(6.054%)로 사상 최고치를 경신하고 있다."

이후 한 · 미, 한 · 일, 한 · 중 간 통화스와프로 CDS는 급락했으니 한국의 CDS프리미엄(5년물 기준)은 지난 12월 11일 361bp로 한 달 전(308bp)이나 리먼브러더스 사태 직전인 석 달 전(136bp)에 비하면 여전히 높은 수준이다.

이는 말레이시아(257bp)나 태국(276bp), 칠레(214bp)보다도 높아 금융 전문가들 사이에서는 CDS프리미엄 수준이 한국의 경제 펀더멘털을 제대로 반영하지 못하고 있다고 주장한다.

신용부도 스와프(CDS)는 금융시장에서 거래되는 일종의 보험상품이다. 보험인수회사는 채권 등 금융상품이 부도나면 대신 돈을 지급하기로 하고, 보험 가입자에게 수수료를 받는다. 이 수수료가 '프리미엄' 이고, 연리 몇 %포인트로 표시한다. 금융상품의 부도 위험이 클수록 프리미엄은 커진다. 부도가 발생해 채권이나 대출 원리금을 돌려받지 못할 것에 대비한 신용파생상품의 한 형태다.

돈을 빌리는 채무자 처지에서는 부도위험만을 따로 떼어낼 수 있기 때문에 자금조달이 쉬워지고, 돈을 빌려주는 채권자는 '프리미엄' 이라고 불리는 일종의 보험료를 지급하면 채무불이행 위험을 줄이거나 제거할 수 있다. 그러나 금융위기 상황을 맞아 CDS(Credit Default Swap) 물량이 한꺼번에 쏟아져 나올 때는 자금조달 전체를 꽁꽁 얼어붙게 만들 수 있다.

예를 들어 우리나라 국채의 시디에스 프리미엄이 600bp(6.0%포인트)라면 우리나라가 외국에서 국채를 발행할 때 리보금리(런던 은행간 거래금리)에 연 6%포인트의 금리를 더 얹어줘야 한다는 뜻이다.

한국계 CDS 프리미엄 상승은 첫째, 미국 금융위기로 인한 글로벌 신용경색 심화다. 이는 미국 정부보증업체(GSE)의 부실 가능성 대두 및 금융권 추가손실 확대에 의한 글로벌 전반의 현상이다.

둘째, CDS의 변동성 확대이다. 그러나 버핏은 "CDS는 변동성이 매우 크지만 아직까지는 문제가 되지 않고 있다."며 제2의 서브프라임이 되지는 않을 것이라고 강조했다.

셋째, 국내 금융시장에서의 투자심리 악화다. 외국인 주식 매도 증가는 물론 외환 보유고도 감소 및 단기외채 증가도 CDS의 상승원인이 되고 있다.

마지막으로 국내 은행들의 높은 해외차입 수요 등에 기인한다고 볼 수 있다. Benchmark인 미국 은행들의 CDS 프리미엄 상승 및 일부 국내 은행들의 연말까지 자금조달 수요에 대한 우려가 선반영 된 탓도 있다. 영국 파이낸셜 타임스(FT)는 최근 신흥국가들의 신용부도스와프(CDS, Credit Default Swap) 스프레드가 치솟고 있다고 보도했다. IMF에 구제금융을 신청한 파키스탄의 경우 CDS 스프레드가 30.26%까지 치솟아 금융위기 직전보다 3배 이상 급등한 수치로 국제 CDS 시장에서 파키스탄의 국채 1000만 달러를 5년간 보증하기 위해서는 300만 달러 이상이 필요하다는 의미이다.

FT는 이 수치가 파키스탄의 부도 위험이 90%에 이르는 것이라고 설명했다. 아르헨티나 · 우크라이나 등의 CDS 스프레드는 15%를 넘어서며, 부도 위험이 80% 이상인 것으로 분석됐으며, 카자흐스탄은 부도위험 60%, 터키는 35%에 달한다는 의미이다.

우리나라의 5년물 CDS 프리미엄은 10월27일 기준 6.75%로 연중 최고치를 기록했다가 한 · 미 통화스와프 체결을 계기로 3.82%까지 급락했다.

(3) 실제보다 과소평가되고 있는 아시아 채권의 가치[80]

그러나 여기서 우리가 알아야 할 사항이 하나 있다. 아시아는 펀더멘탈에 관계없이, 평가에서 유럽보다 저평가된다는 점이다. 실례로, 부도위험에 대한 보험비용도 급증해 유럽 지역 125개 기업의 부도위험을 수치화한 마킷 아이트랙스(Markit iTraxx) 아시아 고수익 지수(일본 제외)는, 한국의 몇몇 기업 채권 20개의 디폴트에 대한 보증 프리미엄을 추적하는데, 최근 6.60%p로 사상 최고치를 기록했다.

이러한 스프레드 수준은 채권 1천만 달러를 5년간 보증하는 데 드는 비용이 약 66만 달러라는 의미인데, 이는 서브프라임모기지 사태로 채권 스프레드가 상승하기 시작했던 지난 10월 중순의 21만 달러보다 세 배 이상 높아졌다는 것으로 고개를 갸우뚱하게 한다.

경제 펀더멘탈 측면에서 아시아는 분명 미국이나 유럽보다 더 견실하다. 그러나 글로벌 투자자들은 유사한 등급이 매겨진 채권 사이에서 선택할 때 보통 아시아 채권보다 미국 혹은 유럽 채권을 선택하고 있다. 이들 채권이 팔아야 할 때 빨리 팔기가 더 쉽기 때문이다. 즉, 이들 시장의 유동성이 더 풍부하고 규모가 더 크기 때문이다. 이는 아시아 CDS(리보+스프레드로 정해짐)가 세계 다른 시장보다 크게 높은 수준에 있는 이유를 설명하는 데 도움이 된다.

CDS의 수준은 아시아 금융위기 때보다도 높아서 아시아 채권 발행기관들이 해외 차입자들로부터 자금을 조달하는 비용이 높을 수밖에 없는 상황이다. 아시아의 신용시장 회복은 세계 유동성 경색 완화에 달려 있는데, 이 문제에서 아시아가 맡을 수 있는 역할이 거의 없어서 투자자들의 실망이 더욱 커져만 가고 있다는 게 해외 주요 언론들의 시각이다.

한 미국 주요 투자은행의 아시아 채권 자본시장 담당은 "아시아는 여전히 견실한 상태로. 신용, 경제, 재정상태 모두 개선되고 있기 때문에 차입 비용이 낮아져야 한다."고 주장하고 있다. 프라메리카 투자운용의 클리포드 라우는 "지금은 투자자들에게 매우 어려운 시기다.

문제는 기업의 개별 신용 펀더멘털을 근거로 거래가 이루어지고 있지 않다는 점이며, 아시아 채권 시장에 이미 많은 가치가 있기는 하지만, 불확실성이 너무 커 투자자들이 현재의 위험을 감수하기보다는 채권 매각만을 모색 하게 된다."는 점을 덧붙이고 있다.

(4) 대응책

한국계 CDS 프리미엄의 최근 큰 폭 상승은 과도한 면이 있으나 심리적인 불안이 지속되거나 확산될 경우 향후 해외 자금조달 여건이 불리해질 수 있으므로 국가의 경제상황에 대한 충분한 정보를 제공한 후 면밀한 모니터링 할 필요가 있다.

최근 CDS 프리미엄의 상승은 타 국가들에 비해 과장된 부분도 있으나 글로벌 트랜드와의 동행에서 크게 벗어나지 않은 정도로 평가된다. 다만 투자자들의 신뢰도 저하를 감안하여 이들이 안심할 수 있도록 다양한 방안을 강구할 필요가 있다.

제 24 장 Pax Koreana 를 꿈꿔라[81)]

한국은 저출산 고령화로 사라지는 1호국가가 될 것이다. 2305년이 그때가 될 것이다.

– 옥스퍼드 인구문제 연구소, 데이빗 콜 만 박

Pax Americana 시대는 황혼을 맞는가?

1. 팍스 아메리카나의 시대는 서서히 가고 있다.

역사학자인 폴 케네디(Paul M. Kennedy ; 1945~) 예일대 교수는 '강대국의 흥망(The Rise and Fall of the Great Powers)' 에서 지난 5세기 동안의 세계적인 정치행태를 광범위하게 분석하여 경제력과 군사력 간의 긴밀한 관계를 규명하여 강대국의 흥망성쇠를 설명하고 있다.

케네디 교수는 오늘날의 국제금융위기 해소를 위한 차기 대통령의 역할은 제한적인 범위에 그칠 것이라고 예상하면서 '미국의 차기 대통령에게 세계경제 회복을 위한 기대를 지나치게 걸지 말아야 한다'고 경고했다. 덧붙여서, 그는 현재의 위기가 미국의 영향력 쇠퇴를 가속화할 것이며, 다극화된 세계 체제로 향하는 길을 마련하고 글로벌 자본주의에 변화를 가져올 것이라고 예상했다.

그러나 '미국의 몰락' 에 대해서는 의견이 분분하다. 특히 성장률 감속 전망에도 불구하고 중국을 비롯한 아시아 국가들의 지속적인 경제성장이 금융위기 극복을 위해 중요한 역할을 할 것이라고 내다본 그는 1988년에 이미 미국 제국의 쇠퇴를 예견하고 "팍스 아메리카나(Pax Americana)의 시대는 갔다."는 거침없는 메시지로 당시 미국 정부와 관료들을 당황하게 만들었던 장본인이다. 어디 이 뿐인가?

"미국은 몰락하고 있다."

'이코노미스트' 최신호는 미국인 10명 중 8명이 '미국이 하루가 다르게 몰락하고 있다' 고 전한다. 실상은 어떠할까?

그러나 전문가들은 '아직 이렇게 단정 하기는 이르다' 는 쪽에 무게를 두고 있다. 미국은 과거의 수많은 난관을 헤쳐 오는 동안 경쟁력을 쌓아왔으며, 이번 한 경기에서 졌을 뿐이라고 생각하고 있기 때문이다. 미국은 국가를 운영하는 시스템이 대단히 소프트한 나라로, 현재의 위기극복을 위해 신속히, 그리고 국제공조를 통하여 글로벌 시대에 걸맞게 전열을 정비해 나갈 것이다.

다만, 미국이 지금은 쉬어갈 정도로 어려운 상태나 주저앉을 만큼 심각한 상태는 아니고, 잠시 세력이 약화될 따름이다.

현재 미국발 금융위기로 인한 신용경색은 미국의 금융시스템의 규제체제 결함에 따른 결과일 뿐이다. 팽창적인 통화정책과 파생상품에 대한 감독소홀로 인해 버블이 생기고, 결국 버블이 터지면서 위기가 발생했다. 미국은 이러한 실책으로부터 교훈을 얻어 과거에도 그래 왔듯이 스스로 고쳐나가는 노력을 할 것이다. 그러나 이에 대한 논란은 갈수록 거세질 전망이다.

채드 에반스 미국 국가경쟁력위원회 부회장은 "인간이든 국가든 누구나 힘든 시기를 거치게 마련이다. 자신이 야기한 문제로부터 교훈을 얻고 해법을 찾아 낼 수 있다는 긍정적 시각을 갖고 노력하면 더욱 강력한 모습으로 회복된다. 한국도 국가경쟁력이 사회적 어젠다가 되어 역량을 결집할 필요가 있다."라고 말했다.

Pax Koreana 를 준비하자

1. 세계경제포럼과 스위스 국제경영원의 평가결과

세계경제포럼(WEF, World Economic Forum)은 2008년도 국가경쟁력 평가에서 한국을 전년과 유사한 수준인 13위(2007년 11위/131개국 → 2008년 13위/134개국)로 평가했고, 스위스 국제경영개발원(IMD)은 전년(29위)에 비해 2계단 하락한 31위로 평가했다.

(1) 세계경제포럼(WEF)의 평가결과는?

세계경제포럼은 스위스에 있는 국제기관으로 1979년 이후 매년 국가경쟁력을 평가해서 발표(WEF Global Competitiveness Report)한다. 1995년까지 IMD와 공동으로 발표하였으나 1996년부터 독자적인 발표를 하며, 국가경쟁력을 '지속적 경제성장과 장기적인 번영을 가능케 하는 정책 · 제도 및 제반요소' 로 정의하고 있다.

2008년 국제경쟁력 평가는 기본요인, 효율성 증진, 기업혁신 및 성숙도 등 3대 부문, 12개 세부부문, 110개 항목(통계 33개, 설문 77개)에 대해 평가했다. 한국은 2007년에 이어 2008년에도 국가경제구조 발전단계에서도 최고 단계(3단계)인 혁신주도경제로 분류(2006년은 2~3단계 중간)되었다.

WEF는 각국을, 1인당 GDP를 기준으로 1단계(요소주도 경제), 1~2단계 중간단계, 2단계(효율성 주도 경제), 2~3단계 중간단계, 3단계(혁신주도 경제)로 분류하고 있다.

우리나라 국가경쟁력 순위 추이

연도	2000	2001	2002	2003	2004	2005	2006	2007	2008
순위	28	23	21	18	29	19	23	11	13

(2) 스위스 국제경영원(IMD)의 평가 결과는?

스위스 국제경영개발원(IMD)의 2008년 세계경쟁력 평가에서 우리나라는 2007년(29위)에 비해 2계단 하락한 31위를 기록했다. 특히 아시아 · 태평양 국가(13개국) 중에는 11위, 인구 2천만 명 이상 국가(29개국) 중에서는 13위를 기록하고 있다.

한국의 국가경쟁력 순위

구분 \ 연도	2003년	2004년	2005년	2006년	2007년	2008년
국가경쟁력 순위	32	31	27	32	29	31
* 아시아 · 태평양 국가 중 순위	10	11	9	11	10	11
* 인구 2천만명 이상 국가 중 순위	13	14	10	14	12	13

미국이 1위를 차지하였고, 싱가포르와 홍콩이 2007년과 동일하게 그 뒤를 따랐으며, 독일, 영국 등 유럽 선진국의 순위가 대체로 전년 수준을 유지한 반면, 대만과 일본은 각각 5계단(18 → 13위), 2계단(24 → 22위) 상승하였고, 중국은 2계단 하락(15 → 17위)하였다.

주요 선진국 및 아시아 경쟁국 경쟁력 순위

한국	미국	싱가포르	홍콩	중국	독일	대만	영국	일본
31(29)	1(1)	2(2)	3(3)	17(15)	16(16)	13(18)	21(20)	22(24)

(　)안은 전년도 순위

(3) 우리나라의 하락 요인은?

정부부문의 효율성 하락(31 → 37위)이 주요 원인으로 지적되었으며, 국가경쟁력 순위가 낮아진 주요 원인은 다음과 같다.

첫째, 규제의 강도, 기업활동이 법률에 의해 지원받는 정도, 기술규제가 혁신에 미치는 영향, 노동관련 규제, 기업의 경쟁력을 제고하는 법과 제도 등 정부 규제 관련 항목에서 순위가 하락했다.

둘째, GDP대비 사회보장기여금 납부율의 순위가 하락하여 기업의 준조세 및 세금 부담이 높아지고 있음이 반영되었다.

셋째, 외국인 직접투자 유입 규모, R&D시설의 재배치가 미래 경제에 미치는 위협 항목에서 순위가 하락하여 경제의 글로벌화에 대한 대응에서 부족함이 반영되었다.

넷째, 미래대비 에너지 확보의 적정성 항목의 순위가 하락하여 고유가에 따른 자원확보의 시급성을 반증하고 있다.

마지막으로, 기업의 국가소유가 기업활동에 미치는 영향, 노동시장에서 필요한 엔지니어 확보의 용이성 항목의 순위도 하락했다.

(4) 상승요인은?

첫째, 기업인의 사회적 책임, 기업가 정신, 기업의 인재유치에 대한 관심, 기업윤리 등의 순위가 상승하여 국내 기업의 경영활동이 성숙되어감을 반영하였다.

둘째, 국내 기업의 해외투자규모, 외국고급인력 유치 항목의 순위가 상승하여 기업의 국제화가 진전되고 있음이 반영되었다.

셋째, 경제 · 사회 개혁의 필요성, 글로벌화에 대한 긍정적 태도 항목이 상승하여 개방과 개혁을 수용하는 분위기가 확산되고 있음을 반영한 결과다.

2. 교육 경쟁력[82)]

'인재'가 자원의 전부인 우리나라의 대학 경쟁력 순위는 작년 국제경영개발원(IMD) 평가에서 55개국 중 40위로 하위권을 기록하고 있다. 초·중·고 교육은 국내총생산(GDP) 대비 2.3%, 약 20조 원을 부모들이 쏟아 부은 덕에 경제협력개발기구(OECD) 평가에서 읽기 1위, 수학 1~2위, 과학 5~9위라는 화려한 성과를 거두기도 했다.

대학 진학을 지상 목표로 한 우리 교육은 정말 사회가 필요한 인력을 기르지 못하고 있다. 한국경영자총협회 조사에 따르면 대졸 신입사원 재교육에 필요한 돈은 1인당 6,218만 원에 달한다.

세계화시대에 글로벌 인재양성은 국가경쟁력을 좌우하는 중대한 사안이지만 우리나라 고등교육 환경은 매우 열악한 편이다. 2006년 더타임스 선정 세계 200대 대학에 한국 대학은 3개가 포함되어 미국 대학의 5% 수준이며, 2007년 IMD 국가경쟁력 평가에서 한국의 교육부문 수준은 29위에 머물고 있는 실정이다.

특히 2000년도 이후 우리나라 해외유학 인구와 유학비용이 지속적으로 증가하고 있으며, 자녀를 무작정 해외로 유학시키는 '교육 엑소더스(exodus)' 현상 심각하다. 해외유학 증가 등으로 우리나라 서비스수지 적자규모가 2003년 74억 2,000만 달러에서 2006년 187억 6,000 달러로 크게 증가하였다.

싱가포르 · 두바이 · 중국 등 주요 경쟁국들은 최근 정부의 적극적인 교육개방정책과 지원으로 해외대학 분교를 유치함으로써 글로벌 우수인재 육성을 장려하고 있다.

그러나 우리나라 교육은 전국민적인 높은 관심과 노력에도 불구하고 다른 나라와 비교하여 '질'이 떨어지며, 글로벌 시대 국가핵심 경쟁력이 될 우수인재 확보에 어려움을 겪고 있다. 이에 국가경쟁력 저해요소가 될 두뇌유출을 막고 글로벌시대에 요구되는 인재양성과 미래사회교육 경쟁력 강화를 위한 방안 마련이 요구된다.

국가별 고등교육 경쟁력 평가 비교

구 분	미국	캐나다	네덜란드	한국
Times 선정 2006 The World's Top 200 Universities	55개	7개	11개	3개
Newsweek 선정 2006 The Top 100 Global Universities	43개	5개	5개	없음
IMD 국가경쟁력 평가 2007(교육부문 순위) 대학교육이 경쟁사회 요구에 부합하는 정도 대학과 기업의 지식교류 · 이전 정도	13위 8위 6위	8위 7위 8위	14위 15위 13위	29위 40위 21위

자료 : The Times(2006), Newsweek(2006), IMD(2007)

해외 대학 유치 사례 1[83)]

■ 두바이의 '비즈니스 허브'를 위한 Knowledge Village

① '인재가 풍부해야 선진 외국기업을 끌어들일 수 있다'는 발상에서 대규모 백화점식 대학타운 'Knowledge Village' 설립

- 두바이는 미국 미시간대, 호주 울릉공대 등 20여 개 해외 유명 대학의 단과대학을 한 캠퍼스에 유치

- MS, IBM, 3M 등 외국계 기업들로 구성된 '비즈니스 허브'를 뒷받침 할 만한 인재가 필요하다는 전략에서 적극 추진

② 경영대는 미국의 교육기관이, 공대는 독일의 교육기관이, 음대는 프랑스의 교육기관이 담당하는 식으로 해외 단과대학을 한자리에 모아 거대한 종합대학을 만드는 모델을 도입

- 두바이 날리지 빌리지의 학생 수는 해마다 2~3배씩 증가추세
  '2003년 2천 명 → '2007년 1만 명 → '2012년 2만5천 명 학생 증가 예상
- 철저히 기업들의 니즈에 부합하는 인재를 육성하고 있음.
  예를 들어 IT 관련 기업이 늘어나면 IT관련 단과대를 새로 유치하거나 관련 대학의 정원을 늘리는 방법을 이용함.

③ 해외 교육기관으로부터 세금을 받지 않고 토지도 무상으로 제공, 학교의 소유권도 100% 인정, 등록금 수입의 본국송금 가능 등 파격적인 인센티브 도입

- 학교 설립에 자금이 부족할 경우 두바이의 산업타운인 인터넷시티(IT 기업 타운), 미디어시티(미디어 관련 기업 타운) 등에 입주한 기업으로부터 자금조달 가능
- 기업들은 대학이 벌어들이는 수입의 일부분을 가져갈 수 있고 또 기업에 필요한 맞춤 인재를 양성할 수 있기 때문에 적극 협조

해외 대학 유치 사례 2[84)]

■ 싱가포르의 지식기반사업 활성화를 위한 해외대학 유치

① 1998년 미래 사회를 주도하는 국가로 변모하기 위해 「Industry 21」 계획을 발표하고 지식기반사업 경쟁력강화에 노력

- 향후 10년 내에 지식기반사업을 싱가포르 GDP의 40% 수준으로 설정, 연간 20,000~25,000여 개의 일자리 창출을 목표로 함.
- 세계적 수준의 다국적 기업 유치와 이를 뒷받침 할 수 있는 세계적수준의 인력 양성에 노력

② 연구 및 교육의 중심지로 발전하기 위해 세계 최고 수준의 10개 대학을 유치하는 WCU (World-Class Universities Program) 추진

- 세계적 수준의 인적자원을 양성하고 새로운 기술을 개발하는 역할을 담당할 대학의 질을 획기적으로 향상시킬 목적으로 추진

③ 정부 각 부처는 외국 대학의 유치를 위해 대학부지 알선, 비용차입을 위한 재정보증 등 각종 행정적 편의를 제공

- 외국대학의 과실송금을 허용하고, MIT와 파트너인 싱가포르 대학에 각각 1억 불씩 지원
- UBS, 도이체방크 등 다국적 금융기업들이 싱가포르 대학의 우수 인재 유치를 위해 아시아 본부를 싱가포르로 이동함.

④ 해외대학 분교 설립, 싱가포르 내 대학과 제휴, 합작투자 연구소 설립, 교육과정 공동 운영 등의 형태로 진행

- Chicago와 Insead 대학은 싱가포르 내에 분교를 설립
- 기타 NUS(National University of Singapore), NTU(National Technological University), SMU(Singapore Management University) 등 합작투자 형식으로 연구소를 설립하거나 교육과정을 공동으로 운영

---

3. 국가브랜드 가치[85)]

국가 브랜드로서 '한국(Korea)' 의 가치는 1조1천억 달러로 세계 주요 40개국 가운데 10위로 평가된다. 국내 기업 중에서는 '삼성전자' 의 브랜드 가치가 11조6천억 원으로 9년 연속 최고의 브랜드 가치를 지닌 기업으로 선정됐다. 산업정책연구원은 최근 열린 '코리아 브랜드 콘퍼런스 2008' 에서 이런 내용의 세계 40개국과 국내 주요기업들의 화폐로 환산한 브랜드 가치를 발표했다.

국가 브랜드(Nation branding)는 한 국가의 명성지수를 구체적으로

수량화 · 객관화시킨 지표이다. 또 국가 브랜드 가치란 한 국가 내의 모든 국민들이 생산해 내는 브랜드 가치의 총합산을 나타낸다.

이 자료는 37개국을 통계대상으로 하고 있으며, ① 5개년 국가경제 전망 ② 효율성 ③ 7가지의 경제적 성과 ④ 8가지 인프라 및 ⑤ 6가지의 소비자 지각도 측정을 통해 얻어진다. 브랜드 가치 상위 10개국을 보면 다음과 같다.

다음 국가들은 2007년 1분기에 전년(2006년 1분기)대비 가장 높은 브랜드 가치 성장률을 기록한 7개국이다.

국가브랜드 가치 순위

(단위 : 1억 미국 달러)

2007년 순위	2006년 순위	국가브랜드	2007년 브랜드 가치	2006년 브랜드 가치	브랜드 등급
1	1	미국	197,350	178,930	AA
2	2	일본	95,900	62,050	A+
3	3	독일	53,960	45,820	A+
4	4	영국	35,600	34,750	A
5	5	프랑스	31,680	29,220	A
6	6	이탈리아	27,870	28,110	BBB
7	7	스페인	16,040	17,580	BB+
8	8	캐나다	14,020	11,106	BBB+
9	12	중국	11,210	7,120	BB−
10	10	네덜란드	9,300	7,920	BBB

평가결과 2007년 한국의 브랜드 가치는 1조795억 달러로 10위를 차지해 2004년 12위, 2005년 13위에 이어 2006년 이후에는 3년간 10위를 유지했다. 1위는 9조350억 달러를 기록한 미국이 차지해 부동의 1위를 지켰으며, 독일(6조2,711억 달러), 영국(3조7,220억 달러), 일본(2조9,984억 달러), 프랑스(2조9천93억 달러), 캐나다(2조378억 달러), 중국(1조8,807억 달러), 이탈리아(1조4,915억 달러), 네덜란드(1조2,732억 달러) 등의 순으로 상위 10위권의 순위는 지난 해와 같았다.

국가 브랜드 가치

(단위 : 1억 미국 달러)

국가브랜드	2007년 브랜드 가치	2006년 브랜드 가치	브랜드 가치 성장률	브랜드 등급
터키	3,080	1,890	62%	CCC
중국	11,210	7,120	57%	BB−
일본	95,890	62,050	55%	A+
한국	3,510	2,400	46%	BB
싱가포르	1,520	1,060	43%	BB
브라질	2,550	1,810	42%	B
폴란드	610	430	40%	B

사 례[86)]

■ 각국의 국가브랜드 제고 노력

국가 브랜드는 상품 브랜드나 기업 브랜드에 앞서 형성되고, 이들 브랜드를 선도적으로 이끌어 가는 역할을 한다. 일본 기업이나 제품에는 일본을 상징하는 '섬세함' 이, BMW와 벤츠 등의 독일산 자동차에는 독일의 '효율성과 신뢰' 가 뒷받침되어 있다. 따라서 각 국가들은 국가 이미지를 향상시키고 이를 브랜드화하기 위해 많은 노력을 기울이고 있다.

즉, 기업이 상품을 팔기 위해 브랜드 구축에 전력을 기울이고 있듯이, 국가도 자국의 국가 브랜드 이미지를 강화하고 가치를 제고하기 위해 국가 간의 국가 브랜드 전쟁에 뛰어 들고 있다.

예컨대, 프랑스는 프랑스를 상징하는 '문화 선진국, 세련된 문학, 영화, 향수, 패션의 나라' 등의 이미지가 세계경제의 브랜드 전쟁에서 오히려 장애가 된다고 판단하여 문화 중심적 이미지에서 기술 입국의 '기술 프랑스', '산업 프랑스' 이미지로의 변화와 대외 이미지 제고 노력을 정부차원에서 추진하고 있다.

타이완 또한 저가 및 주문자 상표부착(OEM ; Original Equipment Manufacturing)이라는 상품 이미지에서 탈피하는 한편, 나아가 타이완의 국가 브랜드 가치를 제고하기 위해 타이완정부는 '국가 이미지 제고 5개년 계획' 을 수립했다. 또한 타이완 정부는 전세계를 대상으로 하는 이미지 광고사업으로 '全球廣告計劃' 을 통해 MIT(Made in Taiwan)를 추진하기도 하였다.

스코틀랜드의 경우 1994년에 정부는 물론, 민간단체와 기업이 함께 'Scotland Brand'를 통해 스코틀랜드의 문화와 유산을 보존. 발전시켜 이를 브랜드화하고자 노력했다. 이같이 글로벌한 시장환경에서 국가 브랜드 가치는 매우 중요하며, 국가 브랜드가 좋아야 기업 브랜드와 상품 이미지도 좋게 평가받는 '후광효과(Halo Effect)'가 발생하기 때문에 각 국가들은 자국의 국가 브랜드를 강화시키기 위해 여념이 없다.

특히, 국가 브랜드의 가치가 높아지면 수출 상품의 부가가치를 10% 정도 제고시킬 수 있다고 한다. 즉 국가 브랜드 가치가 상승하면 자연히 그 가치가 제품 브랜드와 기업 브랜드로 전이되어 이들 가치가 동반 상승하는 '레버리지 효과'를 나타내게 된다. 이는 결국 제품이나 기업의 국제 마케팅 비용과 투자 측면에서 직접적인 비용절감효과를 나타내게 된다.

상품이나 기업을 앞세워 고객을 직접 파고드는 마케팅 활동도 중요하지만, 국가 브랜드가 뒷받침되면 시장의 파괴력은 배가될 수 있다. 특히 제품 브랜드와 기업브랜드가 약한 기업의 경우 국가 브랜드 가치가 높은 국가에 기업이 속해 있다면 그 효과는 매우 클 것이다.

우리가 일본산 전자제품을 아무런 의심없이 구입하고 신뢰하는 것은 일본의 섬세함과 고장 없는 전자제품이라는 인식이 깊이 새겨져 있기 때문이며, 고가라 할지라도 프랑스산 포도주를 선호하는 것은 프랑스 특유의 깊이와 향이 묻어 있다고 생각하기 때문이다.

이러한 예는 크라이슬러와 미쓰비시의 사례를 통해서도 쉽게 이해할 수 있다. 1990년대 초 크라이슬러와 미쓰비시는 공동으로 스포츠카를 개발하여 일리노이주 공장에서 공동 제작했다. 그러나 미국과 일본의 판매 실적은 두 배의 차이를 보였다.

미국의 크라이슬러는 '탈론'이라는 브랜드로, 일본의 미쓰비시는 '이클립스'라는 브랜드로 시판에 들어갔다. 그런데 1990년 판매 실적을 보면, '탈론'은 일본제품만 못한 차라는 미국차의 이미지 때문에 28,000대 판매에 그친 반면, '이클립스'에는 '일본 자동차는 고장이 없는 차'라는 이미지가 반영되어 5만 대의 판매 실적을 거두었다.

(1) 국가 브랜드 지수는?

Nicholas D. Kristof

국가 브랜즈 지수는 안홀트-GMI가 발표한 자료로써 국가의 수출, 국민, 통치, 관광, 이민과 투자, 문화와 유산이라는 6개의 항목으로 평가한 지표이다. 2007년 1분기의 40개국을 대상으로 한 국가 브랜드 순위는 1~4위가 영국, 독일, 캐나다, 프랑스 순이며, 미국은 11위, 일본은 9위이다.

Nicholas D. Kristof 는 뉴욕타임스(10.22)의 '오바마로 미국브랜드 재정립(Rebranding the U.S. With Obama)' 이란 칼럼에서 "아메리칸 브랜드(American Brand)의 변화가 1950년대의 마셜플랜과 1960년대 케네디 때만큼 미국에 대한 세계의 인식을 바꿀 것"이라고 역설했다.[87)]

한국의 브랜드 가치는 40개국 중 31위를 차지하고 있다. 한국의 국내총생산(GDP) 규모는 세계 13위, 무역 규모 11위, 외환보유액 6위인데도 '너무 저평가되어 있다' 는 느낌이다. 국력에 걸맞은 국가브랜드의 위상 재정립이 절실히 필요하다.

4. 규제정도는?[88)]

세계은행이 조사한 2008년의 한국 기업환경지수는 178개국 중 30위로, 기존의 진입규제가 절반으로 축소될 경우, 잠재성장률은 0.5% 증가한다는 연구결과가 있다. 즉 정부에 의한 진입규제(정부독점, 지정, 인가, 허가, 면허, 승인)를 현수준의 절반으로 줄일 경우, 총요소생산성 증대를 통하여 잠재 성장률을 0.5%포인트 증가시킨다는 논리이다.

최근 우리나라의 유형별 진입규제현황을 살펴보면 허가 473건, 인가 205건, 면허 66건, 승인 329건, 지정 258건 등으로 총 1,328건에 이른다. 이를 반영하듯, 2008년 WEF 국가경력 평가에서 자료정부규제 완화는 2007년 8위에서 2008년 24위, FDI 규제의 기업활동에의 영향은 51위, 증권거래 관련 규제 31위, 자본이동에 대한 규제 65위로 최하위 수준을 면치 못하고 있다.

2007년 골드만 삭스에 의하면, 우리나라의 성장환경순위는 18위, 노르웨이 1위, 싱가포르 4위, 호주 11위, 홍콩 15위, 일본 17위로 나타났다. 거시경제안정성은 인플레이션 · 재정적자 · 외채 등이고, 거시경제환경은 투자율 · 무역의존도, 기술력은 PC · 전화 · 인터넷보급률, 인적 자본은 진학률 · 기대수명, 정치환경은 정치안정 · 법준수 · 부패 구성 요소 등이다.

한국은 법준수, 부패 등에서 상대적으로 환경이 열악한 편이다. 즉 제도적 수준에서 한국의 경쟁력은 20~40위권에 머무르고 있고, 법제도 및 준수 수준은 OECD의 최하위권으로, 전문가들은 우리나라의 법제도 및 질서 준수 수준이 OECD평균 수준이 될 경우, 연평균 경제성장률 약 0.9%포인트 제고 가능하다고 주장한다.

또한 전문가들은 IMD 규제지수 편제대상에 포함된 우리나라가 평균정도의 규제수준을 유지할 경우, 경제성장률이 연평균 0.47%포인트 정도 높아졌을 것이라 주장하고 있다.

Nicoletti 등(2005)에 의하면, OECD 국가들이 규제가 가장 약한 회원국 수준으로 규제를 완화할 경우, 총요소 생산성이 연간 0.4~1.1% 포인트까지 높아질 수 있는 것으로 평가하는가 하면, Cincera 등(2005)은 규제완화를 통해 기업의 진입률이 1% 높아지는 경우, 노동생산성은 연간 0.6%포인트 높아지는 것으로 보고 있다.

5. 국가신인도

(1) 우리나라의 국가 신용도는?[89)]

국제신용평가사 Fitch는 2008년 11월 10일, 우리나라는 현행 신용등급(등급 : A+)을 유지하면서 등급 전망을 기존의 안정적에서 부정적으로 하향 조정했다. 이 조치는 피치(Fitch)사가 세계 경제와 국제금융시장의 위기에 대한 시각을 부정적인 톤(Global Recession)으로 전환하면서 BBB~A 등급인 17개 신흥 국가를 대상으로 동시에 Review를 실시한 결과로, 피치사는 Global Economic Outlook에서 미국, 유로, 일본, 영국 등 선진국 경기가 Recession에 진입하면서, 브릭스 등 이머징 국가도 어려움에 직면하고 있다고 진단하고 있다.

여기에서 선진국 경기 둔화가 이머징 국가에 영향을 미친 결과를 평가하여 17개국 중 4개국(불가리, 카자흐스탄, 헝가리, 루마니아)은 등급이 하향 조정되었고 7개국(한국, 말레이시아, 멕시코, 남아공, 칠레, 헝가리, 러시아)은 등급 전망이 하향 조정되었다.

신흥국가의 등급 조정

<table>
<tr><th rowspan="2"></th><th colspan="6">등급 전망 조정</th><th colspan="4">등급 조정</th></tr>
<tr><th>한국</th><th>말련</th><th>멕시코</th><th>남아공</th><th>칠레</th><th>러시아</th><th>불가리아</th><th>카자흐스탄</th><th>헝가리</th><th>루마니아</th></tr>
<tr><td>등급</td><td>A+</td><td>A−</td><td>BBB+</td><td>BBB+</td><td>A</td><td>BBB+</td><td>BBB→
BBB−</td><td>BBB→
BBB−</td><td>BBB+→
BBB</td><td>BBB→
BB+</td></tr>
<tr><td>전망</td><td>S→N</td><td>P→S</td><td>S→N</td><td>S→N</td><td>P→S</td><td>P→S</td><td>S</td><td>N</td><td>S→N</td><td>N</td></tr>
</table>

주 : 긍정적(P ; Positive), 안정적(S ; Stable), 부정적(N ; Negative)

피치사 이외에도, 2008년 10월 현재 우리나라의 국가신용등급은 세계 25위~33위 수준이다. 무디스의 경우 A2, 스탠더드 앤드 푸어스는

A, 피치는 A+ 등급으로, 일단 A 등급은 해당 국가 정부가 발행한 외화 표시 채권의 위험이 '거의 없다' 는 것을 의미한다.

국제신용평가사들이 국가신용등급을 매기는 세계 90여 개 국가 중에서 우리나라보다 등급이 높은 나라는 무디스 등급을 기준으로 하면 32개국, 스탠더드 앤드 푸어스는 28개국, 피치는 24개국 정도이다. 대부분 미국과 일본, 유럽의 선진국들이며, 아시아에서는 대만이나 싱가포르, 말레이시아, 중동의 일부 부국 등이 우리보다 등급이 높다.

(2) 신용등급, 왜 중요한가?

신용등급이 중요시되는 것은 신용평가사가 공시하는 신용등급이 대출과 투자의 척도가 되고 있기 때문이다. 즉 신용평가는 투자자에게 투자대상 국가나 기업에 대한 신용위험 정보를 제공함으로써 신용정보의 부족 내지 정보분석능력의 부족에서 발생할 수 있는 손실로부터 투자자를 보호하는 한편, 국가와 기업에 대해서는 보증이나 담보없이 자기신용만으로 저렴한 자금을 조달할 수 있는 기회를 확대함으로써 국가와 기업의 자금조달을 용이하게 하는 기능을 수행하기도 한다.

또한 채권의 가격산정기준으로 활용될 뿐만 아니라, 등급별 발행금리의 차별화, 각종 어음할인, 사업자 결정 등 여러 가지 목적으로 신용평가등급이 활용되고 있어 신용평가의 역할과 기능이 더욱 확대되고 있는 상황이다.

6. Global 시장에서의 한국의 위치

(1) 국제사회에서 현재 한국의 위치는?

바다를 지배하는 자가 무역을 지배하고, 세계의 무역을 지배하는 자가 세계의 부를 지배하며, 마침내 세계 전체를 지배한다[For whosoever commands the sea commands the trade; whosoever commands the trade of the world commands the riches of the world, and consequently the world itself(Sir Walter Raleigh, 1554~1618)].

먼 지방의 물자가 원활히 유통되어야 재물이 늘고 백 가지 기구를 생산할 수 있다[又必通遠方之物以後, 貨財植焉, 百用生焉(박제가, 1750~1805)].

각 나라가 비교우위를 가진 상품을 수출한다면, 두 나라가 무역을 하는 것은 양쪽 모두를 이롭게 할 수 있다[Trade between two countries can benefit both countries if each country exports the goods in which it has a comparative advantage(David Ricardo, 1772~1823)].

위의 글들은 무역의 중요성을 역설하고 있다.

세계 속의 한국의 위치를 살펴보면 국토면적은 세계 0.07%, 인구는 세계의 0.7%, 무역은 7,000억 달러다.

2007년 우리나라의 수출액은 3,700억 달러, 수입 3,500억 달러를 넘어 무역 7,000억 달러를 돌파했다. 2008년도는 수출 4,300억 달러, 수입 4,400억 달러로 수출입 8,700억 달러이다. 국민 1인당 수출액은 7,700달러, 중국 729달러의 약 10배가 넘고, 일본 5,058달러에 비해서도 높다. 이는 우리 국민 모두가 수출에 얼마나 열성을 기울였는지를 보여주는 지표다.

자료 : 무역의 날 홍보, 2007.11.30.

우리 무역은 2007년 7,000억 달러를 넘어서 2010년에는 대망의 무역 1조 달러를 목표로 하고 있다. 무역 1조 달러가 달성되면 우리나라는 1인당 국민소득 3만 달러를 넘는 미국, 일본, 독일, 프랑스와 같은 선진국들과 함께 어깨를 나란히 겨루게 될 것이다. 지금까지 1조 달러를 달성한 국가는 독일, 미국, 중국, 일본, 프랑스 등 5개 국가 밖에 없다. 이들이 무역 7,000억 달러에서 1조 달러를 달성하기까지 걸린 기간은 평균 5년이다. 그러나 2009년은 글로벌 경기 불황으로 수출 4,300억 달러, 수입 4,100억 달러로 예상하고 있다.

(2) 한국 상품, 경쟁력 있나?

① 세계 1위 상품

자료 : 무역의 날 홍보, 2007. 11. 30.

1등 상품을 늘려야 한다. 세계 일류상품은 글로벌 시장에서 우리나라의 수출을 선도하는 상품으로서 우리나라에서 가장 경쟁력 있는 제품을 가리킨다. 산업자원부에서는 2001년부터 매년 세계 일류상품을 선정하고 있으며, 2007년 11월 현재까지 577개의 상품들이 선정되었다.

우리나라의 대표적인 수출품목인 반도체, 자동차, 선박 등은 당연히 세계 일류상품에 포함된다. 또한 모자, 오토바이용 헬멧에서부터 홈 네트워크 시스템, DVD 홈씨어터 등과 같은 첨단제품까지 다양한 상품들이 우리나라를 알리는 세계 일류상품으로 속속 등장하고 있다. 최근에는 드럼세탁기, 전기밥솥, 위성휴대폰, 캡슐형 내시경 등도 세계 일류상품으로 선정되었다.

② 정부의 대책은?[90)]

글로벌 경제는 언제쯤 금융위기에서 벗어날 것인가? 연구에 의하면, 금융위기로 인한 경기침체국면에서 벗어나 회복되는 시점까지 장기간(과거 평균 3~4년 소요) 소요될 것으로 전망하고 있다.

최근 정부는 향후 세계경제의 패닉 이후에 대한 성장전략으로 녹색성장산업, 해외기업 인수합병(M&A) 지원 등을 내놓았다. 2009년에 '생존과 방어' 에 성공한 뒤에 2010년부터 국가순위를 바꾸기 위한 적극적인 공격에 나선다는 것이다.

금융위기로 인한 경기회복 사례 연구 결과

연구기관	내 용	연구결과 감안 회복 시점
IMF (2008.10월)	금융위기 발생 후 경기하강 시차 : 약 3분기 경기하강국면 : 이후 7~8분기 지속	2010년말~2011년
World Bank(2003.10월)	금융위기 발생 후 추세성장률 회복 소요기간 : 선진국 4년, 신흥국 3년	2010년말~2011년
An Introduction to Financial Crises[91)]	금융위기 발생 후 추세성장률 회복 소요기간 : 약 4년	2011년

단계별 대응전략으로는 첫째, 은행권의 부실방지 마련을 위한 자본확충과 저축은행 및 기업 구조조정을 지속적으로 추진하기로 했다. 즉 은행은 증자 · 배당유보 · 후순위채 발행 등으로 자기자본 확충을 도모한 뒤, 연기금 등 시중 여유자금을 동원해 후순위채나 상환 우선주를 매입해 은행들을 지원한다는 계획이다.

둘째, 정부는 2011년 이후 경제 재도약을 위한 대책으로, 연구개발(R&D)에 내년 12조3000억 원을 투자하고, 경제성장의 뉴패러다임으로 '녹색성장' 비전을 구체화한다는 계획이다.

셋째, '녹색성장 기본법(가칭)' 을 제정, 반도체 · 철강 · 자동차 등 주력산업과 녹색기술을 결합한 녹색산업 성장을 전략적으로 추진하기 위해 녹색기술개발, 온실가스 배출권 거래제 도입 등을 본격 추진한다는 전략이다.

넷째, 금융위기가 끝날 것으로 예상되는 2010년 이후에는 미국 · 유럽 등 세계적으로 대규모 인수 · 합병 시장이 형성될 것으로 보고, 한국투자공사(KIC), 교포펀드나 혹은 국민연금 같은 국부(國富)펀드를 공동투자자로 참여시켜 한국의 대기업과 은행들이 적극적으로 해외 M&A(인수 · 합병)에 나설 수 있도록 지원하기로 했다.

다섯째, 해외에서 출생한 이중국적자 관련 제도, 외국인 거주제도, 비자 및 이민제도를 개선하여 금융 · 과학 등 첨단분야의 해외우수인력이 쉽게 국내로 들어올 수 있도록 문턱을 낮추기로 하는 등 '패닉 이후' 의 장기전략을 수립했다.

세계 경제위기에 대한 정부의 대응전략

국내외 경제상황	시점	대응 전략
심각한 경기침체와 완만한 회복	2009~2010년	〈위기관리 '생존' 전략〉 · 자금 공급, 재정지출 확대 · 일자리 지키기 · 사회안전망 확충 〈미래 준비 '전환' 전략〉 · 은행 자본확충, 금융기관 부실채권 정리 지원 등 구조조정 본격화 · 청년리더 등 미래 인력 양성 · 4대강 정비 등 한국형 뉴딜 정책 · 내년 상반기 중 공공기관 구조조정 완료
본격적 성장 회복기	2011년 이후	〈경제 재도약 '공세' 전략〉 · 녹색산업 성장 지원 · 해외기업 투자확대(한국투자공사가 해외 인수합병)(M&A) 전용펀드에 참여) · 해외 우수 인력 영입 위한 비자 · 이민 제도 개선

자료 : http://news.chosun.com(12.16)

7. 2020년의 한국을 둘러싼 글로벌 경제의 전망

(1) 친디아(China와 India)권의 부상

2020년 중국의 실질 GDP는 2000년의 4배, 1인당 GDP는 3,500달러로 추정된다. 중국은 세계 제조업의 허브로 제조업 비중이 현저히 증가할 것으로 예상된다. 중국의 경제규모는 2020년경 일본을 상회하고, 중국의 GDP가 유럽 국가보다 많아지며, 미국 다음으로 세계 2위의 경제력을 보유하게 될 것으로 전망되고 있다. 특히 2045년에는 중국이 미국을 추월하여 경제대국으로 성장할 것으로 예상하고 있다.

인도는 '산업발전 비전 2020' 으로 선진국 진입을 목표로 세우고 있다. 2020년 세계 4대 GDP 강국으로 부상하는 것이 목표이며, 전력·수송·항만 등 전통적인 인프라와 통신·IT 등 현대적 인프라를 구축하여 소재, 전자, 정보기술 등 하이테크 산업을 육성할 계획이다. 또한, 환경친화적 화학 및 의약산업, BT분야를 집중 육성하여 인도가 기술선진국으로 부상할 전망이다.

(2) BRICs와 Post BRICS의 부상

세계경제에서 BRICs GDP 비중은 2020년 25%에서 2030년 33%로 지속 성장이 예상된다. 또 BRICs의 부상으로 우리 기업의 수출시장 확대가 가능한 반면, 중국과의 경쟁도 심화될 것으로 전망된다.

(3) EU 및 아시아의 급부상

EU는 통일된 시장, 단일화폐, 고숙련 노동자, 안정된 민주정부, 통일된 무역 블록 등으로 국제사회에서 비중이 높아지고 있다. 그러나 유럽 국가는 사회복지, 세제시스템, 교육개혁이 전제되지 않는다면 경제적 발전을 기대하기 어려운 점이 있다. 또한, 미래는 미국 중심의 세계화에서 벗어나 아시아 중심으로 변화하고 있다.

기축통화는 달러 단일체제에서 달러, 유로, 엔화, 아시아화 체제로 점진적으로 바뀔 것이다. 나아가 세계단일통화, 전세계 주제 민족은행의 탄생도 전망되고 있다. 〈헬로 아시아〉를 쓴 키쇼어 마흐부바니 싱가포르 국립대학의 대학원장은 아시아의 시대에 대해 이렇게 말한다. "2050년이 되면 세계에서 가장 큰 경제권 4곳 가운데 3곳이 아시아 국가들이다. 4대 경제권은 중국, 미국, 인도, 일본의 순서다."

(4) 2020년 한국의 위치는?[92]

현재 한국의 경제규모는 세계 13위로, 인구는 남북한 7,000만 명, 1년 수출입 무역규모는 7,000억 달러이다.

이는 우리나라가 하루에 10.1억 달러를 수출한다는 의미로, 60년대에 1년 동안 수출했던 것을 이제는 단 하루에 수출하는 나라로 변모되었다.

그러나 요즘 우리나라는 글로벌 금융위기의 영향으로 성장률이 저하되는 등 사회전반에 위기감이 팽배한 상태이다. 그러나 우리가 힘을 합쳐 어려움을 극복해 나간다면 현재의 글로벌 위기를 도약의 기회로 활용, 선진국에 한걸음 더 가까이 갈 수 있을 것으로 확신한다. 2020년도 한국은 어떤 모습으로 우리에게 다가올 것인가?

자료 : 무역의 날 홍보, 2007. 11. 30

1960년대에만 해도 우리나라의 수출대상국은 미국, 일본 등 소수국가에 불과했지만, 현재 우리나라 상품이 227개 국가로 수출되고 있는 가운데, 세계 231개 국가에서 한국지사의 서비스는 물론, 마케팅 성공 노하우가 해외 글로벌 기업을 통해 세계로 확산되고 있다.한국은 역동적인 시장인 데다, 소비자 기호가 까다롭고, 인력의 창의력과 성실성이 뛰어나기 때문에 글로벌 상품의 시험장으로 활용되고 있는 것이다.

1970년대에는 우리나라의 수출비중이 미국과 일본 등 선진국의 70%를 차지했으나 1990년대 이후 50%, 2007년에는 19.6%까지 낮아졌다. 즉 최근 들어 러시아, 베트남, 사우디아라비아에 대한 수출증가율이 30~40%에 이른다.

우리나라 제조업의 세계수출시장 점유율은 현재의 4.6%(8위)에서 2020년에는 영국, 이탈리아를 제치고 4%(7위)로 도약할 것이다. 따라서 2020년경 우리 경제는 주력제조업, 지식서비스, 유망신산업의 3부문이 '성장동력의 3대 축'을 형성하여 세계 10위권의 경제대국으로 부상할 것이다.

이 같은 성장을 통하여 한국경제의 위상은 한층 높아져서 한국경제는 2020년경, GDP 규모 기준으로, 세계 10위권 이내, 교역규모 기준으로 세계 7위의 경제대국이 될 전망이다. 1인당 소득 또한 2020년까지 5만 달러 수준으로 증가하여 주요 선진국의 소득 수준에 근접하고, 세계적 추세인 '고용없는 성장' 속에서도 일자리의 창출은 비교적 활발해질 것으로 보인다. 그러나 이러한 낙관적 시나리오는 그냥 이루어지는 것이 아니다. 과학기술의 발전과 인적자본의 육성이 뒤따라야 할 것이다.

8. 과학기술과 인적 자본육성을 국가발전의 견인차로[93)]

(1) 기술발전은 경제성장에 얼마나 기여할까?[94)]

빌 게이츠

"미국의 미래는 수학 · 과학 경쟁력에 달렸다."

"미국이 현재 세계 최고의 경쟁력을 갖췄다고 하지만 수학 · 과학 교육에 꾸준하게 투자하지 않으면 경쟁력을 잃을 것이다."

빌 게이츠 마이크로 소프트(MS)회장이 2008년 3월 14일 '혁신과 국가경쟁력'을 주제로 열린 미국 하원 과학기술위원회 창립 50주년 기념 청문회에서 강조한 말이다.

1971년 이후, 지난 35년간 R&D투자의 경제성장 기여도는 우리나라는 30.6%, 일본 48.8%, 미국 20.8%이다. 이는 미국, 캐나다, 이탈리아보다 높은 수치이다.

R&D 투자의 경제성장 기여도

	1971~1989년	1990~2004년	1971~2004년
한국	23.3	30.4	30.6
미국	19.4	22.8	20.8
일본	43.3	67.3	48.8
캐나다	13.6	20.2	16.0
이탈리아	23.5	26.2	24.3

우리나라의 경우 R&D 투자가 1% 증가할 때 총요소생산성이 0.182 증가하는 것으로 나타났다. 이는 OECD 평균수준 0.190, 미국 0.220, 일본 0.288보다는 낮지만 캐나다 0.116, 이탈리아 0.147보다는 높은 편이다. 이는 우리나라 R&D 투자가 급속도로 늘어난 1990년대 이후 R&D 투자효율성이 지속적으로 증대되고 경제성장에 대한 기여도도 높아지고 있음을 나타내는 증거이다.

특히 1971~2004년 기간 중 총요소생산성 증가의 대부분이 R&D 투자는 물론, 투자효율성 증가로 인해 발생하는 것으로 나타나고 있다. 이러한 결과는 미래 잠재성장률 확충을 위해서 지속적인 연구개발 투자의 확대가 중요하다는 것을 암시하는 대목이다.

용어 해설[95)]

■ 총요소 생산성 (total factor productivity)

'총요소 생산성'이란 노동 생산성뿐 아니라, 근로자의 업무능력, 자본투자 금액, 기술도 등을 복합적으로 반영한 생산 효율성 수치이다.

우리가 어느 한 재화를 생산할 때는 보통 노동, 설비, 원재료, 에너지 등의 투입과 적절한 관리에 의해서 이루어진다.

'생산성'이라고 하면 통상 노동자 1인당 또는 노동자 1시간당의 산출량으로 효율성을 측정하는 노동생산성을 이야기한다.

노동 이외에도 다양한 투입 요소로 본 효율성을 나타내는 척도는 자본 생산성, 에너지 생산성, 설비 생산성 등이 있다. 그러나 이들의 생산성은 한 가지의 투입 요소로만 본 효율성(단일 요소생산성)이며, 전반적인 생산성 증대 효과는 개별 요인만으로는 설명하기가 어렵다.

그러므로 생산과정의 전체의 효율향상을 측정하기 위해서는 전체의 투입요소를 고려한 측정이 필요한데, 이것을 충족시키는 것이 총요소 생산성이다.

수치적으로 총요소 생산성은 노동, 자본 및 중간재 투입 등 총요소 투입단위당 산출량을 나타내며, 이것은 산출량 증가율을 요소투입증가 기여분과 총요소생산성 증가 기여분으로 분해하는 방법에 따라서 측정된다.

또한 총요소 생산성에는 노동, 자본 등 단일 요소 생산성 측정에는 포함되지 않는 기술, 노사, 경영체제, 법 · 제도 등이 반영되기 때문에 이것의 증가는 흔히 기술혁신을 의미한다.

(2) 인적 자본의 중요성[96)]

美 국가혁신전략보고서는 미국 혁신의 3대 Agenda로 인적 자본(Talent), 투자(Investment) 확대, 인프라(Infra) 정비를 꼽고 있다. 이 중에서 인적 자본(human capital)은 경제발전의 가장 중요한 요소로, 일국 국민의 교육수준 및 숙련도를 높이기 위한 투자를 말한다.

인적 자원 개발은 왜 중요한가? Schulz, T. 및 Denison, E.에 의하면 교육을 통한 인적자본의 증가는 공장이나 설비의 성장보다도 미국 및 서구의 성장에 큰 공헌을 하였다는 실증적 결론을 내린 바 있다.

우리나라의 경우, 2020년까지의 잠재성장율 추정결과, 노동과 자본의 성장기여도는 계속 낮은 수준을 유지할 전망이지만 인적 자원개발 및 기술개발(TFP)의 성장기여도는 증대될 것으로 예상된다. 즉 인적 자원 개발이 국가발전의 핵심역할을 할 것이란 의미이다.

우리나라의 잠재성장률은 4%대이며, 노동이 경제성장에 미치는 인적 자원 및 기술개발의 기여도는 2000~2003년 2.10 → 2003~2010년 1.45 → 2010~2020년 0.93으로 낮아진다. 또한 자본투여가 성장에 미치는 기여도도 같은 기간 중 1.51 → 1.62 → 1.91로 낮아진다.

그러나 인적 자원 및 기술개발의 기여도는 0.47 → 1.50 → 2.1로 상승할 것으로 전망된다.

우리나라의 잠재성장률과 성장기여도

기 간	잠재성장률(%)	성장기여도(%)		
		노동	자본	TFP
2000~2003	4.08	2.10	1.51	0.47
2003~2010	4.57	1.45	1.62	1.50
2010~2020	4.84	0.93	1.91	2.0

출처 : 국가재정운용계획 공개토론회 자료, 2005. 4. 8.

따라서 우리나라의 경우, 국가가 경제성장을 원한다면, 미국이 3대 혁신 어젠더로 규정했듯이, 인적 자원개발과 기술개발을 필수적으로 이루어야 할 것이다.

(3) 대통령 옆엔 항상 기술 지도(Technology map)를 비치해야 ….

경제발전의 가장 중요한 요소는 과학기술의 발전이다. 그러나 우리나라의 과학기술 인력 관련 수급현황이나 논문 수 등을 살펴보면 한숨이 저절로 나올 지경이다.

첫째, 2002년 기준 인구 10만 명당 이공계 박사 배출수는 5.6명으로 스웨덴(19.2명), 영국(10.8명), 독일(10.1명)에 훨씬 미달하고 바이오, 나노 등 미래 유망산업을 주도할 이학박사의 배출수는 미국의 7% 수준에 불과하다.

둘째, 고급 두뇌들의 성과물인 과학기술논문 및 기술응용력도 선진국에 비해 크게 미달하고 있다.

2005년도 로열티 수준은 일본의 9%로, 지난 25년 연속 적자를 기록하고 있는 가운데, 최근에는 그 폭도 1981년 대비 30.4배나 확대됐다. 이처럼 과학기술 인력이나 논문 등 기술응용력이 모자라는 가운데서도 우리나라에 삼성이나 LG 같은 세계적인 기업이 있다는 사실은 실로 놀라울 따름이다.

그러나 중국기술이 언제, 어떻게 추격해올지 모르는 상황에서, 정치지도자들, 특히 대통령은 향후 10년, 20년, 30년 뒤 국민들이 뭘 먹고 살 것인가를 항상 고민해야 한다. 그때의 국민들의 모습을 그리면서 지금 당장 기술 지도를 만들어 책상 옆에 항상 관심을 갖고 고민해야 해야 한다. '과학기술의 발전과 예술은 영원하며 정치는 2중대' 라는 한 젊은 정치인의 말이 생각난다.

이번의 금융위기에서도 확인되었듯이, 글로벌 경제는 이미 하나의 시장으로 통합된 상태이다. 하나의 시장에서는 '1등 상품' 하나씩만 살아남는다. 따라서 세계일류 회사 – 삼성전자나 LG와 같은 세계최고의 회사를 30개쯤 만들어야 한다. 그러려면 국가 최고지도자의 결단에 의한 과감한 지원과 끊임없는 관심이 필요하다. 또한 이러한 관심을 갖기 위해서는 먼저 기술지도를 만들어 놓고 항상 1순위로 챙겨야 한다.

기술지도를 만들기 위해서는, 첫째, 과학기술의 미래수요를 예측하고 인재를 초빙하고 양성전략을 수립해야 한다.

둘째, 한국은 물론 전세계에 걸쳐 현재, 이런 과학기술이 어디에, 어느 정도 발전된 형태가 있는지에 대해 국가기관은 물론, 연구소를 동원하여 철저히 파악한 후 발굴해야 한다.

셋째, 우리의 기술이 어디쯤 가고 있는지에 대해 항상 입체모형으로 볼 수 있도록 '사이버 상' 에 만들어 매일 · 매주 업데이트 하여 확인하고 독려해야 한다.

넷째, '과학기술 제일주의' 정책을 펴서 의과대학보다는 공과대학 출신이 우대 받고 출세하는 나라가 되도록 해야 한다. 이정도 되면 대통령은 거의 과학자 수준에 도달해 있을 것이며, 국가는 더 이상 '원천기술 수입국' 이 아닌 '원천기술 수출국' 으로의 위치를 공고히 할 수 있을 것이다.

(4) 新 성장동력산업은 국가발전의 원동력이다.

① 신 성장동력산업이란?

"쌀 10kg을 이용해 증류주(술)나 떡, 햇반으로 가공한다면 어느 것이 가장 비싼 가격으로 팔릴까? 쌀 10kg를 쌀로 팔면 2만 원, 햇반은

10만 원, 떡을 만들면 12만 5천 원, 증류주로 만들면 21만 3천 원에 판매된다. 최대 10배 이상 늘어나는 셈이다."

이것이 바로 신 성장동력산업의 핵심이다. 최근 정부는 2006년 100조 원인 식품산업시장을 2012년까지 연 7% 성장시켜 150조 원의 시장으로 확대하고 현재 38억 달러 수준인 농수산식품 수출액을 100억 달러로 늘린다는 전략이다. 이는 현재 식품산업을 단순 가공, 저부가가치, 영세중소기업 생산구조에서 첨단가공, 고부가가치산업으로 진화시킨다는 전략이다.

전문가들은 서구의 선진국들이 지난 수백 년간 진행해 온 기술혁신(Technology Innovation)의 역사를 우리는 지난 50여 년간 압축성장으로 이루어 냈다고 평가한다.

그러나 우리나라의 압축성장 신화는 어느 날 갑자기 하늘에서 떨어진 선물처럼 주어진 것이 아니다. '어제는 역사이고(Yesterday is history), 내일은 알 수 없는 신비이며(Tomorrow is mystery), 오늘은 선물이다(Today is a present).' 라는 말처럼 우리나라는 과거 오랫동안 길러온 내공 속에 잠재역량이 깃들어 있었기에 선물과도 같은 오늘이 있는 것이다. 정부는 다행히도 최근 국가의 미래 신동력 산업육성을 위한 플랜을 세웠다.

② 분야 및 투자규모는?

최근 정부는 10년 후 한국을 먹여 살릴 신성장동력 산업을 17개로 재편하여 확정됐다. 신성장동력은 첫째, 녹색기술산업 분야에서 신재생에너지, 탄소저감 에너지, 고도 물처리, LED 응용, 그린수송시스템, 둘째, 첨단 그린도시 등 6개, 첨단융합산업에서 방송통신융합산업, IT 융합시스템, 로봇 응용, 신소재 · 나노융합, 바이오제약(자원) · 의료기기, 고부가 식품산업 등 6개, 셋째, 고부가 서비스산업에서 글로벌 헬스케어, 글로벌 교육, 녹색금융, 콘텐츠 · 소프트웨어, MICE · 관광 등 5개로 정했다.

정부는 작년 9월 지식경제부와 문화관광부 중심으로 12개 신성장동력을 발표했으나 이번에 17개로 재편해 최종 결정했다. 이에 따라 고도 물처리, 첨단 그린도시, 방송통신융합, 고부가 식품, 녹색금융, 글로벌 교육 등이 새롭게 추가되었다.

정부는 이러한 계획을 통해 차세대 무선통신, 연료전지 발전시스템, 차세대 선박시스템(WISE Ship) 등 핵심원천기술과 세계적인 경쟁력을 보유하고 있는 대표적인 제품들을 향후 10년을 이어가는 '월드 베스트(world best)' 품목으로 만든다는 계획이다.

지식경제부는 소관 10개 신성장동력 분야 육성을 위해 올해부터 2013년까지 5년간 총 7조3천억 원을 투자하고, 90조5천억 원의 민간 투자를 유도할 방침이며 일자리 352만 개를 창출 할 예정이다.

이를 위해 정부는 올해에만 연구개발(R&D)에 8천5백억 원, 비(非) R&D 분야에 4천5백억 원 등 총 1조3천억 원을 투자할 계획이다. 아울러 신성장동력 R&D 성과의 사업화와 산업화에 집중 투자할 펀드를 민관 공동으로 조성 운용할 방침이다. 2013년까지 최대 3조 원 범위 내에서 시장 여건에 따라 탄력적으로 운용한다는 게 지식경제부의 복안이다.

이러한 계획이 순조롭게 수행될 경우 신성장동력 분야 부가가치가 현재 222조 원에서 10년 뒤인 2018년에는 700조 원 수준으로 커질 것으로 예상되며, 수출액도 1,771억달러에서 9,000억달러로 늘어 일자리 창출과 삶의 질 개선에 크게 도움이 될 것으로 예상된다.

신 성장동력 비교

<table>
<tr><th colspan="3">22개 신 성장동력</th><th colspan="2">10대 성장동력</th></tr>
<tr><td>에너지 · 환경</td><td>6</td><td>무공해 석탄에너지, 해양 바이오연료, 태양광전기, 이산화탄소 회수 및 자원화, 연료전지 발전시스템, 원전 플랜트, 풍력 및 조력 발전</td><td>산자부</td><td>지능형 로봇, 미래형 자동차, 차세대 전지, 디스플레이, 차세대 반도체</td></tr>
<tr><td>수송시스템</td><td>2</td><td>Green Car, 선박, 해양 시스템</td><td rowspan="3">정통부</td><td rowspan="3">디지털 TV/방송, 차세대 이동통신, 지능형 홈네트워크, 디지털 콘텐츠/SW 솔루션</td></tr>
<tr><td>New IT</td><td>5</td><td>반도체, 디스플레이, 차세대 무선통신, LED 조명, RFID/USN</td></tr>
<tr><td>융합신산업</td><td>4</td><td>로봇, 신소재, 나노융합, IT융합 시스템, 방송통신 융합미디어</td></tr>
<tr><td>바이오</td><td>1</td><td>바이오 신약 및 의료기기</td><td rowspan="2">과기부</td><td rowspan="2">바이오신약/복제장기</td></tr>
<tr><td>지식서비스</td><td>4</td><td>소프트웨어, 디자인, Healthcare 문화콘텐츠</td></tr>
</table>

자료 : 대한민국 정부

참 고[97)]

■ 국내의 식품 신 성장동력산업

① 세계 3대 진미 중 하나인 '캐비어(Caviar)', 한국에서 생산되다.

세계 3대 미식으로 알려진 식품은 거위간, 송로버섯, 캐비어로 일컬어진다. 특히 캐비어는 철갑상어의 알로 대부분은 러시아, 카자흐스탄, 이란 남쪽에 접경하고 있는 카스피해 등지에서 생산된다.

철갑상어는 소련 붕괴 이후 남획 등의 영향으로 멸종의 위기에 있으나, 수요는 지속적으로 증가하여 국제 유통가격은 1kg당 3000~10,000달러로 '금값' 보다 더 비싸다.

우리나라에서도 한 기업인이 지난 10여 년간 각고의 노력 끝에 철갑상어 대량 양식에 성공, 캐비어를 추출하여 일본이나 미국에 수출하는 한편 국내의 수요에도 충당하고 있다.

캐비어는 식용 이외에도 의약품이나 화장품의 원료로도 널리 활용되고 있어 최근들어 국내 수요가 급증하고 있는 추세이다.

그러나 철갑상어는 멸종위기에 처한 동물 무역에 관한 조약(CITES)에 의거, 국제적 거래가 제한되고 있어 이 분야에 대한 국가적 대량양식에 대한 대책이 필요한 상황이다.

이란은 캐비어의 거래를 국가 전매권으로 묶어놓고 개인의 연간 일인당 구매량을 100g으로 제한하고 있는 실정이다. 현재 캐비어의 주요 수입국은 EU가 1위(263톤), 미국이 2위(99톤), 일본이 3위(35톤)이다. 향후 국내에서도 캐비어는 식품, 의약품, 화장품 등 글로벌 바이오 시장의 블루오션(Blue Ocean)으로 부상할 것으로 보인다.

② 풍기인삼 클러스터

경북 영주시 풍기는 1541년 주세붕 군수가 산삼 공납의 어려움을 해결하기 위해 소백산에서 산삼 씨앗을 채취해 우리나라 최초로 인삼재배를 시작한 곳이다. 20005년 880여 명의 인삼재배농가와 12개 산 · 학 · 관 · 연이 협력하여 인삼의 차별화와 고부가가치의 성과를 보여준다. 실패할 위험성이 높아 재배를 꺼리는 인삼의 친환경재배, 세밀한 홍보와 산업현대화 등이 매출로 연결된다.

구체적으로 살펴보면 클러스터가 도입된 초기인 2005년 124개이던 유통업체는 지난해 360개로 3배가량 늘었고, 매출액도 2005년 162억 원에서 399억 원으로 2배 이상 증가했다.

③ 국가적 식품클러스터

전북은 맛의 고장이다. 순창고추장, 고창복분자, 임실치즈, 전주비빔밥 등 이미 전통식품 매출이 일정궤도에 오른 상황이다. 실제로 고추장은 1년 매출이 3천억 원, 복분자는 1천300억 원 수준이다.

정부는 이러한 특성 등을 감안하여 2007년 전북을 국가 식품 R&D 등의 수행할 국가 식품클러스터로 선정했다. 이어 2008년 말까지 입지선정을 비롯한 조성계획을 마련하고, 오는 2012년까지 기반 공사를 완료할 계획이다.

국가적 식품클러스터는 중국 등 동북아 시장을 타깃으로 하는 수출지향형으로 구성되며 새만금 지역에 조성될 농업생산단지, 항만 등과 연계하여 수출기반을 구축하겠다는 전략이다.

■ 해외의 경우

① 네덜란드 푸드밸리

와게닝겐 대학을 중심으로 글로벌기업이 결합된 대표적인 식품 클러스터인 이 곳은 2000년 클러스터 로드맵 발표 이후 급속하게 성장했다.

유럽의 물류 중심지라는 입지를 활용하여 원료를 수입, 첨단기술과 접목해 고부가치 식품으로 개발, 수출한다. 네슬네 등 70여 개 식품기업, 20여 개 연구소, 1천여 개의 연관업체가 입주해 1년에 460억 유로의 매출을 기록하고 있다.

② 미국 나파밸리

미국의 포도주산지인 캘리포니아에 R&D를 결합해 프리미엄 와인을 생산하고, 1년에 관광객 1천900만 명을 유치한다. 남한 인구의 절반 수준이 다녀가는 셈이다. 1년에 520억 달러의 매출을 기록하고 있으며, 고실업의 시대에 고용인원만 31만여 명이다.

---

9. 녹색성장, 미래의 트렌드[98)]

최근 미국 메사추세츠대 정치경제연구소의 로버트 폴린(Robert Pollin) 박사는 〈녹색회복(Green Recovery)〉이란 보고서를 통해 녹색성장이 어떻게 일자리를 만들어내고 경제회복을 가져올 수 있는지를 설명하였다.

산업연관모델을 활용한 같은 연구에 의하면, 미국 정부가 앞으로 2년간 녹색산업에 1000억 달러(약 150조원)를 투자하면 일자리를 무려 200만 개나 만들어낼 수 있다는 분석이 나왔다.

1,000억 달러를 투자할 경우, 석유산업의 경우인 54만2,000개에 비해 200만개의 일자리를 만들어 석유산업에 비해 4배가량이나 많은 규모의 일자리를 창출한다는 것이다.

이 경우, 캘리포니아주의 경우, 2년 동안 127억 달러를 투자하면 23만5198개의 일자리를 만들어 실업률도 올해 최근의 7.0%에서 5.7%로 대폭 감소한다는 것이다.

(1) 新 성장산업의 기준

한국의 최대 성장주도산업은 1970년대~80년대 중반은 섬유, 80년대 중반~90년대 중반은 자동차, 90년대 중반 이후는 반도체 및 전자부품이었다. 이처럼 한국의 성장주도산업은 섬유 → 자동차 → 반도체 → 정보통신 순으로 변모해 왔다.

성장주도업종의 평균 성장주도 기간 약 10년 정도이며, 2000년 이후에는 반도체가 성장기여율 1위, 영상음향기기가 2위, 고성장 상위 5대 업종에서도 정보통신업종이 각각 1~3위를 차지했다.

新 성장산업의 기준은 성장성(세계시장의 수요가 빠르게 증가할 것인가), 경제성(세계시장의 규모가 충분히 큰가, 한국이 상당한 점유율을 차지할 만큼의 기술능력을 가지고 있는가), 공공성(기술파급효과 등 국가전략상 중요성이 큰 산업인가) 등이다.

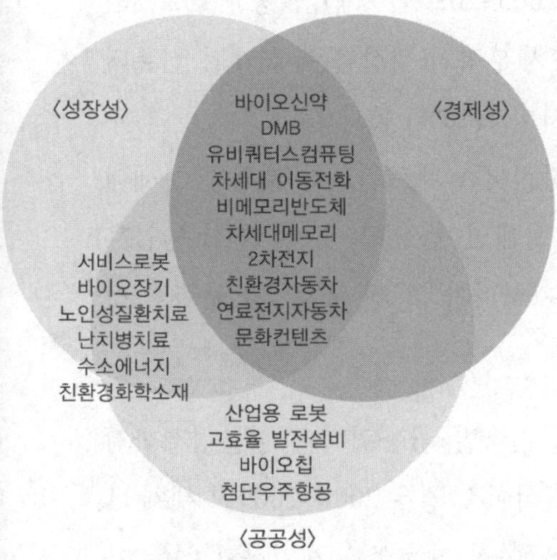

출처 : imagesearch.naver.com.

성장성 · 경제성 · 공공성을 모두 갖춘 산업은 차세대 반도체, 차세대 이동전화 등 IT 산업과 친환경, 연료전지 자동차, 바이오 신약, 2차 전지, 문화컨텐츠 산업 등이다.

(2) 유망산업군의 세계시장 전망

2020년까지 노동생산성 연평균 증가율을 보면, 제조업 5.1%, 서비스업 3.1%로 예상되고 있으나, 첨단기술 산업 및 정보통신 산업은 각각 7.9%, 6.0%를 차지하여 제조업 전체의 생산성 상승을 주도할 것으로 예상된다.

특히 산업용 로봇, 고효율 발전설비, 바이오칩, 우주항공산업, 수소에너지, 친환경 화학소재, 난치병 · 노인병 예방치료, 실버의료기기 등은 현재는 경제성이 비교적 낮은 편이나 공공성이 높은 산업으로, 2020년경에는 환경과 에너지문제의 심화, 고령화 트렌드로 인하여 고성장이 예상된다.

가전, 엔터테인먼트산업인 디지털 TV와 게임, 그리고 전자부품인 LCD와 OLED 산업은 2020년경에 시장이 성숙기에 도달하여 시장규모는 크나 성장성은 낮을 것으로 전망된다.

15대 유망산업군의 총 시장규모는 2020년에 약 6조 달러에 이를 것으로 추정된다. 특히, 이들 분야는 2005~2020년 동안 연평균 10.4%의 상승률을 지속할 것으로 전망된다. 세부적인 성장률은, 신개념 컴퓨터(28%), 차세대 자동차(22%), 의료서비스(20%) 등과 같다.

IT로 대표되는 산업 가운데 유비쿼터스 네트워크를 제외한 차세대 반도체, 차세대 디스플레이기기, 신개념 컴퓨터 및 콘텐츠 산업은 2010년까지 상대적으로 빠르게 증가하다가 그 후 성장세가 둔화될 것으로 전망된다.

시장조사회사 가트너에 따르면, 미국발 금융귀기가 실물경제까지 확산돼 전 세계적인 경기 불황으로 이어질 경우 2008~2009년 세계 IT 시장 성장률이 각각 7.3%, 2.35로 낮아질 가능성을 제기하고 있는 가운데, 글로벌 수요 감소, 디스플레이 시장 성숙 등으로 초박막액정표시장치(TFT-LCD) 시장의 경우 올해 19.9% 성장했으나, 내년엔 13.7% 성장에 그칠 것으로 전망하여 북미 · 유럽 시장의 TV 수요 감소는 물론 TV 제조사들의 가격인하 압력까지 겹쳐 시장에 악재로 작용할 전망이다.

최근의 금융위기로 세계경제 둔화는 우리에게 악재로 작용할 전망이다. 성장률이 급락하고 수요가 급냉하고 있다. 여기에 청년실업 고착화, 소득양극화, 소비와 투자부진, 고령화 사회진전 등에 따른 성장둔화가 예상되는 우리 경제의 건강상태로 볼 때 신성장동력은 넘어야 할 산이 첩첩이 있다.

그럼에도 불구하고, 신 성장동력산업의 육성 여부는 향후 5~10년간 우리 경제가 안정적 성장을 도모할 수 있을지, 세계적인 기업경쟁력을 갖출 수 있을지에 대한 가늠자 역할을 할 것이 확실하다.

이제 남은 것은 정부와 기업이 신 성장동력의 성공적인 추진을 위해 어떤 입장을 견지하느냐가 관건이다. 특정기업에 대한 지원보다는 인프라를 조성하거나 시장의 파이를 키우는 정책 추진이 바람직하다.

최근 모 여행사에서 실시한 조사에서 우리나라의 DMZ가 '세계에서 가장 가보고 싶은 곳' 으로 뽑혔다고 한다. 기술개발과 더불어 자연을 관광자원화하는 일에도 창의력을 발휘해야 할 것이다.

(3) 시사점

현재 세계경제는 혼돈 상태다. 오늘날의 글로벌 경제위기로 2~3년 후면 세계 경제판도는 재편될 것이 분명하다.

미국은 경제시스템이 허물어져가고 있고, 일본은 엔고로 경제에 큰 타격을 받고 있는 와중에서 유럽은 마이너스 성장과 중국은 내년 저성장과 이로 인한 사회불안 가능성이 점증하고 있다.

그야말로 세계 3대 경제권이 어디로 갈 바를 모르고 헤매고 있는 형국이다. 물론 우리나라도 이번 금융위기로 자동차, 조선, 반도체 등 주력 산업이 타격을 받고 있다.

IMF의 외환위기도 견뎠던 우리는 지금이야말로, 산업을 소프트화하고 창조적인 구조조정으로 재도약시키는 한편, 녹색성장으로 한 단계 업그레이드 시킬 절호의 기회다.

특히, 정치지도자들이 주목해야 할 중요한 한 가지가 있다. 앞에서도 이미 밝혔듯이 '세계 기술지도(World Technology Map)' 를 그리고, 이에 맞는 원천기술개발에 착수하여 선진국별 핵심사업이 뭔지 파악한 후, 과감한 투자를 통해 우리가 할 수 있는 기술을 찾아, 틈새시장이 아닌 주력시장을 뚫는 일이다. 이것이 우리나라가 20년, 30년간 먹고 살 기술을 개발하는 지름길이 될 것이다.

이명박 대통령이 밝힌 녹색성장은 美 오바마 대통령 당선자도 주창하여 하모니를 이룬다. 지난 1990년대 미국의 IT시장 부흥기에 우리도 발 빠르게 대처하여 세계 제1위의 IT강국이 되었듯이, 우리에게 찾아온 천재일우의 기회를 놓치면 절대 안 된다.

과거에도 그랬듯이 경제위기 시에는 비핵심 사업을 과감히 정리하는 한편, 핵심 사업의 경쟁력을 키우는 '선택과 집중' 으로 선진국으로 갈 수 있는 고속도로를 닦아야 할 것이다.

사 례[99]

■ 미래성장산업 발굴(싱가포르)

(1) 정책입안 계기

싱가포르 경제개발청(EDB, Economic Development Board)은 2007년 2월 내부조직으로 신사업개발부(New Businesses Division)를 설치하여 싱가포르의 지속적인 성장과 고용에 기여할 수 있는 새로운 성장동력을 발굴하였다.

(2) 정책개요 및 이행현황

EDB는 ① 환경 및 수자원(environment and water) ② 청정에너지(clean energy) ③ 천연자원 개발기술(natural resources) ④ 생활 · 스포츠(lifestyle and sports) ⑤ 국제기구(international organizations) ⑥ 로봇 ⑦ 나노기술 등 7개 분야를 선정하였으며, 분야별 발전전략을 수립하고 이를 추진하기 위해 신사업개발부 산하에 각 분야별 담당과를 설치 · 운영하고 있다.

한편, 이번에 EDB가 선정한 성장동력과 2006년 7월과 2007년 3월 리센룽 총리 주재로 개최된 과학기술연구 · 혁신위원회(RIEC: Research, Innovation and Enterprise Council)에서 선정한 4대 R&D 전략분야(생의학, 디지털 미디어, 환경 및 수자원, 청정에너지)는 상호 보완적인 관계로서, 4대 전략분야에 대한 R&D는 국가연구재단(NRF ; National Research Foundation)의 주도 아래(2006년부터 5년간 S$15.5억(약 1조 323억 원) 투입하여 추진되고 있다.

이번에 EDB가 선정한 성장동력은 RIEC의 전략분야를 포함하여, EDB차원에서 새롭게 정책을 추진할 수 있는 분야를 발굴한 것이다.

(3) 정책 성과

싱가포르는 70년대 석유화학 · 물류, 80년대 전자 · 기계, 90년대 바이오 · 금융 · 교육 등 새로운 먹거리를 발굴해서 효과적으로 육성해 왔으며 이번에 선정된 신성장산업도 이러한 중장기 발전전략의 일환이다. 향후 같은 분야에 대한 R&D와 외국인투자 유치가 활발히 진행될 것으로 예상된다.

10. 인재유출(brain drain)의 심각성

우리나라는 현재 BNIC(BT, NT, IT, CS[인지])등 융합기술에 기초한 두뇌 지향적 산업기술군(brain-oriented technologies)을 담당할 초우량 인재가 부족한 상황이다. 특히 이들을 양성할 수 있는 교수 인력과 교육과정은 더 더욱 부족한 실정이다.[100)]

우리나라는 90년대 후반 이후, 두뇌유실(brain drain)이 심각하다. 미국의 국립과학재단(NSF)자료에 따르면 미국 대학에서 박사학위를 취득한 한국인 가운데 미국 잔류 희망률이 지난 1992～1995년에 42%에서 2000～2003년 들어 70%로 급증하여, 고급두뇌 10명 가운데 7명은 한국으로 돌아오지 않겠다는 의사를 밝혔다.

또한 학술진흥재단의 '해외박사 신고현황'에 따르면, 해외에서 박사학위를 받고 귀국한 후 신고한 박사수가 2003년 2,165명 → 2004년 1,816명 → 2005년 1,731명 → 2006년 1,320명으로 해마다 감소하여 지난 4년간 40%나 급감했다가, 2007년에는 1,535명으로 소폭 증가했다.

특히 이공계 해외박사학위 귀국자는 2003년 919명에서 2006명 500명으로 45%나 급감했고, 2007년에는 604명으로 다소 증가했지만, 2008년 8월 말까지 귀국자가 316명에 그쳐 다시 감소세로 돌아섰다는 분석이다.

IMD의 두뇌유출지수 역시 한국이 1995년 7.53에서 2006년 4.91, 전체 조사대상 61개국 중 40위 최하위를 기록하여 두뇌유출의 심각성을 보여주고 있다. 이처럼 정부는 해외거주 인력을 총망라하여 우리가 쓸 수 있는 최고급 두뇌인재(global brain)를 확보하고, 관리하는 것이 필요하다.

삼성경제연구소에 의하면 외국 대학에서 석·박사 학위를 받은 한국인 가운데 2004년 현재 외국에서 취업한 고급두뇌수는 약 8,000명으로, 고급두뇌 유출로 한국이 입는 손실은 연간 20조 원으로 추정된다고 밝힌 바 있다.

11. 원화 국제화를 위한 장기플랜[101)]

(1) 통화의 국제화란?

과거 영국이 팍스 브리태니카(Pax Britanica) 시대를 열면서 금과 함께 파운드화가 등장했다. 2차 대전을 승리로 이끌고 팍스 아메리카나(Pax Americana) 시대가 열린 후 달러화가 세계 기축통화가 되었다. 금융위기로 인해 한·중·일을 포함하는 아시아지역 국가들의 중요성이 날로 증대되고 있다.

특히 한국은 미국과 통화스와프를 체결함에 따라 원화의 국제화 가능성이 한층 커졌다. 국력의 증대와 함께 한국의 원화 사용량이 아시아 지역부터 시작하여 국제사회로 점차 증가되도록 장기적인 대책이 필요하다.

(2) 현재 원화의 국제적 위상

원화의 국제적 위상은 2007년 4월기준 일평균 거래량 기준 세계 18위(330억 $)다. 1위는 영국(13,590억 $), 2위 미국(6,640억 $), 3위 스위스 (2,420억 $), 4위 일본 4위(2,380억 $), 5위 중국 (2,310억 $)이다. 올해 들어 원화의 외환거래 규모는 2008년 1분기 중 일평균 595억 달러로 전년대비 28% 급증했으나 최근 들어서는 다시 감소추세이다. 즉 '2005년 223억 → '2006년 302억 → '2007년 465억 → '2008년 1분기 611억 → 2분기 595억 달러로 등락을 거듭하고 있다.

(3) 통화스와프 체결로 원화의 국제화에 한발 다가가다[102)]

① 통화스와프란 무엇인가?

한국은 최근 중국, 일본과의 협의를 통해 통화스와프 규모를 총 600억 달러까지 대폭 확대키로 결정했다. 즉 한 · 중 통화스와프은 현재의 40억 달러에서 300억 달러(38조)로, 한 · 일 통화스와프는 130억 달러에서 300억 달러로 증액되었다. 이는 미국의 300억 달러 스와프 협정에 이은 것이다.

한 · 중 · 일 세 나라 간 통화스와프는 한국 원화를 각각 중국 위안화와 일본 엔화로 맞바꾸는 형식이다. 특히 한 · 중 양국 중앙은행은 향후 달러 등 기축통화로 스와프 자금을 인출하는 방안도 협의하기로 했다.

우선 한 · 미 통화스와프의 경우, 한국은행은 FRB와 통화스와프를 할 경우, 한국은행은 거래시점의 환율로 원화를 FRB에 주고 FRB로부터는 그에 상당하는 달러를 받아오게 된다. 이때 한국은행은 달러를 빌려오는 대가로 금리를 지불하게 되는데, 이때 적용되는 기준이 OIS(overnight Index swap) 금리이다.

한 · 미 · 중 · 일 통화스와프 체계

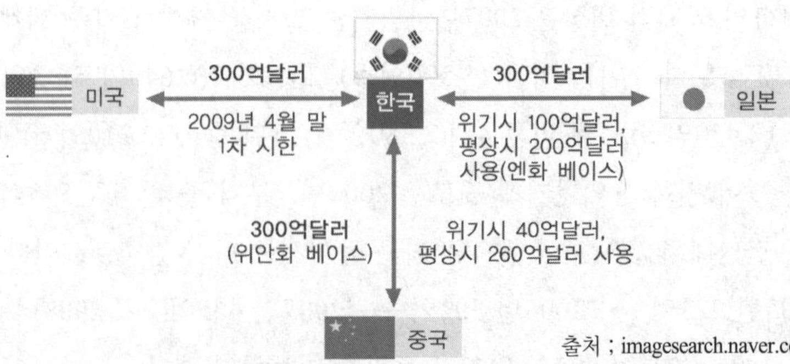

출처 ; imagesearch.naver.com.

한 · 미 통화스와프의 구조

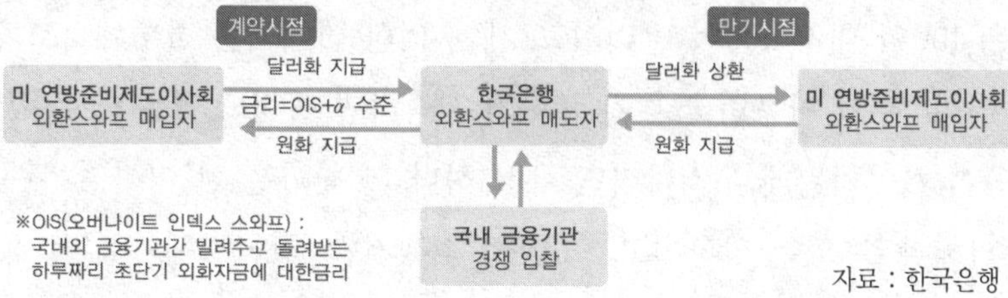

자료 : 한국은행

한국은행은 달러를 일정기간 동안 OIS금리에 가산금리를 붙여 들여온 뒤 국내 금융기관들에게 나누어주게 된다. 여기서 OIS금리란 미국의 금융시장에서 거래되는 하루짜리 초단기 금리로, 현재 3개월물 기준으로 0.78% 수준이다.

최근 FRB가 산업은행을 기업어음(CP) 직접 매입대상으로 선정하면서 내건 금리조건이 OIS에 2.0%포인트를 더한 수준이었음을 감안할 때 이번 통화스와프 금리도 3.0% 안팎에서 결정될 것이라는 전망이 유력하나 최근 미국이 제로금리를 선언한 이후 금리가 하향 조절될 가능성이 크다.

② 어떤 효과가 있나?

첫째, 한국은 미국, 중국, 일본 간 통화스와프 체결로 달러, 엔화와 위엔화를 확보할 수 있는 가능액을 대폭 확대함으로써, 엔고에 따른 원화약세는 물론, 달러화 부족으로 인한 유동성 문제를 대폭 완화시킬 수 있을 것으로 기대된다.

둘째, 한국의 신용위험도를 나타내는 외평채 5년물에 대한 신용부도 스와프(CDS) 프리미엄도 하락하여 신용도가 크게 개선되었다. CDS란 채권이 부도 날 경우 이를 보상해주는 보험 성격의 파생금융상품으로, 수수료 격인 프리미엄은 부도 위험이 클수록 높아진다.

한편, 케임브리지대 장하준 교수는 "현재 우리나라 1일 외환 거래액은 400억 내지 600억 달러이고, 세계 외환 거래액은 하루에 2조 달러"라며 "누가 마음먹고 투기를 하기 시작하면 어림도 없는 액수이며, 폭풍이 몰아치는데 우리나라만 우산 하나 더 받아온 셈"이라며 "우리만 피해갈 수 있는 상황이고, 조금 덜 젖겠지만 폭풍 자체가 없어지는 게 아니기 때문에 그렇게 들뜰만한 일은 아니다"라고 충고하고 있다.

참 고[103)]

■ 글로벌 경제위기 방지를 위한 7가지 방안

제프리 삭스 교수

제프리 삭스 미국 컬럼비아대학 교수(사진)는 글로벌 경기후퇴를 막기 위한 최선의 처방전으로 거시경제정책의 공조에 대한 7가지 방안을 제시했다.

첫 번째는 미국 연방준비제도이사회(FRB)와 유럽중앙은행(ECB), 일본은행(BOJ) 등이 브라질과 헝가리, 폴란드, 터키 등의 외환보유고 고갈을 막기 위해 스와프 라인을 늘려야 한다는 것이다.

두 번째로는 국제통화기금(IMF)이 자금 지원을 요청하는 모든 국가들에게 좀 더 쉬운 조건으로 대출을 해줘야 할 것이며, 세 번째로는 FRB와 ECB, 그리고 금융규제 당국이 대형 은행들로 하여금 해외 크레디트 라인을 급격하게 철수하지 않도록 독려해야 한다. 특히 한국과 중국, 일본은 거시경제 확장정책을 쓰는 데 공조해야 할 것이란 점도 네 번째로 강조했다.

다섯 번째로는 현금이 풍부한 중동이 이머징 마켓 및 저소득 국가들의 투자 프로젝트에 자금을 대줘야 한다. 또 유가하락에도 불구하고 중동 내수 소비도 진작해야 하며, 신속한 글로벌 거시경제 확장정책을 통해 유가도 곧 오를 수 있다. 여섯 번째 방법으로는 미국과 유럽이 소득 수준이 낮으며 인프라 투자가 절실한 개도국에 대해 수출 신용을 확대해야 한다.

마지막으로는 미국과 유럽이 재정적자에도 불구하고 재정확대정책을 구사해야 한다고 밝혔다.

미국은 세금 인하가 아니라 인프라 및 재정난에 시달리는 주정부 지원에 초점을 두어야 한다.

그는 이 같은 7가지 방법을 통해 미국과 유럽 일부 국가들은 물론, 아시아와 개도국이 경기후퇴에 빠지는 것을 막을 수는 없겠지만 최소한 최근 속도를 더하고 있는 전세계 경기 둔화에 대한 바닥은 만들어 줄 수 있을 것이라고 말했다.

---

③ 어떤 나라들이 참여하고 있나?

미국 FRB의 스와프 계약에는 우리나라뿐만 아니라 브라질, 멕시코, 싱가포르도 참여하고 있으며, 이미 체결된 10개국과 함께 FRB의 스와프계약 국가는 14개국으로 확대되었다.

통화스와프 규모는 ECB, 스위스, 일본, 영국 등 주요 4개국과는 스와프 한도를 무제한으로 확대(10.13~10.14)하였으며, 나머지 국가와는 150~300억 불 수준으로 결정했다. 금번 한 · 미 간 통화스와프 프로그램은 2009년 4월말까지 유효하다.

④ 미국의 요구사항은 없나?

유럽연합(EU)이나 일본 등은 미국과의 통화스와프 규모가 무제한이다. 그러나 한국은 규모가 약 300억 달러로 제한되어 있어 상징적인 효과에 그칠 수도 있다.

또 통화스와프 규모에 한도가 정해지면 미국은 우리나라가 갖고 있는 미국 국채를 담보로 설정할 것으로 예상된다.

제25장 美 오바마 대통령 시대의 개막과 한국경제

오바마의 7대 성공전략은, ① 블루오션개척 ② 고객의 친구가 되고 ③ 철저한 계획과 탄탄한 팀워크 구
④ 충성심 ⑤ 브랜드관리 ⑥ 일단 결정하면 밀고 나가고 ⑦ 집요함으로 사람들을 움직여라 등이다.

美 오바마 정부의 주요 경제정책[104]

1. 오바마 대통령 당선의 배경

미국은 금융위기의 영향으로 연방재정적자와 무역적자, 주택시장과 금융시장의 붕괴로 인한 중산층 몰락, 높은 실업률 등 최악의 경제위기에 직면했다. 이러한 상황에서 2007년 10월에는 유권자의 대선 관심 이슈 1위가 이라크 전쟁이었으나, 금융위기가 본격적으로 시작된 2008년 5월말 이후에는 경제 및 고용이 단연 1위의 이슈로 등장하면서, 버락 오바마 흑인 후보가 미국 대통령으로 당선됐다.

국민들은 이미 부시 대통령에 염증을 느낀 상태였다. 즉 2008년 11월 FOX 뉴스 조사에서는 부시대통령 지지 26%, 반대 67%로 당시 미국의 상황에 대한 국민들의 높은 불만이 나타났다.

또한 2008년 11월 NBC 뉴스 조사에서도 미국이 '올바른 방향으로 가고 있다' 가 11%, '잘못되고 있다' 가 76%로 부시대통령의 정치노선을 반대하는 여론이 절대 다수를 차지했다.

이러한 와중에서, 정치경험이 일천한 흑인후보라는 오바마의 약점이 변화를 갈망하는 미국 국민들에게는 오히려 강점으로 작용했다.

오바마 대통령의 신상명세

- 이름 : 버락 오바마(Barack Hussein Obama)
- 출생 : 1961년 8월 4일생 (만 48세)
- 경력 : 시카고대 로스쿨 교수, 일리노이州 상원의원
- 학력 : 하버드大 법학박사(J.D)
- 가족관계 : 배우자 미셸 오바마, 자녀 2녀
- 종교 : 기독교
- 약력

1) 케냐출신의 흑인 아버지와 캔자스주 출신의 백인 어머니 사이에서 출생. 컬럼비아대학교에서 국제관계학과 정치학을 전공, 대학 졸업 후 3년간 시카고 빈민 지역에서 풀뿌리 사회운동가로 활동, 이후 하버드 법과대학을 졸업한 뒤 시카고로 옮겨 인권변호사로 활동
2) 1996년 일리노이주 상원의원에 당선되어 정계 입문(4선)
3) 2004년 민주당 전당대회 연설로 일약 전국적인 스타로 부상
4) 2004년 미국 연방상원의원 당선. 외교위원회 보건 · 교육 · 노동위원회 등에서 활동하면서 서민들의 삶을 개선하기 위한 재정적 지원, 총기규제, 의료보험 혜택 등의 문제에 관심을 기울였으며, 이라크전에도 반대하였음.

2. 예상되는 오바마 정부는 주요 경제정책

오바마(민주당) 정부는 공화당이 그간 추구해온 신보수주의(neo-conservatism)보다는 민주당의 온건하고 중도적인 자유주의(moderate liberalism)를 추구할 것으로 예상된다.

오바마 정부는 첫째, 국제사회에서 미국의 주도적 역할을 유지하고, 둘째, 국제사회에서의 민주주의와 인권 증진을 위한 노력을 확대하는 동시에, 셋째, 국제적 다자협력과 조화로운 상호의존체제를 강화할 것으로 보인다.

넷째, 오바마의 에너지 관련 정책의 핵심 목표는 단기적으로는 석유 소비 감축으로 현재의 에너지 위기에 대처하고 에너지 안보를 강화시키는 것이며, 장기적으로는 기후변화에 영향을 미치는 석유 위주의 에너지 구조를 종식시킴으로써, 기후변화로 인한 재난과 기아를 방지하고, 지구의 원형을 보존한다는 구상이다.

이를 위해 2012년까지 전력의 10%, 2025년까지 25%를 신재생 에너지원으로부터 생산한다는 복안이다. 이를 위해 오바마 행정부는 '신에너지 정책'을 실시, 향후 10년 동안 소비절감을 통해 중동 및 베네수엘라產 원유의존도를 낮추고, 친환경 청정에너지 사용 비중을 확대하기 위해 1,500억 달러를 투자할 계획인 것으로 알려지고 있다.

新에너지 정책의 주요 골자는 첫째, 온실가스 총량규제 및 거래(Cap and Trade)제도 시행이다. 이를 위해 2001년 3월에 탈퇴한 UN기후변화협약에 재가입하여 온실가스 감축에 미국이 지도적 역할 담당한다.

둘째, 청정에너지 기술(Clean Technology) 개발 등에 대한 투자확대다. 즉, 플러그인 하이브리드 자동차 및 Flexible fuel vehicles(바이오

연료와 휘발유 모두 사용 가능한 차량) 보급 확대 적극 추진 및 상업적 재생에너지 개발 등에 재원을 집중 투자할 계획이다.

셋째, 소비절감 및 효율성 제고를 통해 원유소비 절감노력으로, 연방 에너지 효율성 기준을 재점검하고 연방 정부의 에너지 소비절감을 적극 추진할 계획이다.

마지막으로, 국내 원유공급 확대 및 에너지원(Energy Sources)을 다양화할 계획인 바, 이를 위해서는 기존 유전지역에서의 적극적 시추를 통해 국내 원유공급을 확대하는 한편, 2012년까지 美 전력 생산량의 10%를 화석연료에서 태양열 등 재생에너지로 대체할 계획이다.

한국에 미치는 영향

1. 한국관련 주요 정책

(1) 자유무역협정(FTA)

오바마 대통령은 강력하고(Strong), 공정하며(Fair), 현명한(Smart) 대외통상정책을 추구할 전망이다. 오바마 대통령은 지난 1990년대 후반부터 급증하기 시작한 미국의 무역수지적자 해결과 FTA 체결로 인한 미국 내 일자리 감소 및 산업피해문제를 해소하기 위한 공정무역을 강력하게 주장해온 바, 자동차 산업을 비롯한 미국 내 주요 산업에 피해를 주는 분야를 고려한 FTA 재조정 및 재협상문제가 수면위로 떠오를 가능성이 높은 편이다.

오바마 정부의 외교노선은 아시아에서의 미국의 지속적인 영향력 확대 및 유지를 위해 양자 동맹관계와 다자주의를 동시에 추구할 것으로 전망된다.

(2) 통상마찰 증대 우려

오바마 정부는 선거공약에서 국내 노동자 보호 및 고용확대 등을 우선시하며, 보호무역 경향을 여러 차례에 걸쳐 강력하고도 구체적으로 표출했다. 이러한 점에 미루어 보아 신행정부 출범 이후 미 · 중 간 무역마찰이 심화될 것이라는 우려가 증대된다.

2. 오바마 정부의 정책이 한국에 미치는 영향

(1) 동맹관계 구축

오바마 정부는 한국, 일본, 호주 등 전통적 우방국과의 강력한 동맹관계를 구축하는 동시에 6자회담과 같은 다자주의적 제도 구축도 중시할 것으로 예상된다. 특히 대북문제에 대해서는 '직접적이고 지속적인 대화를 통한 외교적 해결'이라는 측면에서 6자회담의 중요성을 강조하는 동시에, 북핵문제를 대량살상무기 확산방지 차원에서 바라보고 있으며, 북핵문제가 원만하게 해결되지 않을 경우, 북한을 압박하기보다는 직접 외교(direct diplomacy)를 통한 해결에 나설 가능성이 커 보인다.

(2) 경제적 관점 중시

오바마 정부는 한반도 정책에 있어서 정치군사적 관점이 아닌 경제적 관점을 강화할 가능성이 높다. 즉 오바마는 후보시절, "한국은 수십만 대의 자동차를 미국에 수출하는 반면, 미국이 한국에 파는 자동차는 고작 4,000~5,000대도 안 된다. 이것은 자유무역이 아니다."고 지적한 점에서도 볼 수 있듯이 미국은 더 이상 정치적 동맹을 이유로 경제적 양보를 할 수 있는 여유가 없음을 나타낸 말이다.

이어서, 오바마는 노동조합의 입장을 중시하기 때문에 일자리 창출과 관련한 통상압력을 더욱 강하게 가할 가능성이 있다.

오바마의 후보 공약집인 'The Blueprint for Change' 에서 지적했듯이, 한 · 미 동맹과 같은 양자 동맹, 간헐적인 정상회담, 그리고 6자회담을 넘어서는 새로운 동반자 관계 구축을 위해 노력하겠다고 밝혔다. 특히, 이는 양자의 입장을 강조하기 보다는 '일본, 호주, 그리고 한국' 과 같은 복수의 동맹국들과 '강력한 연계' 를 유지할 것이라는 수준에서 입장을 피력한 것으로 보아야 할 것이다.

금융위기에 관한 오바마의 관점은 '미국 금융위기의 원인을 現 부시정부의 규제완화 정책의 실패' 라고 주장하면서도 금융시장 안정을 위한 부시정부의 '긴급 경제안정화법' (EESA)을 지지하고 있다.

EESA법안의 주요 정책내용은 ① 7천억 달러 구제금융 ② 구제금융 대상 금융회사 CEO의 보너스지급을 금지하는 황금낙하산 제한 ③ 싯가평가 회계기준의 임시 유예 ④ 연준(FRB)의 금융기관 레버리지 규제 검토 ⑤ 현행 규제시스템의 효과성에 대한 특별보고서 ⑥ 2009년말까지 예금보험한도 10만 달러에서 25만 달러로의 한시적인 확대시행 등이 포함되었다.

금융위기 회복방안으로는 부시 정부의 긴급경제안정화법(EESA, Emergency Economic Stabilization Act of 2008)보다는 강력한 규제 도입과 함께 공적자금 수혜기관에 대한 책임을 부과할 것으로 예상된다. 오바마는 연준의 금융기관 감독권한 강화를 지지하면서, 오바마 대통령의 수석경제보좌관 Austan Goolsbee 교수를 통해 연준의 감독권한 강화를 위한 6가지 금융감독 원칙을 구체적으로 제시한 바 있다.

그 6가지 원칙은 ① 연준 대출수혜 금융기관에 대한 연준의 감독의무화 ② 적정자본금요건 강화 등 규제강화 ③ 중복규제 조정 ④ 금융 기관의 형태가 아닌 실질적인 업무를 기준으로 한 규제 ⑤ 불법적

시장조작 단속 ⑥ 금융시장 불안을 사전에 인지하여 금융감독당국에 정보를 제공할 금융감독위원회(Financial Oversight Commission) 설립 등이다.

시사점

첫째, 대미통상환경의 변화 가능성이다. 오바마 정부는 자유무역보다는 공정무역을 강조하여 노동 및 환경기준에 대한 요구가 더욱 강해질 것이고 지적 재산권과 관련된 요구도 강화될 것으로 보인다. 반덤핑관세, 상계관세, 세이프가드 등 무역구제 조치가 더욱 강화될 가능성도 높아 통상마찰 가능성이 예상된다.

특히, 자동차의 경우, 현대 · 기아차는 이미 미국에서 30만 대의 완성차 공장을 가동 중인 가운데, 2009년 말 추가로 30만 대 공장이 양산체제에 들어갈 경우, 통상마찰 측면에서 유연하게 대응할 수 있는 여유가 생길 것으로 보인다.

둘째, 한 · 미 간 FTA 재협상요구 가능성이 높다는 점이다. 오바마 대통령은, 이미 선거기간 중 수 차례에 걸쳐 천명한 바와 같이, 현재 합의된 한 · 미 간 FTA 협상안은 미국에게 불리하다는 이유로 재협상을 주장한 바 있다. 이러한 측면에서 볼 때, 오바마 정부는 어떤 형태로든 자유무역협정(FTA)과 관련, 한국에 재협상을 요청할 것으로 보이며, 별도 부속서를 작성하는 등 일부수정 없이 미국 의회를 통과할 가능성이 낮을 것으로 전망된다.

이 점에 관해, 미국인들 사이에서도 '뭔가 새로운 변화가 일어날 것으로 기대' 하면서도 '경험 부족과 과격함 때문에 현실성 없는 정책을 내놓지 않을까 하는 우려' 도 없지 않은 분위기다.

셋째, 부시행정부의 경우는 '한국정부의 목소리는 무시되는 경향'이 강했지만 오바마 대통령은 '동맹국과의 양자주의를 근간으로 하는 다자주의를 선호' 하고 있다는 점에서 한국정부의 판단과 정책을 존중할 가능성이 높다. 따라서 우리 정부는 한 · 미 간 신뢰를 돈독히 한 뒤, 한반도 문제는 물론, 동아시아 지역질서에 관해 확고한 외교안보 구상을 마련하고, 오바마 대통령을 설득하여 주도권을 확보할 필요성이 있다.

넷째, 오바마 대통령은 에너지 문제를 정책의 최우선 순위(top priority)에 둘 것임을 강조하여 온 바, 新에너지 정책이 시행될 경우, 재생에너지 등 청정 대체에너지 산업이 미래 주요 성장동력으로 자리잡을 가능성이 제기되고 있는 가운데, 우리도 관련 투자를 늘리는 한편 범국가적 차원에서 대응할 필요가 있다.

또한 우리나라는 미래 성장동력으로서 뿐만 아니라 2013년부터 시작될 포스트 교토체제에서 우리나라가 탄소배출의무 감축국에 포함될 전망이어서 청정 대체에너지 기술 개발에 적극 나설 필요가 있다.

다섯째, 전문가들은 한국의 대미 수출품은 대부분이 고부가가치상품으로 반덤핑이나 상계관세 등 전통적인 통상제재 대상에서 벗어나 있는 가운데, 현지 한국 기업들도 미국 내 투자를 통해 고용창출 등에 기여하고 있어 크게 걱정하지 않아도 될 것으로 보고 있다.

다만, 특허권 문제로 한국산에 대한 제소가능성이 우려되는 가운데, 미국 내 노조의 힘이 강하고 고용효과가 큰 자동차 · 철강 · 섬유 등에서 한국 기업들의 고전이 예상된다. 그러나 정보기술(IT)이나 신재생에너지의 경우, 오바마 정부가 공공 SOC투자를 획기적으로 확대할 것으로 전망되어 이 분야의 美 정부 조달시장은 전망이 밝을 것으로 보인다.

참 고[105)]

■ 오바마 7대 성공 전략

1. 블루오션을 개척한다.

지난 1월 민주당 대통령 후보 첫 경선이 열린 아이오와 코커스(당원대회). 당시까지 미국 언론의 대세론은 힐러리 클린턴에 몰려 있었다. 기존 방식으론 승리의 가능성이 없다고 느낀 오바마는 30대 이하 젊은 당원에게 호소하기 시작했다. 그는 투표당일 청바지를 입고 젊은이들과 농구를 하기도 했다. 결과는? 젊은층의 참가는 이전 선거보다 4배가 늘었고, 코커스에 참가한 당원의 20%가 30대 이하였다. 힐러리 대세론이 사라진 것은 물론이었다.

2. 고객의 친구가 되라.

삼성전자 제품을 산 뒤, 이건희 전 회장으로부터 감사 메일을 받는다면 기분이 어떨까? 오바마는 이 점을 노렸다. 오바마 선거캠프에서 유권자에게 보낸 모금(募金) 권유 이메일은 '오바마@' 혹은 부인인 '미셸 오바마@'로 시작됐다. '선거대책본부@'나 '민주당@'으로 보냈으면 지워졌을 메일도 사람들이 한 번 더 읽도록 만든 것이다.

3. 철저한 계획과 단단한 팀워크

오바마는 2007년 대통령 출마를 선언하면서 세운 계획대로 철저하게 움직였다. MSNBC는 "이라크 철군 시한에 대한 언급을 빼고는 이때 세워진 계획에서 거의 변하지 않았다."고 보도했다. 또 벌써 그의 참모들은 대통령 재임기간 중 할 일에 대한 계획 세우기에 들어갔다. 그의 팀은 보안이 철저하기로 유명하여 바이든 부통령 지명도 발표 전까지 어떤 언론도 미리 보도하지 못했다.

4. 핵심 고객의 충성심

오바마 성공은 입 소문을 내주는 '핵심고객' 확보에 성공했기 때문이다. 영국 런던에 사는 한 지지자는 오바마의 유세 일정과 지역 내 선거 캠페인을 실시간으로 알 수 있는 휴대전화 프로그램을 스스로 개발하기도 했다. 특히 이들은 온라인에서 막강한 파워를 발휘했다. 힐러리나 매케인 등 다른 후보들의 온라인 콘텐츠들은 자신들이 만든 것인데 반해 오바마는 지지자들이 만들어 올렸다.

5. 지속적인 브랜드 관리

오바마의 대선 로고는 디자인의 승리였다. 다른 후보들이 자신의 이름을 강조한 밋밋한 로고를 사용한 반면, 오바마는 자신 이름의 첫 글자인 'O'를 태양으로 형상화하고 푸른색 배경을 넣어 미래로 달려가는 이미지를 상징화했다. 그는 이 로고로 '변화와 희망'이라는 자신의 브랜드를 극대화시켰다.

2008년 8월 오바마의 민주당의 대선 후보 지명 전당대회는 오바마 브랜드의 결정체였다. 장소도 체육관을 벗어나 역동적인 미식축구 경기장을 선택했고, 대회장에서 함께 부른 노래도 로큰롤인 '더 라이징(The Rising, 떠오름)'이었다.

6. 일단 결정하면 밀고 나가라.

부통령 후보를 상대적으로 무명인 바이든으로 결정한 것은 오바마가 가장 안전한 선택을 원했기 때문이다. 그의 경륜이 정치 신인인 자신의 부족함을 채워줄 것으로 기대했고, 현실적으로는 공화당 우세지역인 펜실베이니아 태생인 바이든의 영입을 통해 선거의 반전을 노릴 수 있었기 때문이다. 이후 공화당 부통령 후보인 페일린 열풍이 불었지만 오바마는 당초 선택을 고수했다.

오바마의 선거참모인 데이비드 플루페(Plouffe)는 "한 가지 원칙을 고수하는 것이 10가지의 원칙을 세운 뒤 완벽한 결과를 찾는 것보다 낫다."며 "이것이 오바마 방식(Obama way)"이라고 말했다.

7. 집요해져라.

네브래스카주에는 선거인단이 5명밖에 없지만, 여론 조사에서 열세지역으로 나오자 마지막까지 유세를 위해 찾아갔다. 결국 5명의 선거인단은 매케인에게 돌아갔지만 끝까지 포기하지 않은 오바마의 집요함이 유권자들 마음을 움직였다.

제 26 장 금융위기의 교훈과 대응전략

경제는 도덕의 바다 위에 떠있는 섬이다. 즉, 월가는 부도덕한 바다 아래로 침몰했고, 글로벌 경제도 도덕의 바다 아래로 침몰하고 있다.

– J.K Gal brait

도덕적 자본주의의 요구[106)]

1. 미국발 금융위기는 탐욕이 빚어낸 시장주의의 붕괴

"금융위기는 대체로 자기 파괴적인, 하강하는 소용돌이처럼 다가오며, 이는 1907년이나 현 위기나 비슷하다. 그래서 그 과정과 대처에서 교훈을 얻을 수 있다."

이는 뉴욕대 로버트 브루너(Robert Bruner) 교수의 금융위기에 대한 속성을 두고 한 말이다.

2년 전에 미국발 금융위기를 예측한 루비니 뉴욕대 교수도 "미국의 금융시스템은 현재 심장마비(cardiac arrest) 상태"라며, 2006년 7월 자신이 제시한 '미국 경제 및 금융시장이 붕괴로 가는 12단계' 시나리오의 최종 단계인 12단계에 도달했다고 주장하여 세인의 주목을 받기도 했다.

금융위기로 인해, 호화 요트와 금박을 넣은 칵테일, 수십 · 수 백억 대의 보너스로 흥청망청 흔들리던 뉴욕 맨해튼 월스트리트의 '돈잔치' 는 이미 끝났다.

최고의 부와 권력, 명예의 상징이던 월스트리트는 탐욕과 부패로 금융위기를 촉발시킨 원흉으로 전락했다. 많은 전문가들은 오늘날의 금융위기의 원인을 탐욕으로 인한 부실의 축적에서 찾고 있다.

루비니 교수의 '12단계 불황 시나리오' 는

1단계 최악의 주택시장 침체

2단계 서브프라임 모기지 손실확대

3단계 신용카드 등 소비자 신용부실

4단계 AAA등급 채권보증업체 신용하향

5단계 상업용 부동산시장 붕괴

6단계 지역 및 전국 은행파산

7단계 무모한 LBO로 인한 손실

8단계 기업 연쇄부도, CDS손실

9단계 헤지 펀드 등 금융붕괴

10단계 주가폭락

11단계 지불능력 우려 고조, 유동성 고갈

12단계 자본잠식, 강제청산, 자산헐값매각 등으로 이어 진다는 것이다.

그는 이어서 현재의 금융위기 상황이, 본인이 제시한 시나리오 12단계 중 후반 4개 단계에 해당하는 헤지 펀드의 몰락(9단계) → 주가급락(10단계) → 유동성 고갈(11단계) → 금융기관 강제 청산(12단계)인데, 12단계에 가깝다고 설명했다.

브루너 교수는 1907년 위기를 분석하여 몇 가지 핵심요소를 도출했다. 즉, 그가 꼽는 위기의 요소들은 거품이 낀 성장, 엇갈리는 탐욕과 공포 속에 지나친 낙관과 비관을 오가는 시장 심리, 너무 복잡해지는 금융, 과도한 레버리지에 따른 충격완화장치의 축소는 물론, 잘못된 리더십 등으로 요약된다.

일각에서는 금융위기에 대해 '이윤창출만을 쫓는 인간들의 탐욕적인 시장주의'가 금융위기를 불러왔기 때문에 향후의 자본주의는 '도덕과 가치'에 기반을 두어야 한다는 점을 지적하고 있다. 즉, 영남대 배영순 교수는 문화일보의 〈방하한 생각, 1929년과 2008년〉이란 칼럼에서 2008년 금융공황은 1929년 대공황과는 근본적 차이가 있다는 점을 지적하면서 인문학적인 신선한 처방을 내놓고 있다.

즉, 전자가 생산력 과잉에 의한 단순공황이라면 후자는 인간의 탐욕과 위선이 총체적으로 가세한 복합공황이라는 점이다. 따라서 1929년의 경우, 공급과잉을 해소할 수 있는 유효수요의 창출, 곧 뉴딜정책 등으로 성과를 올릴 수 있었지만, 오늘날의 공황은 불로소득과 이윤극대화를 추구한 인간의 탐욕과 위선이 그 원인이란 점에서 인문의 위기, 인간의 위기로 규정되며, 이 차별성을 직시하지 않고는 돌파구가 없다는 것이다.

2. 머니게임에서 도덕적 자본주의 정신으로 돌아가야

최근 하버드대 신문인 〈하버드 크림슨(The Harvard Crimson)〉에 따르면 2008년 졸업생 가운데 39%가 엄청난 연봉을 주는 컨설팅회사나 투자은행 같은 금융분야로 직장을 결정한다고 한다. 이러한 경향에 대해 일부 교수들은 "아이비 리그가 월스트리트의 보충대냐"고 꼬집기도 한다.

이윤추구를 위해 끝없는 탐욕에 가득찬 글로벌 투자자들은 21세기 최고의 IT기술을 활용하여 수학과 물리학을 동원한 실물경제와 괴리된 금융모델을 조작하여 막대한 자금을 끌어들이고 끝없이 돌리고 돌리는 머니게임에 몰입해 온 게 오늘날 월가의 현실이다.

오늘날 글로벌 경제의 현실은 월가 금융공학의 '천재'들과 정부는 간섭하지 말아야 시장의 실패가 없고, 창의성이 발휘된다고 주장해 온 시장 만능주의자들이 '탈(脫)규제'의 기치하에 머니게임을 벌이다가 막상 위기가 터지자 '보이지 않는 손(invisible hand)'을 간절히 찾고 있는 모양새이다.

글로벌 경제는 지금 피할 수 없는 인간들의 탐욕이라는 굴레 속에서 야기되는 위험에 대한 관리가 숙제로 남아 있는 가운데, 반성문을 쓰고 있다. 즉 전문가들은 현재의 머니게임식 자본주의에서 도덕적 자본주의로 돌아가야 한다고 입을 모으고 있으며, 장차 이를 철학적 · 윤리적 혹은 기술적인 측면에서 어떻게 만들어가야 할지가 고민의 핵심 과제이다.

투자자들에게 더 많은 이익을 주기보다는 먼저 자신들의 커미션을 챙겨온 것에 대한 비판론과 아울러 반성론이 나오고 있고, 탐욕심에 둘러싸여 자신도 잘 모르는 미지의 블랙박스 게임장에 투자자들을 끌어들여 마치 그곳이 약속의 땅인 양 리드하면서 동반추락의 길을 걸어온 것에 대한 참회가 여기저기서 터져 나오고 있다.

그러나 이미 더 이상 꾸물거릴 시간은 지났고, 다가오는 암울한 미래만 닥쳐오는 이 시점에서 우리가 할 수 있는 묘책은 별로 없다는 것이 사실이다.

사실 동서고금, 종교, 철학 또는 인류사를 봐도 물질적 탐욕을 도덕으로 규정한 곳은 한 군데도 없다. 즉, 한결같이 인간들의 물적 욕심을 죄악시하고, 이를 경계하도록 가르치고 있는 것이다.

물론 영국의 아담 스미스(1723~1790년)만이 욕심을 사회 발전의 원동력으로 파악했으나, 그 조차도 은행가, 농민, 노동자, 제조업자의 무절제한 자기 이익 추구를 맹렬히 비난하면서 모두가 이익의 진정한 의미를 알아야 함을 강조하고 있다.

특히, 그는 탐욕을 경계토록 가르치는 종교, 절제와 분수를 중시하는 유학, 통제된 자기애만을 진정한 경제발전의 동력으로 보고 있어서 지금 우리가 누리는 과다한 정도의 풍요의 한계를 명확하게 제시하고 있는 것이다. 그 중에서도 탐욕과 이익만을 좇는 머니게임 안에는 자본주의 자기 부정의 씨앗이 숨겨져 있다는 사실을 명심할 필요가 있다.

통제를 벗어난 탐욕의 끝에는 항상 절벽이 위치해 있다는 사실과 통제되지 않은 개개인의 탐욕은 사회 전체의 부를 증가시키기보다는 혼란과 무질서를 조장하는 동시에 사회와 국가는 물론 글로벌 경제까지 파국으로 몰고 갈 수 있음을 알아야 한다.

탐욕과 욕망은 인간의 본질적인 것으로, 떼어버릴 수가 없을 것이다. 그러나 그 욕망이 사회 속에서 조화롭고, 건강하게 조절될 때만이 부를 생산하는 동시에 인류 발전의 원동력이 될 것이다.

때마침 경영의 새 패러다임으로 인문적 접근을 시도한 학자의 주장이 신선한 매력을 끈다. 그는 "사람과 도덕과 가치가 삼위일체를 이루는 가운데, 가치 사슬의 정점에 사람과 생활세계를 두면서 사람의 가치와 도덕적 가치를 새로운 경쟁력, 마지막 경쟁력으로 삼을 수밖에 없다."는 점을 강조하고 있다.

살아남고 싶은가? 희망적 비관론자가 되라

1. 희망적 비관주의자[107)]

(1) 낙관주의자의 오류가 위기를 키웠다

올해 어긋난 최악의 예측들

① 민주당 대선 후보는 힐러리
② 블룸버그 뉴욕 시장의 대선 출마
③ 투자은행 베어스턴스는 멀쩡
④ 지금은 경제후퇴의 시점이 아니다.
⑤ 미 금융체제는 안정적이다.
⑥ 유가 2년 내 배럴당 200달러
⑦ 러시아의 그루지야정권 붕괴 임박
⑧ 유조선은 해적들로부터 안전
⑨ 케냐 대선의 순조로운 진행
⑩ 강입자가속기를 통한 빅뱅 실험으로 지구 멸망

자료 : 미 외교전문지 〈포린폴리시〉 선정

최근 외교 전문지 〈포린 팔러시(Foeign Policy)〉는 美 금융안정, 유가 200달러 등 지난 1년간 '최악의 예측 10선'을 발표했다.

특히 2006년 말 뉴욕타임스의 칼럼니스트인 윌리엄 크리스톨(Kristol)은 힐러리의 경선 승리를 장담했고, 월가의 저명한 투자전략가인 도널드 러스킨(Luskin)은 지난 9월 "지금을 경기후퇴(recession)의 시작이라고 말하는 사람은 단어 뜻부터 다시 공부하라."고 워싱턴포스트에 기고했지만 경기후퇴의 뜻을 다시 공부해야 할 사람은 정작 러스킨 자신이란 사실을 곧 알게 되었다.

어디 이뿐인가? 2008년 3월 펀드매니저 출신인 짐 크레이머(Cramer)는 "베어스턴스는 멀쩡하다."고 큰소리쳤지만, 불과 6일 후 JP 모간에 인수되었다. 이러한 최악의 예측들은 하나같이 '낙관주의적 사고'에 기반을 두고 있다.

위기극복은 신뢰에서부터 출발한다. 정부나 전문가들이 시장이 신뢰를 얻으려면 과욕보다는 현실에 대한 냉정한 평가에서부터 시작되어야 한다. 낙관주의자들의 오류는 막대한 손실을 초래케 하여 위기를 키운다는 점을 냉철히 인식해야 한다.

(2) 해외의 시각

누리엘 루비니 교수

① 누리엘 루비니(뉴욕대 교수)

"아직 최악은 오지 않았다."

"세계 경제는 경제 침체와 가격 하락이 동시에 진행되는 스태그 디플레이션(stag-deflation)을 맞고 있다."

"수백 개의 헤지 펀드가 쓰나미처럼 도산할 것이다."

"미국 집값은 2010년까지 최대 40% 수준으로 폭락할 것"

조지 소로스

② 조지 소로스(Soros, 세계적인 투자가)

"주택 버블 위에 지난 25년간 유동성 버블이 얹혀져 수퍼 버블(super bubble)이 생겨났으며, 더 이상 이 거품을 지탱할 수 없는 지점에 도달했다."

마크 파버

③ 마크 파버(Faber, GBD리포트 대표)

"미국은 정부 능력을 넘어서는 부채 급증으로 궁극적으로 파산하고, 달러는 가치없는 휴지조각이 될 것"

"각국 정부 예금보장이 증시 매도 원인제공"

피터 쉬프

④ 피터 쉬프(Schiff, 유로퍼시픽캐피털)

"다우지수가 지금보다 90%는 더 하락해, 결국 온스당 금 가격(약 720달러)과 비슷해 질 것"

(3) 한국경제에 대한 시각

① 월 스트리트저널(WSJ, 2008.10.25)

"한국 IMF 위기 맞다"

② 위리엄 페섹(투자가)

"한국에 베어스턴스 유령이 출몰했다."

③ 폴 크루그먼(프린스턴대 교수, 노벨경제학상 수상자)

"정말 충격적인 것은 이번 위기가 신흥시장에 확산되는 양상이며 러시아, 한국, 브라질이 큰 곤경(big trouble)에 빠진 신흥시장들이다."

자신의 기사가 난 뉴욕타임스를 보고 있는 폴 크루구먼 교수

④ 이명박 대통령(10.21)

"총괄적으로 지금 상황이 IMF 때보다 심각하다."

"금융위기의 파급효과가 10년 전보다 상당히 클 수 있다."

⑤ 정정길 대통령 실장

"금융위기가 고비를 넘기는 것 같아 굉장히 기쁘고 안심된다."

⑥ 이한구 국회예결위원장

"문제가 다 해결된 것처럼 이해하면 잘못된 것으로, 6개월 정도 시간을 버는 것밖에 안 된다."

글로벌 경제에 대한 전문가들의 시각은 비관론이 주를 이루고, 한국경제에 대해서도 한 · 미 간 통화스와프 이전에는 비관론이, 통화스와프 이후에는 낙관론과 비관론이 혼재하고 있었다.

그러나 통화스와프 이후 한 달도 안 되어 환율은 1,400원대로 진입했다. 이는 통화스와프 계약으로 외환에 대한 불안감은 일부 덜었지만, 원화 유동성, 건설사와 중소기업의 부도위기, 가계대출 폭탄 등 실물 부분의 침체는 '이제부터가 시작' 이란 시각 때문이었다.

문제는, 이처럼 지난 수 개월간 해외의 언론 및 경제전문가들은 한국의 경제상황에 대해 숱한 경고의 메시지를 보냈지만, 국내 애널리스트, 학자, 연구소, 관료는 물론 경제전문가들은 거의 대부분이 낙관론으로 일관해왔으며, 이러한 분석이나 권유를 믿고 투자한 수많은 투자가들은 쪽박을 찼다는 사실이다.

심지어는 주가가 반 토막 난 종목이 속출하고 글로벌 실물경기의 위축으로 상장사들의 미래가 암울한 처지에 있을 당시에도 증권사들의 '매도' 의견은 전혀 없는 것으로 나타났다.

2008년 10월 한 달 동안 증권사들의 종목분석보고서 1천897건 중 '매도' 의견은 단 한 건도 없었고 '비중축소(underperform)' 1건, 적극매수는 32건, 매수는 1천563건, 중립은 301건이었다.

결과적으로 지난 10월 한 달간 코스피지수가 1,453.40에서 892.16로, 월간 하락률이 27.25%에 달해, 최근 들어 최고를 기록하고 있는 와중에서도 이들은 주식을 사라고 부추기면서 투자자들을 호도한 셈이 되어버렸다.

정부도 2008년 10월 13일 경부터 환율이 안정될 것이란 발표를 했으나, 2주일도 지나기 전에 환율은 달러당 1,238원에서 1,442원으로 치솟았다. 이처럼 투자자들에게 '달콤한 독약' 을 마시도록 유도한 사람들은 지금까지도 "미안하다"는 참회의 반성조차도 없이 그저 '타조증후군' 을 보고 있는 듯해서 뒷 맛이 씁쓸하다.

(4) 막연한 낙관론자 vs. 행복한 비관론자[108]

“냉혹한 사실을 직시하면서 기꺼이 수용하라. 그러나 어떤 어려움이 있어도 결국엔 우리가 성공할 수 있고, 또 성공하리라는 흔들리지 않는 믿음 지녀야 하며, 그와 동시에 눈앞 현실 속에 있는 가장 냉혹한 사실들을 직시할 수 있는 규율을 가져야만 한다.”

〈Good to Great(좋은 기업을 넘어 위대한 기업으로)〉를 저술한 세계적인 컨설턴트인 짐 콜린스가 스톡데일 파라독스(Stockdale Paradox)에 대해 언급하면서 한 말이다.

살아남고 싶은가? 스톡데일 파라독스(Stockdale Paradox)를 기억하라.

1965년 베트남 전쟁 당시, 미군 해군장교 조종사인 짐 스톡데일(Jim Stockdale)은 비행기 추락으로 포로가 되어 하노이의 포로수용소에서 8년간 모진 고통을 당했다. 이후 그는 결국 풀려나, 별을 세 개나 단 성공한 군인이 되었다.

기업 컨설턴트이며 베스트셀러 저술가로 활동 중인 콜린스가 그를 만나 물었다. “수용소에서 견뎌내지 못한 사람들은 누구입니까?” 이에 대해 스톡데일은 “막연한 낙관주의자들이지요. 이번 크리스마스 때는 나갈 수 있겠지… 하던 사람들입니다. 크리스마스가 그냥 지나가면, 다음 번 추수감사절에 가족을 볼 수 있을 거라고 희망을 겁니다.

그 추수감사절, 그리고 그 다음 크리스마스가 또 그냥 지나가면 절망에 휩싸이고, 그 절망을 이기지 못해 결국은 죽고 맙니다.” 살아남은 사람은 어땠을까? 이에 대해 스톡데일은 “나는 결국은 살아서 나간다. 이 인간 이하의 현실적인 고생을 반드시 이기고 말 것”이라는 냉철한 현실인식을 가지고 절대로 ‘희망’ 이라는 끈을 놓지 않았던 사람들이었다고 말했다. 즉 "걱정하지마, 머지 않아 잘 될 거야"하는 막연한 낙관주의자들은 시간이 지남에 따라 절망에 휩싸여 죽고 만다.

그러나 스톡데일처럼 "끝까지 희망을 버리지 않되, 다음 번 크리스마스 때에도 내 차례가 돌아온다는 보장은 없다는 사실을 똑바로 볼 수 있어야 한다."는 것이다. 결과적으로 희망과 냉철한 현실인식이 교차하는 패러독스적인 각오가 있어야만 모진 역경을 이기고 살아남을 수 있다는 것이다.

전설 속에 나오는 오디세우스의 이야기도 마찬가지의 논리를 말해준다. 오디세우스는 고대 그리스의 시인 호메로스의 작품으로 전해지는 대서사시 〈오디세이아(Odysseia)〉에 나오는 주인공이다. 이 작품은 그리스 신화의 이야기로, 그리스군이 트로이를 공략한 후, 오디세우스의 10년간에 걸친 해상표류의 모험과 귀국에 관한 이야기다.

여기서, 오디세우스는 마녀 사이렌의 유혹으로부터, 자신의 역경을 지켜내기 위해 선원들의 귀를 밀납으로 봉하고, 자신의 몸을 스스로 돛대에 묶었다고 전해진다. 결국 우리가 여기서 얻고자 하는 교훈은 '마녀 사이렌의 낙관주의적 유혹에서 살아남을 수 있는 방법은 낙관주의 속에 내재한 위험에 대한 경계를 늦추지 않아야 된다.'는 점이다.

만약 우리가 어느 순간 막연한 낙관론에 휩싸인다면, 그 안에 내포된 아주 작은 위험이 블랙스완이 되어 다시 나비효과로 전파되어 파급될 경우, 우리자신들이나 국가, 나아가서는 글로벌 경제에까지 엄청난 손실을 초래하지 않는다고 누가 감히 장담할 수 있겠는가?

연구에 의하면 낙관론자는 대체로 '장래를 낙관하여' 준비에 소홀한 반면, 비관론자는 낙관론자에 비해 준비를 더 잘한다는 것이다.

여기서 우리가 '희망적 비관론자' 가 되자는 취지는 단순한 '염세주의적 비관론자' 가 아닌, '최악의 시나리오를 예상하고 이에대한 준비도 잘하는 낙관론자' 가 되자는 의미이다.

(5) 낙관주의자들과 타조 증후군 (Ostrich Syndrome)[109)]

타조증후군이란 '어려운 일이 생기면 문제를 직시하지 않고 피한다는 뜻' 으로 사용되는 용어이다. 타조는 날씨가 더워 체온을 조절할 필요가 있을 경우, 수분이 있는 땅바닥에 목을 길게 뻗은 채로 엎드려 쉬는 습성이 있다고 한다. 물론 이러한 자세는 천적의 눈에 쉽게 띄지 않도록 하는 행동이기도 하지만, 타조의 이러한 습성이 사람들에게 잘못 알려져서 이러한 속설을 낳았다는 것이다.

금융위기로 인한 개인, 기관, 국가의 피해는 실로 막대하다. 그러나 정부 당국자, 전문가들, 증권사 등은 지난 수 개월간 낙관주의 주장으로 수많은 투자자들에게 손실을 입혔다. 그러나 이러한 손실의 결과에 대해서는 어느 누구하나 책임을 지는 사람이 없다. 미안하다는 사과의 성명조자도 없다. 타조가 땅에 엎드리듯, 모두가 숨어버렸다. 우리 사회에 타조증후군이 만연하다는 증거다.

3. 위기엔 '과잉 대응' 하라.[110)]

'무병조사 (無病早死), 일병장수 (一病長壽)'

자신에게 아무런 병이 없으므로 건강을 과신하며 사는 사람은 갑자기 죽는 경우가 많다. 그러나 지병을 달고 사는 사람은 항상 조심하며 몸을 관리하기 때문에 오래 산다는 말이다. 필자의 지인 중 50평생을 살면서 병원이나 약국 문턱을 밟아본 경험이 없다고 자랑하던 사람이 있었다.

그는 매사에 자신감에 차 있었으며 사업도 잘 해나갔다. 그러던 어느 날 그는 갑자기 세상을 뜨고 말았다. 자신의 건강에 대해 너무나도 과신하였던 나머지 '과로사' 하였던 것이다.

이는 현재 우리에게 닥친 위기를 합심하여 이겨나간다면, 향후 더 큰 위기가 닥쳐 오더라도 극복할 수 있을 것이란 얘기다. 그러기 위해서는 리스크의 본질부터 알고 관리해 나아가야 한다.

리스크 관리는 국가, 기업, 가정, 심지어는 개인에 이르기까지 흥망성쇠의 열쇠가 되어 버린지 오래다. 기업의 흥망정쇠 여부는 CEO가 리스크관리를 얼마나 잘하느냐에 달려있다. 특히 일류기업의 경우 리스크 관리의 목적은 손실을 없애거나 줄이는 것을 넘어서, 리스크를 전략적으로 활용하는 역량을 만드는 데 있다.

전문가들은 이번 위기는 너무나 위중하고 위협적이어서 통화정책과 재정정책 모두 과소 대응(underkill)보다는 과잉 대응(overkill)으로 대처하는 것이 낫다고 조언한다. 즉, 이번에는 '과거와는 완전히 다르게' 대응하라는 의미다. 그만큼 상황이 심각하다는 것을 의미한다.

4. 위험관련 부서를 신설하라[111)]

(1) 국 가

"소 잃기 전에 외양간부터 고쳐라"

우리 속담에 '소 잃고 외양간 고친다' 라는 말이 있다. 옛날에는 소를 잃으면 외양간을 고치면 되었다. 왜냐하면 소를 한 마리만 잃으면 또 살 수 있기 때문이다. 그러나 이젠 소를 한 번 잃어버리면, 아예 외양간을 고쳐도 들여놓을 소가 없을 정도로 손실이 심각하다. 따라서 소를 잃기 전에 외양간을 고쳐야 한다.

세계경제포럼(WEF)은 '글로벌 리스크 2007보고서'를 통해, '각국 정부는 국가위험관리 책임자(CRO, Country Risk Officer)를 임명하여 지구촌 위험에 대처할 것'을 제안한 바 있다. WEF는 향후 10년간 기후변화로 최대 2천 500억 달러의 경제 손실이 예상되어 매년 세계 GDP의 5%를 잃게 된다고 진단한 바 있다.

그러나 스위스재보험 피터 포스트모저 회장은 국제재해위험회의(IDRC)에서 "지구온난화, 인구성장, 자산밀도의 증가, 노후된 사회기반시설의 취약성 증대 등 여러 요인이 맞물리면서 재해와 재난의 위험도가 지속적으로 증가하고 있다."고 진단한 뒤, "각국 정부가 국내외에서 기후변화 관련 위험을 효과적으로 관리할 수 있도록 하는 '국가위험관리자(NRO ; National Risk Officer, CRO ; Country Risk Officer)' 제도의 도입을 강력히 지지한다."고 밝히고 있다.

전문가들은 다국적 기업에 보편적으로 도입된 '최고위험관리자(Chief Risk Officer)'와 유사한 역할을 담당하는 '국가위험관리자'가 국가 전체의 사회적 · 경제적 · 환경적 위험을 포괄하는 통합적인 관점을 발달시키는 데 중요한 모델이 되어야 한다는 주장이다.

한마디로 말하면 국가위험관리자의 임무는 국가가 직면할 각종 위험에 대한 예방과 적응조치 마련에 주도적 역할을 담당하여 미래지향적으로 대처할 수 있도록 그림을 그리는 것이다.

스위스재보험측은 국가위험관리관행을 정착시키고자 2007년 초 스위스 취리히 연방기술원(ETH Zurich)에 신설된 통합위험관리 프로그램에 대한 자금지원계획을 발표한 바 있다.

우리나라는 이미 외환위기를 경험한 나라이다. 그래서 금융위기의 원인이나 영향을 국민 모두가 너무 잘 안다.

그러나 '쉽게 잊어 버리는 게' 문제다. 아직도 정부나 대부분의 기업들은 위기를 관리할 만한 마땅한 부서가 없다. 이제부터라도 위험관리부서(CRO, Country Risk Officer, Chief of Risk Managing Officer)를 설치한 후, 위기별 매뉴얼을 만들어 즉시 대응해야 한다. 왜냐하면 금융위기는 '틀림없이' 지속적으로, 더 크게 반복될 것이기 때문이다.

리스크 관리시스템의 필요성[112)]

대부분의 은행들은 리스크 관리 역량을 향상시킬 필요성을 인식하고 있으며, 적극적으로 이러한 상황에 대처하고 있다. 따라서 이미 전 세계의 유수한 금융기관에서는 CRO (Chief Risk Management Officer : 리스크 관리를 전담하는 임원)를 임명하고 있다.

불행히도 Basel Ⅱ, Solvency Ⅱ, International Financial Reporting Standards (IFRS)이나 Sarbanes-Oxley와 같이 리스크 관리와 관련된 규제들은 기하급수적으로 늘어가고 있으며 CRO라는 새로운 역할에 엄청난 영향을 끼치고 있다.

법률적인 규제가 심한 환경 속에서 리스크 관리자의 역할을 축소시키고 아주 방어적으로 운영하도록 위협을 가하고 있다. IBM이 개발한 프레임 워크는 은행들이 리스크의 다양성과 리스크 상호 간의 작용에 따른 완화 혹은 증가효과를 인식하여 포트폴리오 관점에서 리스크를 관리하는 것을 돕는 일련의 포괄적인 활동들로 구성되어 있다.

리스크관리 활동 및 요소

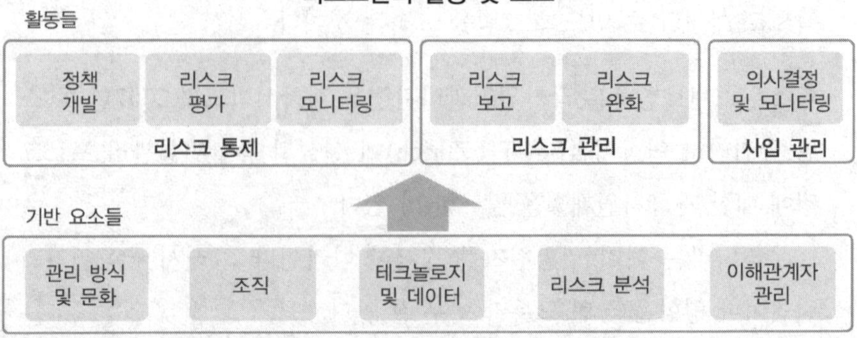

이러한 활동들은 다음과 같은 세 가지 카테고리로 나뉜다.

1) 리스크 통제 : 정책 개발, 리스크 평가, 리스크 모니터링

2) 리스크 관리 : 보고 및 리스크 완화

3) 사업 관리 : 의사결정과 모니터링

은행들은 위와같은 활동들을 완수하기 위해 올바른 조직, 정확한 데이터, 데이터를 포착하고 분석할 수 있는 역량, 효과적인 이해관계자 관리, 그리고 가장 중요한 사항으로 리스크 관리가 일상의 일부로 자리잡은 기업문화 등을 필요로 한다. 이 프레임 워크를 참고하여, IBM은 전 세계적으로 20개가 넘는 금융기관 리스크 관리담당 임원과의 심도있는 인터뷰를 통해 이들 기관들의 리스크 관리에 대한 자체평가를 하였다.

그 결과를 살펴봄으로써, 은행들은 성공적인 기업 리스크 관리가 어떤 모습인지를 상상해 볼 수 있고 동종업계 은행들에 비해 자사의 관리가 어느 수준인지를 가늠해 볼 수 있다.

노블리스 오블리제, 절실히 필요하다[113)]

1. 노블리스 오블리제 의미

노블리스 오블리제(Noblesse Oblige)는 프랑스어로 '가진 자의 도덕적 의무'를 의미한다. 이 말은 귀족으로 정당하게 대접받기 위해서는 '명예(노블리스)' 만큼 '의무(오블리제)'를 다해야 한다는 많은 귀족 가문의 가훈(家訓)으로 여겨왔다.

이러한 전통은 로마시대의 귀족들이 행한 것으로, 귀족의 역사가 긴 유럽 사회에서 유래되어 오늘날까지 유럽 사회 상류층의 의식과 행동을 지탱해 온 정신적인 뿌리라고 할 수 있다.

그 예로는 영국의 지도층 자제가 입학하는 이튼 칼리지 졸업생 가운데 무려 2,000여 명이 제1, 2차 세계대전에서 목숨을 잃었고, 엘리자베스 여왕의 차남 앤드루 왕자는 포클랜드 전쟁 시 위험한 전투헬기 조종사로 참전하기도 하였으며, 6.25 한국전 때에는 미국 장성의 아들의 절반정도가 참전했다는 것이다.

특히 최근 발생된 미국발 금융위기는 고수익 고위험의 파생상품에 대한 감독체제가 미비한 상태에서 저질러진 도덕적 해이(moral hazard)의 전형이라고 볼 수 있다.

2. 사 례

2008년 쌀 직불금에 대한 논란이 시끄러웠다. 보건복지가족부 차관으로 촉발된 무자격 쌀 직불금 수령자 파문이 확산되고 있다. 15일자 전국단위 종합일간지는 일제히 이를 1면 머리기사 등으로 다루면서 서울과 과천에 거주하는 공무원 520명과 공기업 임직원 177명이 지난 2006년분 쌀소득 보전 직불금을 수령한 것으로 나타났다고 보도했다. 이에 대해 농민들은 분노하고 있다.

감사원이 2007년 3~5월 조사한 〈2006년 쌀 소득보전 직접지불제 운용실태〉 자료를 보면 비료 구입, 수확한 벼의 농협수매 실적이 없어 실경작자가 아닌 것으로 추정되는 공무원, 기업체 임직원, 의사 · 변호사 등 전문직 종사자가 17만 명, 직업은 밝혀지지 않았으나 영농기록이 없어 실경작자가 아닌 자로 추정되는 사람이 11만 명이었다. 최대 28만 명으로 추산되는 이들 비농업인들에게 모두 1,683억 원의 직불금이 지급된 것으로 추산됐다. 1명당 평균 60만 원꼴이다.

망치질의 국회의 모습

정치 경쟁력이 곧 국가경쟁력이다[114)]

1. 정치경쟁력, 높여야 한다.

"무법의 전당"

이것이 오늘날 우리나라 국회의 현주소다. 2008년 12월 18일 오후 서울 여의도 국회에서 여 · 야 간 극한대치상황이 연출됐다. 여당이 미뤄왔던 '한미 FTA 비준 동의안' 을 단독으로 처리하려 하자, 일부 야당은 망치로 문을 부수고 들어가려는 시도를 하는 과정에서, 여 · 야 간 소화전의 물을 쏘고, 소화분무기로 대응하는 등 극한 대치모습을 보여주었다.

이처럼 우리나라의 경제는 오늘날의 공포정치에 포위된 상황이다. 경제가 국회에 갇혔다. 대공항에 버금가는 경제위기의 극복을 위해 세계 주요국들이 분초를 다퉈 선제적 대응방안 마련에 동분서주하는데, 대한민국 국회는 거꾸로 개점휴업에 들어갔다. 예산안, FTA 처리문제 등 건건마다 극한 대치상황이 연출되고 있다.

브레이크 고장난 기관차가 마주보며 달리는 '치킨게임' 양상이다. 당략과 명분, 자존심만 내세울 뿐 정치가 없다. 위기의식, 원칙, 금도가 사라진 3無(무)의 한국정치이다.

이것이 우리나라 정치현실의 단면이다.

"경제위기 해결에 1분도 허비할 시간이 없다."

"경제팀이 당장 오늘부터 그 작업에 착수할 것이다."

"새 의회가 내년 1월 개원하면 공격적인 경제회복 계획을 세워주길 기대한다."

버락 오바마가 미국 대통령에 당선되자마자 한 말이다. 이에 대해 민주당 의원들은 오바마 취임일인 2009년 1월 20일 7000억 달러 규모의 경기부양 법안을 전달하겠다고 장단을 맞췄다.

이어서 개인적 친분이 전혀없는 티머시 가이트너 뉴욕 연방준비은행 총재를 재무장관에 지명한 후, 곧이어 국가경제위원장에 로런스 서머스 전(前) 재무장관을 임명했다. 오바마 대통령은 당선자시절부터 "신속하고 과감하게 움직이겠다."는 자신의 말을 행동으로 보여주자, 뉴욕증시 주가가 11%나 뛰었다.

한국은 경제위기에 대한 모든 대응이 한 박자씩 늦고, 문제가 생기면, "그건 내가 책임질 일"이라고 하며 나서는 사람이 없다. 정치권은 헌법에 규정된 예산안 처리 마감시한도 지나 단독으로 처리해 버렸다. 현재 정치권에 대한 총체적인 신뢰하락은 불신을 넘어 혐오(嫌惡) 수준이며, 국민의 정당지지도에서 아무 정당도 지지하지 않는 사람들이 1년 전의 10%대에서 30% 이상으로 증가했다.

즉, 대통령을 지지하지 않으면서 동시에 어느 정당도 지지하지 않는 '정치혐오층'이 최근 여론조사에서 국민 10명 중 3명에 달하고 있다. 우리 경제는 지금 어떤 상황인가? 실업대란, 기업도산, 국가신용도 하락 등이 언론의 헤드라인을 장식하고 있지만 한국과 미국의 정치인들의 리더십 차이가 국가 경제와 국민 얼굴의 명암을 가르고 있다.

WEF의 조사결과, 우리나라 국민들의 정치인에 대한 신뢰는 낙제점이다. 같은 기관에서 평가한 한국의 국가경쟁력은 13위인데 정치경쟁력은 25위를 기록, 작년 22위에서 3계단 하락했다.

2. 정치경쟁력, 국가경제에 어떤 영향을 미치나?

이건희 삼성그룹 회장은 1995년 베이징주재 특파원들과의 간담회에서 "기업은 2류, 관료조직은 3류, 정치는 4류"라고 발언, 화제를 모은 바 있다. 이에 청와대와 정치권은 발끈했고 삼성 역시 해명에 진땀을 흘렸다. 하지만 국민들은 이 회장의 이러한 발언에 적지 않은 공감을 나타냈던 적이 있다.

이 회장의 언급 이후 10여 년이 지났다. 극심한 정치혼란의 일례로, 지금도 지속되고 있는 태국 경제는 안으로는 2002년 이후 정정불안으로 인한 사회간접자본 투자 지연과 지지부진한 민영화 성과로 인한 외국투자자금 유입지연이 악재로 작용하고 있다. 우리도 예외가 아니다.

과거 우리나라도 적기에 필요한 경제 법제를 도입하지 못해 IMF 경제위기를 맞은 경험을 상기할 필요가 있다. 정치는 새로운 경제법제의 제정과 개정 등을 통해 시장경제에 막대한 영향을 미치게 된다.

IMF의 자료에 의하면 정치는 대략 세 가지에 걸쳐 경제에 영향을 미친다.[115)]

첫째는 서구 선진국에서는 민주주의가 경제성장을 촉진시켜 왔으나 반대로, 후진국에서는 민주주의 정치도입이 경제성장에 도움을 주지 못하고 오히려 방해요인으로 작용했다고 주장한다. 즉, 동아시아 신흥공업국의 경우, 과거 우리나라의 경우와 같이 非민주주의적 정치체제가 오히려 경제성장을 촉진하기도 하였다.

이러한 이유는 민주주의가 시장경제의 질서를 오히려 무질서하게 만들었기 때문이며, 권위주의 정치체제하에서는 권위주의가 혼란을 막고 시장에 안정을 가져왔기 때문이라는 견해다.

그러나 권위주의가 경제개발 초기에는 유리하지만 경제발전이 어느 정도 진척된 뒤에는 민주주의가 더 유리하다는 주장도 있다.

즉 어떤 체제를 막론하고 정치적의 혼란은 시장경제 질서의 혼란을 가져와 경제성장에 부담이 된다는 것은 잊지 말아야 한다.

둘째는 선거가 시장경제 질서의 왜곡은 물론 경기변동의 중요한 원인이 된다는 사실이다. 이를 '정치적 경기변동(Political Business Cycle)'이라 부른다. 정치적 경기변동론은 Nordhaus(1996)가 1947~1972년 기간 동안 9개국 자료를 통해 증명했다. 즉, 정치인들이 선거직전 성장촉진과 실업감소를 유도하기 위해 총수요를 증대시키고 이것이 선거후에 인플레와 긴축정책이라는 부작용으로 나타난다는 가설을 증명한 데서 비롯되었다.

한 발 더 나아가 Mei(1999)는 9번의 금융위기 사례를 분석한 결과 8번이 선거와 관련이 있다는 사실을 입증하였다. 이러한 원인은 후진국의 경우, 관권선거 등 각종 무리한 수단을 총동원하는 경향이 있으므로 선거가 경제에 미치는 충격도 그만큼 크다고 보아야 할 것이다.

셋째는 정치불안이 경제위기를 불러오는 주요원인 중 하나가 된다는 것이다. 특히 이 분야의 연구는 1990년대에 들어 중남미의 경제위기 및 1997년 이후 시작된 아시아 경제위기를 계기로 더욱 증가되었다. Roubini and Sach(1989)는 OECD국가들의 대규모 재정적자의 원인을 정치적 요인에서 찾았다.

이 연구에 의하면 대개 정권의 집권기간이 짧거나 정당간 정치연합이 확대되는 상황, 즉 정치가 불안정한 상황에서 재정적자폭이 확대되는 경향이 있다는 것이다. 특히 정부 붕괴의 위험이 높아 정치불안정이 증가될수록 그렇지 않은 경우에 비해 성장이 떨어진다는 것이다.

결론적으로 선진국, 후진국을 막론하고 정치불안은 곧 바로 자본 유출 또는 국가신용등급의 저하로 인한 리스크 프리미엄의 증가를 가져와 국민경제에 부담을 주게 된다는 사실이다.

요즘 우리나라는 미국발 금융위기에 대해 미국과의 통화스와프 체결로 한시름을 놓고 있다. 그러나 캠브리지대 장하준 교수의 말대로 '비오는 말 우산하나 바친 셈' 이란 말을 상기하고 대비해 나가야 한다.

왜냐하면 우리나라의 경제규모는 전세계의 1%남짓에 불과하며, 거의 전적으로 미국 등 해외 경제와 동조화 현상을 보이고 있는 마당에 외부의 태풍은 더욱 더 거세어지고, 아무도 태풍이 어느 방향으로 불어올지 모르는 상황이기 때문이다.

이에 대비할 수 있도록 우리나라의 정치경쟁력 또한 업그레이드 되어야 한다. 지난 17대 국회에 제출된 법안 2건 중 하나 꼴인 3,310건(44.4%, 정부제출 222건, 의원발의 3,088건)은 국회에서 논의조차 되지 못한 채 국회의원 임기만료와 함께 자동 폐기되었다. 또한 '품앗이 법안', '땜질 법안', '우회 입법' 이라는 신조어까지 만들어질 정도로 국회의 입법과정에 대한 질책이 심하다.

경제를 발전시키는 기폭제 역할의 정치는 언제쯤 할 것인가? 국회는 헌법에 정해진 예산시한을 넘겨 지난 6년간 헌법을 지키지 않는 '위헌 신기록' 을 세웠다. 오죽하면 '입법부' 가 아닌 '무법부' 라는 명칭까지 붙여졌을까?

입법부인 국회가 모든 법의 모법(母法)인 헌법 규정을 아랑곳하지 않는 것은 스스로 존재 이유를 부정하는 것이나 다름없다.

한국의 대통령은 여당의 대통령도, 야당의 대통령도 아니다. 오직 국민의 대통령일 뿐이다. 또한 야당과 여당 모두는 대화하려는 태도를 가져야 한다. 국회를 대화와 타협의 장으로 만들어야 한다.

기업들은 요즘 생사의 갈림길에서 '서바이벌 게임' 에 돌입한 상태다. 여 · 야가 당리당략을 과감히 버리고 오직 국민을 위해 일해야 한다. 국가가 이토록 어려운데도 정치지도자들이나 공무원들이 '국가를 위해 목숨을 바칠 각오' 로 일하지 않는다면 역사가 반드시 여러분을 심판한다는 것을 기억하길 바란다.

제8부

경제성장의 한계와 인간의 행복[1]

제27장 경제성장, 인간의 행복 그리고 탐욕

빈손으로 왔다가, 탐욕 속에서 살다가 빈손으로 가는 것이 인간이다.

경제 성장

1. 경제성장이론

'경제성장(economic growth)' 이란 특정 국가에서 일정기간 동안, 특정 경제에 의해 생산된 재화와 용역의 증가분을 말한다. 전통적으로 경제성장률(economic growth rate)은 실질 '국내 총생산' 또는 실질 'GDP(gross domestic product)의 증가분' 으로 측정치이다.

'성장' 이란 보통 재화와 용역의 가격에 대한 인플레이션의 영향까지 반영된 실질 생산이 반영되어 측정된다. 따라서 전년대비 실질 GDP의 증가분을 '경제성장률' 또는 'GDP 성장률' 이라고 한다.

경제성장의 요인으로는 노동력 증가, 기술혁신, 자본축적, 산업의 고도화를 꼽는다. 그러나 최근에는 위에서 설명한 요인 이외에도 국가나 기업의 도덕 경쟁력이 경제성장 및 생존의 중요한 요소로 꼽히고 있다.

더 나아가 시카고대 누스바움 교수가 주장한 것처럼, 요즘 같이 어려운 경제상황에서는 '순화된(purified) 애국주의'도 절실히 필요하다고 보여진다.

다시 말하면,[3] "애국주의에는 좋은 의미의 순화된 애국주의와 나쁜 의미의 맹목적 애국주의의 두 가지가 있는데, 일정한 도덕적 감정에 기초한 순화된 애국주의는 에이브러햄 링컨 미국 대통령과 마틴 루터 킹 목사, 인도의 마하트마 간디, 자와할랄 네루 등이 주창한 포용 · 평등 · 자유라는 보편적 이념에 봉사하는 애국주의와 맥을 같이하며, 필요하다."는 것이다.

참 고[2]

J.M. 케인즈의 저서 〈일반이론〉(1936)은 신고전파 체계에서 상정한 시장기구가 적절하게 작용하지 못한 경우를 대상으로 한 단기분석이었으며, 자본 · 노동 등의 불완전고용 메커니즘 해명의 단서가 되었다.

이상의 경제 단기분석이 일단락되자 자본 · 노동의 증대와 기술의 진보가 존재하는 경제의 장기국면에 주의가 집중되기 시작하였고, 그 선구자가 된 사람이 R.F. 해로드와 E.D. 도머이다. 그들의 작업은 케인즈 체계의 장기동태화에 관한 것이었으며, 케인즈파 경제성장이론의 실마리가 되었다.

그들이 우선 문제로 삼은 것은 저축주체와 투자주체가 서로 다른 시장경제에 있어서, 국민총생산의 공급능력과 총수요가 균형을 유지하면서 증가하고 있는 노동력을 완전고용시키기 위해 충족시켜야 할 조건이었고, 다음으로 이상의 공급능력 · 유효수요, 노동량의 균제적(均齊的) 성장상태로부터 현실경제가 동떨어졌을 때 회복이 가능한지 어떤지 그 안정성에 관한 것이었다. 해로드와 도머의 이론에서는 다음 3가지 점이 전제가 된다.

즉, 한 단위의 생산품을 생산하는 데 필요한 자본 및 노동의 단위수는 일정해야 한다는 것으로서, 이 자본량은 자본 · 산출량비율이라고 하며, v로 표시하고, 저축 · 국민소득비율(이것을 s로 표시한다)과 노동증가율(n으로 표시한다)이 일정해야 한다는 등의 3가지 점이다. 그리고 투자를 I, 국민소득을 Y로 한다면 생산물시장의 균형은 저축 sY와 투자와의 균등에 의해 나타나는데,

$$I = sY \quad \cdots\cdots\cdots\cdots \text{①}$$

가 된다. 투자는 생산물시장에서 유효수요가 되지만, 다른 한편에서는 경제의 공급능력을 증가시킨다(이것을 투자의 이중효과라고 한다). 자본량을 K, 공급능력을 P로 한다면 전제에 의해 K=vP가 되며,

$$\Delta K = v \Delta P \quad \cdots\cdots\cdots\cdots \text{②}$$

가 성립된다. 여기서 ΔK는 바로 I 이므로

$$\Delta P = \frac{1}{V} I \quad \cdots\cdots\cdots\cdots \text{③}$$

가 된다. 다음에 자본이 모두 가동되고 있는 경우라면 P=Y가 되며, 이때 ①~③식에서

$$\frac{\Delta P}{P} = \frac{\Delta Y}{Y} \frac{\Delta K}{K} = \frac{g}{v} \quad \cdots\cdots\cdots\cdots \text{④}$$

가 얻어진다. 공급능력 · 국민소득이 s/v의 비율로 성장할 때, 전제에 의해서 생산능력 · 노동비율은 일정하며, 노동은 n의 비율로 성장하므로, 성장과정에서 노동이 완전고용되고 자본도 완전 가동되려면 다음 식이 성립되어야 한다.

$$\frac{S}{V} = n \quad \cdots\cdots\cdots\cdots \text{⑤}$$

다음으로 ⑤의 식이 성립되지 않을 경우, 이를테면, s/v>n이 될 때는 국민소득과 자본의 성장률이 노동성장률보다 크기 때문에 자본과잉 또는 노동부족의 현상이 나타나 s/v의 비율에 의한 성장은 유지되지 않는다. 부등호가 반대일 경우에는 자본과 노동에 관해서 역의 사태가 발생한다.

이상의 해로드-도머 모델에서는 생산량과 자본(및 노동)과의 결합비율이 고정적인 것으로 상정했으나, 1950년대에 R. 솔로 등에 의해 일정량의 생산을 이룩하기 위한 자본과 노동의 결합비율이 가변적인 생산기술을 전제로 하는 성장이론이 제시되었다. 이와 같은 이론체계에서는 생산물시장과 생산요소시장에서(이자율을 포함) 가격의 신축적인 균형화작용이 전제가 되어 있기 때문에 '신고전파(新古典派) 성장이론'이라고 한다.

생산함수는 자본 · 노동(N이라 함)에 관해서 규모에 관한 수확불변(Y가 K, N에 관해서 一次同次)이며, Y=F(K,N) 또는 Y/N=y, K/N=k로 하고, y=F(k,1)로 표시된다. 여기서 k는 노동의노동자 1인당의 자본량인 '자본집약도' 라고 한다. 또 저축 · 투자의 균등은 dK/dt = sY이며, N의 성장률을 고려한다면 k의 변동을 나타내는 다음과 같은 식이 얻어진다.

$$\frac{dN}{dt}\frac{1}{N} = n, \frac{dk}{dt}\frac{1}{k} = \frac{dK}{dt}\frac{1}{K} - \frac{dN}{dt}\frac{1}{N}$$

$$\frac{k}{k} = gF(k, 1) - nk$$

k의 시간을 통한 움직임은 생산함수에 관한 적당한 조건 아래에서 k는 장기적으로는 유일한 k* 에 수렴된다는 것을 알 수 있다. 이상의 솔로에 의한 선구적 업적으로 시작되는 장기적 성장이론은 2개 부문 경제성장이론, 기술발전의 이론, 화폐적 성장이론, 빈티지 모델 등에서 다양한 전개를 보였으나, 솔로우 모델은 그들 가운데의 많은 분석에 기본적 틀을 부여했다는 점에서 중요한 것이다.

인간의 행복과 탐욕[4)]

"인간의 행복은 무엇을 소유하느냐가 아니라 무엇을 바라느냐의 문제이다."

— L.B. 스티븐슨

"행복하자면 두 가지 길이 있다. 욕망을 줄이거나, 소유물을 늘리거나 하면 된다. 어느 쪽이라도 된다."

— B. 프랭클린

"행복이란 과잉과 부족의 중간에 있는 조그마한 역이다."

— C. 폴록

"돈은 바닷물과 같다. 마실수록 목이 말라진다."

— 쇼펜하우어

"돈을 빌리는 것은 자유를 파는 것이다."

— 벤자민 프랭클린

"악의 근원은 돈에 대한 집착이다."

— 스마일즈

"버림은 소유의 끝이 아니라 소유의 절정이다." 벤처신화의 주인공 정문술 전 미래산업 회장이 한국과학기술원에 사재 300억 원을 기부하면서 한 말이다.

인간의 욕망은 결코 충족되지 않는다. 인간은 모든 것이 충족되어 있으면 권태를 느끼고 충족되어 있지 않으면 결핍으로 인하여 괴로워한다. 그래서 쇼펜하우어는 "인생은 충족되지 않는 욕망과 권태 사이에서 오락가락하는 시계추와 같다."라고 하였다.

이렇게 욕망과 순간의 만족과 권태, 그리고 새로운 욕망 사이에서 오락가락 하면서 살아가다가 종국에는 죽음을 맞이하는 것이 인생의 실상이라고 주장했다.

자료 : http://empas.com(12.26)

세계 철학계에서 주목받는 학자 중 한 사람인 슬로베니아 출신의 철학자 슬라보예 지 제크는 후기산업사회는 '잉여쾌락이라는 욕망적 구조에 의해 유지되는 사회' 라고 했다. '잉여쾌락' 이란 욕망이 자신이 원하는 대상에 도달한 바로 그 순간 그것을 덧없게 만드는 욕망의 또 다른 부분이다.

그리하여 인간은 끊임없이 또 다른 욕망의 대상을 추구하게 되어 결코 욕망을 충족할 수 없다는 논리를 펴고 있다.

1. 탐욕 속에서 살다가, 빈손으로 가는 인간

이집트의 바로왕들이 묻힌 피라미드를 지나려면 얼굴은 사람의 형상이요 몸체는 사자 모양을 하고 그 앞을 지키는 스핑크스(Sphinx)를 통과하여야 한다. 이는 고대 오리엔트 신화에 나오는 괴물로서 왕자(王者)의 권력을 상징하는 거상(巨像)인데 그 중에서도 이집트의 기제에 있는 제 4왕조(B.C. 2650년경) 카프레 왕(王)의 피라미드에 딸린 스핑크스가 가장 크고 오래된 것으로 알려져 있다. 이것은 자연암석을 이용하여 조각한 것으로서 전체의 길이가 약 70m, 높이 약 20m, 얼굴 너비가 약 4m나 되는데 카프레 왕의 생전의 얼굴이라고 한다.

이 스핑크스가 그 앞을 지나는 통행인에게 수수께끼를 내어 알아맞히면 통과하고 맞추지 못하면 앞발로 죽인다는 이야기가 있다. 그 수수께끼는 '아침에는 네 발로 걷고 점심에는 두 발로 걷다가 저녁에는 세 발로 다니는 동물이 무엇이냐' 라는 내용이다. 마침 이곳을 지나던 오이디푸스가 '그것은 사람이다' 라고 대답하자 스핑크스가 그만 물속에 몸을 던져 죽었다고 한다.

인생을 비유한 이야기로서 사람은 어릴 때는 네 발로 기어 다니고 젊을 때는 두 발로 걸어 다니다가 늙어서는 지팡이를 짚고 다니기 때문에 세 발로 걸어 다닌다는 것이다.

이것은 단지 수수께끼에 불과한 것이 아니라 인생에 대하여 묻는 질문이다. 어느날 여우 한 마리가 포도원 곁에서 서성거리며 어떻게든 안으로 들어가려고 애를 쓰고 있었으나 그만 울타리가 있어서 들어갈 수 없었다.

그래서 여우는 사흘 동안 단식을 하고 몸을 야위게 한 다음, 간신히 울타리 사이를 기어 들어가는데 성공하여 포도원에서 맛있는 것을 실컷 먹었다.

그 후 다시 포도원에서 빠져 나오려고 했을 때 배가 잔뜩 불러서 나올 수가 없자 "내 사정은 들어갈 때와 나올 때가 꼭 같구나"라고 하면서 탄식을 하였다는 우화가 있다. 인생도 이와 마찬가지로 빈손으로 와서 여우와 같이 탐욕 속에서 살다가, 갈 때는 역시 아무것도 가지고 가지 못하는 빈손 인생이 아니겠는가?

성경에도 '우리가 세상에 아무것도 가지고 온 것이 없으매 또한 아무것도 가지고 가지 못하리니' 라고 쓰여 있다.

2. 탐욕의 종말은 죽음

기독교에 수도원 제도가 생긴 6세기 초, 로마의 교황 대(大)그레고리우스 1세(Saint Gregory I the Great or Pope Saint GregoryI, 540~604)도 인간의 죄악을 7가지로 분류했다. 이 문제를 다룬 대표적인 저서는 13세기 이탈리아의 철학자 · 가톨릭 신학자 아퀴나스(Saint Thomas Aquinas, 1225~74)의 〈신학대전(Summa Theologica)〉이다.

7가지 큰 죄로 규정된 죄는 다음과 같다. ① Lust(라틴어로 luxuria, 정욕) ② Gluttony(gula, 탐식) ③ Greed(avaritia, 탐욕) ④ Sloth(acedia, 나태) ⑤ Wrath(ira, 분노) ⑥ Envy(invidia, 질투), ⑦ Pride(superbia, 교만)이다.

톨스토이(1828. 9. 9~1910. 11. 20)는 그가 58세되던 1886년 〈사람에게는 얼마만큼의 땅이 필요한가(How Much Land Does a Man Need)〉라는 작품에서 탐욕의 종말은 죽음에 이른다는 것을 보여주고

톨스토이

있다. 대체적인 내용의 요지는 이렇다. 러시아 시골에 '파홈'이라는 한 농부가 살고 있었다. 그는 가난한 농부였고, 처자식과 먹고 살 수 있는 땅을 가지기를 원했다. 파홈은 땅만 많다면 악마도 두렵지 않다고 생각했고 이를 안 악마는 파홈의 욕심과 거만함을 이용해 자신의 손아귀에 파홈을 끌어들인다.

악마는 여러 사람으로 변장하고 나타나 파홈에게 머나먼 곳의 땅에 대한 이야기를 늘어놓고, 파홈은 그때마다 악마의 말을 따라 이주를 하며 땅을 늘리기 시작한다. 처음엔 20에이커를 사서 농사를 지었다. 또 그 땅을 125에이커로 늘리고 10배나 많은 수입을 얻는다. 그러던 어느 날 한 여행자가 바시키르 지방에서는 약간의 돈만 지불하면 원하는 만큼 땅을 가질 수 있다고 말해 주었다.

파홈은 곧 짐을 챙겨 바시키르로 갔고, 그곳의 족장을 만나 땅을 가지고 싶다고 말했다. 끝도 보이지 않는 평원의 땅 일부를 사겠다고 하자 바쉬키르 족장은 하루에 1000루블을 내고 해 뜨는 시각부터 해 지는 시각까지 파홈이 걸으며 표시한 땅을 다 주겠다고 한다.

바슈키르에서는 파홈이 하루 온 종일 지나 온 만큼의 땅을 차지할 수 있도록 허락해 주었다. 다만 해가 떠오를 때 출발하여 반드시 해가 지기 전까지는 처음의 장소로 돌아와야 한다는 조건을 달았다. 파홈은 조금이라도 더 넓은 땅을 갖기 위해 부지런히 걸었고, 걸으면 걸을수록 마음 속에서 조금만 더, 조금만 더 하는 욕심이 생겨나게 되었다.

이러한 탐욕은 결국 그를 너무 먼 곳까지 가도록 이끌었다. 그는 출발점을 향해 있는 힘껏 달려 지평선에 해가 넘어가기 직전에 도착했다.

족장이 축하하며 "정말 좋은 땅을 갖게 됐군요."라고 말했다. 하지만 그는 너무 무리해서 뛰었기 때문에 피를 토하고 쓰러져 죽고 만다.

욕심에 사로잡혀 현실을 제대로 판단하지 못하고 인생의 행복을 소유에 건 어리석음이 파홈을 죽인 것이다. 땅을 어떻게 경작할지보다는 소유에만 집착했다고 볼 수 있다.

사람들이 땅을 파고 그를 묻었다. 파홈의 머슴은 발에서 머리까지 들어갈 수 있도록 2미터 남짓한 무덤을 파고, 그를 매장하기에 이른다. 결국 그는 탐욕으로 죽음에 이르게 되고, 겨우 누울 만큼의 땅을 갖게 되었다.

3. 소유양식과 존재양식[5)]

에릭 프롬

현대 정신분석 학자의 거두 에릭 프롬(Eric Fromm, 1900 ~1980)은 그의 저서 〈소유냐 존재냐(To Have or To Be)〉에서 인간의 생존양식을 '소유양식' 과 '존재양식' 의 두 가지로 구분하여 고찰하고 있는 바, 현대 산업사회의 근본문제는 '소유' 에 집착하는 삶의 방식에 있다고 말한다.

산업사회는 사람들을 '그가 갖고 있는 것' 에 의해 평가한다.

다시 말해서 어떤 경력과 능력을 '갖고 있는지', 어떤 배경과 성장환경을 '갖고 있는지', 자동차는 어떤 것을 타고, 몇 평짜리 집을 '갖고 있는지' 등이다. 이처럼 소유라는 삶의 방식에서는 더 많이 갖는 것이 더 나은 인간으로 평가받는 지름길이며, 따라서 사람들은 더 많이 갖기 위해 노력한다. 사용하기 위해서가 아니라 인정받기 위해서 말이다.

그러나 사람들은 '소유' 로 자신의 존재를 증명하는 데 익숙해질 경우, 주체와 객체를 '물건' 으로 환원시켜 버리기 때문에 그 둘의 관계는 살아있는 관계가 아니라 죽은 관계가 되어 버린다. 이것은 결국 끝없는 생산과 소비지상주의 사회 속에서 악순환의 고리를 형성하여 자신의 존재와 정체성을 잃게 된다는 것이다. 어디 그뿐인가? 결국 그로 인해 우리는 계속 소비하고 소유함에도 결코 채워지지 않고 충족되어지지 않는 만성 기아상태에 빠지게 된다.

결과적으로, 현대인은 소유하고 소비함으로써 자신의 존재를 확인하려 하기 때문에 소외된 삶의 형태가 나타나게 되며, 돈이라는 소유물이 없는 사람은 무시받고, 그 인격이 무시되기까지 하는 사회이다. 그리고 소유로 존재를 판단하려 하는 이러한 가치관이 팽배할수록 사람들은 자기 존재를 증명하기 위해 소유하려 할 것이고, 그것은 끊임없는 더 많은 것을 소유하려고 하는 악순환을 불러 일으킨다. 소유할수록 진실한 자신의 존재는 멀어져 간다.

에릭 프롬은 "존재는 소유하려는 마음도 없고, 욕망도 없이 그 자체로서 존재해야 하기 때문이다. 하지만 사람들은 아직도 더 많이 소유하면 더 행복해질 것이라는 잘못된 환상을 갖는다."라고 주장하고 있다. 우리는 생존에 필요한 만큼만 갖고 있으면 된다. 우리가 불행해지는 것은 생존의 필요성을 넘어서서 더 많은 물질에 집착하기 때문이다. 따라서 '인류의 스승' 들은 행복한 삶의 조건으로 '무소유의 삶' , 즉 '존재의 삶의 방식' 을 제안한다.

예수, 석가모니 등 이전에 거의 모든 '인류의 스승' 들은 '존재의 삶의 방식' 을 강조했다. 에릭프롬은 인류가, 산업화가 가져온 불행과 소외에서 벗어나기 위해서는 산업사회의 '소유라는 삶의 방식' 을 '존재라는 삶의 방식' 으로 바꿔야 한다고 주장하고 있다.

에릭프롬이 주장하는 존재의 삶의 방식이란 ‘어떤 것을 소유하지도 않고 또 소유하려고 갈망하지도 않으면서 즐거워하고 자기의 재능을 생산적으로 사용하며, 세계와 하나가 되게 살아가는 방식’이다. 소유에 집착한 사람은 무언가를 얻기 위해 일하지만, 자기 존재에 충실한 사람은 그 일이 자신의 삶을 더욱 더 충실하게 해주기 때문에 일에 열중한다.

소유에 집착한 사람은 자기 것을 빼앗아 갈까봐 다른 이들에게 적대적이지만 존재에 충실한 사람은 빼앗길 게 없기에 다른 이들에게 친근하게 다가간다. 지식에 있어서도 소유에 집착한 사람은 자신이 갖고 있는 지식이 파괴될까봐 자기 정당화에 급급한 반면에, 존재에 충실한 사람은 더 나은 완성을 이루기 위해 언제나 열린 마음으로 자기 지식을 수정할 준비가 되어 있다.

에릭프롬의 ‘소유냐 존재냐’는 산업사회 페러다임이 지배하던 1976년에 출간된 책으로, 후기 산업사회에 접어든 오늘날의 시점에서 보면 이 책에서 제기한 방법들은 이미 현실화된 것들이 많다. 또한 행복의 관점에서 볼 때, 물질 만능주의로 흐르기 쉬운 요즈음, 행복해지려면 삶의 방식을 ‘소유’에서 ‘존재’로 바꿔야 한다는 경고다.

솔로몬도 성경 역사상 가장 많은 것을 소유했고 원하는 것은 무엇이든지 할 수 있었던 왕이었음에도 불구하고 전도서를 통해 인생의 헛됨을 말하며 결코 소유가 행복을 가져다 주는 것이 아님을 말해주고 있는 것을 보면 아마도 행복의 조건은 ‘자족’이 아닌가 싶다.

4. 탐욕, 이기심, 그리고 경제성장

탐욕, 이기심, 경제성장과 같은 단어가 나오면 가장 먼저 떠오르는 사람이 아담 스미스(Adam Smith, 1723~1790)다. 그는 1923년 영국의 스코틀랜드 지방에서 세관원의 아들로 태어났다. 글래스고우 대학과 옥스포드 대학에서 신학과 철학을 공부한 후, 글래스고우 대학과 에딘버러 대학에서 법학, 문학, 윤리학, 정치경제학 등을 강의했다.

그는 농업을 경제의 중심으로 중시하는 동시에 케네 등 중농학파 경제학자들과 교류를 하면서, 홉즈와 로크의 영향을 받아 정치학을 윤리학과 경제학에 접목한 뒤, 훗날 밀(J.S.Mill)과 마르크스에게 커다란 영향을 끼쳤다. 그는 18세기의 계몽주의자이며, 정치경제학의 창시자이다. 그의 최초 저서는 〈도덕 감정론(Theory of Moral Sentiments, 1759)〉이다. 다음으로는 그 유명한 〈국부론(Wealth of Nations, 1776)〉이 있다.

〈국부론〉을 읽어 본 사람들은 아담 스미스가 말하는 경제행위를 이기심의 관점에서 이해하려 한다.

아담 스미스는 "우리가 저녁식사를 할 수 있는 것은 푸줏간 주인이나 양조장 주인, 빵 제조업자들의 박애심 때문이 아니라 그들의 돈벌이에 대한 관심 때문이다."라고 말한다. '국부를 늘리기 위해선 노동의 질과 양을 증대해야 하고, 그렇게 하기 위해선 각자 이기심을 최대한 활용해야 한다' 고 보는 것이다.

〈국부론〉은 경제학 저술인 동시에 정치학적 저술서이지만 대개는 세속세계만이 관심의 대상이다. 그는 경제성장은 불평등을 낳고 있으나 시장의 목적은 풍요를 가져오는 데 있는 만큼, 시장의 법칙(laws of market)을 통해 성장으로 인한 불평등이 모든 사람을 위한 더 큰 부의 증대와 양립 불가능한 것은 아니며, 오히려 모두를 위한 부를 가져다주는 원인이라고 주장하였다.

제 28 장 경제성장의 한계와 인간의 행복 방정식

행복 = $\frac{\text{자족}}{\text{욕망}}$ 이다.

경제성장의 한계

국제통화기금(IMF)은 최근 '제2의 대공황'을 경고했다. 미국, 영국, 뉴질랜드, 스페인, 이탈리아 등 글로벌 경제가 이미 극심한 동반 침체에 접어들었기 때문이다. 글로벌 경제는 향후에도 일정기간 동안 경기침체로 인한 수출 감소, 높은 물가상승률과 자산가치 하락, 고용악화 등으로 민간소비가 위축되면서 성장률이 더욱 더 낮아질 것으로 예상된다.

투자도 부진하여 정부가 사회간접자본(SOC) 확충에 재정을 집중 투입하기로 한 건설부문을 제외하면 대부분 하락하거나 1% 내외의 증가율에 그칠 것으로 전망하고 있다.

1. 로마클럽의 성장한계론

1972년 국제미래연구기관인 로마클럽은 지구의 자원고갈을 예측하여 인구 · 자원 · 환경문제를 비관적으로 전망하고, 인류의 위기를 전망한 내용을 담은 보고서를 발간했다. 경제성장한계론은 첫 번째 보고서인 '성장의 한계(The Limits to Growth)' 로 인해 논의되기 시작했다.

이 보고서는 현대사회의 성장과 발전에 영향을 주는 심각한 생물 · 물리학적 증거를 제시함으로써 현재의 인구성장, 산업발전, 그리고 자원사용이 지속된다면 다음 세기 중반까지 지구는 생태학적 파멸을 경험할 것이라고 예언하고 있다.

성장한계론[6]

■ 로마클럽

1968년 4월 실업가인 아우렐리오 페체이의 제창으로 1970년 3월에 스위스에서 법인체로 설립된 민간단체. 지구의 유한성을 강조하여 천연자원의 고갈, 공해에 의한 환경오염, 개발도상국의 폭발적인 인구증가, 군사기술의 진보에 의한 대규모 파괴력의 위협 등 인류가 처한 위기를 모면할 길을 모색하여 경고, 조언하는 것을 목적으로 한다. 로마에서 첫 회의를 가졌던 '로마클럽' 의 본부는 로마에 있으며, 따로 제네바와 헤이그에 각각 연구소가 설치되어 있다.

이 클럽은 1972년 〈성장한계론〉이라는 보고서를 발표, 제로성장의 실현을 주장하여 세계의 주목을 받았다. 그러나 이 클럽은 서구의 산업자본가와 다국적 기업으로부터 자금을 후원받아 유지되고 있기 때문에 이들의 이익을 대변하고 있다는 비판을 받고 있다. 또한 이 보고서에서는 암묵적으로 현재의 불평등한 경제관계를 계속 유지하여 제3세계에 대한 착취를 지속시키려는 시도가 깔려있다는 비난이 있다.

이 보고서는 MIT 공과대학의 연구진들이 물리 · 경제 · 사회적 관계의 모든 요인들을 고려한 후, 향후 영향을 미칠 것으로 판단되는 미래의 현상을 합리적이고 과학적이며 객관적으로 예측하기 위해 만들었다.

이 보고서는 또한 20세기의 자원이용과 고갈상태, 인구성장, 공해, 소득, 개인별 식량소비 등의 변수들을 지구 전체적 차원에서 함수로 나타내기 위한 것으로, 1900년부터 2100년까지의 기간을 대상으로 현재 나타나고 있는 여러 관계가 연속될 것이라는 가정 아래 인구성장이 기하급수적으로 증가하는데 반해서 자원의 고갈은 기하급수적으로 감소하고 있어서 멀지 않은 장래에 인류가 쓸 수 있는 자원의 양은 인구성장을 지탱해 줄 수 없는 지경에 이르는 인구폭발현상이 발생할 것이라고 예측했다.

자원 측면에서는 천연자원의 고갈, 공해에 의한 환경오염, 개발도상국의 인구증가 등으로 100년 이내에 지구상에는 '성장의 한계' 가 나타날 것이라고 경고하였다.

즉, '유한한 지구에서 무한한 성장은 불가능하다.' 는 명제를 제시한 것이다. 이는 21세기에 인류가 직면할 위기를 전망한 인간의 예견력과 대응력이 발휘된 대표적 사례로 손꼽힌다.

경제성장한계론은 1970년대 세계적 석유위기로 관심을 끌다가, 그 후 차츰 관심이 줄어들었다. 그러나 최근 환경문제가 다시 글로벌 이슈로 떠오르고, 자원의 유한성으로 인해 성장이 한계에 부딪힐 것이라는 측면에서 경제성장한계론이 다시 고개를 들고 있는 상황이다.

사회학적 접근에서도 대체로 환경문제의 근본 원인을 최근의 급격한 경제성장에서 찾고 있다. 경제성장은 인구의 증가와 더불어 생태계의 수용능력에 중대한 위협을 가함으로써 환경문제를 야기했으며, 자본주의적 생산 방식, 즉 잉여를 동원해서 지속적으로 생산을 확장함으로써 자연환경이 스스로 정화할 수 있는 능력의 한계를 넘어선 결과에 까지 이르도록 했다는 것이다.

2. Paul Krugman의 아시아 성장한계론

폴크루그만 교수

노벨경제학상 수상자 폴 크루그먼 프린스턴대 교수는 '아시아 기적의 신화(The Myth of Asian Miracle, 〈포린 어페어스〉 1994년 11, 12월)' 란 글을 통해 아시아 경제 성장의 한계를 논했다.

생산의 3요소인 노동 · 자본 · 기술에서 그동안 아시아 성장은 기술 진보(요소생산성)가 아닌 노동 · 자본(요소투입량) 증가에 의해서만 이루어졌다는 주장으로, 결국 요소투입량은 무작정 늘릴 수 없기 때문에 성장이 한계에 이른다는 주장이다. 대부분 경제학자들이 아시아 경제 전망을 밝게 봤던 시기에 다른 관점을 내비친 셈이다.

이러한 현상이 비단 아시아뿐만의 문제겠는가? 아이러니컬하게도 금융위기가 닥치고 보니 세계경제 비중의 70%를 넘는 미국, 유럽, 일본 등이 가장 빠르게 마이너스 성장으로 진입한 것을 보면 글로벌 경제가 '성장의 한계' 에 부딪친 것이 아닌가 하는 생각이 든다.

특히 우리나라의 경우, 잠재성장률은 이미 1980년대 7.5%, 1990년대 6.2%에서 2000년대의 5% 수준으로 계속 하락하고 있으며, 앞으로도 이 같은 잠재성장률의 '계단식 하락' 추세를 지속할 것으로 예상되고 있다.

이는 노동과 자본 투입의 성장기여도는 계속 하락(과거 5% 이상에서 3% 수준으로)하고, 생산성의 성장기여도 비중이 증가하기 때문이다. 그러나 이러한 낙관적 예상은 외부의 금융위기같은 급격한 충격이 없다는 것을 전제로 한다.

글로벌 경제에서는 매년 4~5차례의 금융위기, 경제위기가 발생하는 것은 물론, 이러한 결과는 향후에도 미국을 비롯한 글로벌 경제를 점진적인 몰락으로 내몰 것이며, 이에 따른 예측할 수 없는 새로운 변수들이 생겨 파도처럼 닥쳐올 것임을 감안해야 할 것이다.

3. 경제성장 한계의 원인

(1) 노동과 자본투입의 한계

현재 세계의 평균 인구증가율은 1.2%이다. 물론 로마클럽에서는 인구가 폭발하여 자원부족으로 성장이 한계점에 다다를 것으로 예상하고 있으나, 일각에서는 10년 뒤인 2018년경에는 전세계 인구증가율은 거의 제로에 가까워질 것으로 예상하고 있다. 그렇게 되면 공급량 증가율에 비해 수요량 증가율이 작아서 과잉생산을 초래할 것이다.

전문가들의 연구에 의하면 경제성장은 물적 자본기여율이 50%, 노동기여율이 25%로 대부분을 구성하고 있으며, 총 요소생산성과 직접적으로 연계되는 인적 자본에 의한 기여율은 10%에 불과한 것으로 나타나고 있다. 그러나 5일제 근무의 확산, 출산율 저하, 고령화의 급속진전 등을 고려할 때 우리 사회에 있어서 향후 노동투입도는 지속적으로 감소할 것이라는 전망이다.

또한 물적 자본은 일정규모 이상이 되면 수익률이 하락하므로 이 또한 지속적 증가에 한계가 있다. 경제협력개발기구(OECD)는 '2004년 한국경제보고서'를 통해, 한국은 노동과 자본투입 증가세가 둔화되고 있어서 성장이 한계에 봉착했다고 진단한 바 있다. 자본축적으로 고용량을 증대시킬 뿐만 아니라 노동력 1인당 자본량, 즉 자본집약도를 높여 노동생산성을 올린다.

경제가 성숙단계에 진입할수록 잠재성장률은 하락하는 것이 일반적 현상이다. 자본축적이 많아지면, 자본의 한계생산성이 떨어지는 '자본의 한계생산성 체감의 법칙' 이다. 실제로 우리의 자본생산성은 1970년대 이후 지속적으로 하락되어, 최근에는 1970년대의 3분의 1 수준으로 둔화된 것으로 추정되고 있다.

(2) 기술혁신의 한계

새로운 기술은 끊임없는 생산성 증가를 가져올 것인가? 이에 대한 대답은 '아니다' 이다. 기술혁신에 의거한 새로운 산업의 생성이나 새 생산방법의 채택은 투자의 가장 기본적인 요인인 동시에, 기술혁신은 또한 노동생산성을 높여 생산력을 증대시킨다. 그러나 선진국의 기술혁신은 거의 정점에 와있다.

머지않아 선진국과 마찬가지로 이미징 국가도 기술의 평준화 추세가 이어지고 있어서 기술의 한계생산성 체감법칙은 동일하게 적용될 것으로 보인다. 한계생산성 체감의 법칙은 자본주의의 생산양식을 지배하기 때문이며 기술의 진보도 예외가 아니다.

기술이 한 단위 진보했을 때, 그로 인해 증가하는 추가적 생산량이 거의 늘어나지 않는 것으로, 기술혁신의 한계성장률이 '0' 의 수준에 도달했다는 얘기다. 우리나라의 경우, 혁신형 중소기업의 기술효율성은 2002년 72.12%로 분석되었으나, 이후 매년 기술효율성이 감소하여 2005년의 경우 61.01%까지 낮아졌다. 이런 추세는 미국 등 선진국들의 경우에도 비슷한 상황으로, 향후에도 지속될 것으로 보인다.

(3) 자원고갈의 문제[7]

현재 지구상의 하루 석유 생산량은 8,500만 배럴정도로 추정된다.

1배럴은 158.9ℓ 로 200ℓ 드럼통의 3/4 이상을 채우는 양이다. 즉, 대략 6천 4백만 드럼의 석유가 매일 생산되고 있는 셈이다.

이는 1940년 당시의 약 11배에 달하는 규모로, 인류는 3억 년에 걸쳐서 축적된 석유라는 자원을 겨우 200년 동안에 다 써버리려 하고 있다.

석유의 원시매장량은 7조 배럴로, 이중 30%에 상당하는 약 2조 2천억 배럴이 배럴당 20달러 이하의 생산비로 채굴되고 있다.

이미 과거 백 년간 7천억 배럴이 소비되었으나, 향후 기술개발로 인한 추가 채굴 가능량은 8천억 배럴로 경제성이 있는 채굴가능량은 총 2조 3천억 배럴쯤 되는 셈이다. 그러나 이것은 확인 매장량으로 발견되는 분량만큼 미확인 매장량은 줄고 있다는 의미도 된다.

2000년 현재 세계 인구는 60억 명이 넘는다. 유엔보고서에 의하면 2025년에는 지구상의 인구가 85억으로 늘어날 전망인 바, 문제는 그 증가의 대부분이 개발도상국의 인구증가라는 데 있다. 개발도상국의 1인당 석유 소비는 2007년말 현재, 하루 평균 0.7ℓ 로 미국의 10.3ℓ , 일본의 6.8ℓ 에 비해 매우 낮은 수준이지만, 개발도상국의 인구증가와 경제발전은 필연적으로 석유 수요의 증대를 가져올 것이다.

세계 인구에서 차지하는 아시아 인구의 비율은 현재 57%로, 이 지역에서의 석유 수요는 연간 5~6%의 지속적인 증가가 예상되고 있다. 세계 에너지 수요가 2020년까지 매년 2.2%씩 증가할 것이라는 전망이다.

많은 전문가들 사이에서는 1940년 이후부터 대규모 석유개발이 시작된 이래 현재가 석유생산량이 더 이상 늘지 못하는 한계시점, 즉 현재를 '석유 정점(Oil Peak)' 에 도달한 시기로 보고 있다.

더구나 중국과 인도의 급속한 성장으로 생활수준이 향상되면서, 자원 수요가 폭발적으로 증가하고 있다.

한 례로 지난 2005년 중국의 인구 1000명당 자동차 보유대수는 15대였지만, 현재는 1000명당 447대의 자동차를 보유하고 있다. 만약 일본과 같은 수준으로 성장한다면 중국 내의 자동차 수는 향후 10년 안에 전세계 지구촌 자동차 수에 맞먹는 5억7200만 대에 달할 것이다. 이러한 예상이 현실화될 경우, 자원의 수급불균형으로 인한 인플레이션으로 글로벌 경제는 성장은커녕 뒷걸음 칠 수밖에 없다는 결론이다.

(4) 정책의 부작용과 성장의 한계[8)]

정책의 실행과 결과

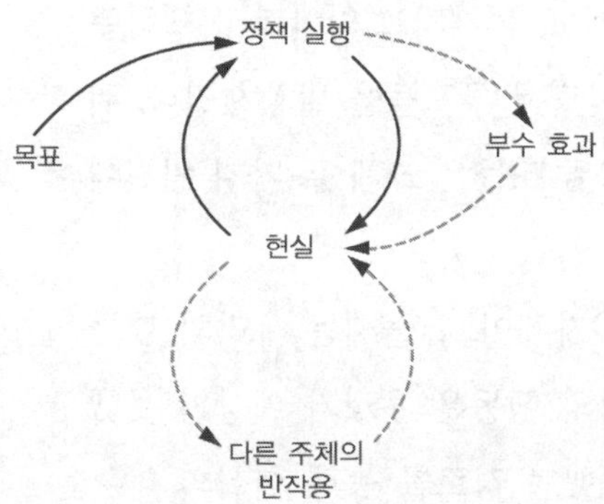

정책의 입안과 실행과정은 먼저 현실의 상태와 목표를 비교한 후, 문제를 해결할 방법을 찾고 그것을 실행하는 단계에 이른다. 그러나 정책입안과 실행에 대한 단편적 사고는 현실의 다양한 요인들이 서로 얽혀있는 복잡한 시스템을 따라갈 수가 없다.

따라서 복잡다난한 요인들이 서로 얽혀있는 현실적 시스템 속에서 그 중 일부에 변화를 일으키고, 일부의 변화는 그것에 그치지 않고 금융위기에서의 나비효과처럼 전파되는 특성을 지니게 된다. 따라서 이러한 연결 관계를 파악하지 않고 문제에 대한 직접적인 대응에 집착할 경우, 예상치 못한 부작용에 직면할 수 있다.

부작용이 발생하는 경로를 파악하기 위해서는 정책을 둘러싼 피드백 구조를 살펴볼 필요가 있다.

자원의 유입과 성과

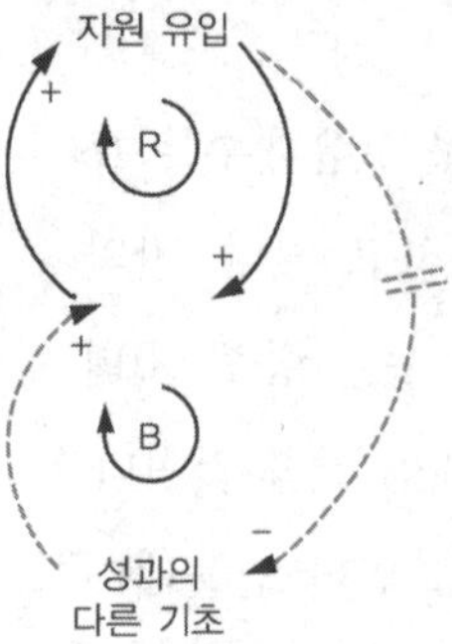

우선 정책입안과 실행과정은 하나의 피드백 루프를 형성한다. 정책담당자들의 행동의 결과는 장래 우리가 직면할 현실상태를 규정하고, 이에 따른 새로운 상황은 문제에 대한 우리의 평가와 결정을 바꾼다.

다시 말하면, 정책의 담당자들이 정책의 목표를 정하고 실행하는 과정에서 발생하는 정책의 부작용은, 정책의 수준이 현실의 복잡함을 따라가지 못할 때 발생한다. 왜냐하면 정책은 제한적이고, 우리의 행동이 어떤 영향을 초래할지 이해할 수 있는 능력이 우리에게는 충분하지 못하기 때문이다.

피드백 루프는 정책의 실행자들이 목표를 가지고 입안과 실행하는 과정에서 정책부작용을 낳는 새로운 피드백 루프들을 발생시킨다. 위의 제시된 그림에서처럼, 정책부작용의 루프들은 크게 두 가지 원천에서 발생한다.

첫째는 정책실행이라는 우리의 행동자체이고, 둘째는 우리의 행동으로 인해 변화된 현실이다. 우선 우리의 행동은 우리가 예상치 못했던 부수효과를 촉발하여 미처 알지 못했던 경로를 통해 현실의 다른 부분에 행동으로 영향을 미치는 것이다.

또한, 정책의 실행은 현실에 일정한 변화를 초래하고, 다른 주체들이 이에 반응하게 되어 자신의 목적을 달성하려는 의도를 가지고 우리가 바꾸어 놓은 현실에 대해 반작용을 하는 것이다. 사람들이 의도하지 않은 루프들에는 사전에 인식하지 못하는 여러 이유가 존재한다.

정책당국자들이 경제성장을 추구하기 위해 자원을 투입할 경우, 선순환 루프가 형성되어 성과로 이어질 수가 있다. 그러나 문제는 선순환 루프의 작동이 그 성과를 뒷받침하는 또 다른 기초를 잠식하는 결과를 초래하는 경우가 있다는 것이다. 즉 의도하지 않은 조절 루프가 존재하여 성과의 성장을 가로막는 것이다. 대개 이러한 기초의 잠식은 시간을 두고 나타나기 때문에 초기에는 성장하다가 시간이 지난 후에 후퇴하는 양상으로 나타나는 경우가 많다.

심지어는 의도한 강화 루프가 선순환에서 악순환으로 방향을 바꾸는 경우도 발생하여 성장 후 급격한 몰락의 양상이 나타나기도 한다는 것이다. 따라서 전문가들은 성장한계형의 부작용을 막기 위해서는 성과의 기초를 잠식하는 루프를 차단하거나 그 잠식을 보완할 수 있는 루프를 추가해야만 한다고 조언한다.

이처럼, 글로벌 경제의 성장은 오늘날의 성장률 저하현상에서도 볼 수 있듯이 미국, 유럽, 일본 등 선진 각국 정부는 경쟁하듯이 부양책을 쏟아내고 있다. 하지만 별 효과를 내지 못하고 있다는 점에서 이러한 주장은 궤를 같이 한다고 볼 수 있다.

(5) 반복되는 금융위기

세계적으로 금융위기는 1945~1971년까지 38건, 1973~1997년까지 139건이 있었다. 이는 1945년부터 71년까지는 1년에 평균 1.5건 있었는데, 70년대 중반부터 1년에 평균 4.5건으로 늘었다는 얘기다. 이러한 증가추세는 앞으로도 지속될 것으로 보인다.

중국 국가발전개혁위원회 거시경제연구원 쑨쉐궁 박사에 의하면 미국 금융위기가 중국 경제성장에 미치는 영향은 주로 수출 부문에서 비롯되며, 투자 및 소비 분야에도 어느 정도 영향을 미치고는 있지만 그 정도가 적거나 간접적일 것으로 추정하고 있다.

대략적인 추산에 따르면 미국 금융위기는 중국 GDP 성장률을 2008년 1%포인트, 2009년 0.5%포인트 정도 끌어내릴 것으로 추정된다. 수출 성장률 둔화에 따른 순수출 하락이 주된 요인이다. 그러나 중국경제가 주기적인 조정을 받는 시기에 미국 금융위기가 발생하면서 중국 실물경제에 대한 충격으로 중국 경제의 주기적인 조정 속도가 빨라지고 조정폭도 클 것이라는 점이 주목된다.

(6) 글로벌 공급과잉[9]

이전에는 금융위기가 기업을 도산으로 몰고 가는 예가 많았다. 그러나 이제는 반대로 규모의 경제를 가진 BIG3 자동차나 AIG 같은 세계적인 회사들의 도산으로 금융위기가 증폭되고 있는 것이다. 결국 이전과는 달리 기업도산이 금융위기를 몰고 있는 것이다.

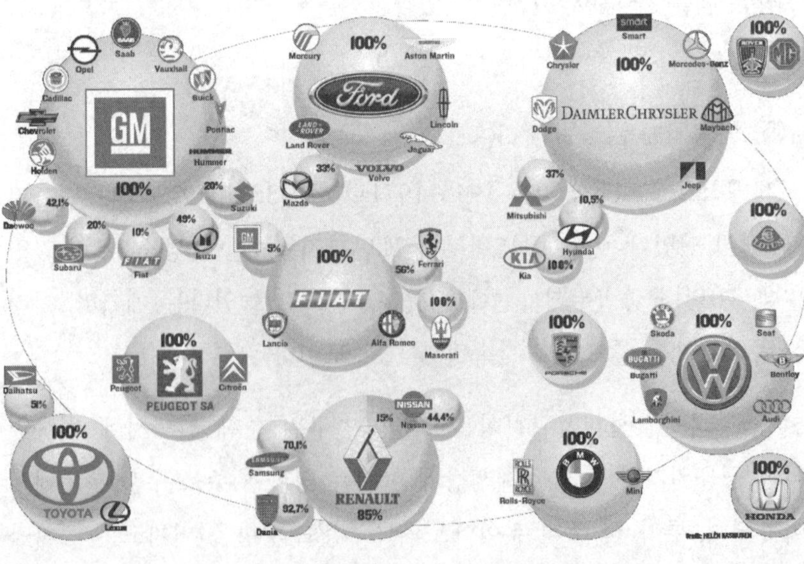

세계의 주요 자동차 메이커들

그러나 오늘날의 상황에서 글로벌 경제는 인간들의 소비증가율이 공급증가율에 미달한다. TV나 자동차 등 내구재는 1대를 사면 10여 년을 버티고 집도 1채면 된다.

그러나 글로벌 경제는 지난 수 십년간 엄청난 수의 기업이 증가했고, 이들 기업들은 엄청난 양의 상품을 만들어내고 있다. 결국 인간의 소비량증가율이 공급량증가율보다 낮기 때문에 규모의 경제를 지닌 기업일지라도 망하는 기업이 늘고 있다는 것이다.

얼마 전 까지만 해도 초일류 기업들이라고 교과서에서도 가르치던 미국의 'BIG 3' 같은 거대 기업들이 줄줄이 무너지고, 이로 인해 실업자가 양산될 것이다. 또 경기침체가 가속화되어 미국, EU, 일본 등 선진국들은 향후 장기 성장률이 멈추거나 마이너스 성장이 될지도 모르는 상황이다. 여기에서는 대표적으로 자동차, 철강, 조선, 반도체 등에 대해 알아보고자 한다.

① 자동차

2007년 세계 자동차생산은 7,307만 대로 증가했다. 특히 BRICs의 생산비중이 내수 호조에 힘입어 21.7%로 증가한 반면, 2008년에 들어서 1~10월 중 미국내 자동차 판매는 11,576천 대로, 금융위기에 따른 실물경제 위축 등으로 2007년 같은 시기에 비해 28% 급감했다. 즉, 미국 BIG 3사 33%, 한국산 22%, 일본산 23%, 유럽산 25%가 각각 급감하였다.

최근에는 미국 BIG 3사의 미국시장 점유율 하락과 세계최대 자동차회사인 GM이 올해 약 155억 달러(매월 6조 원)의 손실이 예상되는 등 미국 자동차 기업의 가치가 바닥으로 추락하고 있다.

세계최대 자동차시장인 미국에서 BIG 3사 뿐만이 아니라 유럽 · 일본 · 한국산 자동차의 판매도 2007년 같은 시기에 비해 28% 이상 급감하고 있는 상황이다. 전문가들은 과잉설비 등으로 인해 향후 2년간 업계 재편이 이뤄질 것으로 보고 있다. 글로벌 메이커와 로컬 제조업체의 설비투자가 본격화됨에 따라 2003년부터 생산이 급증하여 공급과잉이 발생하기 시작한 결과다.

② 철 강

글로벌 철강시장에 대한 투자는 중국이 주도하고 있는 가운데 인도, 브라질, 러시아의 투자가 확대되고 있다. 특히 BRICs의 철강 설비투자규모는 2003년 185억 달러로 전세계의 57.4%를 차지하였고, 2007년에는 499억 달러로 63.3%로 상승했다.

철강 생산량 추이

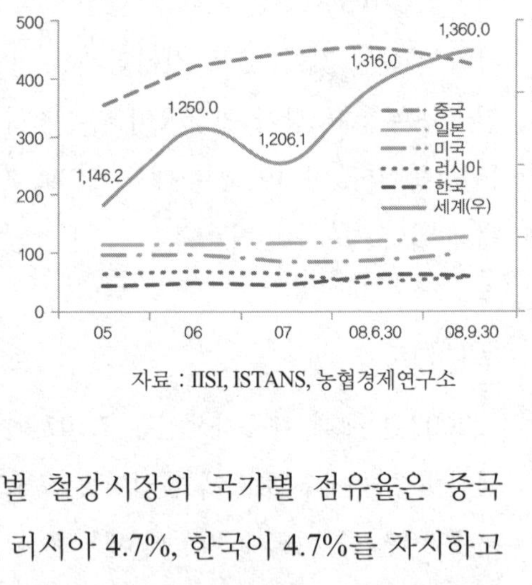

자료 : IISI, ISTANS, 농협경제연구소

2008년 9월 말 현재, 글로벌 철강시장의 국가별 점유율은 중국 31.3%, 일본 9.5%, 미국 7.7%, 러시아 4.7%, 한국이 4.7%를 차지하고 있다. 특히, 2008년 9월 세계 조강생산량은 공급과잉으로 2002년 1월 이후 6년 9개월만에 전년대비 감소세로 전환되었다.

최근에는 철강시황이 급락함에 따라 많은 업체들이 감산에 나서고 있으며, 특히 중국의 조강생산량은 전년대비 9.1% 감소했다. 따라서 국내 철강산업의 설비투자 증가는 향후 철강경기 하락이 장기화되면 공급과잉에 따른 가격하락과 고정투자비용 증가로 경쟁력을 저하시키는 요인이 될 것으로 판단된다.

세계 상위 철강주 109개 종목을 가중지수화하고, 철강 시황을 반영한 BBG World ISII Index는 하향추세를 보이고 있다. 미국발 금융위기가 유럽 · 일본 · 아시아로 확대되면서 실물경제침체가 확산되고 있으며, 철강가격은 수급상황이 개선될 때까지는 하락세를 이어갈 전망이다.

전문가들은 2011년 이후 철강산업의 장기 수익전망이 급격히 악화될 것으로 예상되므로, 철강업체에 대한 신규여신심사 기준을 더욱 강화하여야 한다는 조언을 하고 있다.

③ 조 선

세계 경기침체와 조선사들의 선박건조능력 급증으로 인한 공급초과 우려로 '세계 조선산업 사이클' 하락세가 가속화되고 있다. 전문가들은 세계 선박발주량은 2008년 이후 조선업계가 이미 확보한 대규모 수주잔량을 제외하고는 추가적인 수주 모멘텀 감소를 전망하고 있다.

선박 신규발주량, 신규 수주량 추이

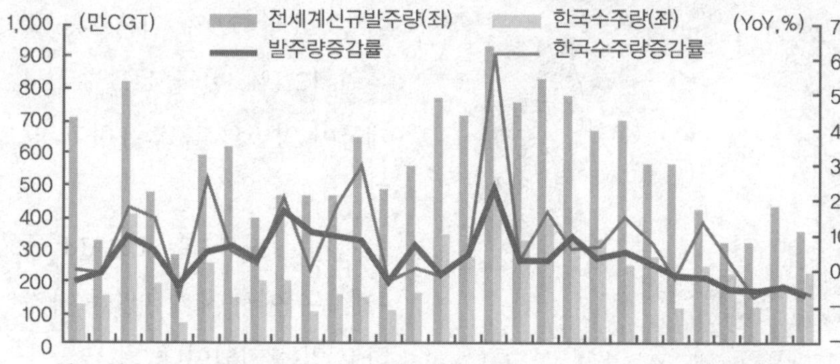

자료 : 하나경영연구소, 농협경제연구소

미국 OSG(Oversea Shipping Group)의 CEO는 현재의 금융위기는 오는 2012년까지 선박발주를 30%가량 감소시킬 것으로 전망하고 있는 가운데, 선박수요 감소 시 조선사업 사이클 하락기간이 더 길어질 수 있음을 내비치고 있다.

현재 한국의 조선산업 수주량은 세계시장점유율 41.2%로 세계 1위이다. 한국, 일본, 중국 등 3개국이 세계 조선시장의 80%를 점유하고 있으며, 최근 경기 침체로 전체수주량은 감소하는 추세에 있다.

2008년 1~9월 까지 전체수주량은 3,886만 CGT로 이는 해운시황 위축으로 인해 전년동기 대비 41.1% 급감한 것이다. 일본 최대선사인 NYK는 미국발 금융위기에 따른 세계경제 침체로 내년 선박수요증가율은 화물 t/마일(t 수와 마일의 곱)을 기준으로 올해 6.4%에서 내년에는 6.3%, 2010년에는 5.7%로 감소할 것으로 전망했다.

④ 반도체

지역별 반도체 생산 점유비 (2007년)

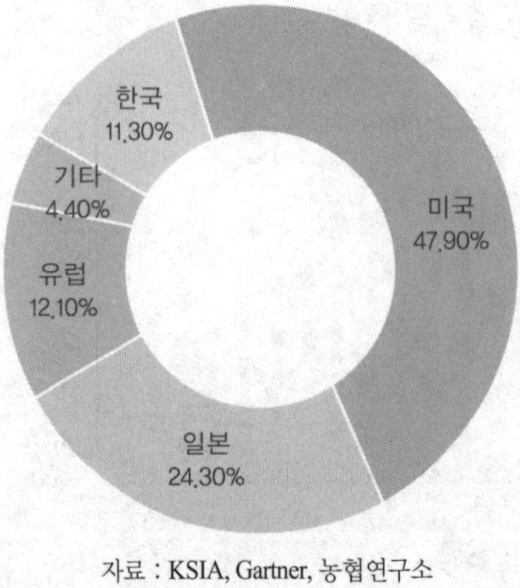

자료 : KSIA, Gartner, 농협연구소

2007년 기준 세계 반도체시장 총 규모는 2,700억 달러이며, 이 중 미국 47.9%, 일본 24.3%, 유럽 12.1%, 한국 11.3%로, 4개국이 약 95%를 점유하고 있다.

특히 삼성전자는 DRAM 등 4개 분야에서 세계 1위를 차지하고 있는 기업이다.

당초에는 2008년 하반기 수급상황이 개선될 것으로 예상했으나, 경기침체로 인한 수요감소로 공급초과 상태가 지속될 전망이다.

메모리 분야는 1994년 이후 한국이 1위를 차지하고 있으나, 비메모리산업은 메모리산업보다 4배가 큰 시장을 갖고 있는 고부가가치 산업으로 한국은 기반이 매우 취약한 상태이다.

미국 53%, 일본 25%, EU 13% 등이 세계 반도체 산업을 주도하고 있으며, 한국은 2.5%로 크게 뒤진 상황이다.

반도체가격 추이

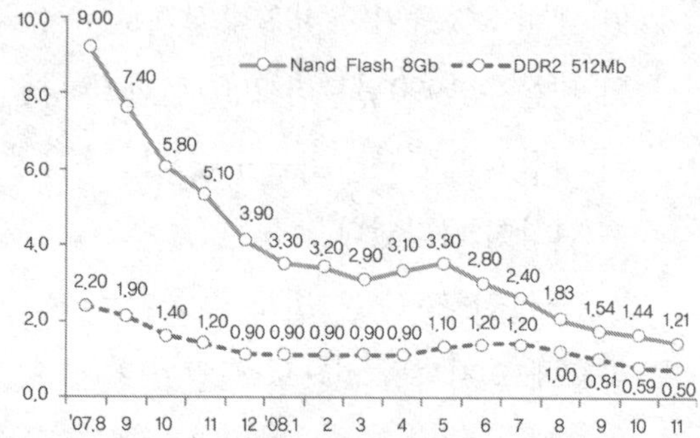

자료 : Dreamexchange, 농협연구소.

세계 반도체 매출액 연간성장률 전망

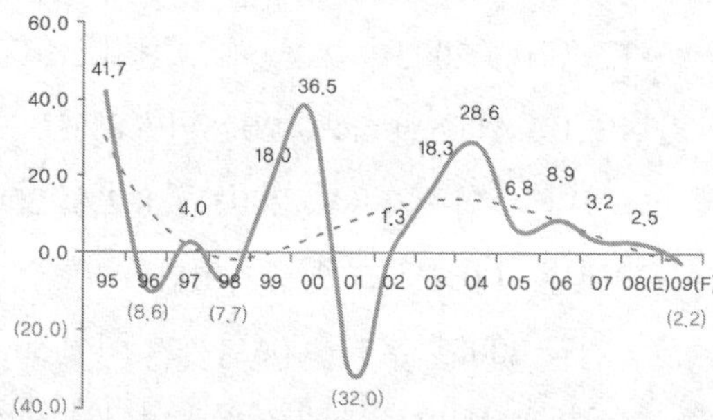

자료 : IC Insight,WSTS, 농협경제연구소

미국반도체산업협회(SIA)는 경기침체 상황에 따라 2009년 성장률이 5.6% 까지 하락할 것으로 예상하고 있다. 특히 최대 소비처인 미국, 유럽의 경기 침체로 인한 PC, 휴대폰, 자동차, 통신장비, TV 등의 시장 하락으로 반도체 가격은 지속적으로 하락하고 있고, 매출액의 연간성장률도 1991년 41.7%를 기록한 이래, 2009년에는 2.2%로 하락할 것으로 예상된다.

미국 IC Insight에 따르면 반도체 기업의 연구개발비는 2008년 전년 대비 8% 증가한 492억 달러로 추정되며, 매출액 대비 연구개발비의 비율은 1990년부터 2007년까지 평균 14.9%를 기록, 동기간 매출액 성장률 9.9%를 넘는 수준으로 수요증가율이 공급증가율을 초과하는 현상이 나타났다.

결국 연구수요는 반도체 공급을 초과하고 있으며, 이러한 현상은 향후에도 지속될 것으로 전망된다.

(6) 생산성 증가율을 앞지르는 미국의 소비 증가율

미국의 생산성은 지난 1973년부터 약 20여 년간 연 1.5%의 성장을 해왔다. 최근 3년간 미국 경제의 생산성은 평균 2.0% 안팎으로 증가했다. 그러나 2002년 2.3%에 그쳤던 소비증가율은 2003년 4.2%, 2004년 6.1%, 2005년 6.4%, 2006년 5.8%로 크게 오르고 2002년에 1.9%에 그쳤던 수입증가율도 2003년 8.2%, 2004년 16.7%, 2005년 13.7%, 2006년 11.0%로 크게 증가했다.

결국 2003년부터 2006년까지 이어진 세계적인 호황은 미국의 금리 인하와 이에 따른 소비증가에 기인한 셈이다.

미국은 생산성 증가율보다 소비증가율이 앞서, '돈을 벌어서' 써야 하는데, '돈을 찍어서' 썼다는 결론이다.

더구나 저금리로 돈을 흥청망청 찍어서 쓰다가 이제는 '제로금리와 양적 팽창' 정책으로 '헬리콥터로 뿌리듯' 쓰려 하고 있다. 미국의 입장에서는 아마도 이런 방법밖에 없을 것으로 보인다. 그러나 문제는 2009년이다. 홍수가 지난 후엔 잔재만 남듯이 전세계가 치워야 할 잔재가 여기 저기에 몰려 있고, 다음에는 화산폭발과 더 큰 홍수가 동시에 몰려올 것이기 때문이다.

인간의 행복 방정식(Happiness Equation)

1. 행복 방정식[10)]

인간의 행복은 무엇으로 결정되는가? 이에 대한 논의는 오랜 인류 역사 동안에 끊임없이 이어져 왔다.

"인간은 아무리 이기적이라 해도, 그 본성에는 특정 원칙이 존재하고 있어서 타인의 행운에 관심을 가지고 타인에게 행복을 안겨주고 싶어 하기도 한다. 비록 자신은 타인이 기뻐하는 모습을 보는 것 외에 아무것도 얻지 못한다 해도 말이다."

이는 아담 스미스(A. Smith)의 '도덕감정론(The Theory of Moral Sentiments)' 에 나오는 말이다.

(1) 이솝의 행복 방정식

이솝 우화에 따르면, 행복은 힘이 약하고 불행은 힘이 세다. 불행이 행복을 만나기만 하면 손을 비틀고 행패를 부리는 바람에, 이를 피해 행복은 모조리 하늘로 피신했다. 이에 제우스신은 행복들이 행패를 당하지 않은 것은 좋으나 행복을 목마르게 대망하는 사람들이 가엾으니 아무도 모르게 하나씩 은밀히 내려가라고 한다. 그래서 세상은 불행뿐이요, 행복은 보이지 않게 되었다. 이것이 '이솝의 행복 방정식' 이다.

(2) 서경의 행복 방정식

중국의 사서삼경 중 하나인 〈서경(書經)〉 홍범편(洪範編)에 실려있는 오복(五福)은 다음과 같다. 첫째, 수(壽)로 오래 사는 것이다. 둘째, 부(富)로 부자가 되는 것이다. 셋째, 강녕(康寧)으로 康은 육체적 건강을 뜻하고, 寧은 정신적 건강이다.

넷째, 유호덕(攸好德)으로 남에게 선행을 베풀어 덕을 쌓는 것이며, 마지막으로 고종명(考終命)으로 편안하게 천수를 다 하는 것을 가리킨다. 이는 옛 한국인을 지배해온 오복 방정식이다.

(3) 성경의 행복 방정식

성경에는 다음과 같은 팔복이 있다. 첫째, 마음이 가난한 사람은 행복하다. 하늘 나라가 그들의 것이다. 둘째, 내 속에 아무 것도 없다는 것을 알게 되는 것, 오직 긍휼하심을 바라는 것이고, 셋째, 슬퍼하는 사람은 행복하다. 그들은 위로를 받을 것이다. 즉 자신의 죄, 나라, 공동체, 하나님의 나라를 위해 슬퍼할 수 있는 것이며,

넷째, 온유한 사람은 행복하다. 그들은 땅을 차지할 것이다. 힘이 있어도 화내는 것을 포기하고, 하나님이 일하도록 하는 것으로 하나님께서 쓰실 수 있도록 잘 길들여진 상태를 말한다.

다섯째, 옳은 일에 주리고 목마른 사람은 행복하다. 그들은 만족할 것이다. 하나님의 의와 하나님의 말씀이 이루어지도록 갈망하는 것을 말한다.

여섯째, 자비를 베푸는 사람은 행복하다. 그들은 자비를 입을 것이다. 일곱째, 마음이 깨끗한 사람은 행복하다. 그들은 하나님을 뵙게 될 것이다. 여덟째, 평화를 위하여 일하는 사람은 행복하다. 그들은 하나님의 아들이 될 것이다.

마지막으로, 옳은 일을 하다가 박해를 받는 사람은 행복하다. 하늘나라가 그들의 것이다.

또한, 신약성서 〈누가복음〉에는 '지금 굶주리고 있는 사람, 울고 있는 사람은 행복하고, 지금 배부른 사람, 웃고 있는 사람은 불행하다' 는 대목이 있다.

곧 행복이 다하면 불행이 오고 불행이 다하면 행복이 온다는 '화복(禍福) 상생 방정식' 이다. 인생만사 새옹지마(塞翁之馬)도 같은 방정식이다.

(4) 오계의 순환 방정식

중국 송나라 주신중(朱新中)은 〈인생 오계론〉을 내놓았다. 첫째, 생계(生計)로 인생을 살아가는 방도, 즉 어떤 계획에 따라 인생을 살아갈 것인가. 결국 각자의 직업관, 인생관을 뜻한다. 둘째, 신계(身計)로 내 몸을 어떻게 관리할 것인가 하는 건강관리문제다.

셋째, 가계(家計)는 가정의 살림살이를 꾸려나가는 것으로 가족을 먹여 살려야 하는 경제적 문제와 가정의 질서 및 화목을 도모하는 공동체문제로서 수신제가(修身齊家)를 말한다.

넷째, 노계(老計)로 늙어 병이 들었을 때 살아 갈 수 있는 노후관리에 대한 방안이다. 다섯째는 사계(死計)로, 노후를 건강하게 살면서 자식에게 누를 끼치지 않고 편안하게 죽는 것이다. 당나라 태종이 방현경, 이연수 등에게 명하여 편찬케 한 진서(晋書)에 보면 '장부는 관뚜껑을 덮은 후에 알 수 있다' 는 말이 있다. 그 뜻은 죽어서 이 세상을 떠난 후에야 비로서 그 사람이 생전에 이룩한 업적이나 행동의 진정한 가치가 정해진다는 것으로 인간이 살아있는 동안에 다른 사람에 대한 결정적 평가를 내려서는 안 된다는 것이다.

인생여정을 마라톤에 비유하면 최종 골인 지점까지 달리는 과정에서 수없이 선두가 바뀌게 된다. 이처럼 주신중(朱新仲)은 인생의 행복은 건강을 도모하는 생계(生計), 남들과 갈등없이 살도록 도모하는 신계(身計), 경제적으로 궁핍하지 않은 가계(家計), 늙어서 남의 눈치 보지 않고 내 나름대로 사는 노계(老計), 어떻게 미련없이 깨끗이 죽어갈 수 있는가의 사계(死計)로 '오계(五計)의 순환 방정식' 이다.

(5) 폴 사무엘슨(Paul Samuelson)의 행복방정식

$$① \text{ 행복(Happiness)} = \frac{\text{욕망(Desire) 혹은 탐욕(Greed)}}{\text{소유(Possession) 혹은 소비(Material Consumption)}}$$

경제학 교과서의 대명사인 〈Economics〉를 쓴 폴 사무엘슨 교수는 위와 같은 행복 방정식을 내놨다. 행복해지려면 어떻게 해야 하는가?

첫째, 탐욕을 줄이거나 소유나 소비를 늘려야 한다. 만약 '인간의 탐욕은 무한하다(∞)' 는 가정을 할 경우, 소유나 소비는 자원의 유한성 때문에 유한할 수밖에 없다. 이 경우 행복은 '0' 이 된다. 따라서 행복해지려면, 분자의 증가율보다 분모의 증가율을 더 줄여야 한다.

이러한 연유로, 사무엘슨의 행복 방정식은 물질만능의 물신주의 또는 천박한 자본주의적 가치관을 그대로 드러냈다는 비판을 받는다. 그러나 이 방정식은 생각보다 심오한 행복관을 담고 있다는 평도 있다.

만약 분자는 제한한 채 분모를 줄일 수 있다면 한정된 자원으로도 얼마든지 행복해질 수 있다. 즉, 소유나 소비는 한정되어 있어서 결국, '행복해 지려면 탐욕이나 욕망을 줄여야 한다.' 는 결론에 도달하게 된다.

최근의 금융위기도 탐욕의 결과인 것을 보면, 탐욕은 인간의 본성으로, 줄이기 힘든 것이다.

고전에 보면 탐욕의 결과는 죽음에 이른다고 한다. 천하를 상대로 배팅한 진나라 여불위[11]를 예로 들어 보자. 중국 전한의 역사가인 사마천이 지은 〈사기(史記)〉에는 '여불위전(呂不韋傳)' 이 있다.

사마천은 '진시황이 황제가 되어 여불위가 무소불위의 권력을 가지게 된다' 고 적고 있는 탓에 '무소불위' 라는 말이 여불위에게서 생긴 고사성어로 전해지고 있다.

여기에 보면 다음과 같은 대화가 나온다.

"농사를 지어 얻는 이익은 몇 배나 됩니까?"

"10배이다."

"주옥과 같은 진귀한 물건을 팔아서 얻는 이익은 몇 배나 됩니까?"

"100배이다." "그렇다면 한 나라의 왕을 세우는 일은 몇 배나 남는 장사입니까?"

"숫자로 이야기 할 수 없을 정도로 많이 남는 장사다."

옛 중국 위나라 복양의 대상 여불위(呂不韋)는 천하를 상대로 '배팅' 을 해서 '대박' 을 친 인물이다. 곤궁한 위치에 있던 공자 자초에게 투자, 왕위에 오르게 했고, 그의 친아들 영정은 후에 진의 시황제가 된다. 그리고 그 자신 또한 '일인지하 만인지상' 의 승상 자리에 올랐고 그를 따르는 식객만도 무려 3천여 명에 달했다.

실로 단 한 번의 배팅 성공으로 천하의 돈과 권세를 모두 얻었다. 하지만 그는 새옹지마(塞翁之馬)의 고사 그대로, 결국 반란죄를 뒤집어 써 자신의 친아들인 진시황에게 죽임을 당했다. 그저 그런 장사치로 남았어도 충분히 풍족하게 살았겠지만 과도한 탐욕이 눈을 멀게 했고 끝내 화를 부른 것이다. 이외에도 행복과 탐욕에 대해 많은 어록들이 있다.

"행복해지려면 욕망을 줄이거나, 소유물을 늘리거나 하면 된다.(B. 프랭클린)". "행복이란 과잉과 부족의 중간에 있는 조그마한 역이다(C. 폴록)"라는 명언을 되새길 필요가 있다.

"돈을 사랑함이 일만 악의 뿌리가 되나니 이것을 탐내는 자들은 미혹을 받아 믿음에서 떠나 많은 근심으로 자기를 찔렀도다." 또 '성경은 돈에 대한 사랑은 악의 뿌리' 라고 했다.

"황금은 놀라운 것이다! 황금을 가진 자는 모든 욕망을 채울 수 있다. 또 황금은 영혼마저 천국에 입장시킬 수 있다." 콜롬부스가 신대륙 탐험 중이던 1503년 남아메리카 자메이카에서 띄운 편지에 나오는 구절이다.

"금? 노랗고 빛나는 귀중한 금을 말하는 것인가. 이것은 검은 것을 희게, 추한 것을 아름답게, 그른 것도 옳게, 늙은 것을 젊게 만들고, 심지어 문둥병조차 사랑스러워 보이도록 하며, 늙은 과부에게도 젊은 청혼자들이 오게 한다." 세익스피어의 작품인 〈아테네의 타이먼(Timon of Athens)〉의 4막3장에 나오는 돈에 대한 인간의 생각을 묘사한 내용이다.

"탐욕은 악, 자본주의는 선이다." 맨해튼 허드슨 강변에 우뚝 선 경제전문 케이블방송인 CNBC의 광고판에 적혀 있던 글이다.

Max Weber는 '프로테스탄트즘의 윤리와 자본주의 정신' 에서 '자본주의 정신' 은 이익을 추구하려는 '탐욕의 정신' 이 아니라고 주장한다.

'자본주의 정신' 이란 무엇인가? 직업인으로서 체계적이고 합리적으로 정당한 이윤을 추구하려는 정신적 태도이며, 그는 이 '정신' 에 따른 영리활동을 모든 시대에 걸쳐 존재했던 '이윤에 대한 멈추지 않는 추구' 와는 구별된 것이라고 주장한다.

자본주의 기업가의 '이념형' 은 그가 개인적으로 비천하건 세련되건 벼락부자 근성과는 전혀 다른 것임을 지적한다. 자본주의 '정신' 에 적합한 기업가는 과시, 불필요한 낭비, 권력의 고의적 사용 등을 꺼리며, 자기가 받는 사회적 존경이 밖으로 표출되는 것을 오히려 부담스러워 한다는 것이다.

그러나 자본주의 연구에 이정표를 세운 경제학자인 베르너 좀바르트(1863~1941)는 자본주의의 정신은 바로 이윤을 추구하는 取得(acquisition) 때문에 불가피하게 경쟁의 사회로 전환될 수밖에 없으며, 취득과 경쟁이라는 두 가지의 요인은 비윤리성과 탐욕을 낳게 한다고 주장했다. 즉 자본주의 정신을 '탐욕'과 '무한한 이윤추구'로 바라본 것이다.

1759년 아담 스미스는 글래스고 대학에서 윤리학을 가르치며, 당시 〈도덕감정론(Theory of Moral Sentiments)〉이란 책을 저술하게 된다.

이어서 그는 '보이지 않는 손(Invisible Hand)'이라는 유명한 말이 등장하는 〈국부론(An Inquiry into the Nature and Causes of the Wealth of Nation)〉을 1776년에 세상에 발표하면서, 경제학의 튼튼한 기초를 세우게 된다. 그는 〈도덕감정론〉에서 다음과 같이 쓰고 있다.

"시장은 절대로 사람들과 동떨어져서 존재할 수 없다. 시장의 힘이 비인간적이라고 해서 사람들까지 비인간적으로 되서는 안 되며, 우월감과 허영심으로 가득찬 부자들의 부(富)와 권세는 커지면 커질수록 그만큼 혹은 그 이상의 근심과 두려움, 슬픔, 위험, 죽음 등을 일으키는 법이다. 그러므로 돈은 절대로 성공의 목표가 아니라 성공의 척도에 불과할 뿐이며, 부의 무절제한 추구는 부패로 연결되기 마련이다."

(6) 로스웰(Rothwell)과 코언(Cohen)의 행복방정식

① 행복(Happiness)= P+(5E)+(3H)

이 행복지수는 2002년 영국의 심리학자 로스웰(Rothwell)과 인생상담사 코언(Cohen)이 만들었다. 이 두 사람은 약 18년 동안 1000여

명의 성인 남녀를 대상으로 80여 가지 상황 속에서 자신들을 더 행복하게 만드는 5가지 상황을 고르게 하는 실험을 하였다.

이 방정식에서 행복은 P · E · H라는 3가지 요소에 의해 결정된다. 여기서, P(Personal characteristics)는 인생관 · 적응력 · 탄력성 등의 개인적 특성이며, E(Existence)는 건강 · 돈 · 인간관계 등의 생존의 조건이고, H(Higher order needs)는 자존심 · 기대 · 유머감각 등의 더 높은 수준의 조건을 가리킨다.

측정방법을 보면, 행복지수는 100점을 만점으로 한다. 아래 4가지 질문에 각자 만족 정도에 따라 1~10점까지 점수를 매겨 공식에 대입하여 계산한다.

① 당신은 얼마나 사교적이고, 정력적이며, 변화에 유연한가?
② 당신은 얼마나 긍정적인 시각을 가지고 있는가? 우울하거나 가라앉은 기분에서 얼마나 빨리 벗어나고, 인생을 스스로 잘 통제한다고 느끼는가?
③ 당신의 건강, 재정상태, 안전, 자유 등의 조건에 만족하는가?
④ 당신이 하는 일에 몰입하고, 기대를 충족하며, 목적의식을 가진 일을 하고 있는가? 등이다.

문항 ①, ②의 값을 합산한 것이 P값이며 ③, ④는 각각 E값, H값이다. 행복지수가 100점에 가까울수록 상대적으로 행복한 것을 의미한다.

결과적으로 행복조건은 대인관계에 많이 투자하고 운동, 취미생활 등 여가를 즐기는 사람들의 행복지수가 상대적으로 높은 것으로 나타났다. 사람에 따라, 처한 상황에 따라 행복을 느끼는 모습이 다르겠지만 로스웰과 코언은 "많은 사람들이 안 좋은 일은 과대평가하고 좋은 일은 과소평가하면서 스스로를 불행하게 만들고 있다."며 "삶을 즐기는 방법을 배워야 한다."고 충고하고 있다.

그들은 행복해지기 위한 7계명을 제안했다. ① 가족과 친구, 그리고 당신 자신에게 시간을 쏟아라. ② 밀접한 대인관계를 가져라, 친밀한 소수가 겉도는 다수보다 낫다. ③ 흥미와 취미를 위한 여가를 추구하라. ④ 과거나 미래에 집착하지 말고 현재에 충실하라. ⑤ 운동하고 휴식하라. ⑥ 명확하고 성취할 수 있는 목표를 세우고 전력을 다하라. ⑦ "행복하려고 노력하기를 중단하면 아주 즐겁게 지낼 수 있다."는 작가 에디스 워튼의 말도 가슴에 새겨라.

$$(7)\ \text{행복(Happiness)} = \frac{\text{자족(Self-satisfaction)}}{\text{욕망(Desire)}}$$

우리는 행복방정식의 새로운 모델을 제시하고자 한다. 채근담에 의하면, 욕심이 많은 사람은 돈을 주어도 돈 보다 귀한 옥을 주지 않는다고 불만을 성토한다. 이러한 사람은 옥을 주면 그 수효가 적다고 또 탓할 것이다. 자족할 줄 모르는 사람에게는 그 어떤 것을 주어도 늘 부족하다. 이것은 그 근성이 거지나 다름없다.

거지는 무엇을 얻어들게 되면 좀 더 얻고 싶어 한다. 마음이 풍족하면 비록 헝겊 누더기를 입고도 따뜻하게 생각하고 푸성귀로 밥을 먹어도 맛있다고 하는 법이다. 인생을 즐기고 풍족하게 산다는 것을 그 어떤 왕후 귀족보다 풍족한 사람이라고 쓰고 있다.

행복은 자족하는 것으로, 얻는 것이 아니라 느끼는 것이다. 톨스토이의 〈행복론〉에 나오는 이야기이다. 사람들은 누구나 행복을 찾아 나선다. 마치 벨기에의 극작가 모리스 마텔를링그(Maurice Maeterlinck, 1862. 8. 29~1949. 5. 6)의 명작 〈파랑새〉를 찾아 나서는 것과 같다. 행복을 돈으로 사려고 하고, 좋은 집에서 얻으려고 하지만 그것들로 만족되지 않는다. 오히려 갈증만 더해 갈 뿐이다.

행복은 가진 것의 양에 비례하지도 않고 이룬 업적에 비례하지도 않는다. 성경은 자족에 대해 다음과 같이 쓰고 있다.

"행복은 내가 지금 얼마나 자족하며 지내는가에 달려 있다. 내가 궁핍하므로 말하는 것이 아니니라 어떠한 형편에서든지 나는 자족하기를 배웠노니 나는 비천에 처할 줄도 알고 풍부에 처할 줄도 알아 모든 일 곧 배부름과 배고픔과 풍부와 궁핍에도 견딜 줄 아는 일체의 비결을 배웠노라."

이처럼 개개인들의 행복의 조건은 본인만이 처한 상황을 잘 인식하면서 이성을 갖고 안분지족(安分知足, 자기 분수에 만족하여 다른 데 마음을 두지 아니한다)하는 삶이라고나 할까?

에릭 프롬[12)]은 그의 저서 〈소유냐 삶이냐〉에서, '진정으로 죽음의 공포를 극복하는 길은 오직 하나밖에 없다. 그것은 불타, 예수, 금욕주의 철학자들, 마이스터 에크하르트가 가르친 방법이다. 이 길은 삶에 집착하지 않는 것, 삶을 소유물로 경험하지 않는 것' 이라고 적고 있다. 알베르트 슈바이처 박사는 1952년 노벨 평화상을 받기 위해 오슬로를 방문했을 때, 다음과 같은 경고성 선언을 세상을 향해 외쳤다.

"상황에 과감히 직면하기 위하여 인간은 초인이 되었다. 그러나 초인적 힘을 갖게 된 이 초인은 초인적 이성(理性)의 수준에는 오르지 못했다. 그의 힘이 커지는 만큼 인간은 더욱 더 가련해진다. 초인이 될수록 자신이 더욱 비인간적이 된다는 사실에 대해 우리는 양심을 일깨워야 한다."

결국은 삶에 대한 과도한 집착이나 소유의식을 버리고 이성을 지닌 채 자족하며 살아가는 것이, 각박한 21세기를 살아가는 우리들에게 주는 행복에 대한 메시지가 아닐까?

2. 행복한 국가와 불행한 국가

행복한 한국안의 7가지 조건

① 젊어야
(30대 만족도가 가장 높음, 유럽은 30대가 가장 낮아)

② 남보다 잘 산다고 느껴야
(스스로의 가계경제 만족도는 비슷)

③ 많이 배워야
(학위와 만족도는 비례)

④ 남과 사회에 대한 신뢰감이 높아야
(신뢰가 높으면 경제도 발전)

⑤ 종교 행사에 자주 가야
(종교의 종류보다 출석 빈도가 중요)

⑥ 가족과 여가를 중시해야
(돈을 최고 가치로 여기는 사람 만족도는 낮아)

⑦ 결혼하나 안하나 행복과는 무관
(유럽은 기혼자가 더 행복)

자료 : 국민일보(2007.5.24)

최근 영국의 신경제재단(Nef, New Economics Foundation)은 세계 178개국을 대상으로 '행복한 지구 지수(HPI, Happy Planet Index)'를 발표했다. 이 보고서에서는 오세아니아군도의 작은 섬나라 바누아투를 행복지수 1위로 뽑았다. 우리나라는 102위로 이탈리아(66위), 독일(81위), 일본(95위) 등보다는 못했지만 영국(108위), 캐나다(111위), 프랑스(129위), 미국(150위), 러시아(172위) 등보다는 나았다.

1위를 차지한 바누아투의 국내총생산(GDP)은 전세계 233개 국가 중 207위에 불과하다. 2위는 콜롬비아, 3위는 코스타리카였다. 꼴찌인 178위는 아프리카의 짐바브웨, 177위는 남부아프리카의 스와질랜드였다. 대체로, 중앙아메리카 국가들이 상위 10위권에 많이 오른 반면 하위권에는 아프리카와 동유럽 국가들이 많았다.

이러한 결과는 행복지수가 소비수준과 일치하지 않는다는 것을 보여주고 있다. 삶에 대한 만족도는 나라마다 제각각이었다. 런던정경대학(LSE)에서 실시한 행복지수 측정에서 방글라데시, 아제르바이잔, 나이지리아가 1,2,3위를 차지하여, 영국의 신경제 재단의 결과와 대동소이하였다.

참고로, 행복지수 수준을 색깔로 표현하면 녹색 쪽으로 갈수록 좋고 붉은 색으로 갈수록 나쁘다.

최근 헤럴드경제에 의하면, '행복 키워드' 의 공통분모는 재물의 과다가 아닌, 신뢰와 관계, 자연과의 조화 등 정신적 가치들의 균형이라는 것이다. 1인당 국민소득 1,400달러의 부탄에서 만난 꼬질꼬질한 사람들의 행복은 몇 만 달러를 넘는 것처럼 보였다. 반면 세계에서 가장 부유하고 힘센 미국은 행복에 무척 목말라 했다. 국민의 행복이 소득순이 아니라는 '행복의 역설' 을 확인할 수 있었다.

행복 강국들은 하나같이 국민 개개인의 행복을 위한 사회 인프라와 국가 정책이 잘 갖춰져 있었다. 결국 헤럴드경제가 '행복 대장정' 에서 얻은 행복이란, 경제력을 포함한 물질적 조건은 물론, 교육 · 보건 등 사회적 인프라, 자연환경과의 조화, 가족 · 사회공동체와의 관계, 개인의 자아실현과 같은 정신적 만족감 등이 빚어내는 고차원의 방정식이었다. 특히 삶에 대한 긍정적 자세와 정신적 가치의 실현이야말로 물질적 조건보다 중요하다는 결론이다.

세계 각국의 행복지수 지도

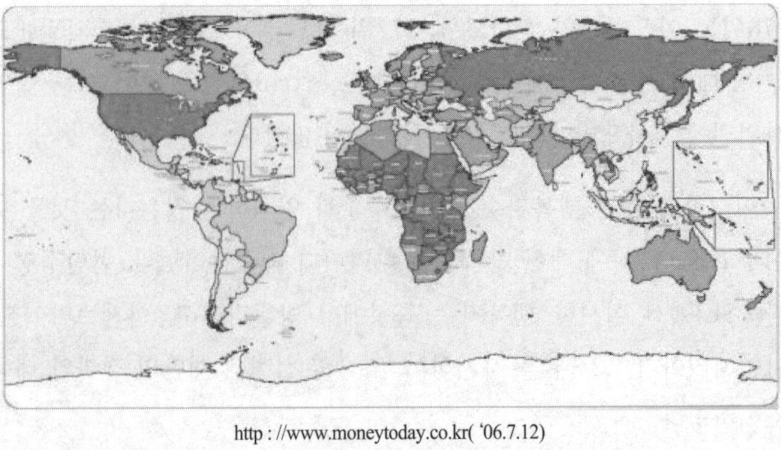

http : //www.moneytoday.co.kr('06.7.12)

국가와 기업의 경쟁력 기준이 바뀌고 있다

1. 중요해지는 윤리 경쟁력[13)]

(1) 국가부패지수 (BPI, Bribe Payers Index)

국제투명성기구는 '개발의 아버지' 로 불리며 32년간 철권통치를 펼치다 1988년 반정부 시위로 물러난 수하르토 전 인도네시아 대통령을 '20세기의 가장 부패한 정치인' 으로 꼽았다. 최근 국제투명성기구가 발표한 '2008년 뇌물공여지수(BPI, Bribe Payers Index)' 에 따르면 한국은 10점 만점에 7.5점으로, 22개국 중 공동 14위에 머물렀다.

이 지수는 국제투명성기구가 26개국의 기업인 2,742명에게 '거래하는 22개국 기업들이 해외 상거래에서 얼마나 뇌물수수에 개입하나' 라는 설문조사를 통해 작성한 것으로, 점수가 높을수록 투명성이 높음을 뜻한다.

1위는 벨기에와 캐나다(8.8점)가 차지했고, 네덜란드, 스위스(8.7점, 공동 3위), 독일, 영국, 일본(8.6점, 공동 5위) 순으로 뒤를 이었다. 특히 브라질(17위), 인도(19위), 중국(21위), 러시아(22위)가 최하위권을 차지해 이른바 브릭스(Brics) 4개국의 해외 뇌물공여 경향이 높은 것으로 나타났다. 싱가포르(9위)와 홍콩(13위) 등 아시아권에서 투명도가 높은 국가들도 해외 상거래에서는 자국 내에서보다 훨씬 부패 통제력을 행사하지 못했다.

한국은 1999년 19개국 중 18위(3.4점)로 2002년 21개국 중 18위(3.9점), 2006년 30개국 중 21위(5.8점)을 기록했던 것에 비해 평점은 상승했지만 홍콩, 남아프리카공화국, 대만, 이탈리아, 브라질과 함께 바닥권인 제3그룹으로 분류됐다.

세계 기업인들이 여전히 한국 기업에 대해 불법 뒷거래 등 부패 이미지를 강하게 가지고 있다는 의미다.

특히 우리나라는 권력형 부패가 많은 나라이다. 2008년에도 KT, KTF 사장들의 뇌물사건, 농협사건 등의 사건들이 권력형 비리이며, 한국은 '부정과 부패가 제도화된 사회' 이다.

더욱 더 놀라운 사실은 중·고교생들의 부패의식조사에서 "10억원을 만약에 한꺼번에 가질 수 있다면 감옥에 가서 몇 년 살아도 괜찮다."라는 의견을 나타낸 학생들이 30%나 된다. 놀랄만한 일이다. 이렇게 감옥에 가서 몸으로 때우겠다는 하는 것을 '감옥잠' 이라고 하는데, 이러한 감옥잠을 택하려는 비율이 나이가 들수록 증가하고 있다.

(2) 윤리경영사례

① 스웨덴(Sweden)의 윤리경영 사례[14)]

기업의 사회적 책임이 본격적으로 논의된 것은 2000년 초기부터다. 경제협력개발기구(OECD)는 2000년 6월 다국적기업에 대한 지침을 발표하였고(OECD, 2002), 유럽연합의 고용 및 사회문제위원회는 2001년 7월에 기업의 사회적 책임경영 향상을 위한 유럽연합 체제를 제시하였으며(European Union, 2001), 국제연합(UN)은 2000년 7월에 인권·노동·환경, 그리고 반부정부패를 포함하는 10개의 근본원칙을 포함하는 Global Compact을 채택하였다(유엔 세계협약, 2002).

국제노동기구(ILO)도 기업의 사회적 책임에 관한 각종 선언문을 발표하였다.

그밖에 국제표준화기구(ISO)는 2004년부터 기업의 사회적 책임에 대한 국제표준을 만들기 위해 작업을 하고 있는데 스웨덴 표준협회

(Swedish Standards Institute)는 브라질의 기술표준협회(Brazilian Association of Technical Standards)와 더불어 2008년 완료를 목표로 하는 이 작업에 주력해왔다(ISO, 2006).

민간단체에서 자체적으로 '기업윤리강령'을 제정하여 다국적기업들이 준수할 것을 제안하고 있다. 기업의 사회적 책임에 대한 논의는 스웨덴을 빼놓을 수 없다. 세계경제는 하루가 다르게 글로벌화하고 있는데, 내수시장이 좁은 스웨덴은 일찍부터 기업의 국제화를 추진하여 세계적으로 명성이 높은 몇몇 대기업은 100년이 넘는 국제화 역사를 자랑하고 있다. 오늘날에도 상당수의 스웨덴 기업은 세계 각국으로부터 상품을 구입하고 또 판매하고 있다.

통계자료를 보면 오늘날 다국적기업(MNC, Multinational Corporations)의 수가 전 세계적으로 60,000여 개 정도인데 이 중 약 4,000여 개의 업체가 스웨덴에 본부를 두고 있다고 한다.

스웨덴의 기업을 대표하는 스웨덴 경영자총연맹의 기업의 사회책임 경영에 대한 기본 입장은 여덟 가지 항목으로 요약된다(Svenska N ringsliv, 2006).

첫째, 기업의 근본적인 역할은 자원을 가장 효율적으로 활용하여 고객에게 상품이나 서비스를 제공하는 데 있다. 기업은 소유주, 종업원, 공급자, 그리고 그밖에 기업 관련자들과의 관계에 있어 훌륭하고 신뢰할만한 행동을 하여야 한다. 따라서 기업이 해당 사회의 각종 성문, 불문법 조항을 준수하는 것은 기업의 기본적인 사회적 책임에 속한다.

둘째, 개별 기업은 자신의 행동에 대해 개별적인 책임을 지고, 또 대부분의 기업이 책임성 있게 행동하여야 한다.

몇몇 개별 기업이(개개인 경우와 마찬가지로) 사회적으로 비난받을 행동을 할 경우도 있다. 이러한 행동에 대해 기업 총체적으로 또는 개인이 집단적으로 책임을 질 수 없다. 이와 마찬가지로 어느 특정 기업이 윤리를 위반했다고 해서 기업 총체적으로 죄의식을 느낄 수는 없다.

셋째, 기업의 사회적 책임에 대한 논의는 종종 모든 기업이 '사악한 존재' 라는 잘못된 인식을 기본으로 삼고 있는 것처럼 보인다. 스웨덴 경영자총연맹은 기업의 사회적 책임 문제가 현재 급증하고 있는 다국적기업들이 제도적으로 만들어 낸 문제인가에 대한 연구를 본 적이 없다. 이와 반대로 많은 다국적 기업이 저개발국가에서 사회 · 경제적 환경을 개선하는 역할을 한 사례를 잘 알고 있다.

경제협력개발기구가 발행한 보고서를 보면, 다국적기업은 종종 국내기업보다 평균적으로 높은 임금을 지불하고 환경친화적인 신기술과 현대적인 경영제도를 자신들이 사업을 펼치고 있는 국가에 소개하고 있다. 다국적기업들이 환경과 사회책임경영 면에서 소위 말하는 '바닥으로의 질주(Race to the bottom)' 를 하고 있다는 사례는 매우 드물다.

넷째, 다국적기업들보다는 국가 자체가 기업의 사회적 책임 문제에 대해 가장 큰 책임과 동시에 가능성을 보유한다. 스웨덴 경영자총연맹은 기업뿐만 아니라 각 개별 국가가 인권과 근본적인 노동권, 기본적인 환경문제 해결에 관심을 보여야 하는 것은 당연한 일이라고 생각한다.

다섯째, 세계적으로 기업의 투명도가 점점 높아지고 있다. 다시 말하면 각종 언론매체, 소비자, 그리고 각종 시민단체들은 기업이 어떻게 행동하는가, 상품이 어떻게 생산되고 또 판매되는가 등에 대하여 깊은 관심을 보이고 있다. 또 소비자들은 기업의 상품생산 방식이 기대치에 맞지 않을 경우, 상품 구입을 중단하며 또 다른 소비자들도 그렇게 할 것을 요구한다.

기관 투자자들이나 개인 투자자들도 이와 비슷한 행동을 보인다. 기업들은 위험하고 세간에 물의를 일으키는 일, 그리고 언론매체의 부정적인 보도를 피하려고 노력한다. 이런 점에서 기업의 사회적 책임 향상에 '법률적 규제' 보다는 '시장' 이 더 훌륭한 촉진제가 된다.

여섯째, 시장에서 기업들의 윤리의식에 대한 기대의 눈높이가 한층 더 높아짐에 따라 각종 민간조직이 발행하는 증명서, 윤리의식강령, 감독규범, 그리고 각종 경영보고서 작성 모델 등이 등장하였다. 이런 민간조직들의 활동의 장점이라면 모든 것이 시장의 압력에 근거를 두고 마련되었다는 것이다. 이와같이 자율적인 조직은 기업이 융통성을 고려할 때 필수적인 것이다.

일곱째, 기업의 사회적 책임을 논의할 때 '한 가지 규칙으로 전체 기업을 다룰 수 없다.' 는 사실을 염두에 두어야만 한다. 즉, 각 기업이 자신의 사회적 책임을 다할 수 있는 방식을 자유롭게 마련하도록 하여야 한다. 궁극적으로 특정 기업이 어떤 사회적 책임 수행 정책을 가지고 있느냐 아니면 어떤 모델을 따르는가가 문제가 아니라 어떻게 실제로 행동했는가 하는 것이 제일 중요한 것이기 때문이다.

결론적으로 스웨덴 경영자총연맹은 UN 세계협약과 OECD 다국적 기업에 대한 지침에 나타난 근본이념에 지지를 보낸다.

② 존슨 앤 존슨(Johnson & Johnson)의 윤리경영사례

윤리경영의 대명사로 불리우는 기업으로 Johnson & Johnson을 빼

놓을 수가 없다. 존슨 앤 존슨은 1999년과 2000년 연속으로 월스트리트 저널이 선정하는 '미국의 존경받는 기업 1위' 에 뽑힌 기업으로서 윤리경영으로 성공을 거둔 대표적인 사례로 꼽힌다. 존슨 앤 존슨의 본관 건물에 들어서면 사람 키보다 조금 큰 석판에 새겨진 '우리의 신조(Our Credo)' 를 만나게 된다.

1943년 이 회사 설립자의 손자인 로버트 존슨이 처음 명문화한 '우리의 신조' 는 미국식 기업 윤리강령의 대표격으로 꼽힌다. 50년 이상 윤리강령을 경영에 반영함으로써 기업의 사회적 책임을 강조해 온 미국에서도 존슨 앤 존슨은 '기업윤리(Business Ethics)' 분야의 선두 기업으로 자리잡았다. 자칫 그럴싸한 웅변에 그치기 쉬운 윤리강령이 존슨 앤 존슨의 기업경쟁력의 핵심요소로 떠오른 데에는 '타이레놀 사건' 이 결정적 계기가 됐다.

윤리경영[15)]

■ 타이레놀 사건

1. 사건의 발생

1982년 9월 30일 아침 시카고에 사는 야누스 씨는 가슴에 가벼운 통증을 느껴 약국에서 '초강력 타이레놀' 캡슐을 사서 먹었는데 몇 시간 후에 갑자기 사망하였다. 같은 날 야누스 씨의 동생 내외도 같은 약병에 든 타이레놀 캡슐을 먹고 이틀 후에 사망하였다. 주말까지 시카고 지역에는 비슷한 사고로 4명이 더 죽었다. 첫 사고가 신고된 후 불과 48시간 내에 무려 일곱 사람이 같은 이유로 죽었다.

존슨 앤 존슨의 타이레놀

사망원인은 시안화물(Cyanide)이었다. 시안화물은 혈액의 산소수송능력을 저해해서 심장, 폐 및 뇌를 손상시키는 치명적인 물질이다. 사망한 사람 집에서 먹다 남은 타이레놀 캡슐 10개를 회수하여 분석한 결과 그 속에 시안화물이 들어있었는데 어떤 캡슐에는 시안화물이 65mg(치사량은 50mg)이나 포함되어 있었다. 그런데 모두 캡슐의 붉은 한쪽이 변색되고 약간 부풀어 있었으며, 보통 흰 가루인 내용물은 회색이고 아몬드 냄새가 났다.

존슨 앤 존슨은 모든 생산과 광고를 전면 중단시키고 시카고 근교에 임시 실험실을 세웠다. 수거된 제품을 검사해 본 결과 이상이 없었으므로, 적어도 생산과정 상의 잘못은 아닐 것이라는 판단을 하게 되었다. 또한 조사의 공정성을 위하여 각계의 전문가는 물론 사고지역인 시카고로 급히 데려왔다.

2. 위기에 대한 대응

존슨 앤 존슨의 타이레놀 사례처럼 위기를 기회로 활용하기 위한 첫걸음은 무엇보다도 위기를 변화의 동인으로 적극 수용하는 것이다. 즉 위기를 은폐하지 않고 겸허하게 받아들이며 철저한 자기반성의 계기로 삼는 자세가 필요하다. 1982년 타이레놀 독극물 투입사건 때 존슨 앤 존슨이 보여주었던 신속하고도 솔직한 대응이 그 대표적인 예이다.

당시 존슨 앤 존슨은 광범위한 고객층을 상대로 하고 있었기 때문에 타이레놀이라는 브랜드를 포기할 수 밖에 없는 절박한 위기의 상황이었다. 하지만 존슨 앤 존슨은 이러한 위기 사실을 숨기지 않고 오히려 언론을 통해 적극 알리면서 천문학적인 비용을 감수하면서 시중에 이미 유통된 모든 타이레놀을 즉각 회수 조치하였다. 제품 제조상 결백하다는 조사결과가 나온 이후에도, 제품의 안전성을 확보하기 위해 제품 포장을 바꾸는 등의 노력을 기울였다.

그 결과 타이레놀 제품은 물론이고 존슨 앤 존슨은 고객들로부터 변함없는 사랑과 신뢰를 받고 있다. 존슨 앤 존슨은 재빨리 수 백만 개에 이르는 초강력 타이레놀 캡슐병을 회수했다. 보도에 따르면 회사는 의사, 병원, 의약품 유통업자들에게 사건에 대해 알리고 경고 사항을 전달하기 위해 5천만 달러를 투자했다고 한다. 〈월스트리트 저널〉은 "존슨 앤 존슨이 소비자들을 위험에 빠뜨리는 대신 막대한 비용을 감수하는 편을 택했다"고 말하고 있다.

리콜 후 존슨 앤 존슨은 최초로 미국식품의약국(FDA)에 의해 의무적으로 규정된 훼손방지 포장을 자발적으로 실행하였다.

그 후 존슨 앤 존슨은 제품을 다시 출시했으며, 미국 PR협회의 실버 앤빌상(Silver Anvil Award)을 수상, 기업의 위기관리능력을 높이 평가받았다. 시장점유율도 70% 정도까지 회복시켰다.

기업의 사회적 책임감이라는 측면에서 회사는 확실히 소비자들의 영웅으로 떠올랐으며 탁월한 커뮤니케이션 능력을 보여주었다. 존슨 앤 존슨은 '타이레놀' 위기에 슬기롭게 대처하여 오히려 전화위복의 기회로 삼은 것이다.

3. 교 훈

궁극적으로는 위기관리에 대한 CEO의 지속적인 관심과 의지가 뒷받침되어야 할 것이다. 왜냐하면 모든 기업의 궁극적인 위기관리의 총 책임자는 바로 최고경영자이기 때문이다. 최근 신용평가기관인 S&P의 조사에 따르면, 미국의 300여 개 기업들이 위기관리의 총괄책임을 지고 있는 CRO (Chief Risk Officer)를 임명하는 등 ERM (Enterprise Risk Management)을 도입한 것으로 나타났다.

이는 과거에 소극적으로 기업위기에 대처하던 차원으로부터 벗어나, 보다 적극적이고 공격적으로 전사차원에서 위기를 예방하고 대응하고자 하는 CEO의 강력한 의지를 보여주는 것이라 하겠다.

위기에 대비하기 위해서는 많은 노력이 필요하겠지만 먼저 신속 · 정확하게 대응할 수 있는 교육 훈련과 적절한 전략적인 위기관리시스템이 필요하다고 생각된다. 어떠한 위기가 발생했을 때 위기에 대비해서 사전에 미리 준비해야 당황하지 않고 위기에 대응할 수 있을 것이다. 목표고객과 대중매체 등을 통해서 커뮤니케이션을 하는 것이 중요하다.

---

(3) 비윤리적 경영사례[16)]

① 금융사기 사건

최근 미국의 버나드 메이도프 전 나스닥(NASDAQ)증권거래소 위원장이 벌인 500억 달러 규모의 다단계 금융사기 피해 사례가 속속 드러나면서 전 세계 주요 금융회사들은 물론, 스필버그 감독과 노벨상

수상자인 엘리 위젤, 미 프로야구팀 뉴욕 메츠의 구단주, 상원의원, 유력 신문사 사주 등 저명인사들도 이번 사기의 피해자로 확인됐다.

플로리다에서 미네소타에 이르기까지 메이도프가 사기 행각을 벌인 대상에는 친구와 친구의 친구 등 그가 개인적인 친분 관계를 맺어온 사람들도 다수 포함돼 있는 것으로 알려지면서 메이도프의 문어발식 사기행각의 전모가 어디까지인지 의구심이 일고 있는 가운데, 전 세계 금융권 역시 속수무책인 상황이다.

메이도프는 연 10~12%의 확정 수익을 보장했다. 이는 다단계 피라미드식 '폰지 사기' 로, 이탈리아계 이민자인 찰스 폰지가 1920년대 캘리포니아 지역에서 희대의 사기극을 벌일 때 썼던 수법이다. 찰스 폰지가 그 당시에 '해 먹었던' 돈은 1,500만 달러가량이다. 80여 년 동안 3,000배가 넘게 사기판이 커진 것으로, 이번 사건 역시 고수익에 눈이 먼 투자자들의 탐욕이 사기를 당한 근본 원인이라는 분석이다.

② 치팅 컬쳐[17]

자료 : http://www.donga.com(12.20)

미국사회의 청교도 정신은 어딜가고, 치팅 컬쳐만 난무하고 있는가? 데이비드 캘러한은 '치팅 컬쳐(Cheating Culture)' 에서 미국사회의 적나라한 사회부패를 드러내고 있다. 요즘 웨스트체스터 가운티에 사는 정신과 의사 대너 릭 박사는 그 지역 10대들을 진단하느라 갑자기 바빠졌다.

왜냐하면, 장애가 있는 학생은 SAT에서 추가로 시간을 배정받는데, 법이 바뀌면서 학생의 장애 여부를 대학 입학 사정관에게 고시하지 않아도 되었기 때문이다.

럭 박사의 사무실을 찾는 돈 많은 부모들이 원하는 것은 단 하나, 아이가 장애진단을 받아 SAT에서 좀 더 많은 시간을 확보할 수 있게 해주는 것이다.

대학 캠퍼스에서는 냅스터와 기타 음악 파일 공유프로그램을 통해 절도를 저지르고도 거의 아무런 죄책감을 느끼지 않고 다운로드 받는 음악 때문에 판매수익이 수 천만 달러 넘게 사라지고 있다.

현재 미국인은 연간 약 60억 달러에 달하는 텔레비전 시청료를 훔치고 있으며, 심지어는 2002년에 대기업 중역진을 대상으로 실시한 한 설문조사에서 82%가 골프장에서의 부정행위를 인정했다. 왜 그럴까? 현재 골프는 미국 기업인들에게 중요한 사업 수단이다. 즉, 골프 실력이 엉망으로 드러난다면 모양새가 좋지 않기 때문이다.

③ 악마에게 팔린 월스트리트의 영혼[18]

"이제는 신용평가사까지도 더 이상 믿을 수 없게 됐다." 최근 미 하원 정부개혁위원회 주도로 열린 청문회에서 쏟아진 비판이다. 그에 앞서 세계적 신용평가사 무디스의 한 임원이 "우리가 무능했거나 수익을 위해 악마에게 영혼을 팔았다."고 동료에게 고백한 내용의 이메일이 공개돼 파문을 빚기도 했다.

무디스가 평가하고 있는 파산위기에 몰린 AIG, 최근 250억 달러 규모의 공적자금을 받은 씨티그룹의 신용등급은 각각 '우량등급(A3)', 'Aa3(우량등급)' 이다.

한 해 예산 3조 달러의 3배를 넘는 10조 달러의 빚을 지고 있는 미국 회사들이 신용등급에서 무디스는 1949년부터 최고등급인 Aaa, S&P는 2차대전이 한창이던 1940년대 초부터 지금까지 역시 최고등급인 AAA를 유지하고 있다. S&P가 2009년 1월 13일에 실시한 미국의 국가신용도도 최우량등급인 AAA다. 세계 최고의 빚쟁이 국가가 세계 최우량국가라니… . 이와 같으매 신용평가기관들이 '돈을 받고 영혼을 팔고 있다'는 비난이 곳곳에서 나오고 있다.

투자은행에 근무했던 존 랄프와 피터 트룹이 쓴 〈월스트리트 게임의 법칙〉(존 랄프 · 피터 트룹 지음, 최재형 옮김)은 월가 내부를 생생하게 공개한다. 하루 20시간에 이르는 격무도 그들을 놀라게 하지만, 그들을 더욱 충격에 빠뜨린 것은 그곳에서 벌어지고 있는 일들이다.

월스트리트 종사자들은 고액 연봉이라는 환상에 사로잡혀 인생을 볼모로 내맡긴 존재들이다. 그들 표현대로라면 투자은행 부장은 빛도 들지 않는 우리에 족쇄를 차고 갇혀 있는 개로 비유되고 있다. 이들은 많은 돈을 받기는 하지만 목욕할 권리도 없고 햇빛을 볼 시간도 없다고 주장한다. 나아가 과장급은 크로마뇽인으로, 동굴에서 살고 있고 스스로 직립보행을 못하며 판단력도 모자란 원시인이라고 주장한다.

또한 애널리스트는 원숭이들로, 월가에서는 발길에 차이는 게 원숭이들이고 이들은 덩치 큰 동물들의 진드기나 이를 잡아먹고 산다고 비하하고 있다. 이어서 저자들은 월가를 떠나며 이렇게 말한다.

"처음 투자은행에 들어섰을 때 우리는 오아시스라고 믿었지만 우리는 빽빽한 원시림, 으르렁대는 사자와 호랑이들, 그리고 거대한 털북숭이 거미들이 우글거리는 밀림에 갇혀 있었다."

〈포천〉지는 이 책에 대해 '소름 끼치도록 섬세하고 정직함이 어필된 책'이라고 평했다. 사실 많은 투자은행은 이자수익이 아닌 평가수수료나 딜(Deal)과 관련된 수익으로 먹고 살다 보니 감당할 수 없는 파생상품이 만들어질 수밖에 없었다. 이번 금융위기는 바로 이런 월가의 패배를 의미한다.

④ '윤리 구제(ethical bailout)' 시급한 美 자본주의

토머스 프리드먼 뉴욕타임스 칼럼니스트는 최근 동아일보의 '윤리 구제 시급한 美자본주의'라는 칼럼에서, "월가를 뒤흔든 금융사기에 대해 나는 일말의 동정심도 느끼지 않는다"고 전제한 뒤, 미국의 사기는 지금까지 합법적으로 이뤄져 온 월가의 탐욕과 방만한 경영, 그리고 이들에게 우수한 신용등급을 남발해 온 신용평가사들이 공동으로 만들어 온 총체적 사기보다 약간 더 경악스러울 뿐이라는 심경을 밝히고 있다. 이어서, 그는 이렇게 설명하고 있다.

스코틀랜드 로열은행의 한 중국 수석 이코노미스트는, "공산주의의 몰락은 중국을 중심부로 옮겨놨지만 미국을 극단으로 내몰았다. 공산주의의 멸망은 미국을 다소 불안정하게 만들어 놨다. 경쟁자가 있으면 스스로를 더욱 단련하기 마련이지만 과거 미국의 이데올로기적 경쟁자였던 베이징과 모스크바는 이제 존재하지 않는다. 미국식 자본주의를 견제하는 공산주의에 대해 우려할 필요가 없게 된 것이다."

결과적으로, 미국의 투자은행과 헤지 펀드는 제대로 된 리스크 관리 없이 탐욕과 방만 경영을 일삼았고 책임지는 사람은 아무도 없었다는 것이다. 그는 최근 발생한 500억 달러 규모의 매도프 사기 스캔들은 월가에 전 방위적으로 퍼진 '금융윤리 붕괴현상'이라는 빙산의 일각에 불과하다고 주장한다. 세계 자본주의의 본산지였던 미국은 현재 금융 구제에 앞서 '윤리 구제(ethical bailout)'가 더욱 더 절실하다는 얘기다.

⑤ 자본주의와 시장주의

올림픽이 열리던 중국의 베이징에서는 지오바니 아리기의 신간 〈베이징의 스미스〉(Verso, 2007)가 한참 화제가 된 적이 있다. 아리기는

이마누엘 월러스틴, 얼마 전에 타계한 안드레 군더 프랭크와 더불어 세계체제론의 대표적 이론가이다. 그에 의하면, 자본주의는 착취와 불평등, 팽창주의와 '강탈에 의한 축적(accumulation by dispossession)'을 고유한 특징으로 하는 것에 반해서, 시장경제는 호혜, 평등, '소유에 의한 축적(accumulation by possession)'을 원리로 하기 때문에 자본주의에 비해서 시장경제가 더 바람직한 사회 체제라는 것이다.

그렇다면 미국과 중국은 어디에 해당되는 것일까? 그는 놀랍게도 오늘날 중국의 경제체제는 '비자본주의적 시장경제'라고 주장하면서도 오늘날의 중국 사회는 '맑스의 자본론적 사회'가 아니라, 아담 스미스의 '국부론적 시장경제'라고 주장하고 있다.

이에 반해, 미국은 자본주의를 대표하는 국가라는 것이다. 따라서 21세기들어 자본주의를 대표하는 나라는 미국이고, 시장경제를 대표하는 나라는 중국이라는 것이다.

이어서, 그는 21세기 들어, 특히 이라크 전쟁 이후 미국 자본주의의 세계적 헤게모니가 '최종적 위기'를 맞이하고, 시장경제 중국이 세계의 중심으로 급부상하는 것은 역사의 진보라고 주장하고 있다.

최근 금융위기의 영향으로 달러화가 붕괴와 동시에 미국의 헤게모니 악화가 급속히 이루어지고 있는 가운데, 아리기가 주장하고 있는 자본주의의 쇠퇴와 시장주의의 진보에 대한 주장은 우리에게 시사하는 바가 크다고 할 수 있을 것이다.

(4) 기업경쟁력의 기준이 바뀐다.

① 실종 검증(Disappearance Test)

만약 당신의 회사가 부도가 나서 없어질 경우, 소비자들은 어떤 생각을 할까? '에이, 잘 없어 졌다' 일까? 아니면 '참 안됐다. 정말로 좋은 회사였는데…' 라며 못내 아쉬워할까? 어느 쪽인지 찬찬히 짚어 볼 일이다. 이것이 바로 '실종 검증(disappearance test)' 이다. 기업의 존재 가치에 대한 기준이 실종검증에 의거하여 평가되어야 한다는 얘기다.

수많은 기업들이 만들어지고 사라진다. 이들 기업들은 다분히 자의적인 기준으로 자신들의 사업을 지나치게 높이 평가하곤 한다. 그러나 기업가 정신은 냉정한 시각에서 평가된 가치만을 창조해야 한다. 기업가 정신이란 기업의 설립에 머무는 것이 아니라 새로운 가치를 창조하는 혁신적 활동을 말한다.

일찍이 경제학자 슘페터(J. A. Schumpeter, 1883~1950)는 기업의 혁신적인 가치창조에 대해 다음의 5가지를 제시했다. ① 신제품 또는 새로운 품질의 제품도입 ② 새로운 생산방식의 도입 ③ 새로운 시장의 개척 ④ 원재료 또는 반제품의 새로운 공급원 확보 ⑤ 새로운 조직의 출현 등이다.

그러나 미래에는 이러한 기준이외에도 나의 회사가, 회사가 없어졌다고 가정했을 때, 과연 고객들은 불편함을 호소하며 회사를 그리워할까? 경영자들은 소위 실종 검증(disappearance test)을 통해 객관적으로 판단해 보아야 할 것이다. 왜냐하면 결국 이러한 기업, 이런 상품만이 Survival Society에서 생존할 수 있기 때문이다.

② 기업은 인류의 행복에 이바지하는가?

아담 스미스는 "인간이 아무리 이기적이라 해도 그 본성에는 몇 가지 원칙들이 분명히 있다. 그 원칙 덕분에 인간은 타인의 행복에 관심을 가지게 되며 타인의 행복은 인간에게 꼭 필요한 요소가 된다."는 점을 강조하여, 이기심이 성장에 도움을 주기는 하나, 타인의 행복에 대한 중요성도 동시에 강조하고 있다.

스미스는, '기업은 이윤을 내기 위한 매개체인가?' 라는 물음에 그렇지 않다고 주장한다. 그는 '기업은 완전한 한 인간으로서의 직원의 포부를 담는 매개체' 라고 주장하여 직원들의 자아실현과 꿈을 성취할 수 있는 곳으로 보았다.

미래의 기업은 사람들의 자아와 꿈을 실현시킬 수 있는 장으로서의 무대는 물론, 궁극적으로는 인간의 행복과 건강을 위해 이바지 할 수 있어야 한다. 이것이 미래의 기업경쟁력이 될 것이다. 한 예로, SK그룹은 '인류행복에 기여하는 기업' 을 목표로 사회공헌을 확대해 오고 있다.

SK 그룹은 1970년대에 인재양성을 위한 '교육장학사업' 을 실시한 이래로 2004년 SK자원봉사단 출범을 계기로 체계적이고 효과적인 행복나눔을 실천하기 위해 '행복을 나누는 기업' 을 사회공헌 Mission으로 정하고, 행복한 변화 · 행복한 상생 · 행복한 참여라는 3대 원칙을 수립하여 사회공헌활동을 펼치고 있다.

특히 '따로 또 같이' 라는 경영 원칙을 통해 'SK 공동 프로그램' 과 관계사의 특성을 살린 '1사 1대표 프로그램' 을 운영하고 있다.

최근에는 그룹의 회장의 UN글로벌 컴팩이사 선임, SK텔레콤 다우존스 지속가능지수 편입 등 해외에서도 행복경영활동이 인정받고 있다. 앞으로도 SK는 사회공헌활동과 CSR을 핵심경영요소로 내재화하여 고객, 구성원, 사회, 주주 등 이해관계자의 행복을 추구하고 인류의 행복에 기여하는 기업이 되도록 노력할 것이라고 밝히고 있다.

이처럼 미래에는 '나의 회사가, 나의 상품이 인류의 행복과 건강을 위해 이바지 할 수 있는가?' 가 기업경쟁력의 중요한 요소가 될 것으로 보인다. 따라서 기업은 '가치창조' 를 넘어 '인류의 행복과 건강을 위한' 기업이 되어야 한다는 점을 항상 인식하면서 기업의 새로운 가치창조를 위해 끊임없는 노력을 경주해 나아가야 할 것이다.

③ 도덕심(Morality)

IMD, 세계경제포럼(WEF)을 비롯한 세계적인 기관들은 도덕경쟁력을 국가 및 기업의 경쟁력으로 삼은 지 오래다. 아담 스미스, 칸트, 랑케 등이 도덕의 중요성을 강조하고 있다. 이전과는 달리 국가나 기업이 '양심적으로' 경영되어야 한다는 것이다. 그리고 우리 정부도 지난 2007년 '사회적기업육성법' 을 제정한 바 있다.

- 아담 스미스(Adam Smith, ?~1790. 7. 17) : 그의 대표 저서인 〈국부론〉은 발간하기 전에 〈도덕감정론〉을 발간했다. 그는 이 책에서 "자본주의의 기초는 소비자와 생산자의 상호 이기주의에 의한 시장기구의 효율성도 중요하지만, 먼저 그들이 도덕과 윤리로 철저히 무장되어야 한다."는 점을 강조하고 있다. 이어서 그는, 도덕성이 없으면 경제적 자유는 절대로 유지될 수 없다는 점을 말한다. 특히 지배계급의 도덕성이 중요하다고 지적하고 있다.

아담 스미스,

국제 무역과 전문화는 부를 창출하는 토대임에는 분명하지만, 현대사회가 근본 원리인 정의와 도덕성 배양에 관심을 기울이지 않아서 자유시장과 사회에 커다란 위협을 초래하고 있다고 지적한다.

경제학은 분명히 도덕철학의 일부라는 것으로, '최고의 머리에서 최고의 가슴으로' 가 그가 남긴 말이다.

• 임마누엘 칸트(Immanuel Kant, 1724.4.22 ~ 1804.2.12) : "생각하면 할수록 놀라움과 경건함을 주는 두 가지가 있으니, 하나는 내 위에서 항상 반짝이는 별을 보여주는 하늘이며, 다른 하나는 나를 항상 지켜주는 마음속의 도덕률이다."

임마누엘 칸트

독일의 철학자 임마누엘 칸트의 묘비명에 쓰여진 말이다. 칸트는 철학을 두 가지 측면에서 파악한다. 하나는 체계적인 학문으로서의 철학(순수이성비판에서 이것을 수립)이고, 다른 하나는 삶의 올바른 길로 이끌어 줄 수 있는 철학(실천이성 비판에서 수립)이다. 칸트의 도덕철학은 인간의 자유와 존엄성의 강조라는 토대 위에 이룩되어 있다.

칸트는 그 속에서 개인의 도덕적 이상과 사회윤리의 목표와의 조화의 가능성을 포함하고 있다고 보았다. 또한 그는 인간을 도덕적 존재로 파악하면서 인간의 도덕성이 이성능력을 발휘하여 감성적 충동을 억제한다고 강조하면서, 행위가 도덕률에 대한 존경심을 가지고 의무적으로 이루어진 경우, 이것을 가치있는 것으로 보고 도덕성이 있다고 주장하였다.

그러나 표면적으로, 도덕률에는 일치하지만 내면적인 의무감 없이 이루어진 경우는 적합성은 있으나 도덕성은 없다고 주장했다. 따라서 우리 사회는 물론, 대학에서 조차 '도덕성 회복' 을 강조할 정도로 방향감각을 잃고 있는 상황에서 칸트의 도덕철학은 이 시대가 찾아야 할 인간의 참 모습을 되새기는 거울이 되어야 하지 않을까?

• 레오폴드 폰 랑케(Leopold Von Ranke, 1795 ~ 1886) : 독일의 역사학자 랑케는 "훌륭한 나라의 기준은 국토 크기도 아니며, 군사력도 경제력도 아니다. 단 하나 국민들이 가지고 있는 도덕적 힘이다."라고 말했다. 로마제국 100년 문명은 왜 사라져야만 했는가? 독일의 유명한 역사학자 랑케는 로마의 멸망을 '내부의 부패' 에서 찾고 있다.

레오폴드 폰 랑케

로마는 도시이자 제국이자 이념이었다. 독일의 역사가 랑케는 "모든 고대사는 로마의 역사로 흘러들고, 모든 근대사는 다시 로마로부터 흘러 나온다."고 했다. 영국의 역사학자 기본스는 로마의 멸망은 가정의 몰락, 로마 국민들의 마음 속의 타락한 심령들 때문이라고 주장했다.

게르만의 침입은 결국 썩은 고목나무를 건드림에 불과한 반면, 로마 멸망의 진정한 원인은 '내적 부패' 에 있다는 것이다. 랑케(Ranke)는 "그것이 진정 어떠하였는가?(wie es eingentlich gewesen)"라는 것을 밝혀주는 것이 역사가의 임무라는 말을 덧붙이고 있다.

④ 존경받는 기업을 만들어라[19]

미국의 증권전문지 〈배런스(Barrons)〉는 최근 세계에서 가장 존경받는 기업으로 '존슨 앤 존슨' 을 선정했다. 이어 P&G가 지난해 4위에서 2위로 두 계단 올라섰고, 도요타는 3위를 지켰다. 반면 지난해 1위를 차지했던 버크셔 해서웨이는 4위로 추락했다.

한국기업으로는 삼성전자가 42위로 유일하게 100대 기업에 이름을 올렸다. 존슨 앤 존슨은 〈배런스〉 외에도 〈포춘〉지 등 세계 유수의 경영 및 비즈니스 전문지에서 존경받는 기업 상위권에 올라있다.

그렇다면 존슨 앤 존슨이 존경받는 기업이 된 배경과 이를 통해 우리 기업들이 벤치마킹할 점은 무엇일까?

앞에서 언급했듯이 존슨 앤 존슨이 존경받는 기업이 된 이유는 바로 고객, 직원, 사회, 주주 등 4개 주체에 대한 책임을 바탕으로 한 '기업신조(크레도, Credo)' 를 지켜오고 있기 때문이다. 존슨 앤 존슨의 기업신조는 1943년 만들어져서 지금껏 경영철학으로 이어져 오고 있는 바, 기업신조에는 고객에 대한 책임, 직원에 대한 책임, 사회에 대한 책임, 주주에 대한 책임이 순서대로 명시되어 있다.

존슨 앤 존슨은 〈포춘〉지가 선정하는 가장 존경받는 기업에서도 뽑히곤 하는데, 특히 이 기업의 비중있는 항목으로 부각되고 있는 것이 바로 '기업의 사회적 책임' 에 관한 것이다. 이러한 사실은 기업이 단순히 이윤을 창출하는 경제적인 집단이 아니라 사회의 일원으로서 더불어 살아가야 한다는 기업시민의 역할이 강조되고 있는 것과 맥을 같이 한다.

지난 2001년과 2002년 두 차례에 걸쳐 실시된 우리나라 전경련의 '기업윤리와 기업 성과 간의 관계' 에 대한 조사결과에 따르면, 윤리경영을 실천하는 기업들이 그렇지 못한 기업들보다 주가상승률과 매출액, 영업이익률 등 모든 면에서 크게 앞서는 것으로 나타났다.

결 론[20)]

글로벌 경제는 대공황의 나락 속으로 브레이크 없는 질주를 하고 있다. 최근 국제통화기금(IMF) 올리비에 블랑셔드 수석이코노미스트는 글로벌 경제에 제2의 대공황이 초래될 수 있다는 경고를 하면서 국제사회가 더 적극적으로 경기부양책을 쓸 것을 거듭 촉구하고 나섰다. 그는 또 "신뢰회복이 시급하며 가계 소비도 회복돼야 한다."는 점을 강조했다. 이에 대처하기 위해 미국, 영국, 일본, 중국 등 경제대국들이 '합창하듯' 엄청난 양의 돈을 써서 경기 부양책에 나서고 있다.

미국은 헬리콥터로 돈을 뿌리 듯, 달러를 찍어낼 계획이다. 그러나 돈은 경쟁력이 있는 나라로 흘러가기 마련이다. 홍수가 지나간 뒤, 빗물은 모두 바다로 흘러들고 잔해만 여기 저기 남듯이, 미국이 쏟아 부은 돈들은 경쟁력있는 국가, 즉 일본, 중국 등으로 흘러 들어가고 이로 인한 부작용은 글로벌 경제의 몫으로 돌아가고 말 것이다.

글로벌 경제의 불길한 징조는 무엇을 의미하는가? 이는 바로 글로벌 경제가 성장의 한계에 부딪히고 있다는 증거다. 즉 로마클럽은 경제성장을 환경문제에서 바라보면서 한계성을 지적했다. 크루그만 교수도 동아시아 경제성장을 요소투입에 의한 성장이며, 이는 곧 한계에 도달할 것으로 주장했다.

그러나 경제성장의 한계는 환경문제, 요소투입의 한계에도 원인이 있지만, 그보다도 더 중요한 요소는 글로벌 과잉생산, 수요 감소로 인한 기업도산이 금융위기에서 경제위기로 이어져 세계경제시스템을 마비시켜 경제성장을 한계에 이르게 할 수 있다는 점이다. 또한 이러한 경제위기는 과거와는 달리 글로벌 경제공조라는 '연환계' 속에서 더욱 더 큰 규모로, 때에 따라서는 불규칙적 혹은 규칙적으로 더 빈번히 발생할 것이다.

이처럼 환경문제, 요소투입의 한계, 글로벌 과잉생산, 금융 및 경제위기의 지속적 발생 등은 글로벌 경제가 성장의 한계에 이르게 하는 치명적인 원인인 것이다. 따라서 글로벌 경제는 성장의 한계가 미칠 영향에 대해 연구하고 준비해야 한다. 실업문제, 복지문제, 과잉설비 문제 등이 그것이다.

이러한 상황에서, '인간의 행복은 소유나 소비의 정도에 의해 결정될 것인가?' 라는 질문이 생긴다. 여기서 인간의 행복방정식이 거론된다. 인간의 행복은 소유나 소비에서 나오는가? 아니면 자족에서 나오는가? 이에 대한 의견은 분분하지만, 경제성장이 한계에 부딪힌 이상 탐욕의 문제를 해결하지 않으면 인간은 더 이상의 행복은 증진될 수 없다는 것이 성경의 가르침이고, 선현들의 주장이다.

이제 국가나 기업은 과거의 경쟁력 조전과는 다른 '도덕 경쟁력' 이 강조되고 있다. 더 나아가 기업의 목표는 인간의 행복을 제일로 삼고 존경을 받아 실종 검증(Disappearance Test)에서도 통과해야 Survival Society에서 생존가치 및 생존능력이 있다는 것이다.

만약 우리 기업이 사라졌을 때, 전세계의 소비자들이 '아쉽다' 고 할까 아니면 '무덤덤하든지, 잘 없어졌다' 라고 할지에 대해 의문을 제기해 보고, 여기에 기업의 존재기준 및 경쟁력 기준을 두라는 말이다.

만약 미국의 'BIG3' 가 부도나서 없어진다고 가정할 경우, 과연 얼마나 많은 소비자들이 '아쉽다' 는 표정을 지으며 동정심을 보낼 것인가? 'BIG3' 는 아마도 제품의 경쟁력보다도 소비자를 외면한 도덕경쟁력에서 밀려 오늘에 이른 것인지도 모른다.

이러한 측면에서 본다면 BIG3도 윤리구제가 금융구제보다 앞서야 되지 않을까? 우리나라의 기업들도 이 같은 물음에 얼마나 많은 기업들이 자신있게 대답할 수 있을지에 대해 곰곰이 생각해 볼 일이다.

제9부 결론

제29장 금융위기와 글로벌경제

나치 수용소에서 끝까지 살아남은 사람들은 가장 건강한 사람도, 가장 영양상태가 좋은 사람도, 가장 지능이 우수한 사람도 아니다. 그들은 살아야 한다는 절실한 이유와 살아 남아서 해야 할 구체적인 목표를 가진 사람들이었다. 목표가 강한 의욕과 원동력을 지속적으로 제공했기 때문에 살아남을 수 있었던 것이다.

– 빅터프랭클, '죽음의 수용소' 에서

글로벌 경제의 현황과 전망[1)]

1. 금융위기의 영향

현재 세계는 디레버리지(Deleverage), 디플레이션(Deflation), 부채(Debt) 등 3D와 전쟁을 치르고 있는 '2차 세계대전 이후 최악의 암울한 상황' 을 경험하고 있다. 월스트리트 저널은 2009년 1월 14일, 미 상무부 자료를 인용, 2008년 7월~11월 중 미국의 수출입 규모가 18% 감소했다고 밝히고 있다.

일본도 작년 11월 무역규모가 1년 전보다 27% 감소하는 등 중국, 독일 등 글로벌 경제는 무역량이 급감하는 추세이다. 세계 주요국의 주가는 지난 1년 동안 평균 40% 가량 하락했다. 미국, 유럽, 일본 등 선진 각국의 금융시장은 CDS(Credit Default Swap), 헤지 펀드 등 잠재적인 불안 요인으로 주가가 급락했다.

주요국 주가지수 추이

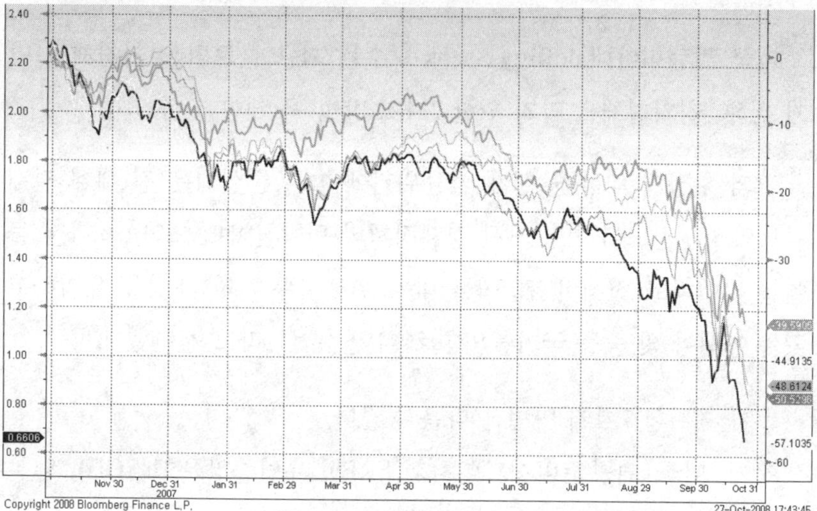

자료 : Bloomberg, 농협경제연구소

여기에다가 미국을 비롯한 선진 3대 경제권 모두 마이너스 성장을 보이고 있는 상황에서 금융시장의 추가 불안도 예상되고 있다. 이처럼 지난 1년여간 금융위기로 인한 글로벌 경제의 손실액은 1조 5천억 달러에 달한다.

성장률 저하현상도 예외는 아니다. 경제협력개발기구(OECD)는 세계 경제가 2009년에는 25년만에 최악의 경기침체를 경험할 것이라고 경고를 한 바 있다. 우리나라도 일자리가 지속적으로 줄고 있는 추세다. 현재 실업자 총수는 공식 및 구직 단념자 12만5천 명, 취업준비자 55만2천 명, 그냥 쉬는 사람 132만7천 명 등 275만4천명과 여기에 11월 기준 36시간미만 취업자 중 추가취업희망자 41만7천 명을 더하면 모두 317만1천 명이나 된다.

더구나 2009년에는 실업률이 0.3~0.4% 가량 더 높아질 것으로 예상되는 가운데, 최근 정부는 2009년 최우선 과제로 '일자리 창출'을 꼽았다.

2. 제프리 삭스의 '경기침체를 막기 위한 7 가지 방법'[2)]

미국 컬럼비아대 Jeffrey Sachs 교수는 최근 글로벌 경기침체를 막기 위해 '경기침체를 막기 위한 7가지 방법' 을 제안한 바 있다.

그의 주장에 의하면, 현재 금융위기에 따른 손실액은 전 세계 경제규모의 3% 정도이지만, 거시 경제정책의 뒷받침이 없으면 6%까지 늘어날 것이라고 전제한 뒤, 이를 막기 위해서는 흑자 재정을 유지하고 있는 아시아 및 중동 국가들의 협력이 필수적이라고 진단했다.

그가 제시한 7가지 방법은 다음과 같다.

첫째, 미국 연방준비제도이사회(FRB), 유럽중앙은행(ECB), 일본 중앙은행(BOJ)이 3자 간 통화 스와프를 브라질, 헝가리, 폴란드, 터키 등 주요 신흥 시장국까지 확대해 이들의 외환보유액 고갈을 방지해야 한다.

둘째, 국제통화기금(IMF)은 파키스탄을 포함하여 구제금융을 요청하는 모든 국가에 조건이 까다롭지 않은 대출을 해야 한다.

셋째, 미국과 유럽의 대형 은행들이 해외 대출을 갑자기 철회하지 않도록 공조를 강화해야 한다.

넷째, 한국 · 중국 · 일본은 상호 협력하여 거시 경제부양책을 수립해야 한다.

다섯째, 중국은 공공주택과 사회기반시설 지출을 늘려야 한다.

여섯째, 일본은 사회기반시설 지출을 늘리는 한편, 아시아와 아프리카에 대출을 늘려야 하며, 한 · 중 · 일 3국의 중앙은행은 정부 간 차관을 제공함으로써 다른 중앙은행들과 협력하여 경기부양책을 시행해야 한다는 것이다.

일곱째, 중동 국가들은 신흥개발도상국과 저소득 국가 내 투자 프로젝트에 자금을 제공하여 국내 소비를 활성화해 국제적 석유수요를 늘리고, 미국과 유럽은 개발도상 국가들의 사회기반시설 구축 프로젝트가 중단되지 않도록 대출을 확대해야 한다.

동시에 미국과 유럽은 세금을 인하하는 정책은 지양하고, 사회기반시설과 현금이 부족한 주정부를 재정적으로 지원하는 등의 경기부양책을 시행해야 한다고 조언한다.

그러나 이 경우에도, 미국과 유럽의 일부 국가는 경기 침체를 막을 수 없겠지만 아시아와 개발도상국의 동반 침체는 피할 수 있을 것이며, 최소한 급속하게 확산되는 침체에 제동을 걸 수 있을 것이라는 것이 제프리 삭스 교수의 설득력 있는 주장이다.

3. 향후 전망

(1) 제2의 세계 대공황이 온다.

"최악의 상황은 아직도 오지 않았다."

이는 최근 미국의 외교전문지 포린 팔러시(Foreign Policy, 2009년 1/2월호)가 노리엘 로비니(Noouriel Roubini) 뉴욕대 교수와 스티븐 로치(Steven Roach) 모건 스탠리 아시아 회장 등 경제전문가 5명의 세계경제전망의 내용을 밝힌 기사다.

세계 온실가스 배출요인

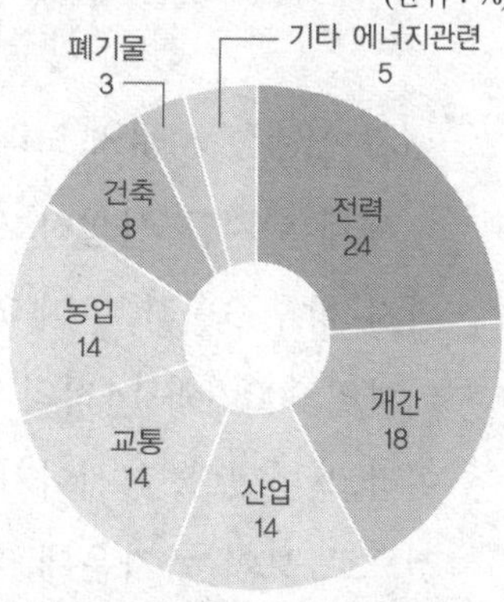

로비니 교수는 "우리는 위기의 초기 단계에 있으며, 수많은 거품이 터지기 시작했을 뿐 불행하게도 앞으로가 훨씬 좋지 않다."는 경고성 지적을 했다.

이 잡지는 또 불황이 약 2년간 지속되는 '유(U)자형' 의 회복곡선을 그릴 것으로 전망하면서 경기회복이 임박했다는 긍정적인 전망을 경계하고 하루하루의 시장 상황에 매달리지 말고 허리띠를 졸라매야 한다는 점을 강조하고 있다.

이렇게 글로벌 경제가 악화일로를 걷고 있는 상황에서, 국제통화기금(IMF)은 '제2의 대공황' 가능성까지 경고하고 나서 파장이 일고 있다. 이러한 배경에서는 미국, EU, 일본 등 세계 3대 경제권이 3/4분기부터 마이너스 성장으로 돌아섰고, 4분기 성장률이 전분기보다 최대 6% 감소할 가능성이 있다고 전망되고 있다.

여기에다가, 영국 정부에서 발행한 스턴보고서에는 지구 온난화로 인해 치러야 할 비용이 9조6000억 달러에 달해 1 · 2차 세계대전 비용을 상회할 것이라는 경고가 제시되었다.

이 보고서는 온난화를 막기 위한 즉각적인 조치가 취해지지 않는다면 전 세계에서 수억 명이 굶주림과 물 부족, 홍수 등으로 목숨을 잃게 될 것이며, 지금 당장 온난화를 막기 위한 조치를 취하는 데 드는 비용은 전 세계 국내총생산(GDP)의 1%에 불과하지만 이를 방치할 경우 5~20%에 이르러 1930년대 대공황에 맞먹는 제2의 대공황으로 경제적 파탄을 가져올 수 있다고 경고했다.

(2) 신냉전 시대의 도래와 기축통화의 변화[3)]

세계는 지금 신냉전 시대로 회귀하고 있다. 최근 러시아는 2011년까지 향후 3년간 무려 70기에 달하는 핵탄도미사일은 물론, 단거리미사일 300기와 14척의 전함, 그리고 50기의 전투항공기를 제작할 것이라고 밝혔다. 러시아가 밝힌 핵탄두미사일은 ICBM이 주종을 이룰 것으로 보이는 가운데, 완성된다면 지금까지 배치된 ICBM의 4배에

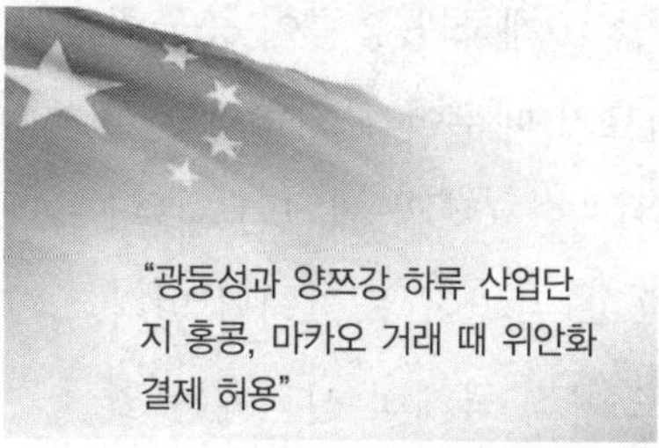

"광둥성과 양쯔강 하류 산업단지 홍콩, 마카오 거래 때 위안화 결제 허용"

달하는 규모로 확대되는 것이어서 국제질서에 새로운 냉전기류가 현성되는 것이 아니냐는 의혹이 제기되고 있다.

사실 신냉전이란 단어는 메드베데프 러시아 대통령이 '최근 벌어진 그루지야 사태에서 남오세티야와 압하지야를 그루지야의 영향력 하에 두지 않겠으며, 이를 위해서는 냉전도 불사하겠다' 며 그 가능성을 포함해 어떤 상황도 두렵지 않다고 으름장을 놓았던 데서 나온 단어다.

이에 대해, 미국을 비롯해 영국, 독일, 프랑스 등 서방 국가들은 즉각적인 비난성명을 냈으며, 당시 부시 미 대통령은 "크렘린 정부는 무책임한 결정을 재고하기 바란다."고 언급하는가 하면, 데이비드 밀리밴드 영국 외무장관 역시 "정당화될 수 없고 인정할 수 없는 언급"이라고 비난한 바 있다.

글로벌 경제도 지금까지의 미국 단일 중심체제에서 EU, 한 · 중 · 일권, BRICS권 등의 블록화가 급속히 진행되고 있다. 최근에는 중국이 수출 전진기지인 광둥(廣東) 및 창장(長江) 삼각주와 홍콩 · 마카오 사이, 광시(廣西) 윈난(雲南)성과 동남아시아국가연합(아세안) 10개국 간 무역에서 위안화 대금 결제를 허용하기로 하는 등 '위안(元) 기축통화' 야심을 실천단계로 옮기고 있다.

그도 그럴 것이, 세계 외환시장에서 미국 달러와 유로화, 일본 엔화 등 3대 기축통화의 비율은 2001년 75.3% → 2004년 73.1% → 2007년 69.9%까지 떨어졌으나 중국은 2001년 12월 국제무역기구(WTO)에 가입한 이후 7년만에 세계 제1의 외환보유국가가 되었고, 통화가 국제

무역 결제수단의 지위에 오르는 데다, 아세안 10개국과 홍콩이 중국의 대외무역에서 차지하는 비중이 18.4%에 이르기 때문이다.

이 경우 달러, 유로 및 위안화를 기축통화화 함으로써 세계의 제3의 기축통화국으로서의 자리를 굳힐 수 있다고 보는 것이다. 그러나 일각에서는 위안화의 태환성이나 거래 편의성도 아직 국제적 신뢰에는 훨씬 못 미치며, 파산법도 정비되어 있지 않아 현지 진출 외자계 기업이 곤란을 겪고 있고, 과실 송금이 자유스럽지 못한 점 등을 들어 '위안화 = 세계의 화폐' 로 인정받기 위해서는 앞으로 약 10여 년이 걸릴 것이라는 주장이 설득력을 얻고 있는 상황이다.

실제로 기축통화가 되려면 첫째, 무역거래의 결제 수단으로 사용해야 한다. 2007년 기준, 중국의 무역거래 중 달러 결제비중은 75%, 일본은 49~74% 선이다. 둘째, 돈이 전 세계에 퍼져 있어야 한다. 미국은 제2차 세계대전 이후 유럽 부흥과 개도국 지원시에는 물론, 베트남 전쟁 때도 달러를 풀었다. 그 이후에도 미국 달러는 무역 적자를 내면서까지 세계 곳곳에 퍼져 나갔다.

이처럼 돈의 힘만으로 기축통화가 되는 게 아니며 군사력과 정치력도 압도적으로 우위를 점해야 하기 때문에 현재는 미국, EU 이외에 이런 요건을 갖출 만한 나라는 없다는 것이 전문가들의 대체적인 평가다. 그러나 달러가 전 세계 기축통화의 지위를 잃어버리지는 않겠지만 일부 지역별로는 기축통화의 다극화 체제가 올 수 있다는 점에서는 대체로 동의하는 분위기다.

기축통화(Key Currency)는 국제 간의 결제나 금융거래의 기본이 되는 통화로, 달러가 기축통화가 된 것은 제2차 세계대전 말인 1944년에 서방 44개국이 달러를 금과 고정비율(금 1온스 = 35달러)로 교환할 수 있도록 합의한 브레턴우즈 체제부터다.

(3) 한계점에 다다른 경제성장

1972년 로마클럽은 MIT 공과대학의 연구진들이 주축이 되어 만든 보고서를 통해 '경제성장 한계론(The Limits to Growth)' 을 제시하여 세계의 주목을 받았다. 이 보고서의 주요 골자는 현재의 인구성장, 산업발전, 그리고 자원사용이 지속된다면 다음 세기 중반까지 지구는 생태학적 파멸을 경험할 것이라고 예언하고 있다.

이 보고서는 또 천연자원의 고갈, 공해에 의한 환경오염, 개발도상국의 인구증가 등으로 100년 이내에 지구상에는 '성장의 한계' 가 나타날 것이라고 경고하여, 유한한 지구에서 무한한 성장은 불가능하다는 명제를 제시한 것이다. 이는 21세기에 인류가 직면할 위기를 전망한 인간의 예견력과 대응력이 발휘된 대표적 사례로 손꼽힌다.

폴 크루그만 프린스턴대 교수도 '동아시아 경제성장은 요소투입에 의한 성장이며, 이러한 요소성장에 의한 성장은 곧 한계에 다다를 것' 이란 주장을 내놓았다. 그러나 이게 어디 비단 동아시아 지역만의 문제이겠는가? 이미 한계생산성 체감의 법칙은 모든 글로벌 경제에 미치고 있으며, 더 빠르고 더 큰 영향력으로 찾아오는 금융위기 및 경제위기는 설사 글로벌 경제가 아무리 대단한 성장의 금자탑을 쌓아 올렸다 해도 한 순간에 허물어지는 '무소불위(無所不爲)' 를 우리는 지금 경험하고 있지 않는가?

여기에다가 최근에는 국제통화기금(IMF)이 '제2의 대공황' 가능성을 경고하고 있고, 영국 정부는 스턴보고서를 통해 머지않아 지구 온난화로 인해 치러야 할 비용이 9조6000억 달러에 달할 것으로 예상하고 있다. 이러한 어마어마한 돈은 1 · 2차 세계대전 비용을 상회하는 액수이며, 전 세계 국내총생산(GDP)의 1%를 차지하지만, 만약 이를 방치할 경우 5~20%에 이르러 1930년대 대공황에 맞먹는 '제2의 대공황' 수준의 경제적 파탄을 초래할 수 있다는 경고이다. 이 경우, 어느 누가 성장을 장담할 수 있겠는가?

(4) 무차별적인 경기부양책과 반복되는 글로벌 금융 및 경제위기

전 세계는 무차별적인 화폐의 공급을 통해 경기부양책에 나서고 있다. 금융위기는 이러한 '무차별적인 금융지원' 으로 극복될 수 있는가? 이에 대한 해답은 '잠시 동안만 잠재울 수 있다' 이다. 글로벌 경제의 역사는 '금융위기는 되풀이 된다' 는 사실을 우리에게 입증해준다.

17세기 네덜란드에서 발생한 튤립 버블부터 최근의 금융위기까지, 글로벌 경제는 시시때때로 금융위기와 경제위기를 반복해가며 성장을 거듭해왔다. 특히 1970년대 이전에는 금융위기가 국지적이었고 매년 1.5회에 불과했으나, 지난 30여 년간은 금융위기가 점차 대형화 · 국제화되는 추세를 보이며 매년 4.5회씩 발생하고 있다.

따라서 전자의 경우에는 금융위기의 범위가 국지적이어서 회복도 빨랐으나, 이제는 세계가 하나의 시장이 되다 보니 손실규모도 커지고, 국제공조라는 '연환계' 를 만들어 위기 때마다 '달러를 찍어' 임시방편 식으로 해결하여 더 큰 위기의 씨앗을 뿌려대곤 한다. 이런 상황에서 글로벌 국가들은 아마도 이번 금융위기를 해결한 뒤, 곧 닥칠 또 다른 금융위기를 대비해야 하는 '웃지 못 할 일' 이 벌어질지 모른다.

이처럼 금융위기의 역사는 향후에도 지속적으로 확대되어 반복될 것이 틀림없음을 우리에게 입증해준다. 다시 말하면 글로벌 경제는 극단적인 경기침체와 경기회복의 경계선을 넘나들면서 요동을 칠 것으로 보인다.

즉, 경기가 회복되면 곧이어 GI(초인플레이션 상황을 넘어선 상황, Great Impression)로 이어져 부동산, 주가, 원자재 등에 버블이 뒤덮을 것이다.

또한 버블이 꺼질 때에는 이번 경우와 같이 GD(대공황, Great Depression) 상태로 접어들어 부동산, 주가, 원자재 값 등이 속절없이 하락할 것으로 보인다. 결국 글로벌 경제는 번지점프하듯 확대되어 가는 GI와 GD를 오가며 요동칠 것이다.

"지금 부실기업을 살리고 헬리콥터에서 돈을 뿌리는 식의 잘못된 조치를 취하고 있다. 이런 식의 정부 개입은 지금의 불황을 V자형이 아니라, 1990년대 일본처럼 L자형의 장기적 세계 불황으로 끌고 갈 수 있다. 정부는 차라리 아무 조치도 취하지 않는 편이 나을 수도 있다. 나는 지금 세계 경제를 활성화시킬 촉매가 없다고 본다. 금리는 이미 너무 내려가 있고, 경제 시스템은 이미 너무 많은 빚을 안고 있다.

이미 미국은 쌍둥이 적자가 너무 커지고 있으며, 불황은 이제 막 시작했고, 많은 것들을 끌어내리고 있다. 이렇게 각국 정부가 마구 개입하고 일본식의 L자 침체가 세계적으로 닥친다면, 불황은 얼마나 오래 갈지 모른다. 5년이 될 수도, 7년이 될 수도, 10년이 될 수도 있다."

이는 지난 1987년 블랙먼데이를 예견한 '닥터 둠(Dr. Doom)' 이란 별명을 가진 마크 파버가 무차별적인 금융지원이 일본형 장기복합불황을 초래할 수도 있다는 경고를 하면서 내린 진단이다.

이처럼 국제적인 공조 조치는 금융위기 극복에 도움이 되지 않을 뿐만 아니라, 또 다른 위기의 씨앗을 뿌리는 결과를 초래할 수 있다는 경고성 주장이 여기저기서 나오고 있다.

(5) 무역전쟁 막이 오르다.[4)]

최근 지구촌 G20(G7 + 신흥개발국) 정상들은 "앞으로 12개월 동안 새로운 무역 · 투자 장벽을 억제하자"고 합의했지만 불과 6주만에 '공염불' 이 되어 버렸다. 이에 대해 전문가들은 '금융위기가 실물경제위기로 전이되면서 원칙적인 해법보다 당장 자국 산업을 보호하고 보자는 국익우선주의의 유혹이 커지고 있다' 는 분석이다.

금융위기로 경제가 어려워지면서 '무역전쟁' 이 예고되고 있다. 자국을 지키기 위해 무역장벽은 물론, 환율싸움도 벌어질 태세다. 금융위기 이후 세계 각국에서는 '경기부양' 과 '일자리 창출' 이 과제로 떠올랐기 때문이다. 이러한 과정에서 보호무역주의가 고개를 들고 있는 것이다.

첫째, 최근 무역장벽 공세가 가장 집중되는 나라는 중국으로, 8% 성장과 자국의 수출산업 지원을 강화하면서 3,700개 수출품목에 대한 세금환급을 실시하고, 철강 산업에 대한 보조금지급 및 세금환급을 강화하는 등 대대적인 '수출 공세' 를 펴기 시작했다.

둘째, 미국 · 유럽연합(EU) · 캐나다 · 호주 · 터키 등의 국가들은 반덤핑 관세를 앞세워 중국 상품 저지에 나서기 시작했다는 분석이다. 미국은 최근 '수출기업에 대한 보조금을 중지하라' 는 요구와 함께 중국을 세계무역기구(WTO)에 제소한 데 이어 중국산 강관, 편직포, 타이어에 대한 반덤핑관세도 유지하기로 하

무역전쟁 상황 요약도

는 동시에 냉장고와 다른 부엌 기구에 사용되는 중국제 와이어선반에 최대 197.14%의 잠정 수입관세를 부과했다. 중국제 와이어선반 수입액은 2004년 9150만 달러에서 작년에는 1억2450만 달러로 증가했다.

전문가들은 최근 미국이 중국의 보조금 지급을 문제 삼아 WTO에 제소한 것은 '위안화를 절상하라'는 압박으로 분석된다고 주장하고 있는 가운데, 중국은 이에 대응, 미국의 조치가 합법적인지에 대해 조사해줄 것을 WTO에 대응하면서 미 · 중 간 무역전쟁은 확대일로를 걷고 있다.

더구나 미국은 파산위기에 처한 자동차업계에 174억 달러 규모의 구제금융을 제공키로 하면서 유럽과 중국 등의 반발이 커지고 있는 바, EU가 미국의 자동차산업에 대한 구제금융 지원을 세계무역기구(WTO)에 제소할 계획이며, 중국과 일본 역시 비슷한 절차를 밟을 수 있다는 경고가 여기저기서 나오고 있다.

셋째, EU의 선진국들로, 최근 프랑스가 국내기업 보호를 위해 76억 달러의 국부펀드를 조성한 바 있으며, 중국산 가죽신발에 대해 반덤핑관세 부과 기한을 연장하는 작업을 시작했다. 따라서 당장 중국에서는 푸젠(福建) · 광둥(廣東)성에 있는 7개 대형 신발제조업체가 반덤핑 조사를 받을 처지가 되었다.

불황 속 보호무역으로 더 높아지는 무역장벽

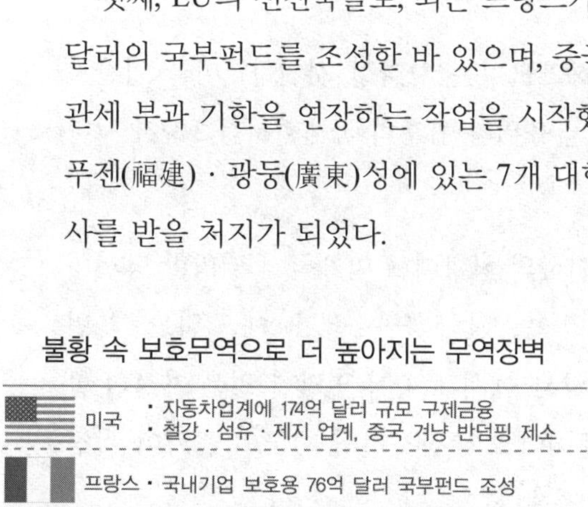

여기에서 그치지 않고, EU는 지난 18년 동안 반덤핑관세를 물리고 있는 중국산 금속이음쇠에 대한 반덤핑관세 부과 기한을 다시 연장할 방침이다.

넷째, 호주는 중국산 탄광용 강철이음관에, 터키는 중국산 연필과 붓에 대해 반덤핑관세를 새로 물리거나 기간을 연장하는 작업에 들어감에 따라, 최근 중국은 "각국 정부가 위기 대응의 수단으로 보호무역주의를 강화하고 있다."는 비난과 함께 '중국의 수출기지' 중 하나인 광저우시 대외무역국은 "광저우에서만 180개 기업이 무역공세의 직격탄을 맞고 있다."고 성토하고 있다.

다섯째, 러시아는 자동차 · 버스의 수입관세를 25%에서 최고 35%로 인상하고, 축산업 보호를 위해 돼지, 닭고기에 고율관세를 부과하는가 하면, 가스 수출국들과 함께 '가스 오펙' 을 출범시켜 '가스 무기화' 의 전초전을 예고하고 있다.

이에 질세라, 산유국 모임인 OPEC(석유수출국기구)도 석유값을 올리기 위한 감산 행보에 들어가, 무역전쟁이 시작된 상황에서 자원전쟁도 이미 전면화한 것이 아니냐는 평가다.

(6) 헤게모니의 변화[5)]

금융위기로 인한 미국의 헤게모니는 사라질 것인가? 미국 일간지 크리스천 사이언스 모니터는 금융위기 이후의 국제질서를 3가지 시나리오로 제시했다.

첫 번째 시나리오는 현재 미국의 상황이 로마제국이 멸망할 당시의 상황과 비슷하다는 것이다. 즉, 영국 역사학자 에드워드 기번(1737~1794)은 '로마제국 쇠망사' 에서 로마가 멸망한 것은 가정의 굴뚝에서 연기가 사라졌기 때문이라고 주장하면서 제국의 몰락이 가정붕괴에서 비롯됐다는 점을 강조했다.

당시 로마의 가계(household)들은 화폐가치 하락에 따른 소득감소로 어려움을 겪었으며, 따라서 건강한 가계는 부강한 국민경제의 초석

(礎石)임에도, 미국도 이와 비슷한 처지에 몰려 있다는 주장이다. 이와 함께 달러화 주도의 세계경제 질서인 '팍스 달러리엄(Pax dollarium)'이 무너지고 있다는 주장이다.

두 번째 시나리오는 현 금융위기에도 불구하고, 미국의 지위는 유지될 뿐만 아니라, 미국의 군사력은 향후에도 우월적 지위를 유지할 것이라는 시각이다. '미국의 시대'의 저자인 로버트 리버 조지타운대 교수는 "이번 금융위기로 미국의 쇠퇴를 주장하는 이들은 과장하고 있는 것"이라고 반박했다.

리버 교수는 "압도적 군사력, 시장규모와 생산성 등 실체적 요인뿐 아니라 미국 경제 구조의 유연성과 경제회복 능력은 수퍼파워의 지위를 유지시키는 요인인 동시에, 국제질서는 우세한 쪽에 편승하는 밴드왜건(bandwagon) 효과에서 결코 벗어날 수 없으며, 여전히 미국의 힘에 기댈 수밖에 없다."는 주장이다.

영국의 싱크탱크인 채텀하우스의 로빈 니블렛 소장도 "미국의 쇠퇴가 부시 행정부 말기 들어 급속화하고 있지만, 미국의 쇠퇴는 구조적 현상이기보다는 단기적 현상이며, 미국을 대체할 다른 국가들은 한계가 있다."고 지적했다.

리콴유(李光耀) 전 싱가포르 총리도 "일각에서는 미국이 제국의 촉수를 과도하게 뻗쳐 쇠락의 길로 접어들었다고 평가하지만 이는 잘못된 예측"이라고 단언했다.

리 전 총리는 "미국은 정보통신(IT)혁명에서 목격할 수 있듯 수차례 자신을 혁신하는 능력을 보여주었고, 유럽처럼 과도한 사회보장의 부담도 지지 않고 있다."며, "앞으로 50년 동안 미국은 경제와 과학을 선도하면서 세계의 주역으로 활약할 것"이라고 강조했다.

그러나 '강대국의 흥망(The Rise and Fall of the Great Powers)' 의 저자인 폴 케네디를 필두로 한 로버트 길핀, 스테판 그래즈너, 그리고 리처드 로스크랜스 등 미국의 저명한 국제정치학자들은 이구동성으로 미국의 패권적 지위는 이미 쇠퇴하고 있으므로 이제는 '보통국가화' 에 적응해야 한다는 논지를 폈다.

브루스 러셋 예일대 교수는 'The Mysterious Case of Vanishing Hegemony : or Is Mark Twain Really Dead?' 라는 제목의 글을 통해 "한 세기 전 건재해 있는 마크 트웨인이 죽었다는 오보가 유럽에서 나왔듯이, 이번에는 미국의 패권이 사라지고 있다는 오보가 나오고 있다." 고 일침을 놓았다.

러셋 교수는 또 "당장 경제사정이 어렵다 해서 미국의 패권이 흔들린다고 보기는 어렵다."면서 물리적 힘과 문화적 힘이라는 근거를 제시했다. 미국이 압도적인 군사력을 유지하고 있는 한, 또한 코카콜라와 할리우드로 대표되는 미국 대중문화가 전 세계에 뻗어나가 있는 한 패권은 건재하다는 논리였다.

한걸음 더 나아가, 런던 정경대의 원로 교수였던 수전 스트레인지는 미국의 패권을 지탱하는 기반은 월가(街)의 금융시스템이며, 세계 자본주의를 움직이는 것은 미국의 자본주의이므로, 미국은 여전히 세계를 움직이는 '구조적인 힘(structural power)' 을 갖고 있다는 분석이었다.

이러한 논쟁이후 20여 년이 흐른 시점에서 또 다시 미국의 헤게모니에 대한 논쟁이 시작되었다. 그러나 러셋이 주장한 군사력은 미국의 경제력과는 상관관계가 없는 것일까? 지난 10월 8일 미 대선후보 2차 토론회에서 "미국의 경제적 어려움이 미국의 군사력 유지에 영향을 미치는 것 아니냐"는 질문에 존 매케인 후보는 관계가 없다는 논지로 답했지만, 버락 오바마 후보는 단호하게 "당연히 영향을 받을 수밖에 없다."고 잘라 말했다.

경제력 없이 어떻게 군사력을 증강할 것이며, 경제적 뒷받침 없이 어떻게 세계 곳곳에 미군을 전진 배치할 수 있겠느냐는 의미이다. 세계은행에 따르면 지난 해 미국 GDP(국내총생산)는 13조8112억 달러로 세계 총 GDP의 25.4%를 차지, 2위인 일본(4조3767억 달러)의 3배나 된다.

미국의 국방예산은 전세계 군사지출의 50%나 되며, 막대한 연구·개발 투자비 등에서 아직 어느 국가도 미국을 따라오기는 힘들다.

마지막 시나리오는 중국, 인도, 브라질 등 신흥 강대국의 부상으로 미국의 수퍼파워가 분산된다거나 혹은 미국을 대체할 만한 국제기구나 국가가 없는 한 잠정적으로 기존의 수퍼파워가 유지될 수밖에 없다는 현실론이다.

영국 금융사학자인 니알 퍼거슨 하버드대 교수는 저서 '거상 : 미국제국의 흥망(Colossus : The Rise and Fall of the American Empire)' 에서 정치·군사·경제적 규모 등으로 볼 때 미국이 당분간 수퍼파워를 유지할 것으로 전망했고, 미국 시사주간지 뉴스위크 국제담당 편집인 파리드 자카리아도 "미국이 통계 수치상으로는 하락하고 있는 것처럼 보이지만 교육과 창의적 정신, 경제, 젊은 인구분포도 등의 요건으로 당분간 수퍼파워의 지위를 계속 누릴 것"이라고 내다봤다.

최근에 출간된 유엔미래보고서도 현실론에 힘을 실어준다. 즉, 2018년경이 되면 세계정부(world government), 세계시민권이 유행하게 되는데, 그 이유는 지금까지의 영토 중심의 구분, 민족 중심의 정부운영 체제로는 지구촌 문제를 함께 해결하지 못하기 때문이라는 것이다.

이는 유럽연합(EU) 같은 지역정부가 세계정부로 가는 과정이다. 미국이 빚더미에 앉게 되면서 힘이 빠지고, 중국은 아직 미국을 능가하는 힘을 갖지 못해 국제 리더십에 '블랙홀' 이 생긴다. 즉 위기와 사회 불안정이 다가오지만 글로벌 리더로 국제질서를 유지할 만한 힘을 가진 국가는 없다고 주장한다.

미국 존스홉킨스대 프랜시스 후쿠야마 교수는 "차기 대통령은 위기에 봉착한 '미국' 이라는 브랜드의 신뢰를 회복해야 하며, 차기 대통령에게도 결코 쉽지 않은 과제"라고 지적하고 있다.

참 고[6)]

■ 미국과 로마제국의 유사점

미국과 로마제국은 유사한 측면이 많은 것이 사실이다. 미국 주도의 세계질서를 의미하는 '팍스 아메리카나(Pax Americana)' 라는 용어는 '팍스 로마나(Pax Romana)' 에서 따온 말이다. 미국 국적을 '미국 시민권' 이라고 지칭하는 것도 도시국가였던 로마의 시민권 개념에서 유래한 것이다.

미국 의회의사당을 뜻하는 '캐피털 힐(Capitol Hill)' 은 로마 집정관의 취임식이 열리는 신전 '캐피토리노(Capitolino)' 에서 따온 것이다. 상원을 가리키는 '세너트(Senate)' 는 로마의 원로원(Senatus)을 뜻한다. 독일의 철학자이자 저널리스트인 페터 벤더는 그의 저서 〈제국의 부활〉에서 로마와 미국이라는 두 제국은 수립과정부터 비슷하다고 주장했다.

로마는 이집트, 마케도니아, 시리아 등 헬레니즘 강대국들이 경쟁으로 쇠약해지는 틈을 타 세력을 확보했고, 미국은 1, 2차 세계대전으로 유럽 강대국들이 몰락하는 사이에 헤게모니를 잡았다. 두 제국은 협상을 통한 평화가 아니라 전쟁을 통한 평화를 선택했다는 점도 비슷하다.

시사월간지 〈애틀랜틱 먼슬리〉 전 편집장 컬런 머피는 "두 제국은 광대한 영토와 여러 인종으로 구성됐다는 점에서도 닮았다."면서 "두 제국은 모두 선과 악의 대결구도에서 자신을 '구세주'로 여기고, 국경 너머로 너무 뻗어나간 나머지 내부에서 여러 위기에 직면했다."고 지적했다.

---

(7) 달러가치, 폭락한다.

미국은 왜 오바마를 선택했나? 미국인들이 무너져가는 미국경제에 대한 위기감을 느꼈기 때문이다. 미국민들은 경제공황의 공포심에서 벗어나지 못하여 '다른 어떤 방법'을 찾기 위해 오바마를 선택했다고 보여진다. 그러나 미국은 산업의 경쟁력을 높일 생각은 않고, 종이로 '지폐'를 찍어 헬리콥터로 뿌리려고만 하고 있다. 이는 미국은 물론, 글로벌 경제 전체를 점점 망하게 하는 길임을 알아야 한다.

현재 미국은 더 이상의 선택이 없다. 왜냐하면 미국 기업은 경쟁력을 상실한지 오래이기 때문이다. 필요한 돈은 벌어서 써야 하지만, 지난 수십 년간 기축통화라는 명분아래 윤전기로 찍어서 썼다. 찍어서 쓰다 못해 이젠 헬리콥터로 돈을 전 세계에 뿌리는 '세계적인 연환계'를 만들고 있다. 이 경우, 달러의 대부분은 제조업 경쟁력이 있는 일본, 독일, 중국 등으로 흘러 들어가고 전 세계 사람들이 미국의 빚을 갚아줘야 할 것이다.

미국은 많은 사람이 빚으로 소득 수준 이상의 생활을 영위했고, 많은 은행이 실체가 없는 파생상품을 통해 큰 소득을 얻어왔지만, 결국 이번 위기로 '노력한 자가 돈을 벌고, 생산성이 없는 자는 망할 수밖에 없다'는 교훈을 깨닫게 되었다. 그러나 미국 정부는 "무에서 유를 창조할 수 있다."고 믿는 듯 빚과 발권력으로 돈을 구해 경제를 살려내려고 하고 있다.

딘 베이커 미국 경제정책연구소 소장은, "주택 거품이 가장 먼저 터졌지만 달러 거품의 붕괴가 임박했다는 점에 더 주위를 기울여야 한다"고 강조하고 "달러 가치가 폭락하면 수입물가가 상승해서 생활수준이 낮아질 것"이라고 밝혔다. 결국 미국은 자업자득으로 달러의 가치 하락과 생활수준의 하락, 물가상승, 그리고 기축통화로서 달러화의 지위 위협 등 상상하기 힘든 댓가를 치르게 될 것이다.

참 고[7]

■ 조선시대의 당백전(當百錢)과 물가급등 사례

상평통보와 당백전

흥선대원군은 영조의 5대손(五代孫)이며 고종의 아버지로, 1866년 당백전을 발행한 장본인이다. 1866년 10월 우의정 김병학(金炳學)의 제의에 따라 금위영(禁衛營)에서 11월 6일 주조·발행하여 중지되었던 1867년 6월 17일까지 당백전의 주조 총액은 약 1천 6백만 냥이었다. 당백전은 모양과 중량이 당시 통용되던 상평통보의 5~6배에 지나지 않으면서도 당백전 1매의 명목가치는 실질가치의 약 20배에 달할 정도로 대표적인 악화(惡貨)였다.

조선 정부가 이러한 악화를 발행한 것은 당시 국가재정의 위기와 밀접한 관련을 가진다. 조선 후기 이래 국가의 재정지출이 날로 확대되는 반면에 재정수입은 오히려 축소되고 있어서 정부로서는 이러한 위기를 타개해야 했다.

더구나 대원군집권기(1863~1873)에는 안으로는 실추된 왕실의 권위를 회복하려고 경복궁 중건사업을 벌이고, 밖으로는 서구 열강의 침략에 대비하여 군대를 증강하고 군비를 확장하는 사업을 벌여야 했다.

그런데 집권초기에 함경도지방의 민폐를 덜기 위해 함경감영의 동전주조사업을 철폐하고 갑산동광(甲山銅鑛)을 폐쇄하면서 동전원료난이 더욱 심각해지자 한정된 동전원료를 가지고 보다 많은 유통가치를 조성하여 국가의 격증하는 재정수요에 충당하기 위해 당백전을 주조 · 유통시키고자 했다.

또한 청나라에서 태평천국의 난으로 발생한 국가재정궁핍을 보완하기 위해 당천(當千) · 당백(當百) · 당오십(當五十) 등의 고액전을 주조 · 발행하여 당시까지 통용되고 있었으므로 조선에서도 고액전이 유통될 수 있다고 보았다. 그러므로 정부는 이러한 문제를 일시적으로 타개하는 방안으로 악화를 발행하여 명목가치와 실질가치의 차액을 남기려고 했던 것이다.

정부는 당백전의 유통을 원활하게 하려고 이 악화를 모든 공사거래에서 종래의 상평통보와 함께 통용하게 하고 각 관청에서는 경비를 지출할 때 당백전 2/3, 상평통보 1/3의 비율로 통용하게 하였다. 그 결과 당백전 발행 초기인 1866년 12월경에 7~8냥에 지나지 않았던 미곡 1섬의 가격이 1~2년 사이에 약 6배로 폭등하였다.

당백전 발행으로 말미암아 폐단이 매우 심하게 되자 정부는 1867년 5월 당백전 주조를 중단한 상태에서 서울과 서울 밖 각 관청의 공납과 사사로운 채무보상 등에 모두 당백전을 쓰되, 1냥(100푼) 이하 거래에는 상평통보, 1냥 이상 거래에는 당백전을 사용하도록 하는 등 그 유통영역을 넓혀가려고 하였다. 하지만 상인들도 당백전 받기를 꺼렸다. 포도청을 동원해 강제로 돈을 유통시키려 했으나 무리였다.

그래서 각 관청에서 쓰는 경비를 지출할 때 당백전을 일정 비율만큼 의무적으로 쓰게 한 결과 "악화가 양화를 구축한다"는 '그레셤의 법칙'이 나타났다. 양화(良貨)인 엽전은 점차 자취를 감추고 악화인 당백전만이 유통되어 물가가 폭등했다. 결국 당백전의 발행을 포기했으나 결과적으로 인플레와 체제위기만 초래했다. 나중에는 청나라 돈까지 수입해 쓸 정도로 돈이 신뢰를 잃었던 것이다.

결론적으로, 당백전의 남발로 인플레이션이 심해 물가가 6배까지 뛰어오르면서 생활이 어렵게 되자 자살하는 가장이 속출했다는 기록도 있다. 당시 사헌부 장령(掌令) 최익현(崔益鉉)의 "당백전을 통용시킨지 2년만에 사, 농, 공, 상이 모두 병들게 되었다."는 상소는 지금까지도 유명하며 이를 계기로 통용이 중단되었다.

결국 당백전의 발행은 재정난을 타개하지 못하고 오히려 물가앙등과 체제위기를 가져왔다. 그리고 당백전 유통금지를 대비하기 위하여 역시 악화인 중국동전 300~400만 냥을 수입·유통시킴으로서 화폐문제는 더욱 심각해졌으며, 1876년 개항한 이후 일본을 비롯한 서양제국의 근대화폐가 유입되고, 1883년에는 악화 당오전(當五錢)을 남발하게 됨으로써 화폐경제는 더욱 혼란스러워졌다.

---

(8) 제로금리와 양적 완화정책의 속셈은?

미국의 채권 발행액은 현재 11조 3150억 달러에 달하여, 만일 연간 이자액을 5%라고 하면 5,657억 달러가 이자로 지불되어야만 한다. 매일 지불해야 하는 이자는 15억 5000만 달러가 되고 원화로 환산하면 2조 3000억 원이나 된다.

사실 세계를 디플레이션 공포로 몰아넣은 것은 폭발적으로 늘어난 미국의 빚이 한 몫했다. 미국 경제와 자본시장은 빚으로 쌓은 성이라 해도 과언이 아니다. 미국은 그들의 생존을 위해서 하루 이자로만 2조 3000억 원이 지불 되어야만 한다.

미국은 이번 금융위기를 활용해 제로금리를 유지하는 동시에 유동성을 최대한 늘려 미국채를 운용하는 데 필요한 비용을 대폭 줄여가려 하고 있다. 왜냐하면 양적 완화정책과 제로금리는 이자비용을 제로로 만들 수 있어서 한 푼도 내지 않고도 미국 국채의 운용이 가능하기 때문이다.

미국의 총부채는 1980년대 초 GDP 대비 1.5배에서 현재는 3.5배 수준으로 폭증했다. 달러를 많이 풀면 돈의 값어치가 떨어져 미국의 실질적인 빚 부담은 줄어든다. FRB도 그런 효과를 노리고 있으며, 이러한 빚더미는 글로벌 경제가 떠안아야 할 것으로 보인다.

(9) 비주류가 세계의 주류가 되다.[8)]

세계의 트렌드는 비주류로 가고 있다. 정책도 Unorthodox, crazy policy가 필요한 시기다. 뉴욕대 루비니 교수는, 미국 연준이 디플레이션에 맞서기 위해서는 지금까지보다도 '더 과격한(radical), 미치고(crazy), 더 미친(crazier) 금융정책들이 필요하다.' 고 주장한다. 아울러서 금융정책이 유동성 함정에 빠져 정책으로서의 효력이 없을 시에는 재정정책이 더 효과적이란 충고도 아끼지 않는다.

또한 미국을 비롯한 선진 각국의 정치지도자들도 비주류 열풍이다.

그 실예로 첫째, 미국을 보자. 미국은 피부색이 희며 앵글로색슨계이고 개신교를 믿는 WASP(White Anglo-Saxon Protestants)의 나라였다. 러시아계 유태인인 이스라엘 쟁월은 1909년 미국을 다양한 종교 · 문화 · 인종을 녹여내는 용광로(melting pot)라고 말했다. 즉, 모든 인종이 미국이라는 용광로에서 다시 녹아 제련되어 새로운 국적을 갖고 다시 새롭게 태어난다는 말로, 그것은 유럽인에게나 해당되던 말이었다.

오바마는 케냐인 아버지와 미국인 백인 어머니 사이에서 태어난 이민 2세로서 종교는 개신교이다. 케냐인 친부, 인도네시아인 의부의 영향으로 이슬람 문화를 체험했을 것이다. 종교적 편견으로는 이단으로 치부할 수 있는 문제다. 노예의 후예가 아닌 그는 흑인사회에서도 비주류이다. 미국사회의 위대한 선택은 그 저류에 형성된 거대한 인식의 변화를 뜻한다.

둘째, 프랑스는 어느 나라보다 배타적이다. 그런데 2007년 헝거리계 이민 2세인 니콜라 사르코지가 대통령이 되었다. 더욱이 어머니가 그리스계 유태인이라는 점이 세계를 더욱 놀라게 했다.

2000년 동안 유럽에서 핍박받아오던 유태인 아들의 대통령 탄생은 정치적 이변이 아닐 수 없다. 그는 또 엘리트 정치인 양성소인 그랑제콜이 아닌 일반대학인 파리10대학 출신 변호사이다.

셋째, 영국에서 스코틀랜드인은 정치적으로 2등 국민이다. 2007년 총리에 오른 고든 브라운이 잉글랜드 출신이 지배하는 정치무대의 전통을 깼다. 그는 10년 동안 재무장관을 지냈지만 스코틀랜드 출신이다. 두 지역은 원래 다른 나라로서 지금도 서로 앙숙이다. 멜 깁슨이 출연한 영화 '브레이브 하트'가 뿌리 깊은 적대감을 잘 말해주고 있다. 스코틀랜드가 뒤늦게 동인도회사를 차리고 해외무역에 나섰다 재정파탄이 나서 1707년 대영제국 깃발 아래 합병된 탓이다.

넷째, 2006년 캐나다 총리에 오른 스테픈 하퍼도 정치적 이단자이다. 캐나다에서는 전통적으로 변호사 출신이 총리가 되나 그는 회계사 출신이다. 무엇보다도 가톨릭 국가라는 종교적 장벽을 뛰어 넘었다는 점이 이변이다. 그의 종교는 '기독선교연합'이란 아주 희귀한 개신교이다. 또 그의 출신지인 영어권의 온타리오는 가톨릭 비율이 34.7%이나 불어권인 퀘벡은 83.4%이다.

한국경제의 현황과 과제

1. 한국경제의 현황[9)]

한국 경제는 지난 20여 년간 위대한 업적을 일궈냈다. 1인당 국민소득 4,435달러(1988년)에서 2007년 2만45달러가 됐다. 반도체, 액정표시장치(LCD), 휴대전화, 자동차, 철강, 선박 등의 부문에서도 세계 최고의 경쟁력을 확보했다. 수출은 1977년 100억 달러에서 2008년 4,000억 달러를 돌파하여, 세계 10대 수출대국이 수출 1,000억 달러에서 4,000억 달러로 성장하는 데 평균 17.2년이 걸린 데 반해 한국은 13년 만에 이뤄냈다. 세계적으로는 중국(9년)에 이어 두 번째다.

2. 한국경제의 과제

글로벌 경제는 암흑의 침체터널에 들어섰다. 그러나 이에 굴하지 않으려는 미국, EU, 일본 등 세계 선진 경제권은 경기부양에 혼신의 힘을 기울이고 있다. 우리 정부도 예외가 아니다. 그러나 우리나라는 당장 고쳐야 할 과제도 많다.

(1) 낮은 국가경쟁력과 교육경쟁력[10)]

"폭풍 만난 2009년도 경제"
http//breaknews.com('08.12.26)

우리나라의 국가경쟁력과 교육경쟁력은 글로벌 경제에서 10위권에 있는 우리 경제 규모에 비해 너무나도 초라한 상황이다. 먼저 국가경쟁력에 대해 살펴보자.

국가경쟁력이란 '한 나라의 경제가 지속적으로 성장해 나갈 수 있는 경쟁력을 어느 정도 가지고 있는가를 가리키며, 스위스의 국제경영개발원(IMD)과 세계경제포럼(WEF), 한국산업정책연구원(IPS) 등에서 평가한다.

이 중 IMD는 경제운용성과와 정부 효율성, 기업 효율성, 인프라 구축 등 총 4개 부문에 대해 312개 항목을 이용해 매년 55개국의 국가경쟁력을 평가 · 분석하고, WEF는 매년 161개국을 대상으로 거시경제 환경, 정부의 효율성, 기술수준 등 3개 부문에 대해 조사하고 있다. 또 IPS는 총 65개국을 대상으로 생산요소, 경영여건, 시장수요 등 물적 요소와 근로자, 정치가 및 관료, 기업가 등 인적 요소를 평가하고 있다.

IMD에 따르면 2008년 한국의 국가경쟁력은 55개 조사대상국 중 31위로, 일본(22위)에 비해 9단계나 뒤져있으며, 중국(17위)에 비해서도 14단계나 뒤져 있다. 즉 아시아 3개국 중 일본과 중국이 세계 25위권 안에서 경쟁하고 있지만 한국은 30위권에 머물러 있다. IPS 22위로 평가하고 있다.

IMD의 수전 로슬릿 부소장이 한국의 국가경쟁력이 31위에 머물고 있는 데 대해 "기업 경영에 부담을 주는 노사관계와 경영에 부담을 주는 여론이 점수를 깎아먹은 탓"이라고 지적하면서, "한국이 강점을 가진 R&D(연구 · 개발), 교육 수준, 고부가가치 산업, 강한 기업가 정신, 워커 홀릭 기질 등을 잘 살려 국가 브랜드화 하는 것이 중요하며, 이는 정부의 몫"이라는 점도 강조하고 있다.

물론, 국가경쟁력 순위에 대한 비판도 많다. 예를 들면 WEF는 아이슬란드의 국가경쟁력을 2007년 23위에서 2008년 20위로 상승한 것으로 평가했으나 아이슬란드는 국가 부도를 맞았고, 최근 1년여간 CNN, ABC, 뉴욕타임스나 워싱턴포스트 등 미국의 대표언론들은 국가경쟁력평가 순위에 대한 언급이 전무한 상태다.

그럼에도 불구하고, 우리 정부는 규제개혁, 공공부문 선진화 및 정책역량 강화를 통해 '작지만 유능한 정부' 를 만들어 가야 한다는 점에서, 이들 기관들의 평가결과는 우리에게 중요한 가늠자 역할을 한다. 따라서 현재 우리나라의 낮은 국가경쟁력 순위를 제고하는 것도 2009년의 중요한 과제 중의 하나로 삼아야 할 것이다.

다음으로는 낮은 교육경쟁력이다. 지난 2005년 5월 미국 상원의회는 석학들의 모임인 국가한림원(NAS)에 '미국이 21세기 최강국으로서 경쟁력을 계속 유지하기 위해 국가가 해야 될 10가지 실행과제의 우선순위를 정해 제안해 달라' 는 공식적인 요청을 한 적이 있다.

이를 위해 록히드사 어거스틴 전 회장(위원장), MIT 베스트 명예총장, 예일대 레빈 총장, 드퐁사 할리데이 회장, 노벨물리학상을 수상한 로렌스 버클리 국립연구소 츄 소장 등 미국 산업체 · 대학 · 연구소의 대표적 인사 20명으로 위원회가 구성되었다.

이들이 8개월간 머리를 맞대고 도출해낸 최우선 실행과제는 다름 아닌 K12(초등학교 1학년부터 고등학교 3학년) 수학 · 과학교육 강화였다. 이를 위해 매년 1만 명의 우수한 수학 · 과학 교사를 양성하고 다양한 재교육 프로그램을 마련하여 25만 명의 기존의 수학 · 과학 교사들의 수준을 향상시키자는 것이다.

미국 상원의회는 이 제안을 받아 들여 3년간 1조 원을 투입하는 법안을 만장일치로 통과시키며, 수학 · 과학 교육 강화에 국가의 미래를 걸고 있다.

최근 미국 오바마 대통령의 싱크탱크인 미국진보센터(CAP)는 차기 행정부 정책제안서에 한국인의 높은 학업성취도에 주목할 것을 제안했다고 한다. 그러나 한국과학창의재단이 2003년 전국 초 · 중 · 고생 170만여 명을 상대로 한 설문조사 결과에 의하면 과학수업에 대한 만족도가 초등학교 57%, 중학생 45%, 고등학교 31%로 학년이 올라갈수록 떨어진다고 한다.

2007년에 국제교육성취도 평가협회가 세계 50개국 23만여 명을 대상으로 실시한 조사에 의하면 우리나라 중2 학생들의 수학 및 과학 성취도는 세계 2위와 4위인 반면, 학습 즐거움은 각각 43위와 29위로 최하위 수준으로 보고되었다. 뿐만아니라 우리나라의 대학 경쟁력은 형편없는 수준이다.

한국경영자총협회(경총)에 의하면 기업들이 대졸 신입사원을 뽑아 실무에 투입할 때까지 소요되는 교육비용이 1인당 6,088만 원으로 사립대 4년 등록금 액수의 두 배에 해당하며 기간도 19.5개월이나 된다는 것이다.

이는 세계 대학 경쟁력 최하위권인 한국 대학의 후진적 면모를 다시 확인하게 하는 결과인 동시에 기업의 경쟁력 약화는 물론, 곧바로 국가 경쟁력 약화로 이어진다는 점에서 철학, 인문학 등 몇몇 분야를 제외하고는 대부분의 교육시스템을 '실사구시' 학문으로 만드는 대수술이 필요하지 않겠는가?

(2) 높은 국가부패지수[11)]

"러시아 기업 3분의 2가 부패 관행에 젖어 있으며 관리들의 뇌물수수도 점점 늘고 있다. 부패 행위를 저질러도 처벌을 받지 않는다는 생각을 뿌리 뽑으려면 더 강한 처벌이 필요하다"

라쉬드 누르갈리예프 러시아 내무장관이 최근 한 회의에서 한 말이다. 지난 9월 '2008년 국제투명성기구 부패인식지수(CPI)' 에서 전체 180개국 중 방글라데시, 케냐, 시리아 등과 같은 143위로 최하위권, 그리고 최근 독일 소재 국제투명성기구(TI)가 발표한 '뇌물공여지수(BPI)' 에서 조사대상 22개 국가 중 꼴찌의 불명예를 차지한 러시아는 최근 부패와의 전쟁을 선언하고 나섰다.

우리나라는 어떠한가? 한국은 국제투명성기구가 실시한 부패인식지수(CPI) 조사에서 매년 40위권 내외에 머물고 있다. 최근 여론조사를 보면 우리 아이들의 반부패인식지수가 10점 만점에 6.1이라고 한다. 아이들의 18%가 10억 원을 준다면 10년을 감옥에 가도 좋다고 한다. 무서운 현실이다.

최근 국민권인위원회가 주관한 2008년 공공기관 외부청렴도 조사에서 동대문구, 익산시 등이 최우수 등급을 차지한 반면 제주도, 공정위 등이 하위권을 맴 돌았다. 특히 구리시의 경우는 이채롭다. 2007년 조사에서 경기도 내 31개 지자체 중 최하위를 기록했으나, 2008년 조사에서는 시장의 '부패와의 전쟁' 이후 10위권에 올랐다.

전국적으로도 지난해에는 평가 대상기관 333곳 중 300위로 최하위권을 기록했으나, 올해는 매우 우수-우수-보통-미흡 등 4단계로 구분한 평가에서 '우수' 등급을 받을 만큼 면모를 일신했다. 이러한 사례는 우리에게 '지도자의 중요성은 아무리 강조해도 지나치지 않다'는 점을 새삼 일깨워 준다.

(3) 아직도 '턱없이 높은' 부동산 가격[12)]

"우리나라 땅을 팔면 우리나라보다 100배 이상 넓은 캐나다를 두 개, 호주대륙 하나 반, (시가로 계산하면) 미국을 절반 가까이 살 수 있다." 이것이 최근 통계청이 발표한 우리나라 부동산거품의 적나라한 현주소다. 서울에서 집 한 채를 사려면 월급을 한 푼 쓰지 않고 저축해도 약 10년이 걸린다. 일본 수도권 내에서 집을 사는 경우 5년 걸리는 것에 비해 두 배나 더 걸리는 셈이다.

미국 웬델콕스 컨설팅이 2006년 기준으로 조사한 세계 주요도시의 PIR을 보면 뉴욕이 7.2배, 보스턴이 6.2배, LA가 11.4배, 워싱턴이 5.6배였으며, 캐나다 밴쿠버가 7.7배, 토론토가 4.4배로 집계됐다.

PIR(Price to Income Ratio)이란, 가구 소득대비 집 값, 즉 소득대비 주택가격 비율로서 보통 '중위주택가격/중위소득'으로 계산하며, 몇 년 치 소득을 저축해야 대출을 받지 않고 자력으로 주택을 구입할 수 있는지를 의미한다. 2007년 말 우리나라의 금융자산을 제외한 토지자산은 전체 국가자산의 50.8%인 3,325조 원으로 전년도(3,053조 원)보다 272조 원(8.9%) 증가하여, 2000년에 비해 두 배 가까이 증가했다.

한국의 명목 GDP 대비 토지자산 비율은 3.7배로 프랑스의 3.0배, 미국 2.8배, 일본 2.4배, 캐나다 1.1배에 비해 높았다. 한국의 부동산거품이 어떤 나라보다 심각한 상태라는 의미다.

특히 미국의 명목 GDP 대비 비율이 2003년 2.5배에서 지난해 2.8배로 움직이는 동안 한국은 2.7배에서 3.7배로 늘어나, 한국에서 부동산거품이 본격적으로 터질 경우 부동산거품 파열로 공황에 빠져든 미국보다 심각한 경제적 타격이 불가피하다는 얘기다.

더구나, 우리나라는 토지자산 가격을 실거래 가격인 시가보다 크게 낮은 공시지가로 계산하고 있는 반면, 미국 등 대다수 선진국의 경우 시가로 계산하고 있어서 우리나라의 실제 토지거품은 몇 배나 큰 것으로 추산된다.

명목 GDP 대비 토지자산 배율

	2003년	2004년	2005년	2006년	2007년	토지자산 (십억US $)	명목GDP (십억US $)
한 국	2.7	3.0	3.4	3.6	3.7	3,578	970
미 국[1]	2.5	2.6	2.7	2.8	2.8	38,442	13,841
캐나다	0.9	1.0	1.0	1.0	1.1	1,558	1,426
프랑스	1.8	2.2	2.7	2.9	3.0	7,739	2,555
호 주	2.8	2.7	2.8	2.9	2.8	2,639	947
일 본	2.6	2.5	2.4	2.4	–	10,556[2]	4,376[2]

주 1) 부동산 자산(법인 · 가계 부문), 2) 2006년 자료

우리나라의 국가자산은 유형고정자산이 2,625조 원, 무형고정자산 37조 원, 재고자산 340조 원, 토지자산 3,325조 원, 입목(나무)자산 30조 원, 지하자산 43조 원, 내구소비재 143조 원 등이었으며, 이중 유형고정자산이 전년대비 201조 원, 토지자산이 271조 원 각각 증가해서 전체 국가자산 증가액의 90.5%를 차지했다.

(4) 한국은 '위험사회' 라는 오명 벗어야[13]

최근 서울대학교의 한 연구소 보고서에 의하면, 국민 10명 중 7명이 '한국은 위험한 사회' 라고 인정하고 있다. 정치권은 전기톱과 망치가 등장하여 전 세계 언론에 오르내리고, 공무원은 대통령의 요구에도 사실상 백지보고서를 제출하며, 사채시장에서는 이자가 연 2,500%를 넘는 사회가 한국사회의 단면이다.

2007년 우리나라의 고소 · 고발은 약 60만여 건인데 반해, 우리와 사회제도가 비슷한 일본은 17,000여 건으로 우리나라의 3%에 불과한 수치이고 인구 1인당 대비 90배에 달한다. 그러나 이 가운데 실제 기소로 이어지는 비율은 17%에 지나지 않아 무고로 인한 사회적 낭비와 사법피해가 막심한 상황이다.

전문가들은 우리나라가 '위험사회화' 가 되는 배경에 대해, 사회의 밑바탕에는 신뢰라고 하는 사회적 자산이 깔려 있어야 하는데, 현재는 신뢰가 무너지고 있다는 진단을 하고 있다.

악덕 사채업자[4)]

5백만 원을 대출해주고 2천5백만 원을 갈취하려는 '사채업자'

최근 검찰에 따르면 A(여) 씨는 2007년 7월 T대부업체에서 4천만 원의 사채를 빌리기로 했으나, A씨가 이전에 빌렸다가 다 갚지 못했던 원금과 이자에 수수료와 선이자 명목 등까지 합쳐 3천5백만 원을 먼저 떼가고, 정작 A씨가 받은 돈은 5백만 원에 불과했다.

하지만 A씨에겐 하루에 35만 원씩 137일 동안 원금 4천만 원을 갚기로 하는 등 연 2,550%가 넘는 '살인 금리' 가 강요되었다.

이처럼 악덕 사채업자들의 협박은 야간에 찾아와 폭언과 협박을 일삼고, 자매의 옷을 벗기고 번갈아 성추행을 하는 등 도를 넘고 있다. 현재 서울시에 등록된 17,000여개의 대부업체를 공무원 7명이 감독하고 있는 실정이다.

(5) '해바라기' 가 되어버린 한국 경제

최근 중국의 대미 수출이 6% 감소하자 한국의 대중 수출이 33% 감소하여 중국의 대미수출 감소대비 우리나라의 대중 수출은 6배나 큰 것으로 나타났다. 이는 무엇을 의미하는 것일까?

이는 우리 경제의 대외동조화 및 의존도가 너무 높기 때문인 것으로 풀이된다. 2007년 중 우리나라의 대외의존도는 74%로, 미국 23%, 일본 30%, 영국 39.1% 등 선진국은 물론, 중국 66.3%보다도 높은 상황이다. 금융위기의 장기화로 중국의 대미 수출이 급감할 것으로 예상되는 가운데, 우리나라의 수출감소 예상폭도 예사롭지가 않다.

특히 주요 선진국의 성장률 전망을 마이너스로 발표하는 등 금융위기에 따른 선진국의 불황이 짧게는 1~2년, 길게는 4~5년 정도 지속될 것으로 전망되는 점을 감안하면, 우리나라의 수출 부문에 심각한 타격이 예상된다.

더구나 최근 세계무역기구(WTO)에 따르면 약 14조 달러에 달하는 전 세계 무역액 중 90%가 무역금융을 통해 조달되는데 현 시점에서 250억 달러의 유동성 부족사태가 빚어지고 금융비용도 5%포인트까지 급등하여 지난 수 개월사이 6배나 높아졌다는 분석이다. 전문가들은 향후에도 이런 흐름이 지속될 것으로 보고 있어서 당면한 유동성 부족이 가장 핵심문제이며, 세계경제의 침체에 따른 금융위기의 위험분산도 해결할 과제라고 밝히고 있다.

이러한 상황에서 '수출로 먹고사는 한국' 의 현좌표는 어디인가? 그리고 목적지는 어디인가? 다시 한 번 생각해 볼 때다.

제30장 글로벌 금융위기에 대한 대응전략

훌륭한 나라의 기준은 국토의 크기도 아니며, 군사력도 경제력도 아니다. 단 하나, 국민들이 가지고 있는 도덕적 힘이다.

– L. V Ranke

주요국의 대응전략

미국은 글로벌 금융위기로 초래된 최악의 경기침체에 연방준비위원회와 백악관을 중심으로 적극 대응하고 있다. 통화정책과 재정정책, 양 방향을 모두 아우르는 다양하고 과감한 대책을 집행하고 있다.

2007년 9월 이후 연방기금금리를 꾸준히 낮추어 4%에서 0%대까지 낮췄으며, 환매조건부채권(RP)을 비롯해서 기간입찰대출(TAF), 기업어음(CP) 매입을 지원하는 등 달러화 증발(增發)을 통한 양적 금융완화 정책에 적극적으로 나서고 있다.

그 결과 미국 연준의 자산 규모가 지난 1년 새 2.6배로 늘어 12월 18일 현재 2조3천억 달러를 기록했다. 특히 오바마 행정부는 이미 신뉴딜정책 추진을 공언했으며 도로, 공공건물, 다리 등 전통적 사회기반 시설과 초고속 인터넷 등의 대규모 투자를 계획 중이다.

대부분의 유럽 국가들이 재정적자 운용폭을 제한하는 EU 공통의 재정건전성 권고 기준에서 자유롭지 않아 미국이나 중국만큼의 대규모 적자재정 편성이 어려운 상황이며, 그 결과 경기부양을 위해 각국 정부가 취할 수 있는 운신의 폭은 크지 않을 전망이다.

EU위원회 역시 경기부양을 위한 일시적인 재정적자 운용을 승인하여, 2009년에는 유럽 각국 정부가 재정지출 확대에 나설 것으로 예상되나 미국, 일본, 호주 등에 비해 그 규모나 효과가 상대적으로 더 적을 것으로 전망된다.

그러나 유럽의 대응 역시 유동성 위기와 신용경색 최소화를 위해 금리 인하, 공적 자금 투입을 통한 은행자본 확충 등 적극적인 통화 및 금융정책에 초점을 맞추고 있다.

ECB, 영국 중앙은행(Bank of England), 스웨덴 중앙은행(Riksbank) 등은 실물경기침체 속도가 더욱 빨라짐에 따라 올 10월 이후 3차례에 걸쳐 2%대까지 정책금리를 인하하였으나, 미국의 제로금리 선언으로 조만간 금리를 더 인하할 가능성이 높아진 상황이다.

중국은 어떠한가? 중국은 내수경기부양에 전력집중할 계획이다. 중국의 정책 대응은 금융부문보다 실물부문에 집중되어 있다. 중국 정부가 내놓은 금융관련 대책은 금리 인하와 중소 수출기업 대상 신용확대가 전부일 정도로 금융시장 안정화를 타깃으로 한 응급대책은 없는 실정이다.

이는 중국의 경우 은행 부문의 자산 규모가 큰 반면, 첨단 금융기법 관련 노하우가 부족하여 파생상품 관련 투자를 억제해 왔는데, 이런 규제가 결과적으로 미국 서브 프라임 위기의 불똥을 막는 방화벽 역할을 했기 때문으로 풀이된다. 그러나 경기 부양을 위한 정책 대응은 매우 적극적이다.

최근 국가발전개혁위원회(NDRC)는 4조 위안(5천5백억 달러) 규모의 재정지출 확대 방안을 발표했으며, 그 첫 걸음으로 올해 1/4분기에 보급형 주택건설 등에 중앙정부가 1천억 위안의 시범 투자를 실시할 것으로 알려졌다. 올해에 집행할 것으로 예정되어 있는 2조 위안의 추가 재정지출은 중국 경제성장률을 2.8%포인트 끌어올릴 것으로 분석된다.

일본은 금융시장과 고용안정을 통해 내수 진작에 나선다는 계획이다. 일본 정부는 지난 8월말 자원위기 대책과 10월 말에 총사업규모 26조 9천억 엔의 경기부양책을 발표한 데 이어 최근에도 추가 경기 부양책을 발표, 3개 대책의 중복 부분을 제외한 총 사업 규모는 75조 엔 규모에 달한다.

한국의 대응전략[15)]

우리나라는 금융위기에 대응, 최근 금리를 2.5%로 인하하고 정부는 경기부양책으로 33조 원을 풀기로 했다. 세계가 대공황 상태로 진입하고 있는 시점에서 우리는 더 이상의 어떤 대응이 필요할 것인가?

향후 세계는 권력의 중심이 국가에서 기업, 개인, NGO, 온라인 네트워크 그룹으로 빠르게 이동한다.

2008년 말 다보스포럼에서 발표된 미래보고서 〈퓨처 매핑(future mapping) 2030〉에 의하면 현재 기업의 권력은 14.3%, 국가의 권력은 69.3%이지만, 2030년에는 기업의 힘 85.7%로 국가의 권력은 30.7%로 기업의 힘이 국가의 권력을 역전한다고 전망했다. 개인의 권력은 현재 16.8%에서 2030년 83.2%로, 온라인 네트워크 그룹의 힘은 현재 18.1%에서 81.9%로, NGO의 힘은 39.4%에서 60.6%로 바뀐다.

즉, 정부가 국민설득, 국민통합을 시도하지 않으면 국가 운영이 불가능해져서 새로운 직접민주주의, 전자민주주의에 익숙한 국민들의 '똑똑한 자아(smart identity)' 를 설득하기 위해 국민설득부 · 대국민홍보부가 큰 권력을 갖게 되어 적시정책(just-in-time policy)을 만드는 것이 최상이다.

오늘날의 금융위기 속에서 국가, 기업, 개인은 이러한 향후 트렌드를 지향하면서 장단기 대책을 세울 때, 효율적인 대응책을 마련할 수 있을 것으로 보인다.

1. 국가의 향후 대응전략

(1) Survival Paradigm, Moral Country, 그리고 제조업 경쟁력

글로벌 경제가 Survival International Paradigm으로 변하면서 국가는 물론, 사회 기업, 개인도 변하고 있다. 사회는 Survival Society, 개인은 Well-Being mode에서 Survival-Being Mode로 급속히 전환되고 있다.

이러한 가운데, 최근 미국에서는 금융구제에 앞서 윤리구제가 필요하다는 주장이 나오고 있다. 도덕적 기반이 마련되어 있지 않은 상황에서의 금융구제는 사상누각에 불과하다는 게 이들의 공통된 주장이다.

우리나라도 예외가 될 수 없다. 국가는 도덕으로 무장된 Moral Country가 되어야 한다. 이러한 기반 위에서 사회는 Moral Society, 기업은 Moral Company, 개인은 Moral Person이 될 수 있도록 국가가 나서서 이끌어야 한다. 이럴 경우, 한국사회는 '위험사회' 라는 오명을 씻고 국민들이 행복하게 살 수 있을 것이다.

글로벌 경제는 수년 전부터 공급과잉상태가 지속되어왔다. 글로벌 경제는 공급증가율이 수요증가율을 한참 초과하는 상태가 지속되어 왔고 향후에도 이런 추세는 지속되어 지구촌에는 재고가 쌓이면서, BIG 3같은 글로벌 기업들의 도산이 이어질 전망이다.

특히, 이러한 현상은 금융위기나 경제위기를 심화시키는 한편, 또 다른 위기를 초래할 것이 분명하다. 결국, 세계 시장이 하나가 된 마당에, 글로벌 기업들이 살아남기 위해서는 5%, 아니 1% 안에 들어야만 생존이 가능할 것으로 보인다.

이처럼 기업은 국부를 창출하는 원천으로, 작금에 닥친 위기극복을 위해 Moral Company가 되어야만 향후 글로벌 시장에서 경쟁력을 갖고 지속가능한 성장을 이어나갈 것으로 보인다.

이런 차원에서 볼 때, 제조업 경쟁력이 뒷받침되지 않는 국가는 금융경쟁력도 가질 수 없을 뿐만 아니라, 대외의 금융의존도도 높아져 대외경제의 움직임에 민감하게 되어 글로벌 금융위기시마다 과도하게 출렁일 수밖에 없다.

최근 국제통화기금(IMF)에 구제금융을 신청한 국가들의 공통점은 한결같이 제조업 기반이 없이 대외의 금융의존도가 높은 나라들이다. 이런 상황에서 우리기업들이 살아남으려면 국가는 무엇을 해야 하는가? 국가는 기업들이 세계최고의 제조업 경쟁력을 가질 수 있도록 발 벗고 나서서 세계최고의 경쟁력을 가진 R&D HUB를 만들어야 한다.

여기에는 연구능력을 가진 각 분야의 전문가들은 물론, 끼 있는 예술가, 디자이너, 환경학자, 인문학자들도 참여하여 이제까지와는 전혀 다른 'Technical Paradigm'에서 'Humane Paradigm'으로의 새로운 패러다임을 창조해야 한다.

그래야만 글로벌 시장에서 수요자들이 실종검증(Disappearance Test)' 을 기준으로 해도 살아남을 수 있는 기업이 되지 않겠는가?

동북아 식품산업의 허브(hub)[16)]

자료 : http://news.chosun.com(12.27)

'동북아 식품산업 허브(hub · 중심축)' 가 익산 지역 400ha에 국내외 식품기업 100여 곳과 식품 연구소 10여 곳을 유치하는 내용의 '식품 클러스터(cluster)' 로 조성된다. 식품 클러스터란 식품 관련 업체 · 연구소 · 정부기관 등을 같은 지역에 한데 모아 식품을 국가의 특화산업으로 육성하는 것을 말한다.

이러한 계획은 2020년 2조 5400억 달러 규모로 전망되는 아 · 태지역의 식품시장을 공략하기 위한 것으로, 2015년경 이 지역의 식품산업 매출액을 우리나라 전체의 15%인 27조 원 규모로 키우겠다는 전략이다.

유엔식량농업기구(FAO)에 따르면 지난 2000년부터 20005년까지 세계 식품교역 규모는 연평균 9.4% 성장하고 있고, 생산유발계수도 육류 및 육가공품, 낙농품, 수산가공품, 정곡, 과일 및 채소가공품 등에서 전체 산업평균보다 높다.

즉 식품 100억 달러 수출을 달성하면 농업부문에서 7조5000억 원, 다른 관련 산업에서 6조5000억 원 등 14조 원의 생산증가 효과가 있고 10만 명(농업 6만 명, 관련산업 4만 명)의 고용증가효과가 발생한다. 특히, 2004년 기준 세계식품시장 규모는 약 4조 달러로 자동차 시장(1조6천억 달러)이나 정보기술(IT) 시장(2조8천억달러)보다 크다.

정부의 이러한 벤치마킹 대상은 세계적 식품산업 단지인 네덜란드의 '푸드밸리(Food Valley)' 와 덴마크 동부-스웨덴 서부의 '외레순 클러스터 푸드밸리' 의 경우 2006년 연간 매출액이 470억 유로에 달했다.

(2) '미래 정책청'과 '국가위험관리자'[17)]

"대한민국은 2305년에 없어진다."

"일본은 3300년에 소멸한다."

"2050년의 전세계 인구를 91억 명으로 예측하는데, 91억 명 보다 한 대의 컴퓨터가 더 똑똑해지며, 지금으로부터 150년 뒤의 지구촌 인구는 60억 명으로, 계속해서 36억 명으로 감소할 것이다. 2050년을 기점으로 모든 것이 감소할 것이다."

"한국도 미래를 예측하고 연구하는 미래전략청 같은 정부 내 전담기구를 만들어야 한다. 특히 새 정부는 이 문제를 진지하게 검토해야 한다. 한국 같은 대외의존도가 높은 경제 및 산업구조를 가진 나라는 절대 필요하다."

유엔 세계미래의회 의장 겸 유엔미래포럼 회장인 제롬 글렌(Jerome C. Glenn) 박사의 제언이다. 〈유엔미래보고서〉는 다음과 같이 주장한다. 농경시대 5000년, 산업시대 200년, 정보화시대 50년, 그리고 몇 년 후면 후기 정보화시대에 들어간다.

농경 산업시대는 오늘이나 내일이 큰 변화가 없어 미래에 대한 전략이 필요 없었으나 요즘에는 빛의 속도로 변하는 시대이기 때문에 비정부기구나 학계에서 미래에 대한 연구가 다양하게 이뤄지고 있는 상황이다.

예를 들면, 호주 · 핀란드 · 프랑스 · 영국 · 캐나다 등 전세계 50여 개 국가들은 1990년대 이미 미래전략기구를 만들어 대통령 직속이든 총리실 산하든 미래전략팀을 운영하고 있다.

2000년대 들어서는 아랍국가들도 국가미래전략기구의회 등의 조직을 만들어 왕실 산하 또는 통치권자의 장기미래구상을 도와주고 정부는 이를 적극 반영하고 있다.

지금까지 유명한 국가 미래보고서로는 '미국 NIC2010, 2015, 2020보고서' 가 있고, 유럽 2010, 호주 2020, '영국국가보고서 챌린지 포럼 2020, 2025, 2030시나리오' 등이 있다.

이런 차원에서 중요시 되는 것이 국가위험관리자(NRO, National Risk Officer)이며, CRO(Country Risk Officer)라고도 불린다. NRO란 기업의 '위험관리 최고책임자(CRO, Company Risk Officer)' 와 같은 역할을 하는 공무원으로 국가 전역에 도사리고 있는 위험요소를 분석하고 우선순위를 정해 관리하는 일을 하게 된다. 또한 리스크의 측정 · 관리 · 전이 등과 관련된 민간 기법을 연구하며 대립되는 정부 부처 간의 이기주의를 조정하는 역할을 하게 된다.

최근 다보스포럼은, CRO를 임명하면 국가 간 리스크 공동대처를 위한 협력체제구축에 도움을 줄 뿐만 아니라 국가 간 CRO모임이 글로벌 리스크를 완화시킬 구심체가 될 수 있다고 강조하고 있다.

컨트리 리스크는 국가의 신용도를 결정하는 중요한 요소이기 때문에 향후 이들 CRO의 역할이 확대될 것으로 보인다. 참고로, 기업의 CRO는 경영활동을 둘러싼 모든 위험요소들을 사전에 숙지 · 대응하고 원천적 봉쇄와 어떤 충격에도 흔들리지 않는 조직을 만드는 데 중요한 역할을 한다. 기업 CRO는 부도방지와 신용도 위험방지, 산업스파이와 기업 내 기밀유출방지, 불매운동방지와 PL(제조물 책임) 소송 등도 담당한다.

통계청, CIA와 유엔미래 자료에 의하면 한국의 출산율은 1.28명이다. 그러나 현재 부산의 출산율은 0.81명 등으로 인구가 급속히 감소하고 있다. 2305년에 한국은 정녕 없어질 것인가? 지금 이런 문제에 대해 정부는 어떠한 대응을 하고 있는 것일까? 미리 준비하지 않으면 이런 일이 일어나지 않는다고 어느 누구도 장담할 수 없을 것이다.

(3) 정치경쟁력 제고[18)]

우리나라 정치는 언제 OECD 국가급으로의 격상이 가능할까? 2004년 대통령 탄핵당시, 워싱턴포스트는 "대통령 탄핵으로 인해 아시아 제 4위의 한국 경제가 정치적 격랑 속에 빠져들고 있으며, 지난 1987년 한국의 민주주의가 회복된 이래 한국인들의 분열이 그 어느 때보다 심화되고 있다."고 보도한 적이 있다.

당시 블룸버그의 칼럼니스트인 윌리엄 페섹 주니어는 이날 '한국의 문제는 경제와 부채야, 이 바보야(For Korea, It' s the Economy and Debt, Stupid)' 라는 칼럼을 통해 정치가 경제의 발목을 잡고 있는 한국의 현실을 꼬집은 바 있다.

최근 한국의 정치행태도 예외는 아니다. 국회에서 해머와 전기톱이 등장하였고 이에 대항하여 소화기와 물 호스가 난무하여 이제 우리 헌정사에는 새로운 투쟁기록이 남게 되었다. 한 마디로 우리나라 정치의 후진성을 보여주는 단면이며, 우리 정치사를 후퇴시키는 추한 모습이다.

이에 대해, 김창준 미국 연방 전 하원의원은 "한국은 정치제도가 잘못돼 있으며, 이대로의 제도가 계속된다면 한국 국회를 최고의 신사들만으로 채워도 별로 달라지는 것이 없을 것으로 확신한다."는 주장이다. 즉, 무엇보다 '당이 가진 공천권' 을 지역구민들에게 돌려줘야 한다는 것이다. 백 번 천 번 들어도 타당한 논리다.

왜냐하면 '어느 당에서 누가 그 지역 후보로 출마하느냐' 는 그 지역의 그 당 지지자들이나 유권자들이 정할 문제이지, 당의 간부들이 정할 일이 아니기 때문이다.

현재 우리나라는 각 당의 중앙당이 마음대로 누구는 공천을 주고 누구는 낙천시키고, 이리저리 후보들을 배당하고 유리한 지역구, 불리한 지역구를 골라 공천게임을 하는 데, 미국에서 바라보면 도저히 이해할 수가 없다는 것이다.

한걸음 더 나아가, 그는 "지역구가 없는 비례대표 의원도 없애야 한다"고 힘주어 주장한다. 물론 전문가 영입에 대한 장점도 있지만, '全國區'라 불리는 비례대표는 '錢國區'라 불리고 있으며, 다음 선거 때 또 공천을 받기 위해 온갖 무리한 충성 경쟁을 하고 육탄전에도 앞장서게 되기 때문이다. 또한 시장 · 군수도 당 공천제도가 반드시 폐지되어야 한다. 왜냐하면 이에 대한 부작용은 날로 커지기 때문이다.

(4) 2010년 이후, 인플레이션에 대비해야 …

세계적인 경제분석가이자 투자자인 마크 파버(Faber)를 비롯한 몇몇 전문가들은 디플레이션은커녕 인플레이션과 자산가격반등이 다시 찾아올 가능성을 전망하고 있다.

세계 각국이 구제금융과 경기부양책을 통해 막대한 유동성을 시장에 풀고 있는 점이 그 근거다. 모건 스탠리는 "최근 인플레이션의 급락은 일시적이며, 2010년에는 다시 인플레이션이 찾아올 것"이라고 전망했다.

그러나 루비니 교수는 현재 시중에 조(兆) 단위의 달러가 풀리고 있지만, 이는 금융위기와 투자자들의 패닉에 대응하기 위한 것이어서 인플레이션 압력이 적다고 분석했다.

패닉이 진정되고 현금에 대한 과도한 수요가 수그러들면 중앙은행들이 이런 과잉유동성을 다시 거둬들일 수 있다는 논리다. 그러나 경제에는 '공짜가 없다'는 점을 인식해야 한다. 한 번 풀린 과잉유동성은 반드시 저절로 돌아가지는 않기 때문이다.

정부와 기업은 나서서 2010년을 전후하여 엄청난 인플레이션 폭풍에 대비해야 할 것이다. 거대한 홍수가 지난 뒤에는 온갖 쓰레기 잔해가 봇물을 이루듯 '돈홍수(money flood)' 가 쓸고 지나간 자리엔 반드시 인플레이션이란 잔해가 남을 것이기 때문이다.

(5) 도시가 농촌, 시골, 고향을 피폐화시키는 사회[19)]

'도시와 농촌, 화해할 수 없는 다리를 건넜다?'

지금 우리나라의 농촌과 도시는 대립하고 있다. 일방적으로 도시가 농촌을 지배하며 삼키는 구조다. 농촌과 농민은 도시민을 먹여 살리는 보조수단일 뿐이다.

미국 CIA 보고서에 따르면 한국에서 가장 하층민이 운동권이라 지적한 적이 있다. 그런데 불과 10년 사이 농민이 그 자리를 물려받으려고 한다. 이는 기막힌 현실이다.

도농 간에는 소득격차, 교육격차, 정보화격차, 문화격차 등 모든 면에서 2분화되어 있다. 농촌에서는 학급의 30~40%가 결손가정 또는 조부모가정의 자녀라는 조사도 있으며, 그들은 수업 후 홀로 지내기 일쑤이며, 사설학원을 찾을 만큼 경제적 여유가 있는 것도 아니다.

결국 농업이 산업에서 차지하는 비중도 현저히 낮아진 것은 물론, 농촌인구도 10% 미만으로 떨어지고 말았다. 이는 한 쪽의 지나친 희생에 의해서만 유지되는 관계다. 특히 우리나라는 도시산업과 농업 · 광공업, 생산자와 소비자로 2분화되어 있다.

공업화 - 산업화 - 도시화로 이어지는 과정에서 올챙이 적 시절을 망각하도록 강요한 측면도 있다. 그러나 현재 중국이 도농간 격차해소에 발 벗고 나서고 있는 점을 감안, 우리도 늦은 감은 있지만 현실적인 실효성 있는 대책 추진으로 도농간 격차가 해소되길 기대해 본다.

(6) 지금은 정제된 애국심(Purified Patriotism)이 필요한 시기다.[20)]

"최근 애국심이 왜곡되고 있어요. 다른 나라 사람을 배려하는 '순화된 애국주의(purified patriotism)' 가 필요합니다. 베이징올림픽을 전후로 인권 탄압이 여전한 중국 모습은 염려할 만한 것입니다."

미국 시카고대 법학 · 윤리학 석좌교수의 말이다. 그녀는 이어서, '순화된 애국주의가 가능한가?' 라는 질문에 "사람들이 일반적으로 염려하는 극단적 애국주의와 애국주의 자체를 회의적으로 바라보는 두 가지 시각이 있다."며, "인류에게 유해한 요소를 제거한 순화된 애국주의는 가능하며 더 나아가 애국심은 세계 정의실현을 향한 노력에서 매우 유익한 감정"이라는 주장이다.

역사적으로 보면, 국가가 위기 때마다 애국심이 국가를 구했다. 우리에겐 지금 쇼비니즘(Chauvinism)을 넘어 정제된 애국심(purified patriotism)이 절실히 필요한 시기다.

참 고

■ 삼년불비불명 (三年不飛不鳴)

춘추시대 초엽, 오패의 한 사람으로 꼽혔던 초(楚)나라 장왕(莊王 : B.C. 613~591)이 즉위한 지 얼마 안 되었을 때 있었던 일이다. 장왕은 원래 지혜롭고 총명한 사람이었다. 장왕은 충성심많은 신하를 찾기 위해 꾀를 썼다.

어느 날 장왕은 신하들을 모아 놓고 이렇게 선언했다. "앞으로, 과인을 간하는 자는 사형(死刑)에 처할 것이오." 그 후 장왕은 3년간에 걸쳐 국정은 돌보지 않은 채 주색(酒色)으로 나날을 보냈다. 이를 보다 못한 충신 오거(五擧)는 죽음을 각오하고 간언(諫言)할 결심을 했다. 그러나 차마 직간(直諫)할 수가 없어 수수께끼로서 우회적으로 간하기로 했다.

"전하, 신이 수수께끼를 하나 내볼까 하나이다."

"어서 내보내시오."

"언덕 위에 큰 새가 한 마리 있사온데, 이 새는 '3년 동안 날지도 않고 울지도 않사옵니다[三年不飛又不鳴].' 대체 이 새는 무슨 새이겠나이까?"

장왕은 서슴없이 대답했다.

"3년이나 날지 않았지만 한 번 날면 하늘에 오를 것이오. 또 3년이나 울지 않았지만 한 번 울면 세상 사람들을 놀라게 할 것이오. 이제 그대의 뜻을 알았으니 그만 물러가시오."

此鳥不飛則已(차조불비즉이)	이 새는 날지 않으면 그뿐이지만
一飛沖天(일비충천)	한 번 날면 하늘에 오르며
不鳴則已(불명즉이)	울지 않으면 그뿐이지만
一鳴驚人(일명경인)	한 번 울면 사람을 놀랜다

그로부터 몇 달이 지났으나 장왕의 난행(亂行)은 조금도 달라지지 않았다. 그래서 이번에는 대부 소종(蘇從)이 죽음을 각오하고 대전에 나아가 직간했다. 소종은 자신이 거느리는 신하들을 모아놓고 유언을 하고 돌아왔다.

그러자 장왕은 꾸짖듯이 말했다.

"경(卿)은 포고문도 못 보았소?"

"예, 보았나이다. 본인이 죽는게 뭐 그리 대단합니까. 나라가 망하여 적국의 손에 죽으나 전하의 손에 죽으나 어차피 죽는 것은 마찬가집니다."

"알았소. 물러가시오."

장왕은 그날부터 주색을 멀리하고 국정에 전념했다. 3년 동안 장왕이 주색을 가까이했던 것은 충신과 간신을 선별하기 위한 사전 공작이었다. 장왕은 국정에 임하자마자 간신을 비롯한 부정부패관리 등 수백 명에 이르는 반윤리적 공직자를 주살(誅殺)하고 수백 명의 충신을 등용했다.

그리고 오거와 소종에게 정치를 맡겨 어지러웠던 나라가 바로 잡히자 백성들은 장왕의 멋진 재기를 크게 기뻐했다. 훗날 정치가들을 모아놓고 중국역사상 가장 훌륭한 업적을 남긴 왕을 뽑았는데, 그게 춘추오패다. 장왕은 춘추오패(春秋五覇)에 해당된다.

---

(7) 적절한 규제, 필요한가?[21)]

① 증시불안과 환율시장 불안

한국의 주가는 2007년과 2008년을 비교하면, 40%나 하락했다. 타이완의 가권지수의 변동률은 −44.7%, 중국의 상하이 종합지수 64%, 러시아가 70.9% 추락했다. 또한, 영국 −37.4%, 일본 −43.3%가 떨어졌다. 이것은 내국인의 시각으로 환율 요소를 완전히 배제한 채 원화로 투자했을 경우를 감안해서 지수의 등락만을 따진 것이다.

그러나 외국인의 시각으로 본 달러를 기준으로 삼으면 한국 증시의 폭락은 러시아를 제외하고 중국과 마찬가지로 가장 많이 떨어진 이머징마켓이 된다. 즉, 미국의 투자은행(IB)인 모건스 탠리의 자회사, 모건스탠리 캐피털인터내셔널(MSCI)이 만든 포트폴리오지수(MSCI지수는 전 세계를 대상으로 투자하는 대형펀드, 특히 미국 대형펀드의 운용기준)에 따르면 한국 증시는 2007년 말보다 무려 58.2%나 하락해 반토막이 난 것으로 나타났다. 중국 −58.8%, 러시아 71.8%, 영국 −48.8%, 타이완 −45.3%, 일본 −33.4% 등이다.

이러한 현상은 환율의 급격한 변동률이 원인이다. 특히 증시에서 외국인들의 엑소더스(Exodus)가 줄을 이으면 달러의 수요 또한 높아져서 환율은 요동치는데, 환율시장과 증시는 긴밀히 연결되어 있다. 이처럼 환율시장과 외환시장은 상관관계가 매우 크다.

MSCI 지수로 본 각국 주가 난폭

	한국	러시아	타이완	미국	일본	영국	중국
2007년 12월31일	437.522	1536.37	293.976	1390.91	3034.399	1593.358	84.914
2008년 10월22일	182.94	432.59	160.81	848.3	2022.07	816.41	35.01
하락률(%)	−58.2	−71.8	−45.3	−39.0	−33.4	−48.8	−58.8

자료 : http://www.seoul.co.kr(2008.10.24)

한국의 원화는 2007년말 대비 가치가 31.3% 하락하였다. 러시아의 루블화와 영국의 파운드화도 각각 8.6%, 15.7% 하락했기 때문에 MSCI지수에서는 하락폭이 더 커졌다.

반면 자국 통화의 가치가 상승한 중국, 일본 등은 증시하락이 통화 절상을 통해 어느정도 상쇄되었다. 중국은 증시에서 64% 하락했지만 통화가 7.1% 절상됐기 때문에 MSCI지수가 −58.8%로 하락폭이 줄었고, 일본도 증시는 43.3% 하락했지만 통화가치가 달러 대비 13.3% 상승해 MSCI지수로는 하락폭이 33.4%로 축소되었다.

즉, 달러를 들여와서 해당국의 통화로 바꾸어 투자를 해야 하는 외국인 투자자들의 입장에서 한국은, 주식은 물론, 환율에서도 손해를 보고 있는 소위 '2중고' 를 당하고 있는 셈이다.

② 적절한 규제가 필요하다.

통계에 의하면 1970년대 중반 이후 매년 평균 4.5건 꼴로 금융위기가 발생한다. 이에 따른 손실은 눈덩이처럼 점점 커져가고 있다. 우리나라의 증시변동률, 환율변동률 등 금융시장의 불안정성은 거의 세계 최고수준을 기록하고 있다. 왜 이럴까? 우리나라는 지난 1997년 외환위기를 겪으면서 금융관련 빗장을 선진국 수준 이상으로 풀었다. 그러나 전세계 경제비중의 1% 남짓을 차지하는 우리나라의 경우, 대외변수에 너무 취약한 게 사실이다.

최근 금융위기가 전세계를 강타하고 있는 와중에서, 우리는 금융시장 개방이후 처음으로 '금융시장의 빗장을 완전히 푼 것' 에 대한 고통스런 경험을 하고 있다.

글로벌 금융시장에서 거래되는 통화량 중 실물경제와 직접적으로 관련된 통화량은 100분의 1로 추정된다. 즉 1년 동안 글로벌 경제에서 거래되는 돈의 100분의 1만 실물경제와 연결되고 나머지 99%는 금융투자와 관련해 움직인다는 주장이다.

만약 오늘날에 발생한 금융위기 극복을 위해 쏟아 부은 '돈 홍수(money flood)' 가 글로벌 경제를 휘젓고 다닐 경우, 금융위기의 빈도수는 더욱 더 증가할 뿐만 아니라, 미국을 제외한 글로벌 경제가 외환위기를 겪지 않는다고 누가 장담할 수 있겠는가? 이런 점에 비추어 금융규제는 반드시 필요한 것으로 보인다.

최근 IMF에 구제금융을 신청한 나라들의 공통점은 금융의 해외의존도가 높은 국가들로, 해외자금의 수시입출이 쉽고 잦은 나라들이다. 우리 경제에서 외국자본의 역할은 무엇인가?

예전에는 우리나라의 저축이 모자라 자본을 끌어와야 했으나, 지금은 총 저축이 총 투자보다 많은 상황에서 외국 자본은 주식시장 분위기를 바꿔 단기주의로 흐르게 하고 일시에 빠져나가는 바람에 환율시장을 요동치게 만들어 금융시장을 마비시켜 놓은 부정적 역할도 많다. 특히 2001년부터 2006년까지 주식시장은 (기업에 자금을 공급하기보다는) 오히려 자사주(매입)나 배당 형식으로 기업의 돈을 빼갔다.

이런 점에 비추어 보면, 적절한 규제로 거래세를 꼽을 수 있다. 즉, 예일대 토빈(Tobin) 교수가 주장한 바 있는 돈을 바꿀 때마다 소액의 거래세를 부과시키면, 실물경제를 목적으로 하는 사람들의 경우 돈을 자주 안 바꾸기 때문에 별로 부담이 안 될 것이다.

그러나 환투기를 목적으로 하는 사람들의 경우, 이틀에 한 번 이틀 돈의 방향이 바뀌기 때문에 0.1%만 부과해도 큰 부담이 된다. 즉, 일년에 백 번 이상 돈이 왔다 갔다 하면, 거래한 돈의 10% 이상이 세금으로 나가니 큰 부담이 될 것이다.

자본거래세는 토빈(Tobin)이 제한한 토빈세(Tobin tax)가 자본거래세의 일종이다.

우리나라 외환보유고가 2000억 달러 정도인데, 국제 자본시장 경색이 있기 전 하루 외환거래량이 2조 달러로 중국의 외환보유고와 맞먹는 규모로, 한국의 10배다. 극단적인 예를 들면 하루에 8시간 거래한다고 가정할 경우, 2000억 달러는 1시간20분이면 거래를 마감하고 갖고 갈 수 있는 돈에 불과하다는 얘기다.

참 고[22)]

■ 해외 자본규제의 예

1. **1970년대** : 이러한 해외자본에 대한 규제는 1970년대 독일과 호주가 일찍이 내외금리차 확대, 자국통화 강세, 자본자유화 등으로 해외차입에 대해 차입금의 일정부분을 중앙은행에 무이자로 예치토록 하는 가변예치의무제를 시행했다.

2. **1990년대** : 칠레, 콜롬비아, 브라질도 가변예치의무제를 비롯한 다양한 자본 유입억제책을 사용한 반면, 스페인, 아일랜드 및 말레이시아는 자본유출억제정책을 실시했다. 1990년대 들어서 유럽환율조정메커니즘(ERM)의 참여국인 스페인과 아일랜드는 자국통화의 평가절하 압력을 받자 외화유출통제조치를 실시했다.

1997년 외환위기를 맞았던 말레이시아는 1998년 9월 외국인의 국내증권 매각자금을 1년동안 링깃화 표시 예금으로 보유토록 하고 해외금융기관의 링깃화 표시 신용공여를 금지하는 한편, 거주자의 1만 링깃 초과 해외투자에 대해서는 중앙은행의 허가를 받도록 했다.

1990년대 라틴아메리카 중 칠레와 콜롬비아만 유일하게 살아날 수 있었던 것이 기탁금 제도 때문이다. 기탁금 제도는 (외국인 투자의) 30%에 해당하는 돈을 중앙은행에 예치하도록 한다. 1년 내 투자자금을 회수하면 기탁금은 돌려받지 못하고 1년 후 나갈 때 갖고 갈 수 있다.

이 제도 시행을 전후로 (외국 자본) 구성이 완전히 바뀌었다. 외국 자본을 배척하지 않으면서도 질이 좋지 않은 자본은 받지 않는 방법을 생각해야 한다. 국내 사모펀드도 해당되는 이야기지만 아주 최소한으로 기본적인 지배구조를 투명하게 밝히라는 요구 정도는 할 수 있다. 누가 어떻게 지배하고 있는지 만 알아도 대처하기가 쉽다.

3. **최근 사례** : 최근 중국 외환관리국과 세무총국은 '무역 등과 관련한 대외 지불에 세무증빙 통지'를 발표하고, 2009년 1월부터는 3만달러가 넘는 달러를 외국으로 송금할 때 세무증빙을 첨부하도록 하는 등 규제를 강화하기 시작했다.

말레이지아의 경우, 요즈음은 다시 자본을 끌어오는 일이 급해서 폐지했다고 하지만, 예전에 금융자본이 자국으로 지나치게 들어온다 싶을 때 기탁금제도를 활용했다. 일단 외자가 들어오면 그중 30~50% 정도를 기탁금으로 맡겨 놓게 했다. 그리고 1년 이상 있다 나가면 기탁금을 다 돌려줬고, 1년 내에 나가면 포기하게 했다. 단기자본과 장기자본의 비율이 8 : 2였던 것이 2 : 8로 역전된 바 있다.

---

2. 기업의 대응전략[23)]

세계화는 국가나 기업, 나아가서는 개인들까지도 대세다. 세계 인구 60억 명 중 10억 명은 세계화 · 산업화 · 정보화가 많이 이루어진 국가에 산다. 세계화하려는 국가, 산업화 과정 중에 있는 국가에 30억 명이 살고, 나머지 20억 명은 세계화와 관계없이 살아간다.

지난 10년간 통계를 보면 이미 세계화된 국가의 연평균 성장률은 2%대, 새로 세계화에 진입했거나 사회주의체제에서 시장주의로 돌아선 국가, 그리고 우리나라처럼 중진국에 들어선 국가들의 연평균 성장률은 5%대이다. 하지만 세계화와 전혀 관계없이 사는 국가의 연평균 성장률은 −1%이다.

이러한 통계 수치만 보더라도 국가나 기업의 세계화에 당위성은 있어 보인다. 세계화 속에서 기업이 글로벌화에 성공하기 위해서는 글로벌 마인드를 가져야 한다. 그러나 향후에는 세계 1등 기업, 인류의 행복을 위해 존재가치가 있는 기업만이 글로벌 시장에서 살아남을 수 있다.

소위 실종검증(Disappearance Test)을 기준으로 하면 결국 5% 안에 들어가는 세계 초일류기업, 인류의 행복추구에 도움이 되는 기업만이 생존할 수 있지 않겠는가? 국가, 기업, 개인은 Well-being 모드에서 Survival-being 모드로 바뀌고 있다. 사회 전체가 Survival Society로 바뀐 셈이다. 그러면 한국기업은 글로벌 경제 속에서 정당한 대우를 받고 있는가?

일본 노무라 리포트에 의하면, 이 Z값으로 계산한 국내 기업의 실상은 실로 처참하기 이를데없다. 여기서는 Z값이 1.81 이하이면 부실한 기업, 1.81에서 2.99 사이이면 유보적인 상황, 2.99 이상이면 정상적인 기업으로 판정을 한다. 이 방식에 의하면, 기업도산 1년 전의 경우, 95%의 정확성으로 도산기업의 예측이 가능하다고 한다.

아시아의 320개 기업을 분석대상으로 한 결과, 우리나라의 건전한 기업비중은 15%로 분석대상 평균인 49%에 큰폭으로 미달하는 수준이다. 이는 우리나라를 아시아의 열등기업 국가로 만들어버린 것을 차지하고라도 중국과 태국, 인도네시아, 말레이시아 등 비교 대상이 되는 모든 나라들에 비해서도 건전한 기업의 비율이 최저 수준이다.

위험에 처할 가능성이 있는 기업의 비중도 싱가포르, 한국, 홍콩 순으로 높다는 것이다. 그러나 알트만의 Z 모형에서는 재무제표상의 수치를 사용하여 계산되기 때문에 만약 회계원칙이 다르다거나, 국제적인 기준을 적용하지 않는 경우 당연히 결과값은 달라질 수밖에 없다.

그러므로 한국은행에서도 이미 오래전부터 Z 모형을 개량해 국내 기업들의 상황에 맞는 별도의 모형을 개발해 적용한 바 있으나, 노무라 리포트는 이러한 모형에 대해서는 언급하지 않고 있어서 우리 기업에 대한 왜곡도가 커지고 있다.

한걸음 더 나아가 노무라 보고서가 건전한 기업이라고 평가한 중국이나 태국, 인도네시아, 인도 등의 국가들이 국제적인 기준에 맞는 회계원칙을 사용했는지에 대한 여부는 물론, 평가의 세부 내용에 대한 신뢰성 여부도 다시 한 번 검토가 필요한 것으로 보인다. 위기에 대처할 기업들의 대응책은 무엇인가?

참 고[24)]

■ Altman의 Z-Score 모형

기업의 신용도를 평가하기 위한 신용평가모형에는 전문가판단모형(여신담당자의 주관적 판단), 재무정보 활용모형(다변량판별모형, 회귀모형) 및 시장정보 활용모형(예상부도확률 모형) 등이 있다. 재무정보 활용모형은 과거의 일정기간 동안에 실제 도산한 기업들의 재무자료를 토대로 통계적인 분석을 수행하여 유의한 것으로 밝혀진 설명변수들을 추출하고 이 변수들을 가중평균함으로써 해당 기업의 예상 부도가능성을 평가한다.

재무정보 활용모형 중의 하나인 다변량 판별모형에는 Altman의 Z-Score 모형이 있다. Altman은 1946~1956년 사이의 도산기업과 생존기업의 자료를 분석하여 다음과 같이 5개의 재무비율변수를 가중평균하는 부도판별식을 제시하였다.

$$Z = 0.012X_1 + 0.014X_2 + 0.033X_3 + 0.006X_4 + 0.999X_5$$

($Z > 2.99$: 부도가능성 낮음, $1.81 < Z < 2.99$: 판단 유보
$Z < 1.81$: 부도가능성 높음)

$$X_1 = \frac{\text{운전자본}}{\text{총자산(운전자본비율)}} = \text{운전자본(유동자산 – 유동부채)}$$

: 지속적인 영업손실을 겪고 있는 기업의 경우 X_1 감소

$$X_2 = \frac{\text{유보이익}}{\text{총자산(누적수익성 비율)}} = \text{[유보이익 =}$$

: 이전 영업기간 동안 발생한 재투자손익]

: 기업의 과거성과 판단

$$X_3 = \frac{\text{영업이익}}{\text{총자산(총자산영업이익률)}} = \text{기업자산의 수익성 측정}$$

: 기업의 생존여부는 자산의 수익성에 의존

$$X_4 = \frac{\text{자기자본의 시장가치}}{\text{총부채의 장부가치(자본부채비율)}}$$

: 부채가 자산을 초과해서 파산하기 전까지 자산가치가 얼마나 하락할 수 있는지를 판단

$$X_5 = \frac{\text{매출액}}{\text{총자산(총자산회전율)}} = \text{자산의 효율성 측정}$$

: 경영진의 능력을 측정

$$Z = \frac{\text{기업의 정상적인 영업활동 평가}}{(X_1,\ X_3,\ X_5)} + \frac{\text{차입기업의 부채상환능력 평가}}{(X_2,\ X_4)}$$

이렇게 계산한 Z값이 1.81 이하이면 부실한 기업으로, 1.81에서 2.99 사이이면 유보적인 상황으로, 2.99 이상이면 정상적인 기업으로 판정을 한다. 알트만에 의하면, 이 방식을 사용하면 기업이 도산하기 1년 전의 경우, 95%의 정확성으로 도산 기업의 예측이 가능하다고 한다.

첫째, 기업의 위기관리능력을 길러야 한다. 기업의 위기관리는 금융업과 제조업을 중심으로 각기 재무적 대응과 생산 및 마케팅 대응을 강조하는 두 가지 방향으로 나뉘어 발전하여 왔다. 즉, 1980년대 금융업은 자산 · 부채종합관리(Asset Liability Management)기법을 활용하

고, 제조업은 사고발생 후 손실을 최소화하는 체제와 보험을 활용하는 등 방어적인 위기관리체제를 사용하여 왔다.

1990년대 금융업은 BIS 등 신용위기 중심의 대응체제를 발전시키고, 제조업은 성과의 변동성 최소화 등을 통한 내부통제 시스템을 강화하여 왔다. 그러나 2000년대에 들어서면서는 금융업과 제조업의 재무적, 비재무적 요소가 통합되고 전사적인 위기관리 체제(ERM, Enterprise Risk Management)가 등장하고 있다.

따라서 최근 선진기업들은 체계적으로 ERM을 구축하여 각 기업마다 업종, 환경에 적합한 위기관리전략을 활용하는 것이 대세이다. 또한 요즘은 위기관리의 실질적 업무를 담당할 CRO(Chief Risk Officer) 중심의 위기관리에 대한 근본적 대책을 세운 뒤, 위기관리 Manual을 만들고 기업별 위기관리지수를 개발하여 위험에 대비해 나아가야 한다. 특히 위기관리지수는 위기가 다가오고 있음을 알려주는 예시기능을 가질 수 있도록 만들어 주기적인 모니터링을 하는 것이 필요하다.

이처럼, CRO는 잠재적인 경영위험을 파악 · 측정하고 이에 대한 계획을 세워 관리하는 기업의 임원을 말한다. 이미 보잉, GM, 시스코 등 세계적 기업의 3분에 1 이상이 CRO 제도를 보유하고 있을 정도로 선진기업에는 보편적인 제도이다.

반면, 국내에는 몇몇 CRO 보유기업이 있다고는 하지만, 아직은 상당히 미흡한 실정이다. CRO를 중심으로 발생가능한 위기를 수치화하여 발생가능성과 파급효과를 분석하고, 이에 맞는 투자나 대응방안을 수립하는 것이 올바른 ERM시스템의 적용이라고 할 수 있다.

둘째, 기업의 정직 및 도덕 경쟁력이다. 당신의 회사는 인류의 건강과 행복을 위해 기여하는가? 또한 당신의 회사가 사라질 때, 소비자들은 어떤 반응을 보일 것인가? 이러한 가정 하에 생각해야 한다. 즉, Disappearance Test가 되어야 한다는 결론이다.

이러한 견지에서 존슨 앤 존슨처럼 정직한 경영을 하고 있는지가 Survival Society 에서의 기업경영좌표가 되어야 하지 않겠는가?

전경련이 2001년과 2002년 두 차례에 걸쳐 '기업윤리와 기업성과 간의 관계' 를 조사한 바에 따르면, 두 번의 조사 모두 윤리경영을 실천하는 기업들이 그렇지 못한 기업들보다 주가상승률과 매출액, 영업이익률에서 크게 앞서는 것으로 나타났다. 또한 2002년 전체 종합주가지수는 9.5% 하락했으나, 전담 부서를 설치해서 윤리경영을 실천하고 있는 기업들의 평균주가는 10.2%나 상승하였다.

매출액과 영업이익률 역시 윤리경영실천 기업은 1998~2001년 평균 10.3%를 기록함으로써 그렇지 못한 기업의 7.3%보다 높게 나타났다. 우리나라보다 먼저 윤리경영에 공을 들여온 미국에서도 〈포춘〉지가 선정한 '미국의 가장 존경받는 기업(America' s Most Admired Com- panies)' 리스트에 올랐던 기업들은 S&P 500의 평균주가 수익률을 훨씬 상회하는 것으로 드러났다.

셋째, 상품과 경영의 글로벌 경쟁력이다.[25)] 그러면 글로벌 경제시대에 발전할 수 있는 세계 일류기업은 어떤 조건을 갖추어야 하는가?

세계 일류기업이 되기 위해서 갖추어야 할 조건으로 이미 설명한 바 있는 도덕성 이외에도, 경영 및 상품에 대한 경쟁력으로 다음의 조건을 꼽을 수 있다.

① 핵심산업을 중심으로 하면서 전망이 밝은 사업구조를 지향하여 끊임없이 구조조정을 해나가는 기업이 되어야 한다.

② 높은 수익구조를 이루고 끊임없는 경영혁신을 이루어야 한다. 블룸버그 통신은 최근 "한국 사람들이 미국산 자동차를 사지 않는 이유는 수입차에 부과되는 8% 관세와는 무관하다."며 "고품질 자동차 부족현상, 게으른 혁신노력, 엉망인 연료효율성, 소비자 선호도 무시 등의 문제점을 안고 있다."고 지적하여 미국 자동차산업의 몰락을 혁신부족에 맞추고 있다.

③ 타기업과 차별되는 핵심역량과 기술력이 있어야 한다. 과거 우리는 저임금에 기초한 노동집약산업에 주력했으나, 이러한 산업은 이제 동남아로, 중국으로 이전되고 있다.

앞으로는 창의력과 기술력, 지식축적을 통한 생산성 증대가 경쟁력의 원천이 되어야 한다. 소니, GM, 마이크로 소프트 등 세계 일류기업들은 경쟁력의 원천을 기술에 기초한 핵심역량에 두고 있다. 기술축적 문제가 일류기업 도약을 위한 가장 큰 과제이다.

이를 위해서는 우수한 연구개발인력을 확보하고 R&D 활동을 강화시켜 나가야 한다. 1999년과 2000년 2년간 한국과 일본의 연구개발투자 상위 20개 기업의 매출액 대비 R&D 비용 비율을 분석해 보면 한국의 R&D 비용이 매출액 대비 4.5%, 일본의 상위기업들은 8.5%로 4%라는 큰 격차가 있다. 그리고 불황기에도 R&D 예산만은 계속 집행하는 것이 일류기업들의 사례이다.

④ 고객중심 경영이 실천되고 마케팅역량이 뛰어난 회사가 되어야 한다. 아무리 기술이 우수해도 팔리지 않으면 소용없는 만큼, 고객의 니즈를 충족시키고 새로운 니즈를 창조하며 구매고객의 사후만족을 보장해야 한다.

최근 미국의 심야토크쇼 진행자인 제이 레노는 '투나잇 쇼'에서 "지금 우리는 젊은이들이 혼다, 현대, 기아, 도요타와 더불어 성장하는 세상에 살고 있다."며, "미국이 가장 잘 만드는 차는 불행하게도 사람들이 진정으로 원하는 자동차와는 거리가 있는 차"라고 정곡을 찔렀다.

고객을 만족시키는 차원을 넘어서 고객이 전혀 기대하지 못했던 가치를 제공함으로써 고객에게 기쁨과 감동을 주는 것이 바로 고객중심경영이다. 고객중심 경영을 위한 인프라가 구축되어야 한다. 정보시스템과 조직구조가 고객과 회사의 거리를 좁힐 수 있는 방향으로 완비되어야 한다.

⑤ 세계화는 대세다. 우리의 고객은 세계 어느 곳에나 존재할 수 있고, 필요하면 세계 어느 곳에라도 공장이나 판매설비를 이전할 수 있으며, 외국인이나 현지인에게도 경영이나 관리를 맡길 수 있고 본사나 본사의 일부기구 또는 연구소도 이전할 수 있다는 마음가짐이다. 무엇보다 국제감각이 뛰어나고 글로벌경영에 적합한 인재를 갖추는 것이 시급하다. 포춘지가 실시한 500대기업 설문조사에서 글로벌 경영인재의 부족을 글로벌경영의 가장 큰 애로사항이라는 응답이 나왔다.

⑥ 유능한 인재, 유연한 조직과 창의적인 기업문화 창출이다. 뛰어나게 유능한 인력, 특히 전문기술인력은 흔하지 않다. 유능한 인력은 국적을 불문하고 발굴해야 한다. 이를 위해 업무관행도 많이 고쳐야 한다. 또 유능한 인재에게는 성과에 따라서 만족할 만한 대우를 해야 하며, 동기유발책을 끊임없이 개발하고 제시해야 한다.

한편 기업문화도 시대에 맞게 변해야 한다. 관료적이고 경직된 조직을 지양하고 보다 유연하고 보다 높은 창의성을 발휘하는 기업문화를 조성하는 것이 바람직하다. 맥킨지는 약 1,300개 미국 상장기업의 주요 경영실적(매출, 이익, 자기자본이익률 등)을 1995년부터 분석해 해마다 순위를 정하고 있다.

2001~2002년 경기침체 당시의 상위 25% 기업 10개 중 4개가 상위권에서 탈락하고 하위 기업들이 그 자리를 채우는 등 침체기 때 후발업체가 선두업체로 약진할 확률은 호황기 때보다 20% 높은 것으로 나타났다. 이처럼 불황을 이겨낸 기업들의 공통점 중 하나는 전략적 유연성으로, 경기가 본격적으로 나빠지기 전에 미리 차입을 줄이고 유동성을 확보한다.

침체기 동안에는 비용과 가격을 어느 때보다 꼼꼼히 관리해 새는 돈을 막고, 경기 하강이 막바지에 들어서 경기 회복의 조짐이 보이면 적극적으로 투자에 나서야 한다. 소위 경기에 역행하는 대응전략(counter-cyclical moves)으로 경기 침체를 오히려 기회로 바꾸는 기업들의 특징이다. 미국의 최근 불황 때 상위 기업들은 하위 기업보다 자본을 15%나 더 지출하고, 인수 · 합병(M&A)도 7%나 많이 한 것으로 나타났다.

⑦ 노사관계의 정립(正立)이다. 포브스닷컴은 최근 'BIG 3(제너럴 모터스, 포드, 크라이슬러)가 아니라 자본주의를 구하라' 는 제목의 칼럼에서, "BIG 3의 비즈니스 모델은 금융위기가 도래하기 전에 이미 고장 난 상태였으며, 금융위기가 불가피한 결말을 재촉했을 뿐"이라고 지적하고 있다.

특히 "이들은 부도가 나지 않고는 해결될 수 없는 구조적인 문제를 안고 있다. 1980년대 BIG 3는 사실상 아무런 경쟁자도 없었고, 그래서 그들의 영혼을 '악마같은 노조(devil unions)' 에 팔았다."며 그 때 체결한 계약은 소비자들이 미국산 자동차를 사지 않는 오늘과 같은 환경으로 내몰았다고 주장하고 있다.

노사는 상생만이 살길임을 깊이 인식해야 한다. 불황 속에서 구조조정하려면 사측의 노력과 함께 노조의 동참도 필수적이다. 경기가 어려운데 사람도 안 줄이고 임금은 많이 받겠다고 주장하면 버텨낼 수 있는 회사가 얼마나 될까?

맡은 일은 소홀히 하면서 갈 길 바쁜 회사의 발목을 잡아 불필요한 갈등을 키워서도 안 된다. 경제가 어려울 때일수록 기업은 투자확대와 일자리 창출에, 노조는 일자리 나누기와 생산성 향상에 힘쓰는 '양보와 상생의 지혜' 를 터득해야 한다.

3. 개인차원의 대응전략

(1) 행복의 의미

우리는 앞서 행복방정식에 대해 알아본 적이 있다. 결과적으로 행복은 소유나 소비의 정도에 있지 않다는 점이다. 탐욕을 줄이는 것이 행복의 요체일진대, 그 중에서도 안분지족(安分知足)하면서 사는 것이 행복의 제일 중요한 조건이라고 생각된다. 행복한 사람들은 원만한 사회관계와 대인관계를 특징으로 한다.

도덕성의 3가지 중요한 요소

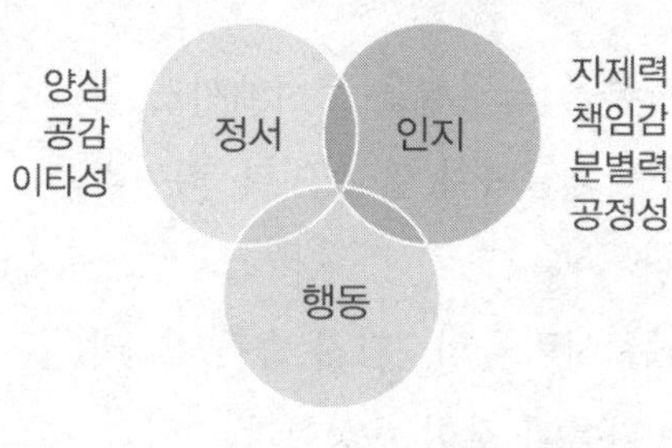

자료 : 서울대학교 심리학과 곽금주 교수

노벨상을 받은 사람, 업적을 많이 세운 사람, 빌 게이츠같은 사람들은 굉장히 사회관계가 원만하고 봉사도 많이 한다고 한다. 또한 졸업앨범 속에 있는 얼굴들 중에서 밝게 웃은 사람과 침통한 표정의 사람들을 골라서 5, 7, 15년 이후 어떻게 사회 생활을 하고 있는지에 대해 조사한 결과 밝게 웃는 사람들은 부부관계, 사회관계, 대인관계가 굉장히 좋았다는 기록도 있다.

인간의 성공은 태어날 때의 핸디캡 여부가 50%, 후천적인 요소가 50%라고 한다. 후천적 50% 중 대개 돈이나 권력, 학력 등이 10%이고, 나머지 40%는 개인의 선택이라는 것이다. 헬렌 켈러는 유전적으로 50%의 핸디캡이 있었으나 극복하여 위대한 사람이 되었다.

빅터 프랭클린은 죽음의 수용소에서 살아남은 사람들의 대부분은 혹독한 환경에서, 10%로 40%를 지배했기 때문에 살아 남은 사람들이라고 했다. 아마도 스탁데일 파라독스도 이에 속할 것이다.

(2) Moral Person[26)]

사람들의 가장 큰 착각 중에 하나가 '너무 착하면 손해 본다' 는 생각이다. 과연 그럴까?

전문가들은 '도덕적 행동만으로는 손해 볼 수 있다' 라는 이야기는, 사람들의 잘못된 관념이라는 것이다. '도덕적이면 경쟁력도 높아진다.' 는 것이 연구 결과다. 특히 도덕성 지수가 높은 아이들이 '삶의 만족도와 지능이 높고, 인생을 바라보는 낙관적인 태도 경향이 더 크며, 문제해결에 대한 믿음도 더 큰 것으로 나타났다' 라는 것이다.

오늘날의 정치인, 부유층, 사회지도자층은 도덕성을 무시해서는 결코 스스로도 행복해 질 수 없다는 진리를 깨달아야 할 것이다. 리더라면 특히, 도덕적 권위가 반드시 필요하다.

세계적인 경영 베스트셀러 〈성공하는 사람들의 7가지 습관〉의 저자이자 경영석학인 스티븐 코비 박사는 다음과 같이 주장한다.

"리더십은 도덕적으로 접근해야 한다." 하부조직원들의 절대적인 신뢰감으로부터 나오는 게 리더십이라고 볼 때, 기업 CEO는 철저하게 정직함과 투명함으로 도덕적인 권위를 가져야 할 필요가 있다.

산업화 시대에서 지식근로자 시대로 넘어오면서 리더십 또한 여러 방면에서 변화를 거듭해 왔다.

철학적인 면을 보면 산업화 시대의 경우 '통제(Control)', 즉 하향식 통제를 위한 리더십이 구현됐다면 현재와 같은 지식근로자 시대, 특히 요즘의 혼란기라면 구성원들의 재능을 이끌어내는 리더십이 절대적으로 필요한 시기이다. 이러한 재능을 끌어올리는 최고의 덕목이 바로 도덕적인 권위다.

코비 박사는 리더에 있어서 과거 '지위' 나 '위치' 가 중요했던 것에 비해 현재는 '도덕적인 권위' 를 겸비한 CEO에 대한 요구사항이 더 커지고 있다고 설명한다. 그가 도덕적인 권위를 가진 대표적인 인물로 뽑은 이는 인도의 간디와 만델라 전 남아공 대통령, 그리고 하벨 전 체코 대통령이다.

만델라의 경우, 26년간 교도소에서 자신을 고문하던 사람들을 자신의 대통령 취임식장, 그것도 맨 앞줄에 초대해 '화해와 용서' 를 보여준 대표적인 사례로 오늘날 CEO들이 가장 본받아야 할 인물이라고 코비 박사는 강조한다.

2009년 생존 키 워드[27)]

■ "현금흐름과 고객, 두 마리 토끼를 잡아라"

〈톰 피터스의 위기탈출 키 워드〉

톰 피터스

Excellence : 가치 창출에 주력하라.
Opportunism : 모험도 때로는 약이다.
Visibility : CEO는 현장으로 가라.
Transparency : 근로자에게 진실하라.
Demeanor : 좋은 매너는 복을 부른다.
Paradox : 위기는 혁신의 토양이다.

변화의 물결은 빠르고 거세다. 미국발 금융위기는 실물 부분으로 전이되며 시장을 뒤흔들고 있다. 지난 2001년 엔론 사태 이후 거세게 불기 시작한 규제의 바람은 오바마 행정부의 출범으로 더욱 강력해질 전망이다. 소비 위축의 직격탄을 맞고 있는 기업들은 전전긍긍이다.

어디서부터 위기탈출의 첫 단추를 꿰야 하는 것일까.

톰 피터스(Tom Peters)가 최근 위기탈출의 노하우를 여섯 가지 키 워드로 정리 · 발표해 화제다. 지난 1980년대 미국 기업들의 경쟁우위 요인을 분석한 저서로 이름을 떨친 그는 "기본으로 돌아갈 것"을 강조한다. '현금 흐름'과 '고객'이라는 두 마리 토끼를 잡으라는 것이 그의 주문이다.

1. 가치창출에 주력하라.(Excellence)

"신은 세심한 곳에 깃들어 있다."

세계적인 건축학자인 루드비히 반더로헤의 금언이다. 톰 피터스는 이를 살짝 비튼다. "악마는 세심한 곳에 깃들어 있다."는 것이 그의 패러디다. 단순함(simplicity)이 불황을 헤쳐나아갈 키 워드라는 조언이다. 톰 피터스는 두 가지를 염두에 두라고 강조한다. '경영자들은 현금확보', 그리고 '고객의 공략'이라는 두 마리 토끼 잡기에 혼신의 힘을 기울이라고 주문한다.

톰 피터스는 "전통적인 경기침체 탈출법이 이번에는 먹혀들지 않고 있다"며 기업 전략가들은 화려한 수사는 잊고 가치를 창출하는 능력을 되살려야 할 때라고 강조한다. 위기를 돌파하는 묘수가 바로 선택과 집중의 원리이다.

고객을 위해 최고의 가치를 만들어 낼 수 있는 상품이나 서비스에 모든 자원을 배치해야 한다. 근로자들에게 끊임없이 최고의 고객서비스를 제공해야 한다는 점을 주지하는 것도 경영자의 임무이라고 그는 강조했다.

2. 모험도 때로는 약이다.(Opportunism)

버진그룹의 리처드 브랜슨 회장은 '브랜딩의 귀재'로 널리 알려져 있다. 항공사에서 음료 부문까지, 평소 공격적인 투자로 활동무대를 넓혀가고 있는 그가 이번에 다시 영국 '개트윅(Gatwick) 공항'의 매입을 염두에 두고 재무적 투자자들을 끌어들이고 있다고 톰 피터스는 전한다.

영국 경쟁위원회가 내린 결정이 시발점이었다. 이 정부 조직은, 영국에서 두 번째로 큰 공항인 개트윅을 소유하고 있으며, 히드로우와 스텐스테드 공항을 운영중인 'BAA' 그룹이 공정한 시장 경쟁을 해칠 소지가 있다고 진단했다. 이 공항의 매각 가능성을 인정한 셈이다.

경기 침체기는 공격적 인수 합병(M&A)의 호기이다. 기업 포트폴리오 재편이 활발해지며 매물이 대거 풀려나오는 데다, 주가 하락으로 비교적 헐값에 후보 기업을 사들일 수 있기 때문이다. 인재풀을 확충할 수 있는 시기이기도 하다. 흥미로운 점은 인재 확보전에 뛰어들고 있는 것은 비단 민간 기업뿐만이 아니라는 것이다. 톰 피터스는 호주에 이민 간 자국민들을 인센티브로 다시 불러들이고 있는 뉴질랜드 정부의 사례를 인용했다.

3. CEO는 눈에 띄어야 한다.(Visibility)

"총 소리가 나는 곳을 향해 움직여라."

톰 피터스는, "리더는 '고담준론(高談峻論)'을 피하고 실행의 달인이 돼야 한다"고 강조한다. 뚜렷한 목표의식없이 '서성거리는 것(Managing By Wandering Around)'은 금물이다. 정교한 위기탈출전략 지도를 손에 들고 실행에 적극 나서야 한다.

CEO는 경제위기 돌파의 선봉장이 되어야 한다. 주요 고객사에 끊임없이 전화를 걸고 협력을 요청하며, 또 그들을 섬길 의지가 강하다는 점을 내부 고객인 임직원들을 상대로 뚜렷이 각인시키는 것도 리더의 임무이다.

임직원에 대한 배려도 빼놓을 수 없다. 톰 피터스는 미국에 본사를 둔 한 제조업체 최고경영자에 얽힌 일화를 제시했다. 매니저 한 명이 비용절감 목표치를 달성하지 못한 것을 알아챈 이 경영자는 이 매니저와 면담 일정을 미뤘다. 가족들과 주말을 함께 보낼 이 부하 직원의 기분을 해치지 않기 위해서였다.

4. 근로자들에게 진실하라.(Transparency)

"직원들에게 진실하라."

톰 피터스는 '샌 안토니오(San Antonio)'에 위치한 도요타 자동차의 사례를 제시한다. 경기 침체의 직격탄을 맞은 이 회사는 근로자들에게 솔직하게 이런 상황을 전달하고, 고통 분담을 요구해 성공적으로 난관을 돌파한 대표적 실예이다.

발단은 공장 가동중단 결정이었다. 이 지역공장 가동을 석 달 동안 중단하기로 결정했는데, 4500여 명에 달하는 근로자들을 어떻게 처리할지가 관건이었다. 도요타 자동차가 제시한 해법은 절묘했다. 근로자들을 이 지역 공동체에 봉사하는 '일꾼'으로 활용하거나, '일시적 해고(layoff)' 시점에 맞춰 근로자들을 상대로 '재교육'을 실시하기로 했다. 도요타의 종신 고용관행을 미국 공장에서도 적용한 사례이다.

톰 피터스는 공장이 석달 후 다시 가동되면 샌 안토니오 공장의 근로자들은 더욱 성숙하고, 도요타의 가치를 내면 깊숙이 이해하는 도요타 가족이 되어 있을 것이라는 이 회사 직원의 말을 인용했다. 지난 80년대 미국 기업들의 강점을 분석한 〈초우량 기업을 찾아서〉로 세계적인 석학의 반열에 오른 톰 피터스가 도요타 자동차의 위기대처법에 주목하는 것이 이채롭다.

5. 좋은 매너는 복을 부른다.(Demeanor)

"어려운 때일수록 우울한 기색은 얼굴에서 지워버려라."

톰 피터스의 다섯 번째 조언이다. 부정적 내용의 대화는 정신 건강을 해치는 '독초'에 비유할 수 있다. 뾰족한 돌파구가 없는 문제로 실랑이를 벌이거나 대화를 나누다 스스로 침울해지는 것은 시간 낭비에 불과하다고 단언한다. 경제한파에 위축되지 말고 스스로를 독려할 수 있는 노하우를 확보하라고 조언한다.

톰 피터스는 책을 읽도록 권유한다. 우울증에 빠지지 않고 끊임없이 스스로를 채찍질할 수 있는 법칙들을 제시하고 있다. 그는 주변에서 가볍게 실천할 수 있는 기분 다스리는 법에 주목한다. 동료나 상사의 심기(心氣)를 꿰뚫어보고 조언할 수 있는 '동료'를 확보하는 것도 적절한 방법이다. 용인의 노하우도 더욱 담금질할 필요가 있다.

톰 피터스는 "사람들은 자신의 강점을 충분히 발휘할 수 있는 환경에서 근무할 때 성과도 더 좋아지며, 자긍심도 더 높아진다."고 설명한다.

6. 위기는 혁신의 토양이다.(Paradox)

"위기에 정면으로 맞대응을 하라."

톰 피터스가 제시하는 여섯 번째 조언이다. 그는 미국에서 냉동식품이 최초로 등장한 시기가 1930년대 대공황을 전후한 때였다고 지적한다.

이 뿐만이 아니다. 항공기 제트엔진, 폴라로이드, 복사 기술, 캔 맥주, 나일론, 레이더, 볼펜, 즉석커피도 모두 이 시기에 선을 보였다. 톰 피터스는 대공황이 미국의 기업에서 혁신이 폭발한 기념비적인 시기라고 분석한다. 탁월한 기술이나 상품 출시가 이 시기에 봇물을 이룬 배경은 명확하다.

경제 공황의 후폭풍에 흔들리는 기업들은 생존을 위해 꽁꽁 얼어붙은 소비심리를 파고들 수 있는 회심의 카드를 선보여야 했던 것이며, 창조적인 발상이 혁신의 원천이었다. 대공황이라는 전대미문의 위기가 '사고의 틀'을 부수는 데 한 몫을 했다.

톰 피터스는 경쟁 우위를 확보하려면 당장 실행에 옮겨야 할 조치들을 적어보라고 권유한다. 그리고 오는 2011년 가장 자랑스럽게 여길 성과들의 목록을 가상으로 작성해 보라고 덧붙였다. 비교우위의 걸림돌들을 제거하고 뛰어난 성과를 달성하는 순간을 그려 보라는 것. 위기탈출의 동력을 확보하라는 주문이다. 대공황이 혁신을 가로막는 심리적 장벽을 무너뜨렸다.

에필로그[28] 신뢰는 위기극복의 첫걸음

"신뢰는 유리거울 같은 것이다. 한 번 금이 가면 원래대로 하나가 될 수 없다."

스위스의 철학자 아미엘(H. F. Amiel, 1821～1881)의 말이다.

"백성을 떠받들면 세상에 무서울 것도 못할 것도 없다. 세상에서 지극히 천하고 하소연할 곳 없는 자가 백성이지만, 세상에서 무겁기가 높은 산과 같은 자도 백성이다."

조선시대 실학자 정약용(1762～1836)의 〈목민심서〉 중 봉공편(奉公篇)에 나오는 말이다.

여론조사 전문기관 리얼리티의 2008년 12월의 주요기관 여론조사에 의하면 신뢰도가 시민단체(21.8%), 정부(8.8%), 언론(8.5%), 종교단체(8.1%), 법원(8.0%), 국회(6.3%)의 순이었다. 또 다른 기관의 2008년 10월 여론조사에 의하면 국회의 신뢰도는 1.1%로, 참으로 심각한 수준이다. 지금 우리에게 당장 급한 것은 신뢰회복이다.

두번째는 '할 수 있다'는 확신에 찬 용기가 필요하다. 헬렌 켈러는 〈사흘 동안 세상을 볼 수 있다면〉이라는 제목의 자서전에서 자신이 3일간 눈을 뜨게 될 때 가장 보고 싶은 것이 무엇인지에 대해 말하고 있다.

첫째날, 그녀는 어린 시절 자기에게 바깥세상을 활짝 열어 보여준 앤 설리번 선생님을 비롯하여 사랑하는 부모님과 친구들의 얼굴을 보기 원한다.

둘째날에는 그녀가 새벽같이 일어나 밤이 낮으로 바뀌는 그 전율어린 기적을 바라보겠다는 것이다. 그리고 마지막 셋째날에는 현실세계에서 사람들이 열심히 일하며 살아가는 모습을 보고 싶다는 것이다.

헬렌 켈러는 태어난 지 1년 7개월 만에 심한 열병을 앓고 난 후, 시각과 청각을 잃고 손바닥에 써주는 글을 통해 의사소통을 해야 하는 불편한 천형(天刑)을 지닌 채 평생을 산 사람이다. 그럼에도 불구하고 그녀는 데카르트의 '나는 사고한다. 고로 나는 존재한다'라는 금언을 접한 후 신체적인 장애는 정신세계를 지배할 수 없으며, 나아가 정신은 어둡고 말없는 공간을 빛으로 가득찬 행복으로 연결할 수 있다는 확신을 갖고 살았다고 한다.

세번째는 피, 땀, 수고, 눈물과 열정이다. 처칠의 연설은 어려움에 처한 우리들에게 시사하는 바가 크다.

"나는 이 정부에 참여한 장관들에게 이야기했던 대로 의원 여러분들에게 다시 말합니다. 나는 피, 수고, 눈물, 그리고 땀밖에는 달리 드릴 것이 없습니다. 우리는 가장 심각한 시련을 앞두고 있습니다. 우리는 길고 긴 투쟁과 고통의 세월들을 앞두고 있습니다.

여러분들은 '당신의 정책은 무엇인가'라고 묻습니다. 나는 '육상에서, 바다에서, 하늘에서 전쟁을 수행하는 것'이라고 말합니다.

하나님께서 주신 모든 힘과 능력을 총동원하여 어둡고 개탄스러운 인간의 범죄 목록에서도 유례가 없는 저 괴물과 같은 전제자를 상대로 전쟁을 수행하는 것, 이것이 우리의 정책입니다.

여러분은 '우리의 목표는 무엇인가?' 라고 질문할 것입니다. 나는 한 마디로 답할 수 있습니다. 그것은 '승리' 입니다. 승리, 어떤 댓가를 지불하더라도 어떤 폭력을 무릅쓰고라도 승리, 거기에 이르는 길이 아무리 길고 험해도 승리, 승리 없이는 생존도 없기 때문에 오직 승리뿐입니다. (…중략…)

나는 희망에 들뜬 기분으로 나의 임무를 인수하는 바입니다. 나는 우리의 소명은 결코 실패하지 않을 것이라고 확신합니다. 나는 이 시점, 이 대목에서 여러분들의 도움을 요구할 자격이 있다고 느끼면서 이렇게 호소합니다. 자, 단합된 우리의 힘을 믿고서 우리 모두 전진합시다."

영국 수상을 지낸 윈스턴 처칠(Winston Leonard Spencer Churchill, 1874. 11. 30~1965. 1. 24)은 히틀러의 나치 독일군이 네덜란드, 벨기에, 룩셈부르크를 돌파해 프랑스로 진격하고 있던 1940년 5월 13일 의회에서 행한 연설이다. 역사 속 위인들은 보통 사람들이 견디기 힘든 역경을 이기고 빛나는 발자취를 남긴 사람들이다.

UBS의 아시아지부 수석 이코노미스트인 던컨 울드리지는 "(한국 경제의 마이너스 성장을 전망한) 우리가 틀리면 우리가 가장 먼저 기쁜 마음으로 (전망치를) 상향조정할 것"이라고 언급한 적이 있다. 우리 모두 전망치가 틀리기를 바란다. 그러나 이는 전적으로 우리들의 몫이다. 청와대, 국회, 정부는 나서서 신뢰회복부터 한 뒤, 온 국민들이 '정제된 애국심' 으로 똘똘 뭉쳐 경제위기를 극복해 나가야 한다.

'당신은 국가나 기업의 진정한 리더인가?' 라고 스스로에게 물어봐라. 자격이 있는지... 바닷물 속에 있는 3%의 소금이 바다를 썩지 않게 하듯이 청와대, 국회, 공무원들, 그리고 기업의 핵심층은 피와 땀과, 수고, 눈물과 열정을 바칠 각오를 해야 한다.

우리 국민들에게는 위기일수록 빛나는 위기극복의 힘과 열정과 애국심이 있다. 바로 지금이야말로 우리 모두가 분연히 일어나 '한마음 한 뜻' 으로 위기극복 대열에 동참할 때다.

정책을 담당하는 사람들은 창의적이고도 '뭔가 다른(something different) 참신한 정책' 으로 금융위기에 의연하고도 효과적으로 대처하는 모습을 보일 때, 우리 국민들은 새로운 희망과 용기를 갖고, 새마을 운동과 금모으기, 그리고 올림픽 4강의 정신을 발휘하여 지금의 위기를 기회로 만드는 계기로 삼을 것으로 믿는다.

몸을 바칠 각오로, 국민들을 설득시켜 경기침체로 고통받고 있는 국민들에게 꿈과 희망을 주는 한편, 국가정책에 대한 신뢰도를 높여 정책의 효율성을 높이는 계기가 되어야 한다.

위기의 시대에 우리들은 먼 훗날 후손들로부터 일류국가로 가는 지렛대 역할을 했다는 평가를 받을 수 있는 우리 모두가 되길 기원해 본다.

참고문헌 및 자료 출처

제1부

1) 찰스 킨들버거(Charles P. Kindleberger) MIT 교수를 지낸 '찰스 킨들버거'는 '버블 발생과 붕괴의 메커니즘을 파헤친 경제학자로 널리 알려져 있다. 지금은 고인이 되었으나, 그의 저서 《MANIAS, PANICS, AND CRASHES》는 그가 남긴 불후의 역작이다. 광기, 패닉, 붕괴 금융위기의 역사(MANIAS, PANICS, AND CRASHES), 찰스 P. 킨들버거 지음, 김홍식 옮김, 굿모닝북스 2006.11.25, p.64.

2) http://www.edaily.co.kr/금융위기, 김경인 기자, 2008.10.29.

3) The writer is professor of economics at the Stern School of Business, New York University, and chairman of RGE Monitor, an economic consultancy, http://www.ft.com(2008.12.3).

4) 광기, 패닉, 붕괴 금융위기의 역사(MANIAS, PANICS, AND CRASHES), 찰스 P. 킨들버거 지음, 김홍식 옮김, 굿모닝북스 2006.11.25, p.157.

5) Kim and Lau(1994), 한국경제성장의 한계와 가능성, 조장옥 외, 한국경제연구원, 2001.8.14에서 재인용.

6) 한국경제성장의 한계와 가능성, 조장옥 외, 한국경제연구원, 2001.8.14.

7) http://news.chosun.com/위기극복, 정철환 기자, 2008.10.15.

제2부

1) http://www.imf.org/external/pubs/nOV.6, 2008, http://epic.kdi.re.kr/경기침체, 2008.11.6, http://news.search.naver/오바마, 2008.11.7, http://app.yonhapnews.co.kr/잃어버린 10년, June, 2008.11.2.

2) http://www.hani.co.kr/책과지성, 박혜영 교수, 2005.10.17, http://www.munhwa.com,탐욕과 거품, 이신우 기자, 2008.10.17, http://www.sydjusarang.org/7가지 죄, 전희숙, 2008.6.24.

3) 금융위기 전염효과의 발생 원인에 관한 연구, 학술진흥재단, 치영, 1995.

4) http://ko.wikipedia.org/나비효과, 2008.10.28.

5) 미국 민주당의 경제정책 방향 및 시사점, 대외경제정책연구원, 이준규 · 고희채, 연구자료 07-10, http://www.edaily.co.kr/오바마, 손희동 기자, 2008.11.6.

6) 하준경, 미국발 금융위기의 역사적 사례와 시사점, 한국금융연구원, '주간금융브리프' 제16권 39호(2007.10.8), http://www.donga.com/버블, 안병근 교수, 2008.6.2, http://www.-hankyung.com/투기의 역사, 오형규, 2007.5.18, http://news.chosun.com/대공황, 최현묵 기자, 2008.10.4, http://www.hankyung.com/투기의 역사, 오형규, 2007.5.18, http://coolmoney.moneytoday.co.kr/남해투기사건, 유일한 기자, 2007.11.12.

7) http://news.mk.co.kr/서브프라임모기지, 전선애 중앙대 교수, 2008.10.11, 美國 서브프라임 모기지 사태의 단계별 進行狀況과 政策對應, 한국은행 국제국, 2008. 7, http://www.- kif.re.kr, 서브프라임 부실 사태의 향후 전망과 시사점, 河駿炯, 2007.9.1.

8) http://www.daegubank.co.kr/dbfri/bank112.htm, http://home.kmu.ac.kr/~kangth/finmkt, http://kin.search.naver.com, (2008.11.6).

제3부

1) Ghosh, A.(2008), "Counterparty risk in credit markets", Quantitative Credit Strategy, Barclays Capital, IMF(2008), Global Financial Stability Report(2008), World Economic Outlook, Morgan Stanley(2008), Credit Derivatives Insights, Barclays Capital(2007). "Market Strategy Americas", March 1, _____(2007). "Mortgage Market Outlook", February 26, FRB(2007). "Flow of Funds Accounts of the United States", Federal Reserve, statistical release, March 8, "Agencies Seek Comment on Subprime Mortgage Lending Statement", 3.2, OECD [2007a], "Financial Market Trends No.93", November 2007, ______,[2007b], "Economic Outlook No.81", June 2007.윤창현, CFE Viewpoint, 2008. 10. 9. No. 90, 미국 금융시장 불안에 따른 영향과 전망, http://www.hanaif.re.kr 2008. 9.16, 전홍택외, 일본경제의 10년 불황에서 배워야 할 교훈, 한국개발연구원, 2002.6, 정문건, 초엔高 어떻게 활용할 것인가, 삼성경제연구소 1995.9, Fukagawa, Yukiko, "Japan's Economic Recovery:Policy Implications for Korea", Occasional Paper Series, 06-05, Institute for Global Economics, Aug. 2006, 일본의 장기침체와 회생과정, 한국경제에 대한 시사점, 한국금융연구원, 박종규, 2007.9, 해외경제포커스, 한국은행, 제2008-45호 / 2008. 11. 2~11. 8, 정연수.김기진, "미국 서브프라임 모기지 사태의 단계별 진행상황과 정책대응",업무참고자료 2008-3, 한국은행, 2008. 7, 김훈.신현열.유종민.김보성, "금융증권화의 리스크와 대응방향", 「한은조사연구2008-12」, 한국은행, 2008. 5, 박용진, "미국 금융시장 불안요인과 향후 전망", 「한은조사연구 2008-11」, 한국은행, 2008. 4, 권성태.윤창준, "최근 미국 경기상황과 평가", 「한은조사연구 2008-2」, 한국은행, 2008. 2, 김윤경.김융백.이인우,, "글로벌 신용경색의 금융권별 확산 현황 및 전망", 국제금융센터, 2008, 김융백.이인우, "美채권보증사(Monoline) 부실 심화 및 금융시장 영향", 국제금융센터, 2008, 김종만, "미국 주택가격 급락으로 모기지 연체 급증", 「Issue Briefing」, 국제금융센터,2008. 7. 9, 박현수.정형민.김화년, "미국 가계부채의 급증과 조정전망,「CEO Information」, 삼성경제연구소, 2008. 7.
2) http://www.ohmynews.com/새사연 연구센터, 2008.10.11, http://www.hani.co.kr/김광수 소장, 2008.11.3.
3) http://news.naver.com/주택시장 거품, 2008.9.18, http://www.newspim.com/버블, 김시헌기자, 2008.6.28, http://www.heraldbiz.com/구제금융안 회의론 확산, 양춘병기자, 2008.9.24.
4) http://news.chosun.com/유가와 집값의 상관관계, 차학봉 기자, 2008.6.19.
5) Driven to the Brink, How the Gas Price Spike Popped the Housing Bubble and Devalued the Suburbs, CEOs for Cities, Joe Cortright, May 2008,
6) 저금리에 관한 부분은 제2부 제2절 금융위기, 누구의 책임인가? 편에서 자세히 다뤄지고 있다.
7) http://www.asiaeconomy.co.kr/미주택시장, 박병희기자, 2008-09-25, http://www.segye.com/미주택시장,국기연특파원, 2008.9.24, 그림: http://www.donga.com, 미국모기지업체 손실규모, 2009.9.9, http://www.dt.co.kr/파급경로, 송정훈 기자, 2008.10.22.
8) http://news.mk.co.kr, 레버리지 효과, 박유연 기자, 2008.5.27, http://100.naver.com/100.nhn?docid=742445.
9) http://news.mk.co.kr/서브프라임모기지, 전선애 교수, 2008.10.11.
10) http://www.edaily.co.kr/cds, 양미영 기자, 2008.10.22.
11) http://www.sisain.co.kr/금융위기, 장영희 기자, 2008.10.21.
12) http://www.donga.com/파생상품, 이지연기자, 2008.10.15, http://www.fntimes.com/파생상품, 우영호, 2008.7.21, http://100.naver.com/100.nhn?docid=744111.

13) http://www.busanilbo.com/신종파생금융상품, 권태율 한은과장, 2008.10.11, http://news.-mk.co.kr/파생상품, 뉴스센터, 2008.9.19, http://www.moneytoday.co.kr/CDS, 김은정 기자, 2008.4.28, http://stock.moneytoday.co.kr/파생상품, 권성희 기자, 2003.3.5.

14) http://terms.naver.com/item.nhn?dirId=708&docid=5338.

15) http://www.asiaeconomy.co.kr/일본의 거품, 이경탑 기자, 2008.10.27, http://news.mk.co.kr/거품, 매경이코노미 제1414호(07.07.18일자).

16) http://terms.naver.com/item.nhn?dirId=108&docId=8699,
http://blog.naver.com/cornanksh?Redirect=Log&logNo=7322351.

17) 부동산시장 안정을 위한 정책 대응, 금융동향, 김동환, 2007, 여름호.

18) http://www.bok.or.kr/미국 금융위기와 일본 장기불황과의 비교, 정후식 부국장, 2008.11.7.

19) 은행 14개, 증권 27개, 보험 7개, 신용금고 및 신용조합 94개가 도산했고, 이 과정에서 1992~2002년 중 총 180개 은행 및 신용조합 등에 24조 9,894억 엔의 공적자금을 투입했다(자료: 한은 해외경제포커스, 제2008-45호 / 2008. 11. 2~11. 8)

20) 일본은 1997년 야마이치 증권(山一證券), 홋카이도 타쿠쇼쿠 은행(北海道拓殖銀行) 등에 대하여 일본은행이 특별융자(日銀特融)를 실시했고, 또한 일본은행은 2001년에 국채, CP 등을 대량으로 매입한 데 이어 2002. 10월에는 금융기관 보유주식을, 2003. 7월에는 자산담보증권(ABS)을 각각 매입하여 유동성을 지원했다(자료:한국은행 해외경제포커스, 제2008-45호 / 2008. 11. 2~11. 8)

21) IMF는 전 세계 금융기관의 잠재적 총 손실이 9,450억 달러에 이르는 것으로 추정(Global Financial Stability Report, 2008. 4)하였는데 이를 엔화로 환산한 금액이다.

22) http://news.chosun.com/ 신뢰의 위기, 정운찬 전서울대 총장, 2008.10.8, 그림: http://news.jknews.co.kr, 신뢰의 위기, 정윤미 기자, 2008.10.16, 글로벌 금융위기의 향방, 삼성경제연구소, 2008.10.15, 서브프라임 크라이시스, 브루스 E. 헨더슨.조지아 가이스 지음, 김정환 옮김/ 랜덤하우스코리아 / 2008.9, http://news.hankooki.com//lpage/opinion/200810/-h2008102802333524400.htm.

23) http://100.naver.com/100.nhn?docid=26415.

24) http://www.heraldbiz.com/공적자금, 양춘명 기자, 2008.11.12.

25) http://article.joins.com/금융위기, 누구 책임인가?, 남윤호기자 외, 2008.10.02.

26) Mr. Greenspan's confidence in the resilience of home prices -- shared by most in the industry at the time -- became a critical forecasting error. The belief spurred more mortgage underwriting because lenders assumed that borrowers living on the edge could always refinance or sell their homes for a profit if they ran into trouble. Instead, with home prices now falling, hundreds of thousands of homeowners are facing foreclosure. Prices nationwide have fallen nearly 20% since their 2006 peak, and many economists foresee a further decline of 10% or more in the next year. The central bank is blamed for too vigorously spurring home buying through its low short-term interest-rate targets, which were initially set to fight the economic slump after the dot-com bubble burst in 2000-01, http://online.ws j.com/article/SB122476545437862295.html.

27) http://www.fnnews.com/부실금융사, 오미영 기자, 2008.6.15, http://news.moneytoday.co.kr/문책인사, 노명우 기자, 2002.1.31.

28) http://news.naver.com/거액보수체계 규제, 연합뉴스, kjh, 2008.10.15, http://www.-fnnews.co-
m/ '도덕 대공황' 월가 샤일록들/유인례 샌프란시스코 특파원, 2008-10-16.

29) 글로벌 및 한국경제에 영향을 미치는 요소는 대단히 많으나 6장에서는 제4부에서 다루어질 요소들에 한정하여 설명하고자 한다. 외채위기 내지는 금융위기위험으로부터 비교적 멀리 벗어나 있는 미국, 유럽, 일본 등의 국가군(1군)과 부도위험에 처하였거나 향후 위험성이 높은 국가군(2군)으로 분류하여 변수를 달리하여 살펴본다. 우리나라의 경우 특성에 맞는 변수를 고려하여 살펴보도록 한다. 특히 1군의 경우, 금융혼란의 상황을 집중 검토한 뒤, 이로 인한 영향이 제2군 국가에 어떤 영향을 미치고 있는지에 대해 알아본다. 아울러서 2군 국가들은 여기서 제시된 변수들의 영향을 중심으로 현재의 심각성 정도나 혹은 외채위기에 얼마나 가까이 다가가고 있는지에 대해 진단해 보고자 한다. 우리나라의 경우, 미국과의 화폐스왑 체결을 계기로 국가부도 위험은 상당부분 완화된 것은 사실이나, 최근 국가 신인도가 하락하는 등 1군 국가들에 비해서는 여러 경제적 여건이 좋다고는 볼 수 없다. 때문에 객관적 위치에서 여러 변수들의 영향에 대해 알아보고자 한다.

제4부

1) http://www.asiatoday.co.kr/금융위기, 문윤홍 기자, 2008.09.17, 일본경제의 10년 불황에서 배워야 할 교훈, 한국개발연구원, 2002.6, 정문건, 초엔高 어떻게 활용할 것인가, 삼성경제연구소 1995.9, Fukagawa, Yukiko, “Japan's Economic Recovery: Policy Implications for Korea”, Occasional Paper Series, 06-05, Institute for Global Economics, Aug. 2006, 일본의 장기침체와 회생과정, 한국경제에 대한 시사점, 한국금융연구원, 박종규, 2007.9, 김배근 교역조건, 2002, 변동이 경제성장에 미치는 영향, 조사통계월보, 박형수.신관호, 2000, 확률적 동학 일반균형모형을 이용한 한국경제의 최적통화정책, 경제분석 제6권 2호, 정규일, 2008, 비용상승 충격의 불확실성과 통화정책, 경제학연구 제56집 1호, 정용승, 2008, 개방경제하에서의 최적통화정책, 금융경제연구 제319호.
3) 미국과 세계 경제의 리커플링(recoupling) 가능성 증대, 한은, 해외경제 포커스 제2008-19호/ 2008. 5. 4.
4) Depression Economics Returns...in normal times modesty and prudence in policy goals are good things. Under current conditions, however, it' s much better to err on the side of doing too much than on the side of doing too little. The risk, if the stimulus plan turns out to be more than needed, is that the economy might overheat, leading to inflation? but the Federal Reserve can always head off that threat by raising interest rates. On the other hand, if the stimulus plan is too small there' s nothing the Fed can do to make up for the shortfall. So when depression economics prevails, prudence is folly.http://www.nytimes.com/2008/11/14/opinion/14krugman.html?_r=1&oref=slogin, http://terms.empas.com, http://www.kukinews.com/디플레, 이성규 기자, 2008.11.20.
5) 미국의 경기부진이 세계경제에 미치는 영향, 한은, 해외경제포커스, 해외경제 포커스 제2008-19호(2008. 5. 4).
6) http://news.chosun.com, GDP, 최흡기자, 2008.10.4, http://www.edaily.co.kr/21조달러, 양이랑 기자, 2008.10.1, http://www.donga.com/파급경로, 신수정 기자, 2008.9.23, http://news.hankooki.com/ 파급경로, 이영태 기자, 2008.10.17, http://www.donga.com/금융위기, 김재영 기자, 2008.10.13.
7) http://news.khan.co.kr/브랜드 손상, 조찬제 기자, 2008.10.6, http://news.chosun.com/브랜드

가치, 이태훈 기자, 2008.10.6, http://www.newsweek.com/id/162401(2008.10.4)

8) ...Ideas are one of our most important exports, and two fundamentally American ideas have dominated global thinking since the early 1980s, when Ronald Reagan was elected president. The first was a certain vision of capitalism?one that argued low taxes, light regulation and a pared-back government would be the engine for economic growth. Reaganism reversed a century-long trend toward ever-larger government. Deregulation became the order of the day not just in the United States but around the world.

9) http://www.chosun.com/sos, 박용근 기자, 2008.10.1, http://www.yonhapnews.co.kr/적자, 김훈 기자, 2008.11.16.

10) http://ko.wikipedia.org/terminator, 2008.11.21.

11) http://news.naver.com/미국은 지금, 배수경 기자, 2008.10.31.

12) http://news.joins.com/초저금리, 2008.10.31.

13) http://news.chosun.com/공포지수, 원정환기자, 2008.10.9, http://www.edaily.co.kr, http://stock.naver.com/공포, 김한진, 2008.10.16, 美國 서브프라임 모기지 사태의 단계별 進行狀況과 政策對應, 한은 국제국, 2008. 7.

14) 글로벌 자산 운용사들의 투자 현황과 지역별 시각, 국제금융센터, 김위대, 2008.9.4, http://www.pressian.com/ 국유화 조치, 이승선 기자, 2008.10.15, http://www.donga.com/신용, 박경철, 2008.10.14, http://www.hankyung.com/

15) http://ko.wikipedia.org/국부펀드, 최근 국부펀드의 전략적 투자 행태와 시사점, posri, 사동철외, 2008.9.9, 세계 국부펀드의 확대 배경과 향후 전망, 한은, 해외경제정보, 신원섭외, 2007/10/02.

16) IMF는 외환보유액을 대외지급, 외환시장 개입 등 외환수요에 즉시 동원할 수 있는 통화당국 통제하의 대외자산으로 정의(Balance of Payments and International Investment Position Manual 6.54).

17) 비상품펀드 자산의 일부는 불태화개입을 통해 증가한 외환보유액으로부터 이전된 것이므로 일종의 차입펀드(borrowed fund)로 간주한다.

18) 싱가포르투자청은 우리나라의 파이낸스 빌딩, 스타타워 빌딩 등을 소유. 테마섹은 아시아를 중심으로 한 금융, 통신.미디어 산업에 대한 전략적 투자로 높은 수익률 기록하고 있다.

19) ① 향후 추가로 적립되는 외환은 외환보유액보다는 국부펀드에 적립되고 ② 국부펀드의 수익률이 외환보유액보다 높으며 ③ 세계 금융자산이 주식과 채권에 각각 50%씩 투자된다고 가정

20) 주 : ( )내는 세계금융자산대비 비중, 자료 : 한국은행, Morgan Stanley(2007)

21) http://www.asiaeconomy.co.kr/연기금, 김참기자, 2008.9.9.

22) 한은 해외경제포커스, 조사국 해외조사실, 제2007-47호(2007.11.18), 제2008-45호(2008.11.2)

23) http://www.asiaeconomy.co.kr/uhtml/read.jsp?idxno=428373&section=S1N6&section2=S2N237, http://blog.theple, com/inano/1311.html, 아시아 주요국의 금융상황과 향후 전망, 해외경제 포커스, 한은, 제2008-43호, 2008. 10. 19, 80년대 일본과의 비교를 통한 중국의 버블 붕괴 가능성, 한은, 해외경제 포커스 제2008-4호, 2008.1.20, http://news.chosun.com/중국의 경기침체, 김기훈 기자외, 2008.8.30, 한국은행, 해외경제포커스, 제2008-40호/2008. 9. 28, http://www.kd- i.re.kr, 성장률 및 주가 변동에서 차지하는 해외요인의 비중 변화, 송준혁, 11.7, 대신경제연구소, Daishin Research ISSUE, 오승훈, REPORT, 14 October 2008, http://www.segye.com, 중국 실업, 강호원 기자, 2008.11.16, http://news.mk.co.kr, 일본 부동산, 채수환, 11.16, http://news.chosun.com/site/data/html_dir/2008/11/14/2008111400739.html.

24) http://news.chosun.com/실업률, 김홍수 특파원, 2008.10.1, 김광수경제연구소(http://cafe.daum.net/kseriforum), 2008.5.13, 한은, 해외경제포커스, 조사국 해외정보실, 제2008-46호(2008.11.9).

25) 한은, 해외경제포커스, 조사국 해외정보실, 제2008-46호(2008.11.9).

26) 해외경제포커스, 한국은행, 제2008-39호/2008. 9.21, 제2008-42호/2008. 10. 12, http://www.asiaeconomy.co.kr/일본의 부동산, 배수경 기자, 11.22.

27) http://news.khan.co.kr/글로벌 금융감독, 구정은 기자, 2008.10.16, http://www.edaily.co.kr, 글로벌 금융, 2008.10.16, http://news.hankooki.com/금융규제, 문준모 기자, 2008.10.13, http://www.heraldbiz.com/SITE/data/html_dir/2008/11/17/200811170040.asp

28) http://news.chosun.com/국제공조, 김기훈 기자, 2008.10.11, http://www.hani.co.kr/금융공조, 류이근 기자, 2008.10.8, http://www.segye.com/국제공조, 강호원 기자, 2008.11.2, http://www.hankyung.com/국제공조, 조주현 기자, 2008.10.31.

29) http://www.moneytoday.co.kr/달러 무제한 공급, 엄성원 기자, 2008.10.14, http://news.joins.com/달러 무제한 공븝, 김창우, 2008.10.14, Issue Briefing Korea Center For International Finance, 美 상원, 7천억 달러 구제금융법안 통과, 김종만 외, 2008.10.2.9.29, 9.23, www.asiatoday.co.kr/달러 스왑한도, 유주영기자, 2008-10-15.

30) http://news.mk.co.kr/금융위기, 전선애 중앙대 교수, 2008.10.16, http://news.joins.com/R의 공포, 김창우 기자, 2008.10.17.

31) http://www.donga.com/금융위기, 곽민영기자 외, 2008.10.15, http://news.hankooki.com/금융위기, 최진주기자, 2008.10.8.

32) http://economy.hankooki.com/동반침체, 권구찬 특파원, 2008.10.16, http://www.naeil.com/경기침체, 박준규 기자, 2008.10.16, http://www.cbs.co.kr/경기침체, 양승진 기자, 2008.10.17.

33) 높은 실업률로 대표되는 불황과 인플레이션이 공존하는 상태를 일컫는 말이다. 즉, 이는 슬럼프(불황)와 인플레이션의 합성어로, 불황하의 인플레이션이라는 뜻이다. 스태그플레이션(경기정체하의 인플레이션)에 비하여 경기침체가 보다 심한 상태를 말한다. 1970년경부터 선진 각국은 스태그플레이션에 시달려 왔는데, 특히 1973년 말의 '석유파동' 을 계기로 일어난 세계적인 경기후퇴와 물가상승을 가리켜 영국의 주간지〈이코노미스트 Economist〉가 처음으로 사용하였다(출처:http://100. naver.com/100.nhn?docid=99858).

34) 성장률 및 주가 변동에서 차지하는 해외요인의 비중 변화, 송준혁 KDI 연구위원, 2008.11.7, 윤석현, "환율과 설비투자간 동태적 관계변화 분석", 조사통계월보, 한국은행 2004. 윤성훈 "환율 변화가 품목별 수출에 미치는 영향",『국제경제연구』, 제13권 제2호, 2007, pp.83-111, 장봉규, "VAR을 이용한 환율전가도 분석,"『경제연구』, 제21권 제1호, 2003, pp.27-50, 최요철.김치호, "원화환율 변동의 수출가격 전가행태 분석", 『경제분석』, 제7권 제3호, 2001, pp.63-103.

35) http://news.chosun.com/외국인 주식, 이인열 기자외, 2008.10.24http://www.asiaeconomy.co.kr/이탈, 유윤정 기자 외, 2008.10.2, http://www.hani.co.kr/경제 초비상, 정남기 기자, 2008.10.23, http://www.munhwa.com/엑소더스, 이수진 기자, 2008.10.24.

36) 외환통화정책의 문제점과 개선 방안, 안재욱, CFE Report No. 61, 2008.10.2, 아시아 주요국의 금융상황과 향후 전망, 오삼일, 해외경제정보 제2008-58호, http://www.kif.re.kr/금리, 주가, 환율간 상관관계 변동과 시사점, 이윤석, 제17권 30호, 2008.7.26~8.1, http://www.hankyung.com/news/app/newsview.php?aid=2008111641061

37) http://w21.datanews.co.kr/외환거래 감소, 유지은 기자, 10.24.

38) 불완전 환율 전가하에서 환율이 상품수지에 미치는 영향, 마샬 · 러너조건 재검토, 윤성훈 외, 2008.11.18.
39) http://www.fntimes.com/키코, 김석태, 2008.10.23, http://www.dt.co.kr/키코, 송정훈 기자, 2008.10.19.
40) http://economy.hankooki.com/키코, 김인모, 2008.10.22, http://www.kbizweek.com/키코, 장승규 기자, 2008.10.20.
41) http://h21.hani.co.kr/키코, 한광덕 기자, 2008.10.10.
42) http://www.kdi.re.kr, 성장률 및 주가 변동에서 차지하는 해외요인의 비중 변화, 송준혁, 11.7, www.kmib.co.kr, 이성규 기자, 2008.10.31, http://www.hankyung.com/장규호 기자, 2008.11.6. 43) 서울신문, 2008.11.01.
44) http://www.heraldbiz.com/유동성, 최상현 기자, 2008.10.17, http://terms.naver.com/펀더멘탈, 2008.10.24, http://www.hankyung.com/펀더멘탈, 박준동 기자, 2008.10.23, 배민근, 경제성장률 1%의 의미, LG경제연구원, 2008.4.16, http://www.edaily.co.kr/성장률, 온혜선 기자, 2008.10.15, http://www.moneytoday.co.kr/성장률, 임동욱 기자, 2008.10.24, http://www.kdi.re.kr, 성장률 및 주가 변동에서 차지하는 해외요인의 비중 변화, 송준혁, 11.7.
45) http://news.mk.co.kr/외국인 고용, 2008.2.6.
46) http://www.kdi.re.kr, 최근 물가상승세의 원인 및 향후 전망, 송준혁, 2008.5.12.
47) http://news.chosun.com/실업률, 김정훈 기자, 2008.6.19,http://www.newscham.net/노동의 질, 최인희 기자, 2008.10.7, http://news.khan.co.kr/임시직, 유정인 기자, 2008.10.7.
48) 동아일보, 장강명 기자, 2008.4.19.
49) http://news.khan.co.kr/청년백수, 오동근 기자외, 2008.11.17, http://www.e-today.co.kr, 청년백수, 장익창 기자, 2008.11.13.
50) http://terms.naver.com/오쿤의 법칙, 2008.10.14, http://www.kbizweek.com/실업, 허원순, 2008.10.3, http://seri.org/2009년 세계경제 및 국내경제 전망, 황인성 외, 2008.10.15.
51) 금융실문부문의 충격과 거시경제조정, 김명직 외, 금융학회지, 제3권 제2호, 1998.
52) http://www.seoul.co.kr/디플레, 이두걸기자, 2008.10.18, http://www.donga.com/부동산하락, 정세진 기자, 2008.10.16, http://h21.hani.co.kr/부동산하락, 임주환기자, 2008.10.17, 매경, 부동산 폭락, 유병규, 2008.8.23, http://terms.naver.com/item.nhn?dirId=109&docId=9537, http://www.seoulfn.com/부동산, 문선영 기자, 11.21.
53) http://www.mosf.go.kr/세제혜택, 기획재정부 미디어기획팀, 2008.10.19, 경제난국 극복 종합대책, 대한민국 정부, 2008.11.3.
54) http://news.naver.com/main/read.nhn?mode=LSD&mid=sec&sid1=100&oid=003&aid=0002237893, http://economy.hankooki.com/신뢰도, 조형기, 2008.11.13.

제5부

1) Fotheringham, J. et al(2008), "The next subprime? Quantifying expected losses from CRE, Alt-A, HELOCs, Option ARMs", Global:Financial Service, Goldman Sachs, Ghosh, A.(2008), "Counterparty risk in credit markets", Quantitative Credit Strategy, Barclays Capital. IMF(2008), Global Financial Stability Report.____(2008), World Economic Outlook, Morgan Stanley(2008), Credit Derivatives Insights. Barclays Capital(2007).

"Market Strategy Americas", March 1, ______(2007). "Mortgage Market Outlook", February 26, FRB(2007). "Flow of Funds Accounts of the United States", Federal Reserve statistical release, March 8, ____(2007). "Agencies Seek Comment on Subprime Mortgage Lending Statement", March 2. OECD [2007a], "Financial Market Trends No.93", November 2007, ______,[2007b], "Economic Outlook No.81", June 2007.한국은행, 해외경제포코스, 제2008-44호/2008. 10. 26. 제2008-45호/2008. 11. 2~11. 8.

2) 디플레이션(deflation)은 인플레이션(inflation)의 반대 개념으로 재화와 서비스 가격이 광범위하고 지속적으로 하락하는 현상을 말한다. 리세션(recession)은 경기가 몇 달 이상 동안 전반적으로 상당히 위축되는 상황을 의미하며, 미국에서는 보통 GDP 성장률이 2분기 이상 마이너스를 기록하는 경우를 일컫는다. 디프레션(depression)은 장기적이고 지속적인 경기 하강을 의미하며, 리세션보다 심각한 상황을 일컫는다. 가장 유명한 디프레션은 1930년대 미국의 대공황(Great Depression)이었다. 그런데 디프레션은 디플레이션을 동반하는 경우가 많다. 디플레이션이 가격에 관한 용어라면, 리세션과 디프레션은 경기에 관한 용어이다. (조선일보, 11.28)

3) http://100.naver.com/100.nhn?docid=8005, 52813,10038, http://news.chosun.com, 이지훈 기자외 2008.11.28.

4) http://www.fnnews.com/벼랑끝 경기, 채지용 기자, 2008.10.16, http://www.moneytoday.co.kr/실물경제 추락, 김유림 기자외, 2008.10.16, 금융위기 30년史略, 한기진 기자, 2008.10.7.

5) Financial Stress and Economic Downturns, World Economic Outlook, Oct. 2008.

6) 출처: http://100.naver.com.

7) www.oecd.org, www.standardandpoors.com, www.moodys.com, www.db.eiu.com 및 PRS, ICRG, Nov,2004, http://www.korea.kr, 신흥경제권의 경제위기 발생 가능성 점검, LG Business Highlight, 김형주,신동진 (2007), "은행산업의 경쟁도 분석과 정책적 시사점,"「경제현안분석」, 제25호, 국회 예산정책처, 이병윤 2003), "외환위기 이후 금융구조조정이 우리나라 은행산업 경쟁도에 미친 영향,"「경제분석」, 제9권 제3호, 한국은행. 이상규 · 이종건 (2004)," 은행그룹화가 은행시장 경쟁에 미친 영향과 정책시사점,"「경제분석」, 제10권 제4호, 한국은행.정형권 (2006)," 은행 대형화 및 시장집중도 상승이 은행 효율성에 미친 영향,"「금융경제연구」, 제274호, 한국은행.최호상 (2007), "은행산업의 구조변화와 경쟁도 분석,"「한국경제연구」, 제18권 제6호,한국경제연구학회.2008.8.27, 신흥 투자국에 대한 국가위험도 추이와 진단, 조양현, 수은해외 경제, 2005.1. WEFA 등 주요기관의 국가위험도 조사에 대한 분석 및 시사점, 왕윤종, 2000.6. 금융시장 조기경보지수의 국면전환 예측에 관한 연구, LG 경제연구원, 오영균, 2000.9, 외환위기 당시와의 비교를 통한 위기 발생 가능성 검토, 한국금융연구원, 신용상, 2008.9.10, 시례기반추론을 이용한 외환위기 조기경보 시스템의 성과, 금융학회지, 김경수외, 2006.제11권 제2호, 동유럽에 대한 국가위험도 평가모델 구축방안, 한국수출입은행, 조양현, 수은해외경제, 2008.9.

8) 2006년 말을 기준으로 S&P, Moody's, Fitch의 신용등급 결과의 상관관계(bivariate correlation coefficient)는 0.97~0.99로 매우 높은 것으로 평가(Dilip Ratha et al, "Shadow Sovereign Ratings for Unrated Developing Countries," World Bank, June 2007).

9) 이 모델에서 고려하는 변수는 IMF, 세계은행, OECD, S&P, Moody's, Fitch, EIU, Economist 및 JP Morgan Chase 등 주요 평가 및 연구기관 등은 물론 많은 학자들이 국가위험도 평가시 활용하는 변수와 각나라의 특징적 요소들을 종합하여 저자들이 만든 것임을 알려둔다.

10) S&P, Moody's. Fitch사 등 세계 3대 평가기관의 신용등급은 평가대상국의 정부채권 주식.채권시장에 직접적으로 영향을 미치며, 경제구조가 취약한 국가의 경우, 전염효과가 있는 것으

로 나타났다(G. Kaminsky and S.L. Schmukler, "Emerging Markets Instability: Do Sovereign Ratings Affect Country Risk and Stock Returns?", January 2002).

11) 신흥 투자국에 대한 국가위험도 추이와 진단, 조양현, 수은해외 경제, 2005.1. WEFA 등 주요기관의 국가위험도 조사에 대한 분석 및 시사점, 왕윤종, 2000.6. 금융시장 조기경보지수의 국면전환 예측에 관한 연구, LG 경제연구원, 오영균, 2000.9, 외환위기 당시와의 비교를 통한 위기 발생 가능성 검토, 한국금융연구원, 신용상, 2008.9.10, 시례기반추론을 이용한 외환위기 조기경보 시스템의 성과, 금융학회지, 김경수 외, 2006.제11권 제2호, 동유럽에 대한 국가위험도 평가모델 구축방안, 한국수출입은행, 조양현, 수은해외경제, 2008.9.

12) http://www.fnnews.com/미재정적자, jjung72@fnnews.com, 2008.10.16, http://economy.hankooki.com/재정적자, 이상훈 기자, 2008.10.13, 화폐전쟁, 쑹홍빙, 차혜영 옮김, 랜덤하우스, p.401, 2008.10.13.

13) http://www.pssp.org,구제금융 부담의 해외 전가, 2008.10.10, http://www.newspim/양적조절, 김사헌 기자, (11.22), http://www.hani.co.kr/구제금융, 류이근 기자, 11.25.

14) http://www.edaily.co.kr, 통화완화정책, 이태호 기자, 2006.3.8.

15) http://www.ft.com/cms/s/0/91f008e4-c0dc-11dd-b0a8-000077b07658.html?nclick_check=1.

16) 한국은행, 해외경제포코스, 제2008-44호(2008. 10. 26), 47호(11.26), 50호(12.13).

17) http://www.econbrowser.com/archives/2008/11/the_anomalous_f.html.

18) http://economy.hankooki.com/baghot/ 2007.2.21

19) 약정금리에 대비되는 용어로 실질금리라고도 한다. 기업이 금융기관에서 융자를 받을 경우 공표되는 차입원금에 대한 금리가 약정금리인데, 기업이 현실적으로 사실상 부담하는 것은 약정금리만은 아니다. 예를 들면 금융기관에서 차입을 하는 경우, 그 차입금액 중 얼마인가를 즉시 정기예금 · 적금 등 구속성이 강한 예금으로 예금해 줄 것 등을 조건부로 하는 경우가 많다. 이 경우 기업은 실질적으로 총차입액에서 예금액을 공제한 금액을 융자받게 되나, 부담하는 금리는 총차입액에 대한 약정금리이다. 따라서 예금분에 대한 이자를 공제한다 하더라도 실질융자액에 대한 금리의 비율은 총융자액에 대한 약정금리보다 높아지게 되며, 이를 실효금리라고 한다(http://100.naver.com/100.nhn?docid=102939).

20) 화폐전쟁, pp.143, 쑹홍빈 저, 차혜정 옮김, 2008.7, http://article.joins.com/시뇨리지, 2008.10.15.

21) http://100.naver.com/100.nhn?docid=112541.

22) 한은, 해외경제정보 각호, http://news.chosun.com, 디플레이션, 이지훈 에디터 외, 2008.11.28.

23) http://www.moneytoday.co.kr/금융위기 이후, 유일한 기자, 2008.9.29.

24) http://www.yonhapnews.co.kr, 유가, bulls, 2008.11.6, hoonkim, 11.8.

25) http://media.daum.net/언더워터, 2008.11.1, http://www.hani.co.kr/부동산가격 하락, 김광수, 2008.11.3.

26) http://app.yonhapnews.co.kr(10.27), http://www.fnnews.com, 미국 주택, 채지용 기자, 2008-12.1, http://www.newspim.com, 금융위기, 홍승훈 기자, 11.27.

27) http://news.chosun.com, BIG3, 최원석 기자 외, 2008.11.27, 한은, 해외경제포커스, 각호.

28) 한국은행, 해외경제포코스, 제2008-44호 / 2008. 10. 26.

29) 해외경제포커스, 한국은행, 조사국 제2008-41호, 2008. 10. 5. http://news.chosun.com, 2008. 11.26

30) 한국은행, 해외경제포코스, 제2008-44호, 2008. 10. 26.

31) http://www.segye.com/대일적자, 민병오 기자 외, 2008.11.3, http://www.asiaeconomy.co.kr/엔고, 배수경 기자, 2008.10.24, http://news.mk.co.kr/엔고, 채수환 특파원, 2008.11.2.

32) 해외경제포커스, 한은조사국, 제2008-47호, 2008.11.16.

33) http://economy.hankooki.com, 인수합병, 2008. 11. 11.

34) http://www.asiaeconomy.co.kr, 일본지가, 배수경 기자, 2008.11.22.

35) 해외경제포커스, 한은조사국, 제2008-47호, 2008.11.16.
36) 한국은행, 海外經濟情報제2008-49호, 아주경제팀, 김영근, 2008. 9. 22.
37) Issue Analysis, KCIF, 최근 중국의 위안화 국제화 추진 움직임과 향후 전망, 이치훈, 2008, 13.Nov, 원화국제화 추진에 따른 장단점 비교와 정책적 시사점, 송원호 외, 2007.5.
38) http://www.globalwindow.org(2008.11.29).
39) 해외경제포커스, 한은, 제2008-50호/2008.12.7, 최근 중국의 수출부진과 향후 전망, 박창현 박사, 海外經濟情報 제2008-67호, 2008.12.11.
40) Jahangir Aziz and Xiangming Li, 2007, China's Changing Trade Elasticities, IMF Working Paper WP/07/266.
41) http://www.asiatoday.co.kr/중국의 경기부양, 문윤홍 기자, 2008.11.11
42) SCMP, written by Charles Wolf, Senior economic advisor at Rand Corp, KOTRA, 홍콩무역관 손병철, 2003.8.8, http://www.munhwa.com, 중국 부패공무원, 한강우 기자, 2008.11.1.
43) www.globalwindow.org, 허성무, '08.9.17.
44) 한국은행, 해외경제포커스, 제2008-44호/2008. 10. 26.
45) 한국은행, 해외경제포커스, 제2008-45호/2008.11.2.
46) Issue Analysis KCIF, 아시아국 통화 대부분 약세 지속 전망, 박동완, 2008.10.17, 한국은행, 해외경제포커스, 1008.10.22.
47) IMF는 미국 경기감속의 파급효과에 대해 두 가지 시나리오를 제시하고 있다(World Economic Outlook, "Decoupling the Train?", 2007. 4월).
48) 파키스탄(10. 22일 IMF 구제금융 지원 신청), 캄보디아, 스리랑카, 라오스, 방글라데시 등 일부 국가들은 외채규모가 외환보유액을 상회하는 가운데 무역수지가 적자를 기록했다. 다만 이들 국가의 경제규모나 금융시장 규모가 크지 않아 아시아 전체 금융시스템에 큰 영향을 미치지 않을 전망이다.
49) 한국은행, 해외경제포커스, 각호.
50) 미국(10만달러 → 25만달러), EU(2만유로 → 5만유로), 영국(3.5만파운드 → 5만파운드), 호주 · 뉴질랜드(전액 보장)

제6부

1) 월간 조선 2000년 5월 별책부록.
2) 세기적 위기를 선진일류국가 도약 기회로, 2009년 경제운용방향, 관계부처 합동, 2008.12.16.
3) http://news.hankooki.com/cds, 황유석 특파원, 2008.9.17, http://www.cbs.co.kr/cds, 박지환 기자, 2008.9.18, http://www.moneytoday.co.kr/cds, 김경환 기자, 2008.9.16.
4) http://100.naver.com/100.nhn?docid=821907.
5) http://100.naver.com/100.nhn?docid=821907.
6) http://www.newspim.com/cds, 김사헌 기자, 2008.10.11.
7) http://www.moneytoday.co.kr/점보론, 안정준 기자 외, 2008.8.18, http://www.moneytoday.co.kr/알트에이 모기지, 김경환 기자, 2008.10.16.
8) http://www.edaily.co.kr/헤지펀드, 권소현 기자, 2008.12.4, http://www.donga.com, 헤지펀드, 2008.10.18, http://news.hankooki.com/헤지펀드. 박관규기자, 2008.10.18, http://economy.hankooki.com/헤지펀드, 문병도기자, 2008.10.17, 2008.10, 헤지펀드의 허용과 향후 발전 방향, 노희진, 한국증

권연구원, 2008.10, http://news.khan.co.kr/헤지펀드, 2008.9.24, http://www.heraldbiz.com/헤지펀드, 김필수 기자, 2008.10.1.

9) http://news.chosun.com/엇바자, 김홍수 특파원, 2008/11/26, http://news.chosun.com, 죄수의 딜레마, 2008.11.21, http://news.chosun.com, 신자유주의, 김정훈 기자, 12.5.
10) http://100.naver.com/100.nhn?docid=57122,22167.
11) http://news.mk.co.kr, 무디스, 오재현 기자, 2008.12.8.
12) http://news.chosun.com/엇바자, 김홍수 특파원, 2008/11/26.
13) 美國 서브프라임 모기지 사태의 단계별 進行狀況과 政策對應, 한국은행 국제국, 2008/07/24, http://www.fnnews.com, 추가상각, 정지원, 2007.9.20, http://www.heraldbiz.com, 상각, 김필수 기자, 2008.9.19.
14) http://www.moneytoday.co.kr/디플레 공포, 김경환 기자, 2008.10.18, http://www.hankyung.com/디플레 공포, 유병연 기자, 2008.10.8, http://news.mk.co.kr/D의 공포, 김민구 기자, 2008.10.11, http://www.asiaeconomy.co.kr, 디플레공포, 배수경 기자, 2008.10.17.
15) http://www.sisain.co.kr/대폭락, 장영희 기자, 2008.10.23.
16) 자료: http://ko.wikipedia.org, 12.5.
17) http://news.chosun.com/대공황, 최형석 기자, 2008.10.23, http://www.asiaeconomy.co.kr/U자형, 전선영 기자. 2008.10.8, http://economy.hankooki.com/U자형, 강동호 기자, 2008.4.22, http://www.fnnews.com, 경기침체, 오미영기자, 2008.10.22, http://media.daum.net/경기침체, 연합뉴스, 2008.11.1,:http://news.mk.co.kr, 김경도, 2008.11.4, http://www.imf.org/externa, Nov. 6, 2008.
18) http://news.chosun.com/site/금융위기, 조의준 기자, 2008.11.20,
19) http://news.chosun.com, 경기침체, 박종세 특파원, 2008.12.2, http://www.fnnews.com, 경기침체, 정지원 특파원, 2008.12.2.
20) http://wwwdev.nber.org/dec2008.html, Business Cycle Dating Committee, National Bureau of Economic Research, Determination of the December 2007 Peak in Economic Activity, 2008.12.
21) http://wwwdev.nber.org/dec2008.html
22) http://news.joins.com/재정적자 사상최대, 2008.10.16, http://www.ohmynews.com/국제금융, 새사연 연구센터, 2008.10.11.http://blog.redian.org/entry/美-경제위기-본질-신자유주의-위기, 유성재, 2008.9.30, http://www.moneytoday.co.kr, 달러휴지조각, 김경환 기자, 2008.10.23, http://100.naver.com/100.nhn?docid=121963, http://www.heraldbiz.com/가속도 효과, 조현숙 기자, 11.21.
23) http://100.naver.com/100.nhn?docid=78066, http://www.edaily.co.kr/부메랑 효과, 김경인 기자, 11.22.
24) http://news.joins.co.kr/부양책,김영훈 기자, 2008.12.11.
25) 세계 국부펀드의 확대 배경과 향후 전망, 한은, 해외경제정보, 원섭외, 2007/10/02.
26) 세계 국부펀드의 확대 배경과 향후 전망, 한은, 해외경제정보, 신원섭외, 2007/10/02.백소명 KDI 경제정보센터, 나라경제, 2007.8.
27) http://stock.moneytoday.co.kr/금융위기, 김방희, 2008.11.7, http://www.donga.com/IMF, 남원상 기자, 2008.10.29, Issue Analysis Korea Center For International Finance, 최근 IMF 의 활동 강화 및 향후 전망, 안남기 외, 2008.11.10, 한국은행, 해외경제포코스, 제2008-44호/2008. 10. 26, http://news.chosun.com/국가부도, 조의준 기자, 2008.10.9. http://economy.hankooki.com/국가부도, 2008.10.16, http://www.fnnews.com/국가부도, 오미영기자, 2008.10.18.

28) http://news.chosun.com/site/data/html_dir/2008/12/05/2008120500558.html.
29) http://www.kukinews.com/세계경제 붕괴, 김재중 기자, 2008.3.3, 세계경제 불균형의 재확대 가능성과 리스크, 신원섭 외, 한은, 2008.3.4.
30) http://www.donga.com, 시나리오, 문권모 기자, 2008.11.1, 모니터그룹은 1983년 마이클 포터 하버드대 경영대학원 교수 등이 설립한 글로벌 전략 컨설팅 회사로 현재 전 세계 32개 사무소와 전문인력 1500여 명을 운용하고 있다. 모니터그룹코리아는 1989년 한국에 설립됐으며, 한국 경제의 다양한 산업 분야에서 경영컨설팅 업무를 수행하고 있다. GBN(Global Business Network)은 니터그룹의 자회사이며 피터 슈워츠 등 세계적인 미래학자와 전략가들이 설립한 시나리오 플래닝 전문 회사다. 새로운 트렌드와 그 파급 효과를 연구하고 있으며, 기업과 국가를 대상으로 한 시나리오 개발과 미래 대응 전략 제시가 주요 업무다.
31) http://www.moneytoday.co.kr/금융위기, 민주영, 2008.9.25, http://www.dt.co.kr/금융위기, 민주영, 2008.9.29, http://news.hankooki.com/금융위기 반복, 문준모 기자, 2008.10.13, 금융투기의 역사, 에드워드 챈슬러, 국일증권경제연구소, 2001년, http://news.joins.com/재정적자 사상최대, 2008.10.16, http://www.ohmynews.com/국제금융, 새사연 연구센터, 2008.10.11.http://blog.redian.org/entry/美-경제위기-본질-신자유주의-위기, 유성재, 2008.9.30, http://www.moneytoday.co.kr, 달러휴지조각, 김경환 기자, 2008.10.23, http://100.naver.com/100.nhn?docid=121963, http://www.heraldbiz.com/가속도 효과, 조현숙 기자, 11.21. http://news.chosun.com/글로벌 공조(共助) 강화, 초(超)국가적 경제기구 생길수도, 박영철(고려대), 윤영관(서울대), 권순우(삼성경재연) 대담내용, 정리 정철환기자, 2008.10.15, 그림: 상동, http://www.hankyung.com, 자본주의, 처우치런 베이징대 경제연구소장, 2008.10.13, 김자봉, 미국금융위기의 진행과정과 주요 정책이슈, 논단, 제17권 제40호, 2008.10.11~10.17, http://news.mk.co.kr/블록화, 뉴스센터, 2008.7.16.
32) http://news.mk.co.kr/버블, 안정훈 기자 외, 2008.10.31, http://news.khan.co.kr, 자본시장 통합, 장관순 기자, 2008.12.7.
33) http://100.naver.com/100.nhn?docid=799050, http://news.hankooki.com, 연환계, 김광수 기가, 2008.10.31, http://economy.hankooki.com, 연환계, 권홍우 편집위원, 2008.10.3.
34) http://100.naver.com/100.nhn?docid=797641/3236/http://news.khan.co.kr/오창민 기자, 2008.12.11, http://www.hani.co.kr/노동유발계수,2008.12.11, http://www.hani.co.kr/고용없는 성장, 장철규 기자, 2007.10.21, 미국의 일자리 없는 성장, 지속될 것인가, 이현진 박사, 나라경제, 2004.2, 3)"The new ' new economy' ", Economist, September, 11, 2003, Morgan Stanley", False recovery", January 12, 2004, "Jobless recovery? Not in 2004, economists say", Wall Street Journal, January 2, 2004, Rifkin. 1994. The End of Work: The Decline of the Global Force and the Dawn of the Post-Market Era. 이영호 옮김. 『노동의 종말』. 민음사, pp. 21～33, 동북아 제조업의 분업구조와 고용관계(Ⅱ), - 자동차산업과 전자산업을 중심으로 -, 노동연구원, 조성재.장영석.오재훤.박준식, 2006.3.
35) http://100.naver.com/100.nhn?docid=744158.
36) http://100.naver.com/100.nhn?docid=793106, http://goodaugury.egloos.com/83755.
37) 슬럼프(slump)와 인플레이션(inflation)의 합성어로, 스태그플레이션보다 경기불황과 저성장 구도가 더 장기적으로 이어지는 경우를 가리킨다. 최근 글로벌 금융위기로 세계 경제가 수출과 내수에서 모두 장기불황 국면에 접어들 가능성이 높아지자 경제 전문가들 사이에서 슬럼플레이션에 관한 전망이 비중 있게 흘러나온다. 경제 전문가들은 앞으로 실물경제가 계속 위축될 경우 최소 2~3년간 슬럼플레이션 현상이 지속될 것으로 내다본다(출처:http://news.naver.com/슬럼플레이션)2008.12.12.

38) http://www.heraldbiz.com, 연환계, 2007.5.31, www.mainlesson.com/.../greeks/zpage239.gif.
39) 한국은행, 해외경제포코스, 제2008-44호 / 2008. 10. 26, http://news.chosun.com/국가부도, 조의준 기자, 2008.10.9. http://economy.hankooki.com/국가부도, 2008.10.16, http://-www.fnnews.com/국가부도, 오미영기자, 2008.10.18, 10월 이후 국가신용등급 하향조정 건수 대폭 증가, KCIF, 김윤선 외, 28 Nov. 2008.
40) http://news.chosun.com/글로벌 공조(共助) 강화, 초(超)국가적 경제기구 생길수도, 박영철(고려대), 윤영관(서울대), 권순우(삼성경재연) 대담내용, 정리 정철환기자, 2008.10.15, 그림: 상동, http://www.hankyung.com, 자본주의, 처우치런 베이징대 경제연구소장, 2008.10.13, 김자봉, 미국금융위기의 진행과정과 주요 정책이슈, 논단, 제17권 제40호, 2008.10.11~10.17, http://news.mk.co.kr/블록화, 뉴스센터, 2008.7.16.
41) http://www.asiatoday.co.kr/news/view_news.asp?seq=179665.
42) http://news.hankooki.com/블록화,강철원 기자, 2008.12.18.
43) http://www.donga.com, 경제장막, 정위용 기자, 2008.12.2.
44) 워싱턴 포스트 "금번 G20 정상회의는 역사적 권력이동의 계기"(08.11.15)
45) "부와 경제력이 서방에서 동방으로 이동하면서 18세기 이후 처음으로 동방이 세계 제1의 경제권으로 부활 예상"(출처: 美 국가정보위원회 "Global Trend, 2025")
46) 신원섭외, 세계경제 불균형의 재확대 가능성과 리스크, 신원섭 외, 2008.3.4, http://-app.yonhapnews.co.kr, 탈달러화, 정묘정 기가, 2008.11.26.
47) http://www.viewsnnews.com/다극체제, 박태견 기자, 2008.9.22, 9.17, http://www.segye.com/순유출, 홍진석 기자, 2008.9.18, http://www.seoul.co.kr/미국 신인도, 주병철 기자, 2008.9.19.
48) http://news.chosun.com/유로화,김홍수 특파원, 2008.12.10, http://www.prometheus.co.kr/기축통화, 임세환 기자, 2008.12.9.
49) http://www.segye.com/중국경제, 미국을 앞지른다, 강호원기다, 2008.12.15.
50) http://www.hani.co.kr/금융공조, 류이근 기자, 2008.10.8, http://www.hankyung.com/국제공조, 조주현 기자, 2008.10.31, http://www.segye.com/국제공조, 강호원 기자, 2008.11.2.
51) http://news.naver.com/미 국채, 박상현, 2008.11.20.
52) 윤창현 교수, CFE Viewpoint, 2008. 10. 9. No. 90, http://www.pressian.com, 신자유주의, 박종현 교수, 2008.10.1.
53) http://www.newspim.com, 12.4.
54) http://www.forjob.kr/35642008.
55) http://news.hankooki.com/금융위기, 강철원 기자, 2008.10.20, http://ko.wikipedia.org, 자본론, 2008.12.9.
56) http://ko.wikipedia.org, 자본론, 2008.12.9.
57) http://news.chosun.com/site/data/html_dir/2008/11/24/2008112401955.html,,http://ko.wikipedia.org/-wiki/KKK, 2008.11.25, http://www.radiokorea.com, KKK, 김혜정 기자, 2008.11.24.

제7부

1) 성장률 및 주가 변동에서 차지하는 해외요인의 비중 변화, 송준혁 KDI 연구위원, 2008.11.7, 윤석현, "환율과 설비투자간 동태적 관계변화 분석", 조사통계월보, 한국은행 2004. 윤성훈

"환율 변화가 품목별 수출에 미치는 영향",「국제경제연구」, 제13권 제2호, 2007, pp.83-111, 장봉규, "VAR을 이용한 환율전가도 분석,"「경제연구」, 제21권 제1호, 2003, pp.27-50, 최요철. 김치호, "원화환율 변동의 수출가격 전가행태 분석", 「경제분석」,제7권 제3호, 2001, pp.63-103.

2) http://www.chosun.com,12.5.

3) http://www.viewsnnews.com/북한,임지욱 기자, 2008.1.26.

4) http://news.chosun.com/외국인 주식, 이인열 기자외, 2008.10.24http://www.asiaeconomy.co.kr/이탈, 유윤정 기자 외, 2008.10.2, http://www.hani.co.kr/경제 초비상, 정남기 기자, 2008.10.2-3, http://www.munhwa.com/엑소더스, 이수진 기자, 2008.10.24.

5) http://news.chosun.com/외국인 투자, 김재곤 기자, 2008.12.10.

6) 외환통화정책의 문제점과 개선 방안, 안재욱, CFE Report No. 61, 2008.10.2, 아시아 주요국의 금융상황과 향후 전망, 오삼일, 해외경제정보 제2008-58호, http://www.kif.re.kr/금리, 주가, 환율간 상관관계 변동과 시사점, 이윤석, 제17권 30호, 2008.7.26~8.1, http://www.-hankyung.com/news/app/newsview.php?aid=2008111641061

7) http://w21.datanews.co.kr/외환거래 감소, 유지은 기자, 10.24.

8) 불완전 환율 전가 하에서 환율이 상품수지에 미치는 영향, 마샬 · 러너조건 재검토, 윤성훈 외, 한은, 2008.11.18.

9) http://news.joins.com/환율,2008.12.19.

10) http://www.fntimes.com/키코, 김석태, 2008.10.23, http://www.dt.co.kr/키코, 송정훈 기자, 2008.10.19.

11) http://economy.hankooki.com/키코, 김인모, 2008.10.22, http://www.kbizweek.com/키코, 장승규 기자, 2008.10.20.

12) http://h21.hani.co.kr/키코, 한광덕 기자, 2008.10.10.

13) http://www.hani.co.kr/cds/김수헌 기자, 2008.10.29, http://www.yonhapnews.co.kr/cds,정성호 기자, 2008.10.29, http://100.naver.com/100.nhn?docid=742497.

14) 외환보유액에 대한 IMF 정의는 "Those external assets that are readily available to and controlled by monetary authorities for direct financing of payments imbalances, …through intervention in exchange markets to affect currency exchange rate, and/or for other purposes, 외환보유액 적정성 여부 분석, 기획재정부, 2008.10.6, http://www.donga.com/외환보유액, 박용기자, 2008.10.7, 박용기자 외, http://w21.datanews.co.kr/연체율, 유지은 기자, 2008.10.23, http://www.bok.or.kr/외환보유액의 이해, 한은, 최재용, 2008.11.7.

15) http://www.ukopia.com/유동부채, 오종수 기자, 2008.11.29.

16) 한국은행, 2008년 6월말 국제투자대조표, 32008.8.29, http://www.hani.co.kr/채무, 정남구, 2008.10.29, 국가채무 축소방안, 배상근, 2008.10.31, 국가채무 축소방안, CFE Report No.65, 주요 해외연구들로는 Tait and Heller(1982), Barro(1986), Heller and Diamond(1990), Hakkio and Rush(1991), Ahmed and Rogers(1995), Bohn(1998) 등이 있고 국내연구들로는 이연호(2000), 김성순(2001), 천병철 (2002), 박형수.박기백(2003), 박기백.김우철(2006), 송준혁.이삼호(2006) 등이 있음.

17) 한국은행, 2008년 6월말 국제투자대조표, 32008.8.29, http://www.hani.co.kr/채무, 정남구, 2008.10.29, 국가채무 축소방안, 배상근, 2008.10.31.

18) Only the recognized direct financial obligations of the government which are serviced through interest payment and/or redemption should be included in debt. Like revenue and expenditure, debt should be shown on a consolidated basis, eliminating from the totals for a single government and debt owed by part of government to another. Government guarantees

of the debts of others should be excluded unless and until the government is called upon to take over and service that debt. The contingent and actuarial liabilities of government insurance schemes and social securities systems are also excluded from the totals of recognized,fixed-term direct government debt. The monetary authorities' obligations - for currency issues, for example-are excluded from government debt. The debts of public enterprises, outside government, would be excluded, as would the debts of any financial institution functions carried out by government.

19) No. 65 국가채무 축소방안, CFE Report, 주요 해외연구들로는 Tait and Heller(1982), Barro(1986), Heller and Diamond(1990), Hakkio and Rush(1991), Ahmed and Rogers(1995), Bohn(1998) 등이 있고 국내연구들로는 이연호(2000), 김성순(2001), 천병철(2002), 박형수.박기백(2003), 박기백.김우철(2006), 송준혁.이삼호(2006) 등이 있음.

20) http://www.kdi.re.kr, 성장률 및 주가 변동에서 차지하는 해외요인의 비중 변화, 송준혁, 11.7, www.kmib.co.kr,이성규 기자, 2008.10.31, http://www.hankyung.com/장규호 기자, 2008.11.6, http://news.hankooki.com(2008.10.17).

21) 서울신문, 2008.11.01.

22) http://www.heraldbiz.com/유동성, 최상현 기자, 2008.10.17, http://terms.naver.com/펀더멘탈, 2008.10.24, http://www.hankyung.com펀더멘탈, 박준동 기자, 2008.10.23, 배민근, 경제성장률 1%의 의미, LG경제연구원, 2008.4.16, http://www.edaily.co.kr/성장률, 온혜선 기자, 2008.10.15, http://www.moneytoday.co.kr/성장률, 임동욱 기자, 2008.10.24, http://www.kdi.re.kr, 성장률 및 주가 변동에서 차지하는 해외요인의 비중 변화, 송준혁, 11.7.

23) http://news.mk.co.kr/외국인 고용, 2008.2.6.

24) http://www.kdi.re.kr, 최근 물가상승세의 원인 및 향후 전망, 송준혁, 2008.5.12.

25) http://news.chosun.com/실업률, 김정훈 기자, 2008.6.19,http://www.newscham.net/노동의 질, 최인희 기자, 2008.10.7, http://news.khan.co.kr/임시직, 유정인 기자, 2008.10.7.

26) 동아일보, 장강명 기자, 2008.4.19, http://www.heraldbiz.com/실업률,홍길용 기자, 2008.12.10.

27) http://news.khan.co.kr/청년백수, 오동근 기자외, 2008.11.17, http://www.e-today.co.kr/청년백수, 장익창 기자, 2008.11.13.

28) http://terms.naver.com/오쿤의 법칙, 2008.10.14, http://www.kbizweek.com/실업, 허원순, 2008.10.3, http://seri.org/2009년 세계경제 및 국내경제 전망, 황인성 외, 2008.10.15.

29) http://www.seoul.co.kr/디플레, 이두걸기자, 2008.10.18, http://www.donga.com/부동산하락, 정세진 기자, 2008.10.16, http://h21.hani.co.kr/부동산하락, 임주환기자, 2008.10.17, 매경, 부동산 폭락, 유병규, 2008.8.23, http://terms.naver.com/item.nhn?dirId=109&docId=9537, http://www.seoulfn.com/부동산, 문선영 기자, 11.21.

30) 서울신문, 부동산 가격 하락, 김성곤 기자, 2008.12.4.

31) http://www.mosf.go.kr/세제혜택, 기획재정부 미디어기획팀, 2008.10.19, 경제난국 극복 종합대책, 대한민국 정부, 2008.11.3.

32) http://news.naver.com/main/read.nhn?mode=LSD&mid=sec&sid1=100&oid=003&aid=0002237893, http://economy.hankooki.com/신뢰도, 조형기, 2008.11.13, http://www.moneytoday.co.kr/신뢰도,오동희기자, 2008.12.10.

33) http://www.viewsnnews.com/북한,임지욱 기자, 2008.1.26, http://weekly.chosun.com/유엔미래보고서,2018년, 2008.11.11, http://www.segye.com/북핵, 사설, 2008.12.12, http://www.kukinews.com/북핵,안의근 기자, 2008.12.12, http://www.segye.com/북한,이상민기자,2008.11.25,http://www.hankyung.com/김홍렬 기자, 2008.12.11.

34) http://news.joins.com/경기침체, 김종윤 기자외, 11.22.
35) http://www.nytimes.com/2008/10/27/opinion
36) http://news.joins.com/article/aid/2008/11/22/3251639.html.
37) http://news.mk.co.kr/한국경제의 위기, 안정훈 기자, 11.17.
38) www.nocutnews.co.kr/고령사회, 이동직 기자, 2008.12.8, http://news.joins.com/위험 사회, 김은하 기자 외, 2008.11.3, http://news.joins.com/위험사회, 김상우 기자 외, 2008.11.3.
39) 세기적 위기를 선진일류국가 도약 기회로, 2009년 경제운용방향, 관계부처 합동, 2008.12.16.
40) '07년 G7 국가 평균 1인당 소득 4.0만 달러, 우리나라 1인당 소득 2.0만 달러.
41) http://terms.naver.com/item.nhn?dirId=109&docid=9637.
42) 유엔미래보고서, 2018년, 한국, 2008.11, http://weekly.chosun.com/인구감소,채성진 기자, 2008.11.18.
43) http://news.chosun.com/자녀 교육비, 이경은 기자 외, 2008.12.2, http://news.mk.co.kr/은퇴, 최승진 기자, 2008.11.30,「2009년 경제운용방향」기획재정부, 2008.12.16.
44) http://www.imaeil.com/워킹푸어, 한윤조 기자, 2008.12.3, http://www.munhwa.com/양극화, 박양수 기자, 2008.12.16.
45) http://news.joins.com/위험 사회, 김은하 기자 외, 2008.11.3, http://news.joins.com/위험사회, 김상우 기자 외, 2008.11.3.
46) http://news.naver.com/도박, 이청설 기자외, 11.24, http://www.korea.kr/위험사회, 국무총리실, 2008.9.10.
47) http://www.hankyung.com/주가하락,백광엽 기자, 2008.12.8, http://www.ohmynews.com/은행, 김병권 기자, 2008.12.11, http://news.chosun.com/site/data/html_dir/2008/11/21/2008112101338.h tml.
48) http://terms.naver.com/item.nhn?dirId=509&docId=379.
49) http://magazine.joins.com/은행, 이석호 기자, 제959호, 2008.10.28, http://www.donga.com/은향, 박용기자, 2008.10.28, http://www.heraldbiz.com/예대율, 2008.10.27, http://www.ohmynews.com/수익률2008.12.11, '2009년 은행업종 전망', 한화증권 리서치본부, 2008. 11, http://www.kukinews.com/통화스와프, 황일송 기자, 2008.12.12.
50) http://news.chosun.com/BIS, 나지홍 기자, 2008.11.28.
51) http://terms.naver.com/item.nhn?dirId=101&docId=2917.
52) http://100.naver.com/100.nhn?docid=742483.
53) http://economy.hankooki.com/베젤2, 이병관 기자, 2007.11.12, http://www.fntimes.com/바젤2, 2003.11.20.
54) http://economy.hankooki.com/미스매칭, 이종배 기자, 2008.10.18,11.2, http://www.heraldbiz.com/미스매칭, 최상현 기자, 2008.11.3.
55) http://www.ohmynews.com/외화유동성, 김진영 기자, 2008.7.21.
56) http://online.wsj.com/public/us, Korea risks a nasty rerun, Mark Cranfield, 2008.10.15, http://epic.kdi.re.kr/news/news_menu3.jsp?year=2008&month=10&day=15#18991.
57) http://www.asiaeconomy.co.kr/연체, 이초해 기자 외, 2008.10.23.
58) http://economy.hankooki.com/연체율, 오피니언, 2008.10.19, http://news.chosun.com/가계빚, 이경은 기자, 2008.11.3, http://news.chosun.com/서민, 박수찬 기자, 2008.11.10, http://news.mk.co.kr/경매, 이재철 기자, 2008.11.9,http://www.einfomax.com/연체율,12.15,http://www.munhwa.com/가계빚,임대환기자, 2008.12.13,http://www.dailyseop.com/가계빚,경제팀,12.1.

59) http://www.newspim.com/연체율, 한기진 기자, 2008.10.23, http://news.jknews.co.kr/연체율, 2008.10.25.

60) http://www.dailian.co.kr/연체율, 정운석 기자, 2008.10.21, http://news.chosun.com/PF홍원상 기자, 2008.11.3.

61) http://www.hankyung.com/rp/주용석 기자외, 2008.10.23, http://www.munhwa.com/rp, 조해동 기자, 2008.10.25.

62) http://www.hankyung.com/불균형, 윤창현 시립대 교수, 2006.11.12, http://www.hankyung..co.kr/9월 위기설, 주용석, 2008.10.20, http://economy.hankooki.co.kt/9월 위기설, 최형욱 기자, 2008.9.11, http://www.moneytoday.co.kr/9월위기설, 박재범 기자외, 2008.9.17.

63) 자료: http://news.chosun.com/돈가뭄,정철환 기자, 2008.12.10,http://news.chosun.com, 놀리는 돈, 강경희 기자, 2008.12.2,http://www.ohmynews.com/돈가뭄, 2008.12.11,http://www.kukinews.com/기업대출,고세욱 기자, 2008.12.10.

64) http://www.heraldbiz.com/자동차, 권남근 기자 외, 2008.11.28.

65) http://news.chosun.com/유턴 코리아, 이성훈 기자 외, 2008.12.2.

66) http://www.pressian.com/성장률, 전홍기혜기자, 2008.10.31, http://news.chosun.com/동행지수, 김기훈 기자 외, 2008.11.1.

67) http://terms.naver.com/item.nhn?dirId=701&docid=364.

68) http://news.chosun.com(2008.12.03).

69) http://news.chosun.com/미분양, 나지홍 기자, 2008.11.3.

70) http://www.newsprime.co.kr/담보대출, 이종엽 기자외, 2008.10.30, http://www.fn-times.com/담보대출, 고재인 기자, 2008.10.30.

71) http://www.sisapress.com/이자폭탄, 이석기자, 2008.10.16, http://news.hankooki.com/주택담보대출, 이영태 기자, 2008.10.7,

72) 이하 사례 1, 2, 3은 http://www.sisapress.com, 이석기자, 2008.10.16. 참조.

73) 한국은행, 한중 교역구조의 변화와 대응 방안, 전광명, 노원종, 2008. 11, http://www.asiaeconomy.co.kr/교역조건, 유윤정 기자, 2008.11.13.

74) http://100.naver.com/100.nhn?docid=19719.

75) http://news.chosun.com/M&A, 최유식 기자 외, 2008.12.02.

76) http://news.mk.co.kr/자금확보, 증권금융팀, 2008.11.24, http://news.mk.co.kr/유동성확보, 김정욱 기자외, 2008.12.15.

77) http://issue.chosun.com/돈 가뭄, 김승범 기자, 2008.10.16, http://news.chosun.com/투기등급, 조의준 기자, 2008.11.2, http://news.mk.co.kr/제조업 경쟁력, 신헌철 기자외, 2008.8.5.

78) http://issue.chosun.com/돈가뭄, 김승범 기자, 2008.10.16.

79) http://www.kcif.or.kr/cds김윤경 외, 2008.9.4, http://www.iht.com/CDS, Rafael Nam, 2008.3.21, recited from KDI, 2008.3.21, http://news.chosun.com/cds,박수찬 기자, 2008.10.15, http://www.hani.co.kr/cds정남구 기자, 2008.10.29.

80) http://www.iht.com/CDS, Rafael Nam, 2008.3.21, recited from KDI, 2008.3.21.

81) http://news.naver.com/팍스아메리카나, 권대우, 2008.10.29, http://shindonga.donga.com/미국의 몰락, 김동률, 2008.10.29, 2020/2050 미래전망 토론회 자료,미래기획위원회. KDI, 2008년 9월 10일.

82) 주요국의 해외대학 유치현황과 시사점, 전경련, 2007.11, http://news.mk.co.kr/장광익 기자외, 2008.12.7.

83) ibid.

84) ibid.

85) http://ko.wikipedia.org/국가 브랜드.

86) http://click.kdi.re.kr/국가브랜드, 2008.10.30, http://ko.wikipedia.org/국가브랜드.

87) ...This change in perceptions would help rebuild American political capital in the way that the Marshall Plan did in the 1950s or that John Kennedy' s presidency did in the early 1960s. In his endorsement of Mr. Obama, Colin Powell noted that "the new president is going to have to fix the reputation that we' ve left with the rest of the world." That' s not because we crave admiration, but because cooperation is essential to address 21st-century challenges; you can' t fire cruise missiles at the global financial crisis. In his endorsement, Mr. Powell added that an Obama election "will also not only electrify our country, I think it' ll electrify the world."(http://www.nytimes.com/2008/10/23/opinion/23kristof.html), http:// www.munhwa.com/오창규, 11.18.

88) <건국60년 기념 학술 세미나> 경제정책60년의 회고와 미래를 위한 선택, 현정택(KDI), 2008.8.20.

89) http://www.yonhapnews.co.kr/신용도, 전승엽 기자외, 2008.10.5.

90) 세기적 위기를 선진일류국가 도약 기회로, 2009년 경제운용방향, 관계부처 합동, 2008.12.16.

91) 출처:Franklin Allen (Pennsylvania 대학 교수, '07.8월), 최근 경제위기는 "인류문명의 기록 이후 최대 위기"(Barosso EU 집행위원장, '08.10월). 세기적 위기를 선진일류국가 도약 기회로, 2009년 경제운용방향 , 관계부처 합동, 2008.12.16.

92) 2020/2050 미래전망 토론회, 2008년 9월 10일, 미래기획위원회, KDI, http://iit.kita.net/, 무역의 날 홍보자료, 2007.11.30.

93) 기업이 전망한 신성장동력, 주요 기업 대상 설문조사 결과, 전경련, FIP-2008-0019 (통권 제116호, 2008. 9. 22). 전경련은 2008. 6.12(목)~6.20(금)간 팩스 및 이메일을 통한 설문조사로 350개 회원사 중 107개 기업을 조사(회수율: 30.6%), http://www.kukinews.com/두뇌유출, 이강렬, 2008.1.27, http://article.joins.com/두뇌유출, 전진배 기자, 2008.10.20 , http://www.seoul.co.kr/두뇌, 박홍기 특파원, 2008.10.18, http://news.chosun.com/두뇌유출, 안석배 기자, 2008.9.26, http://future.go.kr/2020/2050 미래전망 토론회, 미래기획위원회.KDI, 2008.9.10, http://www.fnnews.com/IT산업, 윤휘종 기자, 2008.10.30, http://news.chosun.com/신성장, 이인열 기자, 2008.11.10, http://enewstoday.co.kr/신동력, 박영근 기자, 2008.9.22, http://www.newspim.com/신동력, 김남인, 2008.9.22, http://www.fki.or.kr/신동력, 정부의 신성장동력 정책방향과 과제, 김장우, 20008.5.16.

94) 과학기술정책연구원

95) http://terms.naver.com/item.nhn?dirId=799&docid=9678.

96) 국가인적개발추진체계개편계획, 국무총리실 인적자원개발, 연구개발 기획단, 2005.5.19, http://www.kukinews.com/기술개발, 2008.2.19.

97) http://bric.postech.ac.kr/캐비어, 2004.12.14, http://mifaff.korea.kr/식품클러스터, 2008.10.15.

98) http://www.korea.kr(2008.11.28).

99) "경제살리기"해외정책 사례, 외교통상부, 2008.3.

100) 지식혁명 시대를 선도할 기술융합형 인력양성 체계 구축방안, 김창경, 국가기술자문회의 정책연구보고서, 2006.

101) Issue Analysis, KCIF, 최근 중국의 위안화 국제화 추진 움직임과 향후 전망, 이치훈, 2008, 13.Nov, 원화국제화 추진에 따른 장단점 비교와 정책적 시사점, 송원호 외, 2007.5.

102) http://www.edaily.co.kr/금융스왑, 김윤경 기자, 2008.10.28, http://news.chosun.com/통화

스와프, 김기훈 기자 외, 2008.10.30, http://news.khan.co.kr/스와프, 오관철 기자, 2008.10.29, http://www.pdjournal.com/스와프, 김도영 기자, 2008.10.30, http://www.munhwa.com/스와프, 임대환 기가외, 2008.11.2, http://news.mk.co.kr/통화스와프/이진우 기자 외, 2008.12.12.

103) http://www.edaily.co.kr/금융스와프, 김윤경 기자, 2008.10.28.

104) 미국 민주당의 경제정책 방향 및 시사점, 대외경제정책연구원, 이준규 · 고희채, 연구자료 07-10, 오바마 당선의 의미와 영향, 삼성경제 연구소, 동용승 외, 2008.11.5, 오바마시대 개막의 의의와 시사점, 국회입법조사처, 2008. 11, 친환경에 초점을 맞춘 오바마 당선자의 新에너지 정책과 시사점, 오정석, 국제금융센터, 2008.11.14, http://news.mk.co.kr/오바마, 박종욱 기자 외, 2008.11.6.

105) http://news.chosun.com/오바마의 7대 성공전략, 2008.11.7.

106) http://www.munhwa.com/시장주의 붕괴, 김영번기자, 2008.10.14, http://www.fnnews.com/금융위기, 2008.9.25, http://news.chosun.com/닷컴버블의 환생, 이창양 KAIST 경영대학 교수, 2008.9.28, http://news.chosun.com/금융위기, 장원준 기자 정리, 2008.10.4, http://www.donga.com/금융위기, 성동기 기자, 2008.10.8. http://news.khan.co.kr/탐욕/박지희 기자, 2008.12.17, http://www.munhwa.com/탐욕, 배영순 교수, 2008.11.6, http://www.kwnews.co.kr/절제된 자본주의, 조규형 대사, 2008.10.8, http://www.asiaeconomy.co.kr/절제된 자본주의, 박병희 기자, 2008.9.24, http://article.joins.com/자본주의, 문창극 칼럼, 2008.9.23, 글로벌 경제위기와 한국, 정치경제학으로 풀어본 '위기 이후 국제질서' 문정인 교수, 신동아, 2008.11.25.

107) http://www.ukopia.com/금융위기, 오종수 기자, 2008.10.28, http://news.chosun.com/불길한 예언, 박종세 특파원, 2008.10.29, 연합뉴스, anfour, 2008.11.9, http://media.daum.net/실물경기, 경향신문, 김광호 기자 외, 2008.11.1.

108) http://www.ukopia.com/금융위기, 오종수 기자, 2008.10.28, http://news.chosun.com/불길한 예언, 박종세 특파원, 2008.10.29, GOOD TO GREAT, 좋은 기업을 넘어 위대한 기업으로, 짐 콜린스/이무열역/김영사/432p/2002년.

109) 연합뉴스, anfour, 2008.11.9.

110) http://news.chosun.com/위기엔 과잉대응하라, 스티븐 로치 (Stephen S. Roach) 모건스탠리 아시아 회장 ,2008.10.11.

111) http://news.mk.co.kr/CRO, 황인혁 기자 외, 2008.11.30, http://www.insnews.co.kr/위기관리, 신상건 기자, 2008.9.8.

112) Cormac Petit, Pierre Pourquery, 2006.3, "Enterprise Risk Management Framework", Exposure Draft, Committee of Sponsoring Organizations of the Treadway Commission, July 2003; "Enterprise Risk Management, From Incentives to Controls", James Lam, Wiley Finance, 2003; IBM Business Consulting Services Risk and Compliance Practice and IBM Institute for Business Value analysis.

113) http://www.mediatoday.co.kr/직불금, 2008.10.15.

114) 2008년 세계경제포럼(WEF)의 국가경쟁력 평가 결과, 2008.10.8, IMD의 2008년 세계경쟁력 평가 결과 분석, 기획재정부, 2008, http://www.kipf.re.kr/정치불안, 송대희, 2002.1, http://news.chosun.com/정치경쟁력, 2008.11.26, http://www.heraldbiz.com,2008/12/04, ,http://news.chosun.com/정치혐오증, 홍영림 기자, 12.16.

115) Barro, R.,"A Cross Country Study Of Growth, Saving and Government", NBER Working Paper No.2855, February 1989, Weede, E., "The Impact of Democracy on Economic Growth: Some Evidence from Cross-National Analysis", Kylos 36, 1983, pp. 21~40,

Nordhaus, W.", The Political Business Cycle", Review of Economic Studies 42, 1975, pp. 169~190, Mei, J.P.," Political Risk, Financial Crisis, and Market Volatility," Aug. 1999, Roubini, N. and J.D. Sachs, "Political And Economics Determinants of Budget Deficits in the Industrial Democracies", European Economic Review 33, 1989, pp. 903~938, Alesina, A., S. Ozler, N. Roubini and P. Swgel," Political Instability and Economic Growth", NBER Working Paper Series, No.4173. Sep. 1992.

제8부

1) http://100.naver.com/100.nhn?docid=11016,http://www.asiae.co.kr/자원고갈, 조강욱 기자, 2008.8.25, 제1회 복잡계 컨퍼런스, 복잡계 이론과 현실, 생산적 적용의 모색, 2006년 12월, Sterman, John D., "Learning from Evidence in a Complex World", American Journal of Public Health, Vol. 96, No. 3, (2006), Sterman, John D., Business Dynamics; System Thinking and Modeling for a Complex World, Irwin McGraw-Hill, (2001), 동아시아 성장한계론의 한계, 삼성경제연구소, 2000.12, http://user.chollian.net/~kjmtime/ilsa/six04.htm/http://ko.wikipedia.org/경제성장, 2008.12.22, 자동차산업의 전망과 시사점, 농협경제연구소, CEO Focus 제 211호 (2008.11.20).

2) http://100.naver.com/100.nhn?docid=11016.

3) http://www.seoul.co.kr/순화된 애국주의, 김규환 기자, 2008.8.26.

4) http://www.yonhapnews.co.kr/행복,권혁창 기자, 2008.12.22, http://news.naver.com/탐욕, 이윤재외, 2008.7.25, http://gsamil.withch.net/탐욕, 2008.12.22.

5) http://kin.naver.com/에리히 프롬, 2008.12.25, 소유냐 삶이냐, 김진홍 역, 홍성사, 2006. 04.

6) http://www.opentory.com/로마클럽, 2008.12.20.

7) http://www.aspire7.net/reference/civil-161.htm,http://www.ddanzi.com/석유, 2008.6.13.

8) 정책 부작용의 원인과 유형, 시스템 사고에 입각한 분석, 김창욱 외, 삼성경제연구소, 2006.12.6.

9) http://www.dt.co.kr/반도체,김승룔기자, 11.26, http://www.busanilbo.com/선박,이주환기자, 2008.12.8, http://www.hankyung.com/선박, 김동민 기자, 2008.12.8, http://100.naver.com/100.nhn?docid=731879, 철강, 조선, 반도체, 자동차 산업의 전망과 시사점, 농협경제연구소, 구본웅 박사 외, CEO Focus 제 205(2008.11.10), 제207호(2008.11.27), CEO Focus 제215호 (2008. 12. 12), 제211호(2008.11.20).

10) http://www.chosun.com/행복방정식, 이규태 코너, 2003.1.9, http://www.ermedia.net/행복방정식, 권대우, 2008.12.18, http://magazine.joins.com/forbes/2006.10.11/http://nanxi95.-egloos.com/2095061,http://www.ermedia.net/행복방정식, 권대우, 2008.12.18, http://-magazine.joins.com/forbes/2006.10.11, http://www.lawtimes.co.kr/행복, 김영은 변호사, 2000.4.10.

11) 권홍우 '부의 역사', 로버트 맨셜 '시장의 유혹, 광기의 덫', 윤수영 '세속 경제학', http://www.busanilbo.com/탐욕, 박태우 기자, 2008.11.6.

12) 에리히 프롬(김진홍), 소유냐 삶이냐, 홍성사, 2006. 04.

13) http://news.hankooki.com/부패지수, 장재용 기자, 2008.12.10.

14) http://www.rise.or.kr/기업의 사회적 책임, 스웨덴 기업의 사회적 책임 : 배경과 동향, 손혜경 교수, 국제노동브리프, 2006.4.

15) http://cafe.naver.com/hypr5.cafe?iframe_url=/ArticleRead.nhn%3Farticleid=14.

16) http://www.yonhapnews.co.kr/금융사기, 2008.12.16.

17) 치팅 컬처, 데이비드 캘러헌 지음, 서돌, 강미경 옮김, http://www.donga.com/치팅, 황장석 기자,2008.12.20.

18) http://news.mk.co.kr/우리는 악마에게 영혼을 팔았다, 허연기자, 2008.12.8.

19) http://news.hankooki.com/존경받는 기업, 유인호 기자, 2008.9.23.

20) http://www.heraldbiz.com/행복, 김영화 기자, 2008.12.15, http://article.joins.com/행복, 신예리 기자, 2008.6.5, http://weekly.khan.co.kr/행복, 조운찬 기자, 2008.4.8, http://www.heraldbiz.com/행복, 조동석 기자, 2008.3.3, http://careernote.co.kr/305http://www.dt.co.kr/위기관리, 이희상 교수, 2006.6.12,http://kin.naver.com/seri.org, 위기관리, 2008.12.22.

제9부

1) http://www.kukinews.com/한국경제, 김찬희, 지호일, 황일송 기자, 2008.12.9, http://www.viewsnnews.com/북한,임지욱 기자, 2008.1.26, 글로벌 경제위기와 한국] 정치경제학으로 풀어본 '위기 이후 국제질서' 문정인 교수, 2008-11-25, http://www.donga.com-/fbin/output?n=200207220288.

2) http://www.seoul.co.kr/금융위기 방지, 박창규 기자, 2008.1.29, http://news.hankooki.com/금융위기 방지, 정영오 기자, 2008.1.29.

3) http://news.mk.co.kr/헤게모니, 김지형 기자, 2008.12.26, http://www.munhwa.com/기축통화, 사설, 2008.12.27, 뉴시스, 신냉전으로 접어드나, 최철호 특파원, 2008.12.27.

4) http://www.segye.com/무역전쟁, 강호원 선임기자, 2008.12.26, http://news.chosun.com/무역전쟁, 이태훈 기자, 2008.12.23, http://news.joins.com/기축통화, 김종윤 기자 외, 2008.12.24.

5) http://shindonga.donga.com/헤게모니, 문정인 교수, 2008.11.25, http://weekly.chosun.com/헤게모니, 이장훈 국제문제애널리스트, 2008.10.22.

6) http://weekly.chosun.com/미국과 로마의 같은 점, 이장훈 박사, 2008.10.22

7) <두산대백과사전>, <브리태니커백과사전>참고, http://mtcha.com.ne.kr.

8) http://www.mediaus.co.kr, 비주류 열풍, 김영호, 2008.12.8.

9) http://www.kukinews.com/한국경제, 김찬희 기자, 2008.12.9.

10) http://www.kwnews.co.kr/국가경쟁력, 권혁순 논설위원, 2008.12.8, http://www.-heraldbiz.com/국가경쟁력, 서은정 기자, 2008.11.18, http://www.donga.com/교육경쟁력, 논설, 2008.11.18, http://www.dt.co.kr/교육경쟁력, 신성철 KAIST 물리학과 교수, 2008.12.16.

11) http://www.heraldbiz.com/부패지수, 양춘병 기자, 2008.12.26.

12) http://www.viewsnnews.com/부동산 거품, 임지욱 기자, 2008.11.26, http://www.e-today.co.kr/부동산 거품, 장익창 기자, 2008.11.26, http://www.joseilbo.com/집값, 최정희 기자, 2008.11.24

13) http://news.chosun.com/배째라식 보고서, 정성진 기자, 2008.12.26.

14) http://www.cbs.co.kr/사채업자, 조기호 기자, 2008.12.18, http://news.chosun.com/배째라식 보고서, 정성진 기자, 2008.12.26, http://news.sbs.co.kr/위험사회, 최희진 기자, 2008.11.6.

15) http://weekly.chosun.com/유엔미래보고서, 채성진 기자, 2008.11.11, http://kr.ibtimes.com-/2009경기전망, LG 경제연구원, 2008.12.29.

주요 저서 및 논문

소 영 일

● 주요 저서

현대 경영학원론/경영관리/현대 경영학연습/경영정보시스템(상)/경영정보시스템(하)/MIS 원론/컴퓨터원론/경영관리자를 위한 컴퓨터 원론/대학컴퓨터/현대컴퓨터/전산학개론 정보체계론/정보시스템의 분석과 설계/재무회계/연구조사방법론/SPSS를 이용한 현대 통계학/SPSS를 이용한 중급 통계학/BDMP · MINITAP · SPSS를 이용한 회귀분석 SPSS 사용방법/SPSSX 사용방법/금융옵션/벤처창업&경영론/중국경영전략론/인도경영전략론/베트남경영전략 외 8권

● 주요 역서

컴퓨터개론 (Sanders,Today)/경영정보시스템(Hicks / Management Information System) Lotus1-2-3를 이용한 경영의사결정 (Albion and Hoff / Business Decision Making with Lotus1-2-3)/원가회계 (Homgren, Cost Accounting)/21세기 세계 500대 기업에의 도전 (Hickman and Silvam, Future 500) 외 10권

고 종 문

● 주요 저서

금융옵션(공저)

● 주요 논문

"The effects of central bank intervention on the volatility of interest rate : in the option market"(America Univ.박사학위 논문)

"지역별 주택가격 결정요인 분석을 통한 정책 평가" 한국정책분석평가학회(공저)

"주택 평형별 거주자들의 정보화이용패턴 차별성 분석"디지털 정책연구 제5권 제1호(공저)

"세제 변화가 부동산 보유자에게 미치는 부담 정도 분석:부동산 8.31 대책을 중심으로" 한국토지법학회(공저)

한국경제예측연구소 소개

● 주요 사업분야

경영 전략 컨설팅/사업 타당성 분석/통계조사 및 분석/수요예측/부동산 컨설팅 및 분석

● 주요 실적

SK 정유 일별 수요예측 시스템 구축/고속철도 수요예측시스템 구축/기존 철도 주요 분석 국내 디지털 콘텐츠산업 시장 조사/ASP 산업 현황조사/디지털방송콘텐츠 제작 콤플렉스 건립 타당성 분석

Tel 02-562-7797 / Fax 02-3452-9768 / hp 010-2239-7716
e-mail : kefori@hanmail.net

16) http://news.chosun.com/식품클러스터, 금원섭 기자외, 2008.12.
pnews.co.kr/식품클러스터, 정성호 기자, 2008.12.26.
17) http://www.hankyung.com/미래전략, 김수찬 기자, 2007.11.3, http://br
래, 문일석 기자, 2008.2.19.
18) http://news.chosun.com/정치경쟁력, 김창준 전미하원의원, 2008.12.26, 서
경쟁력, 최원정 기자, 2004.3.12.
19) http://www.ohmynews.com/NWS_Web/View/at_pg.aspx?CNTN_CD=A00003
20) http://news.mk.co.kr/애국심, 김호영 기자, 2008.8.25.
21) 업코리아, 2003.11.24, http://news.chosun.com, 2008.12.3, http://www.seoul.co.kr/
문소영 기자, 2008.10.24.
22) 업코리아, 2003.11.24, http://news.chosun.com
23) http://www.sisapress.com/한국기업, 외풍에 약하다, 정은호 대표, 2008.11.26.
24) http://kin.naver.com/open100
25) CJ그룹의 손경식 회장은 상기에서 상품 및 경영관련 경쟁력이외에도 도덕경쟁력을 추가, 강조하여 8가지 경쟁력을 꼽고 있다. http://www.fki.or.kr/글로벌 경쟁력, 손경식 CJ그룹회장, 2008.12, http://www.asiatoday.co.kr/한국인들이 美 자동차 사지 않는 이유, 인터넷 뉴스팀, 2008.11.18.
26) http://careernote.co.kr/305,http://www.ermedia.net/리더, 2008.12.14.
27) http://www.ermedia.net/2009 키워드, 2008.12.26.
28) http://honestman.or.kr/old/book_4_10.htm, http://www.nongmin.com/헬렌켈러, 김양식 학장, 2008.12.24.

글로벌 금융위기와 경제성장종말
최악의 시나리오와 생존전략

2009년 3월 1일 초판 인쇄
2009년 3월 5일 초판 발행

지은이 소 영 일 / 고 종 문

발행인 주 병 오

발행처 지구문화사
JIGU PUBLISHING Co.

경기도 파주시 교하읍 문발리
파주출판문화정보산업단지 518-2
영업부 (031) 955-7566 · 7577
편집부 (031) 955-7731
FAX (031) 955-7730

등록번호 1979년 7월 13일 제 59 호

ISBN 978-89-7006-458-1 값 28,000 원